档案文献·甲

国民政府抗战时期外交档案选辑

中国第二历史档案馆 ◉ 编

国民政府抗战时期档案选辑编委会名单

主任委员：马振犊

委　　员：王俊明　文俊雄　孙秋浦　任　荣
　　　　　刘　冰　刘鼎铭　杨　斌　杨智友
　　　　　郭必强　胡震亚　张开森　曹必宏
　　　　　戚如高　蒋　耘　虞亚梅　戴　雄

本辑编委会名单

主　　编：马振犊　郭必强

副主编：陈宝珠　李　宁

编　　辑：李　宁　陈宝珠　任　骏　郭必强

重庆出版集团 ◉ 重庆出版社

图书在版编目(CIP)数据

国民政府抗战时期外交档案选辑/中国第二历史档案馆编.—重庆:重庆出版社,2016.12
ISBN 978-7-229-11735-1

Ⅰ.①国… Ⅱ.①中… Ⅲ.①国民政府—外交史—历史档案—汇编—1937—1945 Ⅳ.①D829

中国版本图书馆CIP数据核字(2016)第264851号

国民政府抗战时期外交档案选辑
GUOMIN ZHENGFU KANGZHAN SHIQI WAIJIAO DANG'AN XUANJI

中国第二历史档案馆 编

责任编辑:曾海龙 吴 昊
责任校对:何建云
装帧设计:吴庆渝 陈 永

重庆出版集团
重庆出版社 出版

重庆市南岸区南滨路162号1幢 邮政编码:400061 http://www.cqph.com
重庆出版社艺术设计有限公司制版
自贡兴华印务有限公司印刷
重庆出版集团图书发行有限公司发行
E-MAIL:fxchu@cqph.com 邮购电话:023-61520646
全国新华书店经销

开本:740mm×1030mm 1/16 印张:43.5 字数:666千
2016年12月第1版 2016年12月第1次印刷
ISBN 978-7-229-11735-1
定价:87.00元

如有印装质量问题,请向本集团图书发行有限公司调换:023-61520678

《中国抗战大后方历史文化丛书》

编纂委员会

总 主 编：章开沅

副总主编：周 勇

编　　委：（以姓氏笔画为序）

总　序

章开沅

　　我对四川、对重庆常怀感恩之心,那里是我的第二故乡。因为从1937年冬到1946年夏前后将近9年的时间里,我在重庆江津国立九中学习5年,在铜梁201师603团当兵一年半,其间曾在川江木船上打工,最远到过今天四川的泸州,而起程与陆上栖息地则是重庆的朝天门码头。

　　回想在那国破家亡之际,是当地老百姓满腔热情接纳了我们这批流离失所的小难民,他们把最尊贵的宗祠建筑提供给我们作为校舍,他们从来没有与沦陷区学生争夺升学机会,并且把最优秀的教学骨干稳定在国立中学。这是多么宽阔的胸怀,多么真挚的爱心! 2006年暮春,我在57年后重访江津德感坝国立九中旧址,附近居民闻风聚集,纷纷前来看望我这个"安徽学生"(当年民间昵称),执手畅叙半个世纪以前往事情缘。我也是在川江的水、巴蜀的粮和四川、重庆老百姓大爱的哺育下长大的啊! 这是我终生难忘的回忆。

　　当然,这八九年更为重要的回忆是抗战,抗战是这个历史时期出现频率最高的词语。抗战涵盖一切,渗透到社会生活的各个层面。记得在重庆大轰炸最频繁的那些岁月,连许多餐馆都不失"川味幽默",推出一道"炸弹汤",即榨菜鸡蛋汤。……历史是记忆组成的,个人的记忆汇聚成为群体的记忆,群体的记忆汇聚成为民族的乃至人类的记忆。记忆不仅由文字语言承载,也保存于各种有形的与无形的、物质的与非物质的文化遗产之中。历史学者应该是文化遗产的守望者,但这绝非是历史学者单独承担的责任,而应是全社会的共同责任。因此,我对《中国抗战大后方历史文化丛书》编纂出版寄予厚望。

　　抗日战争是整个中华民族(包括海外侨胞与华人)反抗日本侵略的正义战争。自从19世纪30年代以来,中国历次反侵略战争都是政府主导的片面战争,由于反动统治者的软弱媚外,不敢也不能充分发动广大人民群众,所以每次都惨遭失败的结局。只有1937年到1945年的抗日战争,由于在抗日民族统一战线的旗帜下,长期内战的国共两大政党终于经由反复协商达成第二次合作,这才能够实现史无前例的全民抗战,既有正面战场的坚守严拒,又有敌后抗日根据地的英勇杀敌,经过长达8年艰苦卓绝的壮烈抗争,终于赢得近代中国第一次胜利的民族解放战争。我完全同意《中国抗战大后方历史文化丛书》的评价:"抗日战争的胜利成为了中华民族由衰败走向振兴的重大转折点,为国家的独立、民族的解放奠定了基础。"

　　中国的抗战,不仅是反抗日本侵华战争,而且还是世界反法西斯战争的重要组成部分。

　　日本明治维新以后,在"脱亚入欧"方针的误导下,逐步走上军国主义侵略道路,而首当其冲的便是中国。经过甲午战争,日本首先占领中国的台湾省,随后又于1931年根据其既定国策,侵占中国东北三省,野心勃勃地以"满蒙"为政治军事基地妄图灭亡中国,独霸亚洲,并且与德、意法西斯共同征服世界。日本是法西斯国家中最早在亚洲发起大规模侵略战争的国家,而中国则是最早投入到反法西斯战争的先驱。及至1935年日本军国主义者通过政变使日本正式成为法西斯国家,两年以后更疯狂发动全面侵华战争。由于日本已经与德、意法西斯建立"柏林—罗马—东京"轴心,所以中国的全面抗战实际上揭开了世界反法西斯战争(第二次世界大战)的序幕,并且曾经是亚洲主战场的唯一主力军。正如1938年7月中共中央《致西班牙人民电》所说:"我们与你们都是站在全世界反法西斯的最前线上。"即使在"二战"全面爆发以后,反法西斯战争延展形成东西两大战场,中国依然是亚洲的主要战场,依然是长期有效抗击日本侵略的主力军之一,并且为世界反法西斯战争的胜利做出了极其重要的贡献。2002年夏天,我在巴黎凯旋门正好碰见"二战"老兵举行盛大游行庆祝法国光复。经过接待人员介绍,他们知道我也曾在1944年志愿从军,便热情邀请我与他们合影,因为大家都曾是反法西斯的战士。我虽感光荣,但却受之有愧,因为作为现役军人,未能决胜于疆场,日本就宣布投降了。但是法国老兵非常尊重中国,这是由于他们曾经投降并且亡国,而中国则始终坚持英勇抗战,并主要依靠自己的力量赢得最后胜利。尽管都是"二战"的主要战胜国,毕竟分量与地位有所区别,我们千万不可低估自己的抗战。

重庆在抗战期间是中国的战时首都,也是中共中央南方局与第二次国共合作的所在地,"二战"全面爆发以后更成为世界反法西斯战争远东指挥中心,因而具有多方面的重要贡献与历史地位。然而由于大家都能理解的原因,对于抗战期间重庆与大后方的历史研究长期存在许多不足之处,至少是难以反映当时完整的社会历史原貌。现在经由重庆学术界倡议,全国各地学者密切合作,同时还有日本、美国、英国、法国、俄罗斯等外国学者的关怀与支持,共同编辑出版《中国抗战大后方历史文化丛书》,这堪称学术研究与图书出版的盛事壮举。我为此感到极大欣慰,并且期望有更多中外学者投入此项大型文化工程,以求无愧于当年的历史辉煌,也无愧于后世对于我们这代人的期盼。

在民族自卫战争期间,作为现役军人而未能亲赴战场,是我的终生遗憾,因此一直不好意思说曾经是抗战老兵。然而,我毕竟是这段历史的参与者、亲历者、见证者,仍愿追随众多中外才俊之士,为《中国抗战大后方历史文化丛书》的编纂略尽绵薄并乐观其成。如果说当年守土有责未能如愿,而晚年却能躬逢抗战修史大成,岂非塞翁失马,未必非福?

2010年已经是抗战胜利65周年,我仍然难忘1945年8月15日山城狂欢之夜,数十万人涌上街头,那鞭炮焰火,那欢声笑语,还有许多人心头默诵的杜老夫子那首著名的诗:"剑外忽传收蓟北,初闻涕泪满衣裳!却看妻子愁何在?漫卷诗书喜欲狂。白日放歌须纵酒,青春作伴好还乡。即从巴峡穿巫峡,便下襄阳向洛阳。"

即以此为序。

庚寅盛暑于实斋

(章开沅,著名历史学家、教育家,现任华中师范大学东西方文化交流研究中心主任)

编 辑 说 明

　　1937年"七七"卢沟桥事变和上海"八一三"事变爆发后,8月14日,国民政府发表自卫抗战声明书,表示"中国决不放弃领土之任何部分,遇有侵略,惟有实行天赋之自卫权以应付之"。1937年11月,在上海淞沪抗战失败已成定局,首都南京遭受巨大威胁的形势下,国民党中央和国民政府自料南京无法坚守,为坚持长期抗战,遂决定依照既定方针,作出了迁国民政府于重庆办公的重大决定。12日,国民政府军事委员会委员长、行政院院长蒋介石与国民政府主席林森会商,决定迁都重庆;15日,作为当时国家最高决策机关的国防最高会议常务会议正式决定:"国民政府及中央党部迁重庆。"自此,拉开了依托陪都重庆为中心的大后方,全国、全民族的全面、持久地中国人民抗日战争的历史。

　　早在1935年,随着中国四川和西南各主要省份的统一问题渐趋解决,南京国民政府逐渐将国防中心转向西南,转向中国四川。其时四川人口众多,物产丰富,在人力、物力、财力上都能长期支撑。1935年3月2日,蒋介石由汉口飞抵重庆;1935年3月4日,他在讲演时称:"就四川地位而言,不仅是我们革命的一个重要地方,尤其是我们中华民族立国的根据地。"同年7月,蒋介石面对即将到来的中日战争再次指出:"对倭应以长江以南与平汉线以西地区为主要线,而以川、黔、陕三省为核心,甘、滇为后方。"1935年10月6日,蒋介石在成都的一次讲演中又指出:"四川在天时、地利、人文各方面,实在不愧为中国的首省,天然是民族复兴最好的根据地。"而在四川,当时最重要的城市首选重庆。因为重庆为西南最大的工商业城市和经济中心,与西南各省联系密切,且有四川天险为屏障,有西南、西北两大国际交通线为依托。

　　11月20日，国民政府发表移驻重庆宣言："国民政府兹为适应战况，统筹全局，长期抗战起见，本日移驻重庆。此后将以最广大之规模，从事更持久之战斗。"之后，国民党中央党部迁渝。到1938年1月11日国民政府机关均由南京迁到重庆。12月蒋介石由桂林飞抵重庆，随后国民政府军事委员会亦移渝办公。至此，重庆成为中国的战时首都，成为中国抗战时期大后方的政治、军事、经济、文化中心。

　　与国民党党、政、军各中央机关纷纷迁驻重庆的同时，以周恩来为首的中共中央代表团也迁抵重庆并在重庆相继成立了"中共中央南方局"和"八路军驻重庆办事处"（同时兼新四军驻重庆办事处）；战前不同政见、不同治国主张的各民主党派中央机关及其主要领导人也纷纷聚集重庆，先前来往、散居于全国各地大批俊士豪杰和社会名流，也如百川归海似地荟萃重庆。

　　国民政府迁都重庆，重庆由此成为战时首都，这使重庆成为全国性的政治大舞台，对整个中国抗战有着重要的意义。重庆战时首都地位的确立，奠定了重庆作为大后方抗战中心的物质基础。抗战爆发后，东部地区大量工矿企业迁往内地，重庆成为中国抗战时期大后方的工业中心。同时，重庆还是中国抗战时期大后方的金融中心。中央银行、中国银行、交通银行、农民银行四家银行的总行迁到重庆，并准许各省地方银行在重庆设立分支机构，中央信托局等也迁到重庆，这使重庆金融业获得空前发展。工业中心和金融中心的形成及大量人口迁渝，促使重庆在抗战时期商业极为繁荣，商业门类齐全，经营品种繁多，并形成以重庆为中心，辐射到四川及西南、西北各省的庞大商业网络，从而确立了重庆作为中国抗战时期大后方商业中心的地位。重庆战时首都地位的确立，使重庆成为了大后方的文化中心。国民政府迁都重庆后，大量文化机构和学校迁至重庆，东部地区大量优秀人才也随之而来，人才荟萃，文化教育事业迅速发展。

　　整整8年，中国人民全面、持久的抗日战争史，波澜壮阔，艰苦卓绝。

中国第二历史档案馆是典藏抗日战争历史档案最为丰富的国家档案馆，为全面展示与反映中国人民抗日战争的历史，我们特别选取了全面抗战时期的政治、军事、外交、财政、金融、经济、文化、教育等方面的国家历史档案编辑成册，以期从国家层面公布与展示中国人民抗日战争之历史。恰逢重庆大后方抗战历史文化编委会组织编辑与出版抗战历史资料，于是才有此次全面反映抗战历史档案的编辑出版。

编 例

一、本档案资料为国民政府抗战时期档案选辑,尽选中国第二历史档案馆馆藏抗战时期(1937—1945)国民政府中央暨西南、西北13省(区)市档案文献,分为政治、军事、外交、文化、教育、财政、金融、经济等若干专题,以50万字左右为一基本单位独立成册,单独题名为《国民政府抗战时期政治档案选辑》,并依次类推军事、外交、文化、教育、财政、金融、经济各册。字数超过者则依字数编辑,另分上、下或上、中、下册。

二、本档案辑录所选资料,一般以一件为一题。凡同属一事彼此间又有直接联系的成组资料,以一事为一题。排列按类项并依文件形成时间先后顺序,但凡有起止时间的,以起时为第一排序,以止时为第二排序。凡属综合性或追述性的资料,按其内容,酌加调整。

三、本档案辑录所选资料,标题拟定需包括发文者、收文者、事由、文种、时间5大要素。时间置于括号内。标题一般为编者所拟。原标题可以沿用者,则保留。

四、本档案辑录所选资料,为保存原貌,一般原文照录。其中间有内容重复及与主题无关部分,则略加删节。资料出处,在资料后说明,以[ ]注明所选出自馆藏档案保管单位。

五、本档案辑录所选资料,一般由编者另拟标题并另加标点。沿用原标题、原标点者,加注说明。所选档案资料,在排印时一般用简体字,遇有可能引起文义歧异之处,保留原有的繁体字。

六、本档案辑录所选资料,遇有缺漏损坏或字迹不清者,以□号代之。错字、别字和衍文的校勘以及其他简单注释,均加在正文之内以[ ]号标明。较长的注释列在正文之后。增补的字以【 】号标明。全段删节者,以……号标明。段内部分删节者,以〈……〉号标明。

2015年1月

目　录

五、战时中美关系 ·· 425

六、战时中英关系 ⋯⋯⋯⋯⋯⋯⋯⋯⋯⋯⋯⋯⋯⋯⋯⋯⋯⋯⋯⋯⋯⋯539

一、国民政府战时外交政策

1. 外交部关于英国经济援华事宜与行政院等来往文电（1940年1—4月）

1）王宠惠致孔祥熙代电（1月11日）

行政院孔副院长钧鉴：本月八日约英大使卡尔爵士来部，会谈关于英国政府继续与我经济上援助事。卡尔大使谓关于此事美国政府对华之助力极关重要，对英国之影响亦大，拟请将美国借款现在谈商情形示知。又，中国政府所拟开送向英国信用借款定货之 Alternative List，亦请早日检送，等语。经允为查明办理，特此电陈，仰祈鉴核示遵为祷。外交部部长王宠惠叩。真。

2）行政院秘书处致财政部签函稿（1月14日）

据外交部真代电陈，英大使卡尔请将美国借款谈商情形示知。又，中国政府所拟开送向英国信用借款定货之 Alternative List 早日检送，等情。奉谕：交财政部迅即查复。等因。相应抄同原件密达查照。此致

财政部

附抄原代电一件

行政院秘书长　魏道〇[1]

3）外交部致行政院代电（1月25日）

行政院孔副院长钧鉴：本月二十日，英国大使卡尔爵士来部面交备忘录一件内开，英国政府愿知中国政府钨砂之供应数量，包括以前在易货协定下运往德国之数量在内，并愿知中国政府关于废丝、桐油、茶叶、猪鬃可得之供给，倘承见示，则各货能否集中某一港口转运英国，亦望指明。如上述任何货

---

① 全书署名缺字现象（原圆圈代替），原档案系如此，录入时保留。

物可供采购,则英国政府或能以无线电及电话材料供给中国,以为交换。又,关于信贷协定事,英国政府在相当之长时间内,歉难以各种机器、工具、特制钢铁及测量器材等供给中国,但英国政府对于上述协定并未表示冷淡,且近已将协定展期六个月,在此期内毛线工业机器及云南造纸厂所需之原料,如速订购或可望能供给,关于此两项之详情,除已由中国政府通知英国政府者外,不知尚有可以见示者否? 在最近之将来,中国政府或可自英国采购少数之铁路上零星钢料,然不敢必。中国政府向英国政府提出之各项货物单内未载明者尚有欲由英外部查询者否? 等由。除分达财政部、交通部、经济部外,特此电呈,仰祈鉴核示遵,俾便转复为祷。外交部。有。

4)财政部致行政院秘书处密函(1月26日)

案准贵处本月十四日机字第七九三号函开:据外交部真代电陈,英大使卡尔请将美国借款谈商情形示知。又,中国政府所拟开送向英国信用供款定货之 Alternative List 早日检送,等情。奉谕:交财政部迅即查复。等因。相应抄同原件密达查照。等由。兹分别核复如次:

一、(美国借款商洽情形)查中美桐油借款,美政府表面用商业性质办法,由美国进出口银行借与世界贸易公司美金二千五百万元,用以购买美国农工产品、交通器材、工具、工业原料及汽油等项,运交我国复兴商业公司在中国销售。一面由复兴公司在中国按年收购定量桐油运美销售,陆续偿还,期限五年,自二十八年二月借款成立以来,大部分美货均已购妥运华,复兴公司应交桐油亦经如期运美,照约偿付本息,并以油价高涨,售得价款较多于应还前项借款本息,故尚有余款可资利用,深得美国朝野信赖,而乐意再借助我。第二次借款正在磋商,其细目在双方未决定公布前不便单独发布。

二、(英国信用贷款定货情形及拟改购器材)英国信用贷款三百万镑,自二十七年十一月开始磋商,除滇缅公路拖车一百辆、卡车二百辆于二十八年三月签约购定,利用信贷款十四万一千镑外,余额二百八十五万九千镑,直至八月十八日始行签订合约,周折延宕,为时几及一载。我国所急需有关军事交通及建设等项之机具材料,甫经进行洽购,而欧战旋即发生。又受英政府禁制物资出口法令限制,须领取特许出口护照方能定约购运。而核发护照手续又极繁重迟缓,据上年十二月我国驻伦敦购料经理处报告,我方请领出口护照一百五十起中,已经领得者不过六起,护照准许购运之货连不须领照者在内,共值不过十七万余镑,其未发照之一百四十四起,英政府尚须分月核发。此项久经磋商甫告成立之英国信用贷款,我国在抗战工作上尚未获得实际裨益,殊为憾事。希望英方能深切了解中国抗战与英国远东利益关系,多予中国以物质上之援助,对于中国信贷案所购器材,务准尽量出口,领照手续尤盼迅速简单,以期短期内我国可以获得是项贷款之实惠。至于信贷购料案内有军用特种钢料约值五十万镑,英方表示不能利用信用贷款,欲我国以同值之钨砂洽商易货,除易货办法另案商洽外,兹拟将腾出信贷额五十万镑,在英国或其属地改购机器材料、电料、油料,应请英政府特予通融,准以该项贷款分别购办,以应我国急需。准函前由,相应将美借款接洽情形暨英信贷案购料情形函请查照转陈为荷。此致

行政院秘书处

部长　孔祥熙

5)王宠惠致孔祥熙代电(4月8日)

行政院孔副院长钧鉴:关于中英易货及信贷购料事,一月三十一日机字第八〇五号世代电奉悉,并准财政部经济部代电,当经并案将我方之意见及愿望文,请英国大使馆查照办理,并电驻英郭大使洽照在案。嗣据郭大使先后复称,三月二十日面商英外次贾德干,要求将信贷案器材全单提出阁议,根据政治理由通过,以免各有关部辗转商洽推延,彼允转商英外长。四月三日并晤英外长,请通融供给我国所需各项器材,俾信贷案可早实践,彼允考量,等语。除俟续报再陈并分行财政部经济部外,特先电陈,敬祈鉴核为祷。外交部部长王宠惠叩。庚。

〔行政院档案〕

2. 国民政府对法国封锁滇越路等事件声明（1940年）

法国在欧战中败降以后，对于远东方面无力维持其原来对我之立场，故徇日方请求停止我假道越南运输。六月二十三日外交部王部长发表宣言如下："法属越南在地理上与中国毗连，故彼此素有密切之关系，就商务与经济需要而言，互得调剂之利益亦历有年所，今则越南尤为我国之国际交通路线，于中国与外国之贸易以及中国本身之安全，均有莫大之关系。中国之法国关于法属越南已订有数种条约，其最近者为民国十九年五月十六日之《中法规定越南及中国边省关系专约》，依照此约之规定，法国允许各种货物通过越南，军械及军火包括在内，中国政府鉴于法国所负上述之特定义务，自有要求其履行义务及维持越南国际交通路线之权。惟年来中国政府对于军械与军火均未要求通过越南，实已尽可能范围，谅解友邦处境之困难。不像日本军阀政府，得步进步，近日竟更乘人之危，对于法国政府，肆为公开及非公开之威胁，逼迫其停止中越间之一般运输，法国政府未能坚决拒绝，中国政府实不能不引为深憾。盖日本之要求，在使法国对于亲善之友邦施以封锁，此种封锁无论中法条约上或国际公法上，均属毫无理由也。法国政府既未能毅然拒绝日本之要求，其结果必更鼓励日本军阀破坏远东和平之行为，中国政府于此自不能不有最大之关切。中国政府确信日本在亚洲或太平洋上任何区域，如有军事侵略行为，无论其出以何种方式，无非欲借其侵略所得，完成征服中国之根本目的。尤属显然者，日本如侵占越南，其目的将不仅夺取法国属地，势必更取道越南以攻华，故日本如在越南等地有武力侵犯行为，中国政府为维持其生存独立，与遂行其一贯之反侵略主义计，不能不因日本之逼迫，而采取此种局势下之一切必要之自卫措施。"

八月间敌人向法要求假道越南攻我，八日我外交部复发表声明如下："中国于抵抗日本侵略中，如日军不利用外国国土攻击中国时，原无派遣军队进入外国之意，故现在越南边境附近驻扎之中国军队，苟日军一日不入越南，当一日留住中国领土，而不令其开入越境。乃现得确实消息，日本必欲派军队在越南登陆，并在越南境内采取他种军事行动，借以攻击中国领土，中国政府于此特郑重声明：日本武装队伍果侵入越南时，不论其用何种借口，并不论其在何种情形之下,中国政府认为此举系对中国领土安全直接与急迫的威胁,当立即同样派遣武装队伍进入越南,俾得采取自卫措置,以应付此种局势。所有因采取此种必要措置而发生之结果,中国政府自不负任何责任。而法国当局如在越南准许或容忍日方任何军事行动,则所有因是发生之结果,包括越南中国侨民所受身体及财产之一切损失,法国政府自不能避免其责任。"

九月,越南允许日军登陆。九月十日我国炸毁铁桥,自行调度该路昆河段,同时外交部发表声明,说明中国处置之正常。同年十一月七日上海法租界当局与敌伪成立协定,允其接收租界内法院,我当局即向法院提出严重抗议。复由外交部发表声明略称:"对于上海法租界内自称为中国法院之任何机关当然认为非法,其所有裁判及其他任何行动一律无效。"

〔国民政府外交部档案〕

3. 贸易委员会函送《缅甸运输路线亟应开禁理由节略》(1940年9—10月)

1)财政部秘书处致贸易委员会函(9月27日)

奉交下外交部二十九年九月二十四日欧字29第四一九五号回代电开:据驻英郭大使电称,缅路重开问题,除不断由外交途径催促外,援华会正作大规模之运动,唤起舆论,已向英政府提出全国决议案,集体签名者达一百三十万人,并拟继续宣传,请将有关材料电示,以资应用,等情。除分电经济部外,相应电请查照,即将该项关系材料克日见示,以便汇转为荷,等因。奉批:速核复。等因。除分函外,相应函达查照,希将有关上项材料克日送处汇办为荷!此致
贸易委员会

秘书处启
九月二十七日

2)贸易委员会致财政部秘书处公函稿(10月7日)

准九月二十七日渝秘甲字5754号公函略开:奉交下外交部九月廿四日

欧字29第四一九五号回代电,以据驻英郭大使电称,缅路重开问题,除不断由外交途径催促外,援华会正作大规模运动,唤起舆论,已向英政府提出全国决议案,并拟继续宣传,请将有关材料电示应用,等情。电请即将该项关系材料见示汇转,等因。奉批:速核复。等因。除分函外,相应函达查照,将有关上项材料克日送处汇办为荷,等由。准此,兹拟就缅甸运输路线亟应开禁理由节略两条,暨最近三年中英、中缅贸易统计表四件,随函送请酌核汇转为荷。此致

秘书处

附件

缅甸运输路线亟应开禁理由节略

一、日本自侵占海南岛以来,逐渐推行其南进政策,近又与德意签订三国同盟公约,造成利于日本之国际局势,以便此后作更积极之南进行动,其事至为明显。惟美国整军计划之从速实现,太平洋与远东政策之趋于积极,及中国抗战力量之加强,足以牵制之。然自缅甸路线禁运之后,不独中国抗战所需军火及器材之输入大受影响,即美国兵工业所需之钨锑等矿产,中国因汽油、汽车之禁运,运输能力削弱而不能尽量对美输出。中国因铁路材料之禁运而停止修造滇缅铁路,增强运输能力之计划亦遭挫折。缅甸路线如继续禁运,中国势难尽量以兵工矿产输美而助成其整军计划,并因此而不能增多美国对于英国军火之供给,削弱中国抗战力量,障碍美国之整军计划,于英国对德意抗战及维持英帝国海外利益均属不利。

二、中英商务关系素极重要,自我国抗战以还,沿海口岸因被日本封锁,中英贸易已见减色。缅路若继续禁运,我方因受汽油、汽车禁运之影响而运输能力降低,既不能尽量以华货供应英缅,亦不能尽量输入英缅货物,殊非两国之利。

兹将最近三年中英、中缅贸易统计附录于后:

最近两年中英中缅进出口商货统计表(抄录二十七年海关贸易年刊)(国币元)

一、对英出口货物总值

	主要货品							
二十六年统计 80379559	蛋品	猪鬃	植物 油类	茶叶	生丝	钨	锑	锡
	26000000	4800000	3898000	5188000	6500000	4000000	3200000	4470000
二十七年统计 56769387	23000000	4500000	115000	809000	3300000	400000	无统计	7230000

二、由英进口货物总值

	主要货品				
二十六年统计 49129745	棉毡及棉纺品	羊毛及毛织品	钢铁及金属材料	机器及工具	化学药品
	2385000	8355000	10052000	4849000	4895000
二十七年统计 30836908	2375000	2461000	4962000	1021000	5368000

三、对缅出口货物总值

	主要货品	
二十六年统计 4503313	茶叶	生丝
	247000	3035000
二十七年统计 4661383	169000	3200000

四、由缅进口货物总值

	主要货品	
二十六年统计 3626879	茶叶	生丝
	2762000	227800
二十七年统计 5635066	4537000	109000

〔贸易委员会档案〕

4. 王世杰为请适当时机发表张季鸾关于苏日中立条约文章致 王芸生函（1940年10月23日）

芸生先生鉴：昨函计达。附稿系季鸾先生所撰，给予缮清（并略有更易）之件，拟请贵报于建川抵莫斯科时发表，想荷同意。匆匆。即颂

撰祺

王世杰　敬启

十月二十三日

将来本文发表后，万一尚有续论此事之必要，仍望不致伤及苏联友感，或先行洽商如何。

附及

关于苏日签订中立条约之说帖

一、观察

预料中之苏日政治协定业已成立。日本已自苏联得自由南进之机会。日本今后究将进攻马来、新加坡、荷印等地，或先进攻滇缅一带，以切断中国海外交通线，岁不可知，但日本发动南进之时机已愈益接近，似无可疑。

自德义〔意〕日三国同盟成立以来，日本即有意与苏联成立谅解，德义〔意〕亦希望日本与苏联成立谅解。此次松冈赴欧以前，德驻日大使奥特先松冈过莫斯科。在松冈由柏林返国，滞留莫斯科期中，苏联驻德大使曾于四月九日晤德国外长与日本驻德大使，于此可见苏日协定在事前必已获得德方之默契，甚或德方之斡旋。

苏日协定虽可增强苏联对德国之地位，但苏联之主要目的似不在此。苏联之主要目的在促使日本南进，与英美冲突。苏联在苏日协定下之义务为：（一）对日本维持和平友好关系；（二）不侵犯日本与伪满之领土；（三）并与日本成为第三国战争之对象时，保持中立。但上述之第三点是否适用于中日战争（因依照公法，条约之效力不溯既往）？苏联与中国间有互不侵犯条约存在，苏联在该条约下对中国之义务为：不得直接或间接与侵略国以任何协助，并不得为任何行动或签订任何协定，致该侵略国得用以施行不利于被侵略之

缔约国,严格而论,苏日协定无疑的与中苏条约冲突。然苏联亦可强辩,谓两者之间并无冲突,因苏联并未给予日本以往任何协助。纵苏日商约成立,苏联仍可如此强辩。且中苏条约在文字上并未指明日本。

苏联此后是否将继续援助中国？在目前,苏联一时似不致完全停止对华之援助。苏联此后之行动将视国际形势为转移。苏联此后若完全停止对华之援助,必将在中国业已获得大量之援助,日本对华作战之地位业已相形见绌,或美日战争业已爆发之后。因苏联现阶段之外交政策为:保持苏联之安全和平,并促使其他各国间之战争扩大与延长。苏联对中共之指使与操纵亦不必以此种政策为枢纽。换言之,苏联一时似不愿见中共与我国国民政府完全破裂。在现时中,中国抗战力量之削减绝对无利于苏联。

此次苏日协定,对日本较对苏联为有利。苏德两国间虽有暗潮存在,但目前苏联决无进攻德国,德国在现时亦决无强迫苏联应战之理。德国之作风,似在恫吓苏联,使苏联与轴心国家(包括日本在内)合作——至少消极的合作。为安定后方(东南欧)并获得作战之物质起见,德国不惜干犯苏联之疑惧,对巴尔干与近东一带用兵,但除意外之冲突外,德国于最近期间似仍将避免使苏联非应战不可。因德国必将先对英伦三岛与〔予〕以闪击。在闪击英伦前,德国仍将避免与苏联作战也。

在苏日协定签订以后,莫洛托夫,松冈与近卫曾表示,此项协定将有助于解决苏日两国间之一切悬案。日本铁道当局最近亦曾表示,德日两国经过西伯利亚之运输必须获得圆满之进展。德国新派之商务代表团已赴东京,在不久之将来,苏日两国间之商约必将成立。而德日两国间之物物交换制度亦必将与两国对苏之商务协定取得联系。

此外,苏日两国间似尚有他种谅解,或业已秘密成立,或尚在交涉中。此种谅解,或有问边界领土,或有问鱼〔渔〕权油田,其谅解之内容,对苏必将较对日为有利。以平衡此次政治协定之影响(因此次政治携带,对日较为有利,已如上述)。

二、对策

今日之国际形势已日益明朗。中国之抗战除自力更生外,比较最可靠之友好邦,自为美国,美国此后对华之援助,将与苏联在远东之态度成一反照。苏联愈使中国失望,美国对华之援助比愈益积极,苏联愈将示好于日本,以鼓励其前进。因此,我国目前之外交对策似应注意下列数点:

(一)对苏联能利用一日,即利用一日,能利用一分,即利用一分。我既不依赖苏联,亦不必积极采取反苏之态度。

(二)设法在军事上,在外交上,巩固滇缅运输路线,严密防止日本以武力切断。务使英美与中国之交通不至完全隔断。

(三)促进美国之物质〔资〕援助,并加强运输能力。

(四)与英国及其殖民地政府保持密切联系。

(五)加强后方经济,准备长期战争。

〔军事委员会档案〕

5. 郭泰祺为对英外交事致外交部电(1940年10月—1941年3月)

1)郭泰祺致外交部电(1940年10月19日)

佳电、萧电敬悉,遵转邱。删晚访外相长谈,首告缅路重开,固我方逾越预料,但满意不稍减,盖希望此为中英合作之新一页,尤其中英美能在远东加强合作。外长谓亦彼所企望。次祺提及首相盼我国能自由劝印度一节,因此祺就大旨密告请转告首相,彼为欣然。祺谓此事最好有具体办法,因提及克利浦之中印缅合作建议,并谓此项合作即不啻中英合作……(电码不明脱漏数字)印度对华之同情于今已事实表现,必为印度所欢迎,美国亦有好印象。所称各节,外相答美甚注意印度,而印度政府人民亦均必乐为,彼愿与印缅部长商谈,并拟告以祺亦将访谈,如我方更有何提议,望同商云云。祺谓当即请示,俟中央有何方案,乞即详示以便接洽。嗣祺提及借款问题,谓美借款新成立,盼英能继美助我,增加平衡基金借款,俾增强法币地位,防止膨胀,当大有助于我抗战,子文拟来英接洽云云。彼询子文何时可来,彼个人当欢迎,但借款事须先与财长一谈云云。祺复提及派遣商务经济军事访问团赴华事,并谓时机已至,可借以促进中英之实际合作。外相亦以为然,谓此事政次本已迭加研讨,嘱与政次洽商。祺继询苏联政府曾向英大使表示对华政策不因三国同盟而稍变,确否? 彼答似有此表示。(嗣询政次苏联外次所言,而莫洛托夫则对华不甚关切云。)但彼所顾虑者,苏联现畏德极甚,恐谋与日本妥协,以免东西受敌,吾人防止苏日妥协,端赖美国,盖美力足制日,可祛苏联东顾之忧,故英对此点在华府正有所致力,盼中国大使亦于此致力云云。(除径电话之外,拟请公电嘱并与詹森洽谈。)祺末询英苏改善关系有无进展? 外相答不能说有何进展,但苏联亦甚愿意,惟同时顾忌殊甚,例如克使访晤莫洛托夫,竟不愿报纸提及,故彼两次嘱英苏关系消息,须慎重记载,勿触忌,盼我方对此亦加注意云。别时外长约祺旬日内俟彼与印缅部长财长商洽再谈。乞务抄送外交部。

2)郭泰祺致外交部电(1940年10月25日)

伦敦郭大使(十月)二十五日来电(第16581号)

昨晚访英外长,外长谓财长据最近报告认我方平衡基金,尚称顺手,似无增加必要。祺谓增加全国对法币信用,抑抵物价起见,确有此必要,宋子文与罗杰士已有来电,祺正备说帖送达。外长谓收到后当详加考量,问宋是否来英,并谓无论成否,似不妨来英亲与财政当局洽商。祺又言,此外当望英方能给我一煤油信贷,为缅路恢复之一种表示;再原有之三百万镑信贷已仅剩四十万,亦盼能增加,俾作在英购料之用。继询外长已否阅及英大使与委座十月六日谈话之报告,彼言已阅及,尚待从大处再加研究,彼信蒋委员长已明悉英对华之精神,了解中英立场与宗旨相同,中国之新地位,吾人一般已认识,余对阁下迭次开诚谈洽,对其他代表鲜有如此者,即其一证。吾人应付时局有某种步骤,须待时机成熟,始可采取,若此时激起英日正面冲突,于中英甚无益,故吾人不得不慎重云云。祺因言及美国态度之益见显明,总统选举后,或更坚强。外长谓连日已于〔与〕驻美英大使详谈,选举后美政策当有进展云云。祺以为外长所谓时机,端视美之未来行动,英现正竭力应付地中海与近东情势,在太平洋自觉无力发动似暂亦无意,惟必力求与美一致,美如发动英必追随。

3）郭泰祺致外交部电（1941年3月）

郭大使由伦敦来电（外交部六二号）

　　美总统个人代表之任务关系与阿特里商谈战争目的，以为万一美国参战之准备云，再日来英朝野对德国大举来侵又多畏惮戒备，且虑其不顾一切毒瓦斯或毒菌者，但多数以为德目前势须扶助义〔意〕大利在地中海对英抗战，以图廓清。闻德已派一千五百架飞机至Sicily，一面在巴尔干扩张势力，甚或援意攻希。惟苏联土耳其之态度，颇为此中重要关键云云。前日印缅部长约午餐，据云德如来侵，必难得手，且宝石岛着手，因此料德在地中海巴尔干必将有举动云云。谈及滇缅铁路事，彼谓英政府确在恳切考虑云。罗杰士十八日抵英，连日与英财部对平衡基金问题作初步洽商。祺昨接英财部来函约日内开谈。顺闻！

郭大使由伦敦来电（外交部六四号）

　　和〔荷〕兰政务次长即被命而来赴任之驻华公使向祺表示，愿维持中和〔荷〕外交关系，并愿仿英国办法，予我信贷，以为在东印度购煤油、橡皮、金鸡纳霜。（一九三九我国由东印度输入总值二千余万元）额数未谈及，大约一二百万镑或一千万和〔荷〕币，如何乞核示转达为荷。

郭大使由伦敦来电（外交部六五号）

　　昨晚访政务次长，催询滇缅铁路事，据称内阁正在切实考量中，最重要之点，即拨款兴筑由腊戍至边境一段，如有决定，当随时洽告云。昨日晚报载东京讯，日苏将订不侵犯协定，政务次长谓彼甫与艾登谈及，我方如有消息，望见告，但彼不信苏联对华政策将有何变更云，松冈之演词，政务次长谓似非出于负重责者之口云。英方对松冈之言论颇不甚重视，又昨晤土使，据谓苏土对巴尔干时局甚能合作，但苏联仍亟欲避免战争云云。

4）郭泰祺来电（1941年3月3日）

郭大使三月三日自伦敦来电

一日已晤政务次长洽商,彼允俟与有关部接洽后答复。又谓法方既拟屈服,情势已松,西贡华侨或无离开必要。祺谓越南受日操纵,此际必多事,仍不得不准备万一,彼亦谓然。并言调人之佣金,虽尚未明或竟不须明言,此后在越驻军及借用海空军根据地均可随时发生,吾人对日本南进企图,防区不能稍松云云。再艾登访土结果,英方甚满意,苏联虽未肯表示助土,但亦不至乘危攻土,英方料德攻希腊时,日本在太平洋或将同时举动。顺陈。

〔军事委员会档案〕

6. 邵力子为对苏外交事致外交部电(1940年10月—1941年4月)

1)邵力子致外交部电(1940年10月18日)

密。邵大使巧日(十八日)来电

今晚十一时外部次长约见,亲交公复钧座函,嘱为转呈,内文词意亲切,对外交方针似因情势困难未直接作答,俟译竣立即电陈。再今晚又见克爵士,彼谓近日所得印象,苏方渐与我等之期望接近,又谓苏即使对日缔结不侵犯条约,亦祇为其避免某潮流压力之不得已办法,故必从具形式无关实际,且据彼所知苏正尽力延宕,劝我不必过于重视,仍宜对苏俄表示信任。谨附陈。

2)邵力子致外交部电(1941年3月7日)

邵大使三月七日自莫斯科来电(第19069号)

英克使五日乘原机回莫,今访晤,据谈此行向艾登报告及时讨论英苏关系甚详洽,昨与苏外次长维申斯基谈两小时,曾询苏对保之声明是否可认为含有谴责之意,维氏云然,克氏认土决心甚坚,惟德果即时大举进兵,则英亦须运送大兵至巴尔干,在今秋美国扩充军需生产完成以前,不免感受困难,又认苏联对英确已渐增好感,英苏关系或有具体进展之可能。

3)邵力子致外交部电(1941年4月9日)

邵大使四月九日自莫斯科来电

苏南不侵犯条约第二条最可注意,据密讯,该条原有中立字样,南使力争请求删去,颇难定议,最后经史丹林〔斯大林〕裁决,所谓友好关系可作种种解释。苏似将予南以某种援助,惟必履行秘密。一般舆论认南为卫国而战,不指为帝国主义战争,对希腊亦渐改变看法,近两日苏报连载各国对苏南不侵犯条约之论评与记载情形,大公报社论亦略提及。

〔军事委员会档案〕

7. 郭泰祺关于与英方洽商平衡基金借款与信贷事致蒋介石电（1940年11月10日）

致外交部二十五、三十两电,计邀尊鉴。平衡基金借款与信贷,英方正考虑中。惟对基金就技术立场,有数疑点:(一)恐被敌套取;(二)在华市面金磅〔镑〕已多过美金,如再增加,益减低金磅〔镑〕对美金之兑率;(三)目前尚称顺利,认为无增加必要。祺旬日前曾电子文解答,迄未得复。六日政次又询子文来否,谓"如来有利无害,飞行甚便,逗留旬日,仍可返美"等语。祺以为英方既迭询及,实含好意,拟恳钧座加电催其来英一行。英方对基金状况常接报告,祺则甚隔膜,且系外行,未便商谈。至信贷问题,祺以我方所需之物资英国目前多不能供给,因请其通融办理,俾在金磅〔镑〕区域如印缅坎澳,我方均可适用信贷。英政府颇采纳此意,现正研究中。又,各自治领及印度政府,关于对日经济制裁政策,现均与英政府渐趋一致。如英美再能合作,则可期顺利推行。

原电呈阅。一、闻罗斯福明日(星期一)来谒孔副院长,此电拟抄转孔副院长及王外长。二、应否酌复,乞示。

〔军事委员会委员长侍从室档案〕

8. 张季鸾撰《从中苏关系立场上判断苏日关系》(1940年11月)

苏日将订立互不侵略条约之说,宣传甚盛,但都是日方消息或第三国的新闻电讯,苏联却无任何消息透露出来。现在日使建川今日就要到莫斯科就任。这个谜就要揭穿了,我们应当在其未揭穿之前,下一个判断,借以表示一点中国国民当然的立场与期待。

我们的判断是：日本纵有此要求，苏联一定不肯，换句话说：我们绝不相信苏联会接受日本的要求。本来这件事国际上很关心，揣测纷纷，着眼点亦不同。有的从苏联对三国同盟的根本利害上分析，有的从苏联对英美外交关系立论，我们也不轻视这些问题，但本文的判断，却不是从这些问题得来，而是单纯根据中苏国交而下一判断。这就是说，因为相信苏联重视对中国的信义，所以不相信苏联肯接受日本妥协的要求。

或者要驳问：苏联和中国只是互不侵犯，那么，又何碍于苏联与日本也同样的互不侵犯。何况苏联的国策是和平，而互不侵犯，就是和平，对中国用和平政策，对日本为什么不可以同样用和平政策。我们可以断然答复道：这样一来看法，是虚浅的，这样解释，是错误的。为什么呢？中国也〔与〕苏联的国交，固然止于互不侵犯，但所谓互不侵犯，就是单纯的依照中苏互不侵犯条约的本文，其意义已经十分重大。该约第二条明明订着："如缔约国之一方，受一国或数个第三国侵略时，其他一方在整个冲突期内，不得对上述第三国予以任何直接或间接援助，亦不得采取任何行动，或参加任何协定，使侵略国可用以损害被侵略国"。那么请问：若苏联与侵略中国之敌人日本，订了互不侵犯条约，是不是与中国不利？我们可以答复：当然与中国不利。因为这样条约，事实上是政治的外交的援助。正在四面楚歌中的日本，而中国与日本，正进行着生死存亡的战争，凡日本引以为利的事情，都当然于中国不利。所以最正确的解释是：若苏联对日本的第二条便丧失了作用。还有更重要一点：中苏互不侵犯条约的价值不能专看条约的文字，文字以外，两国政府间，乃至两国关系人民间，在订立条约时，显然尚有一种共同的意念。这个意念是：中苏两国订立这个条约以后，不只是彼此互不侵犯，而且彼此均不与日本帝国主义者妥协。那么，今天苏联若与日本订立互不侵犯条约，在文字上，固约文不合，在精神上尤与订约时双方的共同意旨不能一贯，我们因为深信苏联一定重视对中国的信义，所以不相信苏联肯接受日本的要求。

或者另有人驳问道：这其间还有变通办法，就是苏联尽可以一面苏日不侵，一面援华不变。我们对此点，原同样的坚决声明，不相信苏联将来会有这样表示。因为苏日不侵与援华政策，根本上是不相容的。说到此点，大家第一项明确记忆,这经年的中苏关系,是互助,不是单助。互助的对象,就是日本问题,而互助的效用,是军事形势问题。具体地说,这若干年,在日本以侵华反苏联双管齐下为国策的六月间,尤其在日本鼓动国际反共联合阵线以后,中国第一步严厉拒绝了共同反苏联的协诱。第二步,毅然决然单独对日发动了自卫抗战,这在军事形势上,就天然地削减了日本对苏联的威胁。事实上,当前两年苏联清党肃军的不安期间,而日本从不能大规模侵略苏联,再看本有军事性质的日德反共协定,在欧局最极为复杂的这两三年之间,也是始终不能发挥效能。今天苏联在欧洲地位有利的变化,固然原因很多,而中国自卫抗议,牵制日本,也当然是原固〔故〕之一。在另一方面,苏联在军事形势方面所给予日本的牵制与中国的效益,实际上亦较诸苏联对我的物质接济尤为重要。所以两国过去是互助,而互助的重点,是军事形势。固此,假若苏日间订立不侵条约,军事形势显然要发生大变化。在这样新的形势下,纵令苏联对我依然有若干军需品的贷借,决不足以抵消中国的敌人所得到的利益。我们是坚信苏联决不变更援华政策的,所以决不相信这种与援华政策相反的情势可以发生。

我们对本问题结实的话说完了,而或者又有人问:那么为什么相信苏联如此之深,说他一定不肯接受呢? 我可以答复道:有根据,有理由。第一,这一年来苏联的外交,极活泼自如,但苏联从无对一友邦放弃信义的事实。第二,自列宁以来,以援助东方被压迫民族为重要政纲之一,我们不能想象苏联政府会变更这政策,本来援助被压迫者的中国,现在忽变成援助压迫者的日本。第三,自列宁以来,苏联甚重视中国,而中国甚真挚地重视苏联。自列宁最初宣言放弃不平等条约所建植的中苏友谊的础石,又加上这三年在中国艰苦抗战中苏联所表现的友谊,特别那些援助中国抗战的苏联军事技术家献身的努力,中国国民十分感谢。而这感谢均不是计较数量或效果,而是宝贵苏联国民这一种互助的友情。我们是万分重视中苏国交的,因而相信苏联领袖,也必然是重视的,因为中国竟是世界上一个大国,苏联在进行其世界外交之时,相信其应当不会忽略了有传统友谊的大中国!

我们的判断如此,当自信不会错误,可静待事实来证明。最后附带说几句,望我忠良国民明白认识者:中国是自己抗战,我们交朋友,是互助,不是乞援,假若以乞援为心理,那么,精神上先就自己取消独立了,还讲什么抗战救国? 总之,我们要对敌人打死战仗,对友邦守信义,这样就准成功,一点也莫忧虑。同时也惟有如此坚决自信自助,自主奋斗,才能永远受友邦重视,且能不断增进其重视,这时候一般的泛论,而对于中苏国交的前途,也同样的可作如是观。

〔军事委员会档案〕

9. 郭泰祺关于与英方商谈具体援华计划情形致蒋介石电 (1940年12月6日)

支电敬悉。祺前昨分访工党阁员亚特力及外财当局,切陈对华财政实质之援助尤重适时性,力促早日宣布。若彼增加我方抗战勇气与对民主国家友好之信念,尤促使轴心及中立国家感觉英美之一致及反侵略阵线之加强,当裨益欧亚时局匪浅。彼等均表赞同。按英政府助我诚意与政策,确已无问题,惜无人积极主持推动。故祺往访亚氏,请就其个人及工党素来主张,于此时积极援我。并谓“日本为轴心最弱之国,易使溃败。盖义〔意〕虽在希腊受挫,德必难坐视,终将赴援。日本则频频于枯竭,英美以财政经济力量即足制其死命。日败,则德义胆寒,影响全局至巨”云。亚氏谓:“诚然。吾人专致力于欧陆近东,或不免勿视他处之机会。”允为促进,并询及吾国近况。昨午后晤政次催促。彼切言决无意延滞,一切均在积极进行中。英方亦了解我方之注重时间性,对钧座合作大计划,虽因种种关系不能完全答复,但盼日内能就大体并先举数点奉答,因密告即将遣一高级武官赴渝云。关于飞机厂及在缅装配所购美机事,印度部长表示愿予便利,并已与政次商谈。政次谓英政府现正拟在印度南部择地建设飞机厂,如我方厂同设一处,双方均便。祺已告以我方愿意迁移,彼谓如此甚好,当并同计划办理,惟尚需时日完成,装配事当视为我国飞机需要之一连带问题云。昨下午访财长,首谢其对我政府要求增加基金与信贷之同情,考虑现请各增为一千万镑。为政治与各方心理上作用,并请其早日宣布。彼允即商外长,日内答复。次告以子文兄暂不能来,请其电令现在美之财团，就近作细节上之商洽。彼允即电洽。以上及近与各方接谈，大致均甚欢洽。顺陈。此电请饬抄送外交部财政部参考。

〔军事委员会委员长侍从室档案〕

10. 郭泰祺为英国援华贷款事致蒋介石电（1940年12月10日）

英借助平衡基金及信贷各五百万镑，今晨已宣布，闻英大使已奉令转达钧座矣。此数本系根据孔部长及子文兄先后来电交涉，奉支电后曾面商财长各增至一千万镑，惟稍嫌迟顷〔钝〕。复据财长来函，以英国负担奇重，歉未能照办云。此次收获未能如钧座之期望，殊为歉咎，但对其余合作各问题，仍当继续勉力。

〔军事委员会委员长侍从室档案〕

11. 郭泰祺为与英方商谈进一步援华事宜致蒋介石电存（1940年12月13日）

两灰及文电敬悉。顷访外长，遵达谢意，彼表示欣慰，谓近得寇尔来电，颇为不安。祺言："钧座本希望英能贷我加倍之数，以应时局之需要，但谢意并不因此稍有所减，且信此后视我方之需要可再提请。"外长谓："然。蒋公如因时局有所提商，英方愿予考虑。"祺因提及建筑滇缅铁路事，如美国愿参与，诲英方如何态度。彼谓："迄未闻美有此意，亦未能立即有所表示，容与有关方面商谈再答。在原则上英自欢迎美方合作，但此举似无美参加必要。惟因购料关系，或因自有其便利。"祺谓："此路为重要国际交通路线，美方因援华故，或亦感兴味。"彼谓："然。"义〔意〕军在埃及边境大败，祺致贺意，彼为欣然，谓此乃军事上一重要好转，影响墨索里尼命运及全局匪浅，认苏联态度近较有进展。又，驻美英大使逝世，祺便为致唁，谓吾国亦失一良友云。

〔军事委员会委员长侍从室档案〕

12. 顾维钧为报告外交局势事致外交部电（1940年12月14日 —1941年7月22日）

1）顾维钧大使法国维希来电（1940年12月14日）

义〔意〕军先在阿尔巴尼亚受挫于希腊，连日又在北非大败于英，致国内民心动摇，主和派抬头，恐有政变，德亟欲派兵赴义〔意〕援助墨氏，政府昨日要求法允德军队假道自由区入义〔意〕，拉氏已允，惟开阁议被阁员一致反对，同时贝当元首因查及拉氏种种侵害国家与元首职权之行为，面加申斥，务即辞职，并下令交军警看管，断绝交通并派兵严守各部，情形紧张，德以义〔意〕局紧急，提哀的美①放书于法，要求即允德军假道，否则入占全法，法政府当遂接受。顷据报德军已入自由区开往义〔意〕境，计有三十列车之多。余续陈。

2）顾大使法国维希来电（1940年12月14日）

顾大使十二月十四日自维希来电

密讯：三日东京法大使电称：据松冈面告，日政府为结束中日战事计，拟向我提出足惊环球之和平条件云。

3）顾大使维希来电（1941年1月22日）

顾大使一月二十二日自维希来电

今晨新美国大使来拜，谈甚融洽。（一）关于欧局，询以昨日瑞士报载美总统派遣密使分赴欧洲各方视察接洽，意欲提议调停欧战，根据国际公道与各国自由安全各原则，汇集国际会议解决一切，现正修好美俄邦交，对俄之欧洲政策，颇能谅解，并望届时与美合作促进和平，祇望苏对日维持其仇日政策云云。真相如何？美大使答，彼离美时，美总统并未谈及此层，惟抵欧洲后，传闻有以一九一四年之欧局为和议基础，果能作到，亦是办法，但德焉能同意。据彼所知，美总统最近演说，谓对侵略国不应再抱调解希望，实出诚意，惟对俄修好邦交属实。（二）关于远东问题，彼答远东方面近无增强海军之举，美海军大部仍在檀香山附近，其所以不往西太平洋开进者，以备欧局突变时有开

---

① 哀的美，或哀的美敦书，即拉丁文 Ultimatum，"最后通牒"之意。

往大西洋之必要，但照现在海军布置，远东有事，可于三日内全部出发，如欧战结束，则日本陆军既有中国牵制，其海军不难由美海军一鼓扫荡，而远东问题及根本解决，可一劳永逸，至供用新嘉〔加〕坡军港一层，现无成约亦无订约之必要。如美海军须用时，数小时内可得英之同意。钧询以欧战有无调解希望，彼答：其乃德之无信义与希氏之不守成约呵！(三)泰越纠纷，彼谓日有利用之意，以作南侵准备，但德方颇怀疑英之态度，谓驻泰英使对泰国挑拨，不利越方，实则英国之政策与美相同，亦在息事宁人，彼不信英使能独自违其政府之意旨云云。

4)顾大使维希来电(1941年1月28日)

顾大使一月二十八日自维希来电

密讯：(一)法外部二十三日电，东京法使通知日政府，在原则上接受日本调停越泰纠纷之提议后，于二十五日电致训条要点：1.泰军窜在越境者一律退出；2.法军虏获泰军械不退还，以后撤退之泰军可不缴械；3.原境界不含自然地理情势者可修改，但须依平等相互原则，长短补益，彼此不受损失；4.日本不得藉口监视撤兵，派军官团赴该处边界；5.务使日方明瞭〔了〕法对泰军事胜利，日不调解，法不至吃亏；6.要求日政府召西原离越，在越日军事，由澄田一人主持，以西原态度急进，澄田较缓和也。日外相对法方接收调停，甚表感动，因此此项提议，曾经天皇批准，如不能成，恐政府动摇，其对召回西原，原则同意，但须得商军部，免致格忌。又法曾将接受日方调停，告知英美二国，均示不满。(二)法驻泰代办电告，驻泰英使曾暗示调停之意，法碍于德方关系，不敢接受。(三)驻日法使密报，日军在海南加紧训练登陆技术，准备于德向英总攻击时侵攻租印。又云不拟占全越，但需二港口，1. Camranh 2. Phonarng Phonie 或 Phontiet 为和租印途中接济之用。(四)驻渝法使馆二十一日电，日密往滇边视察驻军，未知是否衔有密命，面授前方将领云。(五)法非密报，得葛公将军麾下西非部队已入义〔意〕属利比亚，与英夹攻义〔意〕军。(六)驻匈牙利法使报告，德军正在密备大批热带用军装辎重，又化装旅客约一万五千人入保加利亚，备作内应，似为经土攻埃，并解决北非洲法军之计。

5) 驻法大使顾维钧来电（1941年3月10日）

顾大使三月十日由维希来电

今午邀苏代办便餐谈话：（一）关于远东，彼谓近来苏对美关系甚佳，惟对华更优，现日俄谈判为渔业条约及其他商业问题，至政治问题尚未谈及，更说不到签订不侵略条约，彼询及我国国共问题，谓我不宜以暴力解决，钧明告以我国抗战方酣，全恃军队服从命令，一致对敌，此次处置四军，纯属内部问题，增强抗战能力。（二）关于近东，彼谓德军开入保加利亚，在压迫希腊就范后，进占大达海峡，巩固德之后方门户，俾可专心攻英岛。钧询以届时土耳其、苏联两方态度，彼答彼个人意见，土军将士虽勇，器械陈旧，未必能毅然决定武力对抗，至德占海峡，虽于苏联有重大影响，然苏联政策无放弃中立之意见，尤以英德之战系帝国主义争霸，苏联无参加理由云，似不如上次所示态度之坚强。

6) 驻法大使顾维钧来电（1941年3月11日）

又三月十一日来电

密讯。（一）上星期日外相告法大使，法接受调停方案后，益须声明法嗣后尊重大东亚新秩序，对日一切处置言论不加任何反对，益言明如法作此声明，则日外相可以个人名誉担保，日政府将来于德法议订和约时，必为法向德疏通减轻条件，法大使颇示惊异，答称法德之事无须日本干涉，一面电告此间，谓此项要求不啻欲逼法加入轴心集团，力持反对，并请予辞职，以示法坚决态度。法外部昨夜电复后，谓如日坚持要求法国承认此节，则该大使可即宣布辞职，否则宜观望日方态度如何改变。（二）又东京电松冈此次赴德义〔意〕，系因德同日本在远东对英，须视德在欧洲开始对英总攻后能否占得胜利以为断，否则按兵不动，以示好英美，故特邀日外相来欧商谈，借可明瞭〔了〕日政府真确态度，又称日本内部急进派不满意松冈对英美之和缓态度，故与德国社党干部阴谋邀松冈赴德，如柏林商议不能满足彼等愿望，则拟于松冈回国前在东京举行倒阁，另推急进派当外相。（三）莫斯科电，日大使援中苏商约之例，要求苏联与日亦订商约，借为两国商订不侵犯条约张本，莫洛托夫曾以议调口吻告该大使,日苏商订不侵犯协定宜以一九〇四年前状况当根据,俾易成议云。

7)驻英大使顾维钧致外交部电(1941年7月22日)

电悉。介公与公均信美国不至违弃其反侵略立场而与敌妥协,弟亦坚持此信心,外间纷纷议论,约有三个来源:一为孤立论者,如芝加哥论坛报、如纽约日报,其论均不足影响大政方针。二为极端助英论者,以为太平洋可与日妥协,俾全力肃清大西洋,此论已足动摇大计,盖此时美国势力已到冰岛,大西洋北线运输已可无虞,而德苏开战后,日本举棋不定,而有举足重轻之为恶力量,故美国决不忽视太平洋局势也。三为一种有意的迷雾,或为官方示意,或为有力报纸社论,均示日本不可执迷忘返,自取败亡,但日若真悔悟,则英美亦不绝其自新之路,与纽约时报最近社论亦有此意,然实无牺牲我国之心也。今日弟访外部洪尔细谈,其时正得敌内阁辞职之讯,洪谓敌之准备侵安南似无可疑,弟告以号电政府正防卫敌由越攻滇云云,彼甚喜态,谓即转达当局。关于英苏协定,据彼所知,似对远东并无特别谅解,洪尔甚欲知最近苏俄是否仍继续有物资助我,弟与洪尔皆以为英苏同盟之结果,既〔即〕使苏对波兰后国有所谅解,则苏此后对我亦不致放弃其向来立场。兄谓如何。

王世杰批:送外交组阅后密存。

8)驻英大使顾维钧致外交部电(1941年7月22日)

伦敦顾大使七月二十二日来电

昨与党领袖阁员 A.T.Lee 午餐,告以日如占越攻滇,南于缅典〔甸〕、新加坡和印,北于苏联后方安全,均关系重要,届时英至少当以空军助我,俾保全远东中英阵线之联络。彼颇注意,惟料最近期内,日尚不至有何举动。钧又询以卸任宣传部长奉使远东之用意,彼答为促进帝国各部分在远东之合作,与派往近东之各性质不全相同,当以新加坡为驻节之处,但不拟常驻云。

〔军事委员会档案〕

13. 杭立武报告与卡尔大使商谈滇缅路开放问题情形等致蒋介石密呈稿（1940年）

1）呈之一（10月4日）

顷晤英大使卡尔，谈及滇缅路。当告以我方人士认为英国有不能不无条件开放之势。渠云，就现时各种因素论，大概可以开放，但我方万不可轻视此问题，或以为开放系必然结果而忽略其重要性，因滇缅路之禁运系代表一种妥协政策，今日英国非已完全决定抛弃妥协政策，故仍须全力以赴之。倘一旦决定开放滇缅路，则妥协政策告终，以后种种互助办法即可顺利进行。武意如钧座能再电丘吉尔首相，借可表示中国政府重视此问题，必可发生甚大效用，且最好于两三日内发生。渠揣测英政府或将于数日内召集特别阁议讨论此事也。（上星期日虽曾由外交部王部长转达钧座对德意日三国同盟之意见，并附带请以开放滇缅路为一种政策上之表示。但此电系致英政府，渠只有电陈英外长，并非致丘吉尔首相者。谨此附呈。）谨此密呈

委员长蒋

杭立〇肃上

二十九年十月四日晚

送陈核转

2）呈之二（7月25日）

报告

兹谨将为滇缅交通事与卡尔大使往返电报译呈，敬备参考。

六月十九日致卡尔大使一电文曰："关于港缅交通，外间传说英将让步，至感不安，敬盼竭尽全力，阻止妥协。我政府人员认为，对于天津问题曾作最大让步，以协助贵国。至国际交通乃一重大问题，亦盼贵国采取强硬政策。否则中英外交将受严重影响。"

七月六日卡尔电嘱英使馆驻渝代表向武示意，英政府正为此事与美国政府接洽。当即报告参事室王主任及外部，由王主任及外部分电胡大使，请其注意。

七月十四日再致卡尔一电文曰："伦敦传来消息甚为不利,情势迫切。此时必须力谋挽救。"

十五日再去电文曰："传闻英国妥协办法,各方反响异常强烈;我政府与人民认为此项屈服为背弃信义,不合法约。新加坡代督昨日演说谓,英国希望中日和平。一般人认为系英国放弃我国之先声,是否为政府所示意,盼复。"

二十日得卡尔大使电复文曰："十五日来电至感,君所欣虑各点绝无根据。"

二十四日再去一电文曰："缅甸交通限制,对我精神上之打击至大。幸赖委座意志镇定,识虑超远,始能把握舆情,渡此艰辛。按贵国在东京使节与日政府常能保持联络。此间则不免相形见绌,故台驾若能早返,至为企盼。中国政府及此间爱护中英邦交人士咸切望先生能及时努力于下列两事:一即谋使缅甸当局对于未禁运各货之运输,尽量予以便利,而对于禁运各货之范围解释勿太宽广。一即务须达到三个月期满后,废止禁运办法之目的。一般舆论贵我两国为今日东西唯一反抗侵略之两大国,且均系独力支持,故绝不可再互相减消抗战力量也。"关于此事自当继续努力,如承指示,尤可感幸。谨呈

委员长蒋

杭○○肃上

二十九年七月二十五日

送陈核陈

3) 呈之三(7月30日)

报告

顷接卡尔大使廿九日电,其文如次:"二十四日电悉,关于应努力之两点,自当注意。来渝一节,决当提前,大约为期不远。惟现时即返,恐不免引起论议耳。"谨呈

委员长蒋

杭立○肃上

二十九年七月三十日送陈核转

〔国民政府军事委员会档案〕

14. 行政院为审议杜镇远筹建中印公路计划书事致蒙藏委员会函及训令并附审查会纪录(1941年2月1—16日)

1)行政院函(2月1日)

杜镇远呈建筑康印公路计划书:兹定于本年二月八日(星期六)上午九时,在本院会议厅开会审查。除分函有关机关派员参加外,相应抄同计划书内路线形势一段,函请查照,提定人员详加研究,拟具意见书,届时携同出席审议为荷。此致

蒙藏委员会

计抄送计划书内路线形势一件

行政院秘书长　魏道明

康印公路之路线形势

(1)拟采路线:按由西藏过印度有二线可遵,第一线由康定西经雅江、理化、义敦、巴安、宁静、盐井、察隅,以接印度阿萨姆省铁道终点之塞地亚站,全线约长一千公里,此即总理实业计划中高原铁路系统"成都门公线"之一段,再由此经印度铁路,至脑卡里以出海。第二线由西昌经盐源入滇境之永宁、中甸、德钦,再入康境,以接第一线之盐井,即沿第一线之西段路线入印度,与塞地亚铁路衔接,共长约一千零五十公里。第一线起自康定,贯通西康中部,无论就国防政治经济文化任何一点而言,均有赶速修筑之必要。惟因经过区域多属崇山峻岭,人烟稀少,粮食缺乏,不仅工程艰巨,而工人招募工粮购运尤感困难。为欲速辟国际路线,以应抗战需要起见,拟先筑通第二线。查第二线由西昌至盐井一段,在康境者约二百三十公里,在滇境者约三百公里,地势虽亦崎岖,但较康定至盐井一段平易多多,且沿线居民颇众,粮食产量亦丰,路跨两省,招工备粮均无困难。第二线完成以后,即可继续兴筑第一线,所需工人、材料、粮食,东可取之于川陕,由康定运入。南可取之于滇印,由盐

井转输。天然困难可望克服,完成之期更有把握。一二两线完成以后,再进而图扩展,可由察隅西顺雅鲁藏布江,向西北经大昭至拉萨,此即总理实业计划中"拉萨大理车理线"之一段,再由拉萨向南经江孜、亚东,而与印度铁路终点大吉岭相接,由此经铁路至加尔各答以出海,并可由察隅西南之瓦低出岔,循滇边以至缅甸铁路之密支那站,为通仰光海口之又一线。

(2)两线形势:第一线所经须横过大雪山、沙鲁里山、宁静山、怒山、雪山等山脉,及大小金沙江、澜沧江、怒江等四大河流,但在雅江及巴安附近地势平坦广阔,故路线自康定至雅江须先逐渐向西南下降,至小金沙江支流(即雅砻江),过江再逆江北溯至雅江后,始渡金沙江,逐渐向沙鲁山脉盘旋,经理化平原,达义敦后,沿山下降至巴安,过大金沙江,又盘旋宁静山脉,经宁静下降达盐井,过澜沧江,沿怒山山脉向南穿越丫口,再过怒江,沿雪山山脉北上科麦,南下澜罗瓦西,抵察隅后,顺河南下,直抵塞地亚。第二线所经须横过磨盘山、小高山、毛牛山、大雪山等山脉,及雅砻江、清水河、俄洛河、金沙江诸河流,但在盐源、永宁、中甸附近,地势平坦广阔,故路线自西昌而行,过安宁河,升至磨盘山顶,海拔二千五百五十公尺,降至雅砻江一千四百八十公尺,再西行越过小高山三千三百六十公尺,达盐源县,由盐过清水河,一路平坦,更越毛牛山三千八百五十公尺,渡俄洛河二千零二十公尺,达滇省之永宁二千八百公尺。沿途起伏二次,由永宁顺抓子河直上,达中甸县,由中甸县大路上大雪山,经往钦达康境盐井,而接此线。自西昌至此,计程约五百三十公里。

2)行政院训令(2月16日)

行政院训令　勇肆字二五六二号　中华民国三十年二月十六日

令蒙藏委员会

据杜镇远呈拟建筑康印公路计划书到院。经交有关机关审查后,提出本院第五○三次会议决议,原则决定一面踏勘一面交涉。除分行外,合行抄发审查纪录,令仰遵照办理。此令。

计抄发审查会纪录一份。

院长　蒋中正

杜镇远建议建筑康印公路案审查会记录

时间　三十年二月八日上午九时

地点　行政院会议厅

出席　外交部尹明德　财政部李悦　经济部左其鹏　交通部康时振、杜镇远　蒙藏委员会熊耀文、黄子翼　中央大学地理系胡焕庸　行政院蒋廷黻、章裙

主席　蒋廷黻　记录　何霜梅

一、路线比较:原计划书所拟两线,其第一线系由康定西行,经盐井而达塞地亚,第二线系由西昌西行,至盐井与第一线汇合,而抵塞地亚。第一线康定、盐井段,沿线人口稀少,粮食缺乏,运输困难,及匪患未清,工程难于着手,似无采取之价值。第二线西昌盐井段,并无上述各项障碍,较之西康盐井段段为优。又第二线中甸以西,可分南北二线,北线自中甸经盐井至塞地亚(即原计划第二线之西段)此线自中甸向北转西,途程较远。南线则自中甸直往西行,迳达塞的亚,颇为近捷。惟此线须经中甸未定界,划界问题不易解决,工程即无从进行。又所经野人山等地,土人多诛族野蛮异常,工程设施将感不利,故此线亦无采取之可能。至北线途程虽较远,其自盐井以抵塞地亚,虽其人口粮食气候等问题,与康定盐井段情形相若,其与西藏地方政府之合作问题,亦尚待商洽,但较南线自易为力,在运输上亦较为安全,故以仍采北线为宜(附图)。[图略]

二、经费概估:原计划第一第二两线里程相差不远,全长约为一千二百公里,乃至一千五百公里,须俟勘测后方能确知。依照目前物价工价概估,每公里需费约自十五万至二十五万元(交通部代表康帮办报告,现在乐西公路每公里需款十五万元,康印公路须经藏印诸地,须用藏币及外汇,每公里约需二十五万元)。如以全长一千五百公里每公里二十五万元计算,即需三万万七千五百万元。

三、工程期限:据原建议人杜局长镇远报告,倘政府对于印境修筑联络公路交涉成功,对于西藏商洽妥定,工程款如期如数拨发,并授予主持人以征调工程师之权,则可负责于六个月内筹备就绪,于二年内全线打通,即最低限度

可于二年半内筑就。该路(连同踏勘测量时间在内)行驶三吨卡车往来无阻，小河有桥，大河有轮渡，路面一部分铺成，至运量问题乃关于业务方面目前尚难估计等语。(杜局长并声明关于工程机关之组织无论称督办或其他名义，须另置一员专负外交、政治、军事、经济等事之责)又据中央大学胡教授焕庸及交通部代表康帮办时振估计，在具备上述各项条件之下，自筹备以至完成为期必须五年，方可适应运输之用。

四、建议两点

(一)政府如决心修通康印公路，则应下最大决心，充分筹集经费，并授予主持者以全权，俾克期赶筑。若不如此，则将来所费更多，为期更长，路成之后，其效用亦更微。

(二)进行步骤:1.政府初步应即时与英国交涉二事:(1)从塞地亚至我国边界之联络公路之兴筑问题。(2)印度铁路将来转运我国物资之优待及便利问题。2.政府应及时与西藏地方政府接洽，在建筑期间，应负地方治安之责，对工程员工充分予以便利。3.政府应即时与西康、云南两省政府商定征工征粮征购材料骡马火药等项办法，对于工程进行并予以充分之一协助。

〔国民政府蒙藏委员会档案〕

15. 行政院关于审核中印公路工程经费概算等项详细办法的训令(1941年2月9日)

行政院训令

令蒙藏委员会

案据交通部三十一年二月二日路工俞字第二〇号呈为遵拟筹建中印公路详细办法检同概算，请核示等情。经提出本院第五四九次会议决议"先修筑龙陵经腾冲至密支那一段，由交通部另拟工程计划及工款概算呈核，其他路线并着由该部筹备"。除指令遵照办理具报，并分行有关机关知照外，合行抄发原呈，令仰知照。此令。

计抄发原呈一件

院长　蒋中正

交通部原呈

案奉钧院三十一年一月二十三日机字第一四〇三号梗院四代电开："三十一年一月十二日会同运输统制局何兼主任折呈悉滇缅铁路仍应如期赶筑并加紧筹建中印路一案，原则上应准此议办理，至详细办法仍希妥拟呈核"等因。奉此遵查中印公路本分南北两线勘测，北线以藏方阻挠，交涉尚未就绪，故迄未入藏施测。至南线则已勘测完毕，惟中印路工程艰巨，工人粮食均感困难，无论采取何线均须两年以上，方克完成。现在缅甸南部已受敌人威协〔胁〕，经由缅境仰光入口物资，恐多危险。为争取时间计，必须于较短时期内接通印度以维国际交通路线。兹拟即利用已经勘测之南线，先自印境阿萨姆（Assam）省铁路终点之列多（Lsdo）向东修筑公路，经葡萄（Pretao）附近之南渡（Laugtao），并将南渡至缅境铁路终点之密支那（Myikgina）间有原驿道加以改善，此线已奉委座核准，正与英方接洽，请印缅两政府迅速进行。该线约需缅币三千七百余万元，并为预防缅边交通万一受敌威胁起见，拟同时将密支那八莫间原有公路加宽改善，以与滇缅公路衔接，如此于短期内可得一中印交通线路。唯为永久中印交通安全起见，自西昌至中甸线仍同时进行，中甸至南渡一段，越分水岭甚多，工程较为困难，拟稍缓即行兴工，该段所经都属深山大泽、人烟稀少，将来工粮工具运输困难必多，故同时须将下关经丽江至中甸附近之其宗一段须筑一简单公路，便转输而利赶工，又查西昌至中甸一段修筑事宜，前奉委座本年一月三日机秘甲等六〇一五号手令指派滇缅铁路督办曾养甫及杜镇远负责兼办自应遵照，依据上述情形，谨将完成时期工程计划经费概算等项详细办法分别拟列如次：

一、时期　中印公路正线全长一四六〇公里，简单运输线由下关至其宗计三八〇公里，缅甸交通线（一）由密支那至南渡计三三〇公里，（二）由密支那至八莫计二〇〇公里，共长二三七〇公里，拟自开工之日起两年内全部完成之。

二、工程　第一年自印境之列多经葡萄附近之南渡达缅境铁路终点之密支那，全长六一〇公里先行筑通。

又同时请由英方将密支那至八莫计长二〇〇公里之联络交通线全部加

宽改善。

又同时自下关经丽江至中甸附近之其宗计长三八〇公里建筑简单运输线。

自西昌至中甸计长五〇〇公里积极兴工,又自中甸至葡萄附近之南渡计长六八〇公里则择要施工并举办全线各项准备工作,以便两年内一气呵成。

第二年继续将西昌至南渡全线赶筑完成。

三、概算

第一年工款概算

(一)中印线

1.西昌至中甸工款国币200000000.00

2.中甸至崖阳工款国币60000000.00

3.崖阳至南渡(未定界)工款缅币6000000.00

(二)滇省联络线

下关至其宗线　国币95000000.00

以上第一年全年工款应需:国币355000000.00,缅币6000000.000

第二年工款概算

中印线

1.西昌至中甸工款国币125600000.00

2.中甸至崖阳工款国币292500000.00

3.崖阳至南渡工款(未定界)　缅币13600000.00。

以上第二年全年工款应需:国币418000000.00,缅币13600000.00。

合计全部工程概算计需:国币773000000.00,缅币19600000.00。

列多经南渡至密支那工款,需工款缅币37300000元,如缅印两政府须请求吾方分担,则尚须照数增加。

四、组织　遵照委座手令,并为节省总务费用及争取时间计,不设专管机关,即交由滇缅铁路督办公署兼办,分设工程处十处分别趱赶。

五、料具所有运用材料工具除先由滇缅铁路暂行拨借一部分,俾可及时开工外,所有美国租借法案内请拨交九百万元美金,工具器材应立即购运,以便全面施工。

六、工人及粮食应按照滇缅铁路及西祥、乐西两公路征工征粮办法,饬由康滇两省府负责办理,并由英政府在印缅境内设法招募征购,另由其他各省征募,工人组织兵工队前往协助。

七、外交

(一)片马以北未定国界问题,拟请外交部与英大使洽商暂行保留,俟战争平定再行解决。

(二)印度境内一段及缅甸境内一段或由印缅两政府完全负责修筑,或由印缅两政府担负经费,我方代办工程。上述两项迭经本部与英大使洽商,并经缮送备忘录(附抄备忘录中英文各一份),拟请外交部与英大使再行磋商,以期早日解决。

所有遵拟筹建中印公路详细办法各缘由是否有当,理合检同。概算备文陈复,仰祈鉴核训示祗遵。谨呈

行政院

　　计附呈抄件

　　　　　　　　　　　　　交通部部长　张嘉璈

　　　　　　　　　　　　　〔国民政府蒙藏委员会档案〕

16. 陈布雷抄送中国驻外大使馆来电致王世杰函及批等文件
(1941年3月6日—1943年9月22日)

1)陈布雷抄送驻土公使馆来电(1941年3月6日)

驻土公使馆三月六日自安戈拉来电

关于克立浦晤艾登,谈话内容,经再三设法探询,克氏认为英苏关系当甚困难,若欲权作进一步谅解,英国须默认波罗的海各小国联俄事实,则英苏商业协定或可成功,此来系谓艾登决定方针,俾作进行依据。德专机带来希特拉〔勒〕致土总统函,据悉内容,申述德土友谊并表示不愿战事波及土耳其,惟此间对德态度并无信心,春季塞勒斯一带泥泞干后,德军仍有向极东方面推进可能。今晨英大使接英驻日大使密电,内谓日外相将有柏林莫斯科之行,

过俄时将与苏联讨论各种问题,克来琪对日表示,此行恐将增加英日间困难。

2)陈布雷抄奉莫斯科及安格拉大使馆来电致王世杰函(1941年4月18日)

雪艇吾兄勋鉴:兹抄奉莫斯科及安格拉大使馆来电各乙〔一〕件,即希察阅备查为荷。专此,祷颂公绥。

弟　陈布雷
四月十八日

附抄电贰件

附一:驻苏大使馆来电(1941年4月14日)

莫斯科大使馆来电(十四日)一九八〇六号

本日真理报论苏日中立约,首谓日俄关系迄今三十六年,此役非俄国及其人民之败北,而为反人民之帝制之失败。嗣后日俄关系曾充分紧张,且有武装冲突,如一九一八年东省问题、一九二二年日本对远东之军事干涉,及张鼓峰、诺门坎两国开战争事件,日本政界有人欲以苏联为其侵略对象,实为严重错误。次言中立约为苏日关系改进途中之一大步骤,共同声明,则可以扫除一切破坏满蒙边境安宁,不仅成为满蒙间,且为苏日间之冲突,次言此约已为日苏间尚未解决之渔约等问题,开辟调整之道路。近卫、松冈均已深知和平及善邻关系乃为两国人民发展繁荣之重要前提。末〔未〕谓深信此约将有贡献于和平事业,其解释共同声明,似欲指尚仅系技术上之必要,而不含有重大之政治意义,可据此论,可知渔约尚未解决,而不久必将解决。

附二:驻土耳其大使馆来电(1941年4月11日)

安格拉大使馆来电(十一日)一九七六三号

自巴尔干战事起后,各方传说颇多,兹就调查分析所得,呈报如下:(一)德国在上月开入保家〔加〕利亚军队约二十五个师,集中保境西南约十五个师,即现侵入南希者,集中保境东部约十师,意在威胁土耳其。英国在战争初起时,在希登陆部队不过四师。(二)土军在欧洲领土约有二十师,现已改作防御布置,加厚地道、散布全面,同时沿海峡、亚洲一带,约有土军十师,土在欧领居民已奉令逐渐疏散,全国学校决定本月十六日提前放假。(三)关于土方应付态度,关键在战事若何演变,如英国能在希腊及北非方面支持相当时间,使美国接济得以及时到达红海,土方态度必能坚强,若英国无力支持,土耳其后盾力孤势弱,至不得已时,态度或将软化。至此间对于苏联援助一层,希望仍不甚大。

3)陈布雷抄送外交部来电四件致王世杰函(1941年5月9日)

雪艇我兄大鉴:兹奉交下外电四件(外20164、20172、20173、20194号),特抄送一份,尚祈誊阅,祗颂勋祺。

弟　陈布雷谨启

五月九日

附件:

驻莫斯科大使馆四月三十日来电

外20164号

四月份苏联对外贸易部公报载,该部新定关于外国货物通过苏境办法之命令,其第六条列举武器、弹药、飞机、炸药、烈性毒药及制造武器飞机之机器等,均不许通过。查苏联法律原有此项禁令,惟此时重申规定,甚引人注意。闻德国日本商定交换军需品,其主要为以飞机与海军材料相互给,均要求苏联准许过境。

五月一日来电

外20172号

电悉。此事已于昨电呈报,(即前电)其全文当另航寄。再查该项部令日期为三月十八日,且系重申旧有禁令,对我援助当无影响。

五月一日来电

外20173号

　　此间英美专使及一般意见,咸认日苏此次未另有密件,日本对中立约虽表面甚热烈,实际并未十分满意,似所得确尚有限,德苏缔约时,其关系胜于今之日苏,但双方并未规定撤兵,苏日亦难有此规定,惟事实上或有不同,倘日军确有撤移,乞迅即电示。苏与中共军队除精神上有关系外,对我尚力避干涉内政嫌疑,从不谈及,谓其与日订约,甚难置信,密件有无,本难探明,谨先就所闻及愚见呈复,仍当随时注意。

柏林陈大使五月二日来电

外20194号

　　近闻此间已大体决定者:(一)六月初攻俄,预计两月内可占欧俄,此事党方主张最力,军政界虑于实际无所得,不尽赞成,现俄已将边境交通封锁,并闻乌克兰农业机器运往东方,有此委不下种说。(二)将约芬兰同时攻苏,图速占领列宁堡,收没其海军。(三)攻俄军事结束后,即攻西班牙及葡萄牙,谋统一全欧。其未决定而在准备者为九月间对英登陆计划,盖此间存粮备能支持及秋,秋后所得亦仅至春,如占苏不获储粮,则明夏民食将成问题,因有占苏后将提和议说,倘未能成,则攻英以决胜负。

4)陈布雷抄奉莫斯科及柏林大使馆来电致王世杰函(1941年5月19日)

　　雪艇主任吾兄大鉴:兹抄奉莫斯科大使馆来电及柏林陈大使来电各乙〔一〕件,敬祈察阅为荷。祷颂公绥。

弟　陈布雷谨启
五月十九日

　　附件:

莫斯科大使馆来电(1941年5月10日)

二〇三四一号

　　苏外部昨通知比利时、那〔挪〕威、南斯拉夫三国使馆,请其撤馆离苏,比利时、那〔挪〕威被占领将一年,使馆在苏,并无问题,南使为与苏签订不侵犯条约者,苏忽出此,必非得以,德苏关系紧张传说日甚,苏尽量避战,亦仍备战。由今之举,足见苏日订约亦为曲徇德方之请,此后趋势益可注意。惟亦有谓苏对德让步仍有限度,其关系重大者未必迁就,此种观察似较适当。

柏林陈大使来电(1941年5月11日)

二〇三五四号

最近所得密息如下:(一)德对苏所定方案不变,俄虽力谋妥协,如最近撤销比利时、那〔挪〕威、南斯拉夫在苏驻使待遇,但德方态度并不因此转移。苏重兵均集西境,德除拟正面迎战外,将乘虚袭其后,并闻驻俄总督已内定,匈、罗两国亦将协同攻俄;(二)南斯拉夫滨海全部及希腊全境均让义〔意〕大利管辖,惟雅典由德驻兵,梭罗尼基由德占有,但两国人民均不愿隶义〔意〕,故表面虽以墨索里尼地位,同时予义〔意〕大利以难题;(三)法已允德在叙利亚以军事上便利,但德无意派兵援伊拉克,预料伊决难支持,将来英德冲突当在叙利亚;(四)德土间暂可无事,德如能胜苏,土可迎刃而解;(五)德法关系渐趋接近,彼此均有让步,但德恐美如参战,必先先占法属西非洲之Dakar,亟欲派兵早据,免落美后,法未肯允;(六)经西班牙往据吉卜那尔泰海峡,德仍在计议中;(七)德自日苏订约后,对日更属不满,大岛已甚颓丧,预定之驻日新使施登作罢,仍令旧使回任,外部政治经济股主任均用曾久驻华之人,最近明闻日义〔意〕在驻日英使商洽,表示不拟攻新加坡,德益失望。

5)陈布雷抄奉柏林陈大使来电致王世杰函(1941年6月22日)

雪艇部长勋鉴:兹抄奉柏林陈大使来电乙〔一〕件,即希察阅以备参考是荷。专此,祷颂勋绥。

弟　陈布雷

六月二十二日

附抄电乙〔一〕件:

柏林陈大使介来电(1941年6月13日)

二一〇一五号

毕德来渝任务,表面如自云,已详前电,里面观察,似有两因:(一)官方颇信日有撤退驻军可能及日美有妥协趋势,如果成功,中美日自成集团,三国盟约果同废弃,对华关系亦将隔绝,德本期望我早能和,屡试而未得结果者,不甘落后,或图补救,先观究竟,以资缺乏;(二)毕德在部为远东股主任,日方屡向德外部表示反对,现令其临时出差,而其职务已派新自日返国之驻日大使馆公使衔参事卜尔兹接替,兹拟派前天津总领事贝兹为助,毕为自身前途计,似亦极望在外有所发展,为取得大使馆参事前途计地步,想必所有报告径递部长,到后必分谒当道,特密陈参考,并请转呈。

6)陈布雷抄奉伦敦顾大使来电致王世杰函(1941年7月28日)

雪艇告兄主任勋鉴:兹抄奉顾大使由伦敦来电一件(第二一八〇三号),即祈

察阅参考为荷。专此,致颂勉安。

弟　陈布雷亲启

七月二十八日

附抄电:

顾大使伦敦来电(1941年7月17日)

二〇二号电悉。顷访英外部常次,(一)首询以英苏协约合作范围,如日攻苏联,是否拟推及远东,彼答当然可以推及,盖既定彼此互助,自当包括任何方面。惟实际英于军事上能助苏之处不多,在欧现正用空军轰炸德西,当可减少德空军对苏之压迫。在远东方面,英之海军有限,能为苏助者亦甚薄。询以关于远东一层,曾否讨论,彼答未。钧谓据邵使电告,苏方似盼关于远东,亦能商订合作具体办法。彼答苏对英尚未提出要求。(二)关于东京阁潮趋势,彼当无确息。惟料日不久将南进,先占越南,对苏目前不致有何举动。钧谓我亦虑日将先占越北,攻滇省,故深盼届时美以远东空军助我,开始

中英军事合作,盖日之攻滇,亦即攻缅,为新岛之初步,若待日果攻缅新,再责华合作,届时昆明或已失守,彼此联络截断。我已无法助英,时机既失,合作皆不免空言,军事合作,贵于事先早定办法,若待临时商议,每有张皇失措之论,难收全效。彼似颇动容,谓所言甚是,容向当局进言。钧询报载英军事代表日内将赴渝商谈合作办法确否,所赍训令是否有权签字,抑仅能商谈。答该代表一、二日前当已到渝,专为与委座商议,无权签字。(三)钧询关于远东英方最近与美政府有何接洽,日如攻越,美将出为制止否。彼答时相交换消息,有不断的联络,届时美当能采取抵制办法,越南固为保障南洋各地之险要,但事实上日欲达为根据地,亦须相当时日,非仓促能成。(四)商以便利我官民赴缅签证手续事,彼允当设法。(五)沪租界法庭事,彼允致电东京,向日表示,但以最近日之对英态度,虑必无效,如伪组织果以武力攫夺,目前亦无力抵抗,只能保留法律上之地位。钧谓如能切实向日表示,俾保现状,实于各方均属有益,谅我亦已向美作同样接洽,彼称甚善。(六)商以设法劝阻泰国承认汪伪一层,彼言按今晨所得曼谷英使来电,泰政府正在抗拒,尚不至有承认之举。钧言英泰关系近况转好,英之劝告,必能见重,否则泰入日本势力范围,于中英均不利,即于泰自身,亦有危险,彼言英亦不愿见仇,英势力扩大至英属附近,所虑者,日如坚持,则泰当局或即只贪目前苟安,不顾泰国前程云。

7)陈布雷抄送外交部来电二件致王世杰函(1941年8月5日)

雪艇先生大鉴:兹奉交下外部呈阅电二件,特抄送备考,尚乞誊存。专此,祇颂勋绥。

弟　陈布雷谨启

八月五日

附件:

伦敦顾大使七月廿五日来电

下午艾登外长约见,(一)谓今晨某议员在议院质问,关于越南问题,何以未与中国接洽,彼以仓促出席,未能详答。实因美方约定所采对日办法,由美通知华方,兹拟先密告,系分两种:1.美将所有日本在美资产一概封存,嗣后非经特许,不得提用,英对日本一律宣布办理;现加拿大、澳洲、纽丝伦〔新西兰〕、南非洲、印度、缅甸均已同时发表;2.英将一九一一英日商约、一九三四日缅协定、一九三七日印协定声明废止,不止按照商约规定,此项废止声明须俟一年后方生效,但实际资产既已封存,所有商业自全停止,今晚当可发表。又云:所定办法约定由美方通知我方,因我曾要求封存华人在彼资产,原属难办,现美已筹有办法,拟一律宣布封存,但华方请求特许证可随时照发,对日拟拒绝。钧询外长看法,日方可有何种反响? 答曰:日必惊异所采制裁之严厉,或先沉默观望,或即出以反抗。此次所定办法,不特和〔荷〕兰踌躇,即各自治领亦多怀疑,要求商美担保,如日为难,美允为后盾,但此层恐难办到,提亦无效。钧继询据彼观察,美方预备作到若何地步? 答:如日攻新加坡与和〔荷〕印,美必不惜以武力对日;此非美方所言,仅彼个人感觉。询以苏联对越南问题有何表示,彼答无,但彼拟今晚以告苏大使接洽。(二)钧谓:日先据越南,或竟即攻滇,图断缅路交通,逼我就范,使我不能以兵力助英,此于保障缅甸、新加坡、和〔荷〕印之安全,有莫大关系,究竟英方能否以空军助我抗日? 彼答此系与日作战,现英已有德义为敌,难再战日,如美能参加,则英亦不惜与日为敌。钧谓:英在远东以地理关系,助华即系自助,如能制日于中越边界,日必无暇南进,必乃允以空军援助案内,再与军事当局一商,但彼料日于占越后,先图泰国,不至即攻华。(三)询以将来日攻苏联,英苏在远东合作问题已否讨论? 答:苏联迄未提及,谅以正忙对德,且苏远东军队并未抽调致〔至〕欧,日必不敢动手云云。

维希大使馆七月二十七日来电

今夜亚洲司密告此次日法协定经过情形,据云自日调停越泰冲突,法于五月九日协定内,予日在越各种经济利益,以为和平局面殆可维持。不料七月十四日日大使向法政府提出极严重要求:(一)在越南南部军事自由行动;(二)利用越南南部航空及海军根据地;(三)允保障越南土地完整,及维持法在越南主权云。当询以日方要求,是否只限于越之南部;彼答云:去年九月协定日军已得北部根据地,此次系包括Camianh及西贡等处。十六日法随即将此事告知美大使,但美方并无切实表示,只劝法方取拖延政策,十九日法国答复请求延期,廿日日方提出最后通牒,限四十八小时内答复,否则将自由行动,廿一日法答在原则上接受日本要求,至施行细则容另行交涉云。当即询以德方对于此事,有无压迫;彼答无,因日本以法在越南毫无抵抗能力,故不必要求德国干涉,然彼意德方必有接洽。彼又谓合作协定词系日人所拟定,其范围只限于防守越南云。查该司来意,似诉法之苦衷。据称上述谈话,曾得次长许可云。

8)陈布雷抄送外部呈阅电三件请誊存致参事室函(1941年8月15日)

雪艇先生大鉴:顷奉委座交下外部呈阅电三件(22281、22351、22377),特抄送备考,尚祈誊存,祗颂勋祺。

弟　陈布雷谨启

八月一五日

附件:

胡大使八月五日来电

22281号

八日来形势更好,总括约有数端:(一)二十五日之冻结敌资,目下美国主持竟成得整个英帝国与和〔荷〕印之坚决执行,英与纽丝伦〔新西兰〕均已宣告废止其对日商约,和〔荷〕印亦已废止其对日输油之协定,此为完全经济封锁之第一次,施行和油之对日经济制裁更为严重,印度洋这面经济制裁的背景必须有武力作战之决心。(二)二十八日总统下令将菲岛海陆空军收编入美国军队,并特任在菲有练军六年之麦嘉赛将军为美国统帅,此举使美国在远东有二十万军队。(三)三十日美炮舰在渝被敌机掷弹伤损事,美政府认为事非无意,提出严重抗议,此次日外省与海军部赔罪之神速、执礼之恭敬,均是证日本此时当不敢向美挑衅。自敌孤芳泽等到和印交涉失败后,其向和印先威胁而后气馁,已窥见其不敢在海上挑衅,故此次敌侵占越南虽有维希政府之纸上协定,英美仍决然取制裁政策。(四)美炮舰事件赔罪了事之日,美政府忽发表八月一日夜禁绝汽油输敌之令,此令文简单,故初读时不事明瞭〔了〕其涵义之重大,次日为便于执行专令,美外部获照出口证机关亦有专令,综合以观,始知此举禁绝输日者三大项:1.为飞机汽油,去年输日共五十九万五千桶;2.为发动机用燃料,去年输日共三百二十五万桶;3.为可提造两项汽油之油料。此第三项尚未有详表,然其意甚明瞭〔了〕,三项之外,虽明文准依战前比例输出,但事实上已不关重要,外交部令中并谓调销已发出口证,令其重行具领新证。据适所知,本年四月以来,外交部未发汽油类出口证,二号电所云漏洞即指此类也。事实上具领新必极不易,因外汇与输送困难也,故八月一日之令,可谓完全禁油输敌。

伯利总领馆八月十七日来电

22351 号

俄日冲突事,此间当无所闻。今午莫斯科无线电台报告,塔斯社代表下令政府否认此等谣传。但就本馆四一二七号电呈据情形而论,苏方似已严密戒备,然在俄军全力应付德军之今日,苏方对日以欲极力避免任何冲突,最近国际间一切不利于彼之消息,俄亦且登载极多,于此可见。除俟探得确息随时电呈外,谨电复。

顾大使八月八日来电

22377 号

今午外长邀宴,顺便以商。据云泰方告英泰虽已承认伪满,然无意承认伪汪,钧以为日再压迫,恐泰将迁就,请其再向泰政府劝阻,彼允即电驻曼谷英使设法。又询钧以日本第二步举动,答日本野心不戢,仍拟推进占泰国,此次英美警告虽严,未必能使日军阀觉悟,自宜及时准备,以实力制止,一面明白表示使日信英美确有决心抵抗,则尚可望悬崖勒马,否则日必得寸进尺。彼亦以为然。钧询以美方态度究竟能否积极应付? 彼答全视此次会商结果云,意指英首相与美总统之会晤。

9)陈布雷抄送外部呈阅胡适大使来电请誊存致参事室王世杰函（1941年8月22日）

雪艇先生大鉴:顷奉交下外部呈阅胡大使来电一件（22633号），特抄请誊阅。专此，只颂勋祺。

弟　陈布雷谨启
八月二十二日

附件:

胡大使八月廿日自华盛顿来电

22633号

极密。昨得读赞同罗丘八点之宣言，即分送各方及各报社。今晨谒外长，面交此宣言，并告以罗丘会后宣布之结果，对中日问题未有任何表示，我国朝野殊感失望，我人明知罗丘两公所商讨之范围包括整个世界，但觉终不免忽视中国，故甚盼能得足以慰藉我国朝野之消息云云。外长答云宣言公布结果未及中国，中国深感失望，本部同人深抱同情，日来本人与同人已曾商讨此事，本人将所商讨之结果提请总统考虑，但现尚未便发表。外长又云，彼在病中时与副国务卿电话，讨论远东形势，当日本将进占越南，彼即力主用严厉步骤制裁日本云云。适之言，此次美国主导对日经济制裁，已能到整个英帝国与和印之合作，我国政府甚深感谢云云。适又陈述最近敌机继续炸渝之残暴行为，因指出昨日总统发表以后，美国飞机将经非洲西岸直飞送达近东，计海程有八千余英里，其距离远过由马尼剌〔拉〕飞桂林之距离，甚盼美国能用同样方法送飞机等与我国。外长即用笔将桂林地划出，允为考虑云云。

10)陈布雷抄送外部呈阅蒋介石与顾维钧大使来往电请誊存致参事室王世杰函（1942年3月9日）

雪艇先生大鉴:兹抄奉委座与顾大使来往电三件（养、漾去电，感日来电），即请密存备阅为荷。祗颂大安。

弟　陈布雷亲启
三月九日

附：

委座致顾大使电

养(二十二)电中昨已由印回国,关于对印度告别书想已鉴及,英国舆论与其心理对此影响如何,希——详告,并乘便面达丘首相,印度政治与军事非余未到印前所想象者,亦恐丘首相不知其印度内容与实情一至于此也。余完全以客观态度,不敢不至诚实告,对于印度政治问题此时若不急速解决,则危机日甚一日,如待敌机轰炸印度人心崩溃时再言解决,恐已过晚,至待敌人入印以后,则更无办法。日寇如知此内情,则其攻印可如入无人之境,此时惟有转变印度政治现状,或可阻止敌寇侵印之野心也。余言不便电达,当作详函密告,并以此意略告克利泼史君为盼。

漾(二十三)电昨电请乘便转告丘首相各语,可暂观伦敦对中告列印民书之影响如何再定,不必太急,最好告克利泼史,使其间接转达后,如丘自动约史面谈时再以进言为妥,但以中观察,英政府对印度自动赋予政治上之实权,并勿使其各派纠纷,则印人对英必能转移心理,祛除恶感,效忠大英帝国,只有此策乃可消除印人脱离英国运动,使其觉悟脱离英国之政策与不利也。关于此事之昨今各电全文,请兄用有线电转告子文兄知照为盼。

顾大使来感(二十七日)电

今晨访克爵士,详谈印度问题,告以钧座在印所得印象,为抗战前途计,殊属可虑,英政府宜大刀阔斧,予一并以转移印民心理之解决,以挽危局。克谓渠知目前印度民心涣散,精神颓唐,形势恶劣,有危抗战,现英政府拟于日内宣布解决办法,现正在讨论,渠意此时非如往昔发表空泛宣言,及给予小惠所能了事,须采取有魅力有思想之办法,方能合一般民众感觉前途之希望,虽不能完全满意,亦可了解实因抗战时局内势虽谋到全部解决。又谓困难之点在草拟具体办法,予以自治,则佛、回、耶教各党派均须公平容纳人选,各党派代表之比例,究应若干,实不易定,稍失公允,难免纠纷。钧询谓闻内阁讨论,各员意见相差太远,是否结果将采折衷〔中〕办法?彼答阁中主张不下五六种,但现渐接近。又探询办法内容,答尚未决定,想不至使失望。钧谓如改组行政会议,加强印度籍分子等办法,为时已晚,不足挽回大局,渠意办法决定宣布后,并须遴派目光远大、富于对印同情之大员赴印,与各党派领袖讨论详细施行办法。钧问现在内阁讨论办法,是否于决定前一面亦在征询印度各党派领袖之意见。答各代表因一经征询,必即泄漏,而各党派群起争论,事难成就。又问回党领袖其那之势力如何,答二年前提出之该党要员均谓不能推重,但目前回党深虑印度劫夺自治后,佛党把持压迫回民,故其那尚能号召,一俟问题解决,彼将失势。钧言钧座认为印度问题,根本上须由英印解决,无须代庖,故嘱将所得印象请其办理。丘相如欲知其详,可约钧往见,目下不拟晋谒。克谓诚然,可不必往见,印度问题实际须由英解决。昨晚后曾以钧座态度与美方之意见略告丘相,将钧所言钧座之意转达云。

11)陈布雷致王世杰函及复(1943年5月3日)

雪艇先生大鉴:兹抄送外交部国外电六则,即请密存参考为荷。祗颂勋祺。

弟　陈布雷谨启

三十二年五月三日

王世杰批复:送外交组参考后存。

附:

伦敦大使馆三十二年四月十一日来电

(一)《曼哲〔彻〕斯特导报》载现在印度该报重庆通讯员著论谓,在印当局,深盼早克缅甸,以与中国关系深切,及对日军事上之重要,然缅甸恢复,非俟日本海军削弱,联盟能利用,越南及华南,不能有大发展,至现在印度防务,间接助华已不少。1.印之东北如不保,中国将与外洋完全阻隔,此为中国所深虑,今印防务甚固,可以无关。2.英在阿拉甘(Arakan)布置,虽不能如华期望,而使日驻缅军队牵制坐防,不能调动侵华。3.联军在印势力日增,不愿攻华。(二)《泰晤士报》导论战局前途谓,同时有两在战线,现所难能,最要在予德以重创,并极力助苏俄为陆上劲敌,海空在乎英美合办蓄锐,候机窥其后。

至远东方面,凡亚洲富源胥在日掌握,中国不克用其人力开辟,殊属可惜。缅甸雨期已至,一时难望收复,日虽遭挫折,近来每攻必败,船舶飞机损失甚巨,现难退守有余,进攻则不足。(三)《星期时报》评论艾登赴美与世界将来谓,有人提议欧洲联盟不合现代变更局势,国联过去过失,不在好高,在畏缩失败,不在空谈,在力量不足,欲矫其弊,不仅在中强欲建一世界权能,心须密组广包握有实力,由各联盟国集合成一重心,庶可操纵全部和平。《论坛周刊》谓,艾登在美所得有限,要点在美国不重视欧洲,将来须与俄与美与英协商,盖无论战与和必须由联盟国方略,非仅一英国的一美国的或一俄国的一联盟指挥的外交政策,非仅联盟国中一国的政策。(四)《新闻纪事报》评殖民部长宣言殖民行政为英惟一责任谓,移民为英国惟一权能,不关国联,但可解释认为撤销国际委任制度,该制度非国际行政,乃有关系国家受国际委任,以管理土地,今英外部突于此时为片面宣言,内外印象均感不良,一战后重要问题,怀有远反大西洋章之成见。

陈维城自伦敦来电三十二年四月十七日发

(一)《曼哲〔彻〕斯特导报》对英人士拟协助在华工业合作,颇赞扬,谓为亲善上进步,恐于中国工人无裨益,毋宁由联盟国广开供给途径,多运必要原料至渝。可于此危难时,增进合作,现中国工业合作已为社会文化枢纽,战时经济复兴渊源,将来和平恢复,当以此为新工艺模范,英方于交换上识验上亦可得益。(二)日在太平洋西南空袭,势在威胁澳洲,《泰晤士报》谓,日船舶重大损失,现在空中活动殊可虑,麦克阿瑟认敌大举先在澳邻境,后将及于澳之腹心,观其进攻范围,与澳洲地理孤立,无感乎澳情势也,日在该区布防,莫善于增加空军,现正着手,联盟国用兵因有先后缓急,但对澳应增强陆军,以备攻敌基础。《曼哲〔彻〕斯特导报》谓,日现仿联军用空军攻击海军之计,日珍珠港固用之,但于太平洋南,则远不及联军所用之多,惟日方陆军损失奇重,是否能如海上损失同可支持,殊成问题。《第日邮报》谓,麦克阿瑟等警告未可忽视,缘日虽迭遭挫折,仍能在太平洋进攻,并在缅甸威胁英军,敌扼澳境岛屿,终不能高枕,大敌当前,力图防守,同时又须在别区作战,殊非易事。(三)《每日前驱报》对上院辩论战后国际组织谓,中国政治家宋部长曾言,国联失败,由于产生太晚,其组织正在各国久已战胜以后,志满气盈,以为成功之果。当在忧患中,则必处心积虑,力思熟筹,国联必可长存。该报对薛西子爵所拟英美俄各尽国力,以灭侵略,并组永久行政机关,助其施行之民众颇称赞。惟谓薛氏侧重防止侵略,惜未重视经济问题为侵略之母,苟于战后经济无切实准备,则新国联将与国联同蹈产太晚之弊。《泰晤士报》专论谓,专制国家不能与世界合作,日倘有扩张主权无限之野心独心政策,不顾其他一切鞭策,将复构成世界纷乱,须各国按照情形,实行合作,共谋永久和平,增进世界生活程度,与道德思想,各方人民合作,尤在限制小国与大国权利,而小国人民自由权利,尤须与大国人民同样裨益。

又电三十二年四月二十日发

(一)《泰晤士报》导论对日作战方案谓,丘吉尔上次演讲称,败日当在败德之后,美方华方评论均有反响,美方一部分舆论,谓败德后,英人将以攻日责任加之美,此说幼稚不必深辩。惟华方评论英方应于同情,缘中国抗战六年,视日本为元凶大恶,今联盟国对远东战事仅以次要视之,中国舆论自难同意,但联盟国当务之急为集中力量,避免将力兵分散,各处用兵,结果将一事无成。欧战初期,英国同时用兵德、比、荷、那〔挪〕威、希腊、埃及等处,卒遭惨败。最近集中兵力于北非,遂因胜利,经验所谓,英国对日现宜逐渐摧毁日本之船舶力量,予以致命伤,败德之后,再以全力征日,华方对英败日之决心解释,当可完全置信,英国不但对华对美有郑重诺言,对其属地人民,亦负有早日解其倒悬之义务也。旁观周刊对同一题目谓,败德为败日之第一步,此乃联盟国讨论周详之策略。惟中国之困苦与日俱增,联盟国虽不能以全力援华,至少应助以继续抗战之器材,否则恐其一蹶不振。(二)《每日前驱报》批评缅甸局势谓,去冬英军入缅时引起之希望,今已成泡影,最初英军虽克服〔复〕少数区域,但不久已复失去,今雨季复临,六个月内恐难再度进兵,此次所得经验,益使吾人深信,欲驱逐日人,非陆海空军之合作不克有济。

魏道明自华盛顿来电三十二年三月二十日发

美国废止禁止华人入境案,将于五月五日在下议院移民委员会中讨论,劳工界及西方舆论对我现均有同情表示,国会情势尚佳,似有顺利进行之望。

李铁铮自德黑兰来电

(一)加赛伊京之行,反引起报纸猛烈攻击英国,英使严词抗议,当局乃封闭报纸十一家,民团有动摇说。(二)伊朗人不堪生活窘迫,近有蠢动势,商场一度停闭,戒严现又提早。(三)因英对美让步:结果戴高乐派不放弃对叙利亚、黎巴嫩之控制。(四)此间注视希特拉〔勒〕之召集各羽翼国傀偏说话,认为德夏攻势发动时,巴尔干方面将有重要发展,希腊方面消息谓,保将出兵助德。

12)陈布雷致王世杰函及复(1943年5月11日)

雪艇我兄大鉴:兹抄上外交部电六则,即请密存参考为荷。祗颂台绥。

弟　陈布雷谨启

五月二十一日

王世杰批复:送张、郭参事阅后存。

附:

沈士华来电三十二年五月六日新德里发

(一)此间传新阁改组后,印督有回伦敦一行说,以便磋商亚未利所许对印政治改进之诺言,但未证实;(二)此间报载丘吉尔将于下次议会报告战局时,提出对缅战事问题,因传奥钦赖克将军调印军总司令之说益高,此间对奥将军印象较好,认为如能实现,印僵局较易解决;(三)印共产党秘密决议,回教共产党员尽力加入回教联盟;(四)Edgrybowl已于周前由莫斯科返德里。

驻美大使馆来电三十二年五月十日华盛顿发

罗艾会见,系普遍交换见,并无详细计划,罗总统曾对艾表示,如照丘吉尔主张战后分区办法,美决不参加欧洲组织,至战后维护和平以四国为中心国际共管,日岛屿及东北与台湾交还中国,均美方素持之主张。

钱泰来电三十二年五月八日伦敦发

自由法国现有二派,情形复杂,戴高乐及吉罗二人争为首领,吉罗自以资格在戴上,有兵三十万,认戴无实力。戴前以首先倡义,谓吉罗曾与贝当表同情,认为维希余孽,英辅戴高乐,美辅吉罗,英对于美有让步意,美前曾表示在军事未结束以前,不愿有一自由法国统一政府。现北非虽未肃清,二人联合殊非易事,目前第一步为外交统一,如此次粮食会议,即由双方合派代表。

驻英大使馆三十二年五月十五日伦敦发

(一)各报对罗丘在美会议,认为远东事将居重要。《泰晤士报》谓在印三首领同时召往,可证该区接济与重开地中海有关。《曼哲〔彻〕斯特导报》谓,英美如将来军事进行,须与中国攻日实力同作检讨,此会可有谅解。《每日新闻》谓,此会于欧亚问题必同时讨论,日俟战酣时将力图分攻现在澳北各岛,连锁作防,在缅逼英退守原地,并利用攫得之大宗资源,以图一逞,防彼来袭,资助我进取,均由研究必要。旁观周刊谓魏非〔菲〕尔及英美在华印各将领均往,显见攻日预备,缅事棘手,必使中国失去重开缅路之望愈远,日军现距印只二十里,联盟国领袖应急图之。"EVENING STANDARD"谓,日由缅攻印之势益紧,英在远东殊危,此必为会议列程要点。《时与潮周刊》谓,敌图分我之力,远东局势可使联华转趋不利,此时须以全力攻德,并严陈对日,远东小胜无足轻重,败则影响战局前途。(二)《泰晤士报》驻论记者,关于中国战时工业者有专论详报,多以我经济部消息为根据,另谓中国六年抗战艰苦,被敌封锁,原料与机械不能进口,乃能在内地建设多宗工业,足可自给作战之用,人力多,虽缺少工业训练工人,亦已筹有计划,资源委员会定有社会保险办法,以谋工人利益,提高民众生活程度与购买力,中国将为增进外商之市场。

情报

(一)"斯德哥尔摩32/5/12电"《柏林晚报》编辑克力格述称:据中立报纸

之观察,在戴维斯所携致斯达〔大〕林之公函中亦曾论及日本问题一节,似已证实美国之战争商人推测,或将以苏联加入远东战争为承认苏在欧洲要求之条件。《柏林日报》通讯员并谓,此种认美国对苏加以压力,使之加入远东战争之观察,不仅克力格一人而已,其他观察家亦谓,苏联之对日作战,乃同盟国攻击日本中心要枢之唯一机会云。(二)"李铁铮32/5/16德黑兰电"德即将在俄全力总攻击,此间传丘吉尔、罗斯福将与史丹林〔斯大林〕在近东会晤。

13)陈布雷抄送外交部电九则请参考致王世杰函及复(1943年6月14日)

雪艇先生大鉴:兹抄送外交部电九则,即请密存参考。此次发下较迟,故有若干则尚为五月下旬之电也。即颂大安。

弟　陈布雷谨启
六月十四日

王世杰批复:送外交组秘密参考。

世杰。六月十五日

附贰件(电九则)

陈维城自伦敦来电32/5/20发

顷上下两院议员 Load Samuel、Load Listowel、Jack Sawsan、John Dugdale四人来访,据谓:现由 Lawsan 发起,在国会组织中英委员会(Anglo Chinese Committee),以促进中英友谊为目的,参加者已有两院议员二十五人,并公推 Load Samuel(上院自由党领袖)为主席,Jack Sawsan(工党议员)、Wedder Burn(保守党议员)二人为副主席,John Dugdale(工党议员)、Load Listowel(工党议员)为秘书,倘我方有需在国会进行之事,伊等极愿相助等语。

任起华自伯尼尔来电32/5/24发

据报德军于迭次攻俄失败,今年暂不大举前进,静待俄国来攻,引其远离接济中心,仿照去夏在卡尔奇夫战略,俟俄军攻势稍衰,再行反攻。

又电32/5/28发

(一)今晨出席联盟国驻使座谈会,据挪使报告,芬兰元帅在瑞时曾表示个人意见,极愿与俄言和,对于划界问题,并可酌予让步。(二)和议问题,义〔意〕方确与此间某使馆有所接洽,此某使馆莘观察当系美馆,美方表示无论义〔意〕方提出任何条件,除 Capitulation Sanscondition 外,联盟国均不能接受。(三)据波兰使意见,德方实力今夏已不能大举攻俄,而俄一时亦无法攻德,苟东战线无激烈战事,则联军决不轻图上陆,惟英使则谓联军上陆当在不远。

外交电(四)第三五二六七号五月二十三日邹尚友由安哥拉来电

(一)前次土允于非洲战事结束时,即行参战,盖当时土方估计德尚堪抵抗联军至秋末,讵料非洲战事结束迅速出土意料之外,现患英方要求,土方履行诺言,土已消极抵抗,不足阻德进犯为词拒绝,似欲观望德俄战事趋势为定。(二)土对轴心仍事敷衍,此次内长易人,似有步骤,前内长因拟定取缔轴心在土活动办法,未为政府嘉许,而去职云。

第三五三五〇号五月二十七日金问泗由伦敦来电

那侨转里斯本消息。罗斯福特史丹林〔斯大林〕函,内容如下:(一)前曾努力劝令芬兰首先停战,以苏联不慎,将其政治上与作战上计划过早公布,致使此项努力,终须失败,以后务请加意。(二)苏联对于西部各国,尤以波兰、巴尔干土耳其之企图务望勿宣。(三)请予解散第三国际,至少作形式上之解散。(四)以上之点,史〔斯〕若同意,罗愿于和会中,凡在欧洲与苏联有关之一切范围,可听斯之所欲为。(五)准备欧战第二战线,但历述困难点,如潜水艇作战等。(六)为重视中国、澳大利亚及美国反对党之意思,拟本年加紧对日作战,因此欲借用西比利亚飞机场。(七)提议蒋委员长及罗斯福、史丹林〔斯大林〕、丘吉尔四巨首会议云云。以所云是否可靠,固不敢臆测或竟纯属对方宣传性质,亦在意中,姑备一说,以备参考。

第三五三九○号五月二十九日陈维城由伦敦来电

（一）《泰晤士报》谓，败日须联中印以攻敌之背，中印皆愿由缅击东京，由太平洋海空方面或越南海入手，亦可分敌之势。《每日电闻报》谓丘吉尔述船舶增多，分用以对日，并对于欧实力无妨，美侵阿国可以为例，盼有继续。《经济报》谓，现在联军有一处不及，即对日战事，阿拉干失败。华军力渐薄弱，罗丘之会，有主即攻日者甚力，因北非平定，地中海肃清，印度洋一带运输较易，美国大军出动较便，可以集中力量对日，而不妨全盘方略。旁观周刊，论丘吉尔宣言，太平洋军事当积极进行一点，为澳华印各方所渴望，美取阿留申群岛亦属此意。

第三五五四○号六月五日伦敦顾大使来电

（一）《泰晤士报》对缅事谓，当此雨季，战事暂告停顿，美军退守原防，在过去半年尽力进攻，虽不克成，亦足阻敌之侵略孟加拉省他部，其最要者1.为Brigadier wingate，由印边率领游击直冲伊拉瓦迪，往来无阻，可为将来联络正军先声。2.为美方空军对敌在缅交通损毁不少，东京广播自认军情严重，需要军备甚急，其意或在激励民众加重牺牲，然可见疲于奔命。缅方尤为重要，如敌在海上失败，当前接济运输将大不利。《每日电闻报》谓，夺缅关键在太平联盟国海军，如据菲律宾、台湾，可断日本与缅甸、马来、越南、印度之生命线，并可恢复中国与外直接之交通，可远胜缅路一隅范围。倘联军于各该地实行封锁，须于敌未布置前图之，否则或由缅经仰光直攻驱敌，但此为最重要之举。（二）Lord Strrbolgi在《论坛周刊》著文谓，太平洋须待德败以后，英美现在远东取守势，先败欧洲轴心，以德不必联日，可继续奋斗，德败则日不能敌联军，然败德需时日，未必于联军攻德期内不动，如日乘机整顿实力，牢固占领各地，完其守备，恐难于克服。丘吉尔宣言，此后东西两方战事将用同等力量，就现状而观，应以全力对德，只能移动相当力量，向东以阻日本之前进，日海军仍甚强，在德义〔意〕海军未歼灭，英美只能用其一部分海军于太平洋，故对日大举，须俟联军能集其全力出动，方为上策。但日在联军能以全力至东方越疆作战前，力图消耗中国实力，此时惟赖中国坚决独当，亟须尽力设法加强援助,否则危矣。

第三五五三六号六月五日谢寿康由伯尔尼来电

据双方所得情报称,(一)最近义〔意〕警拘捕知识分子数十余人,其中有教士、大学教授、学生多人;(二)法党现已开始清党,故不但人民即党员亦呈不安状态;(三)义〔意〕方极大宣传,英美飞机轰炸惨酷,专以平民为目标,并诬称掷下无数玩具、自来水笔,满装炸药,炸伤儿童,欲借此引起义〔意〕民仇视英美心理,鼓动抗战情绪;(四)驻义〔意〕外交国眷属已纷纷逃避日馆,妇孺已决定送至匈牙利;(五)王室方面及高级将领竞用一部分人士,拟秘密经通英美,内应联军在义〔意〕登陆;(六)旬前英机飞炸罗马附近水上飞机根据地时,罗马空防抵抗,惟火力薄弱,效力毫无,徒伤居民六人云。

第三五五四六号六月五日邹尚友由安哥拉来电

兹续探悉,英要土参战,土提出英土共同防苏为进一步合作之条件,英方坚决表示,英苏合作不仅限于战时,即战后必然,据悉内容者谓,此种开白透彻之表示,在英土谈判中尚首次,又英美协助土耳其调整陆空交通兵工事业及加强国防等问题,土方故事延碍,而土以军事原料输德,认土为间接资助其敌人,尤为不满,土政局恐有变化,内阁或将改组,以和缓对英国关系云云。

14)陈布雷抄送外交部电两则请参考致王世杰函及复(1943年6月17日)

雪艇先生大鉴:兹抄送外交电两则,祈密存参考为荷。祗颂台祺。

弟　陈布雷谨启
六月十七日

王世杰批复:送外交组参考后秘存。

世杰。六月十七日

附：

傅秉常自古比雪夫来电 32/6/7 发

日本驻苏大使佐滕于五日飞往莫斯科,据此间某使馆消息,伊此次赴莫,莫洛托夫所邀请,商议问题似包含下更两事:(一)苏联租用美船甚多,自太平洋战事发生后,日方认此项船只虽挂苏旗,仍系美船,故多予扣留,苏方希望放行。(二)日方认苏方船只常将日船航行消息供给美方,致受重大损失,故提出抗议。

驻英大使馆自伦敦来电 32/6/12 发

(一)《泰晤士报》对蒋委员长此次在华中部队挫败日寇表示庆贺,日之大举,意似在毁坏所积之米,而久困之兵,亦亟图逞,汪伪信用日堕,伪军不可靠,多投诚,美国空军在华助战颇得力,敌宣传或诬称此役为侦察,然以十万大兵头欲窥伺重庆。《新政治周刊》谓敌国窥华失败而溃退,自是中国阻敌,进取既多地理冒险,则于毁米外,是否别有企图,必属疑问。日军在华现策,似在扼守水道交通等,待华方兵队士气与政府威信削减时再动,现渝与盟邦阻绝,未可使敌坐收机宜,应协同增加空军援华。(二)《每日电闻报》,专论将来攻缅,谓应从 Assam 入手,得成则中国道路可通,并可增强美国攻日之空军根据地。史迪威将军在美称,此路重开,可增远东声势,在印华军必将出动,中国境内军队可由绥远、东北两面南下,与集 Assam 之英印华三方军队会同夹攻。敌在缅北兵力薄,接济匪易,故由该地入手为最宜。缅北夺回,华路重开,可直捣敌方由华南马来亚越南泰国之陆地运输线,以联海军,可在太平洋威胁敌之海运。(三)《旁观周刊》对丘吉尔演词谓,如在准备未充分以前,移其对欧之人力物力一部分,至东攻日,恐背安全原则,并妨及早败德宗旨,换言之,即欲图两面并举,不免两面俱败,度丘氏与其部下决不出此,但须注意轴心国等当局,力图造成此局面,距离华路线,决不分散力量以冒险。

钱泰自伦敦来电 32/6/12 发

关于战后国际组织,艾登在诸小国外长会议中,曾有考查,此次美国关于救济机关组织草案,外交界观察,似将为未来国际政治组织之先声,诸小国对于大国原则上组织颇多顾虑,比国和苏均有所表示,比国外长虽公开主张加入国际组织,须具下列条件:(一)民主国;(二)加入国际军队;(三)无领土要求;(四)接受社会立法制度;(五)放弃币制改值运用,但实行匪易,赞成者将属不多。

15)陈布雷抄送外交电一则请参考致王世杰函及复(1943年8月2日)

雪艇先生大鉴:兹抄送外交电一则,敬希密存参考为荷。祗颂勋绥。

弟　陈布雷谨启

八月二日

王世杰批复:送外交组参考后存。世杰。

附:

钱泰自伦敦来电32/7/24发

比国对于同盟国救济机关组织草案,昨已答复美国,在不妨害其对于其他国际之态度下,大致表示赞同,但为避免大国包办起见,提出多项意见,须缩减中央委员会权限,希望扩大中央委员会组织,在讨论有关比国条件时,比国与大国有同等发言权表决之权,关于比国境内经济之执行,由比国自办。至于协助救济其他多国,视力所及愿加计议,但无规定范围等语。谨闻。

传秉常来电32/7/24自古比雪夫发

前军法军官由北非抵此,云现英第八军及法军均集中亚历山大,似准备由希腊攻入巴尔干,并云盟军此举寓有防苏之意。查苏联原联盟军直攻西欧大陆,此次进攻西西里,苏方表示异常冷静,且暗示不足认为第二战场。又在苏德人,本月十二、三两日在莫斯科成立德意志委员会,发表宣言,似均足表现苏与英美之合作,近日稍欠融洽。

魏道明来电 32/7/27 自华盛顿发

墨索里尼辞职后,此间官方除赫尔国务卿认为完全铲除法西斯蒂一重要步骤,并谓美国仍继续作战,此外均避免有所表示。舆论方面大多静观。惟昨晚战时情报局广播,则认义〔意〕王及新首相均属法西斯蒂党,颇引起各方猜度。据闻以义〔意〕局未稳,目前最感困难者,则为如何使德军离义〔意〕,及在境外之义〔意〕军如何调回,此为对德问题,必须有相当办法,方能把握全局而图其他。故情报局之论调,可谓对目前义〔意〕局有益。综合各方观察:义〔意〕之命运不外:(一)向联合国投降,而联合国予以较优条件,使新政府有相当行使权力之余地;(二)加入对德作战,避免投降,俾得较优出路。此间情绪均甚乐观,认为可缩短欧战期间。

谢寿康来电 32/7/27 自伯尔尼发

盟机炸罗马,教区不幸波及平民住宅及圣乐朗教堂,教宗于当日亲往视察,群众攀车高呼,要求和平办法。昨晚罗马晚报公布教宗代理主教谕言,谓不幸自身及接受古迹均为战事波及,表示悲痛,又谓曾向双方提议,将罗马划为不侵犯区,未蒙接受,深为惋惜。此间联军外交团认为前义〔意〕机炸盟国都市,教宗并未有类似表示,视似有左袒轴心嫌疑云。义〔意〕各界对此轰炸,表示愤怒,谓联军乃破坏文化宗教美术之公敌,据传一部分义〔意〕民,竟信此宣言痛恨英美。又外交团讯,义〔意〕政府于紧急时搬迁 Vyrone,义〔意〕主移驻法义〔意〕边境 Treneo。惟王室及党部有人反对云。

驻瑞士大使馆来电 32/7/27 发

据报义〔意〕政变动机,因墨晗希要求增援无着,拟从希意,挟意王至北义〔意〕作战,巴多格里奥为先发制人,迫墨下野。新政府拟请教廷或土耳其与英美接洽和平云。

又电 32/7/30 发

据报墨下野,德大使于二十六日向新政府提出要求:(一)倘义〔意〕继续作战,法愿积极增援;(二)倘若改变作战政策,德必1.继续反共。2.西西里抵抗到底,俾德义〔意〕重行分配军区布置。3.义〔意〕军北部归德布防,驻南法及巴尔干义〔意〕军撒〔撤〕退。4.继续经济合作。5.义〔意〕潜艇与空军与德合作。新政府对第一点要求立派精锐四十师。二十七日德大使称德能逐渐调补,限义〔意〕早日决定态度,实则二十六日起,德军已在北义〔意〕赶筑工事,义〔意〕政府现尚犹豫不决。

李铁铮来电 32/7/28 自德黑兰发

顷美使密告,谓义〔意〕新阁已向美提出和议。

任起华来电 32/7/31 自伯尔尼发

传义〔意〕确已用极非正式方法,刺探盟国议和条件,美之宽大,英则较为严格。

16)陈布雷抄送外交电四则请参考致王世杰函及复(1943年8月6日)

雪艇先生大鉴:兹抄送外交电四则,敬祈密存参考为荷。祗颂勋绥。

弟　陈布雷谨启
八月六日

王世杰批复:送外交组参阅研究。世杰。

附:

魏道明来电 32/8/2 自华盛顿发

自义〔意〕局变化后,此间对在苏之自由德国委员会宣言,及其最近对德宣传之努力,益为注意,其要点:(一)该项宣言等于苏之宣言,有对德宣示和平条件之意味,与罗丘之无条件投降,显然不同。(二)苏联事先未与英美商洽,为苏之单独行动,有违合作精神,由此显见苏对欧局别有用心。在此德军事感受困难之际,殊堪寻味。但官方对此仍守缄默,义〔意〕共党乘机活动,甚力,据报为数不多,却甚忙碌。

顾维钧来电 32/7/28 自伦敦发

(一)英国连日特别会议,均为讨论对义〔意〕停战条件,注意处置义〔意〕海军及为何迅速进占其本岛,驱出北义〔意〕德军,俾可利用该处机场炸德东南部兵工业区。但义〔意〕脱离轴心已无问题。此间政界及议院界均视法西斯党颠覆义〔意〕之求和为重要,度其影响所及,预计短期内可能参加盟方作战,俾可获参加将来和会之资格。西佛〔弗〕郎〔朗〕哥亦必丧失政权,均可促德崩溃。而使英美海空军抽调军力至远东对日。(二)英对苏擅立自由德国委员会,未先洽商,颇多怀疑与不满。(三)议院中对政府主张败德后须集全力对日,殆一致赞成。但主张应即采有系统之宣传,使英民众不致因遥途厌战,而不肯重视后方,继续努力云。

邹尚友来电 32/7/31 自安哥拉发

匈总理之子罗尔雷来土,传谓挽土接洽罗,匈拟与义〔意〕同样行动,与联军媾和,以参加抗德为条件。据观测时机尚早,须俟联军到临德军退守之时,加入联军抗德,既可达媾和目的,复可为英美之助。此番接洽,归结或即如此。惟查土为本身与巴尔干关系计,则愿促成此事云。

驻美大使馆来电 32/8/3 发

美发表本年修正预算,将预定陆军经费减少四十万万美元,移作海军之用,国会方面认此为积极加强对日作战力量之重要步骤云。

17)陈布雷抄送外交电四则请参考致王世杰函及复(1943年8月21日)

雪艇先生大鉴:兹抄送外交电四则,敬希密存参考为荷。耑此,祇颂台祺。

弟　陈布雷谨启

八月二十一日

王世杰批复:送外交组参事密阅之后存。世杰。

附：

谢寿康来电32/8/17自伯尔尼转发

据传:(一)德增派援军来义〔意〕边境,兵车陆续不绝,大部在义〔意〕北集中,罗马德军亦较前增加。(二)德外长来与义〔意〕外长会晤,态度极为强硬,决不允义〔意〕单独媾和。(三)此次义〔意〕内政部长辞退,系不赞成用横暴手段压制人民,且主张内部治安只用警察维持,不必由军人或用军队干涉。(四)义〔意〕民众以和平失望,复呈麻木状态。(五)各反对党时暗中进行极活跃,惟各党内部意见分歧,派别极多,似难取一致行动。(六)人民对王室信仰较前更为薄弱,倘再加以政变,今王似须逊位云。(七)现在野名流,只曾任二十五年之外交部长奥兰多,尚略有声望,现有少许稳健派,主张拥护登台。面谒教廷德籍人员谓,德内部情形极不稳固,人民均知战事失败,只望战事结束,减少痛苦,并有为联军作奸细者,故德方举动,联军每能知悉,如最近德方为报复苏军轰炸,在艾森工厂密造大炮数百,欲运往法国,为遥轰伦敦,尚未起运,即为联军飞机,完全炸毁云。

任起华来电32/8/16自伯尔尼发

闻德于万不得已时,将先撤挪威驻军,最近瑞典取消德休假军人过境协定,并未坚持反对,芬兰当局近来曾迭开重要会议,一般人均认此为德已在计划撤退挪威驻军之征象。又闻俄新近组织自由德国委员会,外表虽针对德国组织佛莱索夫军队而发,然实际上实向英美暗示,战后将如何处置德国,俄国应有优先发言之权,加以波兰复兴,欧洲东部划界等问题,俄与英美意见似均不能一致,所以此间均认欧洲前途,尚未可乐观。

任起华来电32/8/17发于伯尔尼

今晨出席联盟国座谈会,综合各方报告:(一)义〔意〕宣布罗马为开放城市,实为该国准备放弃南义〔意〕之先声,因罗马为南义〔意〕运输中心,罗马既为开放城市,则南义〔意〕军运大受影响,必不能守。(二)德决不放弃北义〔意〕,现德在北义〔意〕军队已增至十五师,据可靠消息,最近德义〔意〕外长会晤时,德外长宣称德不愿在本国领土附近作战。(三)义〔意〕内部人民不满现政府日甚,有发生革命可能。

邹尚友来电 32/8/17 自安哥拉发

土耳其参战问题似在酝酿中,土舆论间亦隐约有此主张,惟官方竟见尚讳莫如深。一般观察英美将再辟三战场:一以防苏联长驱直入捷足先登,一以巴尔干内部矛盾较前攻略,即作为对苏要求开辟战场之答复,但此或非苏联原意所在,故英美不无使土耳其首先发动之意,闻正在多方探询苏联对土参战意见云云。

18)陈布雷抄送外交电三则请参考致王世杰函及复(1943年8月28日)

雪艇先生大鉴:兹抄送外交电三则,敬希密存参考为荷。专此,祗颂台祺。

弟　陈布雷谨启

八月二十八日

王世杰批复:送外交组参阅研究。世杰。

附:

任起华来电 32/8/19 自伯尔尼发

据报德积极疏散西部要城人口,柏林军政机关准备一部分迁奥捷及东普,党部、外交部、宣传部及秘密警察部皆不动,使领已有一部分迁柏林近郊,人心浮动,咸虑毒气战争,盼联军总攻,早日结束战事。又侨瑞德共党次要领袖,最近混返本国,待机而动。再最近法国各处破坏粮食及秋收工作,系共党有计划行为,俾今冬民食困难,乘机活动。侨瑞各国共产,较前活动,咸以冬为发动欧洲人民革命时机,瑞士当局监视较前益严。

傅秉常来电 32/8/24 自莫斯科发

《战争与工人阶级》杂志昨出第六期登载一文题为"奎北克与苏联",略谓前此丘罗五次会议迄未能决定履行其所负主要义务,在欧辟第二战场,此次会议内容如何,颇多揣测,至苏联不参加之原因,以其纯为英美会议之故。现在东西夹攻法国之时机已熟,所需者在实行,而不在空言。英美苏对于法领土及其附属之胜利,本年内即可取得,如年内尚不开辟第二战场,足使战事延长,英美未受领土被占之痛苦,或不熟在此间报载问题之迫切,至英美苏三国会议即系此意招集之,目的在缩短战事,则为同盟国友好合作及巩固和平中之光荣阶也。

钱泰来电32/8/18自伦敦发

盟军在西西里设立占领地盟军,政府统治地方,义〔意〕人无权过问,欧洲小国恐盟军将来收复失地时,亦用此制,以为此项制度,仅宜适用于敌人土地。目前比国首相对比国人民广播,略述复国程序,谓比国政府将与盟军同时返国,为盟军与地方之联系,恢复地方机构,维持治安,办理救济,俟大部分土地及首都克复后,由比王重行恢复职权,一面召集国会,现政府向王及国会报告后,向王辞职,另组新政府,俾熟悉地方需要之公正人员,有秉政机会,现政府任务至此方告终了云。间接暗示比国自有办法,不适用盟军军政府统制之意。

19)陈布雷抄送外交电三则请密存参考致王世杰函及复(1943年9月22日)

雪艇先生大鉴:兹抄送外交电三则,敬祈密存参考为荷。祗颂大祺。

弟　陈布雷谨启

九月二十二日

王世杰批复:送外交组参阅研究。世杰。

附:

顾维钧来电32/9/9自伦敦发

昨艾外长以政府名义设宴为苏大使饯行,除招请重要阁员及自治领代表陪客外,并邀美使与钧参加。艾外长起谓,因与苏大使有约,各不演说,但不能不聊致赠别之言,要点有三:(一)英苏邦交深赖苏使之贡献,缔结盟约,然尚不能视为平坦大道,乃无可讳之事实,今后亦难免荆棘丛多,但将来莫斯科中枢有苏使为之努力,洵可欣慰。(二)展望战后前途,最近美国主张缔结英美永久同盟,想英方决无反对。(三)彼此若英美中苏四国能始终开诚保持合作态度,则国际间任何难题均易解决,否则来日方长,杞忧良多云。苏大使起答谢,美谓:1.彼本人之有对英苏邦交之贡献,全以史大林〔斯大林〕氏高瞻远瞩之主持。2.苏民对战事,希望各联合国均努力作相等之牺牲,俾能于最短间期结束。3.现红军之尽责,战事前途可谓已见分晓,仍祝完全胜利早日能争获云。其对今后英苏与国际间关系未置一词。

傅秉常来电 32/9/5 自莫斯科发

《战争与工人阶级》杂志近载加拉克新诺夫少将论文,驳斥美国军事观察家鲍尔温关于第二战场之意见。谓鲍氏以为西西里岛之战为第二战场,故红军因此得以获胜,实为大错。缘 1941 年莫斯科前卫之战、1942 年史丹林〔斯大林〕格勒之战,均系苏军独立击溃德军,救盟国共同事业于垂止,嗣后德军因陷于苏境,不能积极增援北非,故盟军得以获胜,义〔意〕大利精锐之师亦在苏境消灭,故能造成盟军在西西里岛之胜利,该处战事不能称为第二战场,因德军未从苏境抽调一师也。鲍氏又谓美机轰炸罗马尼亚油田,因根据地过远,故受损失,由苏联不允将黑海机场共〔供〕盟军使用。美报又造谣云,英国曾提议派兵在高加索援助,而为苏联拒绝,均与事实不符。同盟国空军,只有少数英机于 1941 年秋在穆曼斯克曾经作战,除此英美空军并未在苏联战场参加,绝非苏联作梗,反之苏方曾屡次提议,而盟国则无表示。去秋英美曾提议盟国空军驻扎于无战事之巴谷及 Tbilisi 两处,苏联欲其驻于逼近战场之北高加索或中战场,以协苏军,则遭拒绝。英国又曾提议将后高加索苏军,尽行开赴前方作战,而以盟军填防。试问此种建议,能否视为盟军与苏军并肩作战耶?鲍氏实为一赞成长期战争,同时消耗德苏两方国防之人,总之盟国对于第二战场之职务,究履行致如何程度,须以事实为断云。

顾维钧来电自伦敦发

据伦敦独立法通讯社发表,阿尔及利成立越南协商,法解放委会殖长Plevenf于九月五日对新闻记者称,越南协商成立目的,在切实表示因政治及文化理由,法国关切收复该领土,越南解除日本压迫后,若无法国保护,将不能生存,法失越南,不啻英失印度。现越南及法侨之抗日,证明法越自十六世纪以来之密切关系迄未松懈云。又查本年春法国民委会曾设越南科,收集有关情报及研究战后越南权益问题,科长即现法驻渝使参事罗兰也。

〔军事委员会档案〕

17. 军委会侍从室为抄发日苏协定请参考研究事致参事室快邮代电(1941年3月27日)

参事室王主任勋鉴:顷据确报日苏间现正进行贸易谈判矣,不久即将签订贸易协定等情,并据抄呈该项协定条文一份前来。合将原件随电抄发,即希参考研究。中正。宥川。侍六。抄件一件。

中华民国三十年三月二十七日

附:

日苏间即将签订之贸易协定条文及关于协定第一条第四条之双方换文。

一、日苏贸易协定之条文

第一条　苏联之物产应订立每一条约年(Treaty Year)之种类及价值,并应在该条约年内,遵照苏联之法律及条例运往日本;同时日本之物产应订立每一条约年之种类及价值,并应在该条约年内,遵照日本之法律及条例运往苏联。

关于前两段所指之物产之价值,应以货价保险费及运费在为原则以计算之。

第二条　依照第一条第一段,苏联输出日本之物产价值之总数,必须相等于日本依照第一条第二段输出苏联之物产价值之总数。

第三条　第一条所指定两国物产之种类及价值,必须缔约国双方遵当官厅协议变更之。

依照前段规定之物产种类及价值,得由缔约国双方遵当官厅协议变更之。

第四条　在第一条规定之两国物产的成交之每一契约,应以日元为单位及以日元支付而签订之。依照前段所支付之日元,惟在第一条第一段所规定之苏联物产所成交之每一契约,可随时转换货币。支付第一条第一段所规定之日本物产所交之每一契约,应照本条第二段所规定以日元支付或由外币换日元支付之。

第五条　缔约国双方为使第一条此规定之物产之成交保持正常价格起见,应采取适当手段,并常时研究在国际市场之同样物产之价格。

第六条　缔约国双方将常时注意相互间之贸易进展及加以约束,俾获满足本协定各条所规定之要求,关于此层,各缔约国所派之代表应于三个月在东京或莫斯科会谈。

第七条　执行本协定必要之专门事项,应由缔约国有资格之权威间商议决定之。(原文缺第八条)

第九条　本协定所订之条款适用于缔约国各领土及属于缔约国之领土或由缔约国管辖之领土。

第十条　本协定所签字之日起发生效力,并以五年为期,本协定除缔约国中一方最迟于本协定期满前六个月通知废除外,得视为默认再延长一年,以后如此类推。

第十一条　在本协定中关于贸易支付等事项,如于本协定终止时而仍未了结,得处以违反协定所规定之条款之处分。

二、关于第一条之换文

机密换文为照会事,关于日本苏联间今日所签署之贸易协定第一条,本大臣兹奉本国政府命令,确定两政府间之下开协定以下所指之第三国物产,应认为因执行上述协定而运往苏联之日本物产。

(一)由日本输出运入苏联之物产;

(二)由日本商店或商人此供给而自第三国输出运入苏联之物产。

相应照会查照，并对上述协定予以确定可也。顺至照会者，为照复事，接准贵大臣本日来照内开，关于……[1]等由。本大使对于上项两国间之协定，谨予相应照复查照可也。须至照会者。

三、关于第四条之换文

机密。换文为照会事，关于日本苏联间今日所签署之贸易协定第四条，本大臣兹奉本国政府命令，确定两政府间之下开，协定为便利及保证本协定第四条之处理起见，苏联政府将在一日本银行开一特别户口。相应照会查照，并对于上项协定予以确定可也。顺至照会者。

为照复事，接准贵大臣本日来照内开：关于……等由。本大使对于上项两国间之协定，谨予相应照复查照可也。顺至照会者。

军委会参事室张忠绂所拟关于"日苏即将签订之贸易协定"之意见
关于"日苏即将签订之贸易协定"之意见

一、秘报之真实性

(一)以今日之国际局势观之，日苏即将成立贸易协定，极有可能。因：

1.日本在南进前，必须与苏联成立谅解，尤其希望获得苏联之物质〔资〕；

2.日本现时对苏之外交，侧重在先成立个别问题之协定(例如渔约、商约等)，而后成立普遍政治性之谅解(例如互不侵犯保证)；

3.日苏商约谈判，迄今已有相当时间；

4.苏联现时之外交政策，在保卫苏联之国防和平；

5.为保卫本身之国防与和平，苏联利于日美作战。

(二)秘报中之条款是否完全正确，局外人无从断定。但在大体上，秘报似属文靠，所缺之第八款，其中规定必相当重要。

二、秘报条款之分析(侧重外交方面)

(一)本约之柔韧性(依据第一条与第六条规定)，对于日苏双方均有利。日本可视其经济与外交发展之情形，每三个月或每一年得一机会，修订交换物产之种类及价值。苏联亦如之，且苏联可借此对日本操纵，促成太平洋上

① 原档案如此，下同。

之长期战争。

（二）约中之规定虽为互惠性质，但以日苏两国此时在国际上之地位而论，本约对于日本自尤为有利。此约若果签订，日本在政治或领土上（例如萨哈联岛南部）对苏方必另有让步。

（三）苏联之目的既在促使日本与英美正面冲突，本约成立后，苏联迟早将给予日本以不侵犯之保证。具体方式如何，无从逆料。

（四）本约第九条中之规定其在政治上之义意，殊属暗昧。日本嗣后必将解释为，苏联已承认日本在"管辖领土"上之主权，但苏联一时当不致承认此种解释，或即因此而两方故作含糊之规定。

（五）关于第一条换文中之规定，只提及日本一方面，而未提及苏联，此或因技术上之原因：1.苏联对外贸易概归国营，故勿须有类如换文第二点中之规定；2.苏联可直接自英美获得物质，而日本不能（以后尤其如此），故日本需要苏联转为供给。不特别提及苏联方面者，故所以欺骗英美也。（换文虽属机密，但难保他日不外泄。）

（六）日本于此约成立后，若再获得苏联不侵犯之保证，对英美之政策必将强硬，日本南进之期亦必将日益接近。

（七）此约成立后，固可增强日本之经济与政治地位，但因促成日本南进，使英美与中国之关系愈益密切，未始于中国无利。

三、中国之对策

（一）我方若欲阻止日苏贸易协定之成立，在事实上决不可能，且以亦无此必要。

（二）我方可以与苏联交涉，不使中国易货之物产转供日本。但尤要者，须与英美交涉，使英美仿〔防〕止英美之物产，经由苏联转运日本。（因为日本需要之国防物资，多为英美及其势力范围内之产品）

（三）最重要者，我政府须认定，苏联现时之政策，决非有爱于德日等国。其现时之目的为：1.不愿与德日冲突，固对之敷衍，以保卫苏联本身之安全与和平。2.促使日本对英美作战，使各"帝国主义"之实力对消。倘一旦英美有获得胜利之可能时，则德日等国之实力转弱，苏联自勿须再畏惧德日夹击，届

时苏联究将加入英美阵线,以获取战后与英美合作之地位,抑将加强以物质
〔资〕供给德日等国,使战事长期延续。此时殊难断言。

上述之观察若确,则我此时应付之方策首在:

(一)加强内部机构(尤其经济机构);

(二)勿使我之物产不为敌用(沦陷区中之物产亦然);

(三)加强英美对我之经济与物资之援助;

(四)在外交上与英美加强联系,但同时不必开罪苏联。务使我能长期作
战,以静观国际事态之变化。

〔军事委员会档案〕

18. 行政院为国民参政会建议拨英借款购米及加强中苏联络事 与国防最高委员会等往来文件(1941年7—11月)

1)行政院秘书处张洪炳便笺(7月25日)

忠一八〇七五

本案关于请政府拨英借款一部分,向缅甸购米一百万供给陪都民食以平
米价一事,拟交粮食部、财政部核办。请特派专使赴苏加强中苏联络一事,拟
交外交部斟酌办理并复。

洪炳

七月二十五日

2)国防最高会议秘书厅致行政院公函(7月22日)

国防最高委员会秘书厅公函:

国纪字第19227号

准国民参政会秘书处第三四二六号呈开:查本会第二届第一次大会期间
驻会委员会第九次会褚参政员辅成等,提请政府拨英国借款一部分,向缅甸
购米一百万,供给陪都民食以平米价建议案,经决议(本案用意甚善,送请政
府斟酌交通情形迅速办理。)又沈参政员钧儒等提请政府特派专使赴苏之建
议案决议,自德国侵苏以后,中苏两国同为被侵略国家,为增强反侵略阵线起

见,我国应设法使中苏两国关系更加密切,务期达到切实合作之目的,原案所举三项意见尚妥,惟所拨简派大员充任专使一点拟删去,改为"政府应从速促进下列三项办法"。对于第一项办法中"代表政府"应改为"我国应"字样。等语。纪录各在卷。兹依照国民参政会组织条例第十二条第三项之规定。相应录案,并抄同原提案,呈达即希查照转陈等由;经陈奉批:关于拨英借款购米案交行政院核办,关于加强中苏联络案交行政院斟酌办理。除呈覆外,相应抄同原案函达,即希查照办理见覆为荷。

此致

行政院

附抄原建议案二件

请政府拨英国借款一部分,向缅甸购米一百万,供给陪都民食以平米价建议案。

年来川省各地粮价,胥视陪都市价之涨落为转移,陪都全部民食政府若能设法供给,实行平价公卖,则全川米价不抑自平。据粮管局卢局长报告,重庆市区连郊外疏散区域,全年米粮消费量,约计贰百万石,闻粮食部与四川省政府议定,本年秋收后全川征谷一千二百万石,此中十分之九以上供给军粮与公务员食粮,只留谷一百万石,分配于重庆、成都、自贡市三处为平粜之用,按消费量比例分配,重庆市可得谷六十万石,碾成白米,不满三十〔万〕石,陪都人口假定公务员及其家属,占总额三分之一,全由政府供给米粮外,则民食部分,约需一百三十余万石,再添购一百万石,政府便可彻底统制,实行平价公卖,黑市自归消灭。今英国借款业已签字,应请政府迅拨一部分向缅甸空购白米十〔万〕吨,以二〔万〕吨接济昆明民食外,其余八万吨(全市石一百万石有奇),分批运至重庆,供给全部民食。至于米粮运输问题,查行政院已于本年二月间,提出第五〇六次院会,决定赶筑滇缅铁路,将于两年内完成。又查张部长交通报告,叙昆铁路三月底可通至曲靖,共一百六十公里,曲靖迤北至宣威共一百公里,路基桥梁涵洞已全部完成,倘能加工赶筑,两路至本年底,通车里数定可超过全程二分之一,应由行政院督促交通部迅速进行,以利运输。火车通后，当可腾出一部分运货汽车，专供接运米粮之用也。特依国民参政会组织条例第十二条之规定，提出建议案，当否即希公决。

提议者　褚辅成　黄炎培　冷遹

财政经济组审查意见：

本案用意甚善，送请政府斟酌交通情形核办。

3) 沈钧儒等请政府特派专使赴苏之建议（1941年）

查自六月二十二日苏德战端开始以来，英美政府态度均非常明白，英愿积极从军事与经济方面予苏以援助，并已派遣代表团赴苏。美亦表示愿应苏之需要为物质之供给，足证英美均能认清，此次希特勒攻苏完全为军事侵略疯狂性的一贯发展，反法西民主国家非共同彻底消灭侵略者之野心与暴力，自身即不足以图存。逆料今后侵略者与民主国家之分野，将日益分明，世界民主国家及被压迫民族为历史的环境所刬迫，必能一致巩固联合，此诚为与我国抗战有利之国际环境，千载一时之机会，不可错过。何况中苏邦交具有历史上之友谊远超他国，抗战至今，苏联援华政策，迄无稍变，今彼遭遇外力侵害，在我自有加强联络之必要。为此，建议请政府迅即简派大员充任赴苏专使，此任务简述如下：

对于此次苏联反抗侵略之自卫战争，代表政府，致同情与敬意；

根据过去所订协定及商约互助之精神，切实表示，为更进一步之商洽；

与苏联、英、美共同促进世界民主国家及被压迫民族之联合运动。

是否有当？敬候公决。

提议者　沈钧儒　黄炎培　左舜生　冷遹

外交组审查意见：

自德国侵苏以后，中苏两国同为被侵略国家，为增强反侵略阵线起见，我国应设法使中苏两国关系更加密切，务期达到切实合作之目的。原案所举三项意见尚妥。惟所拟简派大员充任专使一点，拟删去。改为"政府应从速促进下列三项办法"。

对于第一项办法中"代表政府"应改为"我国应"字样。

4)行政院致国防最高委员会秘书厅公函(8月8日)

公函:勇叁12267号

贵厅三十年七月二十二日国纪字第19227号公函诵悉,本案关于拨英借款一部分向缅甸购米一百万石,供给陪都民食以平米价一节,已交财政粮食两部核办。特派专使赴苏加强中苏联络一节,已交外交部斟酌办理。相应复请查照转陈鉴核为荷。

此致

国防最高委员会秘书厅

5)行政院秘书长蒋廷黻致财政部等笺函(8月8日)

行政院秘书处稿

笺函勇叁字第12667号

国防最高委员会交办国民参政会驻会委员会建议,请政府拨英借款一部分向缅甸购米一百万石,供给陪都民食以平米价及请政府特派专使赴苏加强中苏联络一案,奉谕:拨英借款向缅甸购米一节,交财政粮食两部核办;特派专使赴苏加强中苏联络一节,交外交部斟酌办理。等因。除由院函复国防最高委员会秘书厅,并由处分函粮食、外交、财政、外交、财政粮食两部外,相应抄同原件,函达查照。 此致

财政 粮食 外交 部

附抄送原函一件及原建议案二件

行政院代理秘书长　蒋〇〇

6)行政院致粮食部指令(8月16日)

行政院稿

指令　机字第1265号

令粮食部

三十年八月十四日粮字第15号签呈为伦敦郭次长电，报与信托局、中国银行及斯提尔公司商拟在缅购米办法十项，经分别修改，可否照此电复商洽签订，请核示由。签呈悉，准先买一万英吨，在腊戌交货。确定价格一节，如若允许办理，则恐卖方不能照办，必预高售价，以期保障，不如仍照原提条件办理。我方可令卖方随时报告市价，由曾次长就近监理，其余如议办理。仰即电部长洽办可也。此令。

7）财政部致行政院秘书处公函（9月8日）

财政部公函　渝字第32385号

事由：关于拨英借款一部分向缅甸购米一百万石案，业经粮食部拟具办法。其办理情形应由粮食部函达，请查照转陈由，准贵处本年八月八日勇叁字第一二二六七号笺函，以国防最高委员会交办国民参政会驻会委员会建议，请政府拨英借款一部分向缅甸购米一百万石，供给陪都民食以平价米一案，奉谕交财政粮食二部核办等因。抄同原函及原建议案等件，函达查照等由。查购运缅米粮食部前经拟定具体办法，并在进行中，所有办理情形当由粮食部函达。准函前由，相应函请查照转陈为荷。此致

行政院秘书处

孔祥熙

8）粮食部致行政院秘书处公函（10月18日）

粮食部公函　裕民三 第4187号

事由：准函送参政会建议购买缅米一案，复请查照由。准贵处本年八月八日勇叁字第12267号笺函，以国防最高委会交办国民参政会驻会委员会建议，拨英借款一部分购买缅米一百万石，供给陪都民食以平米价一案，奉谕交财政粮食两部核办等因。抄同原建议案函。嘱查照等由。正办理间，复准贵处勇字第15726号函，案同前由。查缅甸产米素丰，本年夏季国内各地苦旱，为备万一起见，我方曾有酌量采购缅米内运之计，议经由本部呈奉行政院核

准。在第二次英贷款项下划拨英金五十万镑,以供在缅购米之用,并经电财政部常务次长郭秉文在伦敦英方洽定委托斯提尔公司代办。嗣以国内丰收,无大量采购外米必要,且缅渝相距过远,运输困难,陪都已储有一月之粮,民食无虞缺乏,拟先买一万英吨(约合十万吨),分屯滇西各地备用。准函前由。除已将本案理经过编列工作报告外,相应函请查照转陈为荷。此致
　　行政院秘书处

部长　徐湛

9)行政院致国防最高委员会等公函(11月1日)

行政院稿　勇叁字第17463号

　　事由:据粮食部呈后拟英款购缅米案,函请查照由。

　　贵会贵厅三十年七月二十二日国纪字第一九二二七号公函,为国民参政会驻会委员会建议拨英借款一部分购缅米供给陪都民食,以平米价及请特派专使赴苏加强中苏联络二案,遵批函请查照见复等由。准此。经交财政部、粮食、外交三部分别核办去后。兹据粮食部复称:"国防最高委员会交办。查缅甸产米素丰,本年夏季国内各地无旱云云。照抄函查照转陈"等情,据此。除关于加强中苏联络案办理情形另文函达。俟外交部呈复到院后,再行函达外,相应函请查照为荷。此致
　　国防最高委员会秘书处
　　国民参政会秘书处

代理行政院秘书长　蒋廷○
〔国民政府行政院档案〕

19. 邵力子请积极援助苏联以加强中美英苏合作致蒋介石电
(1941年8月21日)

1)邵大使马电(8月21日)

中英美苏合作,为我国夙所期望,亦立后必然趋势。惟目前英美皆积极援苏,我不于此努力,仍有落后之嫌。例如罗总统等发起之莫斯科会议,我即

难于参加,此时倘稍落后,战后似多可虑。我国抗战四年,固已对反侵略尽最大责任,同时自身亦多困难,但英国在苦战中首起援苏,我国得天独厚,亦宜当仁不让,伏乞钧断筹划实施。再职思及一事,我国对美贷款所充分年交付之锡钨等品,似可向美洽商延长期限,先以移济苏联急需,照目前情势,美当不致拒绝,此可增我与美苏间之联系,非单纯援苏而已。钧座可以为谬,敬恳电令子文适之向美国政府婉商。子文如能偕美代表一同来英一行,当更有益,并乞钧察。沁。

2)邵大使马电(8月21日)

马电计达。职近与苏方无所商谈,苏方并未表示要我国锡钨。唯本平日所知,谨陈愚兄。再职以为我国此时倘已能对倭积极反攻,则援苏表示自可从缓。倘尚须若干准备时间,则必表示援苏,方足与英美苏真正合作,此时英美苏相互关系既甚密切,我参加援苏,不虞助长苏政府势力,反可促进共党等之服从政府。英克使谈英国情形,即系如此。敬乞钧察。

〔军事委员会委员长侍从室档案〕

20. 顾维钧为与英国洽商空军援华事致蒋介石电存(1941年8—11月)

1)顾大使艳电(8月29日)

有电敬悉。顷晤外次,遵即重新交涉,要求英在新嘉〔加〕坡空军中指拨一部在滇缅路担任志愿队工作,与美队一致行动,表示援华合作精神。彼谓此较另组一队似为简便,惟空军难以调动,然变更驻扎地点所需设备繁复,尤以调动轰炸机队为甚。钧言缅甸必须驻扎空军,当已有一切设备。彼询美队已否成立?是否现驻华境?答未得确息,谅尚在缅境装配队机。彼允即商陈外长后[后字衍]与首相后作复。

2)顾大使齐电(9月8日)

艳电计达。外次在假,顷晤副次,催询指拨驻新空军担任志愿队工作事,彼答业经报告政府,尚在研究,惟感调动轰炸机队驻扎地,困难甚多,且如遇事与美队一致行动无异对日作战。钧谓英之任务无逾美方,彼谓英美处境不同。察其语意,前者似系托词,后者实为其顾虑,而在此美日谈判期中,似尤主慎重。

3)顾大使巧电(11月18日)

昨宴艾外长等,顺便告以日本外强中干,如能于调遣舰队至远东外,复调拨大量驻新空军助华,以寒敌胆,益足使其有所顾虑而退步。艾亦如此断日,惟惜可拨之机师与飞机为数不能如愿之大。又询以舰队已否出发?彼答已起程,惟能否如欲驶目的地,不无忧虑。

〔军事委员会委员长侍从室档案〕

21. 参事室奉交审议顾维钧关于邀请法国民族解放委员会参加华盛顿宣言致蒋介石签呈(1941年9月16日)

谨签呈者:奉交审议顾大使来电关于英美拟邀请法国民族解放委员会参加一九四二年元旦的华盛顿宣言之报告一案,遵经详加研究,职室认为此项邀请之措词我方宣言须采取宽大态度,免使法解放委员会感觉不快。且苏联对该委员会也极力表示好感,我方及英美政府对于此款邀请文件之措词,尽可设法使法方满意。兹拟请钧座饬我外交部于驻渝英大使递到英外部所拟修正专案时,依此原则,与之洽商,表示同意,并先电知顾大使。

以上拟议,是否有当,使我方将支持英方建议,法国民族解放委员会拥有庞大实力,对今后联合国作战之贡献,亦必日益加增,我国在争取战后欧洲友邦之前提下,似应对该委员会取宽大政策,勿作过多保留。上述意见,是否有当,谨候钧裁。谨呈

委员长

魏大使来电附缴

中华民国三十一年九月十六日

附:

第九七三号

重庆外交部部、次长,顷英外部称:美国政府现拟邀请法解放委员会参加去年元旦日联盟国华府宣言,并将邀请书措词分征中英苏同盟国意见,英国政府以为参加方式,适用去年一月四日声明书所谓"Appropriate authorities which are not governments"(非政府之其他适当之当局)资格参加,亦即美国政府所拟邀请书采用方法,以宣言末段所谓"Other nations rende –Ring？ material resistance and contributions in struggle for victory over hitlerism"(其他民族以物资或协助战争,使战胜希特拉〔勒〕主义者)资格,英方意见不满意,解放委员会,对第一项恐未必认为适当,因去年英美商洽法参加联盟国宣言事,法方以其控制土地之广大,人口之多,以及其对抗战之贡献,对此手续即认为不当,现在解放委员会已得各方承认,对此势必更不认为适当,但如以第二项资格参加,恐亦将引起他方反对,因此英方建议,将美邀请书措词略予修正,一方面不说明该会非系政府方式,避免承认其为国家字样。据称,已航函英国大使迳向大部接洽,我方如是能决定,请电示,以便接办。再顷据该会驻英代表处送来该会对我方承认该会答谢全文,并称已于八日由北非电彼驻重庆代表赍奉云。又据该代表处秘书长私人面告,关于承认宣言该会对苏最满意,英次之,对中美两方所声明不承认为政府,民间有人微词,并谓中国含有大东亚意味云。并闻。顾维钧。

〔军事委员会档案〕

22. 邵力子关于苏联坚持抵抗事致蒋介石电存(1941年12月 17日)

昨晚接外部十二日电,以据传苏联对倭仍守中立协定,对德亦将停止反攻,命即注意探询。查职连日迭以拉次长谈话,真理报社论各报态度,艾登将来苏会晤史大林〔斯大林〕,及波兰苏联军事合作洽商圆满等情电呈,计均转呈,可释钧廑〔勤〕。苏联对德必抗战到底,对倭已明白指斥其侵略,对英美仍密切合作,对我亦继续其友好之表示,毫无可以怀疑之处。外部所得情报虽在数日以前,而与事实相反过甚。除已电复请注意德倭散布之谣言外,敬乞钧座特赐垂察。再艾登来苏其性质甚重要。李维洛夫在美亦甚被重视,两人皆对我有好感,我欲促进苏联即时对倭宣战及中英美苏军事同盟,似顷在伦敦、华盛顿多所商洽,并乞钧察。

〔军事委员会委员长侍从室档案〕

23. 邵力子报告苏美英三国莫斯科会谈情况致蒋介石电存 （1941年12月20日）

铣电奉悉。苏联迄无何种表示,当即遵谕向其探询。但拉次长未必能作肯定之答复。美国政府此项提议与钧座致史大林〔斯大林〕电所提议者有关,史公倘对钧座电尚在考虑,则对美国提议必采同样步骤。苏倭关系现极微妙,苏既公开斥倭侵略,显示其对中英美共同作战,则迄无表示。观其屡次称目前主要敌人仍为希特勒,击溃德国,则义〔意〕、倭皆易解决,似为不愿对倭作战之地步。惟实际如何,必仍视环境战略与各方面之谈判。艾登到莫斯科已数日,且展期回伦敦,美代办且亦由此赴莫,类有极重要之商议,而对倭亦必为主题之一。惟双方严守秘密,在此不便探询,候会议结束,业可明了一切。

〔军事委员会委员长侍从室档案〕

24. 邵力子探询到有关莫斯科会谈情况致蒋介石电(1941年12月31日)

今晤克使,综合谈话如下。(一)莫斯科会谈确甚圆满,关于共同作战者之各方面,远东自未除外。(二)史大林〔斯大林〕曾谓倭不久或将侵苏,苏已准备一切。史〔斯〕又谓,倭所得初步胜利,决难持久。(三)此次未谈作战统一机构问题,苏联对德作战,全由史大林〔斯大林〕亲自运筹,对倭亦然。倘开战后,有必要可再商。(四)欧洲战后问题,除波兰边界未谈外,余均曾作大体之商讨,双方意见融洽。克使并表示,可以其个人意见报告钧座。渠确信史丹林〔斯大林〕已决心对倭作战,惟希特勒尚拥有强大之兵力,每月制出坦克飞机为数尤多,苏联必须统筹兼顾,把握胜利,始能断然对倭。吾人亦当加以信任云。

〔军事委员会委员长侍从室档案〕

25. 军事委员会参事室为中美中英订约谈判研究意见事与侍从室等来往文件（1942年12月—1943年9月）

1）侍从室致参事室函稿（1942年12月7日）

迳启者：顷奉委座交下外交部宋部长十二月四日签呈一件，为录呈英方所拟换文草案中英订约会晤记录及中美订约来文，电请鉴核。等由。并奉谕交参事室王秘书长审核。等因。相应附函，送请查照遵办为荷。此致

参事室王主任　雪艇

附送（一）外交部原签呈一件；［缺］

　　　　（二）英方所拟中英换文草案原文及译文各一件；

　　　　（三）驻美大使馆十二月二日来电；

　　　　（四）发驻美魏大使电稿及译各文一件；

　　　　（五）宋部长十二月三日与英大使会晤记录及译文各一件。

国民政府军事委员会委员长侍从室第二处　启

十二月七日

照译英方所拟中英换文草案

中华民国国民政府主席阁下与大不列颠爱尔兰及海外诸自治领君主兼印度皇帝陛下：

本日所签订之条约，于其议定之际，曾讨论并同意若干问题，兹将关于各点所获之谅解，记录关于本照会附件。如荷阁下以联合王国及印度政府之名义就此等谅解予以证实，本代表至深感幸。

附件

一、关于本约第二条及第八条第二项，双方谅解：

（一）英王陛下放弃一切有关于在华通商口岸制度之现行条约权利，关于海外商船待遇之问题，及在本日所签条约第八条所定之广泛条约缔定以前，兹同意缔约一方之商船得许其自由驶至缔约彼方对于海外商船在开放或将来开放之口岸地方及领水，并同意对于缔约对方船舶给予之待遇不得劣于给予本国船舶或任何其他外国船舶之待遇（缔约一方"船舶"一辞，指本约所适

用该方领土内依法注册者）。

（二）英王陛下放弃一切关于上海及厦门公共租界特别法院之现行条约权利。

（三）英王陛下放弃一切关于在中华民国领土口岸雇佣外籍引水之现行权利；中国政府因上海进口困难，为顾全大船航行之安全起见，声明愿于上海重行开放于同盟国家船舶之际，雇佣充分数目之合格外籍领水，至适当数目之中国领水，受有训练而能接替时为止。

（四）英王陛下放弃一切关于其兵舰驶入中国领水之现行条约权利。中华民国政府与联合王国政府关于缔约一方兵舰访问彼方口岸应依照一般国际惯例，互予优礼。

（五）英王陛下放弃要求任用英籍臣民为中国海关总务税司之权利。

（六）所有现在中华民国领土以内之英王陛下一切法院，既经依照本约第二条之规定予以停闭，任何该项法院之命令宣告、判决及其他处分均应视为"确定案件"，中国官员于必要时应予执行，并在本约开始生效时，英王陛下在华法院之一切未结案件，倘原告或告诉人愿意，应移送中华民国政府之主管法院，由其尽量从速处理，至于可能范围内适用英王陛下法庭所适用之法律。

（七）关于在中华民国领水内沿海贸易及内河航行之权利，虽与治外法权无关，应留待本日所签条约第八条所指之广泛条约时规定较为适当；英王陛下放弃英方商船所享在中国之沿海贸易及内河航行之权利，中国政府虽保留其权利使沿海贸易及内河航行限于悬挂中国国旗之船只，但声明因鉴于中国船只目前既准许在本约所适用之英王陛下领土内经营沿海贸易及内河航行之事实，在两国未成立进一步之协定时，中国政府无意用各种限制以阻止英王陛下方面之船只经营此项商业。

二、关于本约第五条第一节最末句，中国政府兹声明该条内所指现有不动产权利转让权之限制，中国官员当秉公处理，如中国政府对所提出之转让拒绝同意，而被拒绝转让之英王陛下之人民或公司愿意出售时，中国政府本公平之精神及为避免使英王陛下之产权所有人或公司蒙受损失起见，当以适当之代价收购该项权利。

三、关于本日所签条约第六条，双方了解本约并未阻止。

（一）施行对于缔约一方人民在缔约彼方领土内之游历居住及经商之各种限制，如此项同样限制亦施行于缔约彼方人民时。

（二）施行在战事期间为国家安全起见，而对于缔约一方之人民在缔约彼方领土内之游历及居住之各种限制，如此项同样限制亦施行于一切外国人民时。

四、双方谅解：一切关于个人身分之事件，包括一切有关婚姻能力、婚姻解除、婚姻对于配偶财产之效力、子女认知监护及一切有关遗嘱继承、法定继承、遗产分配与清理之各种问题，以及总而言之一切有关亲属法之事件，中国法院对于在华英王陛下人民均应适用关系当事人所隶之不列颠统治领土内之法律。

双方并谅解关于个人身分之事件，本约适用之英王陛下钦土以内之法院均须适用关系当事住所所在地之法律。根据此项原则，英国法律或关系领土之法律对于中国人民，只于其在该领土以内设有无限之住所而无意离去时，方予适用。倘一中国人民只暂居于英王陛下领土而有意返回中国者，英王陛下领土内之法院应适用中国法律。

五、此项应加入关于购置不动产权利之相互谅解（未附原文）。

六、双方并同意凡任何问题苟有影响于中国主权而未包括于本约及本换文之内者，应由中国政府与英王陛下政府之双方代表会商。依照公认之国际公法原则及近代国际惯例解决之。

发驻美魏大使电

仰将下列节略照送国务院：

中国政府对于美国政府提议修正约搞〔稿〕及换文之节略，业经加以慎重考虑，鉴于两国间特殊友好之关系，决定对于美国政府所提之修正，除关于在中国领水内之沿海贸易及内河航行之一节外，全部予以接受。中国人民对于沿海贸易及内河航行问题，极端重视，故中国政府极盼对此问题能照外国军舰驶入中国领水问题，同样予以明白之解决。因此，中国政府愿为下列之声〔申〕述：

一、关于美方对于约稿之修正：

（一）美国政府既对于接受中国所提关于平等互惠之第一条感觉有为难之处，中国政府同意将所提该条完全撤回。

（二）同样，关于美国约稿第二条及第三条之第二段末尾"以及承认及保护该界内之一切合法权利"一节，中国政府为容纳美国政府愿望起见，同意将所提"但以不违背中华民国法令为限"附加文句予以撤回。

（三）关于中国提案中第三段第一项所述美国草案中之"诈欺"字样一语，中国政府接受美方之修正如下："系以诈欺或类似诈欺或其他不正当之手段取得者不在此限，惟相互谅解此种权利取得时所根据之法定手续，如将来有任何变更之处，该项权利不得因之作废。"

（四）关于我方对美草案第四条之增加文字之第一部分"双方并同意此项权利应遵守中华民国关于征收捐税、征用土地及有关国防之法令"，美国政府既表同意，中国政府深以为慰。

（五）至于同条增加文字之第二部分，关于此项权利之移转于第三国政府或人民，中国政府重行考虑后仍希望能维持中国之提议，但愿意依照美国政府所提之方式或于所附换文内作一声明。

（六）中国政府对于美国政府同意删去美国草案第五条中之"经营商业"数字，及同意中国关于开设领馆之意见，表示欣慰。

二、关于美方对于换文之修正：

（一）美方修改之第一段自首句至："中国境内各口岸外籍引水人之雇佣等一并放弃"止均可无更改接受，至于对美方海洋商船开放口岸一节，中国政府提议为代替列举口岸名称起见，加入下列字句："鉴于通商口岸制度之废止，彼此谅解，凡中国境内已对美国海洋商船开放之沿海口岸，于本约及所附换文生效后，对此项商船仍予开放。"

（二）至于第二段关于海洋商船之待遇及第三段关于军舰之访问，中国政府对于美方草案亦表赞同。

（三）对于沿海贸易及内河航行一点，中国政府愿重申其对于此问题之重视，并提议以下列字句代替美方草案之第四段。

"双方相互谅解美国政府放弃美方船只所享受在中国领水内关于沿海贸易及内河航行之特权,中国政府准备以适当之代价收购美方既在经营此项事业之一切产业"。

(四)双方并谅解倘日后中国在任何情形下给予任何第三国之船舶以内河航行或沿海贸易权,应给予美国船舶以同等之权利。

(五)美方所提换文稿之其余各段自"双方相互谅解凡本条约及本换文未涉及之问题"一语以下至换文末段,均可完全接受。

2)王世杰致蒋介石签呈稿(1942年12月9日)

谨签呈者:奉钧谕研究中美中英订约谈判书。兹将研究结果简呈如次:

一、关于中美订约及换文事,职室认为我外交部所提出之主张殊为慎〔缜〕密。与美磋商之结果亦甚良好。现在对美约稿及换文稿,除内河航权及沿海贸易问题外,彼此已无意见上之差异。我外交部最后发致魏使之训令,对于内河航权及沿海贸易问题,提议两点:(一)"双方相互谅解,美国政府放弃美方船只所享受在中国领水内关于沿海贸易及内河航行之特权;中国政府准备以适当之代价收购美方既在经营此项事业之一切产业"。(二)"双方并谅解:倘日后中国在任何情形下给予任何第三国之船舶以内河航行或航海贸易权,应给予美国船舶以同样之权利",以上第一点自极妥当。至于第二点,在原则上亦无大碍。但其词句为一片面而非相互给予权利之规定,颇类过去不平等条约中"利益均沾"之条款。最终定约时,我似宜向美政府磋商,于第二点原文下加:"此种情形如果发生,则美国亦给予中国船舶以内河航行或沿海贸易同样之权利"一句,似此则在方式上为互惠。窃计此种磋商,美政府必不难同意,因美政府申明彼已将此等权利给予其他缔约国也。

二、关于中英订约及换文事,情形较为复杂。其中至少有两点,我方似应坚持:(一)九龙租界地必须收回;(二)原草约第六款中之"及经营商业"一辞,必须删除。此点美国既已表示同意,我如坚持原意,应可办到。其他彼此意见相异各点,我方似可坚持,一律照中美间商定之结论解决,英方所提各点,如涉及国际私法适用问题诸项,亦以在未来商约中详定为宜;我外部在谈话时读此点之表示,至为恰当。

以上研究结果,是否有当,谨连同发交研究之原件并呈,敬祈察核,谨呈

委员长

附缴呈原件

参事室主任　王○○谨呈

3)王世杰致蒋介石签呈(1942年12月22日)

谨签呈者:奉交我外交部呈送中英新约谈判会议记录、英国大使馆台克满参事与吴次长来往函件,暨该部关于中英订约审查意见各件饬审核。等因。谨查外交部所采立场,均甚妥善,似应照该部所预定方针办理。又次列二点,拟并请钧座察核转知注意。

一、"经营商业"问题。

关于本问题,依台克满致吴次长函,则我方在谈判时似曾表示可以接受"国民待遇"之原则。惟认此事须在商约中规定而已。但据吴次长覆台克满之函,则仅谓此一问题宜在商约规定,并未对"国民待遇"之原则作何表示。吴次长覆函如此措词甚允当。大概将来商订商约之时,关于经营商业问题,我方纵不能不承认"国民待遇"之原则可以适用于若干商业方面,势亦能认其可以适用于任何商业。因此之故,英方倘希冀于此次约文及换文以外得到一种关于此问题之了解,我方最好仍然设法拒绝。倘无法完全拒绝,我方似亦只能承认将来订商约时,当尽可能之范围考虑"国民待遇"的原则之适用。

二、购置不动产问题与双层国籍问题,此两问题,我方似应仍照外交部原来意见,不在换文中规定。

以上所陈,是否有当,敬乞察核。谨呈

委员长

附缴呈原送各件

参事室主任　王○○谨呈
三十一年十二月二十二日发

谨签呈者：

关于中英订约本月十四日谈判记录，外交部对此之审查意见，以及台克满与吴次长来往函件，职室研究结果认为外交部之主张大体均妥善，惟（一）其中关于经营商业一点，我方原主张留待商约中，再行计议。我方之用意，原在反对"在第八条中所指之广泛条约未行缔结以前"，应先与英国国民以国民待遇，尤不愿立即在条约中规定此种待遇，以束缚中国日后之立场。即在本月十四日之谈判中，宋部长虽允对上述第一种方式重加检讨，但同时表示"深感中国政府难以同意"。但本月十五日台克满略似交换记录之来函中，竟直谓："敝方了解贵方接受关于经营商业，彼此给予国民待遇之原则，但认为此事以在商约中规定为宜。敝方对此甚为重视，以为至少应将此点在条约中明白提及"。而吴次长复函第二点云："关于彼此国民经营商业之待遇，中国政府仍以为此项问题，在新商约中规定，较为合宜。"此种措词，固已答复台克满来函中所云："至少应将此点在本约中明白提及"，但对台克满来函中所云："敝方了解贵方接受关于经营商业彼此给予国民待遇之原则"一段，似尚未能与〔予〕以辩正。盖我方是否已完全同意，愿"接受阅检经营商业，彼此给予国民待遇之原则"，因之而束缚中国日后商订商约时之主场，本为一事，而是否"应将此点在条约中明白提及"，又另为一事也。查吴次长英文原函中所用文字样为在新商约中"dealt with"，此两字似应译为"议及"二字较妥，外交部中译意竟用"规定"二字较"议及"二字尤缺乏弹性。然无论如何，我方对台克满来函中所云，中国已接受此项原则一点，似须有一明白表示，以免日后英方认此为双方同意之记录，而此之束缚中国之立场也。（二）关于中国人民在伊洛瓦底江所享有之航行权问题，吴次长去函中所云，极为得体，但台克满来函中之词句，似认定此种权利一八九四年中英条约第十二条中之规定，而非基于国际公法及习惯关于国际河流之一般权利。英方日后若同意放弃在华之内河航行及沿海贸易权，则英方同时必将坚持收回中国人民在伊洛瓦底江所享有之航权。我方关于此点，似应及早做充分之准备。（三）关于购置不动产一节，英方之两种建议虽均平等互惠，但外交部之审查意见第五点，已明白提出两国之经济情形不同，其主张甚为正确。查关于此点之症结，似在是否适用

"国民待遇"一点。英方之第二种建议,虽未明言国民待遇,但其所言"得依照该缔约国之法令所规定之条件"一语,是否意指适用于本国国民之法令? 若然,则仍无异于国民待遇。(四)关于在上海口岸雇佣引水人问题,吴次长去函英文原文中本谓足额(Adequate)之数目,而非"相当数目"。查此点宋外长既已事先允诺,且又不用正式换文,似无大碍。

4)侍从室致参事室密函(1943年6月21日)
外交部对于中英新约草案意见书

约首

查英方原草案中"……借以解决若干与在中国之管辖权有关之事件……"字样不妥,且为中美关系条件原草案约首所无,拟删。

第一条(此条关于本约适用之范围,系英方新添。)

草案第一条第一项规定新约所适用于英方之领土,不包括自治领在内,盖以自治领别具缔约权,英国不能擅自签订束缚其自治领之条约,我国分别与自治领缔约,于我似有利无害,因各自治领之缔约条件,不致较英方为荷,此点似可赞同。

同条第二项"即指一切中国人民",应改为"即指一切中华民国人民"。

第二条(此条关于废止〔治〕外法权事项,与中美关系条约原草案第一条相同)

本条以无条件废止中英现行各条约及各协定中有关治外法权之一切条款,并规定英国人民在中国境内依照国际公法原则及国际惯例受中国政府之管辖,尚属妥善。

第三条(此条关于使馆界事项,与中美关系条约原草案第二条相同)

本条第二项中"承认及保护该界内之切合法权利"下,拟照致美方答案,添"但以不违背中国法令者为限"一句。

第四条(此条第一、第二两项关于上海厦门公共租界事项,与中美关系条约原草案第三条相同,第三第四两项关于天津广州租界事项为英方原草案所添,第五第六两项关于九龙事项为我方拟添)

本条第二项关于"……承认及保护公共租界内一切合法权利"下，及第四项关于"……承认及保护该两租界内之一切合法权利"下，均拟添"不违背中国法令者为限"一句。

关于九龙租界借地事项，拟加入本条中，兹另拟二项于后，列为第五、第六两项。

第五项　英王陛下认为一八九八年六月九日在北京签订之中英展拓香港界址专条应予废止，并同意该专条所给予英王陛下联合王国政府之一切权利，即予停止。

英方在九龙租借地（如该专条附图所示者）之行政与管理权，连同其官有资产与官有债务，应移交中华民国政府，并相互谅解，中华民国政府于接收该租借地行政与管理之时，应拟定办法，担任并履行其一切官有义务及债务，并承认并保护该地内之一切合法权利，但以不违背中国法令者为限。

第五条（此条关于业经取得之不动产事项，与中美关系条约原案第四条大致相同，"不在此限"下一段系英方新添者）

本条第一项不动产之权利以诈欺取得者一句中，拟照中美关系条约修正草案第五条于"诈欺"二字下添"或其他非法手段"，并在"不在此限"四字下添"惟双方同意此项权利之行使不得违背中国关于征收捐税、征用土地及有关国防立法令，并非经中国政府之许可，不得移转于第三国政府或人民（包括公司）"。同项"不在此限"下，英方加"其于日本占领期间以没收方法而取得者，应照公平条件归还原主"一段拟删去，理由有二：（一）与中美关系条件修正草案取其一致；（二）在日军占领期间英人财产落入华人手中者多，而华人财产落入英人手中者少，归还原主于英特别有利。

第六条（此条关系内地旅行、居住、法律手续、司法、行政事项，与中美关系条约原草案第五条相同）本条"……关于各项法律手续、司法、行政、各种租税之征收及有关事项，以及经营商业不低于各该本国人民与公司之待遇"内之"以及经营商业"一段，拟照中美关系条约修正草案删去。

第七条（此条关于设领事项，与中美关系条约原草案第六条意义相同，而文字略异。）

本条内"彼此之领事官……得在对方国现在或将来允许任何外国设领之口岸与城市驻扎",拟照中美关系条约修正草案改为"……得在对方国所同意之口岸与城市驻扎"。

又本条内之"……与公司……"字样系英方所添,拟一律删去。

第八条(此条关于订立通商航海条约事项,与中美关系条约原草案第七条相同。)

本条第一项关于缔结广泛性新商约一切,尚属妥善。

本条第二项中"……任何问题发生而不在本条约范围内,或不在中英两国间现行而未经本约废止,或与本约不相抵触之条约专约及协定之范围内者……",拟照中美关系条约修正草案改为"……任何问题发生而不在本条约及换文范围内,或不在中英两国间现行而未经本约及换文废止,或与本约及换文不相抵触之条约专约及协定之范围内者……"。

第九条(此条关于批准互换生效事项,与中美关系条约修正草案相同。)

本条关于签字盖印及批准等事,为例行规定,似甚妥善。

附加意见三则:

(一)在新约中拟照致英方答案加一条,文曰"中华民国与大不列颠北爱尔兰联合王国及印度之关系,应以平等互惠之原则为基础",此条例为新约第一条。

(二)查中英新约草案内,关于1.口岸制度;2.沿岸贸易、内河航行、外人引水;3.外国军舰游弋驻泊;4.总税务司雇用外人等权尚无明文放弃,拟照致美方答案以换文方式声明作废。

(三)刘公岛租借地因一九四零年方展期十年,拟暂不提。

换文

本代表奉政府之命声明如下:关于本日签字之中华民国政府主席阁下,与大不列颠爱尔兰及海外诸自治领君主兼印度皇帝陛下间废除治外法权及其有关权利之条约;本国政府之了解以为通商口岸及上海与厦门公共租界特区法院之制度,外国人民经营沿海贸易与内河航行,外国籍引水人之雇用,中国海关之雇用外国籍总税务司,外国军舰事先未获得中国政府之同意,驶入中国口岸,均包括本约废除范围;本代表应请贵代表证实上项了解为荷。

本代表顺向贵代表重表敬意。

中英新约修正草案译文

中华民国国民政府主席大不列颠爱尔兰及海外诸自治领君主兼印度皇帝陛下愿以友好精神确定两国间之一般关系,(删去——借以解决若干与在中国之管辖权有关之事件)订立本约,为此简派全权代表如左〔下〕:

中华民国国民政府主席阁下特派

大不列颠爱尔兰及海外诸自治领君主兼印度皇帝陛下(本约此后简称英王陛下)为大不列颠北爱尔兰联合王国及印度特派两全权代表各将所奉证书,互相校阅,均属妥善,议定条款如左〔下〕:

第一条(此条系照中美关系条约修正草案而增添者)

中华民国与大不列颠北爱尔兰联合王国及印度之关系应以平等互惠之原则为基础。

第二条(中美关系条约原草案及修正草案无此条)

(一)本约所指缔约双方之领土,在英王陛下方面,指大不列颠北爱尔兰联合王国、印度、一切殖民地、海外领土、保护国、在英王保护或宗主权下之一切疆土以及其联合王国政府所执行委托统治之一切委任统治地,在中华民国国民政府主席阁下方面,指中华民国之一切领土,本约中以下各条所称缔约此方或彼方之领土,即系本约所指之上述各该方领土。

(二)本约"缔约当事一方(或他方)人民"一辞,关于英王陛下方面,即为本约所指领土内之一切不列颠臣民以及在不列颠保护下之人民,关于中华民国方面,即指一切中华民国人民。

(三)本约"缔约当事一方(或他方)公司"一辞,解释为依本约所指各该方领土之法律而组成之有限公司及其他公司合伙暨社团。

第三条(此条与中美关系条约修正草案第二条相同)

现行中华民国国民政府主席阁下与英王陛下间之条约与协定,凡规定英王陛下或其代表,得管辖在中华民国领土内英王之臣民或公司之一切条款,兹特撤销作废。英王之臣民或公司在中华民国领土内,应依照国际公法之原则及国际惯例受中华民国政府之管辖。

第四条(此条与中美关系条约修正草案第三条相同)

(一)英王陛下认为一九零一年九月七日中华民国政府与他国政府包括英王陛下联合王国政府在北京签订之议定书应予废止,并同意该议定书及其附件所给予英王陛下联合王国政府之一切权利即予停止。

(二)英王陛下联合王国政府愿协助中华民国政府与其他有关政府成立必要之协定,俾将北平使馆界之行政与管理权,连同使馆界内之一切官有资产与官有债务移交于中华民国政府,并相互谅解,中华民国政府于接收使馆界行政与管理权之时,应拟定办法,担任并履行使馆界内之一切官有义务及债务,并承认及保护该界内之一切合法权利,但以不违背中华民国法令为限。

(三)中华民国政府兹允许英王陛下之政府为公务上之目的,有权继续使用在北平使馆界内已划与英王陛下联合王国政府之土地,其上一部分建有属于英王陛下联合王国政府之房屋。

第五条(此条第一、二两项与中美关系条约修正草案第四条相同,第三、四两项关于天津广州租界事项,为英方草案所添,第五、六两项关于九龙事项为我方添拟。)

(一)英王陛下认为上海及厦门公共租界之行政与管理权,应归还中华民国政府,并同意凡与上述租界有关而属于英王陛下之权利即予废止。

(二)英王陛下联合王国政府愿协助中华民国政府与其他有关政府成立必要之协定,俾将上海及厦门公共租界之行政与管理权,连同上述租界之一切官有资产与官有债务移交与中华民国政府,并相互谅解,中华民国政府于接收上述租界行政与管理权之时,应拟定办法担任并履行上述租界之官有义务及债务,并承认及保护上述租界内之一切合法权利,但以不违背中华民国法令为限。

(三)英王陛下同意将天津英租界(包括英方工部局所管全部区域)及广州租界之行政与管理权归还中华民国政府,又同意凡与上述两租界有关而属于英王陛下之权利,即予废止。

(四)天津英租界(包括英方工部局所管全部区域)及广州英租界之行政与管理权,连同其他官有资产与官有债务,应移交中华民国政府,并相互谅解,中华民国政府于接收该两租界行政与管理权之时,应拟定办法,担任并履行该两租界内之一切官有义务及债务,并承认及保护该两界内之一切合法权利,但以不违背中华民国法令为限。

(五)英王陛下认为一八九八年六月九日在北京签订之中英展拓香港界址专条应即废止,并同意该专条所给予英王陛下联合王国政府之一切权利,即予停止。

(六)英方在九龙租借地(如该专条附图所系者)之行政与管理权连同其官有资产与官有债务,应移交中华民国政府,并相互谅解,中华民国政府于接收该租借地行政与管理之时,应拟定办法,担任并履行其一切官有义务及债务,并承认及保护该地内之一切合法权利,但以不违背中国法令者为限。

第六条(此条与中美关系条约修正草案第五条大致相同,"不在此限"下一段系我方拟添者)

(一)为使英王陛下之人民及公司或英王联合王国政府在中华民国领土内业经取得之不动产权利,不致发生任何问题,特别是由于本约条二条所废止各条款而发生之问题,双方同意上述现有之权利,不得所有作废,并不得以任何理由加以追究,但依照法律手续提出证据,证明此项权利系诈欺或其他非法手段取得者不在此限(删去——其于日本占领期间以没收方法而取得者,应照公平条件归还原主。)惟双方同意此项权利之行使,不得违背中国关于征收捐税、征用土地及有关国防之法令,并非经中国政府之许可,不得移转于第三国政府或人民(包括公司)。

(二)政府享有之不动产承租契或其他契据,为欲另行更换为所有权新契据时,中华民国官所不得征收任何费用,此项所有权新契据,应充分保障持有上述租契或其他契据人合法之继承人及受让人,并不得减损其原来权益包括转让权在内。

(三)双方并同意中华民国官厅不得向英王之臣民或公司或英王陛下联

合王国政府征收涉及本约生效以前有关土地移转之任何费用。

第七条（此条与中美关系条约修正草案第六条相同）

英王陛下早予中华民国人民在英王陛下每一领土全境内享有旅行、居住及经商之权利，中华民国政府主席阁下同意予英王之人民在中华民国领土内享有相同之权利，缔约双方在各该领土之内，务必给予对方之人民与公司关于各项法律手续司法行政各种租税之征收与其有关事项，（删去——以及经营商业）不低于各该本国人民与公司之待遇。

第八条（此条与中美关系条约修正草案第七条意同而文字略异）

缔约一方之领事官获得对方国所给予之领事执行职务证书后，得在对方国（删去——现在或将来允许任何外国设领）所同意之口岸与城市驻扎，缔约一方之领事官在他方领土内，于其所辖领事区内，享有访问与指示其本国人民（删去——与公司）及与其通讯之权，而缔约一方之人民（删去——与公司）在他方领土之内亦随时有与其本国领事官通讯之权，遇有缔约一方之人民在他方领土之内被地方官所逮捕拘留时，该主管官所应立即通知对方领事区内之领事官，该领事官于其管辖区域范围以内，有探视其本国任何被拒或在狱候审人民之权利，缔约一方人民在他方境内被监禁者，其与本国领事管之通信，地方官所应予转达，与其领事官缔约一方之领事官在他方领土内，应享有现代国际惯例所给予之权利特权与豁免。

第九条（此条与中美关系条约修正草案第八条相同）

（一）缔约国双方相互同意经一方之请求，或于抵抗敌国之战事停止后至迟六个月内，进行谈判、签订一现代广泛之友好通商航海设领条约，此项条约将以近代国际程序与缔约双方近年来与他国政府所缔结之近代条约中，所表现国际公法原则与国际惯例为根据。

（二）前项广泛条约未经订立以前，倘日后遇有涉及中华民国领土内英王之人民与公司或英王陛下联合王国政府或印度政府权利之任何问题发生，而不在本条约及换文范围内，或不在缔约双方间现行而未经本约及换文废止或与本约及换文不相抵触之条约专约及协定之范围内者，应由缔约双方之代表会商，依照普通承认之国际公法原则及近代国际惯例解决之。

第十条（与中美关系条约修正草案相同）

本条约应予批准，批准书应于重庆迅速互换，本条约自互换批准书之日起，发生效力。

上开全权代表，爰于本约签字盖印，以昭信守。

本约二份订于重庆

□□年□□月□□日

中英新约草案

中华民国国民政府主席大不列颠爱尔兰及海外诸自治领君主兼印度皇帝陛下愿以友好精神确定两国间之一般关系，借以解决若干与在中国之管辖权有关之事件，为此决定缔结条约，爰各简派全权代表如左〔下〕：

中华民国国民政府主席阁下特派大不列颠爱尔兰及海外诸自治领君主兼印度皇帝陛下（本约此后简称英王陛下）特派

两全权代表各将所奉全权证书互相校阅，均属妥善，议定条款如左〔下〕：

第一条

（一）本约所指缔约双方之领土，在英王陛下方面指：大不列颠联合王国、北爱尔兰、印度、英王之一切殖民地、海外领土、保护国、在英王保护或宗主权下之一切疆土以及其联合王国政府所执行委托统治之一切委托统治地；在中华民国国民政府主席阁下方面指：中华民国之一切领土，本约中以下各条所称缔约此方或彼方之领土，即系本约所指之上述各该方领土。

（二）本约"缔约当事一方（或他方）人民"一辞，关于英王陛下方面，即为本约所指领土内之一切不列颠臣民以及在不列颠保护下之人民，关于中华民国方面即指一切中华民国人民。

（三）本约"缔约当事一方（或他方）公司"一辞，解释为依本约所指各该方领土之法律而组成之有限公司及其他公司合伙暨社团。

第二条

现行中华民国国民政府主席阁下与英王陛下间之条约与协定，凡规定英王陛下或其代表得管辖在中华民国领土内英王之臣民或公司之一切条款,兹特撤销作废,英王之臣民或公司在中华民国领土内,应依照国际公法之原则及国际惯例受中华民国政府之管辖。

第三条

(一)英王陛下认为一九零一年九月七日中华民国政府与他国政府包括英王陛下联合王国政府在北京签订之议定书应予废止,并同意该议定书及其附件所给予英王陛下联合王国政府之一切权利即予停止。

(二)英王陛下联合王国政府愿协助中华民国政府与其他有关政府成立必要之协定,俾将北平使馆界之行政与管理权,连同使馆界内之一切官有资产与官有债务移交于中华民国政府,并相互谅解中华民国政府于接收使馆界行政与管理权之时应拟定办法,担任并履行使馆界内之一切官有义务及债务,并承认及保护该界内之一切合法权利。

(三)中华民国政府兹允许英王陛下之政府为公务上之目的有权继续使用在北平使馆界内已划与英王陛下联合王国政府之土地其上一部分建有属于英王陛下联合王国政府之房屋。

第四条

(一)英王陛下认为上海及厦门公共租界之行政与管理权应归还中华民国政府,并同意凡与上述租界有关而属于英王陛下之权利即予废止。

(二)英王陛下联合王国政府愿协助中华民国政府与其他有关政府成立必要之协定,俾将上海及厦门公共租界之行政与管理权,连同上述租界之一切官有资产与官有债务移交与中华民国政府,并相互谅解中华民国政府于接收上述租界行政与管理权之时,应拟定办法,担任并履行上述租界之官有义务及债务,并承认及保护上述租界内之一切合法权利。

(三)英王陛下同意将天津英租界(包括英方所管全部市行政区域在内)及广州英租界归还中华民国政府统治管理,又同意凡与该两租界有关而属于英王陛下之权利即予废止。

(四)天津英租界(包括英方所管全部市行政区域在内)及广州英租界之行政与管理,连同其官方资产与官方债务,应移交中华民国政府,并相互谅解中华民国政府于接收该两租界行政与管理之时，应拟定办法，担任并履行该两租界内之一切官有义务及债务，并承认及保护该两界内之一切合法权利。

第五条

（一）为使英王陛下之人民及公司或英王联合王国政府在中华民国领土内业经取得不动产之权利，特别是由于本约第二条规定所废止各条约及协定之各条款不致发生任何问题起见，双方同意上述现有之权利不得取消作废，并不得以任何理由加以追究，但依照法律手续提出证据，证明此项权利系诈欺取得者不在此限，其于日本占领期间以没收方法而取得者，应照公平条件归还原主。

（二）双方并同意中华民国政府对于英王之人民或公司或英王陛下联合王国政府享有之不动产永租契或其他契据，如欲另行更换为所有权新契据时，中华民国官所不得征收任何费用，此项所有权新契据应充分保障持有上述租契或其他契据人合法之继承人及受让人并不得减损其原来权益，包括转让权在内。

（三）双方并同意中华民国官所不得向英王之臣民或公司或英王陛下联合王国政府征收涉及本约生效以前有关土地移转之任何费用。

第六条

英王陛下早予中华民国人民在英王陛下各处领土全境内享有旅行、居住及经商之权利，中华民国政府主席阁下同意予英王之人民在中华民国领土内享有相同之权利，缔约双方在各该领土之内，务必给予对方之人民与公司关于各项法律手续司法行政各种租税之征收与有关条件，以及经营商业不低于各该本国人民与公司之待遇。

第七条

缔约一方之领事官获得对方国所给予之领事执行职务证书后，得在对方现在或将来允许任何外国设领之口岸与城市驻扎，缔约一方之领事官，在他方领土内于其所辖领事区内享有访问与指示其本国人民与公司，及与其通讯之权，而缔约一方之人民与公司在他方领土之内，亦随时有与其本国领事官通讯之权，遇有缔约一方之人民在他方领土之内被地方官所逮捕或拘留时，应立即通知其在该管领事区内之本国领事官,该领事官于其辖区范围以内,有探视其本国任何被拘候审人民之权,缔约一方人民在他方境内被拘,其与本国领事官之通信,地方官所应予转达该管领事官,缔约一方之领事官在他方领土之中,应享有现代国际惯例所给予之权利特权与豁免。

第八条

(一)缔约国双方相互同意,经一方之请求,或于抵抗敌国之战事停止后至迟六个月内,进行谈判,签订一现代广泛之友好通商航海设领条约,此项条约将以近代国际程序与缔约双方近年来与他国政府所缔结之近代条约中,所表现之国际公法原则与国际惯例为根据。

(二)前项广泛条约未经订立以前,倘日后遇有涉及中华民国领土内英王之人民与公司或英王陛下联合王国政府或印度政府权利之任何问题发生,而不在本条约范围内或不在缔约双方间现行而未经本约废止或与本约不相抵触之条约专约及协定之范围内者,应由缔约双方之代表会商,依照普通承认之国际公法原则及近代国际惯例解决之。

第九条

本条约应予批准,批准书应于重庆迅速互换,本约自互换批准书之日起发生效力。

上开全权代表,爰于本约签字盖印,以昭信守。

本约二份订于重庆

□□年□□月□□日

中英新约草案初步审查意见

按中英新约草案其内容与中美新约草案,除增列数点外完全相同,兹就增列部分签注初步审查意见于后:

一、应予赞同之点

(一)草案第一条第一项规定新约所适用于英方之领土不包括自治领在内,盖以自治领别具缔约权,且按一九二六年帝国会议 Imperial Conperenece 之决议及一九三一年 The Statute of Westminster 之规定,自治领与联合王国间无论就内政或外交而言,彼此平等不相隶属,故英国不能擅自签订束缚其自治领之条约,而我国分别与自治领缔约于我似有利无害,盖无论如何各自治领之缔约条件,似不致较英方为苛,此点可予赞同。

(二)草案第本条(相当于中美草约第三条)关于交还租界行政与管辖权一事增列天津广州两英租界之交还,我方自无异议。

(三)草案第五条(相当于中美草约第四条)第一项后加"其于日本占领期间以没收方法而取得者,应照公平条件归还原主"一款,我方可无异议。

二、应予故虑之点

(一)草案第一条第一项规定条约所适用于英方之领土,不包括自治领在内,现在加拿大、澳洲联邦、纽芬兰〔新西兰〕均已表示准备与我另订新约,但南非联邦、爱尔兰自由邦尚未有表示。又纽芬兰〔新西兰〕在一九三三年前早经认为自治领,但以内部之纷乱,复于该年受英国(指联合王国)政府之统治,实际上无缔约,据草案第一条第一项英方领土是否包括纽芬兰〔新西兰〕在内,英方应予说明。

(二)各自治领政府及其人民在华所享受之特权,原以中英不平等条约为根据,今中英不平等条约既已废止,则各自治领政府及其人民所享之特权失其根据,我方应于中英新约签订之日同时作一声明如下:"中英两国业经根据平等互惠原则签订新约,废除英国在华所享有之一切片面特权,凡援用过去中英条约而在华享有此种特权之自治领其在华享有之特权自应随本约生效而消灭,中国深愿与各自治领签订条约建立友好关系"。

(三)草案第一条第一项对于条约所适用英方之领土既采列举方式依其文义香港亦包括在内,我国是否同意。又九龙为租借地,应于订约时交涉收回。

(四)草案第七条(相当中美草约第六条)关于设领地点之规定,英方口头表示须于换文声明:印度首都新德里及深拉(Simla)(该两地有伊朗、阿富汗及尼泊尔领馆)为例外一节,拟仍照中美约稿修正为"彼此之领事官……得在对方国所同意之口岸与城市驻扎……",如此则换文或默契均无必要。

(五)草约中并未提及英国在西藏特权,我方应乘此新约签订之时提出交涉。

附一九二六年帝国会议决议摘要［略］

5）参事室拟定关于中英中美新约意见方案（1943年9月2日）

方案一：治外法权取消后英国在华商务关系——中国应有开明政策以鼓励互惠商业之继续及进行。

方案二：中国移民——中国应有政策、声明，尊重英美各国对此问题之决定权，并声明决无增加移民之要求。

方案三：东三省——东三省及中国他处之发展将均需要英美之投资等等。但东三省之发展为整个中国发展之一部，不特视为特殊区域，不容亦无须日本单独之助力。

方案四：高丽——高丽需要国际助力，而不是日本单独之助力。

方案五：日本工商业——应予维持，但不能因此而妨及远东各地幼稚经济生活之合理生长。

方案六：香港及 Key Points——如有全球性之制度，中国可以善意考虑合作。如基于各帝国过去之占领或租借权益而强立一制度于东亚，则极不公允。

方案七：不列颠殖民政策——实行扶植政策之时期与方式之保证，须要中立分子更高度之参加。

方案八：太平洋区域会议——应分分子国与参加国。非太平洋国家而在太平洋有殖民权益者只对于该殖民地之安全及进步一事参加责任。但此会议之如何组成、目的如何、处理方式如何、武力何在，需要积极建议。

6）参事室关于中英关系条约草案译文与中美新约草案译文比较批注（1943年9月）

中英关系条约草案译文

中华民国国民政府主席

大不列颠爱尔兰及（海外）诸自治领君主兼印度皇帝陛下

愿以友好精神确定两国间之一般关系，借此解决若干与在中国之管辖权

有关之事件,为此决定缔结条约,爰各简派全权代表如左〔下〕:

中华民国政府主席阁下特派

大不列颠爱尔兰及海外自治领君主兼印度皇帝陛下(本约此后简称英王陛下)特派

两全权代表各将所奉令全权证书互相校阅,均属妥善,定条款如左〔下〕:

第一条　略

第二条　现行中华民国国民政府主席阁下与英王陛下间之条约与协定,凡规定英王陛下或其代表,得管辖在中华民国领土内英王之居民或公司之一切条款,兹特撤销作废。英王之臣民或公司,在中华民国领土内,应依照国际公法之原则及国际惯例受中华民国政府之管辖。

第三条　(一)英王陛下认为一九○一年九月七日中华民国政府与他国政府,包括英王陛下联合王国政府,在北京签订的议定书应予废止,并同意该议定书及其附件中所给予英王陛下联合王国政府之一切权利即予停止。

(二)英王陛下联合王国政府愿协助中华民国政府,与其他有关政府成立必要之协定,俾将北平使馆界之行政与管理权,连同使馆界内之一切官有资产与官有债务,移交中华民国政府,并相互谅解,中华民国政府于接收使馆界内之一切官有资产与官有债务时,应拟定办法〔△美草约为"准备"〕,担任并履行使馆界内之一切官有义务及债务,并承认及保护该界内之一切合法权利。

(三)中华民国政府兹允许英王陛下之政府,为公务上之目的,有权继续使用在北平使馆界内之已划与英王陛下建有属于英王陛下联合王国政府之房屋。

第四条　(一)英王陛下认为上海及厦门公共租界之行政与管理权,应归还中华民国政府,并同意与上述租界有关而属于英王陛下之权利,即予废止。

(二)英王陛下联合王国政府愿协助中华民国政府,与其他有关政府成立必要之协定,俾将上海及厦门公共租界之行政与管理权,连同上述租界之一切官有资产与官有债务,移交与中华民国政府,并相互谅解,中华民国政府于接收上述租界行政与管理权之时,应拟定办法,担任并履行上述租界之官有义务及债务,并承认及保护上述租界内之一切合法权利。

(三)英王陛下同意将天津英租界(包括英方所管全部市政区域在内)及广州英租界归还中华民国政府统治管理,又同意凡与该两租界有关而属于英王陛下之权利,即予废止。

(四)天津英租界(包括英方所管全部市政区域在内)及广州英租界之行政与管理,连同官方资产与官方债务,应移交中华民国政府,并相互谅解,中华民国政府于接收该两租界行政与管理之时,应拟定办法,担任并履行该两租界内之一切官有义务及债务,并承认及保护两界内之一切合法权利。

第五条　(一)为使英王陛下之人民及公司或英王联合王国政府在中华民国领土内业经取得不动产之权利,特别是由于本约第二条规定所废止各条约及协定之各条款发生任何问题起见,双方同意上述现有之权利不得取消作废并不得以任何理由加以追究。[△美草约为"非难"]

但依照法律手续提出证据证明此项权利系诈欺取得者不在此限,其于日本占领期间以没收方法而取得者应照公平条件归还原主。[△美草约所无]

(二)双方并同意中华民国政府对于英王之人民或公司或英王陛下联合王国政府享有之不动产永租契约或其他契据,如类另行更换为所有权新契据时[△美草约"永租契"上有"所有权"三字]中华民国官方不得征收任何费用,此项所有权新契据应充分保障持有上述租契或其他契据人合法继承人及受让人并不得减损其原来权益,包括转让权在内。

(三)双方并同意中华民国政府官方不得向英王之臣民或公司或英王陛下联合王国政府征收涉及本约生效以前有关土地移转之任何费用。

第三条　英王陛下早予中华民国人民在英王陛下各处领土全境内享有旅行、居住及经商之权利,中华民国政府主席阁下同意予英王的人民在中华民国领土内享有相同之权利。缔约双方在各该领土之内务必给予对方之人民与公司关于各项法律手续司法行政各种租税之征收与有关条件[△美草约为"各种租税与各该政府之征收"]以及经营商业不低于各该本国人民与公司之待遇。

缔约一方之领事官,获得对方国家所给予之领事执行职务证书后,得在对方现在或将来允许任何外国设领之口岸与城市驻扎,缔约一方之领事官,在他方领土内于其所辖领事区内,享有访问与指示其本国人民与公司,及与其通讯之权,而缔约一方之人民与公司,在他方领土之内,亦随时有与其本国领事官通讯之权。遇有缔约一方之人民在他方领土之内,被地方官方逮捕或拘留时,应立即通知其在该管领事区内之本国领事官,该领事官于其辖区范围以内,[△美草约内有"经通知地方主管官方后"。]有探视其本国任何被拘候审人民之权。缔约人民在他方境内被拘,其与本国领事官之通讯,地方官厅应予转递该管辖领事官。[△美草约系另项规定]

缔约一方之领事官在他方领土之中应享有现代国际惯例所给予之权利、特权与豁免。

第八条　(一)缔约国双方相互同意,经一方之请求,或[△美草约有"无论如何"四字]于抵抗国之战事停止后至迟六个月内进行谈判,签订一现代广泛友好通商航海设领条约,将以近代国际程序与缔约双方近年来与他国政府所缔结之近代条约中所表现之国际公法原则与国际惯例为根据。

(二)前项广泛条约未经订立以前,倘日后遇有涉及中华民国领土内英王之人民与公司或英王陛下联合王国政府或印度政府权利之任何问题发生,而不在本约范围内,或不在缔约双方间现行而示经本约废止或与本约不相抵触之条约、专约及协定之范围内者,应由缔约双方之代表会商,依照普通承认之国际公法原则及近代国际惯例解决之。

第九条　略

〔军事委员会档案〕

26. 军事委员会参事室外交组工作讨论会会议纪录(1943年1—4月)

1)外交组工作讨论会第一次会议纪录(1943年1月27日)

时间:三十二年一月二十七日

地点:中华路本室

出席:郭斌佳、朱庆永

列席:黄正铭

主席:郭斌佳

(一)报告事项

主席报告奉主任谕:"外交组工作应照日前面定之问题,由张子缨、郭斌佳二兄,朱庆永君及黄正铭君(中央设计局委员)分别认定,每两星期集议一次,并从本年二月底以前提出初步研究结果。会议由张子缨兄召集,在子缨兄请假期间,由斌佳兄召集。杰亦可随时参加。"等因。现子缨兄请假赴蓉,由本人召集第一次会议,以后每隔两星期召集会议一次。

(二)讨论事项

主席提出:本组今后工作,拟照日前主任面示六大问题分别进行研究。兹将该项问题分列于后,请推定担任各该问题研究人员案。

决议:

1.太平洋区域和平组织(包括西南太平洋各殖民地问题)一题,由张参事子缨担任。(同时参照周参事鲠生在美国外交季刊所作论文)。

2.对日问题(包括朝鲜、台湾问题)一题由郭参事斌佳、朱研究员庆永、洪干事启翔担任。

3.战后经济合作一题,由朱专员炳南担任。

4.战后对苏关系一题,由朱研究员庆永、李干事元泽担任。

5.边疆问题一题,由丁德纯、李元泽两干事担任。

6.其他(1)移民问题(2)华侨问题由黄正铭先生担任。

以上各题初步研究结果,均限于二月二十五日以前完成。

(三)散会

2)外交组工作讨论会第二次会议纪录(1943年2月12日)

时间:三十二年二月十二日上午十时

地点:中华路本室

出席人:张忠绂、郭斌佳、朱庆永、洪启翔、李元泽、丁德纯

主席:张忠绂

(一)主席报告[略]

(二)郭参事报告上次会议纪录[略]决议事项。

(三)决定各大题目中的小题目及担任研究人员:

1.太平洋和平问题(由张参事担任。)

2.战后对日问题:

(1)战后中日一般关系问题(由郭参事担任。)

(2)解除日本武装问题(包括日本政制改革及教育文化改造问题,由丁德纯担任。)

(3)领土支配问题(包括朝鲜、台湾问题,由洪启翔担任。)

(4)赔偿问题(包括日本在华投资的处置问题、由郭参事担任。)

(5)战后对日经济问题(由洪启翔担任。)

3.战后对苏问题:

(1)战后对苏一般关系问题(由朱研究员庆永担任。)

(2)东北问题(包括中东路问题,由李元泽担任。)

(3)外蒙问题(由李元泽担任。)

(4)新疆问题(由李元泽担任。)

(5)共产党问题(由朱研究员庆永担任。)

4.边疆问题:

(1)西藏问题(由丁德纯担任。)

(2)外蒙问题(由李元泽担任。)

(3)滇缅滇越问题(由丁德纯担任。)

(4)新疆问题(由李元泽担任。)

5.移民问题(由黄正铭先生担任。)

6.华侨问题(由黄正铭先生担任。)

(四)决定下次开会时间及地点:

时间:定二月二十六日上午十时

地点:中华路本室

3)外交组工作讨论会第三次会议纪录(1943年2月26日)

时间:二月二十六日上午十时

地点:中华路本室

出席人:王世杰、张忠绂、郭斌佳、黄正铭、朱庆永、李元泽、洪启翔、丁德纯

主席:张忠绂

交换关于"太平洋区和平组织问题"之意见(内容略)

决议事项

(一)每月须完成二题,正式提出。

(二)主任谕:"战后日本对华投资的处置问题"应提前作,并推洪启翔初稿。

(三)下次会议由洪启翔报告"日本领土支配问题",丁德纯报告"解除日本武装问题"。

(四)下次会议时间决定在下星期四(三月四日)上午十时,地点:在中华路本室。

散会

4)外交组工作讨论会第四次会议纪录(1943年3月4日)

时间:三月四日上午十时

地点:中华路本室

出席人:张忠绂、郭斌佳、黄正铭、朱庆永、李元泽、洪启翔、丁德纯

主席:张忠绂

讨论事项:

(一)交换关于"战后日本领土处置问题"之意见。

(二)交换关于"解除日本武装问题"之意见。

(三)下次会议由朱庆永、李元泽报告新疆及外蒙问题。

(四)下次会议时间决定在本月十八日(星期四)上午十时

地点:中华路本室

散会

5)外交组工作讨论会第五次会议纪录(1943年3月18日)

时间:三月十八日上午十时

地点:中华路本室

出席人:张忠绂、郭斌佳、黄正铭、朱庆永、洪启翔、李元泽、丁德纯

主席:郭斌佳

讨论事项:

(一)讨论关于"战后日本领土处置"及"解除日本武装"方案最后修正。

(二)朱庆永、李元泽报告"战后对苏关系问题"。

(三)洪启翔报告"日本在华投资的处置"问题。

(四)下次会议决定在四月一日上午十时,地点中华路本室。

散会。

6)外交组工作讨论会第六次会议纪录(1943年4月1日)

时间:四月一日上午十时

地点:中华路本室

出席人:张忠绂、郭斌佳、黄正铭、朱庆永、洪启翔、李元泽、丁德纯

讨论事项

(一)战后中苏一般关系问题,由朱庆永、李元泽报告。

修正意见:

(二)正文多列具体方案,说明尽量列入附件中。

(三)题目改为"调整战后中苏关系方案"。

1.战后日本对华后投资的处理问题,由洪启翔报告。

2.下次会议我先提出"战后中国对日经济问题",并请朱专员炳南与洪干事启翔合作撰。

3.下次会议决定在四月十五日上午十时,地点仍在中华路本室。

散会

7)外交组工作讨论会第七次会议纪录(1943年4月15日)

时间:四月十五日上午十时

地点:中华路本室

出席人:张忠绂、郭斌佳、朱炳南、朱庆永、洪启翔、李元泽、丁德纯

主席:郭斌佳

讨论事项

(一)朱庆永、李元泽报告调整战后中苏关系方案。

(二)朱炳南、洪启翔报告战后处理对日经济关系方案。

决议:战后对日经济关系中有关法律方面之问题。请黄正铭先生协助补充。

(三)下次会议讨论黄正铭先生之移民或华侨问题。

(四)下次会议决定在本月二十九日上午十时,地点仍在中华路本室。

散会

8)外交组工作讨论会第八次会议纪录(1943年4月29日)

时间:四月二十九日上午十时半

地点:中华路本室

出席人:张忠绂、郭斌佳、黄正铭、朱庆永、洪启翔、李元泽、丁德纯

主席:张忠绂

(一)讨论事项:黄正铭报告"改进我国移民地位方案"。

修正意见:将初稿分成两部,以后半部所叙述之移民史实为附件。

(二)下次开会时间及讨论题目另行决定。

散会

〔军事委员会档案〕

27. 蒋介石为研究英国海雷勋爵在太平洋学会会议上演讲并拟定对策方案致王世杰电(1943年2月26日)

侍秘存第16199号。参事室王主任勋鉴:兹随文抄发英国出席太平洋学

会代表海雷勋爵演词译文一件，即希研究后拟定我国之对策，即对此主张及其中各问题之处置办法与方案，呈报为要。中正。丑寝。侍秘。

附抄件一份

中华民国三十二年二月二十六日

英国出席太平洋学会代表海雷勋爵演词

吾人所须讨论之范围如是广阔，开始必须明确树定几项原则。兹姑认定吾人所应研求之基本问题为安全问题，则战后处置必须能为太平洋区域诸民族取得新秩序，否则殊无意义。

战后处置必须能予彼等以较高之生活标准，其在政治上经济上倚赖世界比较进步国家之民族，并应使其能超出此种局面。

战后处置须予彼等以达到普通所谓"四种自由"之展望，但四种自由之整个基础惟在安全，如无安全，则自由之展望徒属幻影。

联合国为保证全世界将来免于侵略，所应采取之机构之确定形式，吾人此处实无须考虑，此项机构可能采取之形式甚多。吾人目前之要务，即为研究太平洋地带安全保证之必要条件。无论联合国将采取何种机构以保证全世界安全，但在太平洋区域必须有一种地方机构，从事种种普通活动，借以辅助海陆空之军事设备，此理至明。交通必须维持，航空站网必须建立，工业便利必须组织，此类甚多，无庸具〔俱〕述。再为发展远东经济利益起见，必须维持自由通商口岸，如香港、新加坡对于国际运输贸易曾有不少贡献。此外更重要者，为确保安全，必须在上述地带努力合作，造成一种经济与社会环境，使一切地方性质之磨擦与冲突不致发生。过去屡屡惹起干涉，终至演成侵略者，多系此类性质之地方情形所致。在此地带尚未独立民族必须改进其地位，使其有志有力组织自卫。此种努力不仅应包括此地带内各有关独立国家之积极合作——吾人希望美国亦在其内——且应包括现在尚隶属欧洲殖民列强之各民族。欲达上述目的，吾人必须设法创造善意与互信之空气，使有关各国对于促进合作效力，同感深切之兴趣。

依据此项基本原则，本人拟讨论若干要点，借以说明产生与维持此种合作精神之必要措施。兹仅择中国、日本及在吾人会议节目中所称为东南太平洋地区之战后地位讨论之。

中国

以前他国中对中国之态度无非依据两种相反的政策。一为借土地之占领以图独占经济权利，如帝俄与近代日本是。一为门户开放政策，此为美国显明政策，英国多年来对华亦复如此。

战后和平处理时，此两种政策究将如何？苏联政府已放弃土地占领政策，其现在所关切者，大体只限于其在外蒙自治共和国，并少许对于其在新疆之利益。关于中国对外蒙之宗主权一点。中苏两国间应不难自行解决，使其相互地位明朗化。但摒除日本于中国领土之外所引起之一切问题，则困难甚大。吾人仅可认为中国对满洲主权当然必须恢复。但满洲物质上之发展多有赖于日本。如日本统治终止，则是否能另谋方法，使由日本所介绍之各种工业，得继续进行，再如日本对朝鲜统治撤销，则将使朝鲜无建立自治政府之基础。

此两问题，对该区和平与对该两地人民同属极端重要。若无某种中间努力之参与，殊难获一解决之方，此点本人于下方当再论之。

再论吾人对于英美政策（即门户开放政策）现在的观念所引起之问题。此项政策并不要求土地权利，但牵涉保护外商之治外法权问题。英美业已同意治外法权须予终止，吾人且相信此项特权之撤销将彻底无遗。

但吾人可否因此项步骤，即认为中国已达到其所追求及吾人所为中国追求之地位？吾人可否即认为在其疆宇之内，任何外界势力将从此不复占有特权之地位？有人谓英人在华之巨额投资，造成此种地位如在战后处置之中不予清结，则完全“无特权”之局面不能谓为存在。但据吾人所知，英国在华之商务关系方面，对治外法权之撤废并未表示任何反对。反之，彼等且申言彼等所要求者惟在不在英政府之干涉，能与中国本身商订条件，使其能在中国境内继续进行其活动。果尔，则困难之发生殊不在此一方面——无论如何就中英两国关于此一方面而言，当是如此。

但中英关系并非仅此一端，香港依然为一显著问题。提及香港，一切事实立即涌现于吾人之前。香港隶英已有百年历史：在此期间已由一荒瘠之岛进为国际贸易之一繁荣中心。有人口一百五十万，但百分之九十八为中国人。其水源之供给、空防之设备以及其工业便利之大部均仰赖于一租借地，而此租借地在一九九七年必须归还。此种情形至为特别。若认为香港之将来，仅以现行旧约权利为基础进行中英间交涉即可决定，将不可能。因现在已增加其他更广阔之关系。

据本人意见，香港之将来，须视中国与太平洋集团各分子间关于维持交通贸易及保障安全之重要口岸（Key Points）之各种规定而定。在英国方面不应有任何措施，使既得权利妨碍香港之处理，使其不能执行此种规定所显示之任务。

此外尚有另一重要问题，不仅关系英国，并关系太平洋集团其他各分子，即移民与卜居各国之华侨之地位问题。此一问题至难措辞，但不得因此而勿视之。

中国和平之恢复，必将使其人口数字激增，一如其战前历史所显示者然。移民问题再起，将不仅有关于蒙古满洲，并且有关大多数之海外地域——独立国与属地均有之。对此问题不仅美国及英自治领等自主国予以国家性之注视，缅甸、马来、荷属东印度、菲利滨〔律宾〕群岛亦莫不予以国家性与种族性之注视。彼等关切此问题，理所宜然。如将此问题听诸个别行动亦甚困难，仍需要一种居间势力之联合意见与指导。

然则中国本身所应贡献于安全保障之需要，及所应贡献于安全保障所要求之共同谅解者究将如何？中国在其疆宇之内须完全自主，此为共同要求，自无疑义。但通行之路，必须有往有来。中国对安南、朝鲜之地位所采之态度须有节制。对于保障公共安全所须维持之重要口岸的规定，须尽其担负，关于此层，台湾之地位将为一重要问题。再关于运输便利之设备，上海地位之重要不减于香港，中国所应贡献于公共利益者即在此等方面。

日本、东南亚部分略。

在论及战后中日之局势时，本人曾提议此事不宜任当事双方自行解决，需要如本人所称之居间势力之指导与合作。对于该区我国属地之局势，本人亦将适用此项原则。本人建议应成立一太平洋地方会议，以各有关独立国家之代表组织之。此会议将有两重任务。第一，此会议将为联合国保障亚洲及全世界和平任何组织之本处代表机构。盖和平之保持，前已言之，不仅需要海陆空军事设备，亦须有广大范围之种种普通事业以辅助，此种普通事业即为太平洋地方会议之直接任务。

第二任务，在以联合商讨及合作行动方式在本区域内对于经济发展及关税处置，尽力谋一共同政策。此会议将设一技术参谋部门，以便对有关行政如卫生、农业、经济、文化等问题提出建议。本区域内如有财政上不能应付其发展者，则可经此机构以获得所需之协助。此会议将接受本区域内各国政府之经常报告，并有权向各国要取情报与说明。最后——本人欲着重此点——此会议应负责在固定时间考察各属地自治组织之进展以及生活程度之改进。

当然有若干人士以为此区域之问题，尤其关于属地之管理问题，非建立某种国际管理不能解决，但此项性质之国际组织之管理，究应扩至何种程度？吾人于此处所求觅之合作努力，不仅限于诸属地，且包括有若干独立之地区，其管理亦将及于彼等否？更有一点，直接之国际管理迄今仅为一种试验试行于有限之数处。美末尔、萨尔或拉的希亚之治理，其职掌均规定于一成文之宪法，其解释纯为一法律事件。彼并不包括发展之计划、教育制度之设计与政治制度之培植。无论但泽或新黑伯利特，均不能认为国际制度运用之成功。

此外复有若干人士，虽不支持国际管理制度，然计划置属地于委任统治之下。本人无意贬低委任统治之价值，但必须指出其所保障之原则，纯属消极性质，而不能推进新政策。彼可适应各种不同之教育、行政、经济与政治之制度，而不能指示其各个之优劣。其唯一之价值仅在公开，但此亦将为本人所提出太平洋会议之主要作用。

总结一言，在此种困难问题之讨论中，本人所提出者皆具体之建议，所树立者为具有把握可以达到之目标。此并非谓吾人无高尚之目的与高尚之愿望，以为吾人正所考虑各民族之前途计。但当吾人高瞻远瞩之时，幸勿忘记欲达高远目标，吾人所须应付之实际问题。此等人民中许多曾有不幸之过去，许多正受战争蹂躏之苦，吾人幸勿再以失望之悲剧加之。

参事室所拟对策与方案(3月6日)

一、海雷演词中主张之要点

英国出席太平洋学会代表海雷勋爵之演词,其全文之命意在为英国辩护,并以英国之利益为出发点,而提出若干有关战后中国、日本与东南亚细亚之具体主张。演说之目的似在试探各国代表之意见,并希冀能借此造成一种空气,以便利推进英政府之政策。

在历届太平洋学会会议中,英方代表之意见向正确代表其政府之观点,与美国代表发言较为自由之情形迥乎不同。在此次太平洋学会会议中,各国现任官吏亦得充任代表出席会议,是太平洋学会会议虽号称为学习团体,但各国代表之言论至少当具有半官方性质之意义。此点尤以英国为然,故海雷勋爵之演词特别值得吾人注意。

海雷之演词,其措词颇为巧妙。彼以安全问题为研讨之基本,谓战后处置必须能为太平洋诸民族取得新秩序与较高之生活标准,并使其能达到"四种自由"之展望,因之而主张在太平洋区域建立一种地方机构,从事种种普通活动,例如维持交通、树立航空站网、组织工业便利等。

以上述之基本原则为烟幕,海雷乃进而提出有关战后中国、日本与东南亚细亚之若干具体主张。

其有关中国之战后地位者,海雷主张中苏两国自行解决外蒙与新疆问题,东北与朝鲜境内之日本统治撤销后,应有居间势力参预,使朝鲜能有建立自治政府之基础;香港与九龙租借地不能以旧约为基础,而由中英两国自行洽商,应视中国与太平洋各分子间关于维持交通、贸易及保障安全之重点(Key Points)之各种规定而定,以及中国对外移民与华侨问题亦应接受一居间势力之联合意见与指导。至于中国本身之贡献,海雷认为中国对安南与朝鲜之态度须有节制;对保障公共安全所维持之重点,尤以台湾为最,须尽其责任,对上海等地,关于运输便利之设备,应有所贡献。

其有关日本之战后地位者,海雷主张日本自一九三〇年以来所占领之土地必须归还;在中国东北及朝鲜可能容许其经济活动之限度尚待讨论;日本人民之生活标准不能使其严重低落;他国不能放弃日本所代表之消费市场;

日本国内工业设备应转移于邻国,尤其是中国;日本对外工业,尤其是销行东方与其他各处之轻工业应使其有出口之道,因之而英国对其各属地、荷兰对印度群岛,所施行之定额交易制度,以及英自治领地与美国之关税税率,均须受其影响,而构成一种确定的牺牲。

在其论及有关东南亚细亚之战后地位时,海雷首先为英国传统之殖民地政策辩护,以答复美国一部分之舆论。次述英国殖民地政策之两项原则,一为道义之信托原则,一为附属单位自然归趋为独立负责之自治政府之原则;并附带表示反对委任统治制度。再次述及英国对于属地之新观念,即"合伙"观念,与政治自由必须建立于社会与经济进步上之观念,以暗示尚未成立自治〔治〕政府之英国各属地,多由于其本身经验、能力以及社会与经济之进步尚未达到此种阶段,而非英政府有意与〔予〕以阻碍或延迟也。更次表示英国无意使用政治力量,牺牲他国,以为本国人民谋取任何独占或优先之利益;英国必将与各国通力合作,以废除一切差别待遇(包括商务方面与原料出口方面之差别待遇);以及联合王国对其属地之贸易亦将适用此项原则。最后主张成立一太平洋地方会议,以各有关独立国家之代表组织之,其任务为:

(一)保障亚洲及全世界和平任何组织之本处代表机构,以从事于种种普通活动;(二)在本区域内对于经济发展及关税处置尽力谋一共同政策,并负责在固定时间考察各属地自治组织之进展,以及生活程度之改进,并连带反对国际管理制度。

二、吾人研究海雷演词所得之观感

总观海雷之主张,其有利于英国自不待言。吾人研究全篇演说后之观感如下:

(一)英方对于中国将来之强盛恒有疑惧,故对中国东北、朝鲜、中国移民与华侨问题均主张居间势力参与;对外蒙完全交还中国一层未提;对于香港九龙,殊无意交还中国;并明言中国对安南与朝鲜之态度不能无所限制,以及台湾须为一保障公共安全之重点。

(二)英方对于日本似尚有意保持其好感,故对于日本占领地之归还,其明白提及者只限于一九三○年后日本所占领之土地,以及对日本在中国东北及朝鲜之经济活动,尚有意容许其保存一部分。

(三)英方有意拖住美国,使其与英国合作,以维持英国属地之现状,故反对任何委任统治制度或国际管理制度,而主张成立一太平洋地方会议。

(四)英方不愿意因外蒙与新疆问题而开罪苏联,且似有意追随苏联之后,而巩固其在西藏之地位,故对于中国东北、朝鲜等地均主张有一中间势力参预〔与〕,而独对外蒙问题主张中苏两国直接交涉。

(五)英方似有意将来操纵其所主张设立之太平洋地方会议。盖依据英方之建议,太平洋地方会议将由有关独立国家之代表组织之;而此等有关之独立国家,其中必将包括荷兰、葡萄牙、比利时诸国。荷、葡、比三国一向亲近英国,而其太平洋区域之利益又复与英国相似。在将来之太平洋地方会议中,此等国家与英国合作,则中、美、苏或其他任何国家之见解若不为英国赞助,殊难望通过。

三、我国应采取之对策与方案

(一)我国对于太平洋区域各项具体问题提出处置办法以前,似亦必须在理论上有一基本原则或一广泛之观点。吾人对于为太平洋诸民族取得新秩序与较高之生活标准以及"四种自由"之展望,均无异议。对于设立一太平洋地方机构,吾人亦可不表示反对,惟此种机构之任务与活动应限于对世界和平机构辅助性之工作,而不应具有任何含有政治性之决定权。一切含有政治性之决定,概应交由一世界和平机构处理。

世界和平机构中之国家既多,英国自难操纵。且世界和平机构对于任何问题(包括太平洋问题)之处置,必将具有广泛性和普遍性;其不能适用于欧美以及其他各区域者,自亦不便强行引用于太平洋区域,此于中国有利自不待言。加以若依据英方之建议,太平洋地方会议应由各有关国家之代表组织之。此种理论扩充之结果,其他各区域之地方会议亦必将限于有关国家之代表。若然,则我国将无法参与任何其他区域之地方机构。此不仅将剥削中国对世界其他各地事件之发言权,且将严重影响于中国对太平洋问题发言的效力。因中国届时将不能以牺牲对世界其他各地主张之方式,为获得列国认可中国对太平洋问题主张之交换条件。

(二)关于中国之战后地位者：

1.日本在东北兴办之工业,必须移交中国,无须中间势力参预。我国政府似应从速训练技术人才(包括技术工人),以便于战后立即接收此种工业,使之继续进行,借以祛除外人之借口。为充实资本计,我政府似可立即与美方交涉,以普通借款之方式,由美国以资金贷我。

2.香港与九龙应交还中国,至少应暂时依照旧约办理。依照旧约,九龙租借地应于一九九七年归还中国。港九地面永源之供给、空防之设备以及大部分之工业,均仰赖于九龙租借地。此地若依约终须归还中国,则香港与九龙割让地将失去其屏障与重要性之大部。至于港九所能贡献于维持国际交通、贸易及保障安全之处,应由中国将来视实际情形及国际间有关此种之各项规定,再行自动决定。

3.中国对外移民与华侨问题,应由中国与列国个别磋商,而勿须一居间势力参预〔与〕。若是,则将来纵美国及英国自治领地对中国移民与华侨问题之态度与法令一时不易修正,而中国对东南亚细亚一带其他各地移民与华侨问题亦可先行获得合理之解决。此外,则我政府应鼓励学者多所著作,以阐明此次和平恢复后,中国人口数字不致如海雷所云将如昔激增。因此次战争期中,中国人口直接间接之损失正大,加以战后中国人民之生活水准必将大量提高,因是而人口繁殖率必将锐减。

4.对于安南、朝鲜等地,中国本无领土欲望,我政府不妨早日发表正式声明,以祛除此种疑忌。至于对于此等国家,我政府自将采睦邻政策,并促进中国与此等国家间之关系。

5.台湾应交还中国,但若战后有一保障公共安全重点之广泛规定,中国自可使台湾尽其一部分之责任。此种态度不妨于适当时间与〔予〕以声明,但不必特别指出台湾。

6.关于运输便利之设备(例如在上海),以及与列国通力合作,以促进商务与经济之繁荣各点,中国自将遵守大西洋宪章与中美租借协定而努力。对此我政府已有所表示,勿须赘言。

至于日本在朝鲜境内之统治撤销后,中国不能主张应有一中间势力参预

〔与〕(因此为干涉朝鲜内政,与保障朝鲜安全不同)。惟此种原则若适用于其他类似各地,且系由一世界机构,而非由区域机构办理,则中国亦勿须反对。我政府且似应于战争期中,竭力鼓励并辅助韩国自由党人,使之能于战后立即接收朝鲜政权,以祛除外人之借口。至若中苏关于外蒙与新疆之交涉,自应由两国直接办理。惟他日若有争端发生,仍可依照将来世界和平机构处置此类争端之办法,请求世界和平机构予以协助。

(三)关于日本之战后地位者:

1.关于日本土地之处置,我方应主张不以任何年限为标准,而应以维持世界和平并防止日本再度侵略之可能为目的。换言之,即日本在海上之一切战略根据地必须交出,或归还中国,或交给美国或苏联(例如库页岛南部),或在一广泛之国际管理制度下,交由国际管理。

2.日本在中国东北及朝鲜境内之一切公有经济事业均应交出,但日本此后得遵照普通国际公法及战后和平条件之限制,在中国东北与朝鲜境内从事正当之经济活动。

(四)关于战后东南亚细亚之地位者,我方似应主张一广泛之国家自决与国家民族平等之原则,凡此等地方之文化水准,经列国公认不弱于现存文化水准最低之独立国家者,即应立即准许其独立。其他地方不足此程度者,应在一广泛之国际管理制度下,交由国际管理,而以促进土人之利益并加速其完成自治为目的。

四、结论

上述系就海雷之主张而提出之对策与方案,其他问题并未述及,于此吾人建议,我政府应采取之立场与办法如下:

(一)关于广泛之原则:

1.关于国际问题,一切含有政治性之决定,均应交由一世界和平机构处理。

2.任何区域组织(包括太平洋地方会议)之任务与活动,应限于对世界和平机构辅助性之执行工作,而不应具有任何含有政治性之决定权。

(二)关于中国战后地位:

1.日本在东北之工业应交还中国,勿须中间势力参预,但中国政府必须早日准备资金与人才,以为战后立即接收并继续推进此类工业之进步。

2.港九应交还中国,至少亦应暂依旧约办理。至于港九对于国际贸易与保障安全所能贡献之责任,应由中国将来视实际情形及广泛类似性质之国际规定再行决定。

3.中国对外移民与华侨问题,应由中国与各国个别直接商定。我方学者并应著论,阐明中国战后人口数字因人民生活水准提高,不致激增。

4.对安南与朝鲜之态度,我政府似应早日发表声明,以袪除外人之疑忌。

5.我政府似可于适当时期声明,若战后有一广泛性之保障公共安全重点之规定,则中国必愿与各国通力合作。换言之,即台湾可以供作一重点之用。

6.我政府似应扶助韩国自由党人,使之能于战后立即接收朝鲜政权,以袪除外人借口,以居间干预。

(三)关于日本战后地位:

1.关于日本土地之处置,我方应主张,不以任何年限为标准,而以防止日本再度侵略之可能为目的。

2.日本在中国东北及朝鲜境内之一切公有经济事业均应交出,嗣后日本得遵照国际公法及和平条件之限制,在此等地方从事正当经济活动。

(四)关于东南亚细亚战后地位:

1.我方似应主张一广泛之国家自决与国家民族平等之原则。

2.凡东南亚细亚各地之文化水准,经列国公认不弱于现存文化水准最低之独立国家者,应即许其独立,其他地方应暂交由国际管理。

(五)关于一般论点:

吾人应认定下列各点,以驳斥海雷之不正当论调。其中一部分最好由专家用学术性之著作方式与〔予〕以阐扬。

1.安全之基础,惟在"四种自由"之确保,而非如海雷所云:"四种自由"之整个基础惟在安全。

2.发展远东经济利益之措施,必须与发展世界经济利益之措施打成一片,诸如设立自由口岸制度,与"造成一种经济与社会环境,使一切地方性之磨〔摩〕擦与冲突不致发生"之原则,均应适用于世界。

3.地方事件可能造成小规模之冲突,而不能演成大规模之侵略。过去引起大规模侵略之地方事件,实侵略政策之结果,而非其原因。

4.善意与互信空气必须建筑于广泛之平等与公正原则之上。

5.英商若果不欲借英政府之干涉,而愿与中国自行商订条件,则英国在华所尚未交还或撤废之一切特殊利益均应放弃(例如在港九与西藏之利益)。

6.先有日本之侵略,而后有一九四一年秋美英等国之"冻结"命令,故欲不使日本商务再度陷于麻痹,吾人必须同时使日本无再度侵略之可能。

7.过去英属各地进步之迟缓,大部分应由英政府之政策负其责任。

8.大西洋政策应适用于全球各地。

9.力主树立国际管理制度,并阐明过去委任统治制度之失败不在其原则非属妥善,而在其具体办法未臻健全,且接受委任统治国家亦未能遵守委任统治制度之精神,为土人谋求福利。

〔国民政府军事委员会档案〕

28. 国民参政会外交报告(1943年5—8月)

1)国民参政会报告(1943年5月12日)

一、苏波事件

苏波暂停邦交事件,经英美之调解,斯大林复于六日发表该话,希望战后波兰强大,波兰政府亦声明表示欢迎,英美俱表欣慰,惟尚无具体解决恢复之邦交办法,兹综合各方报告如下:

(一)据传大致四月二十六日电称:今日下午六时各次长邀谈,面告波兰政府关于波军官被杀事,利用德法国恶意宣传以图压迫苏联,解决苏波国界问题。该波兰军官系被德杀害,苏联现对法德若战,于波兰有利,而波兰不向其同盟作战之苏联询问此事之真相,即采取极不友宜〔谊〕之态度,故苏联决定与波兰政府绝交,实行在即,因中苏系同盟国,故先通知。又谓苏方虽与波政府绝交,但对波兰人民仍保持友好之关系,此不幸事件,绝不影响苏联作战云。

（二）又据傅大使四月二十九日电称：此次苏波绝交，原因波兰军官被杀问题而起，但双方争执之中心，仍为边境问题。查自一九四一年七月三十日苏波成立邦交协议后两日，西可斯基广播言，波兰并未放弃一九三九年之国境。苏联《真理报》即谓边境为将来问题，此时以不提为宜。近数月来，波兰方面对此问题常有表示，苏联方面亦迭次发表宣言反驳之高明，措词极为坚决，曾著反驳论文之 Korneichuk 不久即被任为苏联外交次长，亦似为苏政府对波一种表示，此外又发生调查波兰军官被杀问题，遂致邦交破裂云。

（三）又据驻英陈维城代办四月三十日电称：暗访英外部，据云苏波二方，早以民族及疆界问题疚心，Katyb 问题不过导火线耳。值此抗战当未成功之际，同盟国间发生此项不幸事件，往为仇者所快，至堪惋惜，英与苏波感情均睦，现在为同美政府努力调停，连日首相及外长与苏大使及波兰政府当局会晤频繁，与美大使亦在随时接洽中。

（四）又据金大使四月三十日电称：泗昨晨访波兰外部秘书长，询据伊告称：英美调停，大致注重在现尚留苏联之波兰人约一百万人以上，设法遣散出境，倘能先遣散十余万人已可使事态和缓化，波政府官方宣言，亦颇暗示此点，至于八千余军官人已死亡，追究无益；边界问题，此时尤谈不到，波兰政府对于英美调停，极为重视云。再诸小国众情，大多均以波兰此时惹出事端，认为非宜云。

（五）又据驻英大使馆五月一日电称：苏波交恶，为近日各报所注视。《泰晤士报》谓为法德方宣传离间诡计，殊堪惊憾。波方提交红十字会，某方谓德人伎俩，苏波舆论无论何由均足以波与联盟国之前途，现英苏间之信任与合作，其重要性实莫过于此时，应极力谋善计，解此危难，以免仇者所快，则将来祸根更深矣。《每日前驱报》谓，英苏两方均无裨益，联盟国竭力调解，免致再演联盟国间政治联络方法之不齐，使苟有充分机构可以互商，波方亦可不请红十字会调查，苏亦可不采孤立断然处置，此种问题必须设立有效机关为解决，庶可达到和平目的。《新闻纪事报》联盟国缺少此政治机构，影响军事上协调，北非事为联军不能调整之证，苏波事更恶，如不急图挽救，恐事正多。《新政治家周刊》谓：波方请红十字会向德人占领区域内查询，实为大错，波须知为联盟国战胜,波预存在,惟有与苏亲善一途。《旁观周刊》谓:苏波构衅,由来已渐,实为盟国一裂痕,英美两国尤须急起补此罅隙云。

(六)又据驻瑞士使馆五月一日电称:关于苏波纠纷问题,自波发表宣言起,一般人士认为波兰如坚持以释放波侨为收回日前向红十字会所提为条件,则局势必益形困难。将来波政府或局部改组,亦未可知也。

(七)又据傅大使馆五月四日电称:波兰大使日前由莫斯科抵还,伊兄在此病故,是以多留数日,料理丧事。再者波兰大使馆参事言,英美现极力调停苏波问题,颇有成功之望,但该大使馆不能不暂时撤退云。

二、纳熙论组织国际机构

据驻惠灵顿领馆五月一日电称:太平洋作战会议组出席代表纳熙,在此间报端论及战后设立国营警察称:苏联、美国、中国及英国,在战后初期现实负有特殊之责任。又称大西洋宪章仅设计和平目标,亟应创设机构以实行云。现时战局,六个月前已有无限进展,该项机构更须成立,各国应即根据实际情形,讨论其如何组织,已定战后世界形象云。

三、希特拉〔勒〕会晤各轴心领袖

据驻瑞士使馆五月一日电称:最近德之首先会各轴心领袖,此间外交界谓目的图巩固内部之团结,此为北非失败事,联军在欧洲上陆时防御上之准备,惟闻结果并不甚佳,各该国仍未能完全抛弃以本国利益为前提之主义云云。

四、维希与轴心关系

据驻瑞士使馆五月五日电称:据朱专员报告,据近维希人士称,赖代尔向希特拉〔勒〕建议二点:1.减轻驻军费,以增加工人为条件;2.德签订反工协议,惟须意方放弃土地要求。谈话结果,希特拉〔勒〕表示减轻驻军费应以增派工人多寡为比例,限二月内须再派工人二十五万,至于本年底共一百万,希望能继续增至三百万人,第二点因意坚持以Savoie归义〔意〕,未有结果云云。

五、意大利军政情形

据驻教廷公使馆五月六日电称:据各方所得消息,前意首相与德元首会晤结果,对义〔意〕三点最为重要:1.组织大批新军派赴东线参入德春季总攻,兹据传信大学我国学生答称,就彼等所知,意籍教士被征为东征军队随营司译者不下数十人;2.意方军警均须间接受德驻意军警大员节制,前意警察总监愤而辞职,现继任齐里凄为初期法西斯蒂暗杀团员,又罗默将军司令部已迁意南,密改任为地中海阵线总司令,遥制北非;3.加紧德党独裁手段,恢复初期严厉高压手段,党新秘书长施高查亦为初期暗杀团员,曾经一九二四年手刃旧国会议员Amendola,其余副秘书长及各长者均有更换,最近在各城市结队游行示威,凡民众均举手敬礼,否则拳棒交加,应送去警察局严惩云。现意民反抗情形日趋激烈,工会已开始组织罢工运动。旬来米兰各厂工人,骤然停工一小时。又前各党已有联合邦组织,名为自由阵线,密发传单,据载强调共有四点:1.谋求解放恢复自由,驱逐德军;2.打倒独裁,消灭法党;3.皇室如再不改变,袒护德党政策,一并推翻,另设共和政体;4.政府与公教分离独立,互不干涉云,再前东征兵士反叛,意方宣传德军鄙视虐待情形,意人极为愤懑,故现在组东征军队,上为民众反对,且据所见意军,服装极不整齐,精神一部分呈受惊状态。又谓海岸线重炮不敷,有用木制假炮充数者云云。

又据驻土使馆五月一日电:意大利外交部成立战后问题研究会,外间推测和平将届,意驻土大使特为辟谣,询据土外次长称,该会专为位置回国大领使馆人员而设,并无其他作用云云。

六、英报论印度问题及印度近情

据驻英大使馆五月一日电称:《泰晤士报》对全印回徒集会事,谓议会派之涣散,实予ginnah以良机,总督行政会补充人数尤堪注意,该行政会固不足以满印人之望,但究为合作之工作,各方现所需者不在策略,而在印方与英方各派负有勇敢的政治手段。《曼哲〔彻〕斯特导报》谓,政府不能将印事置诸战后,首次使印各领袖往晤甘地,再由各领袖统一委员会共商一自治印度宪章云云。

又据驻印度专员五月一日电称:1.二十四日回教联盟大会后,英方已显然支持与分割斯坦运动,回教联盟决议要求,英政府正式承认分割斯坦,并拟自动组织回教四省联合政府说;2.孟加拉省粮食问题,现极严重,预料目下将有恶化势;3.灵通消息方面传,魏菲尔将军日前飞回伦敦,商印缅战事,敌有大举攻 Bntaidaung 势;4.传敌上周用遣有小艇在孟加拉湾东岸地区登陆,携有大批伪钞;5.政界息伦敦正在考虑新总督人选云。

又据该专员五月四日电称:1.军息有印军参谋长莫斯维尔将军他调,奥钦赖乙将军有任新职说;2.印行政院政组,贺劳苏汗努爵士将改任出席英战时内阁代表,回教名额增至四人;3.回教联盟拟在西北边省组织新内阁;4.此间认为新总督莅任后,局面或有改进,萨甫罗爵士等常密嘱各处,力持静观态度;5.美方对印度政府拒绝飞利浦请晤甘地一事,评论仍多,有电为第二战场在十月开辟时,印局或将为英美之问题;6.美方息,飞利浦明日可抵华府,渠携有解决印局方案,但权威方面认为美将极力控制舆论避免批评云云。

又据五月六日电称:1.此间传新阁改组后,印督有回伦敦一行说,以便磋商亚未利所许对印政治改进之诺言,但尚未证实;2.此间报载丘吉尔将于下次会议报告战局时,提出对缅战事问题,因传奥钦赖乙将军调印军总司令德益高,此间对与将军印象较好,认为如能实现,印僵局较易解决;3.印共产党秘密决议,回教共产党员尽力加入回教联盟;4.Edgrybowl 已于周前返德云云。

七、土方对军事之观察

据驻土公使馆五月六日电称:土方舆论咸认德侵英本土为不可能之事,至于德国今是否以对苏联取功〔攻〕势或取全部守势,三四月后方可实现,苏联于英美未辟第二战场以前,对德或亦可取攻势云云。

2)国民参政会外交报告(1943年5月28日)

一、英报对丘相演说之评论

据驻英大使馆五月二十二日电称:各报对丘吉尔关于远东演说多加赞扬。《每日电闻报》谓丘吉尔称:英美当前急务在援华,可使人疑英对亚事无决定之误会,完全冰释,英失星洲为历史上之大耻,必沥雪之。英对败日之利害与美同,必先解决欧事者,因败日未必败德,而败德则必败日。《曼哲〔彻〕斯特导报》谓:丘吉尔所以申述太平洋问题,系因辩护自己与罗斯福的方略,并纠正美方一部分强有力者之意见,有人误认英方以地理关系,对于远东不及美方关心澳华,尤多失望,丘吉尔特深切声明决心全力对东事,此次华府之会议注重太平洋。《每日电闻报》称:日攫英之大部疆土咄咄逼人,美必雪珍珠港之耻,英必收复星洲,美觉急须援华,英必不落后,英有大军驻印,意即在此。《新闻纪事报》谓:丘吉尔召魏非〔菲〕尔将军偕行,应说明接济中国重要,深得美方同情,惟太平洋军事多在山林草泽,性属特殊,如速战,必须败德为先,英美当一致与盟军共同努力。兹以丘吉尔之希望与蒋委员长、史达林〔斯大林〕会商,极所赞同。《约克夏邮报》谓:先攻德为盟军方略之原则,日在远方,一时力所难达。丘吉尔坚称各方战事,首须会华群力与敌相接,对日诸多障碍,须力图驱除,阐明一面由印度与华军夹攻,一面用空军威胁。此次在美会议日程,远东实属重要。《标准晚报》题既以败日不能败德,而败德可行败日,自当本此继续游行,然对远东应予重创,英次以全力消减日之凶焰。《新政治家周刊》谓:丘吉尔携同魏菲尔赴美,可见其对远东欲恢复英方从前原状,并力守印度,中国当可欢迎,但对于胜利观念,仅在恢复战前之帝国主义,未免狭隘。又《论坛周刊》谓:日寇占缅境,冀图占 Arahn 又成泡影,可见山林作战,由印入缅,皆归失败,攻日重心,不在山林而在中国,但中国自身实多荆棘,民穷财尽,孤立少援,联盟国接济不能有调整优先办法,先欧后华致我东方盟友应急设法援助,想魏菲尔与史蒂〔迪〕威当可善筹,倘地中海之胜利取之于中国牺牲,则联军代价太贵矣云云。

二、保匈与德国关系

据驻瑞士使馆五月十八日电称:据朱专员报告:匈牙利来电称:一月前德国要求匈军二十万参加东线,工人四万赴德,匈当局未允,且借口拱卫国土,该国自东线调回五万,第二集团军亦有调回说,并拟亲近土耳其为将来地步,又工农小资产人民组成独立阵线,Pybsvamberi 大学某教授为领袖,与侨英美俄加等处匈侨反政府组织取得连〔联〕络,企图奉前总统 Ichel Kaolyl 为将来新政府领袖云。

又据该馆五月二十一日电称:据朱专员报告:保加利亚商务部长 Eakharieff 密函侨瑞家属称:保政府借口暗杀搜索破获共产及德第五纵队机关甚多,政变幸免。德方压迫参加攻土计划暂时受挫。现德驻军续增,但实力仅足防守云。又保共党、民主党、农民党、工党合组民军阵线,拥一九三四年民主党总理Mouchanoff为领袖,准备援助联军,闻第三国际令巴尔干共党改变策略,对于英美攻巴尔干取协助态度。

三、土与轴心关系

据驻土使馆五月二十二日电称:(一)前次土允于非洲战事结束时即行参战,盖当时土方估计德尚堪抵抗联军至秋末,讵料战事结束迅速,出土意料之外,现在英方要求土方履行诺言,土以消极抵抗不足阻德进犯为词拒绝,似观望德俄战事趋势为定。(二)土对轴心仍事敷衍,此次内长易人,似有步骤,前内长因拟定取缔轴心在土活动办法,未为政府嘉许而去职云。

3)国民参政会外交报告(1943年6月11日)

一、欧洲军事

据驻瑞士使馆五月十四日电称:北非失守,联军第二步计划一般推测在意境将先以飞机轰炸 Neutraliefasicily 一面进攻 Sardaigne Corse,以为在意本国及法南上陆张本,再由 Scotland、Ireland 进攻挪威,由英国及爱尔兰进攻荷兰及 Bretagne 海岸,由埃及 Syrie 进攻巴尔干半岛,察看各该处实力如何,然后倾全力进攻轴心国实力最弱之点云。

又据该馆五月十九日电称:据军界消息,德意现战线 Secteursactifs 长一万公里,军队连尚在训练者在内九百万人,此九百万人中至少须抽一百万人防御占领人民反动,照此计划算,德意即倾国内实力,将其完全布置最前线,每一公里平均只有防军八百人,况在东线每一公里现平均只有六百五十人,若欲以抵抗联军上陆,更不敷分配。因此德正在欧陆内部建筑第二防线,将来若将〔战〕事不利,挪威中部,因防守 Baltic 海岸线及北海与英法海峡,因过近德生命线关系,决不放弃外东南战线,拟退守 Genoa 、Venile 等处,借此可以美满防御至七千公里云。

二、瑞典对德态度强化

据驻瑞典公使馆五月十七日电称:此间政界,因德在北非挫败及德苏无谅解可能,益信联合国胜利在握,而瑞政府对德态度上强化,其通航南美洲以德拒发通行证,停驶四月,兹复抗议,德已无条件给证。又工党迭请立废德驻那〔挪〕在假军人过境准许,现政府已允,待时机稍更转好即解决,但认局势仍可能转变,军备不能稍懈云。

三、驻日土大使论日本情形

据驻土使馆五月十八日电称:土耳其驻日大使Feridtek返抵土京,据说日本在战役中,商船全部损失,海军损失大部分,造舰材料缺乏,以木代金属,熟练空军甚感全部覆没,无补充力,经济恐慌,以人民耐苦,组织健全,故一般情形,尚属镇静,日本必败,毫无疑义,日苏间有谅解,决无战争,日本明了侵华失败,改取亲善政策,为时已晚矣云。

四、匈保土近情与战局

据驻瑞士使馆五月十八日电称:据朱专员报告:匈牙利来客称:一月前德国要求匈军二十万参加东线,工人四万赴德,匈当局未允,且借口拱卫国土,该国自东线调回五万,第二集团军亦有调回说,并拟亲近土耳其为将来地步。又工农小资产人民组成独立阵线,举Pybspvamberi大学某教授为领袖,与侨英美俄加等处匈侨反政府组织取得连络,企图让前总统Michel Kaolyi为将来新政府领袖。

又据该馆五月二十一日电称:据朱专员报告:保加利亚商务部长Fakharieff密函侨瑞家属称:保政府借口暗杀搜索破获共产及德第五纵队机关甚多,政变幸免,德方压迫参加攻土计划暂时受挫。现德驻军续增,但实力仅足防守云。又保共党、民主党、民党、工党合组民军阵线,拥一九三四年民主党总理Mouchanoff为领袖,备援助联军,闻第三国际令巴尔干共党改变策略,对于美攻巴尔干,取协助态度云。

又据驻土使馆五月二十二日电称:(一)前次土允于非洲战事结束时即行参战,盖当时土方估计德尚堪抵抗联军至秋末,讵料战事结束迅速,出土意料之外。现悉英方要求土方履行诺言,土以消极抵抗不足阻德进犯为词拒绝,似欲观望德俄战事趋势为定。(二)土对轴心仍事敷衍,此次内长易人,似有步骤,前内长因拟定取缔轴心在土活动办法,未为政府嘉许而去职云。

又据驻土使馆五月二十七日电称:美大使密告土耳其倾向联军已无问题,近来更见加强合作,只其参战当在明年,因此本人今夏拟携眷休假数月,最近英美技术人员到土耳其多,似非无因云。

五、印度近情

据驻印专员公署五月十二日电称:(一)此间政府当对新总理人选,仍守秘密,但不久可望发表;(二)西北边省省长勾结回教联盟组阁;(三)前信德省总理Loglibf昨早被刺,国民大会系颇受刺激,认为如此发展,有制造宗教纠纷可能;(四)此间报纸对罗丘会议注重远东战局一节,刊载甚多,《印度斯坦报》及《黎民报》于社论中提及丘吉尔复委座电,亦以大字刊载云。

六、埃及政潮结束

据埃及公使馆六月二日来电称:关于里皮一案,埃元首虽获议会信任,然未得国人谅解,英大使向埃王表示,纳赫史信守英埃同盟条约,有裨北非胜利甚大,在战事未结束之前,英方甚盼其能继续负责。埃王答应与纳氏只有宪法上关系,渠之去留以国人之信任为断,埃揆嗣谒埃王请示政组内阙事,埃王谕以俯徇舆情,闻埃拟不兼长外交内政两部,财政部长则改由现任主计长欧斯门继任云。

4)参政会外交报告(1943年6月25日)

一、英报论远东军事

据驻英大使馆六月五日电称:(一)《泰晤士报》对缅事谓:当此雨季战事暂告停顿,英军退守原防,在过去半年奋力进攻,虽不克成,亦足阻敌之侵略。孟加拉省他部,其最要者:1.为Brigadier Wingate,由印边率领游击队直冲伊拉瓦迪,往来无阻,可为将来联络盟军先声。2.为美方空军对敌在缅交通损毁不少。东京广播自认军情严重,需要军备甚急,其意或在激励民众加重牺牲,然可见疲于奔命,缅方尤关重要,如敌在海上有失,当前接济运输将大不利。《每日电闻报》谓:夺缅关键在太平洋联盟国海军,如据菲律宾、台湾,可断日本与缅甸、马来、越南、东印度之生命线,并可恢复中国与外直接之交通,可远胜缅路一隅范围。倘联军于各该地实行封锁,须于敌未布置前图之,否则或由缅经仰光直攻驻敌,但此为最重要之准。(二)Lord.Striblcgi在论坛周刊著文谓:太平洋须待德败以后,英美现在远东取守势,先败欧洲轴心,以德不必联日可续奋斗,德败则日不能敌联军,然德败需时,日未必于联军攻德期内不动,如日乘机整顿实力,巩固占领各地,完其守备,恐难于克服。丘吉尔宣言,此后东西两方战事,将用同等力量,就现状而言,应以全力对德,只能移动相当力量向东以阻日本之前进,日本海军仍甚强,在德意海军未歼灭,英美只能用其一部分海军于太平洋,故对日大举进攻,次俟联军能集其全力出动,方为上策。但日在联军能全力至东方越疆作战前,力图消耗中国实力,此时惟赖中国坚绝独当,极须尽力设法加强援助,否则危矣云云。

二、意大利近情

据驻教廷公使馆六月五日电称:据各方所得情报称:(一)最近意警厂拘捕知识份〔分〕子数千余人,其中有教士、大学教授学生多人。(二)法党已开始清党,故不但人民,即党员亦呈不安状态。(三)意方扩大宣传英美飞机轰炸惨况,专以平民为目标,并诬称掷下玩具自来水笔,满装炸药,炸伤儿童。据言此种物件,系德方制造,由法党派人散布,欲借此引起意民仇视英美心理,鼓动抗战情绪。(四)驻意外交团眷属已纷纷迁避,日馆妇孺已决定送至匈牙利。(五)王室方面及高级将领,竟有一部分人士,拟秘密沟通英美,内应联军在意登陆。(六)旬前英机飞炸罗马附近水上飞机根据地时,罗马空防开炮抵抗,惟火力薄弱,效力毫无,徒伤居民六人云。

三、德国军事

据驻瑞士使馆六月十六日电称:据报德现暂取守势,一部分因由于自身战线实力不及以前充分,不敢轻于牺牲,一部分欲养精蓄锐,待联军实行在欧洲大规模上陆时大举图英,虽不能完全阻止联军之上陆,至少上足以扰乱联军预定之计划,迟缓上陆成功之时日云云。

四、驻瑞士监国使节座谈会报告

据驻瑞士任代办六月十六日电称:今晨驻瑞士联盟国各使节在本馆开座谈会,首由华报告两周来我国战事情形,各使对于我国在委座指导下之抗战精神表示钦佩,嗣后各使发表所得消息,总合各方报告。(一)德军队目下指挥权事实上已不属希特拉〔勒〕。(二)罗马尼亚、匈牙利对于德意貌合神离,日益显著。(三)瑞士近来虽谣言甚盛,但德军似已无侵瑞能力,意方更自顾不暇,瑞士外来侵略，无论来自何方，决心抵抗。（四）德现正极力设法组织小俄罗斯Ukraine独立政府，如能成功，于俄殊大不利云云。

五、古巴政府成立战后问题研究会

据驻古巴公使馆六月十七日电称：古巴政府，昨举行战后问题研究委员会成立典礼，外交团被邀参加，该会分战后国际法之改革、国际政治问题、国际政治与经济之联系、战后金融、战后移民问题与战后卫生六组，均由著名专家主持，内阁总理为该会主席云云。

5）参政会外交报告（1943年7月8日）

一、英报最近重要言论

据驻英大使馆六月二十六日电称：（一）《每日新闻》载有美国Souppish-oward新闻社长Royhoward谈话关于败日问题略谓：联军此时，不应牵制日本，应急起直追，迟则养虎遗患，益使坐大。日本人力可怖，不可轻视而苟人多藐视之，敌方现计在巩固所攫取一切利益，保守占领地交通，联军如从日空袭击，无须沿各岛进攻，只须夺取数要塞，使其隔绝援助，当不难剪除。彼赞成蒋夫人所言：日本人民不能革命，至多希望能将现在当权之军阀排去，但非彼兵力完全失败，和缓派无法出头之日。（二）各报对魏非〔菲〕尔督印一致欢迎。《泰晤士报》谓：丘吉尔任魏非〔菲〕尔之用意，或军事关防题目，魏氏军事经验丰富，现时督印最宜。《新闻记事报》谓：魏氏之成败，视其能否开诚布公，顺应环境，并视英国政府能否赞助其政策，助其实施。《曼彻斯特导报》谓：该席须富有政治才略者，魏氏如有此才，正可发展一试，观其言论，似非官僚之工具，深冀其修于印度政治蹶造之新局面。《旁观周刊》谓：日患已深，使各方爱国分子觉悟消弥政争，新督长于戎机。惟印人内部不同意，总督不能使之强国，魏氏如能与印方各领袖调停，或可免去一切障碍，谓魏氏须深筹防印攻日合作办法，应访商甘地，劝印人将宪政问题留待战后解决，魏氏应释放政治犯定任何提案。（三）《旁观周刊》谓：北非法领事政争危机，虽遇解决，尚无办法，军队统率仍不一致，两巨头党争依然，双方角逐正多，深望法解放委员会，增加威信，使单独领袖，能统率法国全部军队，以为进攻法国本部预备。《论坛周刊》归咎英国政府未坚持戴高乐政治组织为应民主化,该委员会之构成为联盟国所左右,联盟国应可解除一切矣云云。

二、澳洲对战后问题之言论

据驻澳徐公使六月二十日电称:关于战后问题,澳洲言论多限于内部建设及国际贸易,澳方虽已设立战后建设部,其工作亦仅当局限于调查及研究战后之内部建设问题,如公共事业、农业、工业之发展,民房之改进、退伍军人之福利等问题,至战后国际政治各方意见甚少,官方尤限于表示,惟默察澳人之态度,可得下列结论:(一)澳洲对英帝国关系仍望其存在,惟为澳洲自身计,以后为英国参加欧洲战局,恐愈将冷淡,而于太平洋方面更必重视。(二)澳大利亚希望战后英美合作,更为密切,但太平洋方面美国须多产地。(三)澳洲希望与和印关系较前密切,并希望战后经济发展,澳洲有参加之机会。(四)澳洲希望战后中国生活程度提高,购买力增加,俾可吸收澳洲一部农业及工业品,然同时有一部分人民,又恐中国战后澳洲将感觉不安,至其传统的白澳政策,在最近将来,绝无变更意思,以及关于本问题,当随时续呈云。

三、阿根廷政变内幕

据驻美大使馆六月二十一日电称:阿根廷政变主要原因,为自该国固执维持轴心邦交,美对一切有关军备器械物资,均以自用不足为词,停止供给,但对巴西则积极接济,阿国因之深感此后军备将较邻邦巴西日趋悬殊,故该国军人不满旧政,遂有推翻之举,新政府对外政策,将与美密切联系,但以内政及与美英合作之关系将逐渐改变之云云。

又据驻巴西公使馆六月二十二日电称:查阿根廷此次政变原因,Rawso将军策动。渠对联合国态度颇佳,但因组阁不成,新总统Ranirez将军对外政策,仅曾宣布一节实际的泛美主义。关于其他各国,则以中立为原则,并曾禁止轴心国拍发密电,封闭为轴心宣传之电台两座,余无表示。照职观察,兹有下列情形颇堪注意:(一)密闻革命领袖向军队鼓动政变时,系以当时政变废弛军政为号召,今后势须拥军以孚众望,如采取得军实〔事〕及他项援助,非与美国合作不可。(二)阿国自采取孤立政策以来,已失去从前拉丁美洲各国发言人之地位,一般知识分子咸思补救。(三)自去年三月,美国对阿暗施压力,不予援济以来，该国备受影响，较诸巴西等国所得钜〔巨〕量援助，相差天壤。对英贸易，目前难得继续，然该国有识之士，深恐联合国于战后成立粮食及他项经济统一制度，不请阿国参加。(四)该国中层社会，颇为发达，新闻事业之进化程度亦在拉丁美洲各国之上，多数人民及报界舆论均主张与联合国合作。(五)该国高级军官，向来多属亲德，惟近已渐失信仰，对于联合国之威信亦知推崇。综合上述，如美国政府应付得宜，予该国当局以颜面，今后其对联合国态度应有日臻亲爱表现云云。

四、印度政治动态

据驻印沈专员六月十九日电称：今晨各报对奥钦赖克一致表示好感，对魏非〔菲〕尔国民大会系报纸则采取保留态度，推翻英国对印政策将无大变更，因去岁事件魏氏态度最为强硬，伦敦方面对于任命之意义，强调于对敌作战，而非急于英印问题之解决，故究竟英战时内阁及新任总督对印度有无进一步之方案，均未详加评论云云。

又据该专员六月二十九日电称：新总督发表后，印度反响欠佳，但自魏非〔菲〕尔在伦敦发表谈话后，各报评论已趋和缓，政界方面推测英方有借印督到任之机会，提出缓和时局之方案，因印度军征募调训，计划业届完成之势。资源供应，已完全控制，故开放一部分政权已无大障碍，而出席战时内阁代表、驻英印专员等久未发表对未来政治上之布置，不无有关。近来各省释放中级政治犯甚多，而比哈联合马德拉斯各省组织联立自治政府之举，亦已消沉，亦反映伦敦方面之意图。昨日《政治家报》著名评论家暗示在狱之国民大会首领，认为彼等不应再孤立自持。目前应断然取消不服从之决议案，重开谈判，解决僵局云。

五、土耳其近情

据驻土耳其公使馆六月二十五日电称：土派军事代表团赴德，日内出发。询据关系方面称，仅系普通访问，借资联欢，无特殊作用云云。

又据该馆二十九日电称：(一)土外交部次长Perker内定驻维希大使，外传土法邦交恶化说并非事实，据悉内容者谈，土耳其此举，更足证其与德方面维持相当关系云。(二)土驻苏大使Achkalin仍将回任外次云。

6)国民参政会外交报告(1943年8月11日)

一、关于墨索里尼去职与意大利和战之观测

(一)意大利本国情形与墨索里尼去职原因

据驻教廷公使馆七月二十六日电称:昨晚十一时罗马广播,墨氏辞职,义〔意〕王命巴多格里奥组织军政府,继续作战,罗马民众立即群起游行,叫唱欢跃若狂,前往王宫及教宗宫前高呼万岁,将所有法西党部焚毁,墨氏照片铜像毁坏,公理河中法党党徽、标语扯除殆尽,警宪横加干涉,至今日上午尚未停止。党员则或逃避或不承认其资格,闻全城竟觅不到一人敢佩党徽。又党军于昨晚全部缴械,并无抵抗。巴氏此种断然处置,所冀以防暴动民众欢狂若此者,以为请求和平先声,盖无一人不望速和。此间报纸于一日晚间完全改变论调,众口一词,痛诋法党及默〔墨〕氏,所用词句,极为尖刻,殊出意料之外。据传此次政变起源在墨希会议,墨要求德方再派三十师援救西岛,希拒绝并谓即意南中部亦无法坚守,只能作延长时间之抵抗,俾得从容在意比平原加强防卫,一战以决胜负等语。在此时间内,联军轰炸罗马,最初颇引民众对英美仇恨。嗣以英电台广播,所有联军与梵帝〔蒂〕冈交涉将罗马划为不设防城经过情形之后,意民对联军局面变为仇视政府,是以意王前往视察被炸区时,民众竟高呼打倒傀儡法党,稳健人员以为民众如此,似非先逼墨辞职不可,乃于二十四日夜开最高会议,墨氏报告与希会晤结果及希主张,格兰第表示反对,讨论多时后提出不信任案十六票,赞成六票,反对两票,墨即赴王宫向意王报告,并上辞呈,王当召集御前会议,讨论结果,予以接受之。又闻意王事先已与巴氏接洽布置,故当晚即能将党军缴械,而自今晨起罗马治安,即由外省调此之精锐义〔意〕军维持云。又顷在罗马发现传单反对王室主张民国。据昨日谣传意王将逊位于其太孙,以太子妃及巴氏为摄政云云。

又据驻教廷公使馆八月二日电称:意局经政府高压手段维持治安,罗马表面秩序平定,各报又复鼓吹抗敌,人民则以未停战颇为失望,而资产阶级及教廷方面,则深恐共产分子乘机革命,亦有追念墨索里尼者,又党军政改编为国民兵为中下级将校,并未更调,近闻有不稳传说。现罗马义〔意〕军,云集城郊,各处赶筑防卫工事,揣其用意,在内外兼顾,既防联军在此时附近登陆,复防德军及党军进攻,推翻政府再拥墨氏上台。据教廷方面观察,现巴氏左右为难,故采拖延政策,惟其军警发生不稳则革命堪虞,否则须俟联军在意半岛登陆,政局势方能展开云云。

(二)和战问题

据驻瑞士公使馆七月二十六日电称:闻墨索里尼下野后义〔意〕所意仍暂继续作战,乃系一种过渡办法,借以保留相当时期,俾德军得以逐渐退出意境,一面调整内部,勿使呈瓦解状态,以便议和时说话地位较强。一说墨已被拘;一说墨拟赴西再瑞士,已秘密下令动员防守义〔意〕瑞边境,以备万一云云。

又据七月三十日电称:今晨出席联盟国驻使座谈会,综合各方报告,现意朝野均一致希望和平,至意人民希望立即与联军开始停战谈判,而执政诸人,则以目下德驻意军队实力尚相当雄厚,且意军分驻巴尔干半岛及法南部者颇多,意工人在德工厂服务者尤多,故在上述各问题未与德商有解决办法以前,不敢突然言和,以免德取报复手段。目下意国内局势异常混杂,能否在最近将来与联军进行和议,大半须视德方态度为何? 又闻德军决不肯退出意北部,因意北部有 Alps 山,易于防守,且借此可避免影响本国境作战云云。

又据该馆七月三十日电称:据朱专员报告:墨下野后,德大使于本月二十六日向新政府提出要求:1.倘意继续作战,德愿积极增援;2.倘意改变作战政策,德必(1)继续反共;(2)西西里抗抵到底,俾德意重行分配军区布置;(3)义〔意〕北部归德军布防,意军撤退;(4)继续经济合作;(5)意空军及潜艇与德合作。新政府对第一点及要求立即派精锐四十师,二十七日德大使答称:能逐抽调补充,限意早日决定采何态度,否则进行讨论第二点,事实上二十六日起,德军续到北意,并积极赶筑工事,新政府现尚犹豫未决云云。

又据驻教廷公使馆八月三日电称:自戒严后,罗马民众虽时有结队游行之举,大体秩序尚佳,闻意北各都市民众态度颇为激烈,将所有立法机关一律取消,并禁止成立政党极端专制政体,但其地位极为困难,难免渴望和平,如不顾民意而继续作战,似不可能。惟德军在此尚众,倘不听意旨,意军恐被德军武力解决,而地方因之糜烂,要之其态度必须于最短时期内决定,据此间外交团观察,意在一月内势必屈服求和云。

又据驻瑞士使馆八月四日电称:据朱专员报告:据接近轴心者称:德向意新政府要求:1.死守西西里继续作战,以意侨德工人每月五万至十万返国为条件;2.南法由德填防;3.意维持反共政策。1、2、3三要求意新政府已接受原则。4.德允巴尔干义军一部分撤退;5.北意由德军增防,以十师及空军为度。4、5两要求,尚在讨论中云云。

又据该馆电称:据报意确已用极非正式方法刺探盟国议和条件,闻美主宽大,英则较为严格云。

又据顾大使七月三十一日电称:英国内阁连日开特别会议,均为讨论对意停战条件,注重处置意海军及如何能迅速进占意大利本岛驱逐德军退出北意,俾可利用该处机场轰炸法国东南部之兵工业区,但意之脱离轴心,已无问题。此间政界均视法西斯党颠覆意军之求和为重要度其影响所及,预计可于短期内参加同盟国方面作战,俾可获得参加和会之资格云云。

又据驻瑞士公使馆八月五日电称:据朱专员报告:意新政府阁议和战问题,意见纷〔分〕歧,停战派系王储 Yrandi、海帅 Shaondirevel、空军新司令 Sandali 主张向联军提停战条件:1.新政府保守驻法及巴尔干,军队、海军及空军不抵抗,容联军登陆。2.联军中止攻意部军事行动,默许中立。3.原则上承认一九三五年前意领土完整。继续作战,Badoglio Guariglia 及军需 Fawagrossa、军政 Sorice 等认为不妥,对意前途既无保障,又有受德攻击可能,以稳定内部,重行配置军队后,再等机会,结果暂由停战派转教廷探听联军意旨,然后再定,倘有结果内阁有改组说。又德压迫 Badogrio 甚切,在北意、南法等处积极作军事准备,以防突然停战云云。

又据顾大使八月六日电称:顷访贾德干外次,顺询意方停战问题之进展,报载意以联军条件太苛,要求减轻确否? 彼谓不确,意迄未求和,联军亦未提条件,先要无条件屈服,再通知认为必要之条件,意现政府地位颇飘摇,罗马附近有德钢军师压迫,同时国民盼和若大旱之望云霓,有推倒之势云云。

(三)意政变对欧洲诸小国态度之影响

据驻土公使馆七月二十九日电称:自意大利局势变化,此间视线转往巴尔干,并认保加利亚动态于欧战前途有极大关系,谨将该方最近消息电呈于下:1.保国防部长不久以前曾声明不在国外作战,但因德方压迫,乃仍令空军与德军合作,现陆军大部分南调以防英美在Saplonigue登陆。2.秘密组织时常激起人民暴动滋事破坏工作,运德及东战场军用品时被焚毁。3.本月二十日起,国会开非常会议,议员四十余人演说攻击政府,反对与德合作。4.内阁势将改组云云。

又据驻土使馆七月三十一日电称:匈牙利总理之子Ikollay来土,传谓挽土接洽,罗马利亚、匈牙利拟与意大利同样行动,与联军媾和以参加抗德为条件,亲轴心土报Republiane否认其来含有作用,惟与土外长晤面,则有其事。此间英美方面虽无表示,然对其来意似已心照不宣,据观测议和时机尚早,德军压境,若动非其时,德军可随时占领之,须俟联军到临,德军退守时加入联军抗德,即可牵动媾和目的,复可为英美之助,此番接洽归结,或即如此。惟查土耳其为其本身与巴尔干关系计,则愿从速促成此事云云。

二、自由德国委员会之成立

据傅大使七月二十二日电称:本月十二、十三两日,在莫斯科举行留苏德人大会。参加者各俘房营代表、工会领袖、国会议员等,结果成立自由德意志民族委员会,推定德诗人凡伊纳特为主席,并发行机关报。该宣言要点略谓:希特拉〔勒〕发动侵略战争,陷德国于不拔之境,故成立此委员会,以救危亡,吾人目的等彼同盟军未临,必须推翻希氏政权,使德意志民族则图以与联盟国媾和,吾人目的为成立民主政权,取消纳粹所颁民族侨务之法令,恢复言论及宗教自由,保障营业自由及产业所有权,推进国际贸易,以增进人民福利,严罚发端战争罪犯云云。

三、苏报论东欧联邦计划

据傅大使七月二十四日电称:本月二十三日,苏联《消息报》载文论东欧联邦计划,略谓英美一部分人士为美国参与慕尼赫〔黑〕会议之遗留人物,及美国前任总统胡佛及前驻苏大使奥立特等,与波匈奥等国一部分留外侨民,对于战后欧洲提出含意,反苏之欧洲合众国与各种联邦计画〔划〕,以图阻碍苏联参加战后和平组织,破坏英苏美联盟,其中最著者,厥为波兰政府所标榜之东欧联邦。按此计划,拟将波罗的海至爱琴海与亚达亚海间各国,如立陶宛、波兰、捷克、匈牙利、罗马利亚、南斯拉夫、阿尔马〔巴〕尼亚、希腊、保加利亚等,借端联邦而以波兰为中心。此种计划,曾得英国若干刊物赞助而大事宣扬。"FORTNIGHTLY REVIEW"更谓波罗的海与里海间各国,为欲防止东西两方之侵略,实有建立之必要,该杂志竟将苏联与法西斯蒂德国同视为侵略国,其含意反苏自无疑义,该文结论谓:此种计划,实无异否认苏联有参加战后合作之必要,并否认去年四月二十六日英苏条约,凡欲维护该条约者,自不能赞助敌视英苏双方或侨界一方之计画〔划〕云云。

四、苏联粮食问题

据驻布拉哥〔格〕总领馆七月二十四日电称:关于苏联粮食问题:(一)因觅最低额口粮每日仅能购黑面包四百公分〔斤〕,加以今春来儿童口粮削减,至上月十日,在本市列宁大街一地,本馆馆役亲见被遗弃之男女幼童两名,此为苏联十余年来所少见之现象。(二)苏联政府为补救粮食缺乏起见,今年更饬令实施机关及私人园艺整顿,本市居民不仅在院内遍种马铃薯蔬菜,即街道两旁空地亦多裁〔栽〕种。(三)美国供给之牛奶白糖等食物,今上〔午〕已运来接济云云。

五、土希及土英关系

据驻土使馆七月二十七日电称:土外长发表洛桑会议纪念论文中申述订约意义,外长特别道及土耳其希腊及土英关系,谓土希两国与土英政策,理想相同,同盟条约不为手腕与目的所限,亦不受恶环境影响而模棱云云。据观测土耳其对于希腊流亡政府并未派使,近来令其驻希腊大使赴开罗回任,兹又对希重申密切关系,似以英美于战后利用希腊解决巴尔干问题,故先示好感,以联合作,并因英美近来对其好意周旋而联军战事日益进展,故土外长借机揄扬土英同盟意在示好云云。

六、印度政情

据驻加尔各答总领馆七月二十八日电称:(一)珍纳孟买寓本月二十六日下午一时半,有一自称拉浩地方之回教 Khaksar 派名 Mohmoodrasikh 青年,经访珍纳之秘书,嘱其约期再访之际,珍纳外出相往,青年求谈话,珍亦嘱约期,发生争执,该青年突出刀猛烈刺珍咽喉,青年右手为珍所执,刀仅割伤珍左面部及手,秘书及守门人等,将其捕获交警,珍流血不止,在送治静养中。印度政府对此事守缄默,回教同盟则一再否认有政治关系,并不承认其为Khaksar,而Khaksar派亦声称渠辈对珍纳主张出入,但无对珍不敬之意,并否认该青年系Khaksar派人。现在印度中部回教人,将举行祈祷大会,感谢回教主保佑珍纳未被害。路透电有传印国民党有一派,拟乘甘地等出狱时,另行招集国民大会,排除甘地等,而此派亦正在联络回教青年推翻珍纳,此次珍纳被刺,与此种企图有关等消息云云。

七、英美对日作战问题

据顾大使七月三十一日电称:议院中对政府主张于败德后,须集全力调亚对日,殆一致赞成,但主张应即采取有系统有见识之宣传政策,使英民众届时不致因途逢厌战而不肯重视后方继续努力云云。

又据驻美大使馆八月三日电称:美最近发表本年修正预算,将预定陆军经费减少四十万万元,移作海军之用,国会方面认此为积极加强对日作战力之重要步骤云云。

八、关于同盟社所传,瑞士、葡萄牙将以其在沪公共租界所有权移交伪组织之传说,经去电驻瑞驻葡两公使馆询问究竟,兹据驻瑞士公使馆八月四日复电称:经向外交部探询,据称瑞士在上海公共租界所享权利,系由领事裁判权问题所得,关于领事裁判权问题,本国既决定严格遵守中瑞条约附件规定,则一切因领事裁判权问题而发生之相连问题,本国自无采取二种不同办法之理由。贵代办所称各节,全系对方宣传,本国政府亦得有类似之消息云。自八月一日起,上海公共租界及法租界有移交南京伪组织之说,惟至今尚未接到。本国代表正式报告,总之,本国决不改变固定方针,前在本国国会时已明白宣布,请予释怀等语。

又据驻葡使馆八月五日电称:电悉。昨晤葡外长,渠正式否认同盟社消息,并称本人已面告日本驻葡公使,葡政府不能与未经葡国承认之任何政治组织商订任何协定等语。

〔军事委员会档案〕

29. 国防最高委员会秘书厅为熊式辉电请与美交涉战后取消不平等条约与参事室往来文件（1943年7月）

1）国防最高委员会秘书厅为熊式辉电请与美交涉战后取消不平等条约致参事室代电（7月9日）

雪艇吾兄勋鉴：顷奉委座午微侍秘代电，以据驻美国军事代表团熊团长式辉卅电所陈意见，是否可采，饬与吾兄核议具复。等因。兹特抄录原电送上，敬祈核示意见，以便会同签呈为荷。专颂勋祺

附抄原代电一件

弟　王宠惠敬启
七月九日

抄委座午微侍秘代电

王秘书长亮畴兄、王主任雪艇兄均鉴：据驻美国军事代表团熊团长式辉卅电称：自北非战局紧张，丘吉尔回英后，此间全力注意，西方对我援助视为次要，窃意此时军事上既难望有接济，似应提出政治要求，借以振作人心、维持士气，前美与我约在战后取消不平等条约，此为美日未宣战以前之事，今日情形不同，宜先向美方交涉，由美自动提出无条件的立即取消。据职观察，其可能性甚大。盖美国号召世界对侵略国抗战，且欲以民族解放为口号，此时对我国无大量物资接济，更无理由推卸此种精神上同情，将来和会应不再讨论此项问题，则我方发言自更便利，当否仍乞钧裁等语。所陈意见是否可采，希即会同核议具复为盼。中正。午微。侍秘。

2）参事室草拟为熊式辉电请与美交涉战后取消不平等条约研究意见签呈（7月）

谨签呈者：奉到七月五日侍秘字第一三〇一三号钧谕：职等研究结果，窃以为熊团长式辉来电中所建议者，其观察与理由至为正确，但其结论似尚有改进之余地。美国现时全力注意欧洲战场，对我在军事上一时难望有大量接济，我自可于此时向美方提出政治要求，以保障中国在战后之权利与地位。

惟此项要求若仅限于由美方自动取消不平等条约,则我方所得者未免过少。盖不平等条约在战后之必将废除,应无疑义。我方似宜乘此机会,向美方提出下列两项重大要求:(一)与美国(或加入英国)缔结一同盟条约,规定于战后若干年中,有相互以军力援助之义务。(二)与美国成立谅解,保证中国得于战后自由发展中国之工商业,并给予中国以经济与技术上之援助。上述两项要求中之任何一项若能完满达到目的,其对于中国之利益均甚重大。为集中目的与努力起见,美方自动取消不平等条约之要求,似可暂时不提。诚如熊团长所云,取消不平等条约之要求,颇易办到,然而不平等条约在战后决无存在之余地。我方若仅以提前取消不平等条约为满足,则我反失去今日对美交涉之良好机会。是否有当,仍乞钧裁。

附盟约及换文草稿各一

附:

同盟条约草稿

中华民国、美利坚合众国与大英帝国,为击败日本,争取最后胜利,并于战后务使日本无重行侵略并破坏和平之可能,兹订定条款如下:

第一条:缔约国双方保证,在此次战争中,决不与日本或未经完全屈服之任何日本政府,进行任何谈判,或缔结休战条约或和约。

第二条:缔约国双方在战后,愿与其他同盟国家密切合作,并以美利坚合众国总统与大不列颠首相于一九四一年八月十四日共同宣言中所公布之原则为基础。

第三条:在战后普遍的世界和平制度与安全保障尚未树立以前,缔约国双方应立即尽力采取一切措置,务使日本无重行发动侵略并破坏和平之可能。

第四条:在战后普遍的世界和平制度与安全保障尚未树立以前,缔约国之一方,若因日本再度侵略而被卷入战争,则缔约国之他方有以全力援助其与国之义务。倘普遍的世界和平制度与安全保障一时未能树立,则本条之有效期应继续二十五年。

第五条:本约自签字之日起,立即发生效力。

关于经济部分之换文草稿

○○阁下：

中国政府于战后深愿实行自由贸易政策，并遵守大西洋宪章中关于经济部分所确立之原则，以促进中国与世界之繁荣。

美国政府深知中国之繁荣对于世界之繁荣有极重大之关系，是以美国政府愿于战后扶助中国工商业之发展，而不与以任何阻碍，并将给与〔予〕中国以中国所自愿，为发展此等工商业所需经济与技术上之援助，务使中国在经济方面合法之愿望得以实现。

中国政府与美国政府认为，自由贸易政策之原则，与大西洋宪章中所确立之经济原则，在实施上，不应足以阻碍中国日后发展本国工商业之合法愿望。

3）参事室为熊式辉电请与美交涉战后取消不平等条约研究意见事致王宠惠函（7月18日）

亮畴先生大鉴：接奉九日大札暨抄送委座代电一件，均悉。一是兹拟就呈后意见一件，送请誊酌会签呈复为荷。耑此。即颂勋祺

附签呈一件

弟王○○敬复启

签呈

谨签呈者：奉本月五日侍秘字第一三○一三号代电，以拟驻美军代表团熊团长电呈，拟请向美方交涉立即取消不平等条约，饬会同核议具复。等因。经会同研究。窃以为不平等条约之废除，美国在原则上已正式承认，至于付诸实施，无论如何不能不另有具体协定，以规定领带裁判权、租界、内河航行权等等特权废除后之善后措施，此时似不宜再行提出。但为促使美方对我注意起见，似可酌向美政府提出战后经济互助草约，其内容似可由宋部长考量情形拟定，大体侧重（一）资本；（二）机器及材料；（三）技术方面之协济。

以上拟议，是否有当，敬乞察裁。谨呈

委员长

国防最高委员会秘书长　王○○

军事委员会参事室主任　王○○

七月十八日

〔军事委员会档案〕

30. 外交部为英美国际货币计划事致行政院呈（1943年8月5日）

关于英美国际货币计划及各方对此舆论,迭经本部电饬有关驻外使领馆随时注意探访报部,俾资借鉴。兹据驻英大使馆呈送"英美国际货币计划"报告一份到部。除另函财部外,理合缮具上项报告一份,呈请鉴核。谨呈

行政院

附呈报告一件

外交部部长　宋子文

政务次长代理部务　吴国桢

中华民国三十二年八月五日

附:

1)英美国际货币计划

驻英大使馆报告

一、绪论

自英美两领袖在北非奉行会议后,英美中苏及其他联合国家合作之基石益趋稳固,丘相三月二十一日广播与艾外长遍访美加盟国,合作已由言论方面步入实行之阶段,对战后大计诸多实际之擘划,其对于政治者有丘相倡议之欧洲国家组织与亚洲国家组织,关于军事者有战后完全解除德意日武装之声言,对于经济问题,除盟国行将举行之粮食会议及经济会议外,有四月七日英美两国同时发表之战后国际货币计划,二者虽其形式不同,要旨在国际彻底合作前提下,对国际贸易之发展、国际汇兑之稳定,作有建设性之贡献,盖大兵之后,百废待举,国际贸易必行停滞,国际汇兑定异常紊乱、被占领国家复兴工作尤为迫切,目前苟无富有想像〔象〕力之计划出现,从长研讨,殊不足

以言安定之秩序,兹将英美两计划大纲与英国之舆论分述于后。

二、英铿斯之国际清汇公会计划(Proposals For an International Clearing Union)

英国国际清汇局计划书为铿斯(Lord Reyes)及其他英国经济专家细心研究之作,计划内主张国际间设一国际清汇公会(International Clearing Union)会员国之中央银行与该会有收支帐〔账〕目之往来,该会发一种国际货币名为一镑锞(Bancor),其值根据黄金而定,会员国之国币与此"镑锞"间有一定之比价(此比价因情形不同得以改订),会员国得以战前三年国际贸易平均数为比例,在会内认领镑锞之股份(Quota),股份多寡即在其公会内所享权利义务之范围入超国家;当其无钱无物购买货物时,有权在清汇公会内透支镑锞之股份收购之;反之出超国家得允他国以镑锞拨入在公会内之帐〔账〕下,以清购物之债,盖镑锞一如黄金,得之者仍可以作购买进口之用,国际汇兑仅在公会内总帐〔账〕上向贷方(Lender)、借方(Debtor)分别一收一支,无金钱之往来,公会内无基金,故不需会员国提供黄金国币或国家担保品等。至透支股份与称存股份之额数,非无限制,此亦即清汇公会平抑国际收支不平衡之一方法也。

其限制为设会员国之入超国家(或借方),透支股份超过其原数四分之一或二分之一以上时,清汇公会即令其(一)向会内提出黄金国币及担保品作为抵押;(二)征收利息;(三)或从其国内方面入手,如贬值国币及代管国外资金之活动。如透支至股份四分之三时,公会除征收重利外,得处分其抵押品;如二年内仍无法清还,公会即取消其会员资格,出超国家(或贷方)在清汇公会内亦不能存镑锞过多,如超出原股份四分之一或二分之一时,公会除征收利息外,并与其计议平抑方法,不外(一)增加国内放款,及增加国内需要;(二)国币加价;(三)减低关税及废除其他限制进口办法;(四)增加国外投资等。但最后决定权仍操诸该国自身。联合国为该会之发起会员,其他各国与从前敌国,最后亦将被约参加,公会内设管理处(Governing Board)由会员国数国代表参加之股份,多之大国可单独选一代表,股份少之各国数国合选一代表,代表总数以十二人至十五人为限。

三、美惠特氏国际平准金计划

美财长于四月七日特以惠特氏之国际平准基金计划大纲,照送于二十七国财政部长。翌日美京即发表其内容大纲,要为联合国发起一国际平准基金(International stabilization Fund)之组织,旨在(一)稳定联合国之国外汇兑;(二)减削会员国国际收支不平衡之程度;(三)发展会员国之国际贸易及开拓会员国之生产资本;(四)有效利用战时不平衡国家之剩余资金;(五)免除两国私汇,冤积货币与歧视外汇之积习。各会员国得以黄金外汇国际贸易及国内收入之数额为准,向基金董事会(以后简称董事会)或"会"领取基金之股份,惟得向会内提供黄金、国币及国家担保品至认股以半之数,董事会内履行一种硬币名为"铀尼讬"Unituo或简称"昂"(Un)含1/37117克冷纯金,合美金拾元,此即基金会货币单位,各会员国之国币对此"昂"币订有一定之比价,非经会内同意不得擅改。

遇会员国国币贬值或增价时,其对董事会所附基金股份之数,仍保留原额,此国际平准基金有权:(一)买卖存蓄黄金钱币,汇票及国家之担保品,可以接收存款,施行贴现;(二)规定会员国间之货币比价,各国得依此比价彼此买卖货币;(三)可以将会员国存放董事会内之国币,依官价(比价)出卖于其他会员国;(四)会员国得依规定,以其国币购买董事会内之外汇,作清国际收支之用;(五)为应付将来需要计,董事会得要求会员国借给某项所需的货币;(六)为增广基金来源起见,会员国同意向董事会出售黄金及其他各国外汇。

会员国之义务为:(一)保持董事会所定国币与外币之比价,非经会内允诺不得擅行改变;(二)立即废除外汇受授上之限制;(三)不能重陷双方私汇、冤积货币之债习;(四)对于会内认为将来足以发生严重之国际收支不平衡现象之经济政策,应严加注意;(五)供给董事会在行使工作上必要之情报;(六)采取适合的立法程序,以利董事会之活动,且于便于履行对董事会之义务、国际平准基金之保管,设立一董事会(Board of Director of the fund),内选一董事长及一至少十一人组织之执行委员会,对于一切重要经济决定,全由会员五分之四大多数行之。

四、对国际清汇公会计划之评议

英美两国际货币大纲发表后，英京刊物报张，除论坛周刊Tribune认为帝国主义之假面具一无足取外，其余对英铿氏清汇公会计划，多致颂扬谓其富有革命性之创造思想，足以为白爵士（Sir.W.Beveridge）之新社会保险制度媲美，对美惠特氏国际平准基金计划多有批评。兹先将对美清汇公会计划之评论，撮要缕陈于下：

（一）富有伸缩性：此计划否认黄金昔日之至高无上威权，但并不废除之，在国与国间交往上，仍可以使用黄金，以黄金定国币之价值一如往昔，但此比价因情势不同，得公会内之允许仍可改变，故会员国勿庸为维持国币，对黄金之价值，如昔日之焦头烂额，亦勿庸为贬值国币，坐令数千万人失业。公会内所谓某会员国贬值货币者，系有计划有秩序之举措，匪〔非〕但无害，实有利焉（见*Spectator* P.331，*Times & Tide* P.311，*The New Statesman and Nation April* 17 P.251）。

（二）富有普遍性：1.联合国为发起会员，其他各国将不被邀参加，即今日之敌国除有特殊规定外，亦得管会员国，不致有向隅之感（见 *Spectator* P.P.331-332）；2.此清汇制度乃为废除黄金与维持黄金及限制外汇与恢复外汇国际自由市场之妥协政策，此非英国金融界便于接受，即产生维持黄金与自由外汇最力之美国人士，亦可采纳焉（见 *Time&Tide* P.311）。

（三）重实际易施行，此计划着眼处，在国际收支不平衡一点上，较重实际，此计划不极温和，无论一国国体如何、经济政策如何，全可以采用；全员国无须提供基金，免去负担（见 *The Economist* P.453）。

（四）殊少干涉内政：此计划乃根据真正的国际合作，极少干涉内政之嫌，盖不干涉内政又难奏效，干涉过多，各国行将畏首畏尾，裹足不前，此乃折衷〔中〕办法，至其组织极端民主化，会员各国以其经济能力、国际贸易情形及国内资源为主，对公会皆有发言权，决无大国专横之弊（见 *The Daily Telegraph*，*The Economist* P.453；四月八日 *The Manchester Guardian*）。

（五）发展国际贸易，大战之后必有若干国家以经济困难必无法购得进口货物，此计划内透支镑镙一法，即所以济此难窘也。一俟该国农业或工业发达后，再行清偿。清汇公会对出超国家，又奖励其收购进口，将剩余资金向外作大规模之投资。凡此皆为增加国际正常贸易有效方法,事实上无论如何完美之经济政策,咸不足以纠正昔日所有经济上之积弊,铿氏此清汇计划至少可以免去关税壁垒,双方私汇滥行国币贴值,或通货恶性膨胀等极端国家经济主义之恶劣手段(见四月十一日 *Sunday Times* 与四月八日 *Daily Telegraph*,同日 *Times* 社论)。

(六)贷方与借方:英伦各报咸谓清汇计划最大革新之点及将国际收支不平衡之责,多少放于剩余国家(贷方)之肩膀上,免去昔日仅亏空国家(借方)单独担负之,换言之,即贷方与借方利益系相辅而行。惟泰晤士报称谓:"铿氏虽熟知国际不平衡由于剩余国家拒绝产业落后国家以物清偿所致,而该氏计划内,对借方贷方所加之限制并不公允,因依该清汇制度借方如透支镑锞之股份超过限度时,除缴纳利息外,并追讨债欠,而对于贷方存镑锞过多并无种限制,此类系轻重倒置也。"(见四月十一日 *Observer* 及四月八日 *Times* 及 *Manchester Guardian*)观察报亦谓清汇公会征收一、二分利息,于剩余国家殊嫌过轻。

五、对美惠特氏国际平准基金计划之评议

美国国际平准基金计划大纲发表后,英伦各报除强调其与英清汇计划相同之点外,多谓前者虽思想周密,然并无新奇之处,远不如后者之富有创造力及深邃之哲理,本惠特计划行之仍不免囿于过去金本位之巢穴。兹将评议撮要列左〔下〕:

(一)美国色彩浓厚过于偏重黄金:黄金乃人之仆,非主也,乃役于人非役人也。美惠特计划乃是非倒置,美国为出产过剩国家,出口远过于进口,他国为偿付美债,不惜将大宗黄金流于美国,他处货币遂感缺乏,美国必成为偌大之债权国,重蹈一九二〇年之覆辙(见 *Statesmen and Nation*;*News Chronis*;*Economist*,*Observer*)。

(二)国家汇兑之稳定性必不可保:黄金流往美国,他国黄金枯竭,必致国际汇兑稳定遭受动摇。(如两次大战中间之年代)各国以金本住〔位〕关系,必使工人失业、生活程度降低,国家为企图自保,应作之事必不肯作——不能管制外汇,不能繁荣通商……此金本位之镣炼,将使人民冻馁,非破除无以得救,苟破除之,即重陷昔之角逐争胜、极端国家经济主义之伎俩,终至互相构兵(见4月16日 *The Tribune*;*The New States man and Nations*;4月8日*Manchester Guardian*)。

(三)会员国须提供基金增加负担,远不如美清汇计划透支镑锞之轻而易举(见 *The Manchester Guardian*)。

(四)美国擅权:按惠特氏平准基金计划之规定,凡经济上之重要决议,全由会员国五分之四大多数行之,美国占存储基金总数之百分之二十五,此无形付美国一最大否决之权,将令美国坐大,其他小国往与强弱之欢(见 *The Economist* P.453;4月16日 *the Tribune* P.4)。

(五)五千兆基金之数似嫌不足——战后国际收支不平衡之程度必十分悬殊,惠氏计划五千兆基金之数,对于正常经济往还虽可符用,以之解决战后经济问题似嫌不足(见4月10日 *The Economist* P.453)。

(六)国际平准基金一部分用美金为主,出产落后国家必以美金缺乏为苦(见 *The Economist*)。

六、结论

以战时言之,货币问题多扰乱国际贸易,英美两金融计划自表面观之虽为时作,然苟虽联合国家以大西洋宪章第五条之精神衷心合作,国内职业问题如未圆满解决,又无相当之购买力,此两计划亦难望有所成就。(见 *Observer*, *Regulars*, 4月11日 *New*;4月8日 *Daily Telegraph*)且货币问题乃经济问题中之来者,吾人苟欲解决战后经济问题,非由国外投资国际贸易入手不为功,盖此二者,足有改变货币作用之可能。目前吾人对此二者犹需深浅莫辨之时,即侈言货币问题,实倒果荡因也,其结果必陷吾人于死板货币之桎梏中,而无以自拔(见 *States man and Nations*)。

英美两国际金融计划不同之点,已如上述,然此察商非决不可以调溶。惟从政治方面言之,英美两国拙于为己谋过周,惜未能于计划公布前,各陈己见,合心共策,以英美联合国际金融计划之方式,供于各国之前,今分庭抗礼,各自为政,非特大西洋两岸忽生猜忌,即联合各国睹此景象,亦觉处境困难,势必作左右袒矣。

(注)绿州计划可以奏效者,首赖联合国一致参加,现英美初步工作,即陷

于错误,实憾事也(见 *Times and Tide*)。今闻华盛顿国际财政会议举行在即,英美两国苟能与联合国衷心合作,共谋一国际货币成功之作,补救之道,犹非过晚,故华盛顿未来之财政会议,吾人实宜拭目以待之。

(注)论坛周刊(*The Tribune*)谓英铿斯计划早已拟就于未发表前,曾将该计划送往美国征求同意,美国不同意,发表自己了〔的〕惠特计划,美遂将此铿斯计划发表之。附本文参考资料于后。

2)行政院签呈

英铿斯氏之国际清汇公会计划,系就国际收支如何平衡一点着眼,并不重视黄金销售价格价值,会员国无须提供担保品,会内亦无基金,似觉轻而易举。美查〔惠〕特氏国际平准基金计划,系向会内提供黄金、国币及国家担保品,作为国际收支平准基金。战后各小国能否办到,似不无问题。总之须各会员国开诚合作,方可奏效。倘各会员国仍采用国家经济政策,即会有尽善尽美之国际收支平衡办法,亦属此济于事,所谓永久和平,恐为梦想。本计划既据外交部分送财政部,拟存备参政。当否,请核示。

〔行政院档案〕

31. 王世杰为外交部四强宣言草案研究意见事与蒋介石等往来文件(1943年9—11月)

1)陈布雷致王世杰函(9月26日)

函五〇八号

雪艇先生大鉴:谨启者。奉委座交下吴次长九月二十五日签呈一件,译呈宋部长关于四强宣言草案之全文,并附英文来电,奉谕"交参事室研究"。兹将原件送上,即请詧照办理为荷。祗颂

公绥

弟　陈布雷谨启

九月二十六日

附外交部签呈及英文来电各乙〔一〕件(原缺)

2)王世杰致蒋介石签呈(9月28日)

签呈第三二一号

谨签呈者:奉交研究吴次长译呈宋部长关于四强宣言草约全文,遵经详加研讨,谨陈意见如下:

美方所拟此项宣言草约,共计八条,对我均甚有利。细审目前情势,约中各条殆为苏联目前所能接受之最大限度。预料苏联对若干条款(例如第八条)或尚不愿完全接受。复次苏联对日尚保持中立关系,苏方对我国参加此项宣言,尚难免不持异议。因此,我方似不宜于此时增提任何条件。我方政策,在力求此项草约得经四国同意迅速成立。基于以上考虑,兹拟请钧座饬我外交部,迅向美国政府说明我方态度如左〔下〕:

(一)中国对美方所拟此项宣言草约完全赞同。

(二)中国盼望美方于英美苏三国会议中对苏交涉此案时,将交涉情形随时通知中国,会议时如议及草约条文之修改,中国并盼美方随时与中国磋商。

以上意见是否有当,谨候钧裁。再三国会议将即举行,我政府对美方之答复不可延缓。本案拟请钧座核定后饬外交部从速办理。谨呈

委员长

附缴呈吴次长原呈及英文来电各一件

三十二年九月二十八日

附:

四强宣言草案译文

外交部译(九月二十五日)

本月二十四日晚奉到宋部长二十一日英文电,嘱译呈钧座。译文如下:

"关于四强宣言事,职曾将罗斯福总统及赫尔国务卿迭次通知报告在案,今日(二十一日)美国务院面交宣言草案,并口头说明下列四点:(一)此系四强可能共同发表之一宣言草案;(二)此草案同时通知中、英、苏政府;(三)现已建议英苏政府在未来之三国会议中,考虑此项计划应列入议程之内;(四)中国政府如有意见或评论,须要向美国政府表示者,当为美政府所欢迎。"

宣言草案文如下:秘密。美、英、苏、中政府,根据一九四二年元旦之联合国宣言及其后各项宣言,所共同决定各向其现与作战之轴心国家进行战事,直至此种国家在无条件投降下屈服为止之决心;且鉴于其为本身与为其与国对于侵略之威胁谋得解放所负之责任;并鉴于由战争至和平,其演变必须迅速而有秩序;且为建立维护国际和平及安全,俾全世界人类及资源用于武装方面者,可达最低限度起见,用特宣言:

(一)彼等为进行战事而约定之共同行动,当使继续以致力于组织及维护和平与安全。

(二)彼等之中,凡与一共同敌人作战者,对于所有有关该敌人之投降及解除武装与该敌人之领土及原系他国而沦亡于敌人之土地之占领,均应采取共同行动。

(三)彼等对于敌人违背投降条件之行为,应采取一切必要之措施。

(四)彼等承认,有于最早可能实现之日期,成立一普遍国际组织之必要,以各国平等之原则为根据,无论大国小国,均可为会员,以维持国际和平与安全。

(五)在成立普遍安全制度与重新恢复法律与秩序之前,为维持国际和平与安全起见,彼等得代表国际社会随时会商,并采取共同行动。

(六)为达到上述目的起见,彼等应成立一技术委员会,商讨有关军事问题,包括和平受威胁时,可以使用之武力的组织及力量。

(七)彼等应共同合作,俾彼等自身及全世界之军备负担能实际减轻。

(八)彼等除非为实现此宣言之目的并经共同会商及同意后,不得在他国土地使用其武力。

谨呈

委员长　蒋

3)王世杰致蒋介石签呈(9月28日)

谨签呈者:奉交审核吴次长呈送英国修正四强宣言文稿,并称拟暂不置复。等因。遵经将该修正稿与美国所提原稿,比照研究。窃查美稿要点,英稿均经列入，故在原则上彼此可谓并无出入。美稿要点约言之有六：（一）四国对于战后和平之维持应采共同行动；（二）四国对于共同敌人，暨对敌人占领地域之处理，应采共同行动；（三）承认应设立普遍性之国际组织；（四）组织专门委员会考虑维持世界和平之武力应如何组织；（五）共同裁减军备；（六）非经四国共同商定，不对他国土地使用武力。以上诸点，均经英稿列入。英方之修正其目的不外两项：其一为顾及其他联合国之观感，如英稿第二条文字之修正，第五条增加"并于必要时与其他联合国国家商议"一句是。第二为减少苏联之顾虑，如英稿第五条对于采取共同行动一点，措词较有弹性是。但细加体察，此种修正究属枝节或文字的修正，对于美稿之精神或原则，并无妨害。我国自不必表示任何异议。惟此项宣言草约，既拟以我国为缔约者之一，我外部于收到英方草案之后，自不能完全毫无表示，否则易启轻视或引起其他误会。基于以上考虑，兹拟请钧座饬外交部迅以左〔下〕列意旨，答复英政府：

一、美国所提宣言原稿，中国已予赞同。

二、中国认为英国修正稿，已将美国原稿要点完全容纳，亦无损害原稿精神。

三、中国盼望英方与美苏交涉时，随时与中国磋商。

以上意见，是否有当，谨祈钧裁。谨呈

委员长

附缴呈吴次长原呈，美英两案对照表及英国修正四强宣言文稿各一件

四强宣言美国原案、英修正案及通过案对照表

美国原案	英修正案	通过案
1.彼等为进行战事而约定之共同行动，将使继续，以致力于组织及维护和平与安全。	1.（删去"与安全"字样）	1.彼等为进行与其各个敌人作战而约定之共同行动，将使继续，以致力于组织及维护和平与安全。
2.彼等之中凡与一共同敌人作战者，对于所有有关该敌人之投降及解除武装，与该敌人之领土及原系他国而沦陷于敌人之土地之占领，均将采取共同行动。	2.解除武装与该敌人领土之占领，暨其他国家沦陷于敌人之土地之解放，均将采取共同行动。	2.彼等之中凡与一共同敌人作战者，对于所有有关该敌人之投降及解除武装均将采取共同行动。

续表

美国原案	英修正案	通过案
3.彼等对于敌人违背投降条件之行为,将采取一切彼等认为必要之措施。	3.美案"条件"原文系 Requirements 即需要之件,英案改 Terms,普通能译为"条件",所差殊少。	3.彼等对于敌人违背投降条件之行为将采取一切彼等认为必要之措施。(条件一语用英案 Terms 字)
4.彼等承认有于最早可能实现之日期成立一普遍国际组织之必要,以各国主权平等之原则为根据,无论大国小国,均可为会员,以维持国际和平与安全。	4.借以维持国际和平与安全,所有爱好和平国家,无论大小,均能在其中各尽其责。(陈布雷先生注:"据傅大使续电,修正案中此条 with a view to joint action 一句,系 with a joint action,修正案全文存委座处")	4.彼等承认有于最早可能实现之日期成立一普遍国际组织之必要,以各爱好和平国家主权平等之原则为根据,此种国家无论大小,均可为会员,以维持国际和平与安全。
5.在重新恢复法律与秩序,及成立普遍安全制度之前,为维持国际和平与安全起见,彼等将代表国际社会随时会商并采取共同行动。	5.彼等将随时会商并于必要时与其他联合国国家商议,其目的在能代表国际社会,采取共同行动。	5.在重新恢复法律与秩序及成立普遍安全制度之前,为维持国际和平与安全起见,彼等将随时会商并于必要时与其他联合国国家商议,其目的在能代表国际社会,采取共同行动。(照英修正案)
6.为达到上述目的起见,彼等奖〔将〕成立一技术委员会,商讨有关军事问题,包括和平受威胁时可以使用之武力的组织及力量。	6.(照美案)	此条删除
7.彼等将共同合作,俾彼等自身及全世界之军备负担能实际减轻。	7.(将美案第八条改为第七条,文字无修改)	7.彼等在战争终止以后,除非为实现此宣言之目的并经共同会商后,不将在他国领土内使用其武力。(美案第八条移置于此)
8.彼等除非为实现此宣言之目的并经共同会商及同意后将不在他国领土内使用其武力。	8.彼等将共同并与其他联合国家磋商并合作,俾能对于战后军备之规定,获得一实际可能之普遍协定。(系美案第七条文字有修改)	8.彼等将共同并与其他联合国家磋商并合作,俾能对于战后军备之规定,获得一实际可能之普遍协定。(照英修正案)

此条原案宣言之前文(傅大使来电未提及,想无修改)美、英、中、苏政府根据一九四二年元旦之联合国宣言及其后各项宣言所共同决定,各向其现与

作战之轴心国家进行战事,直至此种国家在无条件投降下屈服为止之决心,且鉴于其为本身与为其与国对于侵略之威胁谋得解放所负之责任,并鉴于由战争至和平,其演变必须迅速而有秩序,且为建立维护国际和平及安全,俾全世界人类及资源用于武装方面者,可达最低限度起见,用特宣言。

4)蒋介石致王世杰快邮代电(9月29日)

侍秘字第 19559 号

参事室王主任勋鉴:九月二十八日第 321 号签呈悉。关于四强草约宣言,已准如所议意见交外交部速办矣。中正。申艳。侍秘。

中华民国三十二年九月二十九日

5)侍从室致王世杰笺(10月30日)

迳启者:奉委座交下傅大使十月二十六日来电及四强宣言美案英案与通过案对照表一件,附英文原案三件,除签字一节已奉准去电外,奉谕"此修正案与原案各表交参事室审核,其改正各点当系俄方所提出,是何用意,希研究详报"。等因。特检同原案各件,送请察照办理为荷。此致

参事室　王主任

国民政府军事委员会委员长侍从室第二处　启

6)王世杰致蒋介石签呈(11月13日)

谨签呈者:奉交研究四国协定案在莫斯科会议中修改各点并具报等因。经将修改各点与美国原案及英国修正案对照,并详究其意义。兹谨呈报如左〔下〕:

窃查四国协定之美国原案及英修正案,彼此原无重大出入,前经呈明在案。莫斯科通过案中之修改各点,虽非苏方提出,至少亦当系苏方提议后所为之折中办法。

第一款中"战争"二字现改为"与其各个敌人作战"。此点无疑为苏方之建议。盖苏联至今尚未对日作战,似亦无意于最近加入远东战争。

第二款中删去"与该敌人领土之占领,暨其他国家沦陷于敌人之土地之解放"。此项修改,似表示苏方对于苏军将来占领之土地,无论为敌人土地或他国土地,无意与其他签字国采取共同行动。但第五款规定:"在重新恢复法律与秩序,及成立普遍安全制度之前,为维持国际和平与安全起见,彼等将随时会商并……采取共同行动。"第六款复有:"彼等在战争终止后……不将在他国领土内使用其武力。"之规定。综合上述三款以观,对于"敌人领土之占领,暨其他国家沦陷于敌人之土地之解放",苏联纵不与其他签字国采取共同行动,似亦只限于战争尚在进行期中,为时甚暂。在"战争终止以后",以及"重新恢复法律与秩序,及成立普遍安全制度之前",签字各国(包括苏联)固不得以单独行动在他国领土内使用武力,而应随时会商采取共同行动。

第四款修正文句中特别说明"以各爱好和平国家主权平等之原则为根据。此种国家无论大小,均可为会员……"。此项措词系限制主权平等之原则,适用于"爱好和平国家"。此点对于轴心国家及其与国殊为不利。苏联于此或尚有意对芬兰以及巴尔干参加轴心集团各国为企视,借以减低其日后在普遍国际组织中之地位。

原第六款(关于设置军事技术委员会之条款)被完全删去。此项修正或因苏联不愿立即讨论"国际武力"的组织问题,或因苏联恐此项技术委员会一旦成立,英美可联合对苏旅〔履〕行压迫,苏联将非其敌。第六款之修改,系就美案冠以"在战争终止以后"一语,并将原文中"及同意"三字删去。此项修正与通过案第二款之意义适相符合。第二款中删去"与该敌人付款之占领,暨其他国家沦陷于敌人之土地之解放"。该项修正表示苏方对于此两者无意与其他签字国采取共同行动,惟其时限似仅限于在战争尚未终止以前,已如前述。故通过案第六款特别加入"在战争终止以后"字样,以示"除经共同会商后,不将在他国领土内使用其武力"之规定,不能适用于在战争终止以前。"及同意"字样之删除,更使"不将在他国领土内使用其武力"一项规定之拘束性,为之减低。此似代表苏联对于此一问题之现时态度与政策。

综之,苏联态度,仍在尽可能范围保持自由行动;但此一协定成立后,苏联将与德国单独媾和或单独行动之事,当不致实现。

此外,根据本协定推断,并就三国会议对于西欧战场之开辟,与在欧洲战场全部作战工作之分配与联系,似均已有详密讨论;对意大利与澳〔奥〕大〔地〕利问题已有一致之决议;但对波罗的海各小国,波兰与巴尔干各国,以及苏联西方之边疆问题,似尚无新决定。此等问题似将留待特设之欧洲顾问委员会讨论,或将经由外交途径解决。至对于远东与太平洋战场,三国外长虽曾交换意见,决未深谈,或竟全未议及。但苏联既因此协定,而与其他签字各国作进一步合作,日苏间妥协之可能自亦从而大减。

以上研究结果,是否有当,敬祈鉴核。谨呈

委员长

参事室主任　王○○谨呈

三十二年十一月十三日

〔军事委员会档案〕

32. 参事室拟改进我国移民地位方案致蒋介石签呈及批(1943年10月)

1)参事室签呈(10月23日)

谨签呈者:关于美国禁止中国移民入口及禁止华人入籍之议案,美国国会日内当可通过废除。此不仅有裨中美邦交,于将来我国整个移民地位,亦必有相当影响。本室外交组近来详细研讨中国在美澳及南洋各地中国移民问题,现已拟定"改进我国移民地位方案"一件,其内容除分析各国歧视中国移民之实况外,并各附有解决这建议。谨缮呈钧览,如钧座认为大体妥善,可否请发交外交部注意,并随时采取适当之步骤,以谋逐渐解决之处,并祈察裁。

又查此拟方案中,次列二点似尤宜速予办理:(一)一八九四年十二月七日中美限禁华工赴美条约,规定以十年为期,期满前六个月彼此不行文知照,即再展期十年。计至明年十二月七日,即届满五十年。现在美国政策既经改变,此约自应由外交部注意通知废止。又查一八六八年及一八八〇年中美条约,有两国人民不得相互归化之规定。此亦与美国准许华人入籍之新政策相反,而在我国自亦无禁止美人入华籍之必要。故亦应早予废止,此后国籍问题,可依照国际法及一般国际惯例办理。(二)我国与荷兰刻正商订新约。现在美国既予中国人民以平等待遇,则荷兰及其属地自不应再对华人有所歧视。因之,在现时交涉中之中荷新约,我方又须坚持明定甲缔约国所给予乙缔约国人民之入口待遇及其他待遇,不得次于其他国家人民所受之待遇。以上所陈,是否有当,并祈察裁。谨呈

委员长

　　附呈"改进我国移民地位方案"一件

参事室主任　王○○

十月二十三日

改进我国移民地位方案

英国殖民地广布全球,英人自诩。国旗所照,无有落日。然此皆为帝国主义巧取豪夺之结果,未若我国移民,和平迁徙,无远勿届,荜路蓝缕,以启山林,且毫无领土占领之野心。迄今世界各处,几无不有我神明华胄,生息其间。惟近数十年来,各地政府对于我国移民迭加限制。入境有禁,谋生无术,致我海外侨民日趋萎缩,浸浸有无法自存之感。我国过去所订条约,于各国人民在我国境内所享权利,条款不厌其祥〔详〕。而对于我国移民在各国之地位,则甚鲜规定。现在新约初订,英美人民在我国所享特权业经废除。我国移民所受不平等条约待遇,亦应同时予以纠正,始能符合国家平等之原则。查找我国人民之移殖,可依一八六○年中英条约,划分两个时期。在前一时期中,出海有禁,输运未通,移民所至均限于邻近国境及南洋各属,如马来、荷、印、菲律宾、檀香山、暹罗、安南、缅甸等处。一八六○年条约中国允许"凡华民情甘出口,或在英国所属各处或在外洋别处承工,无论单身或愿携带家属,一并赴通商各口,下英国船只,毫无禁阻"。于是我国移民乃能远至纽西兰、澳洲、加拿大、南非及南北美洲。前期移民所至之处,远在欧美各国殖民统治之先。历史悠久,人数众多,在少数白人与当地土著之间,形成强固基层,势力深厚,不易驱除,故所占地位,尚较优越。后期移民,则生活于白人社

会之中,依寄异族,每受歧视。于一般外侨所受之共通限制外,复有专对我国移民之苛例。兹简述如次:

一、入境禁约

澳洲各邦在未联合以前,即有排斥我国移民之法律。规定船只载重每五百吨许载华侨一人并缴纳人头税一百镑,始得入境。联邦移民律(一九〇一——一九三五年)则定:凡不能通过任何欧洲文字五十字之默写测验者,即为违禁移民,不得入口。此律虽未特指我国移民,但对于我国移民,打击最大。南非移民限制法(一九一三年)亦有相同之规定。纽西兰移民限制法(一九〇八年)对于我国移民,除征收人头税一百镑外,并须有诵读英文一百字之能力。现时法律,事前取得许可证,始得入境。加拿大对于我国移民初亦征收五百元之人头税。一九二七年中国移民法,则完全禁绝我国移民入境。法属越南,亦有专管法国行使领事法权国家人民移植之法令。荷印分外侨为欧洲人与东方外国人二类。日本人为"欧洲人",中国为东方外国人,各受不同法律之支配。暹罗对于我国移民入境,亦课巨额税率。美国原认人民移殖为天赋权利。一八八〇年条约,美国以"华工前往美国,或在各处居住,实于美国之益,有所妨碍"。中国准许美国可以或为整理,或定人数年数之限,并非禁止前往。于是美国国会继续制定华人排斥法案,我国移民事实上被禁入境。及一八九四年条约,更以十年为期,禁止华工前往美国。商人学生虽不在禁令之内,但以美国当局解释严格,非经特许,不得入境。美国又于一九二四年,通过移民律。凡不能入美国籍之外人,一律禁止入境。而对其他外侨则采定额制度。此律虽为防止日本移民而设,然我国人民同受限制。因中国人亦向被认为不得入美籍之外侨也。于是我国移民一方既受华人排斥法案之限制,他方复收〔受〕普通移民律之限制。菲律宾、檀香山归并美国之后,此项法律亦推广,适用于我国在列二地之移民。

二、国籍问题

中国移民之子女,如在各国属地出生,按照各国法律,即取得各国国籍。我国国籍法采取血统主义,仍认此项人民具有中国国籍,因之发生双重国籍之问题。一九一一年中荷两国订立荷属领事条约,即为解决荷印华侨国籍问题之一种协定。移民具有所在国国籍,自有其便利之处。但各国立法,对于我国移民,除由出生取得国籍者外,或者禁止其入籍,或者剥夺由于国籍产生之权利,甚至加以特殊之限制,不问国籍,而追溯人种。对于"中国人"之禁例,虽具有该国国籍者,亦不能幸免。此项歧视与不平,自应予以纠正。我国海禁初开之日,深恐人民迁徙,沦为外籍。故一八六八年中美条约美国允以最惠待遇施以我国移民,但特规定"中国人在美国,不得因此即特作为美国人民"。一八九四年条约,亦有华人不得入美国籍之条文。美国法律遂禁止中国人入籍。美国国籍法,准许白人、非洲人种及西半球之土著(一九四〇年新法)入籍为美国国民。因此美国立法,即常以"不得入美国籍之外人"为限制我国移民地位之工具。一九二四年移民律禁止不得入美国籍之外人进入美国,其一例也。此律施行之结果驯至具有美籍中国移民之华籍妻室,亦不进出其夫之国家。菲律宾法律亦规定,凡依美国法可入美籍之外人,始归化为菲律宾籍民。澳洲原禁"亚洲土著"入籍。纽西兰则对中国人之入籍,须收规费。现行国籍法,虽无特别指明,但事实上仍禁止亚洲外侨,取得国籍,加拿大对于中国移民入籍初无特别限制。惟一九三一年枢密院令,规定中国人入籍,须先呈缴业已入弃原有国籍之证件。同时华人取得加拿大国籍,仍不得与其他入籍外人同样享有政治权利。如在各省及地方之选举权等,而加拿大法律,又复利用"送民名册"为限制中国人民之手段。各种法律以歧别之待遇,加于"送民名册未列姓名"之人。故"中国人"一词,在加拿大系专指人种,而与国籍无关。中国移民,虽具有加拿大国籍亦仍为歧视与苛遇之对象。荷印法律分人民为三种:一为欧洲人,二为土人,三为东方外国人。华人在印荷出生者,荷印政府既争认为荷属居民,但仍与土人相同,不得享受欧洲人之待遇。即世代在荷印生长者,亦仍为"东方外国人"。如若取得欧洲人身份尚须经过同化之法律手续。荷印我国移民,一方因日本人之当然具有欧洲人身份而相形见绌,他方复因荷兰臣民之地位,无裨实际,故愿依照血统主义,保留中国国籍。希望将中荷两国荷属领事条约予以废止。该条约规定中国人在荷印出生,为荷印臣民,如至中国,即归中国国籍。在第三国,则或存出荷国民籍,听其自便。盖在荷印,法律随身份而不问国籍。我国既认在荷印出生之中国人,具有荷籍,自不能对之行使外交保护。因之中国血统之荷兰臣民,形成荷印少数民族,其地位仍毫无保障。暹罗我国移民,亦有相同情形。中国海外侨民在暹罗者为最多数,但中暹两国并无条约关系,中国人在暹出生者,一律被认为暹罗籍民。禁止使用中国文字,并限制其活动,亦构成少数民族之问题。

三、职业限制

各国对于我国移民,除禁约其入境外,复于依法入境之移民,设为各种职业之限制,剥夺其谋生之机会,使其无法自存,而不得不迁移出境。侨民权利之保障,最要者为两国之条约。美国联邦宪法规定联邦法律与条约,同为本国最高之法律。各邦宪法与法律与之冲突者,即属无效。至联邦法律与条约衡突时,美国法例系采后法优于前法之原则。该条约须经参院通过,亦不为一法律案也。

故在美国我国移民之保障,在宪法为第十四条正案,在条约一八六八年及一八八〇年条约之最惠国待遇条款,第十四条修正案,禁止各邦在美国管辖下之任何人,未经法律程序不得剥夺其生命自由或财产,亦不得拒绝给予相同法律保护。各帮〔邦〕若干虐待我国移民之法律,以及关于就业谋生之限制,因此宣告无效。惟西部各邦多限制不能入美国籍之外侨不能取得地产所有权,此项限制自不合于相同保护之规定,但因联邦移民律,既以能否入籍为迎拒入境之条件,则此项区分要不能认为非法。此次中美新约,未如英约之规定在华土地所有权或为美方之预留地步也。中英条约,英国迄未予我以最惠待遇。一八四二年条约仅规定"两国所属人民彼此友睦,如住他国者必受该国保佑,身家全安"。我与各自治领各国迄未立约,中英新约,各自治领亦未参加。因之自治领各国限制华侨就业之法令,几乎层出不穷。加拿大限制中国移民从事林、矿、渔、垦各种职业。蒙古人或印度人不得请领酒类营业执照,华人洗衣作须支付额外之税率,所开饭店不得启用及容留白种妇女在内,不得为律师或药师之职务。凡此限制均不问其是否英国籍民,同样适用。在澳洲,中国移民不得开设工厂、任何手工业,雇用中国人时,即被认为工厂而适用工厂法之规定。中国人不得开厂,凡父或母为中国人者,不得领照为黄金之买卖。未经英语测试及格,不得被雇于甘蔗及香焦〔蕉〕工业,亦不得租赁或所有土地。负贩贸易亦须精通英语,始能给照。南非联邦中国移民,不能取得任何关于土地之权益。不得组织公司,经营地产。亦不得从事开矿与贵金属之买卖。在一邦居住之华侨,不得适移至他邦。营业执照之核发,地方当局持有全权,以贯彻其排斥华侨之政策。在荷印及越南,中国移民因历史悠久,所享权利,几与土著相同。惟近年来,当地政府借口扶植自治,保护土人,各种立法渐予华侨以不利。如关于华人土地权之限制,即为显著之一例。故在以上各地,中国移民之法律地位固不能低于其他国家之人民,而华侨之传统权利亦应加保障,始能维护其经济之发展。是以一九三〇年《中法条约》规定在越南之中国人民,其经营工商业之权利,不得较逊于任何他国人民所享受待遇,尚不足以达此目的也。

四、社会地位

中国移民在美国因彼称为有色人种,常与黑人同受歧视,西部若干邦禁止中国人与白种人通婚,违者即为非法。儿童不得同校就学,餐馆及娱乐场所不许华人入内,亦为普遍之现象。在加拿大,华人虽是有英籍,亦不得参加地方与各邦之选举,不得为公务员与陪审职务。华人所开馆舍不得雇用白人妇女,亦不许白人妇女入内,法院解释认此为一种"警察章程"。在澳洲英籍华人,不得参加选举,亦无当选资格。在南非华人为被列为"亚洲人"及"有色人种"之内,居住贸易地点皆被指定,不得逾越。不得与欧洲人使用同一之街车与邮局,不得在人行道上行走。地方选举,无权投票。晚间九时以后不许在街上逗留。南非本以苛待印度人著称,凡对待印度人之法律,几无不适用于华侨。其社会地位之低落,有非吾人所能想象者。

总之,中国移民在各国既不能享受一般外侨这〔者〕待遇,而各国赋与〔予〕本国人民之权利。中国移民虽具有该国国籍,亦以其为中国人种之故,遭受剥夺。此种不平等之地位,自应设法改进,以奠定我国家与世界各民族自由平等之基础。改进步骤约如下述:

(一)移民政策

1.此后我国移民应以南洋各属及南美国家为主要区。2.移民出国以前应有适当之管制与训练。3.对于美国及英属自治领,必要时不妨成立类似绅士协定之自我限制办法。4.国籍问题可适用一九三〇年海牙国籍法公约之规定。

(二)对于美国

1.应通告废止一八九四年限禁条约(该约于一九四四年十二月七日满五十年,照应于届满前六月通告废止)。嗣后我国移民应同他国一律采用定额制度。2.废止一八六八年及一八八〇年中美条约两国人民不得相互归化之条款。此后国籍问题,依照国际公法及国际惯例办理。3.中美新商约仍保留最惠待遇条款,中国移民所享居住、贸易、经商等权利不得低于最惠国之人民,亦不得有所区别。

(三)对于英国

1.各自治领土如加拿大、澳洲、纽西兰、南非各国应即进行订约。(1)取消对于中国移民入境之特殊限制。归化问题,应照国际公法与国际惯例办理,不得根据人种有所区别。(2)中国移民在各国居住游历、贸易、经商应与最惠国人民同等待遇。(3)具有各该国国籍之华侨,不得以种族之理由与各该国一般国民在身份及权务方面有所歧别。

2.关于英国直辖领土及保护国,如马来各邦,应于中英新约内规定:(1)中国移民应与最惠国人民享受同等待遇。(2)中国移民应保留历史上在各地所获得之各种传统权利。

(四)对于荷兰

在荷印及荷属西印度:1.中国移民应与最惠国人民享受同等待遇及法律身份。2.中国移民应保留历史上在荷属所获得之各种传统权利。3.在荷印出生之华人,得于成年时选定其国籍。回至中国则中国国籍自动恢复。废止一九一一年中荷条约关于国籍问题之协定。4.具有荷籍之中国人民,其地位应与荷籍欧洲人无所差别,并应享受一般少数民族之保障。

(五)对于法属越南

中国移民,除享有入境居留之最惠待遇外,并保留历史上在越南所获得之各种传统权利。

（六）对于暹罗

应即订立条约，规定：1.中国人民之最惠待遇。2.保留中国移民历史上所获得之各种传统权利。3.在暹罗出生之华人得于成年时，选定其国籍，回至中国则中国国籍自动恢复。4.具有暹罗籍之中国人民，应享受一般少数民族之保障。

（七）待遇约定

此后与各国订约对于侨民待遇问题应采相互主义，比例增入关于中国移民地位之条款。

（八）战时损害

太平洋战争发生后，各地华侨所受损害应设法调查。如战后各国可自敌方取得报偿，中国移民应同受补益。各地政府应保证华侨所有产权，如被非法侵害，允于战事结束时，恢复战前之状态。

（九）交涉程序

关于改进移民地位各节，应即着手与有关各国政府分别谈判。最近美国舆论，已有此种动向，似应率先商洽，以树风声。

以上拟议，是否有当，敬请公决。

参事室主任王○○　谨呈

十月二十三日

2）蒋介石批（10月30日）

国民政府军事委员会代电　侍秘字第19996号

本会参事室王主任勋鉴：十月二十三日第325号呈件均悉。所拟改进我国移民地位方案，已交外交部注意办理矣。中正。酉。卅。侍秘。

中华民国三十二年十月三十日

〔军事委员会档案〕

33. 粮食部关于中美经济合作之意见（1943年11月7日）

一、粮食生产属农业范围，归农林部主管。一般农产品之输入与输出，属于国际贸易范围,归财政部主管。其合作方法,农财两部必有周详之意见,本部不另建议。

二、一般粮食之加工制造,属于轻工业范围,所需机件比较简单。在战时,无急切希望外洋输入机器从事扩充改进之必要。在战后,我国钢铁工业机器工业发展以后,此类机件当能自制,可不必专赖外洋输入。且过去输入之面粉机器,大多为英国出品,故对美国要求此类机件之供给,不能过存奢望。只希于战事结束之初,供给我每日产粉五千袋至一万袋之制粉机器二十套至三十套,俾在沿海沿江各重要市场,迅速恢复一部分制粉工业,以应需要。

三、中国为农业国,普遍食粮应求自给。战后农业改进发展以后,粮食更当有余,不须依赖外洋输入。其在战时虽在若干地区感觉粮食之不足,但为运输力量所限,不能仰赖友邦之接济。至于美国为农产丰富之国家,普通食粮不需由中国输入,故中美两国间普通食粮之交换可能性质甚少。其比较需要而又有可能性者略举如左〔下〕:

(一)中国动物性食品比较缺乏,乳酪类食品之生产尤少。战前牛乳及乳制品如淡奶、炼乳、奶酥、乳粉、乳油等有相当数量之进口,大多来自美国。战时此类食品来源几绝,儿童及疾病老弱者之营养大受影响,为便于保存并顾及运输上之可能起见,希望美国在战时每月能供给我乳粉十万磅至三十万磅,以应后方需要。畜牧事业发展较缓,人民生活水准提高以后,对于动物性食品之需要亦多,战后关于乳类肉类等食品,仍须由美国大量输入。

(二)中国植物性食粮历由美国输入者,以小麦为大宗。战时限于交通,无法输入。战后我农业生产改进以后,需要输入者亦必减少。但在战事结束之初,恢复地区民食之救济极为需要,其在沿海沿江各重要商埠人口较多之处,需要尤为迫切,希望美国于战事结束之六个月期内;每月能供给我沿海沿江各口岸小麦十万公吨至十五万公吨,以补我沦陷地区收复初期粮食之不足。

(三)中国对美输出之杂粮,仅花生一类,数量较大,而美国输入之花生百分之九十五为中国产。一九二五年中国输美之花生达七千二百万磅,至一九二八年尚维持五千万磅之对美输出。战后可依美国之需要大量供应。

四、一般粮食之加工制造储藏分级检验等工作,并无特别困难,不能自行解决之问题,在技术方面无要求协助或合作之必要。

〔国民政府资源委员会档案〕

34. 农林部关于中美经济合作之意见(1943年11月7日)

战时经济合作

一、物资交换

(一)美国如因作战需要中国之农牧产品或半制品,中国应尽量供给,并努力增产,改进品质,不计国内收购成本,以期增加输出数量。

(二)中国因增加战时农林畜牧生产事业,其所需之仪器、图书、药品、器材等,希望美国尽量供给,并酌拨专用飞机,以便自印度运入中国。

二、技术合作

(一)中国因改进农林畜牧事业,以增加战时生产,得商请美国选派专家来华协助。如有必要时,得酌量延长其在华工作之年限。三十三年度拟请选派之专家种类及名额如下:(1)农具(调查设计等)一人;(2)玉蜀黍育种一人;(3)防治植物虫害药剂制造一人;(4)植物病害防治一人;(5)农田灌溉排水一人;(6)农业统计(研究确立全国农业统计制度)一人;(7)农业推广(研究确立中国农业推广制度及方法)一人;(8)兽医一人;(9)畜牧育种一人;(10)森林利用一人。(以上共计十人)

(二)中国每年选派农科大学毕业生,曾在国内服务五年以上成绩卓著者一百名,赴美国著名之农业研究试验推广机关或有关之制造厂等,从事研究与实际工作,以培植中国各级农业干部人才,而应战后之需要。

战后经济合作

一、中美经济建设上之合作

中国战后工商勃兴,交通发达,农业人口逐渐转移,边远荒地陆续开发,农家生产规模势将随之扩大。而调整耕地、改良农具,增加畜力,采用机械等,亦须适应需要,逐步实施,同时更求农事技术猛进,农田水利发展,农产加工兴起,不但使物资大量增加,足供国内应用及友邦需求,且使农村气象蓬勃,农业经济繁荣,农民生活改善,以期在战后十年之内实现建国之初步理想。

中美两国为实现上项理想,从事于下列之合作。

(一)美国战后农业机械生产势必过剩,而中国农村动力极感不足,望美国以大量新式农具贷与中国,以期盈虚相济,双收其利。

(二)中国得向美国继续聘用各项农业专家,并购买必需之农业仪器、图书、药品、器材、机械等,以供改善农业之需要。

(三)美国所需要之农产品或半制品,其本国产量不足,而中国可以供给者,由中国尽量输出。

(四)欢迎美国著名厂商来华,与中国合办新式农具厂、肥料厂、防治病虫药械制造厂、兽医用具药品制造厂及其他有关农林渔牧等生产与加工事业。如经中国政府同意之业务,并得由其单独投资。

(五)中国为供应农用改良器材、兴办农田灌溉排水及创设自耕农所需之大量款项,希望美国长期贷与。

(六)中国得借重美国之人才技术,合办西北水土保持事业。

二、国际贸易方针

(一)凡中美两国相互需用之农产品或半制品,得互派商务官,或设立公司行号,专理其事。关于中国运美之特种物产,如桐油、丝、茶、药材、毛革等,并得分别订立生产运销契约。

(二)凡合于美国人民生活所必需之农产品,为该国所不能自产或产量甚少不敷需求,而必须向外国输入者,我国应视国内环境之所宜,努力增产,依美国市场一般价格,大量售给,以应其需要。

(三)凡美国所不能自产或产量甚少之农产原料,而可由我国供给者,应仿照生丝输美免税成例,由政府向美国交涉,一律免征进口税。

(四)凡美国农产原料品或半制品,为我国所必需而不能自产或产量不足者,得由政府酌量减免其进口税,鼓励其输入,但不得有故意跌价倾销之行为,以免妨碍我国自产品之生产。

(五)凡美国所需之我国农产品,如因成本过高,致不能在美国市场与他国竞争,或超过美国市场一般价格时,得由政府酌予出口商或予对外贸易专营机关以特别津贴。

（六）农产品经加工制造后，如推销美国较之未经加工制造者为有利时，政府应尽力提倡，先经加工制造，并得与美国政府商订互惠方法，酌量减免其进口税。

（七）凡战时由政府贸易机关专责推销美国之农产品，战后应仍由该项机关负专销之责。此外，凡我国已能大量自产之农产告〔品〕，如粮食、棉花、烟草等类，倘仍有自美国或其他国家输入之必要时，应由政府贸易机关负责专营之。其他农产品对美之输出入贸易，得暂由人民经营。

三、技术合作

（一）中国为改进农业所需要之技术人才，得视国家之需要，商请美国尽量供给其办法要点如左〔下〕：

1.聘请美国农科大学第一流教授，或农业研究机关或制造工厂或其他机关之高级技术人员担任顾问。如利用其休假期间来华服务者，除供给旅费及招待费用外，不另给薪。其服务时期以休假期间为限。如非利用休假期间者，其在华服务期限，得自三年至五年，所需薪旅等费由中国担任。

2.聘请美国农科大学毕业生、具有数年服务经验之技术人员，来华担任各种农业技师。其人员数额种类及在华服务年限，视中国实际需要而定。服务三年至五年后，得休假一年。（此项人员以中国缺乏者为限）

（二）中国每年考送农科大学毕业生，曾在国内服务两年以上者若干名，赴美国留学，分别研究各种农林科目。此外，并选派农科大学毕业生，曾在国内服务十年以上成绩卓著者若干名，赴美研究考察，或从事实际工作，以培植干部人才。

（三）中国得选派农科大学教授或农业机关之专家，赴美担任交换教授，从事讲学。

（四）为发展中国农产加工事业，以扩大农产品之应用起见，得聘请美国专家来华指导，技术协助设厂（例如面粉、大豆之改良制造等），以资倡导。

〔国民政府资源委员会档案〕

35. 财政部关于中美经济合作之意见(1943年11月)

一、战时合作办法

物资交换

自我国抗战开始,美国先后以信贷借款及租借法案供给我国抗建物资,我国亦以农矿产品用易货或商销方式,接济美国。惟自太平洋战事发生以来,中国海口悉被封锁,两国物资交换全恃中印空运,而租借法案以外之物资,所得吨位极属有限。最近虽经增至每月千吨左右,而较之滇缅路通时,则运量相去尚远。目前胜利在望,我国策划反攻,准备复员以及支配后方必需用途,所赖于美国物资之供给者,为量正多。同时我国主要外销物资之主要产区,尚在政府控制之中,后方大量土产,早经依照一定计划,逐年改良增产,以应盟邦需要。惟在现状之下,倘欲促进中美物资一交换,则首应注意国际运输问题,次为物资之品类数量,次乃及于抵偿及清算方法。兹为分别述之:

1.中美物资交换,在现况势须经由印度转输。惟美印间关于输华物资之轮运吨位,初则限于每月二百吨,现仅间能增至每月七百吨,且远在中印航空吨量之下。我国在美购料及输美物资,均大受轮运限制,无法畅通。拟请将美印间轮运吨位酌量增加,俾应事实需要,而与中印航空衔接。

2.中印航空除租借法案物资以外,每月虽有千吨左右之运量增加,惟在实际需要相差甚远。我国借款购料滞积印度,无法内输,同时后方交通工具、工业器材、医药用品、动力燃料及部分民生必需品,极感缺乏。不特复员准备无从着手,即对当前战事,亦有牵制。拟请美方增拨运输机,加强中印间运输力量,使租借案外之物资每月亦得达七千吨至一万吨之运量,则中美物资交换,当可大为增进。

3.假定于相当时期内,滇缅运路恢复。西南陆路畅通,物资交流自可大增。惟在沿海口岸打通以前,对外运输仍多困难,于时除小部分物资仍须利赖空运外,大部分物资自须集中缅路运输。滇缅公路及后方公路系统所需客货车辆为数甚巨,旧有车辆亦须修理补充。拟请美方于时增拨运输卡车叁万辆至五万辆,配备适当零件及所需燃料,以供国内外运输需要。

4.抗战期间需要物资为类甚多,为量亦巨,现除美购军品可由租借法案

供给外,余如建设器材及一部分民生必需品,仍须仰赖外来供给。就美方而言,我国所极须购运者,约有下列诸种:

(1)公路车辆及其配件　车辆系供滇缅公路西南区公路所需,并须配足应需零件。

(2)铁路材料　后方铁路及车辆需用之必要材料器械工具。

(3)民用航机配件　西南各段民用客机所需配件。

(4)汽车柴油及润滑油　后方车辆及滇缅公路开放后车辆行驶必需之油料。

(5)通讯器材　西南电话网无线电台广播电台及收音所需之各项器材。

(6)冶炼动力　燃料、电气、机械、化学等重工业器材。

(7)纺织、造纸、印刷等轻工业器材　制造军民所需要布匹,并书籍报章钞券所需纸张及印刷工业之各项器材。

(8)化学原料及医药用品　后方工业所需原料及防疫卫生各项药品。

(9)图书仪器工具等必需品　科学上需用之图书、杂志、报章、试验器械及工具等必需品。

估计总重量　480000吨

估计总价值美金:480000000元。

5.中美物资交换数量既为大增,其抵偿方法自须顾及。惟战时我国财力有限,而输出物资因售价及成本悬殊,亦难如数抵偿。兹拟(1)关于运输机、运输车及配件燃料等项,商请美方暂由租借法案内拨用。(2)关于在美采购工业器材、化学原料、通讯器材及其他物料,商请美方另仿照桐油借款之例大宗借款,即以销美物资抵付,或先由已订大借款中拨款购办。

战时我国所需进口物资既如上述,兹将我国战时可能供美物资列表如次:

战时出口农产表

货品	每年产量(后方)	战前每年对美输出量	战时每年可能供美量	估计价值（美金）	备注
桐油	140000公吨	64000公吨	20000公吨	17160000元	桐油可能输出量系假定滇缅路恢复后之估计

续表

货品	每年产量(后方)	战前每年对美输出量	战时每年可能供美量	估计价值（美金）	备注
猪鬃	38000 公担	22000 公担	8000 公担	8360000 元	
生丝	35000 公担	24000 公担	3000 公担	18510000 元	
茶叶	100000000 磅	50000000 磅	25000000 磅	20000000 元	可供量部分须滇缅路恢复后乃能运足
羽毛	100000 公担	6500 公担	5000 公担	375000 元	
总计				64405000 元	

二、战后合作办法

（一）物资交换

美国为工业先进国家,其所产工业器材适我国战后建设亟需〔须〕之品,而中国若干农矿产品,亦适为美国工业界及一般消费者所需。战前十年以来,中美贸易早有上涨趋势,对美国贸易额率占我国总贸易额百分之二十五左右。抗战期间,则中美贸易额更远超过他国之上,约占百分之二十八。至于战后,一方我国正需加紧建设,一方美国急需工业原料,两国需要适相配合,加以国际航运畅通,世界金融稳定,则中美间物资交流,必当数倍战前。自属毫无疑义。兹先就战后十年我国所需美国物资之种类数量及价值,约略估计如次:

1.物资种类

（1）冶炼工业器材 包括钢铁工业及铜、铅、锌、铝、锰砂、硫等非铁金属工业。

（2）燃料工业器材 包括煤矿工业及汽油、柴油、滑油等液体燃料。

（3）电气事业器材 包括供给工厂及人民所用之火力、水力发电工业。

（4）机器工业机材 包括原动机工具机及各种专门机械之制造工业,汽车、自行车、火车、船舶、飞机等运输工具之制造工业以及发电机、电动机、有线无线电器械、电线、电池并一切附属器材之制造工业。

（5）化学工业器材　包括有机、无机之各项化学原料工业。

（6）窑制品工业器材　包括水泥、玻璃、瓷器等工业。

（7）胶体工业器材　包括橡胶、天然胶、人造胶等工业。

（8）炸药染料工业　包括工用炸药及各种染料工业。

（9）民生工业器材　包括棉纺织、毛纺织、麻纺织、丝纺织、面粉、碾米、制革、造纸、油脂、制糖、木材、冷藏、罐头、印刷等工业。

（10）水利工程器材　包括灌溉、航行等水利工程所需器材。

（11）交通器材　在运输工具制造产品未敷需要以前，所需交通上之各项器材工具。

（12）其他器材　包括医药、化学、教育、纱布、毛呢等必需品。

2.估计总重量 6000000吨

3.估计总价值 美金：6000000000元

至于我国可供美方农产，在战时政府为易货偿债及供应盟邦起见，对于主要外销物资已有增产，计划注意提高品质划一标准，增加产量，以应外市需要。对于桐油、生丝、茶叶、羊毛、皮张及手工艺品致力尤多。惟查我国若干外销物品，在美所征进口税额颇重，如皮毛征税百分之二十五至五十，蛋品征税每磅十一分至十八分，地毯征税百分之三十至六十，草帽缎征税百分之十五至二十，挑花刺绣品征税高至百分之七十五。凡此对于华货输美不无相当窒碍，甚冀中美间将来能以互惠方式调整上项税率，减低华货成本，俾中国特产得以对美源源供应，同时加强我国在美购买能力，则于美货销华亦有莫大裨助也。兹将战后我国可能销美物资估列如次：

战后出口农产表：

战后出口农产表

货名	每年产量	战前每年输美产量	战后每年可能供应量	估计价值（美元）	备注
桐油	200000公吨	64000公吨	100000公吨	9000000元	
猪鬃	65000公担	22000公担	60000公担	39600000元	
生丝	400000公担	24000公担	250000公担	115000000元	

续表

货名	每年产量	战前每年输美产量	战后每年可能供应量	估计价值(美元)	备注
茶叶	781000000磅	50000000磅	220000000磅	99000000元	
羊毛	350000公担	132000公担	250000公担	14300000元	
麻类	500000公担		250000公担	10000000元	
蛋品	1000000公担		800000公担	40000000元	
肠衣	300000公担		30000公担	4500000元	
羽毛	200000公担		50000公担	1750000元	
皮张	54000000张		27000000张	40500000元	
大豆	6000000公担	368000公担	20000000公担	200000000元	
子仁	26000000公担		7000000公担	140000000元	
手工艺品				9000000元	
共计				835650000元	
附注	表列各项系我国在战后主要出口货品可能输出之总量,其中统批约有百分之七十可以对美输出				

(二)技术合作

中国输美物资农产品居其大半,今后为改进农产品质、增加产量、划一标准起见,拟作左〔下〕列之联系:

1.指定代表合作机关　中美两国各在其国内指定农产贸易之有关机构,谋取密切联系,以达到技术彻底合作为目的。

(1)交换研究材料,如仪器、机械、种子、种畜、种苗等。

(2)交换研究方法,包括已成功者及正在进行者二种。

(3)交换出版物及进行报告(指试验未达最后阶段者)。

(4)接受请托代办以上有关事项。

(5)接受并协助相关机构派来调查及研究人员。

2.促成学术团体联系　中美两国对于国内有关农产贸易之学术团体,应予以各种便利,使能与他国同类之组织充分合作。

(1)交换出版物。

(2)在出版刊物上互登他方会员作品及报告。

(3)互派会员访问或合组座谈会。

(4)互选荣誉会员以资鼓励。

(5)遇必要时得召开联席年会。

3.互延专家交送学员　中美两国在农产贸易上之特种问题,得互延专家至其本国协助解决之,并得互相遣派学员出国求学或在农场及工厂实习,并由两国政府予以便利。

4.设立奖金鼓励合作　中美两国应各设立奖金,鼓励国外专家就地研究其本国所需要解决之问题,但其报告或论文须先经其所在地政府核阅。

三、战时与战后棉纺织工业需要美国协助事项纲要

(一)战时

1.纺织配件及机械物料之供应:后方花纱布均感缺乏,如运输能力充足,希望大量运入供应。惟目前纺织上需要之配件物料染料,较花纱布更为迫切,如运输上不能同时兼顾,则请尽先供应纺织配件、机械物料及染料。谨列成一表(附表)。[表略]

2.纺织技术之协助:我国纺织技术人才缺乏,请选派专家来华担任技术指导及训练人才,同时我国亦选派人员赴美实习或研究,请其协助。

(二)战后

1.纺织机器设备及物料之供应:

(1)纺织机器设备:战前我国自有纱锭约为三百八十万枚,其在后方者约为二十五万枚,将来战争结束,在沦陷区者,姑以能保存七十五万枚,计连同后方现有纱锭二十五万枚,共有一百万枚,比战前减少一百八十万枚。拟于五年内增加新锭三百万枚,平均每年增加新锭六十万枚,拟请美国酌量供应。

(2)纺织机器设备:我国战前原有织布机六万台,假定战争结束尚能保存二万台,战后除在国内制造外,拟另增购布机三万台,期于五年内完成,平均每年增加六千台,拟请酌量供应。

此外关于染整及印花机器设备制造机器之母机设备、动力设备及物料配件等,并请酌量供应,尤以动力设备需要最为迫切,如与所拟新增纺纱织布机器设备配合,约需动力十七万基罗瓦脱。

2.花纱布之供应:我国四亿五千万人民每人每年用布按十五码计算,全年约需棉布一亿七千万匹。估计战事结束后之第一年,除国内自织布匹外,约尚不足七八千万匹或其相当数量之棉纱,请酌量供应。此后可视纱锭增加之数,逐年减少纱布供应数量。又在战地收复初年,国内棉田尚不能完全恢复与尽量扩充时,优良之棉花,亦望有一部分之输入补充。

3.纺织技术之协助:战后我国纺织事业逐年发展,需要技术人材更为殷切,拟请仍照战时办法继续协助。

战时纺织业需用国外重要物料表

项次	名称	规　格	单位	数量
Item 1	Card—Clothing for cylinder	Counts of clothing 90s,C.C.W.C.foundation width of clothing 2, length 268 per coil	coil	500
Item 2	Card—Clothing for doffer	Counts of clothing 100s, C.C.W.C.foundation width of clothing 1 1/2, length 189 per coil	coil	500
Item 3	Card—Clothing for flats	Counts of clothing 100s, C.C.W.C.foundation width of clothing, on wire 40108 per set	set	500
Item 4	Stripping fillet	Wire 28 gauge, for stripping cylinder and doffer	ft	15000
Item 5	Burmshing fillet	Wire 28 gauge,for burmshing flats	ft	4000
Item 6	Grooved emerg fillet	1Wide, 16grooves per inch,for grinding card	ft	8000
Item 7	Groored emerg fillet	1 1/2 wide, 16 grooves per inch,for grinding card	ft	16000
Item 8	Taker—in wire	thickness of wire, base 720 18g. ,4 1/2 leeth per inch	1bs	2000
Item 9	Sheep Skin	for covering top rollers of textile	OZ	1000
Item 10	White woolen cloth	1608 per yard,for covering ditto	yard	1000

续表

项次	名称	规　格	单位	数量
Item 11	White woolen cloth	1808 per yard, for covering ditto	yard	1000
Item 12	Traveller	No.410	box	2600
Item 13	Traveller	No.310	box	2000
Item 14	Traveller	No.210	box	2000
Item 15	Traveller	No.110	box	800
Item 16	Traveller	No.1	box	800
Item 17	Traveller	No.2	box	1500
Item 18	Traveller	No.3	box	1500
Item 19	Traveller	No.4	box	800
Item 20	Red engine oil		gallon	40000
Item 21	Spindle oil		gallon	20000
Item 22	Yellow grease		1bs	30000
Item 23	Trans bormer oil		gallon	500
Item 24	High grade motor oil		gallon	5000
Item 25	Turbin oil		gallon	5000
Item 26	Dyestufb for cotton cloth	black, fast	ton	30
Item 27	Dyestufb for cotton cloth	blue, fast	ton	60
Item 28	Dyestufb for cotton cloth	yellow, fast	ton	10

附注：以上配件机械物料、染料等，估计约重2500吨。

〔国民政府资源委员会档案〕

36. 国民政府拟中美战时及战后经济合作方案草案(1943年11月)

一、原稿

本案所指经济合作限于军事以外之经济合作,注重工业交通贸易以及农业与粮食,分战时及战后两部分,战时特别注重利用美国助力,加多工业生产,增强运输能力,配合作战效果,对美国所需农矿产品则尽量供应。战后特别注重利用美国财力物力人力,助我整个经济建设,并以工业及交通为主,促成建国之大业,对美国所需物品当增多输出,换取外汇,以补充经济建设财源之不足。兹将战时战后经济合作要点分述如后:

（一）战时

1.物资交换

目前美国运华物资与军事有关者悉在租借法案项下借给,此外在借款内或用现款所购之物资,因限于运输吨位数量极属有限,现中印间租借法案以外物资可得航运,吨位每月仅约千吨,美印间轮运则尚不足七百吨,除直接军品外,我国急须运入之物资约如左〔下〕列,交通运输方面所需器材并于增加运输一节详列。

（1）沿海口岸未打通以前:

①卡车轮胎及配件;

②民航机配件;

③汽油机油;

④通讯器材;

⑤动力燃料电器机械化学等工业器材;

⑥纺织配件物料及染料;

⑦布匹。

（2）沿海口岸打通以后:

①公路车辆及其配件;

②铁路材料;

③汽油机油;

④通讯器材;

⑤工业器材;

⑥布匹。

后方工业现已略具基础,凡反攻时所需之通讯等器材,可就国内自行制造者,可充分自制供应。因此而向国外补充之器材,得优先购运上开进口物资中卡车、配件、航机配件、油料及一部分通讯器材,商请美方由租借法案内拨用,其他物资则以销美物资抵付。中印航运吨位在沿海口岸未打通以前,盼能增至每月五千吨,之运量,差即轮运,特定亦应照此增办。

我国战时供美物资目前每月约近二千吨,以钨砂为大宗,锡、茶叶、猪鬃、

生丝等次之,桐油因运输所限,须俟滇缅路恢复后始能出口,明年如滇缅路打通,可能输美之农矿产种类及数量列表如次:

桐油20000吨;

茶叶12500吨;

猪鬃800吨;

羽毛500吨;

生丝300吨;

钨砂6000吨;

锡5000吨;

锑10000吨。

右〔上〕列物品约共值美金八千余万元,内矿产须供还债需要,农产则均可充外销之用。如能洽妥借款暂时缓还,所有农矿产品全部抵充向美换取上开必要物资,则后方物资供应,当可充裕,并即以输入物资之代价拨充主管出口物资机关之资金。借以维持出口农矿产品之生产。

2.技术合作

目前美国国务院派遣专家多人,分别在我国政府各部门工作。此项工作仍宜加强,并应着重增加战时生产配合作战需要。

兹将战时技术合作方式分述如下:

(1)聘请美国专家来华工作:美国国内需要专才亦至迫切,我国聘请应限于确实有实际需要,而对作战直接间接有关系者。

(2)派遣优秀青年赴美实习。

(3)使用新式技术方法:拟商洽近时最有功效之技术方法,得归□国使用,以促进后方工矿及交通之效率。

(4)交换技术资料如矿样、种子、种苗、种畜等以及技术进步资料。

上开聘请之美国专家到华以后,均应受我国政府有关机关之指挥监督,执行任务。

3.增强运输:首须从事空运,拟议如次:

(1)将丁江至宜宾航线每月运量增至二千吨,需运输机五十架。

（2）开办白莎瓦至莎车航线月运二千吨，需机五十架。

（3）自宜宾及莎车接运输入物资与维持国内交通，需运输机二十架。

以上除原有者外，共需补充载重二吨运输机一百二十架。此外尚需经常油料及修补器材与配件，均向美方在租借法案内续给。

（二）战后

1.中国经济建设上之中美合作

战后经济建设需要外国器材特多者，厥为工业与交通，交通方面所需器材。至五年建设计划完成时，当可由国内工业供给相当数量。但在建设初期，不能不恃国外器材之运入，估计在最初五年间，工业交通所需外资约为美金五十亿元，连同农业、水利以及其他需要，假定为美金六十亿元。此项巨款除可以出口农矿产品换得外汇以及华侨汇款抵充一小部分外，大部分均须向国外筹措。其他国家固亦可酌量助我，而主要来源不可不推美国，故战后中国经济建设上之中美合作，不外由美。（1）贷我款项；（2）供给我器材；（3）参加投资；（4）供给我技术及专家。除：（4）项于后节技术合作另行陈述外，兹将（1）、（2）、（3）三项分述如次；

（1）借款　假定战后经济建设第一[个]五年共需外资美金六十亿元，（此数系依据各机关所拟战后五年建设计划草案内数目开列，此项数字亟宜汇总审查核定。）假定其中十五亿元可由外商合资经营，五亿元可由输出物资及华侨汇款弥补外，尚需美金四十亿元，应向美国洽借。借款数目较外商投资为多，意在使之权操之在我，并盼美国政府以世界眼光，易于为力。至借款方式，拟议如次：

①由政府出面整个向美方商借，此项借款为数甚巨，自非由政府运用整个政治力量统一筹借不能成功。如美国不能全部照借时，应向其他国家商洽贷款或以器材输入，分期偿还。

②借款条件　借款期限宜特为从长。袁世凯执政时之英国借款期限六十年。此次借款商洽偿还期限时可以此为例，最[近]五年至十年仅还利息，不还本金。利率宜特别从低，如照上拟期间每年应还之款，平均不足美金一亿元，应可以出口物资换得外汇之一部分抵付。

（2）供应器材　上项借款一部分，可为现金一部分，可为器材。美国政府在此次战时扩充之工业设备为数甚多，战后当可商请拆卸一部分贷与我国，即作为借款之一部。此项办法于美于我实属两利，如能在战争结束以前与美国政府洽定原则，战后当可迅速实行。

（3）合股经营　与国防直接有关之事业，应避免外人参加经营，宜由政府主办或使政府确有控制之权，尽量利用借款。至与国防关系较少或一般民生工业，自宜尽量欢迎外资参加合股，但外资所占资本之比例，普通仍以不超过百分之五十为准，以期主权在我。如须超过百分之五十者，应得政府之特许。即如美属之菲律宾，亦明定外人在菲开矿参加资本不能超过总资本百分之四十，足为例证。董事长应由国人担任，外籍董事不得超过半数。如与国防有关之事业，其主持之人如总经理，仍宜由国人担任，同时予外人以相当之职位。民营事业与外人合营，亦受同样限制，并须先得政府之准许，以杜流弊。此外，外人经营事业之区域，亦应予以适当之限制。如新疆省内事业，不宜由外人前往经营。

2.物资交换

战后我国加紧建设，极需向美输入大批工业及交通器材，而美国需要工业原料，可由我国输出，彼此需要恰相配合。我国战后出口主要物资，仍为农矿产品，而以农产品尤为重要。农产品包括桐油、猪鬃、生丝、茶叶、羊毛、麻类、蛋品、大豆、子仁、皮料、药材等，战后每年可能输出之价值如以现值计算，约可达八万万美金，矿产品则以钨、锡、锑、汞、铋、钼等约可达一亿美金以上，如假定以半数输美，约可换得四亿五千万美金，拟议借款每年应偿本息不足一亿元，以出口物资及华侨汇款直接抵付之外汇估计约需美金五亿元，如分五年分偿，每年亦需美金一亿元，两者合计共为二亿元。输美物资所换得之外汇，依上估计，约可得美金四亿五千万元，应可敷用。除经济建设所需物资外，在复员期间国内农产尚难达到正常生产，粮食必感不足，在战争结束后六个月内，盼美国能供给我沿海沿江各口岸小麦或面粉十万至十五万吨。凡美国所需甚多之农矿产，由我国供给者，应商请美国能以互惠方式酌量减免进口税。

3.美人在华经营事业之合理保障

(1)美人投资在法律上给与〔予〕我国人民所享有之同等保障,美商应遵守我国法令。

(2)我国与美人合资经营之事业,美人得承购优先保息股票。合资经营之年限,应加规定期满,由我国将所有外股收回。

(3)凡办理特殊交通工程或工业制造,在适当范围内,得由政府特许,完全由外资经营。预先约定准许若干数目之我国人员参加工作,并规定于相当时期后全部财产由我国政府收买。

(4)为吸取外资协助我国建设某项新兴事业起见,我国政府得斟酌情形,在其创办之最初数年内,酌量减轻其税租之负担。

4.技术合作

战后中美技术合作约可分列左〔下〕列各项:

(1)聘请美国专家　按照战后五年计划内工业、交通、农林、水利各部门分别聘请工程及管理方面之专家。请其贡献改进意见,训练新进人员,或直接参加工作。

(2)派遣各级技术及管理人员赴美考察实习,特别注意学习实际制造及管理经营。

(3)购买专利权　美国之特殊发明或制造方法为我国所必需者,应商美方供给,并可与美国主要厂家商定合作办法,经常供给我国最新发明,以期我国技术方面得与先进国家齐头并进。

(4)交换技术资料。

〔国民政府资源委员会档案〕

37. 经济部关于中美经济合作之意见(1943年11月)

贸易部分

中美两国贸易自一七八四年美船Harriet号第一次开达中国——广州,发生直接通商关系以后,迄今已有两世纪之悠久历史。中国对外贸易因国情迭有变迁,在两世纪过程中,对于每一外来贸易势力屡有发生波折冲突,甚且致

〔滋〕生不良反应者。唯独对美贸易关系,则始终融洽如一,从未发生若何波动,而中国政府及人民对于美货输华贸易,则更向持欢迎态度,历久无间,美国对华贸易在门户开放机会均等及互惠平等之原则下,亦得到充分而合理之发展。一九二八年七月,中美缔结通商新约,良足以表示两国间贸易合作之精神。此一融洽敦睦之贸易合作关系,实亦为中国对外贸易之异微迩者。中美同为太平洋东西两岸之民主同盟国家,基于战时同盟作战关系及战后两国对于国际市场所同负之任务,两国间之相互贸易更当日趋密切,互为合作。兹以下列两大端为两国战时及战后贸易合作所应遵守之原则:

一、在战时,两国贸易关系应建立于同盟作战之基础上,以争取胜利为共同之目的。因此两国之贸易商品,应以适应战时需要为主,两者所极需要之输入物资,应随时互为洽知,由两方政府运用各方简捷方法,使能迅速互为输进,以应需要。为实行此一目的,其详细实施事项,自可由两国主持贸易部门。详加研讨洽议,加紧进行。同时在军事方面,亦须妥谋配合。如两国之贸易运输路线之及〔急〕须打通——中国沿海口岸须即以军事力量图谋恢复,并维持其正常状态。至少于滇缅路之重行打通,应即速谋实现。目前之空运力量,更应迅予加强。此为两国战时贸易合作之先决问题,在军事方面须能达此最低限度,然后两国战时贸易关系始能建立。

二、战后两国贸易合作,应以互惠平等为原则,其相互输进物资,并应以适合彼此国情及重要为主,两国政府对于左〔下〕列各事,目前即应开诚布达,妥为洽定。

(一)此次战事中国沿海遭受侵略蹂躏特甚,将来沿海工商业之恢复整饬,自有赖于同盟国家之协助合作。即中国西南、西北,在战时所建立之经济建设事业基础虽具,犹待将来之推动发展,故中国在战后所需要之外来输进之贸易物资,厥为轻重工业之原料及机械。美国对华贸易物资,向以原料居多,制成品较少。中国在战后所希望美方输进之物资,除原料外,尤盼对于机械一项特为注意,此项物资之输进,在适应需要之原则下,其先后缓急,亦宜按照实际情形预为之处。如粮食一项,中国沿海面粉工业备受摧残,自须相当时日,故将来战事一告平息,中国自盼美方先能输进大量面粉,供应沿海地区需要。在相当时间后,则望能以小麦输进,俾供正待恢复之面粉工业所需。再次。则以机械增加生产设备能力。此虽举例言之,实为适合国情之措置,亦即为相互合作要旨所在。又如战后中国轻工业所需要者为原料,而重工业所需要者则原料机械并重,而以机械尤切。机械方面在初所需者,自为整个装配完备之机械,俾能即予使用。而在若干时日以后,则以输进机械零件为主,庶能就地装备使用,或即在我国取材,以收事半功倍之效。此种实际情形,美方自难尽为明了。为使贸易合作无间,中国政府自不妨先将此种实际需要情形向之详切说明,请其切实予以合作。在此合作原则得到谅解以后,关于我国所需及美方所能输进各项物资之种类名目,以及输进之先后缓急,均可即由两国政府主管部门详商洽定,用资准备。其为战事平息后,刻即需要之输进物资,更不妨由两国政府于洽定范围,指导商人预为订约售购,并由两国政府对其本国之输出或输入商予以相当保障,使其安心经营,俾需要方面能于战后迅赴事机,而供应方面亦可预筹战后销路,以为将来恢复生产之计。

(二)中国输出物资不论在任何国际市场,均无独占或任何侵略欲望,此为我国之实际国情,自亦为美方素所明了者。因此中国对美之输出物资,除本着合作原则亦应以适合美方需要为主外,其于美方对我所需物资有所过为顾虑者,应恳切向其洽明,并请其放弃不智之措施。例如桐油一项,美方向赖我国输入供应。乃在南部弗〔佛〕罗达州提倡种桐,以谋自给。又猪鬃一项,亦日在研究其代替品。此虽为防止入超之应有设施,而事实上则非积年累月不为功,此次大战如告平息,美方对于各项经济复员工作正当筹划之不暇,此种抵制外来输进物资之消极工作,当属力不遑及,应与禁止移民律同一观感,予以放弃进行。此虽于我国输出物资之销路不无裨益,而对于美国战后国力之珍惜使用,亦不无相当贡献。至于美方需我输入之物资种类名目,及其先后缓急,自亦可如美方输我物资,即由两国政府主管贸易部门先为洽明。

(三)我国战后对外贸易所采之制度,测其大势所趋,要不外趋于下列二途,即1.对于各项指定物品,如有关军事用途或为大宗出口,而国内用量较少者,将仍由政府设置专管机关,从事经营。2.其属于一般输出物资,概由人民自由经营,而由政府指导奖励。此为战后贸易制度所在,亦为将来贸易合作应取之途径。其由政府专管机关从事经营者,我国政府自应以直接方法取得合作。属于民营者,则应由两国政府厘订切合实际之合作办法,督导两国商人遵行。故我国将来各项输出物资,何者由政府专设机关从事经营,何者奖励人民经营,在相互合作谅解之原则下,不妨向美方先为说明,并进而研求其各该物资之贸易合作具体方法,俾为将来实行合作之准据。美方在战后对外贸易所采之制度如何,及其对于各项输出物资之设施差别如何,我国自亦可要求其先为告知及洽议其合作方法。夫如是,然后两国对外贸易之国情及制度始能相互明了,借供合作之助,即于将来两国议定商约,亦可不背彼此国情而求其行之永久也。

(四)关税政策为每一国家防止奸货倾销之正当设施,我国将来对于关税政策之运用,亦当不外乎此。惟两国之间倘以贸易彻底合作为原则,则彼此之运用关税政策,自须以互惠平等为旨,不容有所偏颇。凡彼此急需之物资,一经商议洽定,即不宜互筑壁垒,以关税相拒。其为对方所不需或反有妨害国情之物资,亦应互为洽明,限制其本国商人之输出,并可于洽明谅解下,运用关税政策,以资防止。此为合作原则所在,端在两国政府之能彻底互为明了,并须竭诚实行者也。

美国投资中国企业之利益保障

一、中国在战时及战后加强经济建设,促进工业化,必当利用外来资本及技术,发展各项企业。对于美国方面尤优先欢迎,充分予以便利。

二、美国资本及技术来华从事企业,得依左〔下〕列方式承受保障其利益:

(一)特许经营:凡美国企业之具有特殊经验技术,而为中国所需要者,得特许其经营,酌免税捐,并予以经营上特殊之便利。

(二)合资经营:凡中美合资经营之企业所受之一般保护,与中国自营企业同。其合办条款,依公平合作原则商订之。

(三)民间企业借款:凡中国民间企业,经政府核准向美国借款,得由中国政府负责保证。

三、对于美国在华原有之企业,在法律准许范围内,准其继续经营并协助其恢复。

〔国民政府资源委员会档案〕

38.军事委员会参事室为四国会议及战后国际保安机构事与侍从室等往来文件(1944年6—9月)

1)军委会侍从室致王世杰函(6月19日)

敬启者:奉谕抄送荷外长称各小国反对四强控制战后世界组织情报件,即请查照参考为荷。此致

参事室　王主任

附抄情报乙〔一〕件

军事委员会委员长侍从室　谨启

六月十九日

附:

荷外长称各小国反对四强控制战后世界组织

荷兰外交部长克莱芬氏 Klefens 评丘吉尔演说与赫尔宣言谓:小国对美英中苏四国负责控制战后世界组织一事不能拥护,依彼之见,在作战之负担与其对共同文化贡献着想,各小国应有参与设法避免战争之机会,故荷外长主张采取轮流制,使各小国与享有永久代表权之大国同负理事责任。据报荷外长此言系代表各小国所发表。

2)陈布雷致王世杰函(8月11日)

雪艇先生大鉴:驻荷兰金使关于四国会议、战后国际保安机构时报告电四件,特抄奉,敬请誊阅参考为荷。祗颂公绥。

弟陈布雷　谨启

八月十一日

附:

伦敦金问泗大使八月三日来电

重庆外交部部次长:顷会晤马斯力克捷克外长,询以波兰问题最近之发展及其前途之推测,彼谓波兰总理及外长以及参政会议主席此次相偕同赴苏,系经英国首相力劝,始决定前往,密闻美国务卿赫尔曾有极密表示,谓倘波兰政府尚不赶速设法与苏方接近,则美国惟有承认新近成立之波兰人民解放委员会。波兰政府系于上星期三即七月二十六日决定成行,前一日丘吉尔尚在力劝中,所惜决行太迟,惟苏方仍予正式邀请,或尚不无一线挽救希望,该外长又谓波兰政府一向对苏联态度强硬,彼曾力劝波方改变乃始终不悟,致成今日之局面,甚为可惜,譬如狮兔相争,免得胜机会恐必无多耳,各等语,谨密陈。再荷兰政府兹已正式承认法国临时政府并闻。

伦敦金问泗大使八月三日来电

重庆外交部部次长,关于四国会议战后国际保安机构一事,荷兰外长最近主张要点如下:(一)此项机构须具一种模型,可使各国人民均能接受者;(二)组织该机构,各国须均具有维持和平之决心,否则仅有机构无济于事;(三)国无大小,苟同具所此类,必须相互利便,以妥善及有效方法运用此机构;(四)在具有普遍性的国际机构笼罩之下,若某某数国间以同一区域利害关系订立区域性的保安约定,则在各该区域团体间应如何造成联系,并如何规定保障将来不致发生冲突,须行筹及。此点以荷兰对欧亚均有密切关系,故认为重要,除续电外,谨先电闻。

伦敦金问泗大使八月三日来电

关于四国会议事316号电计达钧览:兹再综合各方主张与评论,将美国、苏联、英国三方看法,大致扼要分陈如下:(一)美方主张两大组织,一为大会,以所有独立国家组织之;一为行政院,以常任四国与选任四国组织之,其内容与威尔逊国联原计划相同,至于权能方面虽有新机构须拥有实力之主张,而细察该国一般舆论趋势,以及最近罗斯福总统对于建设最高国与国际军队均予否认,是则将来新机构之权能与组织或竟均同国联,不啻为国联之化身矣。(二)苏联专重事实,认为实力所在应即是实权所在。(三)英方看法折衷〔中〕美法之间,以为欲保持国际和平,必须平等各国以自由意志集合,但为达到此项最后目标起见,当以战中国际合作业著成效之已成事实为基础,从而发展扩充而完成之,所谓此种已成事实系指1.不列颠联合国(British Commonwealth);2.战中各种联合办事机关(Combined boards);3.战时英美两个间划归公用之各处根据地(Anglo-american pooled bases);4.该两国资源互相挹注各项办法(Combined production and resouces pooled arrangments);5.美加国防联合设计处(Cannanian american joint defence bord);6.英苏协约;7.捷苏协约等等皆是。所谓理论事实必须相辅而行,以为英方看法要点。除续电外,谨电奉闻。

伦敦金问泗大使八月五日来电

关于四国会议战后国际保安机构316、317两号电计达。兹查有窝尔兹里卜门(Walter Lippman)及苏美尔威尔斯(Summer Welles)最近各著之二书,主张在世界性和平大机构之下,按照区域分治(Regionalism),大致分为四大区,即(一)大西洋区、美国、加拿大、中南美大部分各国,以及西欧各国,与其所属地均属之;(二)苏联区域;(三)中国区域;(四)印度教回教区域(Hindu Moslem Region),凡有区域性之各项问题,由各该区域自理;其有世界性之问题,乃提交总机构处理。对于第一区域言之最详,其意以为大西洋区域各国,百年来彼此和好,而两次团结抗德,患难相共,已成有效的御敌单位,且各该国平时皆以商务航业及西方宗教为立国基础,根源深远,同点特多,今若就该区域为更进一步之团结,举凡国防外交及其他根本大计,皆取一致方针,当可为造成新世界之初步工作形势,查二君言论,虽未必代表美国人多数主张,但亦具有相当权威,是以敢贡所闻,俾供参改。

3)参事室致外交部指示文稿及批(9月25日)

我政府应趁英美政府对欧洲敌人领土暨联合国领土被盟军占领时之处

理,发表声明之时机,向美(或英美)提议,商量远东战区等事件之处理办法。我方提议之要旨如下:

敌人领土被占领时,由占领军队暂负完全军事及行政责任,但占领军如非中英美三国之联合军队,则此三国中无军队参加之国亦得派员参加。(或仿照报载苏联参加西西里成例)。

中英美领土被收复时,由占领军暂负军事责任,该地之行政由该地原主权国负责。彼此相关事项,由占领军与行政机构协商行之。

其他联合国领土被收复时,由占领军军事责任,由该地原主权国负行政之责,但仍受占领军军事机关之管制(仿照英美于欧洲战区之办法)。

侍从室批:送参事室秘书处存。

九月二十五日

4)参事室拟给予美国使馆复文要旨稿(1944年)

英美所拟发表之联合声明,我方了解你针对欧洲战区而发,我方认为极合时而有益。至对远东战区,中国与英美政府早日商量办法,以应反攻战事之需要(以上答复务必今日送美使馆或面交美代办)。

〔军事委员会档案〕

39. 军委会参事室草拟调整战后中苏关系方案(1944年7月)

中苏邦交之重要:我国边疆之与苏接壤者为最长。东起图们江,西连帕米尔高原之乌仔别里山隘,长共约七千八百公里。两国过去因此迭生纠纷。中国领土之损失亦以对俄为最甚。复次,目前战争于同盟国家获得最后胜利后,过去远东中日苏三大国之鼎力局面,届时将因日本之崩溃只剩有中苏两大国存在。此次苏德战争已使苏联重工业逐渐东移,此种变迁当大有助于苏联亚洲国防实力之增强。战后之远东既为中苏两大国家对主之局面,而此次战争又有使苏联重心东移之趋势,是中苏未来之邦交尤值我国特别注意。

吾人对苏之基本政策:战后之中苏邦交,吾人应设法推行善邦政策,使两国间友谊状态继续存在。盖在战争结束之初期,我国重要之工作将为恢复损失,并使建国大业得以顺利推动。吾人务须设法维持长期和平,俾于十年或二十年之内不使再有任何对外战争发生。此在苏联亦有同样情形存在。目前苏德战争唯有使苏联工业重心东移之现象,但苏联欧洲领土实已千孔百疮亟待整理。此种复兴工作恐亦非短期之内,所可先成。况战后欧洲问题复杂,苏联或不得已[以]大部精力首先解决欧洲纠纷,其在远东或亦将如吾人渴望和平。目前苏日之间仍有中立协定存在,此项协定对我十分不利。将来一旦反侵略战争波及于苏联之远东领土,致使苏联与我并肩作战时,吾人应设法与苏联缔结类似英苏同盟之条约,以确保战后远东长期之和平。

突然状态变[化]发生之应付:吾人在对苏推动善邦政策中,仍须顾及苏联对我之态度。依据目前世界局势而论,苏联对我睦邻之善意虽无理由出以决绝,惟其战后之对华政策,或仍将采取强硬或冷淡之态度,亦未可知。我政府为解除此项困难起见,自应抛弃过去被动之外交方式而采用主动,目前或即应开始与苏方作一般试探性质之谈话,由此种谈话中,吾人可以窥见苏联对我之态度,以便预先决定吾人之对策。国际方面,吾人应多方争取美国之合作,务使美国在远东之利害,与我更趋一致,战后美国在太平洋之势力如能增加,自亦不愿苏联对我蚕食也。惟东欧若干小国及近东之土耳其、伊朗,我国务须与彼等接近,建立友好邦交,盖此等国家亦因与苏联毗邻而有利害冲突也。

调整中苏关系方案:

一、现在应即着手办理之事项

(一)相继订立中苏两国战时同盟及战后合作之条约。目前苏日之间既仍有中立协定存在,苏联原为一极端“现实”之国家,将来西线危机解除后,其能否甘愿自动撕毁苏日协定,殊不放心,缉获他日因受同盟国家之压迫致不得已而出此,届时其或将另索报酬,亦未可知。苏联以所处地理之优势,一旦苏日战争爆发,苏有先我而入东北之可能。现在国内一般忧心国事者,或恐苏联进入东北易,退出东北难。此盖不无相当理由,苏军在我东北可能任意行动,造成有利于苏联之单方面形势。例如日本在退出东北后,其重工业未经日军焚毁者,苏联可能擅自运造或焚毁之,日本在东北边境所筑之防苏工事,苏联或将彻底铲除之,以免资我。东北境内之安抚问题,苏联更可能利用我国反动分子如共产党人居间操纵,我国为此似应预筹缜密之对策,除应积极唤起国际之同情舆论,以为我国之后援外,更须于苏日战争爆发之初,仿照英苏同盟之条约,设法将中苏间原有之互不侵犯条约推广成为战时同盟并战后合作之条约,务期以确保吾国战时在东北之权益,并奠定战后中苏双方长期友好邦交之基础为目的。

(二)为解决外蒙问题,目前即应采用之办法。外蒙问题最为错综复杂,苏联虽曾一再承认我国在外蒙之领土主权,但是过去苏联对外蒙种种措施,足见苏联有完全合并外蒙之准备。战后我国自应多方设法,挽回我国既失权利。惟图彻底解决外蒙问题,势须外交内政两者并重。就目前而言,政府即应着手积极抚慰内蒙之蒙民,使其得以安居乐业,并宜广选内外蒙优秀青年,招来内地予以相当之教育或军事上之训练,借为将来收复外蒙之用。

(三)为解决新疆问题目前即应采用之办法。新疆问题与外蒙问题又自不同,新疆从未沦陷于任何国家,为因地方当局叠〔迭〕与苏联缔结密约,损失国家主权不少。目前苏联在新之势力,虽因地方政情转变而稍杀,但仍属相当雄厚。查苏联近十余年在中央亚细亚之发展给予新疆之威胁最大,自土西铁路完成后,直可供苏欧亚两部之实力,齐集新疆门前。新疆一失,则在我外蒙之权利不易收回,并之地域,此地回民既多,实力亦大,该省历年乱事多因官方管理回民失当而起。新疆边境之苏联与英国属地亦各有相当数目之回民,此种回民人多与新疆回民血统相同,暗通声气,以是造成三角之错综关系。我国为解决新疆问题,除对当地回民必须宽厚怀柔以外,对苏态度必须坚决,设法挽回既失权利,不容再有任何损坏主权之让步,并应尽量利用目前良机,增强中央在新疆之兵力,同时加紧开发西北,以为新疆之后卫。

(四)培植对苏专门人才以供国用。中苏两国利害关系原本错综复杂,战后之远东局势又有促使两国邦交更趋紧张之势,吾人为增进国际地位暨保障国家主权计,战后除于对苏外交,必须谋筹妥善之政策外,目前另有政府积极储备并训练俄事人才,以供国家未来之用,亦属同样重要。查我国现对英美问题,以国内教育制度之关系,尚不乏人了解,至于国人之研究对苏问题者,其造诣非为此比较英美问题人才大有逊色，即其人数亦远较通晓英美德日等国事务者甚少。我国本"百年树人"之意，应即在政府缜密指导下，在各大学校添授与俄事有关之课程，积极储备俄事人才。当局仍宜就既有之对苏专门人才，择尤〔优〕拔粹〔萃〕，多加培植训练，务期对苏联之远东外交政策，能有正确认识，并能谋筹善之对策，俾供国家领土及主权不再遭受侵略实应重要。

二、战争结束后应开始之工作

（一）东北方面之问题。战后中苏双方在东北之重要交涉，殆为划界问题。而两国疆界实已久待清理，民国十三年中苏缔结之解决中苏悬案大纲协定中曾提及重行划定两国疆界，民国十九年在莫斯科将举行之中苏会议，亦曾将此问题列为重要议程之一，惜皆未能正式进行。重划两国疆界，实为迫不容缓之事，盖将来疆界划清之后，一则可以减轻双方纠纷，二则可以挽回我国利权也。我国在战后应首先将我东北方面之中苏疆界，重新划定，惟两国该区疆界在未清理前，我国必须坚守民国二十年"九一八"事变前之中苏旧界。日苏自签订中立协定之后，双方曾不断有划分疆界之议，此项工作目前是否已告完成，吾人虽不得而知，惟吾人所应严密注意者，即苏联如有对日让步，（退出九一八事变前之疆界）吾人将来进入东北后，亦当享受此新界，反之日苏过去如有任何密约存在是以损害我国领土者，我方自无接收〔受〕之义务。至于本区内之中东铁路，苏联即早将该路售与伪方，此问题当不复存在，我国进入东北后，可将该路及其附属财产全部收归我有，不容苏联有丝毫置辩之地。

（二）外蒙问题。我国对此关系复杂之地域，在我国实力未充实前，不妨谨慎行事，免造成中苏双方邦交上之严重僵局。我国战后应首先加强中央在东北新疆之实力，苏联势力之在外蒙者不足为害我国，同时并依据民国十三年中苏解决悬案大纲协定第五条之规定，要求苏联自外蒙撤兵，并放弃非法获得之一切权利，纵或一时不能将外蒙完全收回，亦要坚决不供苏联推翻我国在该地之领土主权。蒙民散处我东北及内蒙一带者，其人数三倍于外蒙人口，设我政府能善为抚慰内附蒙人，将来对于解决外蒙问题，亦自莫大裨益。吾人在战后应加强内蒙与外蒙之商务关系为手段，必可振兴外蒙人民之内向心理暨通晓苏联在该地之措施。

（三）两国通商问题。中苏贸易问题，向不为国人注意，惟在东北收复后，此事实繁要，将来中苏商定商约时，我国对苏联贸易，势须全有〔由〕政府统筹，以便抵制苏联国营贸易之特有优势，同时采取以货易货之办法，并规定双方互相购售主要货物之品类及其之最低之额量。在中苏正式商约未成立之前我方在新疆之贸易，我国应先与苏联规定详细法，推翻苏联在该者之垄断权政策。

三、中苏会议之召集

中苏为解决以上悬案，双方或有召开中苏会议之必要。查中苏会议之召集亦非创举，远自民国十三年中苏邦交恢复后，苏联对我曾屡要求召开会议，以便商讨两国间之要案，民十九年是项会议，且曾一度在莫斯科举行，旋因"九一八"事变而中止。此次战争解决后，中苏会议将仍有解决之必要。吾人并主张将来双方会议讨论之根据，应以民国八、九两年苏俄对举宣言及民国十三年总理与越飞之联合宣言为双方〔商〕议讨论之原则，吾人应须坚持到底。

〔军事委员会档案〕

40. 王世杰为改进中苏关系意见致蒋介石签呈稿（1944年7月10日）

谨签呈者：关于改进中苏关系问题，奉面谕拟具意见呈报。等因。遵经细加研究。 兹就交涉前之准备与交涉之时机，谨陈管见如左〔下〕：（一）在对苏交涉前我方准备似应着重两件事：其一为新疆政治情况及人事之调整。无此种调整，苏方之猜忌必难冰释，其或生新事故，使其他努力归于泡影。（据职所接罗家伦同志密讯，六月廿六日迪化又大捕教育界人员一百五十人，局势似益现不安）。其二为以适当方式，发动中苏亲善言论。关于此层钧座似可指定三四人密主其事，以期造成有系统有分际之舆论。（二）关于对苏交涉之时机，职室一再考虑，以为宜利用美国召集英苏中三国会商国际组织之场合。 该项会议之举行将在华盛顿，我如利用该会议，附带与苏方代表秘密交换关于改进中苏关系之初步意见，在苏方当不至有何不便。窃计该会议之举行或在八九月。现时苏方似当未答复美方向于该会议之邀请。假使苏方答复,拒绝中美英苏四国同时会议,则中苏两国之间暂时显难举行任何谈判。假使苏方对于该会议之答复不拒绝中国添加,我方当不难利用该会议暨美国政府临时或会前之斡旋,开始中苏两国间之谈判。至于中苏谈判时,我方究将提出任何方案,职室尚在缜密研讨中。

钧示两点:(一)两国边境互不设防,(二)仿英苏盟约成立中苏同盟,在目前似均有障碍,不易实现。盖在外蒙问题未解决前,中苏边防既无法确定,在日苏中立状态未消灭前中苏同盟大可引起日苏破裂,而苏联政策固然不欲于破裂前予日方以任何借口或准备也。故交涉方案,职室尚当继续研讨,另行签呈候核。以上所陈,是否有当,敬乞察裁。谨呈

委员长

参事室主任　王○○谨呈

三十三年七月十日

〔军事委员会档案〕

41. 蒋介石为国际安全和平组织问题事与王世杰等往来文件 (1944年7—8月)

1)蒋介石致王世杰代电(7月20日)

本会参事室王主任勋鉴:七月十五日第三五一号签呈及附件均悉。所拟关于国际安全和平组织问题要点,已交外交部与该部所拟要点一并电告孔副院长矣。中正。午号。侍秘。

附:

我政府关于国际安全和平组织问题之主张(要点)

基本政策:

国家安全和平组织应尽速在战事结束前成立。

(说明)此种组织之设置,需要各国接受诸种义务与限制,战事结束后,各国——尤其大国因共同敌人已溃败,将不易接受重大义务或限制,此其一。美国政府之权威,在战时为最高,战事终止以前,美国对于各小国之领导能

力,或支配能力,或不免减小。此种组织如迟至彼时始决定成立,困难必多,理想的组织将不易实现。威尔逊在巴黎和会之失败,可为前鉴,此其二。

国际安全和平组织,应有充分力量,其行动充分敏活。

不主张美英苏中四国享有过大之特权(其特殊地位不必超过本案第六条之范围)。

(说明)我如主张其他特权,势必增加各小国对我之反感。且四国纵全享有此种特权,实际上我亦未必能利用,其能利用此种特权者,实际上将为英苏等国。彼等利用此特权时,容或予我以不利。

设立程序:

以联合国为此种组织之创立者。

国际安全和平组织自应包含代表大会、理事会暨国际法庭,但应先行成立理事会。

大会应于理事会成立后至迟两年以内召集。理事会会员除英美苏中为常任理事外,其余非常任理事应由大会选举。但第一届理事会中之非常任理事,得由英美苏中四国暂先推选或依其他简便方法推选,其任期至第一届大会召集时为止。此种推选应顾及地域之分配(法国、捷克、加拿大、巴西、菲律宾五国为我国可予以赞助,如土耳其参战,我可赞助土国参加,以代菲律宾)。

组织原则:

理事会会员国除英美苏中四国外,应包含其他会员国五国。

国际安全和平组织除应设立理事会、大会、国际法庭及秘书机构外,并得依区域需要及特种职务之需要设立区域组织及特种职务性之组织。

一切国际争议须依和平方法解决,凡未能依普通外交手续解决之争议,必须提付仲裁或由大会或理事会处理。

国际安全和平组织对于侵略国负有执行经济政治暨军事制裁之责任。

国际安全和平组织应具有执行军事制裁之充分力量,为达此种目的,此种组织应于此次战争结束后数年内逐渐成立强有力之国际空军,并于此期间内逐渐废止各国空军。

国际安全和平组织应负有决定国际裁军办法暨监视其执行之权力。

国际安全和平组织应具有修正不合时宜的条约暨国际公法（或令其修正）之权力。

大会暨理事会之决议，以依三分之二之多数表决为原则。

会员国不得退会。

2）宋子文致孔祥熙等电（7月22日）

孔副院长、胡次长：关于我国参加战后国际和平组织会议事，主要有关资料业托美军部邮机带交大使馆特呈。

另奉主席代电：

一、关于第一届理事会组织，除英美中苏四国充任常任理事外，其余非常任理事似以五国为宜。如须由其他国轮流担任，我可同意。如须选举，或我方应主张顾及地域之分配，以扶持法国、捷克、加拿大、巴西、菲律宾五国当选为宜。为将来土耳其参战，则应助土当以代菲。

二、关于理事会决议之效力问题，可主张以三分之二表决为原则。

三、关于四强维持和平之武力配备定额一节，似可以四国之人口、土地，现有服役军队及军火生产能力为标准，俾暗中达到美国第一，英苏次之，我国比英苏相差不远之目的。

四、国际和平组织员制裁侵略之责任，应具有制裁之充分力量。

战后数年内应逐渐成立国际空军，同时废止各国空军，以上各点均请酌情形相机运用。

宋子文

3）宋子文致孔祥熙电（7月22日）

驻美大使馆魏大使转孔副院长、胡次长：奉委座电，以美国此次召集战后和平组织会议拟有草案作初步讨论，根据我方目前以暂不正式提出整个对案为宜，应根据附发我方基本态度五条与对重要问题之立场十五条，依照我国立场，提出补充或修正案。如前次去电原则与上述各条有出入时，应以此次指示为准。俟接阅美方草案后，如有应追加或修改之处，再电遵照。至国防会国际问题讨论会军委会参事室及外交部所拟和平机构方案三种,应一并航寄出席代表参考。又国防会所拟"日本无条件投降时所应接受遵办之条款草案"可由部转达孔副院长转胡次长知照,惟此件我方不必自动提出,但如英苏提案,我国可照此拟议案提供磋商为妥,各等因。除"我方基本态度及对重要问题之立场"一份随电附达及本部前拟方案已由美军部代寄外,其他和平机构方案二种及日本投降时所应接受之条款一份,由本部郑处长震宇克日随带来美面陈。

附我方基本态度与对重要问题之立场

宋子文

附:

王宠惠所拟我方基本态度与对重要问题之立场

一、暂不正式提出整个对案,可就美方草案,依照我国立场,建议补充或修改。

二、世界和平机构,以愈坚强有利为愈宜。

三、世界和平机构之全部或一部分,应主张尽早成立。例如由中、美、英、苏四国,或由中、美、英、苏四国以及其他一部分或全部分联合国先行成立,然后次弟〔第〕扩充,以包括一切国家。

四、凡英、美、苏在世界和平机构中所参与之事项,我国应以平等地位同样参与。

五、凡与我方立场或利害无甚关系,而美、英、苏意见不同时,我方宜相当重视美方意见。

对重要问题之立场:

设置普遍性之世界和平机构,如有区域组织,应隶属于世界和平机构之下,目前不宜强调区域组织。

一切国际争议应用和平方法解决。

承认种族平等。

上项原则,此次是否即行提出,应酌量会议一般空气,再行决定。

如果于一国一票平等原则外,另行探讨各国投票权多寡标准问题,我方似可主张以人口、地域、天然资源等为标准。(国际问题讨论会曾讨论此点。)

议案之表决,以大多数(如三分之二)通过,不需全体一致为宜。

何为侵略,应有明确详细之规定,如何应用制裁,亦应有具体之规定。

国际警察以设计为宜,如不设置,最低限度应有国际空军,以取得制裁侵略时初步之优越地位,并应规定如何动员各会员国武力,以共同制裁侵略之办法。

和平变更除承认原则外,同时应规定具体应用办法。

军数问题如经提出,可主张各国军储,凡超过足以自卫之程度者应逐渐裁减至能自卫之程度为止。替成道义军数,建议文化合作。

成立一国际军事参议团,其主要任务为执行制裁侵略及监督军数计划之履行。

设立一国际经济合作机关。

一般委任统治地,应以改由国际和平机构直接管理为原则。美国如表示有意接管太平洋上原由日本统治之岛屿,我方似可赞同。

一般殖民地制度之前途,其他与会各国如不提出,我方亦暂不提出讨论(关于殖民地前途之主张,三种方案大体相同,惟目前似不必由我方先行提出)。

国际法院应行设置。

国际劳工局应加维持,或可扩充为国际社会福利局。

4)蒋介石致孔祥熙电(7月29日)

孔副院长勋鉴:密。关于商讨国际和平组织事,兹嘱外交部转电"我方基本态度及对重要问题之立场"一件,并另抄航寄有关部门文件、分达如下:

一、"我方基本态度及对重要问题之立场"为我代表赴会议讨论时应付之根据,如与前电有出入时,应以此为准,但如美方草案提出后,续有应追加或修改之处,当再电告。

二、抄寄国际问题讨论会,王亮畴兄及参事室与外交部所拟战后世界和平机构方案各乙〔一〕件,此项涉及国际联合之具体组织,在此会议时或未必讨论及之,以供兄参阅,并交我代表作参考之材料。

三、抄寄"日本无条件投降时应接受遵办之条款草案"一件,此系亮畴所拟,抄寄备用,此件我方不可自动提出,须俟英美提及此案时,乃可由我国照此拟议提供磋商为妥,以上三点均请兄察酌,于收到后指示胡次长为要。中○。

5)侍从室致参事室函(8月10日)

迳启者:顷奉委座核示我国派任出席商讨世界安全机构会议之代表人选,除承办未灰侍秘代电饬由外交部办理外,相应抄同原代电附函送请查照为荷。此致

本会参事室 王主任

附抄代电一件

国民政府军事委员会委员长侍从室第二处启[印]

三十三年八月十日

附抄电:

外交部宋部长勋鉴:四日代电悉。我国派往华盛顿出席世界和平机构人选,兹核示如次:

(一)以胡世泽、顾维钧、魏道明、商震为代表,如昨日行政院会议之所决定。(二)军事方面之专门委员除昨日决定空军派毛邦初,海军派刘田甫担任外,另派朱世明为专门委员。(三)为表示我国重视此会议兼备我代表咨询接洽起见,可由国内加派国防最高委员会参事浦薛凤及外交部美洲司司长兼军委会参事室参事张忠绂为专门委员,希即通知该两员即速准备兼程前往。(四)经济及其他方面已嘱孔副院长就在美人员中遴派二人或三人为专门委员,急电示复,以便汇齐名单通知英美方面。特此电达,即希察照为要。中正。未灰。侍秘。

6)蒋介石致王宠惠等电(8月14日)

国防最高委员会王秘书长、外交部宋部长、本会参事室王主任均鉴:顷据顾大使少川鱼电报告,关于世界和平机构组织英方之意见及我国应取之立场与注意事项暨应采之态度与策略等意见前来。合将原电随文抄转参考。中正。未寒。侍秘。

附抄电一件。

中华民国三十三年八月十四日

附抄电:

渝委座蒋:关于世界和平机构组织问题

一、钧曾迭与艾外长主管此事之国务委员及其他阁员谈及,贾德干行前并专往晤,总核英方意见,对今后阻止不主严格与繁密,大致仿旧国联之规模与罗总统广播谈话所发表之数端相同,但拟减少强项规定,采取缓进政策,欲视战后情是知变迁与经验所得随时改善,揣其用意,欲保持其相机应付进退裕如之便利。关于具体问题,则重视已获成绩之机能性合作,如英美军事参谋、美坎〔加〕联防、中东供应等,各种联合委员会对于和平机构行政院之组织以四强为主体,并拟利用小国之参加,或为喉舌,或为均衡票数,虽着重欧洲区域组织,冀执欧洲之牛耳。至区域组织之原则问题,拟从缓讨论,恐一论及个别区域,美国孤立派将借此煽动舆论,主张美国首应集中意于美洲,结果恐致减少积极参加世界组织之建设,不赞成组织独立国际军力警察,主张从多数表决,关于国际法庭,主张只受理司法性质之案件。

二、至我应取立场:

(一)窃思似宜仍本我国酷爱和平公道之精神及集团安全之原则,着重世界整个和平机构为基础,区域组织仅为其一部分,遇有要事或承中央机构之命执行或自议决,亦需得中央机构之核准,以其名义是性质。(二)确定会员国实行经济与军事制裁之义务,以免临时须付表决或多方推诿不行,一如国联盟约之弊。(三)实施制裁大纲应预为规定。(四)设立国际军事参谋委员会,随时调查研究国际军情,改善实施制裁办法。(五)凡关于法律之一切争执,应规定各会员国均有提交法庭审判之义务,不准例外。(六)被委任地不必分甲、乙、丙三等,一律以助其达成自治为共同宗旨,由国际机构随时斟酌情形,予以自治或独立,以免曲解国联盟约所间接并吞之弊,并应规定得由国际机构派员视察该地之权。(七)采取及加强盟约第19条所载会员国得请修改条约之权,俾消弭国际间纠纷而巩固和平基础。

三、窃以我宜注意者:

(一)澳纽等国似有会同英美法和葡等自成西南太平洋一区域之意,借口我与海军不能助其防卫嫉我加入,主张我与亚洲大陆各国另组一区域,实则虑我牵制,防我操纵,如果有此议,我宜主张与西南太平洋应组为一区域,或加入其专区,因不但以彼此安全互相连锁,即我在马来亚、荷属印度、吕宋及南太平洋侨民众多,经济关系亦不少。(二)种族平等为永久和平要素之一,但此为英美与澳斐等所忌,鉴于日本在巴黎和会之覆辙,我以不提为宜,但如有直接间接违反此项原则之规定,应不予赞同或予保留。(三)关于国际交通,我以现代化落后,例如广播电波之分配,处处被他国捷足先登,此次如有讨论,我宜争取相当地位,为将来发展余地。(四)关于增进人类幸福,旧盟约亦有规定,我自赞同,但关于限制鸦片、可根、白面等麻醉药品之施用,应加强国际机构取缔之权,俾免为借此牟利之国家与公司操纵阻挠。(五)一切问题表决方法如改全体为多数,应包括常任会员国全体方为有效,以重我国地位。

四、我国应采态度与策略,窃意此次商谈世界和平机构组织会议,虽系专门讨论性质,其结论仍须报告各国政府审理后,另由全体通过共同决定,然亦关系非浅。度英美苏自以为今番出大半力量,抗战胜利后,恐不免各国操纵,彼此疑嫉,不但英美间即英苏与美苏间难免有各自为谋主张不一之点,我国地位虽列四强之一,似宜慎重发言,减少提倡为得计,此番虽未参与另一集会,不与我直接商议,然其提案亦必由英美商转于我,以求一致。窃意我宜避免与任何一国正面冲突之主张,而以居中折中,俾可增加我参预此次会议之贡献为上策。

以上二、三、四三项,管见所及,谨遵命直陈,以备采择,统祈裁夺。再英国提案原文据贾德干告,已由驻华英使送我外交部并陈。顾维钧。鱼。印。

7)王世杰致蒋介石签呈稿(8月19日)

谨签呈者:英美两国关于国家安全组织之方案,业经王秘书长宠惠陈述意见,并经钧座采择,就政府原定之"我方基本态度与对重要问题之立场"案,酌为改定,电示我方代表在案。世杰详慎研讨,窃意其中有一问题,即理事会投票表决问题,所关极巨,我政府所给予我方代表之指示,必须十分明确,以免发生意外之重大错误。

从前国联理事会一般决议,均须全体投票同意始能成立,故其行动十分困难,终于失败。因之,此次英美方案对于理事会及大会之决议均采多数表决之原则,惟同时规定中美英苏四国必须在赞同者之列,该决议方能成立。于此遂又有一重大问题连带发生:即四国中任何一国如为国际争议之当事国(即理事会决议之对象)时,理事会之决议是否亦需该国赞同始能成立?如该项决议亦须该国赞同,则国家安全组织对于四国(即世界之大国强国)之任何一国,将永不能成立任何制裁案,其结果无异将设置此项组织之本意打消。以此之故,美案英案均设有例外之规定:美案认为四国中如有任何一国(或数国)为争议当事国时,应另定表决办法。此项办法内容如何,美案虽未明白提出,但已显然认为不能以争议当事国同意为条件。英案明定任何争议当事国(包括四国)之票应不予计算,换言之即当事国无表决权。苏联方案如何,我政府迄未接悉。惟据美国报纸所传,(已见中央社华盛顿十七日专电)苏案主张四国中任何一国如不赞成制裁,则任何制裁案均不能成立。苏案似乎对于四国中任何一国为争议当事国时,亦不设为例外之规定。报纸传述是否属实固难确断,苏联提出此种主张之可能性似乎甚大。倘报章所传属实,我政府对于此一问题,自无背弃英美主张而附和苏联之理由。

惟钧座所核定之"对重要问题之立场"第五款其条文为"大会或理事会之议案,均不必以全体一致通过,而得分别规定若干事项以三分之二或过半票数通过,但中美英苏四国所投之票必须在赞成之列,方能成立"。窃意王秘书长提出此款时,原无不赞同英案美案之意,但全案中对于四国为争议当事国之场合,既未设为除外之规定,则此款文字与报传苏案相似,极易引起我代表或英美方面之误会。因之,世杰拟请钧座在上述第五款之末,补充一句如下:

"惟任何争议当事国应不参加投票",以上意见如蒙核定,拟恳钧座提前电知我代表团,俾于提出上项意见,不致有所误忽。如我方提出上项意见,在接到苏案正式通知以前,自更妥贴〔帖〕。

再王秘书长对于以上所拟补充指示亦完全赞同,谨并陈明。谨呈

委员长

8)蒋介石致王宠惠代电(8月24日)

王秘书长亮畴先生、外交部朱部长、参事室王主任均鉴:顷据孔副院长马二电报告,关于和平机构会议经编成草案,先密送英美代表参考等情。特将原电随文抄转知照。中正。未迥。侍秘。

附抄电一件。

附:

抄孔副院长由纽约来电

关于和平机构会议经编成草案,先密送英美代表供其参考,大致系根据国防最高委员会及外交部所拟方案要点。此时我方尚未参加会议,本不必先送阅。惟因时间关系,我方如不事先表示意见,则英美苏一经决定,我方将无周旋余地,不得不以密件方式送出,供其参考。惟关于投票,按英美主张,除重要事项须中英美苏四国一致同意外,其余均可多数表决,我方似不宜独异。特此电陈,在关于制裁事项,弟亦建议修改当事国不应参加投票。顷接未号电,正与钧意相同,已遵照修正矣。并陈。

〔军事委员会档案〕

42. 蒋介石为美方交涉经济问题事致何应钦等快邮代电(1944年9月2日)

何总长、熊秘书长、王主任雪艇钧鉴:据魏大使感电称端纳、雷尔逊及霍雷昨飞渝,端氏此行,在着重经济问题,行前曾探询我国战后经济建设计划,及与美国国外经济局主管中国租借法案部分人员洽商,兹谨将两者有关资料及研究分陈如后:

一、(一)自一九四一年三月至本年六月协助联合国租借法案物资总值,28270351000美元,我国所得者,为371645836美元,约占总数百分之一点二;(二)自去年五月至今年六月,十四个月中,美国会所定租借法案协助我国军事部分,预算为198144569美元,反非军事部分,由国外经济局主管者,为333164美元,在此期中运送我国者,总值为201925046美元,约占预算百分之九;(三)在今年最高纪录,五月份美运送盟国物资,总值11000000000美元,运送中国者仅[百分之]四,813275[美元],约为总数百分之二;(四)至办理手续,亦极缓慢,由申请运送以迄取得每需时十月以至两年。供应公司改组后,职接洽要旨,即以量小时缓,促其改善,并且以现时空运大有增进余地,不应以此为托辞,将来陆路及海口交通重开,亦须即时添配,国外经济局已允预筹两年计划。惟促成整个租借法案协助问题之改进,雷尔逊归国报告,当为重要,谨陈经过,敬备参酌。

二、关于我国战后建设与美国合作方式虽有稳当可能,但美必将偏重商业性质,如以战后问题进行,现时殊不易有所确定。惟租借法案,虽限于战事有关,但界说并无确切规定,我国战后,拟办事业,如能在战事未结束前进行,自有不少与战事直接有关者,且皆有助益军事进展,交通一项尤属必要,美军在欧对于解放地方水电,亦协助恢复建设,在此利用租借法案定〔订〕货至多,现发生如战事结束后,此项定〔订〕货尚未制造完成,应如何办理问题,当局意向例以此项定〔订〕货配合建设之用,即使不能续用,租借法案亦必交货,解决办法,另行商订,故我国对于战后建设,似可迅即择其与战事有关,且能与短期完成者,作为陆路海口通运后之战时建设计划,以期协助军事进展、积极进行,其余则作为战后计划办理,如此收效可望较速。如蒙认为可行,与雷氏谈时,似宜着重战时建设,当否,谨祈鉴核等语。希加研究具复为要。

中正。申冬。戊。侍。参。

三十三年九月二日发

〔军事委员会档案〕

43. 王世杰为磋商利用美国租借法交涉方案事致蒋介石呈
（1944年9月6日）

关于与罗斯福代表纳尔逊等磋商,利用美国租借法,以应我国抗战及战后建设需要一案,奉交魏大使感电一件,遵经将该电与原案合并详细研究。谨将研究结果及我方应如何对美代表纳尔逊提出交涉之处,分条陈述如左〔下〕:

一、规定今后每年租借法总额中对我援助之百分比

过去三年中,美国以大量物资援助英苏,而对我援助为数特微,其原因虽有种种,要以战略侧重欧陆,与对华运输困难为主因,现在战事即将完全移到远东而我国对外又不久可望海陆通运,故极应对美严重交涉,订立协定规定某期间提议定为三年。第一年度(1944年7月至1945年6月)应请美方规定对我之援助为租借法总额百分之二十五,美国本年度预算中所定租借总额职务虽尚无确定数字,但约略估计如定为总额百分之六十五,其数目当为37万美元左右。第二年度(1945—1946)及第三年度(1946—1947)至少占各该年度美国租借总额百分之三十五。

二、预留战后继续利用租借法之地步

上述之新租借协定,应明白规定尚远东战事在协定满期前即告结束,则依协定业经租借与中国之物资如有已交货而尚未使用,或已订货而尚未交货者应许中国继续使用,以供战后善后复兴之需。又如美国政府于新协定满期以前废止现行租借办法,美方应当与中国另订适当货款办法,俾在该办法废止以后,协定满期以前,中国每年能获得与协定第一年度所得租借额相当数量之物资,以应中国继续作战或复兴事业之需。

三、酌量提高租借额中非军事部分之比率

我方对美交涉之一部分目的既在利用美租借法案以应我国战事初时复兴之需要,则对我租借额非军事部分,以应想〔向〕美方交涉,酌予提高。魏大使感电报告,自去年五月至今年六月,军事部分与非军事部分之比率约为六与一之比,今后各地逐渐收复,其善后复兴工作,自需要较多非供纯粹军用之物资,因之军事部分物资与非军事部分物资,应使提高至三与一之比。

四、确定物资大量运入之办法

过去美方对我援助特别细微之为一个主因,在对运输问题彼此从未切实规划,以求得充分的解决。此次商谈似应该对:1.现时空运吨位问题;2.将来海陆通运后车运船运问题;3.中国内地运输能力扩充问题,成立其实之协议。

五、赶速制造对美定〔订〕货清单

魏大使所陈我方应迅即选择与战事有关之建设需要,早日向美定〔订〕货,以便在战争结束前于后方及收复地区之共用事业开始建设。此议最中覈〔核〕要。例如交通器材及恢复地区之公共事业,均可列入此项要求。按向美定〔订〕货,动辄须一年半或二年方能提货,故我方应责成各主观方面赶速拟制切合实际之定〔订〕货单,俾乘纳尔逊留华期间,由彼提出,至少亦应于纳氏留华期间求得若干初步的决定。

以上意见除随时与何总长、熊秘书长、宋部长、翁部长洽商外,敬乞钧长鉴核。谨呈

委员长

军事委员会参事室主任　王世杰谨呈

九月六日

〔军事委员会档案〕

44. 经济部关于外交部函请调查我国留越物资损失价值折合美金计算训令(1944年10月26日)

经济部训令

令资源委员会

准外交部三十三年九月廿三日欧(33)字第六七七三号函开:关于调查我国在越物资损失一案,前准贵部函送损失清单,业经本部汇卷在案。查是项清单中所列数目多系各国货币,种类不同,而当时折合国币之兑换率亦互异,兹为统一计算,以便将来交涉,及避免货主在兑换上蒙受损失起见,拟请贵部转知货主,将前送清单中之各种货币一律按照当时兑换率折成美金,以便统计而利交涉,相应函达,即希查照办理。等由。准此。调查我国在越物资损

失一案,本部前经饬据办理并函转外交部查照有案。准函前由,除分令外,合行令仰遵照,并转饬办理呈报。此令。

部长　翁文灏

附件

外交部公函　欧字第6773号　中华民国三十三年九月二十三日发

关于调查我国在越南物资损失一案,前准贵会函送损失清单,业经本部汇卷在案。查是项清单中所列数目多系各国货币,种类不同,而当时折合国币之兑换率亦互异,兹为统一计算,以便将来交涉,及避免货主在兑换上蒙受损失起见,拟请贵会转知货主,将前送清单之各种货币一律按照当时兑换率,按成美金,以便统计,而利交涉。相应函达,即希查照办理为荷。此致
资源委员会

〔国民政府资源委员会档案〕

45. 军事委员会参事室为拟就关于四国会议问题节略致蒋介石呈稿(1944年11月11日)

机密。

谨签呈者:日前奉钧座面谕,由职室就中英美苏领袖会议、或中英美领袖会议、或中美领袖会议时,英美苏与我国可能提出之问题以及我国应行准备之对策,拟具意见呈核。等因。遵经拟就关于四国会议问题节略一件,谨另纸密缮,敬乞钧核。所拟诸项如须钧座为大致之核定,可否密交外交部,会同职室就核定各点准备具体方案呈核,并祈裁夺。谨呈
委员长
附呈关于四国会议问题节略

参事室主任　王○○

附:

关于四国会议问题节略

四国会议业经成立,但协定中所决定者只是原则,而无任何具体方案。若干重要急切问题具有未在协定内做任何决定者。为求对于此种问题以及

协定的原则,得到较为具体的了解,四国政府在最近期内,或仍采用通常外交途径,从事协商,亦〔抑〕或举行四国领袖会议或四国外交代表会议。惟在苏联尚未准备对日作战以前,苏联对于一切专涉远东之问题,或不愿参加任何共同表示或共同讨论。以此之故,在最近期内,四国协商仍或采取两三国会议之方式,即英美苏举行三国会议,中英美举行三国会议。在四国或三国会议举行之前,英美两国领袖或中美两国领袖自更有会商之可能。

在上述诸种可能的会议中,诸盟邦可能提出之问题以及我国可能提出之问题,大致似不外次列范围。兹谨就职室研讨所见,对于每一问题,试拟我方应采之态度或政策。

第一,关于设立四国机构或联合国机构问题。

(一)(说明)四国协定规定:在战事结束时暨战事结束后至普遍安全制度成立前,四国政府对于若干事项,应彼此协商并采共同行动。但四国之间尚无任何常设机构。此于今后协商自属不便。又整个联合国间现时亦无任何机构,苏联政府或不愿即时成立此种机构,因在此种机构中苏联易受英美之联合压迫,与现时在伦敦的流亡政府之逼压,英美大概均倾向于此种机构之设立。惟此种机构如不易产生,英美容或赞同暂时只设立欧洲委员会及远东委员会,美国态度或将坚持四国(或联合国)机构应同时成立。就我国立场言,四国或联合国尚无总机构,则中苏间一切现存问题以及战事演进中可能发生之其他问题,将无任何中间机关助其解决。惟联合国总机构之成立,事实上必须经过多面协商,手续繁重,需时必长,故四国机构宜先成立。

(二)(我国政策)1.主张及早成立四国机构。2.经常机关设于华盛顿,但有时亦可在伦敦、重庆或莫斯科开会。3.授四国机构筹设联合国总机构之责。4.联合国机构之组织大致可接受美政府之拟议(即由十一个联合国组成一种执行机关,由美英中苏四国任主席团)。

第二,关于过渡期间国际安全问题。

(一)(说明)按照四国协定,自战事结束迄普遍安全制度成立之前,(兹姑称为过渡期间)四国应以共同行动维护国际安全。美英四国协定草案,原尚有设置军事技术委员会以研讨国际武力之组织一项,嗣被删去。在未来四国协商之时,此过渡期间之国际安全问题,或将重新提出;即国际军事根据地等问题,亦可能提出。

(二)(我国政策)1.赞同成立"国际武力"。2.在原则上赞同设定国际海空军军事根据地,但适用于此类根据地之办法应一致,地点之选定,应先经专家之研讨及主权国之同意。

第三,关于欧洲问题。

(一)(说明)莫斯科三国会议,对于若干欧洲问题(如意大利问题、奥国问题等)已有所决定,但对于1.德国溃败时之对德处理问题;2.苏联与其欧洲邻邦间之领土问题;3.法、比、荷、希、捷、波、挪威、南斯拉夫等国收复后之处理办法,均无任何决定。此类问题均有提出下次四国或三国会议之可能。我国对于专涉欧洲之问题究应争取发言权,抑以不积极过问为宜,殊值考虑。窃意我如对于欧洲问题,力求多所参预〔与〕,纵能如愿,亦未必利逾于害。盖我如参预〔与〕一般欧洲问题之讨论,事实上殆不能不与美一致,与苏联对立。此于我国殊多不利。五年前国际联盟讨论苏芬战争之事,我方处境曾陷于极端困难状况。此一事实永宜注意。惟关于德国投降问题之决定,可以影响未来日本投降问题之解决,我方不可不予以注意。

(二)(我国政策)1.对于一切专涉欧洲之问题,我国政府可不要求参加讨论,亦不必发表意见。2.关于德国投降问题,我政府应予注意,务期对德条件不致与我政府所预定之对日条件有甚大之出入。

第四,关于远东之问题。

关于专涉远东之问题,盟邦或我方可能提出之问题,有如以下所述:

一、远东委员会问题

(一)(说明)莫斯科三国会议已决定设立欧洲顾问委员会,考虑一切因欧洲方面战事进展而发生之诸种政治问题。在未来四国或三国会议中,英美或将提出设置远东委员会,考虑一切因远东方面战事进展而发生之诸种政治问题。苏联现时或不愿参加此类组织。

(二)(我国政策)1.赞同或提议成立此种委员会。2.此种委员会应以中英美为主干(并欢迎苏联随时参加);其他与太平洋有密切关系之联合国如荷兰、澳国、坎〔加〕拿大、纽丝伦〔新西兰〕、自由法国等,亦可请其为会员,惟其参加讨论应与各该国有关之问题为限。

二、统一作战指挥问题

(一)(说明)现时太平洋方面,有数个战区。为应未来对日总攻战事之需要,英方或将提出作战指挥统一问题或战区调整问题。惟太平洋战域异常辽阔,彻底的统一指挥事实上甚为困难。此一问题之解决,恐只能采取折中办法。

(二)(我国政策)主张不必设立太平洋战域总司令,但在远东方面应及早成立一种中英美联合参谋会议,以为统一战略之机关,其组织可约略仿照现时设于华盛顿之英美联合参谋会议。至于现时太平洋各战区,其区划应否予以调整,应由该联合参谋会议视战事进展情形随时议定。

三、日本领土暨联合国领土被占领或克复时之临时管理问题

(一)(说明)远东反攻战事发动后,日寇领土以及联合国沦陷地域被盟军次第占领或收复时,各该地区暂时应如何管理,当为英美可能提出之问题。如英美不即提出,我方亦应提出;因为此项问题如能事先确定,于我较为有利。至于我方对于此项之主张,我外交部在本年九月间已遵照委座核示,向美国政府提出办法。现时应将该办法提出,以期成立中英美协定。

(二)(我国政策)1.敌人领土被占领时,由占领军队暂时负军事及行政责任;但占领军队如非中英美三国联合军队,则此三国中无军队参加国,亦均派员参加管制。2.中英美领土被收复时,由占领军队负军事责任,该地之行政由该地原主权国负责。彼此相关事项,由占领军与行政机构协商行之。3.其他联合国领土被收复时,由占领军队暂负军事责任,由该地原主权国负行政之责,但仍受占领军事机关之管制(即照英美所拟关于欧洲战区之办法)。

四、日本溃败时之对日处置问题

(一)(说明)依据四国协定序言中之规定,日本必需〔须〕无条件投降。但于日本无条件投降后,盟方处置日本之基本原则,惩罚日本战争祸首暨其他暴行负责人员,以及处理自日本侵略下解放后之领土等题,迄今均尚无任何正式协商。此类问题有提出下次会议之可能,英美若不提出,我方亦应提

出。苏联现时或不愿参加讨论此类问题。

（二）（我国政策）1.主张由中英美三国议定一战后处置日本之基本原则，类似莫斯科会议所确定对意大利之政策。2.主张三国议定一惩处日本战争祸首暨战事发生后日本暴行负责人员之办法，同于莫斯科会议对纳粹暴行负责人员之惩处办法。3.由三国约定，承认朝鲜于战后得重建自由独立。4.日本于九一八事变后自中国侵占之领土（包括旅大租借地）以及台湾琉球应归中国。5.关于太平洋方面其他领土之处置问题，应由三国议定若干原则，并设立一专门委员会，考虑具体解决方案，或交由拟设立之远东委员会，拟具具体方案。6.日本在华之公私产业，应完全由中国政府接收以补偿中国政府及私人所受损失之一部，战争停止后，日本残留之军械、商船、军舰与飞机，应以其大部分移交中国，以增强中国在战后与盟国共同维持和平之力量。

五、香港与九龙问题

（一）（说明）九龙与香港在法律上为两个问题，在实际上英国则视为一问题。缘香港不能单独存在，纵将九龙被割让之小部分继续并入香港，仍然不易存立。美国开明人士现亦有主张以港九归还中国者，惟现时交涉之对象国英国，而非日本，我如正式提出会议讨论，仍只宜以九龙租借地问题为限。但我方不妨非正式先与美方商讨港九全部问题，并表示希望其从中斡旋。惟我国亦不宜过于亟之，以免此一问题妨害中英两国之整个合作。

（二）（我国政策）对于罗斯福总统将香港九龙归还中国，同时划香港九龙（或九龙之一部分）为自由港之主张，予以赞同。对于划香港为国际军事根据地之拟意，在原则上亦可考虑。

以上为未来四国或三国会议中可能提出之问题，以及我方应采之态度与政策。苏联现时尚未对日作战，英国对于远东问题之态度，亦不尽同于美国。因是我方之提案，中有可向美英苏三国共同提出者，亦有只宜向一国或三国提出者，最好先将我方主张专向美总统非正式提出商洽。一则可借以对美表示信任；二则我方主张如能预得美方支援，正式提出较易通过。此种办法，英美相互行之已久，我方采行，并不损及政府之威望。

〔军事委员会档案〕

46. 蒋介石为中苏商约展限核议意见事与参事室往来文件
（1944年11月）

1）蒋介石致参事室代电（11月10日）

王主任雪艇兄勋鉴：外交部报告中苏商约即将期满，请示应否展期等情前来。兹将原报告随文抄转，即希核议具复为盼。中正。戊佳。侍秘。

附抄电一件。

中华民国三十三年十一月十日发

抄宋部长子文十一月二日签呈

查二十八年六月十六日在莫斯科签订之中苏通商条约，自二十九年三月十六日起发生效力，其有效期间为三年，于三十二年三月十五日满期，依照该约第十五条第二款之规定，在满期三个月之前，缔约国任何一方得将不愿展限之意通知对方，否则此约即自动展限一年，自该约满期后，业已自动展限两年，我方如认为该约不应再予展限，则当于本年十二月十五日以前通知苏方。

再查该约除规定一般通商条款外，复规定苏联得在我国天津、上海、汉口、广州、兰州五地设立商务代表分处，为苏联大使馆之一部分，享用外交上之豁免及使用密电码等权利。次系苏联之片面利益，且于我国诸多不便，似应予以废止。惟现在我国正在加强对苏联关系，此时似以不提出该约为宜。是否有当，请鉴核示遵。谨呈

委员长　蒋

2）参事室致蒋介石签呈（11月13日）

谨签呈者：奉交核议外交部关于中苏商约应否展限之报告，遵经详细研讨。窃意中苏商约中对我比较不利之点，为该约第十一条及附件第一节，规定苏联得在我国设立商务代表处，为苏联大使馆之一部分，其代表人员享受外交上之豁免，与外交人员所享受之一切权利与优遇。根据过去经验，此项规定，确曾引起若干困难。但苏联法律对外贸易全系国营，故在欧美诸国亦行相似体制。我国正在对苏力求敦睦邦交，势不力减少其现有之通商便利。

根据上述考虑,似应照外交部宋部长之提议,准将现行中苏商约继续自动展限。又自动发展了期间,依约谨为一年。纵令异日有修约之必要,此次展限亦无大碍。以上意见,是否有当,谨请钧裁。谨呈委员长。

〔军事委员会档案〕

47. 重庆卫戍总司令部等拟定《维持国军军警宪与盟军间军风纪办法》(1944年12月)①

一、国军对盟军远来助我作战,应本亲爱精诚互助合作之旨,予以尊重便利,不得稍有歧视。

二、盟军军风纪之纠察,依照条约,由盟军宪兵自负其责,国军宪警对盟军之违反军风纪事件,不得擅自滥用职权。

三、为协助盟军宪兵执行职权,各宪兵团及警察局应派遣能操外语外事宪兵警察,随同盟军宪兵工作,并为避免引起无谓纠纷起见,各外事宪兵警察应佩带〔戴〕特殊袖章,以资识别,并由部呈会转函盟军司令部查照。

四、外事宪兵警察于无盟军宪兵协助时,对盟军违反军风纪事件,亦得单独执行职权,但应予以拘捕时,应立即送往盟军司令部办理,不得迟延。

五、对于国军与盟军间之纠纷,由盟军宪兵与国军宪警分别处理,如遇情节重大,并得由双方分别带回办理。

六、国军应有注意事项

(一)对盟军应注重礼节,对盟军军官并应如同对国军军官同样敬礼。(盟军官阶符号,应通报各级部队知照。)

(二)与盟军共处,应事事予以协助,并帮助其解决困难。

(三)与盟军办理交涉,应呈报上级办理,不得轻率迳与接洽。

七、为避免盟军与人民间引起无谓纠纷,人民间应有之注意事项

(一)商店货物应彻底以阿拉伯字标价售货,(现时超过限议价物品及违禁物品,皆不标价,事实各店皆有出售。)否则一律禁止出售。

(二)各旅栈、酒店、浴室,应由宪警分区指定专勤负责。

---

① 原件无日期,据该文件的批件时期推断,应为1944年12月。

（三）单身妇女深夜最好不必外出。

八、供应盟军特种妇女，应由盟军之友社登记征集，并于郊外指定区域居住，不得混入市区。

［原批］此事应由政治部会同副官处，召集有关各单位研讨后，呈请军委会核准施行。

请扶弱兄决定办理

弟　可夫

十二、十四

〔国防部战史编纂委员会档案〕

48. 蒋介石为中瑞新约约稿核议事与王世杰往来文件（1945年 1—3月）

1）蒋介石致王世杰电（1月19日）

本会参事室王主任勋鉴：据宋部长子文呈送我与瑞典新约约稿，并拟具意见请示前来。兹将原件随文转发，即希核议具复为盼。中正。子效。侍秘。附发原件，办后仍缴。

中华民国三十四年元月十九日　发

2）王世杰致蒋介石签呈稿（1月22日）

奉交下外部所拟中瑞（典）新约约稿及意见嘱为核议具复。等因。经职室详加研究，认为该约稿大致与中美中英中挪新约相同，内容尚属妥当，似可照予核定。惟第八条内关于批准手续，瑞方主加瑞方须经国会同意一点，虽云系表示郑重，然前句"依照宪法程序"似已足包括国会同意，再加此句究嫌蛇足，且如单许瑞方加此一句表示郑重，反有示我方不重视此约之嫌，似于瑞方亦非得计，且中外新约尚少此类文字，今独许瑞方，似于新通例及体制亦觉乖违，故主瑞方仍将句删除。

换文中第一项之最后一句所提"国外商运"与第二项最前一句所提之"商船"范围大抵相同，条文稍嫌重复，似可将第一项之最后一句删除。

换文第五项虽云将来可以修改,但规定一方与第三国拟订避免复税之协定,他方不得要求援用,是不啻德瑞方有课我侨民以复税之权,而我则无论目前与今后均不致有课外侨以复税之税法,故在事实上成为片面的最惠待遇,似应坚持修改。

以上所议是否有当,敬乞钧核。谨呈

委员长

附缴还宋部长原稿及附件[缺]

3)蒋介石致王世杰代电(2月9日)

参事室王主任勋鉴:一月二十三日签呈悉。已准如所拟转复外交部遵办矣。中正。丑佳。侍秘。

中华民国三十四年二月九日

4)蒋介石致王世杰代电(2月26日)

参事室王主任勋鉴:关于中瑞约稿前据一月二十三日第368号呈复核议意见前来。经以丑佳侍秘代电转复外交部,并复知各在案。兹据外交部宋部长签呈,以该约对于沿海贸易及内河航行问题尚未完全解决,经与兄等商洽,向瑞使提出修正文,拟俟其政府复电同意即行签订新约等语。兹将原呈随文转发,即希核签具复为盼。中正。丑宥。侍秘。附发原呈一件办复仍缴。

中华民国三十四年二月二十六日

附:

抄外交部宋部长子文三十四年二月二十四日签呈

关于中瑞订约事,本部前已将中瑞新约约稿暨本部所拟意见。呈奉钧座侍秘字第二六三九号代电核准在案。惟现对于沿海贸易及内河航行问题,尚未完全解读。兹将瑞方立场及我方所提对案签请鉴核。

查瑞方原提换文第三段规定瑞典放弃其在华现有之沿海贸易及内河航行特权。但第四段则又规定之:"缔约任何一方在他方之沿海贸易及内河航行依照他方有关法律之规定办理,不得要求最惠国待遇及他方之本国待遇。如任何一方于日后签订之协定中,沿海贸易或河航优惠给予第三国船舶时则应给予彼方船舶以同样之优惠,但中华民国不得要求瑞典给予'北方国家'中任何一国或数国之特殊优惠。"

查瑞方提案与中美、中英、中挪等新约有不同之点二:(一)三国新约均只规定沿海贸易及内河航行,依照各本国有关法律办理,缔约一方不得要求他方之本国待遇。但瑞案则除此以外,并规定不得要求最惠国待遇。其所持理由,则为瑞典久已予荷兰以沿海贸易及内河航行之权。若予他国以最惠国待遇,则可援荷兰例享受同样权利。前不久德国即曾作此要求,瑞典当予拒绝。故瑞与他国所订条〔约〕均有此规定。(二)所谓北方国家系指挪威、丹麦、荷兰及冰岛。瑞典与多数国在历史及地理上向有特殊关系,故该数国等所享受之特殊优惠应作例外,瑞典各国所订条约均系如此。

查此地点,据职部调查研究结果,均属实在。且与我国利害,亦无冲突。惟对其措词究嫌片面,爰向瑞使提议将该段换文完全取消,另于其前段未仿照中英新约加一句"沿海贸易与内河航行依照缔双方各该国有关法律之规定办理"。当经瑞使接受向其政府请示,现据该使复称,其政府意见,以瑞典与各国所订条约均有将北方国家除外或类似之规定,此为其政府历来政策。若与中国订约无此一款,深恐将来其他国家或将援例,该段换文仍应保留。

职部当与王秘书长亮畴及王主任雪艇商洽,瑞方所持理由,颇有历史根据。但(一)"北方国家"名词在其所订条约中属少见,且觉太泛。"斯堪的那维亚国家"则较普通,且为一般通用之地理名称应予照改。(二)瑞典、荷兰特殊关系,自可承认。但此后若瑞典与他国订约,给予沿海贸易及内河沿海航行权时,我似亦可要求最惠国待遇,爰仿照中英新约将该段文字略加修改如下:"如任何一方于日后签订之协定中以沿海贸易或内河航行优惠给予第三国船舶,则应给予彼方船舶以同样之优惠,但以彼方以同样优惠给予此方之船舶为条件,中华民国不得要求瑞典给予斯坎〔堪〕的那维亚国家中任何一国或数国之特殊优惠,沿海贸易与内河航则依照缔约双方各该国有关法律之规定办理,不得要求彼方之本国待遇"。经向瑞使提出。渠已转呈其政府请示。如

得覆电同意,拟即签订新约。理合报请鉴核。谨呈

委员长　蒋

5)王世杰致蒋介石签呈(3月5日)

奉交下外交部宋部长签呈,以关于中瑞稿内沿海贸易及内河航行问题尚未完全解决,经商洽修正请示前来,嘱为核签具复并发下原签呈一件。等因。经职室详加研究,认为我方所提修正案尚属妥当,如瑞方同意似可照签新约,拟恳钧座饬知准照所拟办理。惟斯坎〔堪〕的那维亚国家既不包括荷兰在内,则我方应用何种方式承认瑞典与荷兰之特殊关系,恐尚须由外交部研究交涉。以上意见是否有当,敬祈钧裁。谨呈

委员长　蒋

附缴还宋部长原签呈一件〔缺〕

〔军事委员会档案〕

49. 蒋介石为中荷订约事与王世杰往来文件(1945年4—5月)

1)蒋介石致王世杰代电(4月30日)

本会参事室王主任勋鉴:据外交部吴次长四月六日及二十八日先后呈报中荷订约情形请示前来。兹将原呈件转发,即希审核签复为盼。中正。卯卅。侍秘。

附原呈二件附件,如文办后仍缴。〔缺〕

中华民国三十四年四月三十日

2)参事室签复意见签呈(5月10日)

签复对于中荷约稿之意见,奉本年四月三十日侍秘字第二七六五五号代电交下外交部关于中荷订约之签呈两件,饬加审核具报等因,奉此。经职室详加研究,谨签具意见如下:

(一)查我与荷方最大争执之点,在我要求华侨入境之完全自由或以荷境华侨人数为准定其(每岁入境之额)及入境后在旅行、居住、经商各方面应受

最惠国待遇,荷方则坚持不肯。此项主张关系我国侨民利益者甚大,我自不能轻予放弃。

(二)惟两国订约谈判已将近两年之久,迁延未决,对于我方亦殊不利。现欧战结束,荷印收复之期不远,荷兰政府态度可能转为倔强,将来再议,亦未必较现在之约稿有利。

(三)现在之约稿第六条规定"缔约一方应给予缔约他方人民以进出其领土之权利,暨在其领土全境内旅行、居住及经商之权利",亦颇可为日后进一步交涉之根据。

基于以上考虑,拟请钧座准照外交部四月二十八日签呈所拟办理,即对于入境旅行、居住、经商问题,可于签约前,声明我方将于商订中荷商约时再行提出解决。

以上所拟,是否有当,敬祈钧核。谨呈

委员长

附缴外交部原呈及其附件[缺]

中华民国三十四年五月十日

3)蒋介石致王世杰代电(5月16日)

本会参事室王主任勋鉴:五月十一日第374号签呈及缴还外交部呈件均悉。已准如拟复令外交部照办矣。中正。辰铣。侍秘。

附原呈二件附件,如文办后仍缴[缺]

中华民国三十四年五月十六日

〔军事委员会档案〕

二、国民政府战时对外交往活动

1. 国立北平故宫博物院为参加苏联艺术展览会与院理事会等往来文件(1939年7月—1942年10月)

1)国立北平故宫博物院致该院理事函(1939年7月3日)

国立北平故宫国务院公函

渝二字第五九号

迳启者:前准行政院秘书处渝机字第一八九八号通知单,以孙院长电请搜集古代艺术品运俄展览一案,奉谕交内政部教育部故宫博物院并函中央研究院会商办理具复等因,即经会商内教两部暨中央研究院,拟具意见,呈奉行政院吕字六一三六号训令内开:搜集艺术品运俄展览一案,经交付审查后,提出本院第四一七次会议决议"古物由各机关酌选运俄,但不得赠送,运输宜循陆路",除令知内政、教育两部及函达中央研究院查照办理外,合行抄发审查会纪录,令仰该院遵照、从速办理等。因复经遵照审查意见第三项提选范围,在贵州安顺县华严洞保存文物中选得唐、宋、元、明、清绘画及织秀〔绣〕五十件,古玉器四十件,铜器十件,即用前赴英伦艺展会之箱装置两箱,一面编制目录以资查考,并于本月十日前后由交通部预备专车装载,与中央研究院古物一同赴会,并派科长励乃骥、科员傅振伦押运前往,除呈报行政院鉴核外,相应抄录目录壹份,函请查核备案。此致

本院理事会

计附运俄展览物品目录一份

中华民国二十八年七月三日

国立北平故宫博物院运俄展览物品目录

书　画				
点查号	品名	件数	原藏院字箱号	备考
调　二三四　57	唐　李昭道　洛阳楼图	一	四八	
成　二一一　10	五代　丹枫呦鹿		四九	
成　二〇一　70	宋　赵昌　岁朝图	一	四五	
成　一八八　4	宋　崔白　竹鸥图		四八	
成　二〇一　31	宋　马远　秋浦归渔	一	五二	二轴头缺
调　二三八　18	宋　夏圭　西湖柳艇	一	四八	
调　一九三　31	宋　鲁宗贵　春韶鸣喜	一	四九	
成　一八四　52	宋　松月图		四八	
成　一八九　14	宋　子母鸡图	一	四八	
成　一九六　25	宋　人捕鱼图		四八	
调　二四七　85	宋　画调鹤采花仙	一	五二	
成　一九〇　1	宋　溪山瑞雪		四八	
调　二三四　70	宋　华灯侍宴	一	四五	
丽　二四三　28	元　钱选画牡丹		四八	附木匣锦袱各一
调　二四七　9	元　赵孟頫〔頫〕　鱼篮大士像	一	五二	缺红木轴头一
调　二二四　2	元　王振鹏　宝津竞渡		四三	木匣破未提
成　二二四　7	元　吴镇　洞庭渔隐	一	四八	
成　二一一　4	元　吴镇　箂笪清影		四五	
调　二五一　67	元　朱德润　烟岚秋涧图	一	四八	
成　二〇三　36	元　赵雍　采菱图		四五	
成　一八六　23	元　倪瓒　江岸望山图		四八	
成　一九〇　29	元　倪瓒　王蒙合作山水		四八	
调　二三〇　71	元　朱叔重　春塘柳色图	一	四八	
调　二四五　58	元　刘贯道　积雪图		四九	
成　二二九　59	元　颜辉　画猿	一	四九	
成　一九六　12	元人　宫乐图		四五	
调　二三四　12	明　徐贲　庐山读书图	一	五〇	缺红木轴头一
成　二〇一　58	明　徐贲　蜀山图	一	五〇	
成　一九六　26	明　王绂　山亭文会	一	四八	
调　二四七　25	明　王绂　凤城钱咏	一	四八	
成　二三三　88	明　马琬　秋山行旅图	一	五〇	

续表

点查号	品名	件数	原藏院字箱号	备考
成　二〇五　29	明　沈周　夜坐图	一	五〇	
成　一八八　47	明　唐寅　暮春林壑	一	四七	
调　二三四　85	明　文征明　江南春图	一	五〇	
成　二八八　1	明　仇英　松亭试泉	一	四七	
成　一八八　42	明　杜陵内史仇氏画唐人诗意	一	四七	
成　一九六　6	明　赵左　秋山红树	一	四七	缺红木轴头一
成　二三〇　9	明　吴令　棠上白头	一	四七	
调　二三九　44	明　董其昌　临倪瓒东岗草堂	一	四七	
调　二三四　9	明　张宏琳　宫晴雪	一	五〇	
成　一九〇　25	清　王翚　临关同山水	一	五〇	
成　二〇五　23	清　恽寿平　禹穴古柏	一	五〇	缺象牙轴头一
调　二二六　55	清　吴历　云白山青	一	四三	木匣破未提附锦袱一
调　二四五　102	清　陈书　出海大士像	一	五〇	
崑　一六二　2	清　陈枚等　清明上河图	一	四三	木匣破未提附锦袱一
成　二二五　22	清　华岩　午日钟馗	一	四七	缺红木轴一头
成　二一五　14	清　萧晨　丰年瑞雪	一	四七	
崑　一六二　1	清　观鹏明皇击鞠图	一	四三	木匣破未提附锦袱一

织绣附				
点查号	品名	件数	原藏院；字箱号	备考
调　二三四　10	宋　缂丝文雉图	一	四五	缺红木轴头一套破未提
调　二五一　72	元　绣先春四喜	一	四五	

玉器				
点查号	品名	件数	原藏院；字箱号	备考
吕　一八四六　69	圭	一	五三	
岁　五六一　16之一	圭	一	五四	
岁　五六一　16之二	圭	一	五三	
翔　一〇三　6	素璧	一	五四	
岁　一六一　3	系璧	三	五三	
吕　一八〇四　20	璧环瑗	三	五三	
吕　一七九〇　50	璧环鱼	三	五三	

续表

点查号	品名	件数	原藏院字箱号	备考
吕　一七九〇 · 55	环	一	五三	
吕　一八四七　30	琮	一	五三	
吕　一七九〇　86	璜	一	五三	
吕　一八四七　14	璜	一	五四	
藏　一六一　2之23	珑	一	五三	
吕　一八四七　12	珑	一	五四	
吕　一八四七　3	瑅	一	五三	
藏　一六一　4	璲	二	五三	
吕　一七九〇　101	戚	一	五四	
藏　一六一　11之3	瓏	一	五三	
藏　一六一　10之1 10之2	珌	二	五三	
藏　一六一　5	玲	四	五三	
金　一一二〇　45	栖〔杯〕	一	五三	
吕　一七九〇　19	单把栖〔杯〕	一	五三	
吕　一七九〇　14之1 14之2	双栖〔杯〕	二	五三	院字号码箱文物清册原作一件
吕　一八四七　1	双螭栖〔杯〕	一	五四	
吕　一八四七　21	盘龙觥	一	五三	
吕　一七九〇　46	盘龙觥	一	五四	
淡　三五　41	螭把海棠式洗	一	五三	
吕　一八四七　46	鹅	一	五三	

铜器				
点查号	品名	件数	原藏院；字箱号	备考
吕　一九〇八	父辛方鼎	一	四二	
菜　六八七　23	康鼎	一	四二	
为　四五一	凤耳鼎	一	四二	
巨　八四	召叔山父簠	一	四二	
昆　二二七　19	□卣	一	四二	
吕　五九八	文庚卣	一	四二	
吕　三五〇	邢季□尊	一	四二	
丽　九〇八	兽尊	一	四二	
八九二	陈伯元匜	一	四二	
吕　三六八	王子匜	一	四二	

2)国立北平故宫博物院致该院理事会函(1939年8月5日)

国立北平故宫博物院公函

渝二字第六四号

本年五月十一日接准。行政院秘书处渝机字第一八九八号通知。奉谕孙院长电请搜集古代艺术品运往苏联展览一案,交内政教育两部、故宫博物院,并函中央研究院会商办理具复等因,嗣于六月一日召集关系各院会议、审查、签具意见后,复奉行政院吕字第六一三一号训令内开略,以此案经提出第四一七次会议决议"古物由各机关酌选运俄,但不得赠送,运输宜循陆路",除令内政、教育两部及函达中央研究院查照办理外,仰即遵照从速办理各等因,奉此本院遵即着手筹备,当就运存贵州安顺县华严洞精品中提出唐宋元明清绘画及缂丝五十件,古玉四十件,铜器十件,妥为包扎,即用上次参加英伦国际艺展时特制之箱重加髹〔鬃〕漆,合计装成两箱,并经编制详细分类目录呈奉核定后,即于本月十二日由西北公路运输管理局在昆明拨备卡车一辆装载中央研究院展品,而后于遇安顺时接运本院物品,出国路线则拟循川陕公路经甘新而达苏境,惟此次拨运之车,客量甚少,非常局促,中途又曾发生障碍,故于过渝时经请加拨卡车一辆,以备不虞。复于本月二十六日晨,由渝运同中央研究院展品派本院科长励乃骥、科员傅振伦等二员押运前往,预计中途若无其他阻碍,则在下月上旬,当可直抵甘境之猩猩峡,转换新疆省政府专车赓续前进矣。初经分别呈函报告外,相应缮同运苏展品清册一份,送请查照备案为荷。此致

本院理事会

附送运苏展品清册一本

院长　马衡

中华民国二十八年八月五日

国立北平故宫博物院运苏展览物品清册

铜器				
点查号数	品名	件数	院字箱号	备考
吕　一九〇八	父辛方鼎	一	四二	
菜　六八七　23	康鼎	一	四二	
为　四一五	凤耳鼎	一	四二	
巨　八四	召叔山父簠	一	四二	
昆　二二七　19	□卣	一	四二	
吕　五九八	父庚卣	一	四二	
吕　三五〇	邢季□尊	一	四二	
丽　九〇八	兽尊	一	四二	
金　八九二	陈伯元匜	一	四二	
吕　三六八	王子匜	一	四二	
玉器				
点查号数	品名	件数	院字箱号	备考
吕　一八四六　69	圭	一	五三	
岁　五六一　16之1	圭	一	五四	
岁　五六一　16之2	圭	一	五三	
翔　一〇三　6	素璧	一	五四	
藏　一六一　3之1	系璧	一	五三	
藏　一六一　3之2	系璧	一	五三	
藏　一六一　3之3	系璧	一	五三	
吕　一八〇四　20之1	璧	一	五三	
吕　一八〇四　20之2	环	一	五三	
吕　一八〇四　20之3	瑗	一	五三	
吕　一七九〇　50之1	璧	一	五三	
吕　一七九〇　50之2	环	一	五三	
吕　一七九〇　50之3	鱼	一	五三	
吕　一七九〇　55	环	一	五三	
吕　一八四七　30	琮	一	五三	
吕　一七九〇　36	璜	一	五三	
吕　一八四七　14	璜	一	五四	
藏　一六一　2之2	珑	一	五三	
吕　一八四七　12	珑	一	五四	
吕　一八四七　3	璩	一	五三	
藏　一六一　4之1	璲	一	五三	
藏　一六一　4之2	璲	一	五三	
吕　一七九〇　101	戚	一	五四	

续表

点查号数	品名	件数	院字箱号	备考
藏　一六一　11之3	□	一	五三	
藏　一六一　10之1	㻏	一	五三	
藏　一六一　10之2	㻏	一	五三	
藏　一六一　5之1	珳	一	五三	
藏　一六一　5之2	珳	一	五三	
藏　一六一　5之3	珳	一	五三	
藏　一六一　5之4	珳	一	五三	
金　一一二〇　45	杯	一	五三	
吕　一七九〇　19	单把杯	一	五三	
吕　一七九〇　14之1	双杯	一	五三	
吕　一七九〇　14之2	双杯	一	五三	
吕　一八四七　1	双螭杯	一	五四	
吕　一八四七　21	盘龙觥	一	五三	
吕　一七九〇　46	盘龙觥	一	五四	
淡　三五　41	螭把海棠式洗	一	五三	
吕　一八四六　53	辟邪	一	五四	
吕　一八四七　46	鹅	一	五三	

绘画

点查号数	品名	件数	院字箱号	备考
调　二二一四　57	唐　李昭道　洛阳楼图	一	四八	
成　三一　10	五代　丹枫呦鹿	一	四九	
成　二〇一　70	宋　赵昌　岁朝图	一	四五	
成　一八八　4	宋　崔白　竹鸥图	一	四八	
成　二〇一　31	宋　马远　秋浦归渔	一	五二	
调　二二四　18	宋　夏珪　西湖柳艇	一	四八	
调　一九三　31	宋　鲁宗贵　春韶鸣喜	一	四九	
成　一八四　52	宋　松月图	一	四八	
成　一八九　14	宋　子母鸡图	一	四八	
成　一九六　25	宋　捕鱼图	一	四八	
调　二四七　85	宋　调鹤采花仙	一	五二	
成　一九〇　1	宋　溪山瑞雪图	一	四八	
调　二三四　70	宋　华灯侍宴	一	四五	

续表

点查号数	品名	件数	院字箱号	备考
丽　二四三　28	元　钱选画牡丹	一	四八	
调　二四七　9	元　赵孟頫〔頫〕鱼篮大士像	一	五二	
调　二二四　2	元　王振鹏　宝津竞渡图	一	四三	
成　二二四　7	元　吴镇　洞庭渔影	一	四八	
成　二一一　4	元　吴镇　筼筜清影	一	四五	
调　二五一　67	元　朱德润　烟岚秋洞图	一		四八
成　二〇三　36	元　赵雍　采菱图	一	四五	
成　一八六　25	元　倪瓒　江岸望山图	一	四八	
成　一九〇　29	元　倪瓒　王蒙合作山水	一	四八	
调　二三〇　71	元　朱叔重　春塘柳色图	一	四八	
调　二四五　58	元　刘贯道　积雪图	一	四九	
成　二三九　59	元　颜辉画猿	一	四九	
成　一九六　12	元人　宫乐图	一	四五	
调　二三四　12	明　徐贲　庐山读书图	一	五〇	
成　二〇一　58	明　徐贲　蜀山图	一	五〇	
成　一九六　26	明　王绂　山亭文会	一	四八	
调　二四七　25	明　王绂　凤城饯咏	一	四八	
成　二三三　88	明　马琬　秋山行旅图	一	五〇	
成　二〇五　29	明　沈周　夜坐图	一	五〇	
成　一八八　47	明　唐寅　暮春林壑	一	四七	
调　二三四　85	明　文征明　江南春图	一	五〇	
成　二二八　1	明　仇英　松亭试泉	一	四七	
成　一八八　42	明　杜陵内史仇氏画唐人诗意	一	四七	
成　一九六　6	明　赵左　秋山红树	一	四七	
成　二三〇　9	明　吴令　棠上白头	一	四七	
调　二三九　44	明　董其昌　临倪瓒东岗草堂图	一	四七	
调　二三四　9	明　张宏琳　宫晴雪	一	五〇	
成　一九〇　25	清　王翚　临关同山水	一	五〇	

续表

点查号数	品名	件数	院字箱号	备考
成　二〇五　23	清　恽寿平　禹穴古柏	一	五〇	
调　二二六　55	清　吴历　云白山青	一	四三	
调　二四五　102	清　陈书　出海大士像	一	五〇	
昆　一六二　2	清　院本陈枚等清明上河图	一	四三	
成　二二五　22	清　华岩　午日钟馗	一	四七	
成　一六二　1	清　丁观鹏　明皇击鞠图	一	四三	
成　二一五　14	清　萧晨　丰年瑞雪图	一	四七	
织绣　附				
点查箱号	品名	件数	院字箱号	备考
调　二三四　10	宋　缂丝文雉	一	四五	
调　二五一　72	元　绣先春四喜	一	四五	

3）国立北平故宫博物院致该院理事会函（1939年10月27日）

国立北平故宫博物院公函

渝二字第六九号

查此次文物运苏展览，沿途运输情形及抵达日期业经先后函请，察核在案。兹又据该押运员励乃骥漾电报称，运苏古物四箱及附运征品九箱均于本月二十一、二十二等日会同各方代表开箱验视并无损失，已点交苏东方文化博物馆暂代保管，该会约在下月十五日开幕，新展品亦由我国驻苏大使馆派员会同办理等情。据此，除仍呈报行政院外，相应函达，敬祈察核备案为荷。

此致

本院理事会

院长　马衡

中华民国二十八年十月二十七日

4)国立北平故宫博物院致该院理事会笺函(1940年1月6日)

渝字第0126号　第一页

查本院留苏展品应如何妥筹保管各节,前经贵会第一次大会决议:"留苏展品请邵理事负责照管",并函达办理各在案。兹准邵理事力子寒电内开:"函电敬悉,艺展仍续开,据称苏联人民对中国艺术极感兴趣,明年正、二、三月莫京各校多有关于中国之讲题、艺展,各出品足供重要参考,故至早三月底闭幕,甚希望中国允可,延长各古画,经阅看均完好。贵院提议早转达,据复当注意办理。惟会屋用科学方法设备温度,四时无变,更可请放心云。特复。"等由,准此,除呈报外,相应函达,即希查照为荷。此致

本院理事会

国立北平故宫博物院[印]启

5)国立北平故宫博物院致该院理事会笺函(1941年2月24日)

渝字第138号

案准中苏文化协会孙理事长函内开:"顷接邵力子兄阳电开'苏联对外文化协会副会长面商中国艺展在莫逾年,成绩美满,兹拟改在列宁格勒继续展览以餍彼方爱慕中国文化与研究艺术者之愿望,关于包装运输等等务期妥善等情,此与公提倡原旨相符,当荷赞同,仍乞转达庸公、叔平诸先生及诸作家'等语。此事想邀同情除以电复赞同及分别函知外,特函奉闻即希鉴察"等由。准此,查留苏文物延长展览及委托邵理事就近负责保管各节,前已俱经提请贵会第一次大会议决,并呈报行政院核准在案。现该国对外文化协会又拟请准继续延期,转运列宁格勒展览,是否应予同意未便擅专,除呈报行政院核夺,并函中央研究院外,相应函请查照核办见复为荷。此致

本院理事会

国立北平故宫博物院[印]启

中华民国三十年二月二十四日

6)行政院训令(1941年3月3日)

行政院训令

勇陆字3514号

令国立北平故宫博物院理事会：

据国立北平故宫博物院呈为留苏文物应否准在列宁格勒继续展览请核示一案,除指令准在列宁格勒继续展览并分令知照外,合行抄发原件,令仰知照。此令。

计抄发原呈一件。

院长　蒋中正

附：

抄原呈

案准中苏文化协会孙理事长函开："顷接邵力子兄阳电开'苏联对外文化协会副会长面商中国艺展在莫逾年,成绩美满,兹拟改在列宁格勒继续展览以餍彼方爱慕中国文化与研究艺术者之愿望。关于包装运输等等,务期妥善,可负全责等情,此与公提倡原旨相符,当荷赞同,仍乞转达庸公、叔平诸先生及诸作家'等语。此事想邀同情,除以电复赞同及分别函知外,特函奉闻即希鉴察"等由。准此,伏查留苏文物延长展览及委托邵理事就近负责保管各节,前已俱经提请本院理事会第一次大会议决,并呈报钧院核准在案。现该国对外文化协会又拟请准继续延期,转运列宁格勒展览,是否应予同意未便擅专,除分函本院理事会及中央研究院外,理合据情备文,呈请鉴核。伏祈批示祗尊。谨呈

行政院院长蒋。

国立北平故宫博物院院长　马衡谨呈

7)国立北平故宫博物院致该院理事会笺函(1941年6月23日)

渝字第161号

查本院运赴苏联参加艺展物品,此次因徇该国对外文化协会之请,奉准继续留苏,改移列宁格勒展览一案,业经贵会本届会议决议,限期至七月底为

度,并请转令驻苏大使馆妥为照办各在案。兹查本日市内各报均载苏德邦交决裂,战事爆发及苏境各城镇均已遭受轰炸消息,则列宁格勒密迩战区,自亦断无幸免之理,特未知运往展览物品已否预有准备移离险地,且此次苏德扩兵蓄势已久,将来战争必极激烈,展品若任留置,殊为可虑,至现在应否由我驻苏大使馆先行收回保管抑即设法启运归国之处,除迳呈行政院核夺,迅筹善后办法并恳准先电令我驻苏大使馆速为探查明确及与该国对外文化协会妥商目前安全存置方策相应函达。即希查照核办为荷。此致

本院理事会

国立北平故宫博物院[印]启

中华民国三十年六月二十三日

8)国立北平故宫博物院致该院理事会笺函(1941年7月4日)

渝字第167号

查留苏展品,前经贵会议决,电请邵大使向苏政府交涉及早运回在案。嗣苏德战事突起,复由本院会同朱、王两理事特电我驻苏大使馆商请苏政府为安全之措置,并设法运回,旋准邵大使艳电复开"俭电奉悉,已两次向对外文化协会洽商,据答苏联自身古物珍品亦甚多,必有安全措置,现正催询具体办法,务期真正安全。至赶速运回一层,此时诸多困难,本馆同仁均未敢负此重责,请兄等迅筹派员前来。惟苏方自信战事有把握,我国亦正有战事,坚请运回在彼固难拒绝,但一经接收,责任及在我方,非先有妥善运输办法,亦非真能安全,似须慎重考虑,乞裁察"等语。昨又接准外交部转邵大使电开"顷据苏对外文化协会答复,苏联最高艺术委员会委员长赫拉姆钦柯已亲赴列宁格勒办理保护古物事宜,苏联人民委员会有命令中国古物应与本国爱米达日(Hermitage)博物馆所存最贵重物品同样尽力,尽先妥为保护,至迟运回华则苏联主管机关认为现时诸多困难,亦更危险,暂不宜轻动,以妥予保存为宜云云。本馆现更正式照会苏外交部,告以奉命通知。顾确知安全措置之详情,并表示希望赶速运回,请分送孔庸之、王雪艇、朱骝先、马叔平诸公,是否坚请运回及能否派员前来,希速示"等语,查邵大使所虑在未筹有妥善运输办法

前,未便接收,及苏方所述目前运输困难,且多危险各节,自属事实,若迳行派
员前往迎运,殊非妥善,尤恐发生阻折,转滋窒碍,究宜如何办理之处,相应函
达,即请查照核夺办理并盼见复为荷。此致
　　本院理事会

国立北平故宫博物院[印]启

中华民国三十年七月四日

9)蒋廷黻致国立北平故宫博物院理事会笺函(1941年7月21日)

勇字第11284号

　　贵会函送第二次常务理事会议记录,请查照转陈施行一案经陈,奉谕:
"应准照办"。除由院电驻苏大使馆并函知外交部及国立北平故宫博物院外,
相应复请查照为荷! 此致
国立北平故宫博物院理事会

行政院代理秘书长　蒋廷黻[印]

中华民国三十年七月二十一日

10)国立北平故宫博物院致该院理事会笺函(1941年7月25日)

　　查自苏德战争爆发后,本院深恐改移列宁格勒展品密迩战区,易遭损失,
曾经函请贵会核办,并分别函电关系各处筹商安全措置办法各在案。兹又先
后接准外交部郭部长、徐次长、中苏文化协会、驻苏邵大使函电,录转该国对
外文化协会复电及与苏联驻华潘大使交涉经过情形,均谓该国对我留苏展品
业经妥为措置,可保安全等语。除呈报外,相应抄同原件随函送达。即希察
照为荷。此致
　　本院理事会
　　附抄郭部长代电、徐次长函、苏联大使馆照会、邵大使电、中苏文化协会
函各一件。

国立北平故宫博物院[印]启

中华民国三十年七月二十五日

附一：

照抄苏联大使馆照会（1941年7月10日）

照会

迳复者。顷准贵部七月九日照会开,关于贵国政府故宫博物院及中央研究院古物之安全与启运事,现已转达本国政府矣。至该项古物之安全措置及起运事宜,一俟接获本国复电时再为告知,相应照达,即请查照为荷。本大使顺向贵部长重表敬意。此致

中华民国外交部部长郭泰祺　阁下

潘友新

一九四一年七月十日

附二：

照抄中苏文化协会函（1941年7月17日）

敬启者。案查本会前年在国内及香港各地征集"中国艺术品运苏展览会"参加艺品文物均于本年三月间由莫斯科移往列宁格勒继续展览,兹苏德战起,该城密迩战区,损失堪虞,曾由本会孙会长专电邵大使并转全苏对外文化协会会长凯缅诺夫请妥善安全办法或速运华在案。顷由外交部转来邵大使来电内开:"此事本月七日接苏外部书面答复,内称已将在列城之中国艺展品与苏联艾米塔博物馆珍贵古物同存于安全地方等语,与前次 Voks 答复相同,特陈经过乞赐鉴察"等因,除分函各关系方面查照外,特函奉达至祈登照为荷。此致

马院长叔平

中苏文化协会启

七月十七日

附三：

照抄外交部郭部长代电（1941年7月17日）

国立北平故宫博物院马院长勋鉴:接准本年七月支代电,略开关于保护列宁格勒所存中国古物事,苏联驻华大使馆方面尚希切实照会,请其将安全措置之详情迅予见示以慰国人喁喁之望等由。当经本部照达苏联大使,请其

迅予转电本国政府,将目前安全措置之详情电复,并与邵大使协商筹备赶速运华。去后,兹接七月十日复照,特附抄送达即请查照为荷。郭泰祺。筱。

附抄件

中华民国三十年七月十七日

附四:

照抄邵大使电(1941年7月16日)

重庆外交部 二一三七号　十六日

并请转孙院长王、朱、马诸公古物事。苏对外文化协会已迳电复孙院长,仍称与苏联国宝在一处保存,绝对安全。顷复据面告,该会复孙院长一电并非谓古物尚在列宁格勒,故所谓安全乃是绝对的,惟地点则不能说明。以谈话前后情形观之,古物已运往安全地点似无问题。力。

附五:

照抄徐次长函(1941年7月17日)

叔平院长大鉴:关于古物之安全措置事,据苏联潘大使告郭部长云,接本国来电,关于列宁格勒城中贵国古物之安全问题,本国政府绝对负其保管安全之责任,该项古物与本国爱米达日之古物同一珍贵,请贵部长对其安全问题勿须置虑,惟来电未提及古物运华问题,大约以环境关系一时不易办理等语,知关锦注,特此奉闻。顺颂公绥。

弟　徐谟谨启

七月十七日

11)行政院交办案件通知单(1941年8月8日)

案由:驻苏联邵大使电为苏联对中国古物已据苏联对外文化协会会长面称负责保障安全由。

右案奉院长谕:"抄交国立北平故宫博物院理事会及国立北平故宫博物院"相应通知国立北平故宫博物院理事会。

附件:抄原电一件

代理行政院秘书长　蒋廷黻[印]

中华民国三十年八月八日发　A字第九三〇三号

抄原电一件

行政院马电计达。本日苏联对外文化协会会长面交最高艺术委员会复,该会信内称,关于保障中国艺展物品安全一事兹已与爱米达日珍贵古物一同安置于列宁格勒以外之安全地点云云。该会长复面称苏联对中国古物负责保障安全,请转达各方面释念等语。敬闻。邵力子。世。

12)行政院交办案件通知单(1941年8月8日)

案由:驻苏联邵大使电为我留苏古物现与苏联国宝同存绝对安全由。

右案奉院长谕:"抄送国立北平故宫博物院理事会及国立北平故宫博物院"相应通知国立北平故宫博物院理事会。

附件:抄原电一件

代理行政院秘书长　蒋廷黻[印]

中华民国三十年八月八日发　A字第九二五七号

抄原电一件

孔副院长密巧六电。敬悉古物事经迳向苏外部及对外文协商洽运回或保存安全地方,苏方答称目前长途运输不只困难且有危险,现与苏联国宝同存,绝对安全,对外文协并曾表示保存并不在列宁格勒。苏方作战坚决,我如对其所称绝对安全地方表示怀疑,颇难措词,其所称运输困难自因前方战事正在极重要关头,军运异常繁忙,既与苏联国宝同存,欲其取出重运,虑亦非其所愿,现拟再向苏外部婉商,如实有困难可否暂与苏国宝同存,俟届冬令再行设法之处,乞迅电示。邵力子。马。

13)孔祥熙致周惺甫等常务理事笺函(1941年8月29日)

准行政院秘书处A字第九二五七号及九三〇号通知抄送驻苏邵大使

电报,留苏古物现与苏联古物同存,保证安全,嘱查照等由。查我留苏古物前经本会第二次常务理事会决议设法运回,兹准前由,除分函外,相应抄同原电函请查核,迅予见复,以便办理。此致

　　周常务理事惺甫

　　张常务理事伯苓

　　张常务理事溥泉

　　朱常务理事骝先

　　陈常务理事立夫

　　叶常务理事楚伧

　　吴常务理事稚晖

　　王常务理事雪艇

　　附抄送邵大使原电二件

国立北平故宫博物院理事会理事长　孔○○

14)国立北平故宫博物院致该院理事会笺函(1941年9月10日)

关于本年六月十二日贵会谈话会决议"留苏文物继续在列宁格勒展览业已过期,宜早运回以免损坏。惟为顾全事,实先由会电邵理事转与苏方商洽再行定夺。"一案,当经遵照决议摘录原案分别通知未出席各理事征求意见,兹接准当然理事陈部长立夫公函,内开"准贵院笺函开,以准行政院秘书处通知内开驻苏联邵大使马电称,留苏古物现与苏联国宝同存,绝对安全及与该国外部对外文协洽商经过情形,乞迅电示一案,奉谕抄送国立北平故宫博物院理事会、故宫博物院等因。事关文物安危,允宜慎思熟虑,俾臻妥善,相应录电函达察照迅示意见等由。查此事拟请召集故宫博物院理事会开会商讨决定,以求缜密。特函奉复即希查照办理。"等由。到院相应函达,尚希察照核办荷。此致

　　本院理事会

国立北平故宫博物院启
中华民国三十年九月十日

15）孔祥熙致国立北平故宫博物院笺函（1941年8月26日）

本年八月八日渝字第一八零号大函诵悉。此案仍请李理事济推荐专家一人代表前往乐山等处古物仓库实地视察，以符原案，相应函复查照办理。此致国立北平故宫博物院。

国立北平故宫博物院理事会理事长　孔○○

16）国立北平故宫博物院致该院理事会笺函（1941年8月8日）

渝字第180号

查杭理事立武提本会应否推定人员分赴乐山、峨眉山等处古物仓库实地视察一案经于本年六月十二日贵会谈话会决议"推李理事济前往视察并呈请行政院派员参加，必要时李理事得聘专家一二人随同前往作成书面报告供本会参考"在案。后本院当以此次视察旨在臻进文物安全，关系颇巨，如果有再度疏散或其他改善必要更宜从速着手，故特先后函商李理事订期会勘以免耽延，嗣接李理事函复称此次视察仓库目的既为备再行疏散之参考，诚如尊示时期不能迁延，但理事会之原决议案既未明白指出，来函亦未道及，故不能不一询究竟。事实上，弟于此道外行之至，为增进效率计不如请行政院迳派一人为之，收效必更大等语。相应函达，即希查照核夺见复，以便遵办。此致
　本院理事会

国立北平故宫博物院［印］启

17）蒋廷黻致国立北平故宫博物院理事会函（1941年10月13日）

邵大使电复交涉回运留苏展品情形一案奉谕："抄送外交部故宫博物院及理事会"等因，除分函外，相应抄同原件函达查照为荷。此致
国立北平故宫博物院理事会
计抄送原电一件

代理行政院秘书长　蒋廷黻［印］
中华民国三十年十月十三日

附：

抄原电

孔院长密宥六电奉悉。遵于本日面交苏外交部照会,请其尽力设法据答,当即报告政府决定后答复,但其个人意见中国政府对此问题可请绝对放心,目前飞机皆作战事之用,深恐特派专机飞运兰州难以办到云云,经再向其说明本国为研究教育等用途,实有即行运会此项古物之必要,除俟得复再陈外,可否请在渝与潘大使同时商谈? 敬乞裁酌。邵力子。卅。

18)行政院交办案件通知单(1941年10月14日)

案由:外交部呈复关于留苏古物运回事

右案奉院长谕:"交国立北平故宫博物院及国立北平故宫博物院理事会"相应通知国立北平故宫博物院理事会。

附件:抄原呈一件

代理行政院秘书长　蒋廷黻[印]

中华民国三十年十月十四日　忠字第二五七八七号

抄外交部原呈一件

案奉本年九月二十六日钧院勇陆字第一四九〇〇号训令,以"我国留苏展览古物为国人素极重视,兹北平故宫博物院理事会开会决议,坚请向苏联政府交涉,先择故宫及中央研究院古物迅派专机飞运兰州,至其他近代文物不妨暂缓等情,除电邵大使向苏方竭力交涉外,合亟令仰遵照,向苏联驻华大使竭力交涉,并将办理情形具报"等因。奉此,除再电邵大使迳向苏方交涉外,遵即备具节略派员面致驻华苏联大使馆并必须切实交涉,请予速望该国政府先将故宫及中央研究院古物迅即派机飞运兰州,一俟得复再行具报外谨先呈复,敬乞鉴核。谨呈

行政院

19)孔祥熙致周惺甫等常务理事笺函(1941年10月17日)

笺函

准行政院秘书处函转外交部及邵大使分别电呈交涉回运留苏展品情形一案,除分函外,相应抄同各原件,函请查照为荷！此致

周常务理事惺甫

张常务理事伯苓

张常务理事溥泉

朱常务理事骝先

叶常务理事楚伧

吴常务理事稚晖

王常务理事雪艇

陈常务理事立夫

附抄送原电呈各一件

国立北平故宫博物院理事会理事长　孔祥○

本院电稿

莫斯科邵大使密。马、世两电均悉。国人对于古物素极珍视,以前运英展览之古物展览期满即行运回,即在平时亦未迟延。运苏展览之古物现已留苏联两年,举国悬念,此次交涉回运乃我方重视国宝之常情,本与战局如何进展无关,兹又据故宫理事会郑重决议,理事会对古物负有保管重责,坚请运回,先择故宫及中央研究院古物商由苏方特派专机飞运兰州,至其他近代文物不妨暂缓,以免运输上给予友邦困难,仍希向苏方竭力交涉并盼电复。行政院。宥。六。印。

20)行政院训令(1941年11月8日)

令国立北平故宫博物院理事会

勇陆字第17471号

查关于运回留苏古物一案,前据邵大使电复交涉情形到院,当以古物从

存放地点到阿拉木图既通火车,不坚持用飞机装运,惟阿拉木图到兰州则非用飞机不可,至验收一层,应就使馆内指派妥员办理并应由交通部负责运回,分行知照在案。兹据交通部遵拟办法前来,查所拟办法尚无不合,除电邵大使并分令遵照外,合行抄发原办法令仰遵照办理具报。此令。

计抄发原办法一份

院长　蒋中正

21)行政院交办案件通知单(1942年5月9日)

案由:驻苏联邵大使电复已催请苏方即发飞机运回我国古物案

右案奉院长谕:交国立北平故宫博物院及该院理事会,相应通知国立北平故宫博物院理事会

附件:抄送原电及本院原去电各一件

行政院秘书长

中华民国三十一年五月九日发

抄原电

孔副院长密。号电敬悉。此事近向苏方榷商,前月称因拉木图飞机场化雪积水,最近又称因战局关系运输极为忙迫不能即发飞机,当经力请从速办理,已允再行请示当局。谨先电复力子。冬。

抄本院复电

邵大使力子兄勋鉴:留苏文物各方关心甚切,现我方接收手续已筹备就绪,请示起程确期。弟孔〇〇。号。院机。

22)行政院交办案件通知单(1942年5月13日)

案由:驻苏联邵大使电复苏方,已决定拨车装运我国古物案。

右案奉院长谕:"交国立北平故宫博物院及该院理事会"等由,相应通知国立北平故宫博物院理事会。

附件:抄送原电一件

行政院秘书长　陈仪

中华民国三十一年五月十三日　A字第一二四三五号

抄原电

孔副院长密。冬电计达。此事经尽力催商,昨今两日先后据苏联外交部Voks通知,已决定拨车装运至阿拉木图,俟决定装运日期即正式奉告云。特闻。力子叩。鱼。

飞运古物办法

一、由交通部饬令中苏航空公司哈阿航空线特派专机自阿拉木图起运至哈密,并令渝哈航空线特派专机自哈密接运至兰州。

二、由国立北平故宫博物院理事会派遣妥员在阿拉木图监视装机,在哈密监视换机,并由交通部饬令中苏航空公司及渝哈航空线特别注意妥速装卸。

三、由国立北平故宫博物院理事会派遣妥员一人附机沿途负责押运。

四、由行政院知照新疆、甘肃两省军警各有关当局派队在飞机经停之伊犁、迪化、哈密、肃州、兰州各处飞机场于飞机经停装卸时妥密保护。

五、由国立北平故宫博物院理事会派遣妥员于古物飞运到达兰州时立即负责接收。

六、古物统须妥为装箱方可交运,其每一箱件之体积以不超过70:50:50公分限(逾此不能装入机舱)。

七、每机专运一次古物及押运人员总重量以九百公斤为限。

八、一切飞机租费及其他费用均由国立北平故宫博物院理事会担负。

23)国立北平故宫博物院致本院理事会函(1942年9月11日)

渝字第430号

关于接运留苏展品回国各事宜原已早经筹备妥洽并经呈准饬由交通部包定中苏航空公司专机备用。惟当本院派往接运人员抵达阿拉木图时,该公司忽然变更成议,谓专机能携油量有限,请求分在哈密以南沿站供给应用油料,因之淹滞日久,未能及时启运。嗣蒙行政院特令航空委员会准予拨借后,始于本月一日在阿拉木图将接收展品连同中央研究院、中苏文化协会附运各物,计十六件一并装机启运,至五日飞抵兰州时,该机又因接奉交通部令卸载归航不再飞渝。惟时兰垣时有敌机侦察,势难久留,特商经甘肃省政府转饬中国航空公司改装八日班机运渝,当于是日午后四时平安到达。此次航运备经阻折,所幸出国展品尚无损伤,惟于接收时发觉中失包裹唐李昭道"洛阳楼图"缎袱一方及缺明王绂"凤城饯咏"轴红木轴头一个,幸皆系不甚贵重之附件,所有此次接运出展苏联文物回国办理各情形除呈报行政院外,相应函达,即希察照备案为荷。此致
本院理事会

国立北平故宫博物院[印]启

中华民国三十年九月十一日

24) 国立北平故宫博物院理事会致该院笺函(1942年9月22日)

笺函

国立北平故宫博物院,贵院本年九月十一日渝字第四三零号函告接运留苏展品回国一案,查此项展品已另请王理事世杰先予点验,除分函外,相应抄同原函。函达、复查照。此致
王理事
国立北平故宫博物院
计抄送原函件

国立北平故宫博物院理事会启

抄原函

关于接运留苏展品回国各事宜原由于经筹备妥洽并经呈准饬由交通部包定中苏航空公司专机备用,惟当本院派往接运人员抵达阿拉木图时,该公司忽然变更成录,谓专机能携带专机能携油量有限,请求分在哈密以南沿站

供给应用油料,因之淹滞日久,未能及时启运。嗣蒙行政院特令航空委员会准予拨借后,始于本月一日在阿拉木图将接收展品连同中央研究院、中苏文化协会附运各物,计十六件一并装机启运,至五日飞抵兰州时,该机又因接奉交通部令卸载归航不再飞渝。惟时兰垣时有敌机侦察,势难久留,特商经甘肃省政府转饬中国航空公司改装八日班机运渝,当于是日午后四时平安到达。此次航运备经阻折,所幸出国展品尚无损伤,惟于接收时发觉中失包裹唐李昭道"洛阳楼图"缎袱一方及缺明王绂"凤城钱咏"轴红木轴头一个,幸皆系不甚贵重之附件,所有此次接运出展苏联文物回国办理各情形除呈报行政院外,相应函达,即希察照备案为荷。此致

　　本院理事会

国立北平故宫博物院　启

25)国立北平故宫博物院致该院理事会笺函(1942年9月26日)

　　案准贵会本年九月二十二日函开,贵院本年九月十一日渝字第四三零号函告,接运留苏展品回国一案,查此项展品已另请王理事世杰先予点验,除分函各理事外,相应函复请查照等由过院。兹查此项由苏回国文物已于本年九月二十三日由王理事世杰、罗理事家伦、张理事道藩莅临本院重庆办事处共同逐件点验无讹并特在点验清册签名证明,相应函复即希查照备案为荷。此致

　　本院理事会

国立北平故宫博物院[印]　启
中华民国三十一年九月二十六日

26)王世杰、马衡致国立北平故宫博物院理事会公函(1942年10月1日)
渝字第456号

　　关于点验由苏运回故宫出展文物一节经于本年九月二十三日由世杰会同张理事道藩、罗理事家伦及马院长衡在该院驻渝办事处眼同开箱,逐件详加点验无讹,除由世杰等特在所备是项回国文物清册签名证明以资征信外,相应会函复请查照备案为荷。此致

国立北平故宫博物院理事会

国立北平故宫博物院理事会常务理事　王世杰[印]

国立北平故宫博物院院长　马衡[印]

中华民国三十一年十月一日

27）国立北平故宫博物院致本院理事会函（1942年10月24日）

前奉饬派科长励乃骥赴苏接运展品回国各节业经函达贵会察核在案。兹据该员将前后办理经过及展品安全运抵重庆各情形详细具报前来，相应抄附原呈备函送请察照赐予备案为荷。此致

本院理事会

计函送抄呈一件

国立北平故宫博物院院长　马衡

中华民国三十一年十月二十四日

呈为呈报事。窃职于本年一月二十八日奉令派赴苏联接运前岁参加该国艺展文物暨国立中央研究院中苏文化协会等展品回国。旋复接准驻苏大使馆来电知照展品行将启运，嘱早准备以免临时仓皇措手不及，当经会同外交、交通两部所派人员将一切应办事宜先期分别筹备妥洽，并特请由交通部包定中苏航空公司专机备用。嗣以苏方航运发生障碍一再延期，延至六月下旬始获展品运抵阿拉木图，确报当于七月十八日搭乘渝哈线班机由渝起程前往，二十三日飞抵迪化，讵中苏航空公司忽谓所包备运展品回渝专机能携油量有限，非我在哈密、兰州、重庆沿站供给往返应用油料不能为我营运，惟其时接收期迫未便迁延，除专电报告航运发生困难情形为设法接济汽油外，随即乘三十日班机飞往阿拉木图与驻苏大使馆所派协助人员胡君世杰会商点收事宜，三十一日即会同驻苏大使馆代表胡君世杰驻阿拉木图赵领事登城前往苏联外交部驻加萨克共和国办事处，与苏联最高艺术事业委员会所派之苏联国立美术院东方科科长路利耶教授按照国际成例互验证书，并由该办事处主任斯米诺尔夫及加萨克共和国艺术委员会副主席鲁启科参加协商，订定八

月三日在飞机场点验,规定工作时间应自上午八时起继续至下午五时止,中间不备休息时间。三日晨即与胡君世杰偕往机场会同路利耶教授开始点收,先从本院书画起,其中惟失附件缎袱一方及红木轴头一个,其铜器十件、玉器四十件均完好无讹,即日拍发江电陈报在案,继点国立中央研究院中苏文化协会展品工作延续至八月十二日始告完成。因飞机载重容量均有限制,在点收包扎装箱时其重量体积皆宜预加估计,力求轻小,除中苏文化协会样品、赠品经当场点赠苏联政府外,并将各项展品添加纱布、棉絮、油纸、蒲包包扎牢固以备长途转运无虞损坏,共装铁箱二只、木箱四只、皮箱二只、蒲包十只,总计十八件。装箱时于每装完一箱或一包皆随即加锁,标贴行政院及本院封条、封固,交由苏联海关暂行保管以待装机启运,至八月十二日各项展品皆经点收包装完竣而顶包专机尚未如期飞阿拉木图接运。其时展品既经我方接收,一切责任均须自负,诸多未便,势难再事淹留,以故迭电催促直至八月三十一日中苏航空公司包机始由迪化飞阿。九月一日上午六时半起运,十时飞抵迪化,因知请拨机用油料仍未获得圆满解决,中苏航空公司并已接奉交通部电令包机运至兰州为止,遂与新省政府财政厅彭厅长洽定所有交托转付包机运费应俟展品运到,结算清楚后再行给付。翌晨六时复由迪化起飞取道哈密,当日午后一时抵达肃州,以油料告竭未能继续飞航,再三商请空军总站接济汽油,以未奉令不便供给为辞,复商之该处欧亚公司又不得要领,当电甘肃省政府谷主席请求救济,延至五日该总站始接借拨之令,即于当日添加油料,中午十二时三十分飞抵兰州,随将展品卸下装入卡车,另派宪兵守护七日。奉电令就近洽商改装中国航空公司八日班机运渝,遵即转商该公司装运。当据其兰州站主任声称已接总经理电令,拒运展品。嗣经甘肃省政府王秘书长淑芳出面交涉,方允记账承运。当于八日十二时三十分赓续起运,午后四时抵达重庆,降落珊瑚坝机场起卸,即由宪兵等沿途护送运回本院驻渝办事处暂存。伏思此次赴苏接收展品归国经历长程,幸无陨越且在苏联时颇得该邦人士热诚赞助、优予招待,故我驻苏邵大使特于点收工作完毕后发起邀同本院设宴请苏方在事人员暨彼邦艺术界人士以资答谢藉敦睦谊并约驻阿领事馆全体人员作陪。当时宾主备极欢洽互祝胜利在迩,所有此次奉派赴苏接收

展品回国经过各情形理合据实具文呈报,仰祈鉴核备案。谨呈

院长　马

职　励乃骥谨呈

〔国民政府行政院档案〕

2. 杨杰报告军火购运情况密电稿(1939年7月20日)

重庆。委员长蒋:文、寒、删、筱四电奉悉。△密。一、(一)阿货之已定妥者计:波、比造792轻、重机枪各一千挺附弹四千万发,七九二步枪三万枝〔支〕,迫击炮六十门,荷兰造福克攻击机二十六架附二生的炮二门机关枪三挺,惟山炮尚在进行中。(二)据陈庆云面告,福克机性能极优,各国多已采用,价亦轻廉,并愿赴福克厂鉴定,前奉转缓订时,阿氏即一再来电申述已订各情并托转恳,未便坚拒,拟请仍准照办,以便同时起运。(三)检验工作,以张少杰奉部令限期回国及黄正赴荷、比、波护照尚未签字之故,迄未成行,除加派武官王丕承赶往协办外,恳即电令顾大使迅予黄正签证并乞电饬荷、比、波各使予以协助,以便早日竣事。(四)检验竣事后包装各手续尚需四星期,预计八月十五左右方能起运。二、苏货除飞机用弹药陆续陆运外,陆军武器运输因哲公改由贸易部办理,故稍迟缓,刻已遵照催促。职杨○叩。号。

〔杨杰个人档案〕

3. 云南省政府为林伟之到滇考察教育实业致侨委会公函及训令(1939年8—11月)

1)云南省政府致侨委会公函(8月29日)

云南省政府公函秘教字第一九〇号

案据旅暹侨民林伟之函呈称:久仰旌旄,时切景慕,溯自抗战以来,海外羁侨倍增内向,对于复兴根据地之云南,尤切关怀。弟等久居异国,恒念乡邦,刻因适应环境需要,拟偕同志来滇,趋谒专诚致候,借资考察教育、实业,倘获容许,指导赐给便利,恳请电示知照,便可即日起程,将来侨众,投资有门,服务开发,得偿抗战建国之素志与天职,要皆钧座之所赐也。引颈北望,

仵候覆示。等情。据此。查所请来滇考查〔察〕投资,自无不可,惟当此抗战之时,宵小潜滋,为杜防微渐计,凡侨胞以私人资格回国考查〔察〕者,似应由当地华侨团体负责介绍,或向贵会请求准许介绍,然后前来,方臻妥慎,据呈前情,除饬处函覆外,相应函请贵会查照,并转饬海外备侨民团体知照为荷!此致

　　侨务委员会

民国二十八年八月二十九日

主席　龙云

2)侨务委员会致驻外各领事馆训令(11月4日)

训令荒渝甲字第五五四九号

　　令驻外各领事馆

　　案准云南省政府二十八年八月二十九日秘教字第一九〇号公函,为侨胞以私人资格回国来滇考查〔察〕投资,自无不可。惟当此抗战之时,宵小潜滋,为防微杜渐计,似应由当地华侨团体负责介绍,然后前来,方臻妥慎。函请查照,转饬海外各侨民团体知照等由。准此。查侨民组织团体回国办法已经通令有案。如侨民个人回国考察,应由已备案侨团负责介绍当地领馆证明,呈由本会核转主管机关准予考察,以昭慎重。除分行外,合行令仰该领事转饬各侨团侨民一体知照。此令。

中华民国二十八年十一月四日

〔国民政府侨务委员会档案〕

4. 蔡兴等为回国考察农商业请给予交通便利致侨委会呈及证明书(1939年11—12月)

1)蔡兴等致侨委会呈(11月30日)

　　迳启者:敝等此次被派归国考察农商业,现已由昆明、贵阳等地而抵达新都,然尚须经成都、西安、兰州等地作一番考察,然后向敝公司作一报告,任务才能完毕。惟闻此段路程检查颇严,虽云交通便利,然来往车票不易购得,非

有贵会给予敝等一纸考察证明书,定难顺利到达彼方,非有贵会为敝等书,向各段汽车公司介绍购买汽车票之介绍书,定难顺利购得。素念贵会宗旨在于为海外侨胞谋福利,尤其对于归侨各项困难,均能给予亲切援助或指导。敝等此次归国,目的在调查祖国各地农商业情况,拟对祖国后方生产竭尽微力贡献,爰敢恳切陈词,请求贵会给予敝等此种便利,事关祖国抗战前途,贵会幸勿推却为祷。此致

侨务委员会均鉴

暹罗华侨美华公司回国考察员 蔡兴
王者天
刘友勤启
中华民国二十八年十一月三十日

2)侨务委员会致蔡兴等证明书(12月2日)

证明书荒渝字第三六六一号

兹据暹罗华侨美华公司职员王者天、蔡兴、刘友勤等呈称:伊等回国考察药材营业,以便招徕华侨返国投资,现拟由重庆前往成都、西安、兰州之处调查,请予便利等情。合行分别发给准书一纸,三个月期限内有效,希查照。各路车站予以购票便利为荷。

右给暹罗华侨美华公司回国考察员 蔡兴
王者天刘友勤收执
此证限至二十九年二月呈会缴销
中华民国二十八年十二月二日
〔国民政府侨务委员会档案〕

5. 旅川韩国革命各团体"三一"纪念大会慰问中国抗战函(1940年3月1日)

中华民国国民政府林、伟大的中国民族领袖全东方被压迫解放运动导师蒋委员长赐鉴:冯副委员长焕章、阎副委员长百川、毛泽东先生、程主任潜、李

司令长官德邻、白主任健生、陈司令长官辞修勋鉴：各抗日政党暨前方将士公鉴：亲爱的中国抗日领袖抗日政党以及前方将士们，你们以全民族的空前的铁的团结，在伟大领袖蒋介石先生领导下，为中国的生存自由，为全人类的正义和平，进行神圣的抗日战争。本大会谨代表二千三百万朝鲜民族致崇高的敬意和热烈的慰问，因为中国抗战的胜利，就是朝鲜民族解放运动的胜利，也就是人类正义的胜利。我们今天，在中国抗战行都，举行朝鲜"三一"独立运动第廿一周年纪念典礼，深信中国抗战的决定的胜利，与朝鲜民族解放运动的最后胜利，唯有由全东方被压迫民族，尤其中韩两民族的切实合作才有保障。历史注定中韩两民族在同一战壕里为同一的目的奋斗。我们中韩两民族从今日起，应当更密切地手挽着手，向联合抗日的唯一光明前途迈进！谨致民族革命最高敬礼。

旅川韩国革命各团体"三一"纪念大会谨启

一九四〇年三月一日

通讯地址：重庆弹子石石桥段七十五号

〔国民政府军事委员会政治部档案〕

6. 国民党中央宣传部海外部编发《缅甸访华团团长宇巴伦近赴印度为我宣传状况》(1940年5月)

缅甸前日来华访问团团长、缅中文化协会主席宇巴伦氏，最近前往印度出席扶轮社会议，并乘机宣传、鼓吹组织中印缅文化协会，以沟通中印缅三国之文化。彼到印度时，曾与甘地、尼赫鲁、太〔泰〕戈尔，及现任印度国民会议主席莫赤拉克朗等会晤，对我国抗战精神及建国事业备极赞扬，尤在菩提学会所演讲《访华之经过》一文，内中称颂我领袖，敬重我民族，情词表露，出自肺腑，殊为国际友人中所罕见者。其对我侨胞演讲一文，以第三者立场忠告旅印华侨应为祖国艰苦奋斗，影响之力甚大。兹将以上两文分别摘译印发，以供对中印缅三国文化有关各方之参考，并引起吾人今后对国民外交工作之注意与促进。

一、宇巴伦在印度演讲《访华之经过》

诸位士女：余此次组织缅甸访华团之动机，乃因缅甸之一切的须〔需〕要。余之到华后感想及来印代表缅甸扶轮社参加印度扶轮社年会意义等，自均以东方文化为立场，须知东方之自由中国，实为东方各国之模范。当余未往华前，原拟赴日考察，嗣以护照及心境如上述所感等等问题，故作罢论。自是即下最大决心组织缅甸赴华访问团，前往访问正在艰苦奋斗中之中国。余等一行共九人，由仰光至腊戍而至重庆。

余此次来印为第三次，千祈诸位切勿以余为外人。盖以文化观点而论，余与诸位为一家也。余在中国倍〔备〕受优待，而在印度今竟亦然。果吾人能将东方各国，如中国、日本（日本此时当为不可能）、缅甸、暹罗、锡兰、印度一齐联合起来，其力量之大，自非任何力量所能及。余有一言须说明，即余所讲者，决无政治作用，实在讲起来，乃"我与尔刀之关系"。此次余到达重庆之时，受各方面之赞扬与欢迎，因中国人士并不以余为外人。如本团有一印度人，名甘格逊者，余亦不以其为外人然也。

在重庆时，首使吾等敬仰者，即蒋夫人。渠之对服务抗战工作，由各方面看来，实为伟大之自由中国唯一之妇女领袖。凭情而论，任何东方各国妇女皆不及蒋夫人之伟大。渠向余称："中国之英勇抗战，不仅为中国本身生死关头，抑且为东方弱小民族之生死关键。"据情思之，吾人真不如中国民族之伟大，中国抵抗日本，无论前方与后方，秩序井然，毫不紊乱，所以说自由之中国仍全在中国人手中。中国有伟大之领袖蒋介石将军及有广大之土地与民众，其抗战英勇之精神，与夫全国上下团结一致，相信必能获得最后胜利。言念及此，想到吾缅甸人口仅六百万，尚不如印度傍遮普一省之人口，印度亦为大国，有能牺牲之领袖，有高瞻远瞩之学者，且政治革命运动正在澎湃发展中，然吾缅甸现亦在从事研究政治运动。故中国之英勇抗战，乃为东方弱小民族之模范，印度政治运动当为吾人之良友也。

蒋介石统帅，实余素日敬爱之人。彼有伟大之人格，犹如上帝之博爱。彼于戎马倥偬之余，复倡导新生活运动，给予中国伟大民族以新生命。如果中国在彼领导之下抗战胜利，则此后自由之中国对东方各国将有重要之贡献实无疑义。故中国实为东方唯一仅有之民主政治国家。

另有一事,应向各位陈述者。即余在重庆时,正与中国某要人谈话时,忽日机数十架来袭,警报发出后,市民以最有秩序及镇静之态度,避入安全地方,余亦随之。第二次余正在某大学演讲时,突警报频传,余仍演说不已,直至演毕,男女学生及听讲之群众,以极有秩序之步伐,避入安全地方,毫无惊惶情形。第三次遇日机时,余正在午餐,但余仍坦然处之,大吃大嚼,有人问余,余答曰:"余不愿躲避,既怕死,则不必来中国访问。"某次当余躲避日机时,妇女们仍在河边洗衣担水,余心不禁为之感动:中国之妇女尚能如此镇静,尔我(指印缅)应该效法中国上下不怕艰险困苦。至其精神道德均足以为吾人之楷模。

孙逸仙先生致力国民革命凡四十年,彼为中国民族而生,彼亦为中国民族而死,一生心血无不为伟大之自由中国民族而奋斗。新生活运动,为中国转风移俗改造社会之唯一法门,即为孙逸仙先生之信徒蒋介石将军所倡导。吾人见有整千累万之青年,起居、行路、说话、衣服,均有条不紊,无论是大学、中学、小学均然,其建筑物均为庆色,学生有男女,均有早起早睡之习惯,飱〔飧〕食、寝食、牙刷、被单安放井井有条。大学生伙食费及用费,每月仅中国国币十六元,合印币仅四盾左右,按仰光大学学生每月至少须六十盾左右,由此吾人足知中国学生之俭朴与中国节约之一般。教授薪俸不过二百四十元至二百五十元,诚余向来未见。中国如此之俭朴,诸位每每学欧化,但吾希望切莫忘掉了学中国,即吾人东方固有之文化。

中国女学生除读书外,每日且到各地去服务,每个女学生既清洁,又精神,更活泼,不特作一般妇女应作之事,且有许多许多上了前线,女生之勤俭,一如男生。反观吾缅印设立大学一所,开口必须百万盾或数十万盾,每一教授月支数千盾,倘与中国比。较,吾人不知浪费了多少,所以要说中国未曾忘掉东方文化,试问吾人感想为如何? 中国妇女保育之合作,在吾人内地虽或有之,但其服务保育精神,实为吾人有所不及。中国妇女能忍苦耐劳,实有其伟大民族一部之特长。

当余访问中国后,余之精神为之一振,大为所感,遂毅然决然组织缅中文化协会,俾对两国文化作进一步之沟通。中国人在缅甸者甚多,缅人称曰"伯波",意即同种兄弟。且有大多数之缅甸女子同中国人结婚,据说因为中国人之家庭组织良好,在缅甸之华人,无论男女,均能操极流利之缅语,此即情感易于互通,缅甸女郎每每喜跟中国人,亦即是羡慕中国人人格之故。但印度人则在缅者不同,时有小集团之结合,如孟加拉集团、傍遮普集团,顽固不化,是以余希望印度友人打破此种习惯,吾人应学习中国之伟大。

当余访华时,每至一地即受阻,但所至之地必受欢迎,否则中国人说是对不起朋友。余曰:"余果不死,决重来拜访。"余深觉中国、日本、缅甸、锡兰、印度果能联合起来,则东方将成功一种有力集团。可惜日本现在走错了道路……

缅中文化协会,中国政府曾拨有巨款,用以沟通缅中文化之需,如交换留学生,即是由文化沟通而走上实践之路。是以余希望印度兄弟,亦从事中印缅文化沟通工作。

二、缅中文化协会主席宇巴伦向我印度侨胞演讲词

各位今日来给我这样盛大的欢迎,我实在非常感谢。我的本意,只想和各位领袖交换意见,实不敢烦扰诸位开这大会,是以今日烦蒙各位前来参加,兄弟实感觉无限的歉意。不过我这次来印目的,是欲将贵国伟大的斗争转达于印人,同时欲促进中印缅的文化关系,借作沟通中印缅的桥梁。在敝国有极多贵国的侨民,我也知道此地有数千的侨众,我为了实际参观贵国的现状。新近曾到华游历二十三天。在这时期内,我看见许多中国伟大的东西,我也学习到了许多有价值的事物,今天我所欲告诉诸位的是中缅的关系和我这次到华所见所闻的东西,并将诸位祖国同胞所做的伟大工作报告一下。

中缅的关系和我与你们的关系,不是外国人的关系,实等于自己一样的看待,因为中缅两民族根本上找不出什么分别,我这次到华的时间很匆促,只有短短的两星期,同伴九人中有七人从未乘过飞机,但我们决心到中国参观去。当我们在重庆初履中国土地的时候,我们并没有觉得身在异国。当时到场欢迎的,不仅极多官方的人员,且有无数中国各阶层的民众,我们所至各处,不论长老、青年、学生、妇女,他们都衷心的欢迎,他们所表现的,都是使我们永远未能忘怀、始终忘记不了的诚恳热烈和欢乐的情绪,我们虽未能说贵

国的方言,但我们永远是铭记五〔心〕中的。同时我们在华所受的感动,不光是贵国同胞的热烈欢迎,还有更大的感动,就是中国的伟大斗争和建设。

最先我要告诉诸位的,就是你们或许尚未到过的地方——重庆。我们逗留在重庆的九天内,参观过许多学校和新制度,并且访问过极多各方的领袖,蒋统帅而至政府各部会长我都访问过,在访问过程中,我发觉蒋统帅以下的中国各领袖,与印缅的领袖完全不同,我对印缅的政治有多年的研究,印缅的政局我知道得很清楚,我知道印缅的领袖不过表现其本身的伟大而已,可是中国的领袖,除本身的伟大以外,还有为民服务为国牺牲的伟大精神,而且他们都是过着极端简朴的生活,这自然是受着革命导师——孙总理奋斗精神所影响的结果。孙总理伟大的精神和造就,诸位是知道得很详细的,不过我们永远要牢记的就是,孙故总理而至蒋统帅以下的全国领袖,他们不辞劳苦,不惜牺牲性命,为的都是你们和我们,因为中国倘若不幸而被征服,则不仅你们要陷于悲劫的命运,就是我们也要遭受同一的命运。所以中国的领袖,不仅为你们而奋斗牺牲,也为我们奋斗牺牲。

其次我这次访华,不光是看见了你们的领袖为你们的国家干着英勇伟大的斗争,并且目击他们在大破坏的战争情形之下而埋头建设。诸位的祖国这种建设的精神,使我本人深受感动。譬如以教育而言,前在战争区域内的所有大学,现在都迁到自由的中国后方,他们携着学校的设备和学生,长途跋涉到后方,经过无数的艰难困苦,我曾经参观过不少的大学,我也曾观察他们如何读书研究和劳作苦干的精神,他们也是过着极端简朴的生活。说到此地,我要不客气说我心里的说话,我这些话不是以外国人的立场而说,而是当作同胞兄弟的一席话,就是海外的华侨和国内的同胞多少有些不同,这种不同的地方,也是极其自然的事,因为海外华侨居留于不同的环境(意即谓我侨胞还有一部过着奢侈奕〔逸〕乐的生活),不过我们要勇于承认事实和真理,徒然恭维是没有用的。换言之,诸位要晓得国内同胞为你们而作战,为你们的祖宗和儿孙而作战,为你们而牺牲,也为我们而牺牲。在此我要附说几句,就是蒋夫人听见我们到重庆了,她虽是身体违和,医生劝其切勿见客,她还是下山来接见我们,我们一看见她病态的颜容,便立即知道她是身体不适,可是她还与我们畅谈四十分钟,她说:"我极快慰和感激的就是,海外的华侨能够不忘记他们的祖国,而且都能慷慨帮助祖国的战费。"还有一点要附带而言的就是,海外的华侨不特慷慨捐助救国的战费,并且还有极多华侨回国服务和参战。就是我的学生,也有两名是军官学校的学生,他们都伴同我们到成都,这些都是我亲眼看见的。

再次,你们远离战斗中的祖国,或许不知国内有着许多惊人的伟绩,中国不独有伟大的人口,还有悠久的文化历史,如果诸位要是忘记祖国,那就是忘恩了。我虽然不是中国人,但我对贵国伟大的事物,却有极深的感受。中国是统一的,全国统一的精神,就是抗战成功的要素。我们的印缅并不如中国的统一,所以以你们的奋斗精神,成功是毫无疑问的。在贵国游历时,还有使我极受感动的,就是所到各处,不论男女老幼,没有一个人失望,他们都以最诚恳和忠实的态度,在前后方去做他们各自的工作,就是乡村的人民,也一样非常爱国,没有一些恐惧失败的现象。我曾遇着一位八十五岁的老妇人,她也侃侃而谈抗战和游击队的事实。这种全国上下忠诚为国的精神,煞是令我感动。换言之,我极欣慰的就是看见许多中国的伟大事物。

此外,你与我居留在印缅,应该人人尽责,要认定帮助中国为我们最神圣的责任,不要以为我们住在和平的国家就可以放弃我们的义务,就是小学生也要各尽各的责任。如果我们人人能够如是,则敌人必然崩溃的。国内的同胞确实已做到了各尽各的责任,比方中国本部已经成立的六千工业合作社、经济合作社,不特自己制造自己的产品,而且大家都能购用自己的货物,大家从血的教训中,都认定购买仇货者要付之于枪决,所以不论大小工厂、不论哪种工人,全体都能相互合作,大家也不购买仇货。在此,我又要坦白批评就是一部分华侨,还与印缅人士一样的涉于欧化。其次,我在重庆和仰光听见你们的国歌都非常的激昂悲壮,所以你们看着国旗,唱着国歌,就要更加联合起来,一心贯注于祖国的战争,不要光是注意自己的家庭,要知家庭以外还有祖国。

我说这话你不要以为无礼,这是我以第三者地位,在贵国亲自观察所得。我知道贵国人民不论国内、仰光及此地,处处都是很亲切,我也知道中国自由,我们也能自由,是以我明白希望的,是人人要有取有舍,我坦白的批评,也只望我们人人能为国服务罢了。

最后,在时间已促,而我离位于前,还要附带报告的就是我们组织中缅文化协会的经过。我在重庆时就提出组织的计划,当即得到贵国领袖们的赞许,于是召开第一次会议,以后到成都、腊戌、仰光各地也相继组织起来,我极欲以告诸位的,就是中国政府还拨有巨大的款子,用为中缅交换教授及创立博物院等用费。我诚恳希望加城的华侨,也能组织同一的中缅文化协会,与我们共同努力起来,然后再由加城扩大到各地去。我这次是请假而来,我也不是有钱的人,但我今日所做的,不是为个人家庭或一国,是为整个东亚的前途。我希望大家都有同一的信念,然后才能共同提倡和实现。还有我不过一个教员而已,我并不欲做伟人,也不想求我个人的声誉,不过聊尽我个人最大的服务罢了。今日烦蒙诸位到来,给我这个难得的机会,我一方面极感歉疚,一方面却极感谢。我坦白批评和说话,全由爱护你的一念,要有不对的地方,就请原谅罢了。(完)

〔国民政府军事委员会政治部档案〕

7. 北平故宫博物院关于赴苏参加中国艺术展览会工作报告书 (1940年6月12日)

一、展览会缘起及展品征集

苏联政府为使其民众了解吾国艺术精神及抗战情绪起见,其人民委员会艺术部,乃发起中国艺术展览会于莫斯科。去年四月间即拨款五十万卢布,由国立东方文化博物馆从事筹备,嗣汇集莫斯科、列宁格勒、伊尔库斯等八处地方十一博物馆藏品一千五百余件。更由苏联对外文化协会商请我国政府征集近代绘画、雕刻艺术手工品、抗战宣传标语、民间通俗画、附有插画之著作及报纸,以及古代铜器、玉器、陶器、石刻与唐代以来绘画等品,以为补充。时立法院孙院长在苏,即与洽商,由孙院长分电行政院孔院长暨中苏文化协会邵副会长分任征集古今作品之责,其古代艺术品向本院及国立中央研究院征集,现代品则分请政治部、中宣部、教育部及关系艺术团体与个人会同筹备搜集。惟古代艺术品因分存各地，开箱提取费时，运输亦感困难，乃择其易运者参加展览，而中央研究院之安阳发掘品，其易于破碎或落皮不宜运输者，则以放大照片代之。

二、本院展品提选

去年五月，吾国既决定参加莫斯科之中国艺术展览会，本院即令驻黔办事处先事准备，拟定出品目录。六月一日及六日行政院召集谈话会，与本院及中央研究院两度商讨参加展览会办法，本院即就驻黔办事处所拟目录加以修改，令照目提取。至二十五日工作告竣，提选展品一百件，计绘画织绣五十件，古玉器四十件，铜器十件，分装两箱，并拟成说明书一册。

三、征集品运送

行政院徇苏联之请，派职等以专家名义赴莫斯科，担任学术工作，即以出国之便，兼办押运文物之事。中央研究院所选铜器、甲骨之属凡四十件，与照片八十幅分装二箱，载以西北公路局卡车。七月十二日自昆明起运，由杨雨生君押运。十四日至安顺，本院文物百件亦装两箱，同车启运，由庄科长尚严押运。十六日抵贵阳，职等已先期在贵阳等候，次日会同押运前来。十九日至重庆，时中苏文化协会征集展品四箱，亦托代运。交通部又令西北公路局驻渝办事处加派卡车一辆。二十六日离渝，二十八日至成都，八月一日经剑阁，四日过双石馆，七日至兰州。甘肃省征集委员会展品二箱，天水行营征集品一箱，陕西省征集品一箱，均请附车起运。自滇至甘，沿途均由各地方当局派武装士兵分段护送，滇境龙主席派卫队负责，黔至行都由九十九师负责，渝蓉段由重庆卫戍总司令部负责，成都至双石铺分为二段，均由四川保安队负责，双石铺至兰州，由陕西省政府派教导队负责，兰州则由第八战区派队保护。途中在桐梓、重庆、绵阳、兰州均遇空袭警报，车皆开出野外，幸免意外。八月十五日由苏联飞机先运一部文物，乃骥随行押运。十六日抵苏境之阿拉木图，展品即存储该城博物馆，其余留兰展品，存储郊外五泉山银行仓库，由振伦守护。九月十六日亦搭机西行，十七日至阿拉木图。二十三日苏联派专机运送，二十四日职等与征集展品抵莫斯科。其时由吾国中苏文化协会转交苏联大使馆之展品大部已到。惟香港、上海征集品，至职等离苏时，尚未抵莫斯科也。

四、苏方筹备

苏联国立东方文化博物馆,自奉令筹备中国艺术展览会后,即向各方征求展览品,更撤去馆内所陈列日土伊朗及苏联东方各物品,将全部馆舍修理翻新,又增拓陈列厅,添置各种新式设备,于展品到齐时,复详细审查,设计陈列,继则编印目录。十月又开始训练参观指导员六人,授以中国历史艺术等科目,最初预计会期六月,参观人数六万,及开幕后,休息日常愈千人,原定房屋不敷应用,乃不得不更加扩充馆舍矣。

五、展品开箱

修缮会场,颇费时日,十月中旬始行毕工。二十日国立东方博物馆长赖基太会同职等,将存储莫斯科海关之展品箱件运至博物馆库房。二十一日开始启箱,到场人员除东方博物馆长、秘书、远东部主任、顾问、学术员、库房主任及职等外,又有吾国驻苏联大使馆代表田秘书宝齐、胡随员济邦,苏联人民委员会艺术部、书报检查委员会、对外文化协会、海关等代表。下午三时开始工作,八时始将展品中之古今绘画审查登记完毕,二十二日铜玉杂项等亦先后启开。吾国展品经此长途运输,均属完好,亦幸事也。开箱之时,即将展品逐一点交国立东方文化博物馆,并缮具清册。二十四日该博物馆将清册用打字机造成一式四份,职等详加检讨,其重要展品(故宫中研院)并注以中文。次日由博物馆分送各参与负责人签字,吾国大使馆、苏联海关、国立东方文化博物馆暨职等各存一份,用备查考。

六、苏方藏品鉴定

苏联国立东方文化博物馆,此次征集苏联各地所藏中国艺术作品一千五百余件,其真伪年代有不能确定者,多经其国专家与职等鉴定,东方文化博物馆所举行大规模之审查会凡四次,一为十月二十七日审查书画织绣,一为十月三十一日审查铜瓷等器及现代作品,一为十一月二日审查铜玉陶瓷等器,一为十二月十六日审查杂项。每次由东方文化博物馆主持,均有苏联汉学家绘画织绣建筑等专家参加,艺术部文化协会艺术报主笔亦每次必到。至职等鉴定展品以外之吾国文物,具见第十项,兹不赘述。

七、会场布置及开幕情形

展览会场即在莫斯科欧布克哈街之东方文化博物馆,虽非市中心,而交通甚便,入门处悬中苏两国国旗、总理致苏联共产党书、列宁斯大林雕像及二氏论中国革命及文化名言。又前为吾国英勇抗战巨幅照片。前行即为陈列室,以时代先后为次。(三代起现代止)一月二日下午五时,国立东方文化博物馆举行中国艺术展览会开幕典礼,艺术部邀请苏联当局要人、外交团体、艺术界、博物馆界及民族英雄参加,入场券中印有中苏文字,以竹为封面,内绘有大刀及梅花之图案,以象征中国英勇抗战不屈不挠之精神。下午四时来宾络绎于途,吾大使馆全体职员亦先后莅临。至十时半,来宾已逾三千人,济济一堂,允称盛会,揭幕时艺术部付长萨拉多尼多夫致词,对吾国慨借古物运苏陈列,首致谢忱,继称华画精腻优雅,盼苏联艺术家研究之,并望中苏两大民族加紧艺术文化之沟通,更祝中国抗战胜利。晚八时苏联对外文化协会设茶会招待吾国留苏人士,由苏联艺术界、汉学界、外交界等作陪,到百余人,并有游艺杂剧助兴,跳舞会则至深夜始散。次日中国艺术展览会开始售票,任人参观,入览者三百余人,莫斯科各大报如真理报、消息报、红军报、艺术报、晚报、莫斯科英文周刊,皆以艺展消息刊登显著地位,且多登载中国艺术论文并用无线电广播全国。于是参观艺展人数与日俱增,会场几至不能容纳。

八、展览会概况

艺展会场楼下六厅,分十一室,陈列中国古今艺术作品。楼上则为民俗陈列室展品,总分日用、装饰、宗教、抗战四类,计有铜玉、陶瓷、书画、织绣、雕漆、牙刻、竹木刻、景泰蓝、玻璃器、服装、首饰、家具、文具、版刻、印刷品等都一千四百余件(目录编辑在前仅登载一千一百件),其中瓷器五百件,绘画二百五十余件,织绣百余件,展品以此三项为最多。吾国展品古代者一百四十件,现代者一百五十二件,苏联藏品中,绘画有周昉贵妃出浴图、宋苏汉臣婴戏图,明仇英上阳宫上林赋、清明上河等图,虽未必尽为真迹,而大为观众所喜,王振鹏群仙高会玉岭图,卷长三十余公尺,绘云贵某督抚生平事迹,苏报章多盛称之。又有管道昇、吕纪、边景昭、宋旭、王岜、边寿民、沈铨、盛茂烨、邹元斗、万均、金楷、任颐等画,陶瓷中有唐土俑,有宋磁州罐印州瓷灯,其正德唐窑青花缠枝花卉及黄地绿龙暗花两碗,铜器多后世仿古为之者,有一嘉靖剔红圆盒,亦精致,其出土品有基爱夫发现之石簋,有西北〔伯〕利亚发现之唐铜镜,有柯斯罗夫之采集品,汉代织绣皆蒙古那颜乌拉所出,元代宗教画则黑水城所出者也。有一北魏铜造佛像,其座上刻字云"大将军时□为亡兄弘国公造□像……",侧刻回文,乃叶尼塞河流域出土者。

艺展开放时间,正午十二时至下午七时,票价一卢布,团体票一人七十五戈比(百戈比为一卢布),大学生每票四十戈比,中学生二十戈比。上午九时至十二时,未成年人可免费入览。目录附插图三十幅,每册售价四卢布,东方文化博物馆现正编辑纪念册,刊行彩色明信片,拟在会场发售,以广流传。延用参观指导员,成年团体须出费二十卢布,未成年者只收十五卢布,参观人数每日平均三四百人,休息日约千二百余人,一月二十二日观者最多,在一千八百人以上,一月二十四日苏联电影厂史摄制艺展电影一百一十六公尺,拟在各地演放,以广流传。团体参观票,本由莫斯科市政厅介绍发售,二月一日旅行社亦可代售入场券。

九、参加人批评

展览会自开幕以来,参观者极为踊跃,二月一日统计入览团体已达二百三十余,七日统计参观人数已逾二万五千,观众之多,实出意外。会场备有参观人意见册,苏联红军、工人、艺术家、学者、英雄、妇女、儿童之到会者多签注意见,积成巨帙,皆赞扬吾国历史之悠久、文化之精进、艺术之美妙,且一致深信吾国抗战必胜,建国必成。黑白画家摩尔氏谓中国画线条绝美,无与伦比。某艺术家则称,中国绘画以毛笔濡墨为之,顷刻可以写出内心之情感,实乃极平民化之艺术。雕刻家莫尼那盛称中国古画传统之超逸手法,苏联老画家格拉巴谓苏联民众对为国家独立而战争之中国人民寄以无限之同情,中国历史久远、文物灿烂、艺术伟大、深感兴趣。苏联人民参观之踊跃,盖非偶然也。

十、留苏所任学术工作

职等赴苏任务侧重学术工作。除鉴定东方文化博物馆征集品,协助编辑艺展目录外,更至国立历史博物馆与吉西了夫博士商讨中国艺术问题,并与之研究叶尼塞河流域去年新出土古物。今年四月苏联学术界开会于莫斯科，讨论编辑中国艺术史大纲问题，拟有纲目，职等签注意见，为之补订。东方文化博物馆恨未诸吾国募拓器物之法，因传授之，更应各界之请，撰中国艺术论文五篇，拟刊诸报端。休息日参观其博物馆图书馆，先后参观者有历史博物馆、普希金美术博物馆、国家艺术陈列馆、瓷器博物馆、苏联艺术博物馆、西方现代艺术博物馆、封建生活博物馆、波克罗斯基教堂博物馆、中央反宗教博物馆、列宁中央博物馆、革命博物馆、红军博物馆、列宁图书馆。去年冬其首都表演亚美利〔尼〕亚民族艺术，艺术部亦赠票往观其艺术展览会，聆其音乐，观其歌剧。今年一月被邀往列宁格勒参观其爱美迭世故宫博物院、列宁大学图书馆、艺术大学郊外两故宫博物馆，均由对外文化协会招待。列宁大学图书馆并藏有永乐大典十一本，另一本藏研究爱美迭世博物院。去年筹备中国艺术展览，规模甚大，陈列厅二十一所。八月一日开幕，以柯斯罗夫大尉及欧尔登堡博士在吾国蒙古、宁夏、甘肃、新疆、西康之采集品为最有价值，又有汉代漆器、织绣、唐宋卷子、塑像、壁画、西夏版刻、书箱、元代陶瓷等，柯氏采集品以其人已死，其物品发现地点不明，因而不能定其年代者。职亦就所见告之，作为参考。今年二月二十八日更访问苏联博物馆界人士，对于博物馆之设备及改造与古物之发掘等问题，逐一商谈，颇有可资我方借镜者。

十一、返国经过

艺展会本定六月闭幕，旋以各地民众函电请求展期。(远如北极、南俄均有此项请函)故公展期限决定延长，将来结束后，或至列宁格勒基爱夫等名城展览。行政院初拟留苏一人照料文物，后以为期过久，始准职等一同返国。因托吾国驻苏大使馆照料之，保护方法亦与东方文化博物馆再度研究，绘画陈列过久，恐有损坏，因教以舒卷方法，并请其以玻璃罩画上，以资保护。所幸该博物馆备有湿度表、温度表，可以随时调节室内湿度温度，而灯光设备尚好，窗帘布幔，可阻风尘及阳光侵入，或不致损坏也。归计决定后，苏联对外文化协会于饯行时，赠本院中国艺术展览会影片一百十六公尺，并嘱携带赠送吾国之农工展览品及书箱等四大箱，至渝公展。职等于二月二十九日由莫斯科搭火车，三月五日至阿拉木图，十一日乘苏联飞机至迪化。十二日由原机至哈密,十四日乘欧亚公司航机启程,当日即抵兰州,四月四日由兰搭西北公路运输局卡车,十日至广元,改乘军委会运输总司令部回空车,十六日至成都,一度换车,于二十六日始抵重庆。此行任务,遂告一段落。

〔国民政府行政院档案〕

8. 军委会侍从室抄转刘文岛与意大利代办谈话情形事致王世杰代电(1940年7月14日)

本会参事室王主任勋鉴:据刘大使、薛秘书光前六月二十四日呈报与义〔意〕代办狄桑德谈话情形前来。兹将原呈抄转参考。中正。午寒。侍秘。附抄原呈一件

中华民国三十年九月五日

抄刘文岛薛光前六月廿四日呈

谨呈者:义代办狄桑德奉命于日内起程回国调外部办事,另派一等秘书史比耐烈担任代办,亦即由沪动身经甬来渝。职等昨为狄代办送行,撮谈话要点如左〔下〕:

(一)狄代办密谓日本曾通知德义〔意〕两国,表示越南为日本特殊势力范围之地方,不容他国侵略。闻德义〔意〕两国对此通知拟不答复云云。(职等谨谓,如德义〔意〕对日此项通知始终不理,或德义〔意〕无利用日本牵制英国于远东之必要,则外交上似有德义〔意〕牵制日本之可能。)

(二)狄代办谓德法休战条件共二十一条,其中可注意者,即法国海军一部分解散武装,一部分留作法国保卫法属殖民地之用,而德国希望或为恢复原来所失之殖民地,或更分取英国殖民地,义〔意〕国希望一面在取突尼斯,一面在取东菲〔非〕英法所属索马尼亚,并在埃及取得一沟通联络突尼斯致阿比西尼亚之走廊云云。(职等谨谓如将来此案不变,则法国不但仍有安南且尚有相当之海军为之保卫,故我对法外交尚不无联法制日之余地。)

职等为狄代办谓,数年前吾人曾为贵国当局告曰,义〔意〕开发殖民地后将一变而为工商大国,届时必须于近东远东觅取市场,中国富于原料,需要工

业,可为中乂〔意〕两国发展商务之自然趋势。惟欲达到此目的,非一朝一夕所能奏效,必须两国政府与人民有比较长期之好感,然后贵国与英日在远东之势力相竞争,现时机将到贵国正可及时策进,以先博得吾国朝野之好感,凡足以引起我国朝野之误会者更宜切实避免。吾领袖希望增进中乂〔意〕邦交之厚意,亦累经请贵代办转达,今请于贵国之后,更向贵政府切实陈说云云。

〔军事委员会档案〕

9. 王宠惠、张嘉璈为兴筑滇缅铁路能否接受英方方案与行政院 往来文件(1941年2月)

1)王宠惠、张嘉璈会提案(2月25日)

查兴筑滇缅铁路一案,迭经我政府与英缅政府积极交涉,兹据英国卡尔大使于本月十七日函英方对于兴筑该路之条件四项(原函译文附件),其第一点为滇缅南段界务问题,亦即英方自来认为兴筑铁路之先决问题。

按界务问题,外交部业将办理经过呈奉院令颁发审查意见内开:外交部可根据最近谈判中之假定线继续交涉,以期滇缅南段边界能完全划定。炉房矿权及永广区域两问题,外交部应设法使英国让步,不必作为全案解决之先决条件。等因。自当照办。惟细绎英国大使来函,彼方在原办办法以外,似难再行让步,如我对炉房矿权及永广区域两点加以坚持,深恐影响筑路问题之解决。此外,英方对于路案又提出三项条件:即(一)我方以本身财力或以现存美国之美元信贷,尽速兴筑缅边至昆明之一段。(二)我方在必要时,应代购或借让缅段必需之材料,例如以我国现存仰光之钢轨一百三十二公里,转让缅方。(三)我方应于战后设法维持经由该路之贸易。英方所提对于建筑滇缅铁路之方案,究竟应否予以接受,以利工程进行之处,理合备具节略,提请公决。

附件

王宠惠[印]谨提

张嘉五笔璈[印]

二月二十五日

照译二十九〔三十〕年二月十七日英国卡尔大使致委员长函

委员长阁下：敬密陈者。英国政府业经决定立即进行兴筑滇缅铁路计划,曷胜欣忭。

(二)[1]中国政府对于本函第四、六、七、八各节所提各事,如可予以圆满保证,英国政府将以资金供给缅甸政府,俾得建筑自腊戍经萨尔温江至边境之数段铁路。英国政府复拟于接到中国政府满意答复后,转请缅甸政府火速完成缅甸境内之必要测量,并开始建筑业经测竣之数段。

(三)英国政府在目前多事之秋,未克多方实际援助中国政府。滇缅铁路计划之价值,夙为阁下重视,英国政府特利用此机,乐予赞助。中国政府之出海交通,除经缅甸外,业已阻断,英国政府明了中国政府如无此种铁路,实无从将其急切需要而又不能经由山间公路输送之多数笨重物资运入国内。因此,湄公河附近之一段险路,必须铺设铁路,以代公路。此事关系重要,当首为阁下所洞悉,亦即英国政府前于接准中国大使十二月十七日节略后所了解中国政府目前之计划。

(四)英国政府切盼中国政府为报偿英国政府关于铁路计划之协助起见,对于滇缅界务悬案,同意依照缅甸政府原提办法予以解决,缅甸政府固不负责筹措建筑铁路之经费,而铁路之建筑,必使缅甸政府担任各种新的义务。该铁路收益方面之展望,既甚茫然,缅甸政府如非因此即得依照其原提办法勘定边界,俾在萨尔温江以东圆满建立其行政机构,实无意担负上述各种义务。

(五)据本人所得印象,缅甸代表团最近来渝结果,中缅政府在勘界事项方面,业经获得共同见地。私意以为,吾人不久即能认定上项条件已经符合。

(六)关于缅境一段铁路之全部建筑经费及任何营业损失,英国政府均可负担。但中国政府应以其本身财力或以现存美国之美元信贷,尽速兴筑缅边至昆明之一段。

(七)关于筑路所需之钢料,或难由金镑区域供给,如缅段铁路随时需要任何钢轨、桥梁、材料及其他钢料,一旦不克自使用金镑地域如数供给,英国

---

[1] 原文没有"(一)"字样,似有缺。

政府应请中国政府以美元向使用美元地域购备之。英国政府在其供给力量好转时,可从金镑区域中提出同量之材料归还,或者中国政府即由缅段铁路将来之盈余中提取适当之部分作为补偿。例如,为求避免缅甸境内筑路工程之迟滞起见,中国政府现存仰光之钢轨一百三十二公里,当予充作缅段工程方面之用,其补偿办法,则依照上述了解办理。

(八)在目前环境下,实施筑路计划,固纯系根据政治及军略上之理由,而财政上之结果如何,则未顾及。然该铁路究属长久企业,其将来利润展望如何,自亦有注意之必要。英国政府希望中国政府在恢复全国正常状态之时,设法诱致往来中国西南各省之贸易,充分运用现拟兴筑之铁路。至昆明腊戌铁路,财政上之成功,尤有赖于沿线矿产之顺利开发,使其就近经由仰光出口。

(九)英国政府对于建筑铁路事项,与中国政府所定任何办法之宣传问题,甚为重视。在此事尚未达到较为确定之阶段以前,拟请中国政府暂勿从事宣传为荷。尚此奉达。敬颂

崇绥

卡尔署名

2)行政院训令稿(2月26日)

训令勇柒3246

令　外交部

交通部

三十年二月二十五日,本院第五零五次会议,该部王、张部长暨交通部张部长、外交部王部长会提为兴筑滇缅铁路,迭经我政府与英缅政府积极交涉,兹据英国卡尔大使于本月十七日函述英方所提对于建筑滇缅铁路之方案,应否予以接受,以利工程进行,请公决一案。经决议:英提方案可予接受。除令知财政部,并分令交通部、外交部外,合行令仰遵照。此令。

〔国民政府行政院档案〕

10. 宋子良关于处置我国滞留越境官商物资报告(1941年2月 15日)

报告(三十年二月十五日于昆明)

关于我国滞留告,敌方在一月中旬曾向越南要求:(一)越方所拟征购中国官商存防过境物资,一律不准提取。(二)倘提取时,须以半数交敌方。(三)倘不照此办法,则敌方自行处置。是项消息报端已有登载。嗣据周委员续报称:有法人Petro(前系资委会雇佣职员)致函福中公司总经理Bell君,陈述关于处理我国官商物资意见,谨摘译如下(以下摘译Petro君致Bell君函):

在物主立场观察假定物资完全被日方攫取,等于百分之百损失,鄙意以为不如设法使日方购买半数,货款由日方自付,或由越方代日方支付。

在越方立场观察假定以半数让售日方,则比由日方自由行动较为体面,且越南各种工业目前需要物资原料亦无来源,能得其余中国物资半数接济,不无小补。鄙人业将此项意见告知越南最大进口行(De scours and Caband)经理Vialet,渠已于一月十八日与越督秘书长洽谈,嘱其即写书面报告。现探得Vialet报告内容有下列各点(以下系Vialet报告):

(一)假定越方不接受日本购取中国留越物资半数之意见,则日本必夺取海防海关码头货仓,形势更为复杂,且越方亦不能得到其余半数物资接济。

(二)假定越政府接受日方要求,强迫物主将货物出售,而又以半数分与日方,则此举违背国际公法。

(三)现可能办法,惟有设立一商业机构,以友谊方法,将中国存越官商物资全部购买,再以一半转售日方,此项商业机构,可以银团方式组织,设总经理两人:1.为东方汇理银行代表(为金融代表)。2.为本洋行代表(为工业代表)。并由越政府指定该商业机构得有特权专买中国官商物资。

(四)将中国物资分为:1.卡车及材料,2.棉纱布匹,3.钢铁五金,4.橡皮轮胎,5.电气材料等。

(五)上项各类材料,以半数让售与日方指定之三井、三菱越境官商物资,前据本处驻越国委员贤颂报等洋行,其余半数让售与越南当地商行。

(六)购买价格凭原关单及运费仓租计算,如购方不愿意接受,前项计算价格可还一相当价格,倘所还价格物主不允,则由评价委员会作最后决定,但所评之价不能在关单原价加一成以下之价。

(七)如物资无购主,则应准许其再运出口。

(八)商业机构付款方法,半数付美金或英镑集团币制,半数付越南短期债券,但此项债券可购买越南出产物品,如煤、米、洋灰等,并准许转运出口。

(九)日方对于此项意见如何,由总督设法处理,恐将来越方尚须借与日方购料款项。

(十)关于过境物资之中,应另列特别优待种类包括:1.美国借款售与中国之货物(须美领证明)。2.中国境内外商所有之货物。

(十一)物资之主权,以持有海关正式关单或持有已签证之提单为凭。

(十二)以上各项其中最困难之一点,即为评价委员会之成立及如何可使委员有权评价,而不发生纠纷。

鄙意(指Petro)前述各项办法或可实现,但目前须有一人可能在越南代表中国之利益,以现在越南情形而论,代表中国利益之人:1.不能为中国人,2.不能为中国政府雇用之外人,3.须为中国有名商业机构之外人,故鄙见以兄(即指Bell)为最适当之人,因中国政府既可信任吾兄;而法人亦所欢迎等语。

综观上述Petro致Bell原函陈述各点意见,似有相当理由。职就目前形势观察,谨拟办法三点:(一)我国商人物资由商人自行决定,政府物资决不出售,留待以后抗战结束再与法方清算。(二)我政府物资大部已转售美商信臣洋行,可由我方通知信臣洋行,将无关军用者酌量出售法方指定之商业机构,其可以资敌者,绝对不售。所有被越方或敌方攫取物资,应由信臣向美政府备案,以备将来交涉。(三)假定我方所存少数汽车、汽油、紫铜块、军毯、防毒面具、电讯材料等认为非资敌性质,则政府存防上项各类物资,可通知信臣按照上述所拟办法,售与法方商业机构,不必论其转售敌方若干。以上所拟办法,我政府应先研究,以何项最为适当,俾得预为准备,并恳详为指示。又关于代表我国利益人员因Petro与美商信臣之海德君挟有意见,故主张不由海德代表而由Bell代表。将来如成事实,应由何人代表,敬请一并指示。除呈

何主任、孔副院长外，敬祈鉴核示遵。谨呈

　　副院长孔

　　主任何

职　宋子良（陈体诚代）谨呈
〔国民政府资源委员会档案〕

11. 昆明侨务局为陈燮民要求将商品运入国内经营设法救济与侨委会等往来函电（1942年1月）

1）昆明侨务局致侨委会代电（1月16日）

侨务委员会昆明侨务局代电昆侨31指字第五四号

民国三十一年一月十六日

　　重庆。侨务委员会钧鉴：据职局保山办事处呈转：据仰光华商总会代表陈燮民申称：仰光侨胞以经营百货商店者居多数，自经轰炸以后，相继停止，拟将商品运入国内，择地经营。惟商品入口限制甚严，运输统制，不易输入，拟恳转呈设法救济等情。查所呈困难自系实情，保存在外商品、物资，政府本极关心，抢运侨胞血汗，所积物品渴望内移与资金内移，应同重要，拟恳钧会咨商关系机关，特准侨胞商品、物资、机器入口，并可由职局派员会同仰光华商总会代表，办理入口凭证等事，以资识别，俾予便利，是否有当，谨代电呈请鉴核示遵。昆明侨务局叩。子铣。印。

2）侨务委员会致经济部公函（1月30日）

公函管指字第三三六号

　　据本会昆明侨务局本年一月十六日代电称：据职局保山办事处云云，录至鉴核示遵。等情。查事关商品物资内移，除电复外，相应录案，函请查照核办，并希见复。以便转知为荷。此致

　　经济部

中华民国三十一年一月卅日

3)侨务委员会致昆明侨务局代电(1月30日)

代电

昆明侨务局觅子铣代电悉,经据情函达经济部查照核办矣。仰即知照。
侨务委员会。印。

〔国民政府侨务委员会档案〕

12. 国民政府公布蒋介石告别印度国民书(1942年3月23日)

余夫妇此次访印,留驻半月,得与印度军政当局以及一般友好,开诚商讨吾人之反侵略计划,与彼此共同奋斗之目的,幸获一致之同情,与全力之赞助,殊觉愉快。余今任务已毕,即将回国,而与我全印友好作别矣。只因留印日浅,对印度国民,未能尽我所言,故于此临别之时,一倾我恳挚向往之心,借申平生之积愫。余所欲首先提及者,自余到印之后,得悉印度全国对于反侵略战争,皆有一致之决心,此实余所引以为深慰者也。我中国与印度合占全世界二分之一人口,两国毗连之国境,达三千公里之长,其文化经济相互交流之历史,有二千余年之久,然而两国间从未有一次武力之冲突,此种悠久之和平邦交,实为世界上其他各国间所未有,此足证明吾两大民族实为世界真正和平之民族。时至今日,世界和平已为野蛮之侵略暴力所威胁,我中印两国不仅利害攸关,实亦命运相同,因此我两大民族,惟有共同一致积极参加反侵略阵线。并肩作战,以实现真正之和平世界,竭尽吾人应尽之职责。抑中印两国国民之德性,有一共同之特点,即两国均以舍生取义,杀身成仁相崇尚,吾人之传统精神,厥为不惜牺牲自己,以达成救人救世之目的。我中国对于此次战争,亦即为此牺牲精神之表现,故毅然参加反侵略阵线,此非仅为争取中华一民族之自由,实为一全人类之正义争取整个人类之自由也。余敢向我兄弟之邦印度国民建议,吾人在此人类文明存亡绝续之交,惟有各尽其所能,以取得世界人类整个之自由,盖只有在世界人类整个自由之中,乃能获得我中印两大民族之自由。无论中国与印度,其中如有任何一民族不能得到自由,则世界即无真正和平之可言。至于现在世界大局之形势,只有两个壁垒,凡为国家与人类求自由者,皆必毅然站在反侵略阵线,其间决无中立旁观之可能,盖此时实为我全体人类祸福之总关键,决非一国一人之争,亦非某一国与某一国间各别之利害关系,凡参加反侵略战线之同盟者,无论何国,皆在整个反侵略民主阵线之中共同合作,而非单独与某一国合作与不合作之问题也。吾人于此憬悟民族主义之意义,在太平洋战争开始以后,已应乎时代而有一甚大之转变,各民族求得自由之方式,今者实亦有不同,现在各反侵略国家无不要求印度国民在此新时代中,尽其应尽之责任,以求自由世界之生存,印度之将来,实为此自由世界整个之重要部分,同时世界大多数人士皆已同情印度之自由,此种宝贵难得之同情,决非任何有形物质力量之代价所可取得者,余以为应特加珍重,而使之勿失也。

诚以此次战争,实为全体人类自由与奴隶之战,换言之,即是与非善与恶之战,亦即世界被侵略与侵略暴力之战,倘此次战争反侵略战线失败,则世界文明必倒退百年而不止,全体人类之惨剧,将不知伊于胡底矣。

姑就吾亚洲而言,日本军阀之暴虐,有非言语所能形容者。高丽、台湾自日人并吞以后,其人民所受压迫与痛苦,既巨且深,固已足资吾人之借镜。祇〔只〕述我中国此次抗战所受日军之残暴行为,在一九三八年十二月南京被陷时之一例言之,一周以内,全城人民被屠杀者多至二十余万人,此五年以来,全国人民几乎无日不受飞机大炮之轰炸,凡暴日铁蹄所到之地,无论男女老幼,非被污辱即受荼毒,尤以智〔知〕识份子与青年学生所遭之惨劫为更甚,残暴之日寇决不使稍有智识与思想者容留一人于社会之内,故对于学术机关与其稍有文化历史关系之建置,无不彻底摧残,举凡日常生活必需之工具,如炊具之铜,耕具之铁,与手艺工具之类,无不搜括〔刮〕掳掠毁灭无遗,其在军事占领区域内,除奸淫洗劫焚烧残杀不计者外,更复借其暴力,到处开设烟馆赌场与妓馆,不仅腐化吾人之生活与体质,且图灭绝吾人之心灵,此种惨无人道,暗无天日之丑行,实非全世界文明人类与我仁慈高尚之印度国民所能想像〔象〕。然余兹所述者,犹不过为中外人士所共见共闻者之一端,尚不足以暴其黑暗于万一也。

当此野蛮暴力横行,黑暗笼罩于全球之时,吾人为世界文明及民族自由计,我兄弟之邦印度国民与我中国国民皆宜共同一致拥护大西洋宪章与二十六国反侵略共同宣言,积极的参加此次反侵略阵线,联合中英美俄等各同盟国,一致奋斗,携手同登此争取自由世界之战场,以求获得最后之胜利,完成吾人在此一时代中无可推诿之使命。

最后,余对盟邦英国政府特致诚挚之期待,余且深信我盟邦之英国将不待人民有任何之要求,而能从速赋予印度国民以政治上之实权,俾能发挥精神与物质无限之伟力。印度此次参战,因为求取反侵略民主阵线之胜利,实亦与其本身自由之得失有莫大之关系。余以客观地位,认此乃为于大英帝国有益无损最贤明之政策也。

〔国民政府外交部档案〕

13. 行政院为美国邀请参加世界经济会议事与外交部等往来文件(1943年3月)

1)行政院训令(1943年3月19日)

令外交部　经济部　粮食部　农林部　财政部　卫生署

外交部电呈,美国政府拟邀请各联合国暨已与德日及其他轴心国家绝交之美洲各国政府派遣专家代表团,于四月二十七日在美开会,讨论联合国战后各项经济问题一案。经提出本院第六〇五次会议决议:"除人选另定外,先通知外交部我国接受参加本会议,并密达各有关机关准备一切"。除分令部,合行抄发原件,令而遵照。此令。

附抄发代电及备忘录、请柬译文[略]

附:

外交部报告备忘录抄电(1943年3月16日)

顷准美国暂行代办使事范宣德来部面递备忘录略称:美国政府认为讨论战事胜利后联合国各项经济基本问题之时期已至,故拟即发请柬邀请各联合国,暨已与英德日及其他轴心国家绝交之美洲各国政府,派遣少数专家代表团,于四月二十七日,在美开会,讨论下列事项:(一)从逐渐提到各国消费水准之观点,研究各国之战后经济计划及展望,(各国粮食及必需农产品之生产能力进口需要及有否余额可以输出)此问题与其前提出之善后救济办法无关;(二)研究是否可以成立国际谅解并订之办法,俾各项粮食及必需农产品之生产率得以增加,而全世界对此类物品可获有充分供给,其价格亦应予以公平规定;(三)研究财政贸易及其他必需方法,以使世界各国得其所需食物及农产品,并使剩余产品得有充分市场;(四)研究是否可借国际合作及推动各国国策,普遍增加消费并改善营养。

范代办并申述在美国未邀请各国之前,美国政府甚愿获悉中苏英三国政府之意见及建议,美国政府确信上项提议中国政府当能接纳,并予以合作。惟在未正式邀请以前,望严守秘密等语。

正拟办间,复奉宋部长电嘱向钧座代陈二点:(一)渠顷晤国务副卿威尔斯,据称:罗总统意欲在战事结束前召开若干国家会议,先经济后政治,俾和平莅〔莅〕临时各种国际问题均已获得解决途径。其先从粮食问题入手者,以各国对此问题均有关系,且较易解决也等语。宋部长意本届会议为其他国际会议之先声,我国同意参加应为必然之举,我方对其请柬要旨此时似可不必提出任何修正意见,至我国对本问题各部分之建议自可在会议席上逐项提出。(二)现会期已迫,关于人选问题宋部长特向钧座推荐经济部现派驻美商务参事李干充任首席代表;现在美之刘瑞恒,对人民营养问题深有研究;现任甘肃建设厅长张心一为农业经济专家,均拟请派充代表。此外,似可另由粮食部、农林部、卫生署各派代表一人。与本问题有关之计划及材料,请由国内各主管机关准备,交由专程来美出席代表带美。如钧座认为可行,即请发交行政院遵照办理,一面先由本部通知美方同意召集上项会议,并于代表团人选决定后,将代表姓名转知,一面由院召集经济部、粮食部、农林部、卫生署及本部,会商应搜集之材料应准备之计划及应建议之意见,以便于该会议席上提出。是否有当,敬请钧裁。

附美方所送备忘录与其请柬要旨及译文各一份:

奉批"先通知外交部我国接受参加本会议并密达各有关机关筹备一切人选俟请示后再核派"。

"此项应用之材料须简要,实在不可徒尚空谈,一切须就自己之能力及需要,要据美方来照实事求是,方可博得友邦重视;(三)项所列既关财政贸易应令财政部参加以资周妥,并将以上意见先报告委座。"

陈延祺

三月十六日

美国代办面递备忘录译文

美国政府拟向各联合国政府暨已与意德日及其他轴心国家绝交之各美洲共和国政府致送请柬,兹将该请柬之要旨随同附上,在致送请柬之前,美国政府甚愿获悉中国苏联及英国政府之意见及建议。

美国政府确信此项提议当可为中国政府所接纳,并信中国政府可予以合作,使达到其所期望之目标。中国政府对此有何意见及建议。倘承迅予见示,当为美国政府所感荷。

在请柬送交全体联合国之前,请对此事严守秘密。

附请柬要旨译文

军事胜利后,全世界将遭逢之经济上各基本问题,美国政府深信由各联合国及在此次世界战事中与联合国协作之各国共同从事研讨之时期已至,是以美国政府邀请——[中]国政府派遣少数专家之代表团,参加美国政府拟于四月二十七日在美国适合地点召集之会议,以为解决此类问题之初步,此会举行之目的在关于后述事项得有交换意见及情报之机会,并对于解决此类问题之适宜及实际步骤在原则上得有谅解。

(一)从逐渐提高各国消费水准观点,研究战后各国之计划及展望(各国粮食或其他必需农产品之生产能力进口需要或其可输出之余额)及在增强一国一般经济活动范围内所应采行之措施,此问题之研讨不涉及救济问题。

(二)研究是否可成立国际谅解,并订定办法,俾提高粮食及其他必需农产品之生产率,并确保全世界对此类物品获有充分数量之供给;在生产者及消费者两立场中,如何求得一公平之价格,亦当加以研讨。

(三)研究必要之财政贸易及其他办法,借使全世界各国可获有其所需之食品及其他必需农产品,并使其剩余产品得有充分之市场。

(四)研究是否可借国际合作及推动各国国策普遍增加消费,改善营养。

三月十一日

2）卫生署致行政院签呈（1943年3月24日）

案奉钧院三十二年三月二十日机字第一七七五号密令。以我国接受参加美国政府邀请四月廿七日在美讨论联合国战后各项经济问题会议,抄发原代电及备忘录请束译文等饬遵照准备一切。等因。奉此。自当遵办。兹拟派中央卫生实验院院长朱章庚为本署代表前往参加,除准备一切外,理合缮具该员简历一份,备文呈请鉴核示遵。谨呈

行政院

附呈简历一份

卫生署署长　金实善

附：

朱章庚年四十一岁,浙江义乌人,北平协和医学院毕业,美国耶鲁大学毕业,中央训练团第十五期党政人员训练班毕业,曾任全国经济委员会卫生实验处卫生教育系主任,中央大学卫生教育科主任,卫生实验处简任技正,贵州卫生委员会常务委员,公共卫生人员训练所所长,中央卫生实验院副院长,现任中央卫生实验院院长。

〔国民政府行政院档案〕

14. 军委会委员长侍从室为纽约外交部情报司报告国际通货会议英美两提案事致王世杰函（1943年4月）

纽约外交部情报司通讯员三十二年四月十三日电

国际通货会议英美两提案之不同点：

《纽约先锋论坛报》四月五日社论称："英国凯思斯计划之弱点,在假定各国政府愿以内政经济及财政各政策,置于国际平准之前提下,一般政府在社会问题（如失业）压力之下,政治上罕肯作此牺牲,如果各国政府能彻底推行国际经济合作计划,稳定物价,避免收支失衡及铲平开税障碍,则该机构之成功固无疑义也。"

四月八日之社评曰："大体观之,美国之建议较为缓进易为,此间接受该方案,较英国之计划接近双全本位制一也,强制之性质较弱二也,内容较为具

体三也,该建议之弱点,在乎推动之机构为财政部,而非政治色彩较少之联邦准备金机构,又在此计划下,美国将拥有25％之少数票,而决定基金之主要政策,非有五分之四票决不能通过亦为争执之点。"

四月七日《纽约时报》转载伦敦报评两则,伦敦时报评曰:"英国提案,不但包括国际收支差额,且包括影响贸易之各种因素,而是项差额之性及范围,胥由贸易之状况而定。美国之理论,几全为财政上之办法,英国之方案,因其范围较广,较能收对症下药这效",伦敦财政新闻称:"依照美国计划,会员国势将完全放弃规定汇率,或限制外汇之主权,而听命于握有广泛权力之国际基金机构,反之,英国之提案,以减少干涉各国内政至最低限度为基本原则。提案中之国际清算局之权力,仅限于建议而已,目下各国家思想蓬勃,英国之方案自较能获得一般之拥护也。"

四月十一日《纽约先锋论坛报》社评称:"两提案间争执之焦点,厥为英美两国之管理权限问题,依据英国方案,英国票权最大,依据美国方案,则美国最大,两提案已分送三十七国,迄今所获覆文仅有十二国。"

《纽约时报》驻华盛顿通讯员约翰·克拉达四月七日著文称:"英美两方案之目标,皆为国际性,而其步骤则纯以国家为立场,英国方案依据战时外国贸易,(英国居第一位)划定每国参与及管理国际机构之范围,美国方案则以资金数额(美国之能力最大)为基础而定之,一般专家威信,国际平[准]机构之管理,及决定各国参加之原则两问题,将为争执之争点,双方提出计划时,似愿采取一折衷[中]办法"。

四月十日哈佛大学司泼拉克教授发表声明称:"自由规定货币价值之弊,俱为两方案所承认,各该方案之目的,在减少此种危险,采取维持平衡之政策,两者既以平准国际币值为目标,其点虽大,仅在细目而已。英国方案较简,盖其所主张者纯为一种清算机构。美国方案不但包括清算事务,且包括各种国际银行事务。在美国方案下,总部之地位较为重要,惟其职务范围之广,各国能否接受殊属疑问,然美国方案有一特色,较英国方案受人注意,即处理庞大战时差额之办法是也。查该案提议,以此种差额之百分之四十作为借款,规定于二十年内逐渐清偿,此问题或不在英国方案范围之内,惟必须设法解决,俾现下国际交易清算时,能解除此庞大之负担也。"

〔军事委员会档案〕

15. 航空委员会研拟核议开辟中印定期航空运线一案意见呈电 （1943年4月）

1）航空委员会呈（4月12日）

事由：英国军事代表团请准开辟中印定期航运线一案,经研讨办法,签请核示由。

准英国军事代表团空军军官华伯敦一九四三年二月十九日来函：请准在定疆、阿萨姆及昆明、重庆、成都间辟一定期航运线,经遵总长批示,会同航委会、外交部、交通部派员集议两次,详细研讨。查英方所请,专为军用性质,以运输物品供给在华工作机关为主,倘任其以军用机名义自由飞行国境,我方势难探知其内容,更无法限制其数量,殊碍我方权益。为便利双方运输,并确定航线,限定时间,便于控制约束起见,似以组织中英航空公司为宜,业由交通部参照中美（即中航）、中德（即欧亚）及中苏航空公司合同优劣各点,拟具中英航空公司草约一份,经会同审议修正,似可作将来与英方谈判开辟中印定期航线之根据。在未决定成立以前,英方如因军事上需要派运输机来华时,应暂依本会公布之"外国航空器飞航国境统一办法暨检查暂行办法"办理。是否可行？理合检呈中美、中德、中苏各航空公司办法利弊说明,暨中英航空公司合同草约各一份,敬祈鉴核示遵。谨呈

总长何转呈

委员长蒋

航空委员会主任　周至柔

兼外事局局长　商震

附呈中美、中德、中苏合设航空公司办法利弊说明〔略〕及中英航空公司合约草案各一份。

中华民国国民政府交通部与不列颠联合王国订立合同草案

中华民国国民政府交通部(以下简称中方)与不列颠联合王国(以下简称英方)鉴于在中华民国与印度之间开辟航空运输业务于双方均有便利,特愿共同组设股份有限公司经营此项运输事业。因此签立本约,订明条款如左〔下〕。

第一条　名称

第一节　双方愿本合作精神,依照中华民国之法律共同组设一股份有限公司,定名为"中印航空股份有限公司"(以下简称公司),以经营本约第二条规定航空路线之邮件旅客货物行李之航空运输业务。

第二节　公司之英文名称定为"　"①公司之简称中文定为"中英航空公司",英文定为"　"②。

第二条　航线

第一节　公司应经营下列各线之航空运输业务。

第一线　成都、重庆、昆明、阿萨姆、加尔各答。

第二线　阿萨姆、西昌、宜宾。

第三线　重庆、兰州、肃州、安西、婼羌和阗莎车白沙瓦。

公司须于本约签定〔订〕之日起三个月内开办第一线,六个月内开办第二线及第三线。

第二节　公司经中方之特许,得开办中华民国境内其他航空运输路线,经英方之特许得开办。印度及缅甸境内其他航空运输路线,经中英双方之特许得开办通达中华民国、印度、缅甸境内及其他航空运输路线。

第三条　资本

第一节　公司资本总额定为中华民国国币一万二千万元,分为六千股,每股二万元,中方认四千股,英方认二千股。

第二节　双方须于本约签立后两个月内先将资本之一半缴公司,即中方须先缴交二千股,英方须先缴交一千股,其余资本之缴交日期与方法,由公司董事会议决定之。

_____

① 原文如此。

② 原文如此。

第三节　公司之股票为记名式,任何一方绝对不得转让。

第四条　管理监督

第一节　公司由董事会管理监督,董事会设董事九人,由中方指派六人,英方指派三人。并设监察三人,中方指派二人,英方指派一人。

第二节　董事会应就董事中举出董事长一人,副董事长二人。董事长及副董事长之一人,由中方提名后应即被选。副董事长之一人,由英方提名后应即被选。

第三节　董事长当然为董事会议之主席,董事长不克主持董事会议事务或不克执行董事长职务时,得委托中方提名之副董事长代理之。

第四节　董事会最少须有董事五人之出席,方能开议,议决案须以出席董事过半数之同意通过之。

第五节　凡关于公司资本之继续缴交,公司债之发行,其他方法之借款或担负债务不动产或飞机或任何需款超过中华民国国币二十万元之购置,均须经由董事会议之通过。

第六节　自本约签立日起,双方须于七日内组成董事会,并由董事会于七日内议定公司章程,随即开始经营公司业务。

第七节　公司设总经理一人,由董事长或中方提名之副董事长兼任。

第八节　公司董事经各该方股东之委托,得兼充股东代表出席股东会。

第五条　组织

第一节　公司于总经理之下,分设左〔下〕列三组:

(一)机航组。

(二)营运组。

(三)财务组。

各组均设主任、副主任一人,由董事会议依照以下提名方法通过任用。机航组主任、营运组主任、财务组副主任由中方提名,财务组主任、机航组副主任、营运组副主任由英方提名。

第二节　公司得于本条第一节规定各组之外加设秘书室或总务室。

第三节　公司各组各室之详细组织,由董事会订定之。

第四节　公司之总事务所应设于中华民国境内。

第六条　各地设站及办事处所

公司应于所办航空路线经过之各地设站及办事处所,派置人员办理业务,惟电台、气象台、机场等,须先请双方主管机关核准后,方可办理。

第七条　财务

第一节　本约第三条所规定之公司股款及公司载运业务,与其他所收之一切款项均为公司之资财,应存储于双方同意之中国国籍银行。

第二节　公司付清营业开支后,所余之款项须另行存储,以备增加或改善设备之需,并派给股东股利,但股利须俟公司一切营业费用开支付清债务,本息算结并提出相当公积金后始得派给。

第三节　公司之一切支出均用支票,支票须由受委派之二人签名,其一人由中方董事委派,另一人由英方董事委派。

第四节　公司之簿记会计均须用最新式之制度簿记,中英文兼用,惟以中文记载为凭,并于每半年须有可靠之注册会计师审核之。

第八条　技术人员

第一节　英方须于本约签立后,即将关于航空运输业务之技术与经验尽量供给公司,通力合作以促进本事业之发展。

第二节　英方须于本约签立日起,在英国及公司内训练,经中国政府甄核合格之。中国驾驶机械电讯等项人员,并予以研究及练习航空运输、空线经营、飞机修理厂管理及其他各项有关航空运输事业之学识与技术之种种便利与充分之机会。

第三节　除本合同另有规定者外,公司一切职务应尽先任用中国人员担任。

第九条　飞行器材

公司所用之飞行机、发电机、无线电收发报机、无线电话收发机各种零件,以及一切关于飞行所需之器材,均应选购世界上最新式最优良并合于公司航线之用者。所有飞行器材公司如向不列颠联合王国境内任何处所购置或租用时,英方应予以一切可能之协助与便利。

第十条　升降场所

第一节　双方在可能范围内准许公司使用其所开办航空路线上经停地点之民用升降场站,如因环境需要,须借用军用机场时,应先经特准。

第二节　公司所开办航空路线上必要之地点,如无升降场站时,得由公司呈准主管官署自行担任此项设备。

第十一条　无线电讯

第一节　为使飞行安全起见,双方暂允予公司以装置适宜之收发无线电报之权,并允以相当波长供给公司使用,但中方声明一俟中华民国国民政府主管官署有此项设备时,中方得随时收回此权。

第二节　本条第一节所指之无线电报机只准专供公司与各站及各飞机之间传递消息之用,以维持公司业务之效能,但一切商用之通讯及其他与公司无直接关系之通讯,一概不得传递。

第三节　该公司所有电台遇中国空军有需要时有随时协助之义务,或由中国空军派遣人员利用之权。

第十二条　注册登记

公司必须遵照中华民国之法令,向中华民国国民政府主管官署注册登记。

第十三条　禁航

公司在中华民国与印度境内必须分别遵守中华民国国民政府主管官署或印度政府主管官署一切禁航法令。

第十四条　设备

公司在中华民国境内设置之升降场站修理厂,无线电报、无线电话、无线电定向台以及其他各项技术设备必须遵照中华民国国民政府主管官署之规范与命令。

第十五条　法令

公司在中华民国及印度境内,必须遵守中华民国国民政府主管官署或印度政府主管官署对于空中交通及航空运输管理检查之一切法令。

第十六条　邮运

公司有载运邮件之义务,并必须尽先载运邮件,其载运办法由公司与有关之邮政管理机关订立合同办理。

第十七条　合约

第一节　本约一经双方签字即时发生效力。

第二节　本约自签立日起以五年为有效期间,在期满前一年若双方之任何一方未以书面通知对方表示解约之意,则本约于五年期满之后再继续有效一年。

第三节　本约兼用中英两国文字订立,一式缮备五份,均由双方逐一签字,每方各执二份,另一份交由公司存执。关于本约解释发生疑义时,以中文合约为标准。

中华民国民政部交通部

2)孔祥熙致蒋介石电(4月27日)

代电　机字1824号

委员长蒋赐鉴:奉交核议航空委员会周主任至柔等签呈为英国军事代表团请准开辟中印定期航运。经研讨结果,拟以组织中英航空公司为宜,拟具公司草约,拟作与英方谈判之依据。在未决定前,英方派机来华,应依我方规定办法办理一案。遵经详加审核,认为原拟意见当属妥适,合约草案亦甚完善,拟请准如所议办理。谨复,请鉴核。祥熙感院四(机)。

〔国民政府行政院档案〕

16. 蒋介石等为英国邀请中国国民参政会访英事与王世杰往来文件(1943年7月10日—11月2日)

1)蒋介石致王世杰代电(1943年7月10日)

侍秘字第18371号

本会参事室王主任勋鉴:七月二日第214号签呈悉。顷据顾大使少川来电称:(一)曾向外次商邀我访英团方式,彼云如团员不仅参政员拟由英国政府名义邀请,如全系参政员,则另须转商两院议长加请,但彼亦以为我如能将团员性质放宽,包括他界代表,则联欢范围更广,益足鼓起英国民众之兴趣与同情。至对于议院方面,可由团中之参政员会递专书访问,而该院亦仍必热诚招待;(二)团员人数定六人亦甚适宜,惟似不必限于参政员,除教育、新闻界,党与经济及工业社会每方面亦可酌派适当人员一人,党如吴铁城、张大田(电码错误)、梦麟或世杰,经济如光甫或贝松荪先生,社会如晏阳初先生,工业如刘鸿声或钱昌照先生等,如何仍请酌夺;(三)我国参政会性质与英议院稍异,如访问团能包括他界专家,成为范围较广之团体,则对英各方联络更易,既可博英民之情感,亦可宏访问之效。近数月来,因中英间种种磨〔摩〕擦。此间政府、议院及民众方面殊多流言,或谓我态度骄矜,或谓我国家主义过浓,而英方驻华经济军事代表所陈政府关于我国现状之秘密报告语多悲观,益滋评议。钧意此次访问团首席似宜遴派资望深、经验富者充之,庶借此极力转移视听,俾收一举两得之效等语。特电转达,即希就所陈各点核签意见,迅速具复;候复为盼。中正。午蒸。侍秘。

中华民国三十二年七月十日发

2)王世杰致蒋介石呈(1943年7月15日)

谨呈复者:奉交核议顾大使关于访英团人选意见,昨经约略面陈,当承钧座指示并嘱续予研究。窃意顾大使来电拟请政府遴选有资望之人参加报聘,借以转移英国朝野对华之观感,用意良是。兹谨续呈意见三项如左〔下〕:

一、此次报聘团似以由参政员及党部派员参加为宜,如另向会部以外遴人参加,则其组织颇嫌纷杂,或不易为英方一般人士所明了或重视。窃意钧座似可就中央党部中再指定二人参加访问。

二、参政员中经遵示接洽,表示愿往者,有王云五、钱端升、杭立武、胡政之四人。日昨陈启天参政员来言,如就其他党派中指定一二人参加,对内对外,似均有益。陈参政员并嘱转陈。此议可否采纳,敬祈赐予考虑。

三、拟于钧座决定人选后,以钧座及参政会主席团其他主席名义,将拟令参加报聘之参政员名单提出驻会委员长会议征求同意。

以上所陈,是否有当,敬祈裁核。谨呈

委员长

参事室主任　王○○谨呈

七月十五日

3)王世杰致陈布雷函(1943年10月22日)

布雷先生左右:敬启者。关于访英团事,日昨吴次长来询如何通知英大使,当经告以本团名义为"中国访英团",本团团员五人系由"中国政府于征询国民参政会主席团暨立法院院长意见后选派"。盖仔细研究后,惟有此一方式较为合适也。故在内部手续上,似尚须以委员长名义列报国防最高委员会,一面以国民政府文官处以奉主席谕之方式,通知被选派之五人(即王世杰、王云五、胡霖、杭立武、温源宁),至对外发表之期,则约定俟英方回答到渝后定期发表。以上拟议手续,如兄认为妥适,敬烦惠予办理为荷。并候刻安。

弟　王○○敬启

十月二十二日

4)参事室拟中国访英团节略(1943年10月)

名称:中国访英团

目的:增进中英友谊,加强中英合作

组织:本团由中国政府征询参政会主席团及立法院院长意见后,选派左〔下〕列国民参政会及立法院人员组织之。

王世杰　参政会主席团主席委员

王云五　参政员

胡　霖　参政员

杭立武　参政员

温源宁　立法委员

任务:宣达中国对英之友感;(二)①考察英国努力抗战实况,并报道于中国政府与人民;(三)与英国朝野交换意见。

赴英时期及留英时间:定十一月赴英,留英期间预定约一〔个〕月。

---

① 原文如此,无"(一)"。

5）参事室拟外交部公布中国访英团行文（1943年10月）

中国访英团

外交部公布"去年秋间英国国会议员团来中国访问，于中英邦交之促进，裨益良多，政府为敦睦中英盟谊，鉴于国民参政会曾有组织访英团之建议，并应英国政府之正式邀请，现经决定组织'中国访英团'，并已征询国民参政会主席团委员王世杰、参政员王云五、胡霖、杭立武、立法委员温源宁等五人为团员，并派李惟果为该团秘书，业经本部通知英政府，该团即将定期启程"。

6）王世杰致蒋介石签呈（1943年10月26日）

谨签呈者：访英团不久将启程赴英，兹拟就钧座交由该团致英王暨英首相中文函稿各一件，谨附呈核实。并请核实后交侍从室缮正，呈经钧座亲署。其英文译本拟由职室商同外交部妥办，附于中文正本之后。又克利蒲斯爵士夫妇处，可否请夫人致一亲笔英文短函，嘉其募款及其他有裨中英友谊之努力，并祈察核。谨呈

委员长

附呈函稿二件

参事室主任　王○○谨呈

十月二十六日

附：

蒋主席致英王函稿

英王乔治六世陛下：

去岁贵国议会代表团莅华，对于促进贵我两国邦交，致力甚勤，贡献殊多。每忆及当时之欢聚，未尝不深感欣慰也。

今联合国抗战已逐渐进入最后阶段，贵我两国之合作，无论在作战方面，或建立和平方面，均将与日俱进。敝国人民咸欲向贵国朝野宣述此种期望。而贵国在战时之伟大努力与成就，足供敝国借镜者，亦复比比皆是。

敝国政府为应贵国政府之邀请，于征询敝国国民参政会暨立法院意见后，特选派参政会及立法院人员五人，组织访问团，前来贵国访问，以宣达敝

国朝野对贵国之友感,与增进中英合作之期望,并借以了解贵国战时之努力与成就。中特嘱该团于抵英之时,代致祝候之忱。尚祈惠予指导,俾得完成其使命,无任感荷。敬祝健康

蒋〇〇　敬启
中华民国三十二年十一月

蒋兼院长致英首相函稿

丘吉尔首相阁下:

去岁贵国议会代表团莅华,于促进中英邦交,裨益匪浅,至今犹为敝国人士所津津乐道。

敝国抗战已逾六载,世变虽瞬息莫测,而政策则始终一贯:全国上下群以为非竭全力以抗战,将无以自存,非与盟邦合作,则世界和平将无由奠定。

贵我两国邦交,因袍泽同舟之谊已日益亲睦。贵我两民族之文化,容各具特质,而共同之理想则甚多。本此理想以一致迈进,深信随战争之顺利结束,贵我两国之团结必益臻巩固。斯固不仅贵我两国所当庆幸者也。

四年以来,贵国军民英勇抗战,深为敝国军民所欣慕。而阁下独具双眼,烛奸于未战之前,宏毅忠贞,奠国基于艰危之际,尤为敝国朝野所钦佩。因之敝国公共团体,屡思组织访问团体向贵国军民暨阁下郑重致其友感与敬意。

兹者敝国政府为应贵国政府之邀请,特于征询敝国国民参政会暨立法法院意见后,就参政会及立法院人员中,选派参政会主席团主席委员王世杰、参政员王云五、胡霖、杭立武、立法委员温源宁诸君,组织访问团,来贵国访问,借申敝国朝野对于贵国军民暨阁下之友感与敬意,并借以观察贵国战时之种种努力与成就。尚祈惠予指导,俾得完成其使命,无任感荷。顺祝健康。

蒋〇〇　敬启
中华民国三十二年十一月

7)王世杰致蒋介石签呈(1943年11月2日)

签呈　侍从秘书号(乙)第60464号

号次   第327号

谨签呈者:兹经会同中国访英团团员拟就访英国工作计划大要一件,谨缮呈。敬祈核示祗遵,可否于本月十四日全团启程以前,更赐面示,俾识机宜之处,并祈察夺。谨呈

委员长

参事室主任   王世杰呈

三十二年十一月二日

附呈访英国工作计划大要一件

拟中国访英国工作计划大要

一、目的:访问目的在增进英人对华之了解,减少其对华之疑忌,以期造成一种友好空气,为中英两国未来之合作暨中国今后一切对英交涉,增加便利,减少阻力。

二、活动方式:在英期间不必过分注重公众宴会或讲演与夫政府方面之酬酢,应并注重(一)对社会各团体之个别访问;(二)对英国朝野要人之个别访问;如有必要访问团团员得分为两组,分赴各方面访问,但其言论须事先共同商定。

三、言论范围:访英团团员在英之言论应共守次列范围:

(一)言论之重点

在英言论除以忠实态度报道中国抗战事实以及中国人民在生活上及思想上之变化外,当以次列两点为重点:

1.中英两国之加强合作为中国人民的普遍期望。因为中英俱为爱好和平之民族。(于此应郑重申说中国人民爱好和平与反抗侵略之传统思想暨本党之大同主义,因以显示中国民族性与日本国民性完全相反。)此点用意在祛除英人对于中国复兴之疑惧。第二因为中英均以民主主义立国,(于此应说明中国政治的传统思想为民主,本党主义亦然,但中国对于现代式之民主政治,决以渐进方式求其实现,不愿躐等,致蹈虚伪之弊)——此点用意在祛除英人对我政治动向之误解。第三因为中英经济合作可随不平等条约之废除而加强。(于此当说明外人在华投资在过去往往不为中国舆论所赞同,其根

本原因为领事裁判权等等之存在。不平等条约废除以后,我国民众必欢迎英美工商业界予我以资本及技术之援助;中英经济关系必日趋宏厚。)——此点用意在祛除英人对我"排外"之疑忌。

2.抗战到底为中国人民最坚强的决心,中国决不因任何困难或引诱而放弃敌人无条件屈服之主张。——此点用意一面在祛除英人关于中日中途妥协疑虑,一面暗示中国决不能赞同盟邦以任何理由中途变更对日政策之意。

(二)对于若干具体问题之言论

关于左〔下〕列具体问题除第(六)问题或可酌量公开论及外,访英团应不作任何公开的讲演或讨论。遇有询问而不便绝对拒绝答复时,其措词亦当守下列范围:

1.港九问题

(1)九龙为租借地,故中国民众咸认九龙问题为废除外人在华治外法权问题之一部。(2)对于香港问题,中国报纸迄未有具体的讨论。(3)一般中国民众有一共同感觉,即中英既是盟邦,此项问题不久必能圆满解决。

2.西藏问题

(1)一般中国舆论认西藏问题纯为内政问题。(2)西藏地方政府之态度虽甚模棱,但西藏民众大者倾向中央。一因汉藏有悠久历史,而且根本并无恶感;二因西藏地理与历史以及经济条件决不能脱离中国而独立也。(3)依照三民主义之原则,汉人必与藏人以完全平等之待遇。

3.英国对华五千万镑借款问题

访英团可表示对于此事磋商之经过不甚明了,因我政府并未发表任何文件,亦未向国民参政会提出报告。至于一般中国民众似均以为此项借款业经双方议定,完全解决。

4.印度问题

(1)中国民众希望英印能早日协调,打开僵局;中国一般舆论界并无其他主张。(2)中国民众同情于印人之要求解放;但就本团同人所知,中国政府对于一切可能增加英政府对于可能增加英政府处理印事的困难之言论,当尽量力阻抑;而且对于英印间之态度皆祖〔坦〕白公正,从无不公开之时。

5.英国远东殖民地问题

(1)中国报纸很少讨论。(2)中国言论界所注意的为中国在马来、荷印等地华侨待遇问题。(3)中国不独对于此等殖民地无任何野心,即对于缅甸、安南等地,亦决无土地要求。

6.战后如何裁制日本

对于此一问题,中国民间言论最明显的倾向,有如以下所述:第一,台湾、琉球及九一八以来日人所占领的中国领土必须归还中国。朝鲜必须独立。第二,日本必须完全解除武装,九一八以来战争祸首必须惩罚。至于如何根绝日本再度发动侵略之可能,中国人民认为其关键不在盟邦战后对日政策之宽大或严厉,而在英美中苏四国能否充分合作。

四、留英期间

留英期间预定为四星期至六星期。

8)参事室拟访英团英国国会演说词(1943年11月)

贵国议会访华团去年冬天曾到中国访问,本团同人缅怀当时情景,无不引以为快。我敢向诸位说,访华团的访问在中国人民心目中确已留有一个深刻的印象,大家都深深感觉到贵国朝野对于中国人民具有极其真挚的关心。

数年来,贵国人民在国会与丘吉尔首相领导之下,以英勇坚毅的精神从事抗战,中国人民一致钦慕。本团同人此番前来访问,第一个目的就是要向贵国人民表示中国人民的敬意。你们的伟绩已足表明,一个民主而爱好和平的民族,一旦集中力量从事作战,则虽历史上最大黩武国家也要望风披靡,这所给予世人的鼓励是不可限量的。

本团访问的第二个目的,是要把中国人民一种逐日增加的愿望传达于贵国人民。这个愿望是:中英两国不仅在战时应为盟友,尤应在战后继续并扩大目前两国间的合作。

为使诸位对于中国人民这种愿望充分了解起见,我今晚拟与诸位从长研讨中国的一些问题和中国的一些希望,这些问题是中国将来要用相当长的时间去解决的问题,这些希望也是中国有理由应当抱有的希望。

我们战后最重要的工作,是增进我国人民的物质生活,这样的工作自然并非中国独有的工作,但这工作的广大性和迫切性使我们几乎感觉到这是中国独有的问题。

诸位如能想到,在中国我们所要照顾的并非几百万或几千万的人口,而是四万万五千万人口,则对于这一问题的广大性当能见及一般。我们所要解决的若只是几百万或几千万人的问题,我们的工作自属比较容易。我想在18世纪的时候,在中国较富庶的区域,譬如说扬子江下流、钱塘江一带中国人民所过的生活,并不较英国人民那时的生活为低,而且那一带住民还较英国人口为众,其土地面积更不及不列颠群岛大。但中国并不只是这一点地方,也不是许多这类地方的集合体。中国乃是山岭绵延、沙漠纵横、高原与平原并有的国家,当我们说中国人民物质生活要增进,我们是指中国全体人民的物质生活而言,不分当庶地方或贫瘠区域,都要使之增进。用比喻来说,这等于你们英国人要把东欧和中欧人民的生活水准,提高到和英国的生活水准一样。

这问题的另一因素就是它的迫切性,这是由于我们科学和工业发达落后所致。我在上面曾说,在18世纪初年我国较为富庶地区人民的生活比之英国人民的生活并无多让,但由于近代农工业之应用科学,这种局面就完全改观了。你们的生活标准日益进步,中国则瞠乎其后。近年以来,这种不平衡现象愈形显著,以致到过或不曾到过中国的外国人,甚至怀疑中国人民究竟有无经济建设的先天能力。我们中国人民的心中却不存此种疑念。但是我们并不否认这种显著的不平衡是不健康的现象,并非我国的光荣,我们更不否认这种不平衡愈大,经济改造的要求亦即愈迫切。因为如不急速矫正,则其演进将至于不可想象的地步。何况经过六年战争的破坏,在经济善后与经济建设方面,我们的需要更要迫切。中国被侵略的时间最长,牺牲也就最大。所有繁富的城市无一不遭摧残,所有的工厂和实业,所有文化的和物质生活的工具无一能幸免,敌人有计划的与极残酷的破坏。战争一经结束,中国差不多要从许多废墟上开始建议。

因此之故,惟有"急速的"与"大规模的"工业化,我们才能希望把全国人民的物质生活改善，我们说"急速的"，因为不如此，我们也许永远不能赶上工业先进国家。我们说"大规模的"，因为惟有大规模的干才能真正的适应需要。

在一个广大中国，要迅速而且大规模地实现工业化，自然不是一件很简单的事。所幸工业化的各种条件，却已大致具备，我们相信这一伟业的完成是极有希望的。为什么呢？

第一，因为在中国今日已有一种极普遍而热烈的认识。这个认识是：我们如果要不辜负肇建中华民族的祖宗，我们必须把工业化这件事付诸实施。大家都抱着决心要在我们这一代人中完成工业化。这种决心的产生，由于一种共同认识，即工业化必然产生其所能产生的利益。在从前，我们若谈工业化，一定有人随口说出，中国是一个农业国家，把农业沦为第二位是危险的事情。在从前，我们若讲物质生活的重要，一定有人把我们看作是轻视精神生活的唯物论者。现在情形完全改变了。人人都晓得工业化能增加人民的生产力，并且能把农业现代化，科学化。此外，现在也没有人会认物质生活同精神生活是对立的了。因此我们可以说从前大家对于工业化的需要还有争论，现在则工业化之应当实现而且必须从速实现，已成了全国上下一致的认识，全国一致的呼声。

第二，因为中国政治已日趋安定。英国现时国力、财富和荣誉的养成，得力于250年以来英国政治的安定者甚大。这句话，诸君当必同意。所幸政治的安定，今日亦已渐渐出现于中国。这自然不是上天的馈赠，而是半世纪来我们人民种种尝试、失败和牺牲的苦痛经验的结果。

所谓政治安定不仅指混乱之不见而已，政治安定必须以被治者的同意为基础，所以政治的安定，必须树立一种制度，使人民可以表达他们的意思。我们于此应知多年以来我们苦心经营的，就是用渐进而且稳健的方法，依照中国人民固有的民主思想，和我国国父孙中山先生的民权遗教，来把我们的政治制度逐渐民主化。在这期内我们的愿望应受两种阻碍而不曾实现，其一为扫除军阀的军事行动，其二为抵抗外来侵略的战争。一旦外来的侵略者溃败，而民族统一的要求又复高涨，则在到实行民主的道路上便不会再有战争的阻碍。国民党中央执行委员最近的一次全体会议,预期胜利的到来,业经郑重的正式宣布,在战事停止后一年以内召开国民制宪大会。

我们在中国负有推行民治任务的人,都知道民主宪法的颁布不一定就是民主化。提倡民主精神,训练民众行使政权,实行地方自治,采用适合中国状况的代议制度,这一切都是民主成功的先决要件。这些事情并非一蹴可几〔就〕。这些工作,我们已在一步一步的推进。我们相信在我们实行民主的进程中,国家的统一,政治的安定,必然也随着加强。我于此不妨举出本团多数同人所代表的国民参政会为例。国民参政会成立于民国二十七年,经过五年来的努力和实验,对于民主政治的训练和国家的统一,都已有相当的贡献。

中国政权操诸国民党。因此一般称中国为一党独裁的国家。这种说法,有时不免使人误解。国民党对于中国的统一,进步和安定曾有很大的贡献。近年以来,国民党虽当战乱之际,仍极力寻求并尊重其他政党和社会上一般领袖人士的意见。我们要在党治时期铺平宪政大道。等到宪政实现,国民党便要与其他政党并存并进。关于这一点,我愿引蒋主席本年九月间在十一中全会的一段演词。蒋主席说:"宪政实施以后,在法律上本党应该以一般国民和其他政党处于同等的地位,在法定的集会、结社言论出版自由的原则之下,享同等权力,尽同等的义务,受国家同等的待遇。"

我们对于在一国之内多党相敌对的政治制度,并非看不到其缺点。我们不独要把上次大战后欧洲许多国家的经验记住,并且要想着民国初年我们自己的苦痛的失败教训。因此,我们每一想及至少战后若干年内国民党领导地位不致遽形动摇一事,未尝不引以为慰。国民党党员为数甚众,其领导全国渡〔度〕过历史上极大困难的功绩,已为中国人民所公认。任何政党想从国民党手中攫取政权,在若干期间内是不可能的。所以宪政实现以后,其他政党虽然可以公开与国民党竞争,我们的政治安定仍然不会发生动摇。

我想战后由国民党继续秉政,同时亦受他党的批评,这对中国是非常有利的。因为国民党尚有多年当政的时间,我们不须顾虑政府变动的频繁。因为国民党以外的党派既有批评政府的权力和机会,我们也可不必过虑社会纷挠〔扰〕的发生。

换言之，我们对于工业化已经具备了两个基本条件，一是全国的共同理解，二是政治日趋安定。我们所需要的只有另一个条件，那便是国际合作。

我们中国人是一个重实际的民族。我们都知道，外人在华决定投资以前必然要考虑我们是否能做到以下几个条件：第一是政治能否安定。如无政治安定，纵使友邦同情我们，一定也不愿投资。第二是否有利，这是一切投资的基础。第三中国成为工业发达而强盛的国家以后，是否将继续努力维持世界和平。

第一条件已经在上面说明。至于讲到第二个条件，我可以说中国政府现在正在那里修改商业法规，以保证外国投资应得的合理利益。因为中国人注重实际，所以我们并不认为外人对我国非投资不可。相反的是我们要设法吸引外资，我们要用种种可能方法使外资流入。所以我们认为吸引外资是我们自己应该做的事体。

同时，诸位也必承认，事情并不如此简单。我们认为我们盟邦中的工业先进国必也愿意帮助我们。他们之注重实际，正和我们一样。在一个半富半贫的世界内，和平与秩序既无法实现，纵然实现也不能长久，正如一个半自由半奴隶的国家之不能长久存在一样。对于这一点我想大家必很容易抱同样见解。如果东欧、亚洲和非洲大部分居民处于困境，而西欧北美等地人民十分繁荣，我敢说人类所认为宝贵的和平、人道、正义等等理想是不会有保障的。

说得清楚些，在经济建议方面，英国及其若干自治领（如加拿大）以及美国，乃是我们同盟国中最有帮助我们的力量的国家。对于这些国家，中国不独感到气味相投，且愿永远结好。在这些国家方面，也必以中国为维持远东和平秩序的阻力。我们于此不能不进而说明上述的第三个条件，即一个因工业发达而强盛的中国是否将继续为世界和平而努力。

由于历史、传统和教育关系，中国人从来是爱和平，恨战争的。有人会说，中国人爱和平爱得过火。正因如此，中国人才从来不歌颂战争。中国的文艺作家不分今古，从来不喜欢描写残酷斗杀故事，但是他们对一切雍容恬静的意境的叙述，则素称能手。你想要从中国名画中找出一幅状绘战争的杰作是很难的。但对大自然的和平境界的描写,论细腻,论可爱,是无人能出中国艺术家之上的。诸位有到过民国二十四年伦敦所开中国艺术展览会的,当能感到商铜、汉玉、宋画和明清的瓷器,所表示的中国人的天才,是全副用在和平上头,这些作品简直可以说是和平的制作。其所表现的和平意味真是使人"心旷神怡"。

我敢确说工业化后的中国必定要成为一个世界和平的保障力量。中国人天生是反侵略的,不管他们的国力有多强。他们相信国际往来,一如个人往来,最能讨得便宜的是宽大,而不是征服。在中国五千年历史中,除了为了自卫,差不多从无发动全国向邻邦作战之事。即以自卫而言,一旦自卫目的达到,人们便自然回复到和平状态,一致的认[为]继续使用武力为无用。

我们中国人民急切祈求的是不要再有任何世界战争,我们希望我们将来由于工业和经济发达所产生的财富将永久供作增进全国人民生活的用途。防止国际无政府状态之再现,建立新的世界和平与秩序。这在我们中国人看来是增进我们物质生活的一个必要条件。

从我以上所说各点,诸位不难得一结论,即我们中国人民现在最注意最倾心的为用工业化来改进我们的人民生活。为达这个目的,我们要努力以求政治的安定与进步,我们要增强中国与英国及其他盟邦间的友谊与合作。我们要努力以求世界和平的树立与巩固。

〔军事委员会档案〕

17. 蒋介石为意大利终止战争事与王世杰往来文件(1943年9月)

1)蒋介石致王世杰代电(9月1日)

参事室王主任勋鉴:密顷据宋部长俭西电报告,美方面递对意终止战事草案,拟请先电赞成原则。等情。除以"我国可同意美英对意大利所提之条件"等语电复外,兹将原电抄转,即希密加研究具报为盼。中正。侍秘。附抄电一件。

中华民国三十二年九月一日

抄电

委座钧鉴:最密。美外交部顷面递对意终止战事草案,略谓目前意大利局势进展迅速。倘意方求和,联合国当采何种之行动,此时应预先有所约定,英美政府之意,如意方正式为无条件的投降,曾对意宣战之联合国应一致对意作共同声明,规定意方应担负之事项,此项文件应由意政府不加讨论即行签字,然后各联合国对意之战争状态即切实终止。如此办法可免使各联合国分别与意订和,而于联合国相互间所有之义务,尤其联合国共同宣言,廷之意旨亦相符合,英美政府曾对意作战最有关系之联合国政府商定,拟授权于联军总司令单独代表联合国签字,其条件应包括左〔下〕列各项:(一)意方承认全然战败;(二)意在各战区之参加作战完全停止;(三)在意领土以外各地之意大利部队应遵令撤退;(四)意大利领土有必要时得由联军占据;(五)意方应遵照联方规定,遣散部队解除武装;(六)意海军应全部集中,听候联方支配;(七)海港、飞机场及运输组织应联方管辖;(八)商航及内地运输设备应一切供给联方应用;(九)联方人员器材飞机及船舶有通过意境之权利;(十)一切通讯应受联方统制及检查;(十一)军用器材应储供联方支配;(十二)工业及财政之统制;(十三)意与轴心国家应即断绝关系,不得有任何往来;(十四)轴心国在意之部队应即予拘禁;(十五)战事罪犯应提交联方(详文指明墨索里尼及其同党各领袖并战事嫌疑罪犯);(十六)解散法西斯组织,废除一切苛恶律例;(十七)联方俘虏应即解送联方。以上为草案要点,全文已由美政府以军运飞机递驻渝大使馆转,大约一星期可到。此间英大使馆亦来言,本案为英美两政府共同提出,美政府同时请文择要,电陈希望我政府能早日表示赞同,并谓负责对意作战之英美两国所拟此项文件慎重,包括其他联合国之权益,甚盼我方即予同意,授权联军总司令爱森豪将军代表签字,我方如有意并可派代表赴 Algers(阿尔及尔),以便签字时参加等语。文细译所拟各节与钧座世电指示:(一)无条件投降;(二)不单独媾和之原则完全相同,故乞先电赞成原则,交文转达,俟全文递呈核阅后,如有特别重要问题,再请提出意见。此项文件因关秘密,其内容之送达各联合国分为三类:(一)除英美系起草者不计外,只限于中国、苏联获阅详细全文;(二)较简单者送达巴西、阿比

西尼亚、希腊、南斯拉夫、法民族解放委员会;(三)最简单者送达其他联合国。谨陈。文叩。俭西。(二十八日)

2)参事室致蒋介石签呈(9月2日)

谨签呈者:奉交研究英美所拟对意终止战争草案要点并具报。等因。经已缜密研讨,我国对草案所列十七项条件,诚如钧座致宋部长电所示,可予同意。惟我国对此事所以必须特予注意者,以此事可以造成先例,其影响将及于联合国未来对日之措置。在此意义下,原草案所拟由中国及其他联合国授权联军总司令爱〔艾〕森豪将军代表签字之办法,与草案内容,殆同样重要。缘我国缺乏海军,将来日本屈服之时,首先在日本本土登陆之军队或非我国军队,而为联合国其他军队,联军总司令一职,未必系由我国军官担任。因是联军总司令必须经我方授权之手续始能签字一层,极为重要。窃意钧座似宜续电宋部长于同意英美草案所拟条件之时,对于由中国政府授权爱〔艾〕森豪将军代表签字之办法,可郑重声明并予赞同。至于派代表赴阿尔及尔,以便签字时参加一节,似亦不宜忽视。我政府似宜早日密派大员赴阿尔及尔(将来必要时或更赴意大利),俾于事前事后密切注视一切措置之经过,并随时向政府报告。此项人选并以具有资望与政治眼光者为宜。以上研讨结果,是否有当,谨请钧裁。谨呈

委员长

3)蒋介石致王世杰代电(9月5日)

本会参事室王主任勋鉴:九月二日316号签呈悉。所议意见甚中肯,要已转电宋部长切实核办,并令外交部拟具派员参加办法候核矣。中正。申微。侍秘。

中华民国三十二年九月五日

〔军事委员会档案〕

18. 驻外使领馆为报告中国访英团情况事致外交部电(1943年 10—11月)

1)驻印度专员沈士华致外交部电(1943年10月29日)

重庆外交部次长钧鉴:顷据孟伯顿司令派政治顾问凯瑟克来署面称:我访英团经印赴英时,孟司令拟派员赴加招待,并嘱事前告以该团团员名单及抵加日期等情。除面致谢意外,应如何答复,乞电示遵为祷。

驻印度专员　沈士华

2)驻英大使顾维钧致外交部电(1943年10月29日)

重庆外交部并请转王雪艇李惟果兄勋鉴:奉电欣悉。兄等访英对中英邦交大增益,感曷胜庆幸,承嘱各项,自当先期预备。惟耶苏节前后及新年期间,值议院休假,议员多离伦敦,不知可否行期略更,或提前或稍移后,与各方接触较为便利。如何乞电示,及英文团员可否用The chinese special mission to great britain 并请核夺。再国家议会团英国分会之英文名称为Interparliamentary union british section,并以奉闻。

弟　顾维钧　叶公超

3)驻英大使顾维钧致外交部电(1943年10月31日)

重庆外交部转王世杰、李惟果先生:惠电奉悉。承示拟办各节,均极适当,至深感佩。此间各项布置正在商议,容耳续闻。兹将管见数端,先行电请卓裁:(一)前英访问团来华时,曾携贵族院及下议院两议长致我参政会长函,此次我亦宜由参政会主席致两议长通候,以示联络。惟因贵团非系参政会名义遣派,措词似有所斟酌,俾免谈为遣派机关。(二)贵团英文名称似可用The Chinese Mission on Visit to Great Britain,盖此间习惯Mission一字不加说明,或致疑有对英交涉之任务。(三)为表示专诚访英起见,贵团沿途似以不接受正式参观之邀请,对新闻记者亦不作正式谈话为宜。国际会议英国分会三名称为British Section of Parliamentary Union。(四)贵团团员履历,尤其在社会上服务经验,请电示俾先发表。

弟　顾维钧叩

4)驻加尔各答总领事保君建致外交部电(1943年11月6日)

重庆外交部李司长勋鉴：三四九号电敬悉。(一)印度航空公司已通知，二十五日留定由加赴开罗机位，但告八位，而尊电六位，如何请电示。(二)名片以代印。(三)留加期间日程当遵筹定，兄到后请核。(四)藏青哗吱〔叽〕一套恐不敷，似须各加制灰色或黑色薄料，以便日间换衣。至夏衣可制灰色薄料，以便到英时亦可更换，而在此亦可敷衍，晚礼服应否制请酌。闻伦敦方面最大盛会虽战时仍用礼服之事，如何请酌。(五)裁缝衣料等已筹备，一到即着手，三日可毕。(六)旅馆房间当代定。(七)请合并向王团长为致敬。

弟　保君建叩

5)驻德黑兰李铁铮致外交部电(1943年11月6日)

重庆外交部李司长惟果：豪电敬悉。弟当即期在 Basra 迎候，美军用飞机每周两班对开，迳飞开罗。弟或附乘送行往开罗，便为驻伊拉克使馆购物开办。乞代陈雪公。

弟　李铁铮

6)驻印度专员沈士华致外交部电(1943年11月6日)

重庆外交部李司长惟果：冬电敬悉。本日与孟司令会晤谈已为面陈一切，其他各处自当遵照尊意随时婉达加尔各答方面，当密请保总领事酌办。在加拜访人员，弟意只须省长及中国事务局局长二人，其他可临时斟酌办理。敬复。

弟　沈士华

7)驻印度专员沈士华致外交部电(1943年11月16日)

重庆外交部惟果兄勋鉴：访英团日程事，已遵示拟定，略计：十九日，制衣购物等事，晚驻印各机关联合公宴。二十日，试衣、参观。午后印度援华总会园会，晚弟私人请宴。二十一日，零星杂务，参观铁厂。晚中央宣传部驻加代表骆传华宴。二十二日不可避免之接见访问，午后印政府外交部中国事务局茶会,晚驻印总支部及各侨团公宴。二十三日杂务,午后总领事馆茶会,邀请各界中美英印仕女参加,因仰望风采者甚多,此茶会一二小时可以了之。晚孟加拉省督在督府宴请,又旅馆已代定妥。裁缝亦已约定,中国事务局主管人与随兄等同行之瓦特时有电往来消息,该局亦与总领事馆取得联络。谨闻。

弟　沈士华

〔军事委员会档案〕

19. 王世杰为中哥新约谈判情形事与蒋介石往来文件(1943年10—11月)

1)侍从室致王世杰函(10月31日)

迳启者:顷奉委座交下宋部长十月二十九日签呈一件,为报告中哥新约谈判情形请核示。等由。并奉谕"先交参事室核议具复"。等因。相应附函送请查照遵办,并请办后仍将原呈一并送还为荷。此致

参事室王主任

附原呈件

国民政府军事委员会侍从室第二处　启

原呈

关于我国与哥伦比亚订约事,双方对于约稿大体业已同意。惟对于第五条入境条款意见,稍有出入,当由本部呈奉钧座核准,电饬李公使提出下列条文:

两缔约国人民得在与其他国人民同样条件之下,依照彼此现行移民法令自由出入彼此领土,双方了解本条之规定,不适用于哥伦比亚共和国为美洲[国]家人民所设之特殊便利,但此项特殊便利,如为任何非美洲国家人民所享有时,则应立即同样给予中华民国之。

此案提出后,哥方以为西班牙文化国家在特殊情形下,或须以特优条件招致西班牙工人或技术人员前往,不愿中国人民援例要求享受同样条件为理由,坚持删去最末一句"但此项特殊便利如为任何非美洲国家人民所享有时,

则应立即同样给予中华民国之人民"。李使力争无效。

查中哥尚无条约关系,为保护侨胞计,新约等待订立,且我与中南美国家,以往所订条约除古巴外均无入境条款。现与哥方商订约稿即照哥方意删去上述一句,亦较我国与一般中南美国家所订条约为佳,李公使来电主张接受,不为无理。惟拟在让步之前,再提出一修正案,向哥方作最后之折衡。修正案如下:"两缔约国人民得在与其他国人民同样条件之下,依照彼此现行移民法令自由出入彼此领土本条之规定,不得解释作为适用于哥伦比亚共和国为美洲国家人民所设之特殊便利。但了解此种解释系为一切非美洲国家所接受者。"(详文稿见本室签呈稿)如哥方对于此项文字仍不能同意,则拟接受哥方之要求,删去前案末一句,俾新约得以签订,是否有当敬请钧裁。谨呈

委员长 蒋

职　宋子文[印]呈

三十二年十月三十一日

2)王世杰致蒋介石呈(11月3日)

奉交议外交部呈报中哥新约谈判情形一案,遵经详加研究,窃以不平等条约既经废止,我国与他国订约宜特别谨慎,力避接受对于华侨之任何差别待遇。哥伦亚政府既坚持我国移民不能与美洲国家人民或西班牙人民享受同等待遇,我若承认,即系接受差别待遇。在原则上已值重新考虑。且我国在哥伦移民为数并不过四百余人,在战事未结束交通未复常态以前,亦当不易增加。此时倘若接受哥方意见,与之订约,对我国未必有重大实益。

基于以上考虑,认为可先照外交部原签呈所提之修正案,即"两缔约国人民得在与其他国人民同样条件之下,依照彼此现行移民法令,自由出入彼此领土。本条之规定不得解释作为适用于哥伦比亚共和国为美洲国家人民所设之特殊便利,但了解此种解释系为一切非美洲国家所接受者"。向哥方交涉,如该国对此仍不表同意,则缔约谈判尽可暂予搁置。敬乞钧裁。谨呈

委员长

参事室主任　王〇〇

3)蒋介石致王世杰函(11月7日)

参事室王主任勋鉴:十一月三日第328号签呈呈复外交部所陈中哥新约谈判情形核议意见已悉。已照复该部遵办矣。中正。戊虞。侍秘。

中华民国三十二年十一月七日

〔军事委员会档案〕

20. 蒋介石为中国与阿富汗订约及换使事致王世杰代电(1943年11月14日)

本会参事室王主任勋鉴:据外交部宋部长呈报中国与阿富汗订约及换使事,经令我驻英土伊等国使馆与驻各该国之阿使分别洽商,嗣据驻土公使来电,阿方同意与我订立友好条约,惟以在新疆喀什噶尔设领为交换条件,经电驻新吴特派员征得省府同意。兹又接公使电,谓中阿条约在土京谈判大体就绪内容与中土条约类似,惟关于设领地点:阿方希望列入条约,本部仅拟在条中作一原则之规定,即彼此得在双方同意之地点设领,至于阿方要求在新疆喀什噶尔设领一节,拟另用照会予以同意,当否请核示等情。附送中阿友好条约草案前来,兹将原草案随文转发,希即研究具报为盼。中正。戊寒。侍秘。

附发原草案一份,办后仍缴。

中国阿富汗友好条约草案

中华民国、阿富汗君主国为建立并增进两国友好关系起见,决定订立友好条约,为此简派权代表如左〔下〕:

中华民国国民政府主席特派

阿富汗国君主特派

两全权代表将所奉全权证书互相校阅,均属妥善议定,各条于后:

第一条

中华民国与阿富汗君主国及两国人民间应永久和好,历久不渝。

第二条

两缔约国同意按照国际公法原则建立两国外交关系,两缔约国约定此缔约国外交代表在彼缔约国领土内在相互条件之下,应享受国际公法普通原则所承认之待遇。

第三条

两缔[约]国约定彼此得在双方所同意之地点设立领事馆,此缔约国之领事在彼缔约国领土内在相互条件下,应享受国际公法普通原则所承认之待遇。

第四条

两缔约国同意对于商务关系以及此缔约国人民在彼缔约国领土内旅行、居住、经商问题,留待日后另订条约规定之。

第五条

本约应由两缔约国各按本国法律于最短期间批准,批准书应迅速互换,本约自互换批准书之日起发生效力。

为此两全权代表爰于本约签字盖印,以昭信守。

本约用中文、阿文及法文各缮两份,以法文本为准。

中华民国三十二年　月　日即阿历　月　日　订于

〔军事委员会档案〕

21. 中国国民参政会主席团代表张伯苓致国际议会联合会英国分会会长克兰波等函(1943年11月15日)

译自英文

国际议会联合会英国分会会长克兰波爵士暨主席伊文思先生阁下:鄙人谨代表中国国民参政会全体同人,向阁下暨贵会全体同人敬致之友感。自敝国开始反侵略斗争以来,贵国人民曾不断以种种方式向吾等表示同情,敝国人民深为感动。贵国人民在反侵略战争中所表现之英勇与坚毅,实为举世爱好和平之民族树立楷模,敝国得为贵国盟邦诚为荣幸。而吾等对未来之作共同作战咸具自信与决心。贵我两国将不仅并肩作战直到最后胜利而后已,更将同心协力从事永久和平之组织与维持。

中国国民参政会主席团代表　张伯苓敬启

三十二年十一月十五日

22. 蒋介石为派员出国宣传事与王世杰往来函件(1944年7—8月)

1)蒋介石致王世杰函(7月29日)

参事室王主任雪艇兄:密。前派赴美国之晏阳初君等轮流演讲,闻成绩尚佳。兹据魏大使来电,为加强在美宣传工作,有继续选派人员轮流在美演讲之必要。查国际宣传处中国新闻社在美原设有讲演员办事处,其成绩究属如何,兄过美时谅有所知。关于如何加派适宜得力人员及应由何处派遣,除饬董副部长与兄商酌外,并希核议具复为要。中正。午艳。侍秘。

中华民国三十三年七月二十九日发

2)王世杰致蒋介石签呈(8月7日)

奉钧座七月二十九日侍秘字二三四五号代电,关于晏阳初君在美讲演情形,中国新闻社工作状况,及今后如何派遣得力人员出国宣传等事,嘱为议复。等因。尊已约同董副部长详商一切。窃查晏阳初君,英语演讲颇具能力。惟据世□在美耳闻,其演讲多以本人素所从事之平民教育为范围,彼素日对于政府措施,殊鲜研究,势亦不能多作其他讲演。故彼此之讲演,对于美国政治舆论恐不能产生多大影响。至国际宣传处所属之纽约中国新闻社与美国各方之联系渐密切,其办事人员亦多笃实,此一机构确应充分运用。惟宣传资料不足,政策上殊乏有力之指导,故未能发挥预期之功效。

揆之目前国际局势,我国派遣得力人员出国宣扬,实有必要。至于办法,似应特别注意此列各点:

(一)各员在国外活动,可以个别访问为主,演讲为辅,因许多事实,只宜于个别访问中说明,不能公开演讲时公开表示。(二)各员出国前应先与国际宣传处共同拟定在美访问人名单,每一位派遣员担任访问之人数可酌定为六十人至一百人。(三)各员出国前应与国际宣传处共同拟定宣传之事项与内容。此文件并可密示纽约中国新闻社主持人,为其宣传参考资料。(四)每一位派遣员,应将每次访问时或讲演时之经过暨反响,做成简要记录寄国际宣传处,以为决定继续宣传办法之根据。(五)各员工出国其间不必甚长,往返宜以半年为限。(六)各员到美后最好避免使领馆之正式介绍,改由私人作非正式之介绍:例如教育界人士可由孟治、胡适、周鲠生等介绍;实业界人士可由李国钦等私人介绍,其他新闻界人士可由夏晋麟设法托美国私人介绍。(七)各员返国时可酌量令其取道英国返国,作相似之工作(或令其取道英国赴美),如是则一人实际上可任两人之役。(八)此事在国内可责成国际宣传处主持;在国外可责成该处驻英之机关暗中负责。纽约中国新闻社不必改由使馆节制,但该社宜派专人在华盛顿,经常与使馆联系。

至于派遣员人选确须慎重遴拔。现时希望出国之人甚多,胜任者少,本年内如分期派选,共派出得力之人五六人便可。可供考虑之人选,拟由董副部长另行提请核对。以上陈述,是否有当,敬乞钧核。谨呈

委员长

参事室主任　王〇〇谨呈

三十三年八月七日

3)蒋介石复函(8月13日)

侍秘字第23728号

参事室王主任:八月七日第354号签呈悉。所陈加派人员出国宣传各项原则极为扼要,已将原件摘要抄交董副部长参考矣。中正。未元。侍秘。

中华民国三十三年八月十三日发

〔军事委员会档案〕

23. 军事委员会侍从室为抄送孔祥熙关于货币会议电报事致王世杰便函(1944年7月26日)

迳密启者:顷奉交下孔副院长对于货币会议有关电报(东、钱、齐、皓四、马养)等六件,相应抄送台端密为参考为荷。此致

参事室　王主任

附抄电六件

国民政府军事委员会委员长侍从室第二处　启

三十三年七月二十六日

抄电（一）

渝委座蒋：密。弟本晨抵布利顿森林，出席货币金融会议。上午12时各国首席代表集议，商讨会议进行办法；下午3时正式开幕，出席四十五国代表大会推毛根韬任主席，美总统致词宣读后，推弟代表各国答词。原文已由新闻社发渝。祥熙叩。东。

抄电（二）

重庆委员长蒋：密。表。货币会议开幕五日，现在分组商讨，离具体程度有待。此次集会美国内部原不一致，国会及银行界尚抱怀疑或持反对，毛财长因争于表现成效，勉强召开，罗总统亦觉难有把握，于开幕演词内已经略能窥及。协定将来须经各国政府批准，意在应付国会，各国代表对自身希望甚大，而美舆论则认美国担负太重。连日弟为此事力为毛氏说项，以减困难。惟会内情形各国希望分肥者，多对基金摊额分配争持甚烈，苏则要求与英同等，英则支持法印图占我国之第四席，现正分途运用，想无大碍。英美暗斗颇剧，美对基金必需〔须〕掌握，英对国际银行颇欲主持，美可能将国际银行对英让步，其他各国则望基金与银行均告成功，对于将来若将之运用，亦为争点之一，现正进行商讨中。对我国批评善意恶意皆有，均注意于军政用款不当及浪费致通货膨胀，对币制物价之不安定颇为忧虑，现正分途说明，情形尚佳，所幸我方此来人员均称干练，各方感想颇佳，国际环境不错。不论会议是否圆满成功，总期得一良好印象，以作将来国际会议基础。弟熙叩。鱼。

抄电（三）

重庆委员长蒋：密。昨日七七，美方为我集会纪念，到各国大使馆五百余，情况严谨隆重，弟与适之发表演词，掌声极久。详情已发表中央社发渝，当承钧鉴。放映抗战影片,对我艰苦极获同情。货币会议已至重要阶段,昨晤美代表团,邀弟恳谈,议会外财两部均有重要代表在座,对于基金摊额问题,我国地位列第四已作确定,惟摊额多寡,因英苏法印均请增加,美方颇觉为难,意欲减少我之数目,美方过去虽曾允我可能得到五亿至六亿美元,惟照富力贸易计算,我方仅可得到四亿五千万元。经弟强力表示,声明种种理由,如有减少于我国内及美国自身均留不良印象,经此次说明已允加至五亿。弟复告我国久战八年损失严重,此项摊额有关将来复兴建设,请伊再作考虑,一面我代表尚须请示政府云云。默察情形。经此表示五亿当无问题,可能再略增加,但不致达我希望之六亿。谨将应付经过奉陈钧裁如何。尚乞电示。熙叩。齐。

抄电(四)

重庆委员长蒋:密。午灰酉电奉悉。货币会议原定皓日闭幕,嗣因英方主张从容商讨,故已展至漾日。会内情形深感国际合作之非易,各国均望得美国之经济援助,委曲求全期望成功。美则深感担负重大,舆论国会难以通过,我方态度始终认为此系国际合作之基础,协助美方促其成功,一切言论均主持正义,非义之利不取,反应颇有好评。对于摊额问题,因英苏均加立场攸关,故我坚持六亿元。经与财长商谈,伊以事实困难,且经小组委员会决定五亿五千万元之故,我方虽未接受,但盼助其成功,当允考虑研究。弟深知增加事实已属无望,次日答以我方仍望维持六亿元之数,惟助其成功。既然苏联须加我可在六亿元数内通融办理,让去五千万元,但须正式声明如此办法勉可两全,伊极感佩。当由伊与苏方洽商,苏方表示我方盛意可感,惟事已决定不便变更,且取中补苏,英亦难以为情云云。昨日毛氏亲来道谢,弟此次如此应付。1.在确知我方要求增加六亿元事实上决不可能;2.解除毛氏困难;3.外间谣传中苏邦交不睦,亦可使之明瞭〔了〕中苏并无不睦,且仍彼此互助,期收外交上效果,亦为总统之意见也。国际银行方面纠纷尚多,现正商讨中。附陈。熙叩。皓四。

抄电（五）

　　渝委员长蒋：密。货币会议经过情形，迭经电陈在案。大会漾日闭幕，对于基金摊额问题，因各国保留者颇多，美国至感困难，昨日来请协助，提倡取消保留。弟为表示中美合作，当允照办。午后大会，美代表团副主席文生氏首先发言，颂扬我国抗战牺牲及中美传统友谊。对我需要，美国深为了解，决当尽力设法达此圆满目标。弟当发表演说声明，放弃保留。全文已由中央社发渝。不赘。会场热烈拥护空气大变，各国纷起声明取消保留，因此基金摊额问题即告圆满解决。美方对我此项协助深表钦佩感激，国际银行方面大致亦无问题。惟苏联、南美各国不愿认股与基金摊额相等，意在减少认股风险，不免稍有阻碍，现正进行疏通，下午当可决定，或由美加多认股，或则减少银行股额，当可顺利结束。知注驰陈。熙叩。马印。

抄电（六）

　　渝主席蒋：密。马电计达。国际银行认股事，因苏联等国不愿缴纳与基金摊额相等之故，势将影响组织，美方至感困难。昨日会议商讨颇久，美方商负担五千万元，六年合六亿元，亦占第四位。加拿大巴西及小国纷起响应，总数已告足额，于此顺利结束。各国对我国感情最佳，大会今晚闭幕，各该决议案仍须送经各国政府批准。弟明晚赴纽约检查身体，并与工商金融新闻界巨子洽谈。知注特闻。熙叩。养。印。

〔军事委员会档案〕

24. 外交部抄发各驻外使馆外交报告电（1944年10月）

1）华盛顿十二日来电

　　重庆外交部次长并请转呈主席钧鉴：今晨美代表二人邀钧往美外部商谈国际和平组织会议未解决及善后各问题，要旨如下：（一）召集大会及邀请各国参加之请柬，均拟以四强名义行之。（二）但发请柬以前，须将保安理事会投票权及应请何国参加二问题先行解决，俾将解决办法，连同中美英三国代表所同意之三项建议一并加入四国和平草案内后，与请柬同时发出。（三）上述两项未解决问题,拟由美总统于大选后再与列强巨头商决,故请柬最早约于十一月下旬发出,大会盼于年底年初开幕。(四)大会开幕以前,拟商请各被邀国代表团连同专家包括四强专家,于大会前二星期到达美国,俾从中议定国际法庭法规草案及国际和平机构内部组织草案,俾提交大会讨论通过。(五)国际托治原则及关于托治领土问题,事属政治性质,此次华府会议并未讨论,亦拟由各强巨头商决。(六)和平机构会址,因恐各国主张纷纷,当时亦未讨论,美方意在折衷〔中〕调解办法,拟主张和平机构之大会与理事会,均应轮流在各会员国内开幕。(七)解散国联问题,盼四大国于一二月内将所抱意见,彼此交换说帖,以便研究后,商得一致办法,提交大会讨论。以上各端,有须及时预备者,请察核施行。

顾维钧

2)莫斯科十一日来电

重庆外交部次长:消息报对于国家安全方案发表社论,要点如下:(一)根据过去经验,世界各领导国间非互相信任及密切合作,国际上不能获得安全之保障。(二)此次战争,并以证明必须有强大兵力物力之国家同心合力,方能制止侵略。(三)四强非因何种特权,而是因其所担负之义务及责任,故在安全委员会中,应占特殊地位,是以拟定所有决议,非经常任委员国一致加入不可。(四)有主张过有涉及任何常任委员国之竞争时,该国不应有表决权,此种主张等于放弃各常任委员国一致赞同之原则,并可演成排除该国暗中采决之现象,且各方面既承认所有问题须经常任委员国一致赞同之原则,则对于安全组织所负任务中最重要之问题,尤须得其一致赞同,常任委员国在绝无例外之一切场合中,均有表决权,乃系领导国合作原则之彻底表现,如此安全组织方有强大效能,此问题现在决定尚须继续研究云云。真理报亦有大致相同之社论。

傅秉常

3)伦敦十一日来电

重庆外交部次长并请转呈主席钧鉴:本日谒见贝总统,礼毕后,贝总统延座畅谈,要点如下:(一)此次斯洛伐克义勇军起而抗德,也已半载,义勇军与驻英捷克政府及苏联方面,早有周密接洽与调整,捷军得英美苏各方接济,得自苏联者尤多。(二)最近华沙惨剧,其咎半在政治纠纷,半在缺乏联络。(三)对于欧战前途,认为结束之期当不在远。(四)最近英首相及艾登赴莫斯科,与史太林〔斯大林〕及莫洛托夫晤谈,波兰问题自必谈及,但若有解决条件时,波方能否一致同意尚属问题。(五)关于此次美京国际保安机构会议所尚未解决之难题,即保安院(Security Council)常任院员之一,倘系国际争端之当事国时,是否仍有投票权,此问题英国、苏联亦必谈及。惟问题微妙,大约必须英方对于苏联别项主张有所接受,方可将该问题设法解决。但对于此事,本人尚未与苏方谈过各等语。泗乃提起关于新国联之小国及派使,苏联政府曾表示:苏联十六苏维埃共和国其对于国际问题有关系者,亦可出席国际会议云云。旁坐捷克外长,当接言将来新国联之大会中,苏联或将要求所属共和国分别独立出席亦未可知云。谨电呈。

金问泗

4)伦敦十四日来电

重庆外交部次长:十三日伦敦《法兰西》报载:华盛顿法国记者潘尔梯纳PERTINAX电称:此次四国会议决策中,有五大列强共同维持世界和平之语,应请作一保留。现因舆论关系,美国愿置法国于行政院,但以重庆政府声望日减,如苏联向日开战时,将提出反对,修正该方案中此点云。

施肇基

5)里斯本十七日来电

重庆外交部次长钧鉴:外间盛传敌将交还帝汶岛,正与葡方洽商中,在日方此问题亦不能再搁置,盖知葡政府将对其宣战云云。又闻两星期内,葡政府将正式宣布云,内容是否如此,容设法探明续陈。

张谦

6)开罗十二日来电

重庆外交部次长钧鉴:此间英方一般舆论,对苏跋扈情形,深表不满,惟亦无可奈何。此次英苏会议,原定艾登前往,临时忽有丘吉尔同往,当时约定双方保守秘密,不意莫斯科电台将丘氏行踪披露。又丘氏下机时史达林〔斯大林〕并未来接,英方表示不满。此行目的,实因欧洲有种种问题亟待解决,最重要者,为对德问题。据闻:魁北克会议前,拟将对德投降条件放宽,征求史达林〔斯大林〕同意,遭史〔斯〕反对,并不肯来魁,故丘氏不惜携樽就教。此外,尚有波兰及巴尔干问题,如保加利来〔亚〕与苏联为盟国,与英美仍为交战国之特殊状态,及蒂图所提议巴尔干联邦,强制希腊Thrace及Macedaia这问题,均与英发生利害行突,亦待解决。苏方政策既定,英虽屈意遵于谈判,前途恐仍难乐观。最近我方时发表美国援华不足,现值总统选举时期,是否影响罗斯福竞选之可能。

许念曾叩

7)开罗三十日来电

重庆外交部次长钧鉴:英在巴尔干政策失败,数日前已在预料中,苏自进入保加利亚,近又宣称欲出击德匈军队,业向南斯拉夫民族委员会请求,准许苏军入南,此举极为滑稽。(一)明示苏军入南,尚须请求,英美军队可不必前往。(二)只提民族委员会,表示并未承认南王之混合政府,与对待波兰政府同一情形,亚尔巴尼登陆,特别标出用降落伞部队字样,其着急畏怯,概可想见。闻英美在保加利亚之代表团,苏方要求退出,保加利亚为战败国,反要求Salonika南斯拉夫,要求Trieste意大利政府权力之加强,恐亦即英美消极办法之一种也。

许念曾叩

8)伦敦十四日来电

重庆外交部次长:英议会希于十一月初以前,将各议案结束,休会一星期后再开,均料该属议会可为欧战之最后一次会期。丘、艾结晤史丹林〔斯大林〕,为商谈速解决欧局与将来如何占领德国,并调停波兰问题。至欧战终结关键,一在前方运输,一在能得天时。艾森浩〔豪〕总司令谓:百万运输不能于十分钟运行,可见欧战或须明春结束,不为无因。关于战后处置德国问题,闻俄将要求德方供给一二百万工人与技士,以助恢复建设,大约俄占德之东部,美占德之南与西南,英或联法占德之北与西,奥将为英苏所占。至德工业如何处分,尚未明瞭〔了〕,四强国会商方案大都认为,原则上大国如能一致准备,以充足实力对付破坏和平者,则尚切实用,不似旧国联组织之空洞。此间颇注意美议会对于该方案之意见。

施肇基

9)伯尔尼十六日来电

重庆外交部次长钧鉴:(一)据朱专员报告:Himmler训练之下层游击部队男女二十万人已竣训,最近测验令其避匿德各处,由秘密警察设法搜索,经二星期未获一人。现在进行再训练三十万人。(二)据驻柏林匈牙利武官告人称,德在西线进行装置用电流管制之利器,备阵地战用。(三)据国社党Hemherg党领袖Murr告人,德方毒气地雷两万枚,已进行在战场第二道防线内安置,大约十一月中可竣事。(四)瑞士边境Balc附近,德军二师已发新防毒面具。(五)德试验用飞雷炸毁巴黎,其放射处系在黑林Vosges一带,不日将大规模轰炸巴黎等处,扰乱联军后方。

任起华

10)斯德哥尔摩十七日来电

重庆外交部次长钧鉴:瑞自对封锁东西海岸,对德商运仅存西海岸一道,现不及百分之十,钢铁完全停运,即铁苗自由陆运赴邦北Narvik港,因德无交货清算处,无款相抵,亦减运。又瑞方谈德东西边难民纷避中部,当局布置收容,情形混乱,但仍认为内乱难再发生,盖自上次谋变经酷惩严防,加以宣传,将领无敢活动。至外籍工人一千二百万多属法义〔意〕人,前有欲动之传说,但据瑞各领报告,无破坏情事。瑞军方估计德军尚有守境实力,而希特勒一星期前与瑞使谈话,以新发明秘密战器及预料盟国解体为根据,仍以为德可战胜。惟瑞方意见,苏德决难妥协,德局势如无意外变化,数月内战事殊难结束。又闻德现对内加紧宣传,谓一旦战败,德民族无以生存,以英美战后计划及近在西线炸毁德城市为辞,预备全民焦土抗战。

谢维麟

11)开罗十七日来电

重庆外交部次长钧鉴:(一)希腊各党派对希揆pandrea态度,表面为团结合作,其实仍处不妥协状态,英军此次延迟登陆,系预先征求俄同意,名为驱逐德军,实则进行各党派之调解,美方对此取冷静旁观态度,仅派武官二人前往。(二)英美赴保加利亚军事代表团前被苏方驱逐事。据报称:在盟国作战区内,未派遣特务团从事情报,且该团事前未经苏方允许等语。事后经英方保证无其他作用,始同意准其前往。1.代表名单须苏同意。2.须佩带阶级符号。3.在苏方指定区域内活动。

许念曾叩

12)华盛顿二十一日来电

重庆外交部宋部长:大选竞选最近情形如下:(一)一般推测仍以罗斯福继选希望属多,据熟习政情者谓,两方情势相距极近,竞争将至剧烈,民主党要员亦多同此见解,罗斯福原不拟以通常方式参加竞选,但近又不得不再发表竞选演讲。(二)一般论调,以罗斯福弱点在内政方面,共和党攻击其新政失败,谓战前仍有千万人员须待战争为安置,又政府机构重叠,权限不清,内部时有冲突,政务无法推进。(三)总统四届联〔连〕任,为大众怀疑,人心不无厌旧之感。(四)罗斯福优点,在其国际政策为各方所拥护,并信其经验丰富能善应非常局势。(五)杜氏方面,以其在纽约州政绩,及年富力强,于内政措施可望较佳,但杜氏国际政策主张,较罗斯福并无特异,尤乏罗斯福之国际信誉。(六)共和党现在策略,以罗斯福四次连任,近于独裁,虽民主党以战时中途不宜易人为口号,而杜则声明如当选,将不更换主要军事负责人员为对待。(七)

杜攻击罗斯福年老力衰,不胜繁剧,罗斯福在接受民主党候选人发表演讲时,所摄影片特为清瘦,因之其健康成为问题,有人以罗斯福精力一旦难以支持,不啻选 Truman 为总统,而其人秉性笃实,非应变之才。(八)共和党以罗斯福在国际方面受丘吉尔影响过甚,无独立外交政策,对欧局无号召,允其形势日趋复杂,又各方特电美政府,责以苏联在供给其物资之初,未有交换条件,致现对苏联势力膨胀,无法应付,铸成大错,此点虽尚未公开抨击,但外交政策人所重视。(九)最近纽约时报发表一文拥护罗斯福,谓该报上次反对罗斯福三任连选,正以其内政失策,现则认罗斯福外交政策可期胜利与和平,至杜威无一定对外政策,而党内尚有孤立派,意见分歧,难负时代重任。希商格拉普最近民意测验,罗票数为273,杜为258,相差无多。

魏道明

13)里约热内卢十九日来电

重庆外交部部次长:巴西外长阿氏去职,已详345、346两电。该氏去职后,巴外交顿生变化,阿氏向来积极亲美,与美国大使 Saffery 往返,表面上因与倾向轴心之陆长发生意见去职。其实阿氏因向独裁,总统提议实行民主政治引起之怀疑,失去信任,并被反对,派人借口排斥,此阿氏被逼辞职之内幕。美国舆论对此颇表不满,驻巴美国大使忽奉调回国述职,美方态度更增巴西朝野之反感。最近巴西政府将驻美大使 Martins 调回本国述职,似系对策,两国外交确有相当摩擦,以天固观察,美国因阿根廷外交环境之关系及在巴军政关系之大,深恐投鼠忌器,情形当不致恶化。昨日美海长夫人偕巴大使抵巴,外传有调停巴美外交误会之任务云。程天固。

附注:345、346来电:巴外长辞职由次长暂代及辞职原因由。

〔军事委员会档案〕

25. 王世杰为中国代表团参加太平洋学会事与蒋介石等往来文件(1944年11—12月)

1)王世杰致陈布雷函稿(1944年11月13日)

布雷先生大鉴:敬启者。兹有关于太平洋学会签呈一件,拟请吾兄会签,随函附奉。如荷同意,即祈盖章并代转呈为荷。嵩此,即颂勋祺。

弟　王○○敬启

十一月十三日

2)王世杰致颜惠庆函稿(1944年11月13日)

香港九龙北京道十号刘驭万君即转颜骏人先生惠鉴:关于去岁合众社所传太平洋学会纪录事,先生与卡德氏接洽更正之经过,敬请电示,以便转达大会。

弟　王世杰叩

3)王世杰致蒋介石呈(1944年11月23日)

谨签呈者:太平洋学会下次大会将于一月初举行,职室前奉谕拟具方案呈核。现中国代表团首途在即,世杰遵经详加研讨,参照王秘书长亮畴等所拟解决中日问题基本原则案。职室参事周鲠生所拟意见及其他专家意见,拟就(甲)方略上之指示;(乙)政策上之指示各若干条。谨恳钧长裁定,于本月内密交中国太平洋学会注意,俾为一切必要之准备。是否有当,谨祈鉴核。谨呈

委员长

参事室主任　王世杰呈

三十三年十一月二十三日

附呈关于太平洋学会会议之指示案一件。

太平洋学会会议指示案

一、方略上应注意之点:

（一）此次太平洋学会，大会议题分别为四部：1.处分日本；2.战后经济建设；3.殖民地属地问题；4.安全组织问题。（侧重太平洋区域安全问题）如何处分日本及如何保障太平洋区域之安全，于我国有切身之利害关系，故我方代表对此两问题应特别注意，在会中应有明白坚强之主张。

（二）中国今后对外政策，须同时力图增进中苏及中英关系，故我方在会中之言论及态度务避免反苏或排英之嫌。

（三）我方在会中对于各项问题参加讨论，不在专贡献意见或主张，且宜注重多提供事实。

（四）中国内政在原则上应拒绝作为会中议题讨论，但在讨论其他问题时，我方可就最近国内政治设施情形及今后宪政实施之进程，随时有剀切之说明，以纠正友邦人士不正确之观点。

（五）我方宜利用开会期间对各国代表人士多为私人接谈，以期对各项问题有于会场外自由交换意见之机会。

二、政策上应注重之点：

（一）战后日本解除武装必须澈〔彻〕底办理，并且联合国对其将来再与军备，尤须定出有效的办法，切实执行。

（二）为防止日本再与军备亦须管制其重工业及军用原料之进口。

（三）为执行和约及防止日本再与军备，战后相当期间必须驻军日本本土；此当为联合国之共同责任，中国自当参加。

（四）关于日本帝国属地及占领地之上处置，当依照开罗会议之宣言。

（五）关于日本国体及其他纯粹内政问题当依照蒋委员长在开罗对美总统之谈话。即：联合国对于此种问题在原则上可采不干涉政策听由日本人民自决。

（六）日本侵略行动所予中国一切公私产业之损害，应以日本在华之一切公私产业抵债其一部。

（七）太平洋区域内宜有一区域组织，以谋太平洋诸国家民族之共同利益及安全。惟此区域组织须受一般国际安全组织之控制。此区域组织之规模不必庞大，但须有能应付区域内发生侵略事变之最小限度的军事配置。

（八）国际海空军根据地之设立，如定为联合国之一般义务，中国自亦可同意在其太平洋领土上设置国际安全制度下必要之国事根据地。惟接受此项义务之国家其所受之约束彼此不宜歧异。

（九）对于各国在太平洋方面之殖民地及属地处置问题，在原则上中国主张在可能范围内，此等地方人民早日获得政治自由。对于在政治上较成熟之人民，并宜定期给予自主。此类殖民地或属地之行政，无论取何方式（殖民帝国统治委任统治或国际共管），均须受国际之有效监督。

（十）韩国应于战事终结后迅即许其独立。国际组织应于不妨害韩国独立自主之原则下，予以经济的及技术的一切协助。

（十一）对于南洋方面，中国的利益注重三点：1.中国向南洋出海之通路，2.废除种族差别待遇；3.保障少数民族权利。

（十二）中国战后经济建设，基于下列原则：1.在国家全般计划经济之下，一方推进国营企业，同时奖励及扶助私人企业；2.不论国营民营，均欢迎外国资本及技术的协助。

（十三）关于一般国际安全组织问题，我方代表之主张宜与政府最近在华盛顿会议时所采之态度一致。

4）蒋介石致王世杰代电（1944年12月4日）

参事室王主任勋鉴：11月23日第364号签呈及附件均悉。所拟太平洋学会会议之指示案甚中肯，要已密交蒋会长作为我国代表出席此次会议之准则矣。中正。亥支。侍秘。

5）参事室抄合众社报道太平洋学会中国代表团主张（1945年1月3日）

12月5日华盛顿合众社电讯：关于满洲，中国代表团各代表声明国联会议曾通过李顿调查团建议书，认为该建议书仍可作为交涉之根据。中国代表团坚决主张，任何解决均须符合于九国公约内容，而且均须符合中国土地完整，或至少须符合长城以南十八省之土地完整。

12月18日东京合众社电讯：《朝日新闻》华盛顿专电称：参议院议员范登

堡宣言:"我以为美国应承认满洲国,其条件为日美间之一切悬案,能得到满意之解决。"范氏反对1月26日商约满期之后停止美日商务,但声明:"如日本与苏联订立互不侵犯条约,则我相信对日禁止货运将立刻发生效力。"

以上两电在香港南华朝报发表

〔军事委员会档案〕

26. 中国代表团关于建立国际组织美英苏三国同意草案修改意见之电报摘要(1944年)

引言

建议设立一国际组织,名为联合国会,凡足以使下列建议发生效力之办法,应于会章中规定之。[原注:参事室注:此句文字稍加改易]

第一章　宗旨

一、维持国际和平与安全。采取有效联合步骤,以防止并消灭对于和平之威胁,并制止侵略行动,或其他破坏和平行动,并以和平方法解决国际争端。

二、发展国际友谊关系,并加强普遍和平。

三、国际合作,以解决国际经济社会人道等问题。

四、协调各国行动,以达上述目的。

第二章　原则

一、一切爱好和平国家主权平等。

二、会员国应依据会章,各尽其责,以保障会员国权利与利益。

三、会员国应以和平方法解决其争端,俾使国际和平与安全不受阻碍。

四、会员国应不使用武力或武力威胁,以符合本会宗旨。

五、会员国应尽力援助本会根据会章所采之行动。

六、会员国应不给予任何受本会制裁之国家以援助,本会应使非会员国之行动亦符合上述宗旨,倘此为维持国际和平与安全所必需者。

第三章　会员

凡爱好和平国家均得加入。

第四章　主要机构

一、主要机构为大会与安全理事会,国际法庭及秘书处。

二、辅助机关得于必需时设立之。

第五章　组织权力投票与程序

一、组织大会包括所有会员国,其代表人数将来于会章中定之。

二、权力

(一)大会得研讨为维持国际和平与安全而合作之广泛原则,包括裁军与管制军备之原则,得讨论会员国或理事会提交有关维持国际和平与安全之任何问题,"并得对于上述任何原则或问题有所建议"任何此类问题若需采取行动,无论已否讨论,均必需〔须〕由大会转交理事会。大会不得自动对于任何有关维持国际和平与安全而正为理事会所考虑之问题有所建议。

(二)大会经理事会之建议,应有权接受新会员国。

(三)大会经理事会之建议,得停止任何被理事会采取制裁行动之会员国之任何权利或利益,此项被停止之权利与利益,得经理事会决议予以恢复。大会经理事会之建议,得将任何屡违会章规定原则之会员予以开除。

(四)大会得选举非常任理事并附带第九章所规定经济与社会问题理事会会员。大会经理事会之推荐,得选举本会秘书长。大会应执行有关选举国际法庭法官之工作,倘法庭规程如此规定。

(五)大会得分配各国应纳之费用并通过本会预算。

(六)大会对有关持久国际政治经济与社会之合作,以及可能妨害公益发展情事之调和,应提倡研究并直接建议。

(六)大会对国际经济社会与有益特种机构政策之调和应提建议。此项机构与本组织之关系,应以其与本组织所定之办法为根据。

(七)大会应接受并考虑理事会之逐年工作报告,以及本会与其他机构报告。

三、投票

(一)每一会员有一投票权。

(二)重要决议,包括有关维持和平与安全之建议,选举理事,选举经济社会理事会中之会员,接受新会员,停止会员国权益,开除会员,以及预算问题,均应以到会投票三分之二决定之,其他问题,概以多数决定。

四、程序

(一)大会每年应按例集会,并得召集临时会。

(二)会议程序由大会自定,并自行推选会议主席。

(三)为执行其工作,大会得设立必需之各种机构。

第六章　安全理事会

一、组织

由十一国各派一代表组织之。美英苏中以及将来法国之代表应为常任。大会应选举六国非常任理事,任期两年,每年更换三国。第一次选举时,大会应指定三国任期一年,另三国任期二年,非常任理事不得立即被动选举联〔连〕任。

二、主要工作与权力

(一)为迅速与有效行动权限,各会员国应于会章中规定给予理事会,以维持国际和平与安全之主要责任,并同意理事会于执行此项职务时,应代表各会员国。

(二)理事会于执行此项职务时,应遵照本会之宗旨与原则。

(三)为执行此项职务而给予理事会之权力详[见]第八章。

(四)各会员国应负责接受理事会之决议,并依据会章予以执行。

(五)理事会籍军事参谋委员会之协助,应负责拟具计划,以树立一管制军备之制度,向各会员国建议。

三、投票

此问题尚未决定。

四、程序

理事会之组织,应使其能继续不断工作,每一理事国应有常驻代表,倘有必要,理事会议得在他处举行。理事会应有定期会议,各会员国并得以政府大员或其他特殊代表出席。

(一)理事会若认为必要,得设立各种机构,以执行各项工作,如军事参谋

委员会区域分会等。〔此句依意度稍加改易，因原电显有错误也。〕

（二）理事会程度及经费由理事会自定之。包括选举兼任主席之方式。

（三）倘理事会对任何问题之讨论，认为某一非理事会员国之利益将受特殊影响，则该非理事会员国，应参加讨论。

（四）任何非理事会员国或任何非会员国，若系争端之一造，均应被邀参加理事会有关该事件之会议。

第七章　国际法庭

一、应设立一国际法庭，以为本会主要司法机构。

二、此项法庭应依照一法规而组织并工作。此项法规应附于会章之后，而成其一部分。

三、国际法庭之法规应为（甲）国际常设法庭之法规，而略为修改；或（乙）以国际常设法庭之法规为根据，而草成之新法规。

四、一切会员国均应自然成为此项法规之一分子。

五、非会员国成为此项法规一份子之条件，应由大会经理事会之建议就个别情形决定之。

第八章　海陆空军维持国际和平与安全之办法（包括防止与抑制侵略）[①]

一、和平解决争端

（一）理事会应有权调查任何争端或任何可能引起国际摩擦或争执之情势，以决定其存在是否将危及国际和平与安全之维持。

（二）任何一国，不论其是否会员国，得将此项争端或情势提请大会或理事会注意。

（三）任何可能危及国际和平与安全之争端之各会员国，应负责优先用交涉，说情，调解，仲裁，或司法解决，或其他该国自行选择之和平方法，以寻觅解决。理事会应令各会员国以此种方法解决其争端。

（四）若争端各会员国不能以上述和平方法解决，则各会员国应负责将争端提交理事会。理事会申述每一争端应先决定其继续存在是否将妨害国际和平与安全之维持，并依此而决定理事会是否应处理此项争端，以及若应处

---

①原电漏第八章标题，后由编者加上。

理理事会是否应根据第五节采取行动。

（五）在第三节所述之争端任何阶段,理事会应有权建议相当之程序或解决方法。

（六）在寻常情形下,司法性质之争端应提交国际法庭。理事会应有权将与其他性质之争端有关之法律问题提交法庭,请提供意见。

（七）(甲第一至第)〔以上〕①六节之规定,不适用于按照国际法应属于该国国内法权范围内事项所致成之局面或争端。

（八）威胁和平及侵略行为之决定及对付此种情形之办法。

（九）倘理事会认某一争端未照第一条第三节所规定之程序或未照第五节所述之建议解决,而成为对国际和平及安全之威胁时,应按照本组织之宗旨及原则,采必要办法以维持国际和平及主义。

（十）在原则上理事会应决定任何和平威胁,和平破坏,或侵略行为之存在并应建议或决定维持或恢复和平及安全之办法。

（十一）理事会应有权决定,何种外交上经济(上)或其他事件,涉及武力使用之方法,以实施其决议并促请本组织之会员执行此种办法。此种办法可包括铁路、海运、航空、邮电、无线电及其他交通工具之全部或局部停止及外交与经济关系之断绝。

（十二）如理事会认为此项办法尚不充分,应有权采取必要之海陆空军行动以维持或恢复国际和平及安全。此项行动可包括本组织会员之海陆空军之示威,封锁及其他军事行动。

（十三）〔为求〕②本组织之一切会员对于国际和平及安全工作共同贡献起见,应于理事会发出号令时并按照其相互订定之特别协定,负责提供必要之军队之数目与种类以及便利及助力之性质此项协定应尽速商定。每一协定应由理事会核准并按签字国之宪法手续批准之。

（十四）本组织得〔为〕③采取紧急军事处置起见,本组织会员应准备国内空军部队,以备国际共同执行行动之即可实行。此项部队之数量与准备之程

①原电如此,改为"以上"两字读之较顺。
②原电如此,加上"为求"二字读之较顺。
③"得"改为"为"读之较顺。

度及其共同出动之计划应由理事会商洽军事参谋委员会在上述第五节所述之特别协定范围内决定之。

（十五）安全理事会为维持和平安全而执行决议之行动，应由本组织全体会员互助实施或照安全理事会之决定由若干会员实施之此项义务应由会员自动之行为或由其所参加之特种组织或机关之行为履行之。

（十六）武力使用之计划，应由安全理事会经过下列〔第〕[1]九节所述之军事参谋委员会之协助规定之。[2]

二、区域办法

草案之任何规定应不妨碍区域办法或机关，付此项有关维护国际和平及安全之事件纠正。此项办法或有关及其行动均与本组织之目的及原则相符。

（一）安全理事会应鼓励地方争执之解决，据当事国之请求或由安全理事会之授权利用此项区域办法或区域机关。

（二）安全理事会，认谓必要时得利用此项办法或组织，以实施其权力之执行行为。但如无安全理事会之授权，在区域办法或区域机关不得有任何执行行为。

（三）安全理事会对（于）在区域办法或区域机关为维护国际和平及安全所规定或采取之行动，应经常得有完全之情报。

（四）应设立一军事参谋委员会，其职务为对理事会贡献意见及协助，如关于维持和平之军事需要问题，如提供理事会军队之使用及统率问题，军备之管理问题及可能范围内之军事连带问题，并在理事会之分析。[3]作策略上指挥。委员会应由理事会之常任会员国之总参谋长或其代表组织之。本组织会员国在常任代表者，如理事会为尽责之效率。[4]计认为此项会员国有参加之必要时，应通告参加关于统率军队问题随后决定。

（五）本组织会员国应共同互助，以实施理融会贯通之决定。

（六）任何国家不论是否本组织会员国，如因实施理事会之决定遇有特殊

---

① "下列"改"第"较为清楚。

② 译文恐有误。

③ "分析"二字疑系"监督下"、"指导下"一类字样之误。

④ 此句翻译不妥已极，但未见原文，无从改正。

经济困难时,应有权咨询理事会,以解决此项问题。

第九章　国际经济与社会合作办法

一、宗旨与关系

(一)本会应设法便利国际经济社会以及其他人道问题之解决,并促进对人权与基本自由之尊重。执行此项工作之责任,应由大会与在大会权力下所设立之经济与社会理事会员之。

(二)各项特种经济社会等组织,应进行其法规侦查〔察〕其份〔分〕内事件。每一此项组织因与本会发生关系,其条件应由经济与社会理事会与各该组织约定,而经由大会批准。

(三)组织与投票。经济与社会理事会,应以十八会员国代表组织之。由大会选举任期三年。此十八会员国各出一代表有一投票权。议决以到会投票之多数定之。

二、工作与权力。经济与社会理事会应有权。

三、执行大会有关之建议。

四、对有关国际经济社会及其他人道事件自动建议。

五、接受并考虑各种特种经济社会组织之报告并经由商洽与建议而调和此项组织之工作。

六、审查此项特种组织之行政预算。

七、使秘书处得对安全理事会供给情报。

八、协助安全理事会。

九、执行大会指定之他项有关工作。

十、机构与程序①

(一)(经济理事会)应设立一经济理事会,一社会理事会及其他必需之理事会。此项理事会应由专家组成之。此项理事会应有常办事人员,应为本会秘书处驻欧一部分。

(二)经济社会理事会应允许各项特殊组织派遣代表,参加该理事会效

---

① 恐系衍文。

力。其少数委员会之讨论，[①]但无投票权。

(三)此项理事会之程序,细则以及选举之方法均由自定。

第十章　秘书处

(一)秘书处包括一秘书长及若干办事人员。秘书长由大会经安全理事会之推荐而选举之。其任期与条件于会章中规定之。

(二)秘书长应用〔为〕[②]大会安全理事会以及其他经济社会理事会一切会议之秘书长并应每年向大会作一关于本会工作之报告。

(三)秘书长应有权将任何被认为可能威胁国际和平与安全之事件提请安全理事会注意。

第十一章　修正

修正案之成立必须经由大会会员国三分之二通过并经常任各国依照与本国宪法程序而〔及〕其他方法多数予以批准。[③]

第十二章　过渡办法

(一)在第八章第二条第五节所述协定尚未成立以前,并(依)[④]莫斯科四国宣言第五节之规定,签订该宣言之各国应互相洽商并于必要时与本会其他会员国洽商以代表本会采取为维护国际和平与安全之宗旨而必要之联合行动。

(二)本草案中之任何规定如视为足以阻止一切对敌各政府因此次战事结果而对于敌国所采之行动。

附注:除第六章所述安全理事会中投票程序问题外尚有其他数问题亦在讨论中。[⑤]

〔军事委员会档案〕

---

① 恐电文有误。

② "用"字恐为"为"字之误。

③ 译文及电文均有误。

④ 疑有脱文。异注。

⑤ 本条文义不全,显系脱误,无从校改。

27. 资源委员会所聘美籍专家萨凡奇拟定扬子江三峡水力发电计划摘要(1945年6月)

扬子江三峡水力发电计划摘要

扬子江三峡,蕴藏水力至为宏富。此次世界水利工程权威萨凡奇博士,应资源委员会之聘来华研究,曾冒敌人炮火,亲临宜昌附近实地考察,认为三峡之开发确有可能,且可为我国复兴建设之中心工作。兹根据其初步报告,将开发计划要点列举如后:

一、工程布置

(一)建混凝土拦河坝于宜昌上游南津关附近,坝身连底脚部分高二百余公尺,抬高低水时期之水位一百六十公尺。坝身中部设泄水管一百零四孔。坝顶装活动钢质鼓门,以调节流量,控制水位。坝旁建筑特种船闸,以便航行。

(二)电厂设于两岸岩内,以求防空之绝对安全。共装水轮发电机一百座,总计容量一千零六十四万千瓦,全年可发电八百万万余度。全部工程十年可以完成,自第六年起,每年完成约二百万千瓦。

二、经费之筹措全部费用包括所有土木建筑、电厂、船闸暨肥料厂设备,建筑期间利息以及一切杂支等,共美金十三万万元,拟向美国借款兴建,将所发电半数制造肥料,销售国内国外,其中国外销售部分所得外汇,即作偿付借款本息之用,预料全部工程完成后二十年内,可将本利还清。

三、完成后之利益

(一)电厂一千余万千瓦,可能供给范围甚广,东至安庆,西至重庆,南至衡阳,北至郑州,均可被其福泽。

(二)蓄水库可消纳洪水二百七十万万立方公尺,足以控制有纪录以来之水灾,武汉一带可永免被淹之虞。

(三)如宜昌下游及渝万间之航道同时改进,海洋轮船可达重庆。

(四)有九百万万立方公尺之多余水流,可供直接灌溉之用,受益田亩当在六千万市田以上。

(五)工程雄伟,风景天然,世界人士前来游览者必多,每年外汇收入必甚可观。

〔国民政府资源委员会档案〕

三、战时中德关系

1. 资源委员会及中央信托局关于中德易货事与行政院等往来函电(1939年1—6月)

1)孔祥熙致叶琢堂等密电(1月10日)

叶局长、张、赵副局长:阳电悉。密。查中德易货,我方源源运德,彼方运来何物,迄无所闻,希即查复。来电所陈收购各物除蛋品、鲜蛋外,余物可准定买。何时起运应再电陈核夺为盼。院长孔。蒸。机秘。渝。

2)叶琢堂等致俞大维电稿(1月11日)

俞署长大维兄勋鉴:刻奉院座电谕,略以中德易货案德方运来何物,迄无所闻,希即查复,等因。查德货输出信托局无案可稽,尊处想有登记,请即电示,以便转陈为祷。弟叶○○、张○、赵○○叩。

3)叶琢堂致孔祥熙函稿(2月28日)

重庆孔院长钧鉴:密。关于中德易货案,自新约履行后,所有运德农矿品概经遵谕函德方以英镑入帐〔账〕在案。兹按合步楼港代表来函称,柏林合步楼总公司业将我方所有英镑帐〔账〕单按各货付款日伦敦汇率折合马克付汇兑银行人央行马克帐〔账〕。等由,应否照办,敬乞电示祗遵。职叶○○、张○、赵○○叩。

4)张度等致孔令侃电稿(4月6日)

重庆孔理事钧鉴:查本局付合步楼开支向照73.5折合马克入帐〔账〕,后遵谕改照十四便士二五合英镑转帐〔账〕。兹据德方函称,此项英镑数额已照市价折合马克入帐〔账〕。等语,似此转折反不如以前径以马克入帐〔账〕合算,一万元反少收402马克,理合电陈,谨请转呈院座核示为祷。张○、赵○○叩。

5)张度等致孔令侃密电(4月29日)

孔理事赐鉴:密。奉本月十日函示,附抄张秘书平群呈院座函及合步楼函各一件,并奉批,如德人允给我方所需之品物即查核供给。等因,经与李耀煌兄接洽,据称禅臣已允在合同签订后即可起运一部分,惟俞署长拟购之件,已电请钧示,一俟奉复即可进行。等语,故洽购猪油、鸡蛋供给德方一节,须俟向德订购之货决定后方能办理。谨此陈复。弟度、言叩。

6)中信局致财政部国库司函稿(4月24日)

大函奉悉。关于运德货物改以英金结价转帐〔账〕如何规定一节,查中德易货案款项,向照73.5折计马克入帐〔账〕。嗣奉院座东二侍秘渝电谕,以中德易货各物均须按国币市价英镑计算,英镑入帐〔账〕,不必由国币与马克辗转周折。等因,当经遵照办理。其购进国币价格及售货英金价格俱由本局参照国内外市价定,不复以马克计算,相应复请查照为荷。此致
国库司

7)叶琢堂等致孔令侃电稿(4月30日)

重庆孔理事勋鉴:密。接奉宥渝信电,以合步楼请求采购农品运德一节,拟以每月国币200万元为限,于德方供给我方物品洽妥后购给。等由,奉悉。查猪油、冻蛋等,现均在商洽订购中,且前奉院座批准收购之春茧400吨亦可进行。惟德方供给之货并未由局接洽,信局亦无案可稽,如何进行,尚乞见示为祷。叶○○、张○、赵○○叩。

8)财政部致中信局密电(5月1日)

中央信托局:密。关于中德易货案,合步楼请求我方采购农产品运德,经核定,每月以国币二百万元为限,由国库一次拨汇国币五百万元交贵局备用,

呈部报销,业先后电达在案。所有上款国币五百万元已函请中央银行即照数汇交贵局领收,希即洽收办理为荷。财政部。艳。渝。国。印。

9)孔令侃致张度等密电(5月3日)

张、赵副局长:迴机电悉。合步楼拨本局款五百万元,业奉院座批准,询据财部李司长云,该款已汇港局,前电知照在卷,希洽。至所请是否照购及续购一节,遵照院座批示自属可行,并希转陈琢老。特复。侃。东。渝。机462。

10)孔令侃致张度等密电(5月8日)

张、赵副局长勋鉴:卅储电悉。所称德方供给我方物品,本局无案可稽一节,经函陈秘书立廷与合步楼及各有关机关洽商,嗣后订购德货交局办理,俾资集中,特达电复查照并希转陈琢老。侃。微。渝。信 491。

11)俞大维致孔令侃函(5月16日)

令侃吾兄勋鉴:奉五月十二日大函,敬悉院长已批准在合步楼余款项下向 otto wolff 公司订购柴油卡车一百辆,至深感激。惟查本署所属厂库北至广元,南至昆明、桂林,东至沅陵,西至滇缅边境,区域辽阔,一百辆实属不敷分配。为应目前急用起见,请将批示之一百辆赐予迅购,至其余二百辆,弟当再将需用迫切情形面陈院座也。专此。敬颂

勋安

弟　俞大维谨启
五月十六日

附:

孔令侃复函(5月17日)

大维吾兄署长勋鉴:五月十六日大函奉悉。贵署所属厂库辽阔,急需车辆应用,自当遵嘱尽先将院座批准之一百辆电知港处,从速订购,以应需要,而副〔赴〕雅命可也。专此。敬颂

勋绥

弟　孔令侃
五月十七日

12)孔令侃致张度等电(5月18日)

张、赵副局长、李、凌副经理鉴:关于中德易货案,(0508)两函谅达。所有兵工署拟购之柴油卡车一百辆、爆破器材、观测器材,预算国币二百万元,德方报价希妥为审核洽减具报。至我方运德物品,据德方代表怀德函商,速予购运,除粤存钨砂五百吨外,是否尚有其他产品在洽购中,希即查复。侃。铣。渝。信586。

13)孔令侃致叶琢堂等密电(5月19日)

叶局长、张副局长、凌经理勋鉴:密。奉院座谕,合步楼易货案现已核准,每月拨发国币二百万元应用。惟以沪行头寸紧缩,每月均在港拨付。如本局及中行以运输困难或危险,可商由合步楼负责运沪。所有采办货物,仍会同本局办理,想德方明知采购原委系属运德,当不致推诿也,请就近与香港合步楼洽办并复。侃。筱。渝。信(606)。

14)张度等致孔令侃签呈(5月20日)

接准五月八日尊函两件(一为兵工署托办爆破及观测器材等项,约需国币二百万元案,一为兵工署请购柴油车三百辆,奉院座批准购买一百辆案)。各附俞署长原签抄本一份,嘱照中德易货案洽办。等因,自当遵照办理。除已函请俞署长将托购材料清单即行检送本局,以便办理外,谨将管见所及,条陈如后。

一、该案当遵由度、煌会同主办,为慎妥计,应否照交办办法并参照储料处委托购料处订购器材办法另组小组会审核后办理之处,尚候钧核。然查原有各小组委员工作已甚繁忙,且凌副理宪扬对于购办兵工器材,似无多量贡献,刘副理主办储料处托购各案,已感忙迫,似难有余闲兼理,且与煌意见不合,故如另组该项小组委员会,殊觉难于分配,可否由钧座另行指派数人,或由俞署长指派一员参加,借免顾此失彼之虞。

(孔令侃批:由局电俞署长派人参加,可由李祖冰参加。)

二、前奉电示,关于向德购料,已函陈立廷随时通知中信局。现据陈秘书立廷电称,已有:(一)交通部托购轻便铁路材料及康德飞机;(二)兵工署拟购若干器材。等语。不知以后向德所购之货,关于陈秘书方面所办部分,是否由陈秘书办后按时通知中信局,抑陈秘书与中信局所办部分,应双方随时互相通知,拟请核示。

(孔令侃批:双方互相通知。)

三、关于近由财部拨下国币五百万元,曾以供给德方土产价款均须在上海支付,故电请财部将此款改在上海拨付,迄未奉复,拟请查明见示,以便进行。

以上所陈,是否有当,敬祈核示。

张度
李耀煌　谨签
五月二十日

15)卢作孚致孔令侃函(5月25日)

刚父先生勋鉴:接奉本月二十二日惠函,敬聆种切。查本部前以电讯材料亟须添购,曾呈奉院座准由合步楼 Hopro 款内向德厂订购急用电料美金五十万元,当以其中长途电话用载波机待用最急,经本部香港采购处以 SD-1543,SD-1581 两号合同向西门子电机厂先行定〔订〕购,总价英金四五〇二镑,本部已付料款百分之十五,其余款百分之八十五订明在合步楼款项内支拨,业经咨请财政部转由贵局拨付在案。现该项机料业已到港,亟待付款提货,除再请财政部迅为办理外,相应函复,并希惠予协助,早赐核拨为荷。敬颂

勋绥

弟　卢作孚　拜启
五月二十五日

（附孔令侃批：查明核办。侃。）

16）邹琳、徐堪致孔令侃函（5月27日）

刚父仁兄惠鉴：顷奉五月二十二日手谕，备悉一一。经查，交通部在合步楼五十万元美金购料案内订购载波机一案，昨准交通部检送合同副本，咨请转知中信局付款到部，当以此案系由陈秘书立廷接洽办理，经发交钱币司函送陈秘书拟复。兹奉尊嘱，除饬司录函送陈秘书并案办理，并将为理情形径行奉告外，特专函奉复。顺颂

勋祺

弟　邹琳

徐堪　拜启

五月二十七日

17）孔令侃致叶琢堂等密电（5月27日）

叶局长、张赵副局长鉴：密。据合步楼称，香港报张关于易货事屡有登载，致引起无限纷扰。希就近密查此种消息由何方送出，并设法严禁再有登载。孔令侃。感。

附：

叶琢堂等复孔令侃电（6月13日）

重庆孔理事刚父兄鉴：感电奉悉。关于香港报张刊载中德易货消息事，顷据查，该项消息首见于四月十九日香港各报，系根据十八日路透社之柏林电讯。至五月十一日，各报又有登载，亦系根据路透社之纽约电讯。惟星报则于五月十日即行刊载是项消息，致合步楼以星报地位特殊，商情设法否认，经于五月二十日再在星报刊重庆专电予以否认，合步楼亦认为满意。查各该消息俱系路透社之国外电讯，故禁止困难，除请星报于该项消息特加注意外，兹将上列各电讯抄奉，即请察核为祷。叶琢堂、张度、赵季言叩。元。

18) 叶琢堂等致孔令侃密电 (6月3日)

孔理事赐鉴:密。五月廿日签呈谅达。兹准陈立廷五月三十日电称,奉院座批:"准欧亚航空公司在中德易货项下购订康德式[飞]机三架,每架约合美金三十万元。"希查照,等由。不知该项订购付款等手续系在重庆办理,抑由局办理,恳洽示为祷。叶琢堂、张度、赵季言、李耀煌叩。江。信。港。2680。

19) 孔令侃致陈立廷函 (6月6日)

立廷吾兄大鉴:关于中德易货订立新协定,前于五月十八日曾将中信局对该协定之意见书送请台洽,兹据港电称,查中德案双方记帐〔账〕办法各别,似与新协定意旨不符。等语,用将原电附上,即祈查照前附意见书,与德方代表严加交涉,俾得适当之解决,并祈见复。是所至盼。专颂

公绥

附抄电一纸

弟　孔令侃启

六月六日

附:抄电

主任钧鉴:密。查中德案自上年九月份起,所有运德货品,我方均以英镑入帐〔账〕,而合步楼则将我方英镑价格照各货起运日之伦敦汇市折合马克入帐〔账〕,双方记帐〔账〕方法各别,应否一致规定,前曾于新协定意见书中陈请核示在案。兹接合步楼来函,直接关于新购之存粤钨砂五百吨拟当我方之英镑价格仍指订购日之伦敦汇市十一点六六折合马克入帐〔账〕。查新协定中既将国币与马克汇率规定为73.5,则德方如此折合马克入帐〔账〕,似与新协定意旨不符,关于此点,意见书中亦曾提及,究应如何解决之处,敬祈核示祗遵。凌宪扬叩。东。机港。

附:

陈立廷复函 (1939年6月9日)

刚父吾兄惠鉴:奉交各件,皆已核收。关于钨砂作价一案,弟已函合步楼

按照新合同办理,际此外汇混乱之时,弟意似不可多与争执,只求维持新约规定之比例,似已甚好。是否? 仍祈明教。此颂

刻祺

弟 (制)立廷上

六月九日

20)军委会致中央信托局快邮代电(6月6日)

中央信托局公鉴:据顾司令长官祝同世昭电称,据上海英商怡和丝厂经理朱颐寿有电,本厂受中央信托局委托,专事收茧缫丝,以履行中德易货协定,兹于宜兴等地设茧行五十余处,收购干茧,设行地点多在游击区域以内,请饬一体保护。等情。除复迅将派出收茧商人密定特别符记,并与当地游击队切取联络,并转饬江南游击各队保护外,谨电鉴核。等情,查该局曾否委托该怡和丝厂收买蚕丝,本会无由悬揣,兹据前情,特电迅行具报,以凭核办。(渝)。军事委员会办。四鱼。印。

21)孔令侃致张度等电(6月8日)

张、赵副局长、凌经理:兹将军委会代电原文录后:中央信托局公鉴:据顾司令长官祝同世2507电称,据上海英商怡和丝厂经理朱颐寿有电,本厂受中央信托局委托,专事收茧缫丝,以履行中德易货协定,兹于宜兴等县设茧行五十处,收购干茧。设行地点多在游击区域以内,请饬一体保护。等情,除复迅将派出收茧商人密定特别符记,并与当地游击队切取联络并转饬江南游击队保护外,谨电鉴核。等情,查该局曾否委托该怡和丝厂收买茧丝,本会无由悬揣,兹据前情,特电,希迅行具报,以凭核办。渝。军事委员会办。四鱼。印。希即查明办理,电复为盼。侃。齐申。渝信。834。

22)孔令侃致凌宪扬密电(6月8日)

凌经理鉴:密。东机港电悉。我方运德物品货款折合马克入帐〔账〕问题,应依照新约严厉与德方交涉,除函陈秘书立廷洽办外,特复。侃。齐戊。

渝。信(830)。

23)陈立廷致孔令侃函(6月10日)

刚父吾兄惠鉴:九日函悉。关于交通部在合步楼款下购物一案,前经请示,奉院座面谕:"该部在欧美购物已多,在德购物一节,暂可不必。"除已通告财政部外,并亦通告交通部主管人。谨此奉闻。此颂

日祺

弟　(制)立廷手启

六月十日

24)孔令侃致许性初密电(6月13日)

3306。转叶局长琢老赐鉴:张、赵副长、李副经理勋鉴:○密。关于欧亚航空公司呈奉院座批准在中德易货项下订购康德[飞]机三架一案,前奉江信港电,经即去函陈秘书洽复,顷据函复称,欧亚李总理尚未归来,订购德机合同已否正式签订现不得知,惟将来付款,当由李君与本局详商。等语。除签呈院座指示外,即请分向欧亚及合步楼先行洽商为荷。巧。申。渝。信。

25)孔令侃致许性初等密电(6月13日)

3306。转张、赵副局长、凌经理钧鉴:密。中德易货,我方物品应速洽购、供给,迭经电达。兹据合步楼函称,自新约签订之后,迄未荷我方购运华货,德政府有鉴及此,业已暂行停止德货运华,特函商请速即购运华货,俾协定得以顺利进行,两国邦交实多利赖。等语。查新约既早经签订,双方自应履行规定,希即遵照院座批示,积极洽购货品,除钨砂外,现在洽购中者尚有何项货品,并盼电告。元。申。渝。信。0863。

26)孔令侃致孔祥熙呈(6月14日)

谨呈者:案据港中信局电,以接陈秘书立廷五月三十日电称,奉院座批准,欧亚航空公司在中德易货项下购订康德式[飞]机三架,每架约美金三十

万元,希查照。等语,不知该项订购付款等手续系在重庆办理,抑由局办理,恳洽示。等语。谨查中德易货,前奉钧座批准,每月由中信局收购土产运德,暂以国币二百万元为限,我方所需之物品,德人亦照定期供给。等因。上项定〔订〕购德机,自当由中信局在规定款项购运我国土产抵付。为便利起见,凡我方在中德易货项下订购之德货,其订购手续,似应由中信局办理,以资划一,间有未经中信局洽购者,似应由陈秘书立廷将合同副本寄交中信局,以资接洽,而免隔阂。是否有当,敬乞钧裁。谨呈

院长

职孔令侃(印)　谨签

六月十四日

(附孔祥熙批:如签办理。)

27)叶琢堂致孔令侃电稿(6月14日)

重庆孔理事钧鉴:中德易货案,运德货物中有本局将货品售于德商后,由该商运交合步楼归中德案出帐〔账〕者,计钨砂1000吨,锑砂300吨,蚕茧200吨。查此项交易,德商并不计利,各货运德后只由合步楼酌付各该商佣金若干,以资酬劳。顷接合步楼来函称,该项佣金须在华以国币偿付。目前已运抵德国之蚕茧200吨,计应付美最时及福来德洋行共国币23571.44元,拟请在沪照付后,由柏林汇兑银行将该款按73.5折合17325马克入央行帐〔账〕,等语。查此项垫款以国币支付,按73.5折合马克入帐〔账〕,我方并不吃亏,应否即予照准,敬乞电示祗遵。

28)盛苹臣致孔令侃密电(6月21日)

刚父兄勋鉴:密。中德易货案德方应收物资由局方购运,早经院座核定,局方尚未照办,致受德方责难。查其症结所在,系港款汇沪问题发生窒碍,而局方迄未报告,殊属不当。至于采购方面,据凌经理云确有把握,但沪款无着,无法进行。并据凌经理云,德方代运票料一节,难于办到。弟意拟请签呈院座如后:(一)中德新约,我方应照约办理;(二)前奉批准由局月购物资二百

万供德,局方已着手进行,但前拨港五百万元迄未能汇沪,以致无款向战区抢购物资,应请令饬央行迅予照汇,以利进行,而免德方借口。当否? 请卓裁。弟异叩。马亥。机港。2911。

(孔令侃批:复合步楼,允自动将钞运沪。)

29)麦佐衡致孔令侃呈(6月28日)

案据港本部六月二十日代电内称:"接准资委会资渝矿字6878号函,以依照统一收购物资会议议决,各矿品由该会收售,赣省产锡闻与本局曾有协定,洽请将收售权仍归该会执行,以符通案。等由。经呈奉批,由本部核具意见。等因,遵即具签称,合约为期一年,未便中途毁约,惟因易货案关于大锡暂无需用,如该会需要,可照浙油办法,自七月份起,本局所购该厂之锡,在港悉数交与该会,按当日港价由该会散还价款,惟嗣后易货案如仍需用之时,由本局尽先径行拨归该案。等语。经奉批,函资委会试与磋商。等因,并奉张副长谕,通知麦经理拟定办法外,并就近与资委会洽商,如资委会肯照采炼厂条件与本局订立长期合同,本局亦可取消与该厂所订之合同,改向资委会收购。并嘱呈孔理事代电及致资委会复函,均交钧座分别呈送。嗣复奉赵副局长面谕,致资委会复函俟麦经理接洽呈复后再办。各等因。除将上孔理事代电检附敬乞办理外,理合将办理该电经过详电呈送鉴核。"等语。窃查赣省大锡收售权归资委会执行一案,港本部所拟照浙油办法办理,似尚周妥。除检具叶局长、赵副局长呈钧座代电附呈察核外,理合备文呈请批示祗遵。谨呈

理事孔

计呈送代电一件

职　麦佐衡

六月二十八日

(孔令侃批:查矿产品系归资委会办理早有定案,局方易货案既属不需大锡,则已购得部分不妨立即出售,以后应停止收购,将赣省收锡合约移转该会,将来易货需要时,可以法币径向该会购买,应与法令相符,而与事实兼顾。)

30）李景枞致孔令侃函（6月29日）

　　令侃理事吾兄勋鉴：关于敝公司得就中德易货项下订购康德式飞机三架一案，前奉六月十九日赐函，当经以敬电将略情奉复，谅邀惠察。查该项飞机三架之订购、付款等手续，既承孔院长核准应由贵局办理，自应遵照。兹查关于订购手续，敝公司最初系托由敝公司德方股东汉沙航空公司代办，盖因（一）该项飞机为德国新制品，非有特殊关系之国家，无法获得，当院座以该项飞机之性能为最适合于战时后方交通之用时，经弟电清汉沙代向德国航空当局特别设法，方许让售，托其经办，较之径向该飞机制造厂订购为必不至发生中变；（二）汉沙与该飞机制造厂历有来往，闻其所自行订购者，为数已不在少，托其代敝公司附带加订，自较由敝公司直接自订为廉，而且交货时间亦可期迅速。基于上开两种原因，故于前奉院座核准时，即经正式电请汉沙代为进行，此时似以仍能由其经办较为妥适，并经函知汉沙驻华代表向贵局径洽矣。关于付款手续，弟不日即将赴港，拟届时晋谒，如适台口尚未返港者，当与李君耀煌就近接洽。如何之处，尚祈随时指示为荷。专此奉达。敬颂

　　勋祺

弟　李（制）景枞拜启

六月二十九日

〔中央信托局档案〕

2. 国民政府为欧亚航空邮运合约延长有效期一年训令（1939年3月13日）

　　国民政府训令渝密字第一九号

　　令行政院

　　为令饬事：案据本府文官处签呈称："准国防最高委员会秘书厅国议字第六五号密函开：准行政院二十八年二月二十一日吕字第一六九三号函，为据交通部呈称：查本部与德国汉沙航空公司合资经营欧亚航空公司，系以民国十九年二月二十一日由本部与该汉沙公司所签订，并于同年九月二十九日呈奉钧院转奉国民政府核准备案之欧亚航空邮运合同。为依据该合同第十条

第三项载:'本合同自签订日起有效十年,期满前一年,如经双方同意,得按合法手续展延之'等语。是该合同应于明年二月期满,而是否予以续订,应于目前预为考虑。顷准该德国汉沙航空公司代表来函建议,将贵部与本公司在一九三九年二月二十一日所订之合同,依照原来条款不加更改,继续延长有效一年,俾得从长洽商合作办法。查该汉沙航空公司与本部合设欧亚公司,对于我国民航事业之发展不无贡献。在此战争期内,我方为维持后方交通,对于该公司之合作,尤资利赖。惟将来情形变迁,是否仍有合作必要或合作办法,是否应予酌量变更,目前殊难逆料,故为适合目前需要,并留将来伸缩余地起见,拟同意该公司之建议,将原合同延长有效一年。是否可行,请鉴核示遵。"等情。经本院第四〇二次会议决议:"准予延长一年,报请国防最高委员会备案。"除指令外,函请查照转陈备案。等由。经陈奉国防最高委员会第一次常务会议决议"准予备案"。相应录案函达,即希查照转陈饬遵。等由。理合签请鉴核等情。据此,应即照舟,除饬处函复外合行令仰该院知照。并转饬知照。此令。

中华民国二十八年三月十三日

国民政府主席　林森

行政院院长　孔祥熙

交通部部长　张嘉璈

〔国民政府行政院档案〕

3. 张度等为呈送《中德易货新协定意见书》致孔令侃电稿（1939年5月2日）

刚父尊兄赐鉴:前奉三月卅一日手书,嘱将中德易货新协定会同宪扬兄缜密研究,经详细商讨,敬草意见书一份随函检奉,尚乞卓裁为祷。顺颂
公绥

弟　度、李〇

二十八年五月二日

中德易货新协定意见书

一、此次所订新协定及去年九月所订之新台约,对于旧帐〔账〕之处置,并未提及,似应及早解决(根据德国柏林汇兑银行本年三月底结单所列,我方结欠德方计共四千七百余万马克,此项欠款,每年须付百分之五之利息,如迁延不决,则我方负担实属过大)。

二、关于我方办理中德易货之机关,就新协定第一条观之,似为 Central office,就第五条观之,则又似为中信局。查中信局迄现在止仅办理出口,将来职权是否扩充为代表我国政府之 Central Office,如中信局与 Central Office 为两个机关,其职权似应划分清楚。

三、新协定第三条规定,各项货价,均以国际市场价格为准(On the basis Of world market prices),其无国际市价者,则以英镑付款为准(On the basis of payment in foreign exchange),查找国运德货物,如桐油、芝麻等,固不难照国际市价办理,其无世界市价而有国内市价如上海市价者,自可以上海英镑价格为准,但原文(On the basis of payment in the foreign exchange)似嫌含糊,拟改为(On the basic of Shanghai or other local prices in terms of foreign exchange),再,我国统制之品,如钨、锡、锑等,虽有伦敦之国际市场价格,然以我国为大宗出产地,资委会亦另开价格,多比世界市价为高。在此情形下,如照国际市价,则无从收购,照资委会开价,则德方又不能接受,故应由双方代表临时议定。协定中对此点似应有所规定。

(原批:查前经院座核定其超过数归国库补助在案,如须变更,似应从新协商。)

四、再,同条规定货物起运后入帐〔账〕日期不够确切,似应规定起运日入帐〔账〕,倘有特殊情形,如商人将货品运出后如行签订合同者,可按付款日期入帐〔账〕。

五、同条(with the understanding that world market prices from the basis for all dealings the exchange rate will be fixed at Rm73.5 for S.td.100)一节,表面上我方似甚便利,实际上文义混糊,我方仍吃亏甚大,如文中所指国际市价一项,是否即系伦敦市价? 若然,则伦敦金镑价格应照何项汇率折合国币,如照

黑市价格折合国币,再照73.5折合马克入帐〔账〕,则德国损失甚大,恐难接受,如照我国法定汇率14.25便士折合国币,再照73.5折合马克入帐〔账〕,则此项国币价格必较国内货价为低,除非政府另行津贴相当数额外,决难成交起运。兹举例如后:

(一)按照伦敦金镑市价(假定以此为国际市价),以黑市汇率折合国币,再照73.5折合马克计算。设伦敦市价为:£100.00@8.5d(黑市汇率)＝C$2823.53　C$21823.@73.5(合同订明)＝Rm2075.29(转帐〔账〕数额)

(二)按照伦敦金镑市价(假定以此为国际市价),以法定汇率14.25便士折合国币,再照73.5折合马克计算。设伦敦市价为£10000@14.25d(法定汇率)＝C$1684.21　C$1.684.21@73.5(合同订明)＝Rm1237.89(转帐〔账〕数额)

基于上列二例,兹再将其利害分释如下。

(一)上列第一项之转帐〔账〕数额Rm2075.29较第二例Rm1237.89多出Rm837.40,如照第一例计算,则德方每百镑(约合"1170"马克)须损失Rm837.40,恐难接受。

(二)上列第二例之国币货价为C$1684.21,此项数额还不过作为转帐〔账〕时以73.5折合马克之根据,实际上,我国国内市场价格断不止此数,或与C$2823.53相去不远,其间相差之数,势非由政府津贴不可,是则名为按照法定汇率计算,实则仍按黑市汇率计算也。

六、第四条双方交货之规定,表面上甚为公平,事实上则华货运德极为迅速,而德货来华则甚为迟慢,表面上我欠德方,事实上德方或已欠我。

七、上年九月份新合约签订后,所有德货我方均用英镑入帐〔账〕。而合步楼则将我方之英镑价格按照各贷起运日之London Exchange Quotation折合马克入帐〔账〕,可否照办,似应即予解决。

〔中央信托局档案〕

4. 蒋介石就中国抗战问题答德国海通社记者问(1939年7月17日)

德国海通社远东总经理访问蒋委员长后所发电稿

二十八年七月十七日

德国海通社远东总经理美最时氏昨晋谒蒋委员长,恳谈甚久。德国政府及人民对远东战局之态度,委员长甚表关心。委座以为德国政府之对华态度,并非出于情感之隔膜,乃欧洲方面之环境使然。委座并称中德一般关系可称满意,中国为德国之老友,其意义自较一般新友为重要,并请美最时君将此意转达德国人民。

蒋委员长并称:德日携手,实无真正可靠之基础,且劝告德国与日本发生关系,务必慎重将事,否则恐有不利也。彼以为日德亲善未必真有一定不移之基础立场,而相信德俄合作亦未始绝无可能。委座并称日本外务省对于德国,心中并无十分亲善之情绪,日本军阀所以与德国保持目下之关系者,仅出于事实之需要耳。其对美国因利害所系或较德国更为重视。一般说来,日本为一缺少政治观念之国家,故与之相交,宜存戒心。

美最时氏叩以和平之展望,委座答称:日本军队一日不自中国领土撤退,即无和平希望可言。今全中国之目的欲驱除敌寇,在未达到此目的以前,中国政府不能考虑任何方式之和平谈判。至于第三国出面作调停建议,倘其中并不包括日军撤退问题,亦绝无接受可能。委座并称:据本人看来,由于日本之一般态度,目下似无第三国愿为调停。日本缺少一真正之政治家,目下之日本统治者,甚难获调停者之信任。

委员长继称:目前战事仍继续进行。战场虽消息似觉沉闷,然战事则绝未停止。美最时复询:日本在占领区力谋巩固其地位,俾作经济开发,中国最高当局亦有防止之措置否? 委员长否认日人在占领区有巩固其地位之可能。例如平汉路之东即有中国军队约二十五万。日方称之为游击队,实则全系正规军。日军仅掌有北平、天津、济南等都市,绝不敢离开城市或铁道线二十或三十公里以外。固有此大队华军之存在,战事时在进行。故不论军事或经济方面,日人绝无巩固地位之可能,且此种军队,在未来战争上,自必有决胜之影响力量。

至于日军欲假轰炸之手段以沮丧中国民气,则此间外籍记者均能证明,民间一切生活均照常进行,民众对空袭未尝感觉畏惧。尝警报长鸣之时,均从容入地窖或下乡躲避,警报解除,则一切活动均恢复常态。物质之损失甚小,其结果仅使中国人民团结益坚而已。今中国全体人民一致团结,如坚硬之砖石,日本侵略益亟,则此砖石因锻炼而益为坚固。

美最时氏继叩以日人是否能利用南京及北平两伪组织以达其势力于中国人民,蒋氏力言事实决不如此,因彼等一旦变为傀儡即无丝毫之能势也。又谓近日虽又有少数之人附逆,但决不能改变过去之情形。此等不甚可靠之分子,既已自行淘汰,在国民政府实只有好处。彼等不惟不能破坏政府,且将使政府之精神愈为团结巩固。后又谈及国民党与共产党之关系,蒋氏谓中国根本即无所谓共产党。过去一部分信仰共产主义之人,与欧洲信仰共产主义之人实大异其趣。中国人说来说去还是中国人,唯其如此,故无不一致抵抗外侮。中国与苏联之合作仅系两国之友谊关系,初不能视为中国即有倾向苏联所奉主义之意。美最时氏复以中国之军事及经济准备见询,蒋氏谓中国实际上已无须仰给国外之输入,即可在经济及军事两方面继续作长时期之抗战。目前中国在经济方向已能自给自足,上海及香港入口之断绝反而增进国内之情形,使国人度其简单朴素之生活,并省去大批奢侈品之输入。中国社会现仍以农村为主,且有大量土地静待开发,仅四川一省之面积亦与德国相等,若自今以后再抗战十年,则四川一省亦不难发展成为一"亚洲之德国"。何况中国尚有其他省区,因为未开发之地,且其富源亦不亚于四川。蒋氏在谈话中充分流露其坚决之信念,无论对其自身及彼之目的皆具非常之把握,实予美最时氏以极深之印象。蒋氏谈话时态度殊闲散自若,妙语丛生,对任何问题皆感兴趣,有时复提出若干问题殷殷垂询。美最时氏此次晋谒蒋氏系与海通社代表朗吉氏同往,数日以来蒋氏皆未接见外籍记者,而德国记者则自蒋氏离汉口后即未有晋谒者云。

〔国民党党务系统档案〕

5. 俞飞鹏报告欧亚航空公司试航飞机失踪处理经过呈(1939年9月24日)

呈文

查中德航空合同原定欧亚航空公司经营之航线，均须取道苏俄国境。嗣德方恐受苏俄挟制，请于必要之时得许该公司取道阿富汗等中部亚洲，经营中德航线。曾经本部王前部长伯群任内函复同意。该公司自成立以来，迭经依照合同规定路线筹设航线，均以事实上之障碍，未得完成。迨至本年四月间，乃呈请依据前此换函规定，准其商请德方股东汉沙航空公司派机试航中亚航线。当经本部函咨航空委员会及外交部查核。五月间准航空委员会函复，业已电饬关系机关保护试航，遂即批饬该公司知照准其试航。

嗣准航空委员会转咨新疆省政府来电，以南疆地方不靖，难负保护责任，本部乃即转饬公司知照，并饬对于试航不宜轻于冒险。此外，并曾饬由本部主管司函请该公司转向汉沙航空公司声明，试航尚〔倘〕有意外，我方概不负责。惟据该公司复称：汉沙航空公司认为是项试航虽然飞经南疆，但不降落该处，当无危险，即有意外，其责任亦由汉沙航空公司自行担负。至是，汉沙航空公司准备实行试航。惟至本年八月间，本部以时局关系，情势变更，是项试航事实上恐将不便，爰于是月二十二日电饬欧亚航空公司停止上项试航事宜，而汉沙航空公司派出之试航飞机二架，业已出发在途，仍于是月二十五日起先后飞抵西安，本部据报后立饬欧亚航空公司即将该试航飞机收购，因汉沙航空公司仅允出售一架，其余一架仍由原驾驶人员嘉白伦次等于同月三十日驾驶离陕，经由南疆拟飞回阿富汗，不幸于飞离甘肃安西地方，后即告失踪。

本部得知该机失踪之讯，并悉德方有派机来华寻查之意，当以该机失事我国应予救助，而汉沙航空公司自行派机来华一节，在目前情形之下，实有未便。经即迭电新疆盛督办，请予就近探查，如该机系平安降落，所有人机安全并请设法援助出险，一面饬由欧亚航空公司商准汉沙航空公司驻华代表自行致电柏林，请其停止派机来华。嗣准外交部咨，以据驻德大使馆电陈，汉沙航空公司拟派飞机寻查失踪飞机，请核办等由。过部。并经将以上情形咨复在案。

迨至最近本部虽曾准盛督办电复，对于该失机业已饬属查报，但为求早日获得结果起见，爰经派定欧亚航空公司总经理李景枞乘机飞新探访，并电请盛督办予以协助。因嗣准盛督办复电,阻止该员机在新降落,且声明不负保护责任,于是不得不电饬该员从缓出发,同时电知盛督办并仍请其饬属就近探查,随时电告。

嗣准外交部本月二十二日代电,以德方对于我国拒其派机来华寻查失机,认为不能想像〔象〕我方拒绝之理由,表示倘我坚持到底,纵断绝国交,亦所不惜。一切对华接济,将悉断绝,应如何应付,商请核复。过部。当以此案有涉及中德国交之虞,为迅速查明失踪飞机起见,拟另派人员会同外交部代表,改乘中国航空公司飞机赴新,面洽办理。现正与盛督办电商之中。至于德方坚持要求,准许汉沙航空公司自行派机来华寻查一节,可否准许。事关两国邦交,业已复请外交部查酌办理。

所有试航经由中部亚洲飞行之中德航线缘由,及试航飞机失踪后处理经过情形,理合具文呈报,伏乞鉴核备案。谨呈

行政院

交通部长　俞飞鹏
〔国民政府行政院档案〕

6. 陈布雷抄送中国驻德大使馆来电致王世杰函(1940年10月16日)

雪艇先生大鉴:

抄呈密电一件,请存阅为荷。此电未覆,并闻。即颂

大安

弟　陈布雷
十月十六日

密。陈大使自柏林来真电十一月十三日收到

顷德外长约往密谈,略谓(一)莫洛托夫明日来访,德俄间自订立不侵犯条约以来,交谊已密,今当再进一步,益图巩固。1.可使德统一欧洲志愿易于完成;2.可证英美联俄绝难实现。(二)英欲亡德,年来事实适得其反,德已对英各方包围,捷、波、荷、比、挪威早入德手,法与德在同一阵线,巴尔干半岛已

不成问题,义〔意〕希战事终归希败,英虽得美飞机援助,德在本国及被占领各地遍造飞机,质量远过于英,美纵参战,德之潜水艇足以消灭英美海军,况美在太平洋与大西洋两方面受敌,海军亦未必敷用,且美若对轴心国家宣战,无异对于全世界宣战,帮预料对英战事,早则今冬,迟则明春,可望结束,丘吉尔之军事计划,必归失败,最后胜利终属德国,领袖天材,战无不胜,可以断言。(三)德意日之协约,目的在缩短战事,早树和平,自德方言,为促成建设欧洲新秩序,俄于此点甚赞成,绝对可望有把握。(四)因此推想至欧洲以外之大陆,而注念及远东问题,拟以个人意见,探询阁下或请转达贵政府,但须预先着重声明:1.未受中日政府任何方面请托;2.决非德国政府自愿调停,惟以中日战事已逾三年,德国立场可以质言,在四年前英已蓄志亡德,德联强国对抗,以此与日本交谊增密,然本人及政府对中国尤其经济上关系,始终保持友谊,决未与中国立敌对地位,并甚钦佩。蒋委员长之英勇与历来对德好意,无如大势所趋,惟强是重,不得不侧重亲日,此在中国或引为不满,在德国实势逼使然。近闻日自新内阁成立后,亟图解决中日问题,已拟于近日内承认南京政府,日如实现,义〔意〕德因与同盟关系,亦必随之,他国或尚有继起者,此于中国抗战巩益加困难,于中德关系到亦虑启影响,诚恐委员长无论如何主张抗战到底,或仍以英有援助能力,故将国际趋势尽情为阁下一言,倘阁下认为有和解可能,则请转达蒋委员长,及贵政府加以考虑,以免误此最后时机。余已声明并非自愿调停,亦非作何建议,即领袖本人亦无此意,倘双方以此为请,自不敢告劳等语。介答贵部长盛意良感,当即据以电呈,在未奉训令以前,恕难遽有表示,就个人所知,我国为生存与主权而抗战,非达此目的恐难言和平,前陶大使奉令调停时,我委员长即以日军完全退出为先决条件,今日当仍如前说,倘日军未能放弃占领内地敌军地带及沿江沿海口岸,则终久未能和平,此点尚乞注意。渠谓余虽未闻日方提及若何条件,在余观察,日方恐未易为,言之至再,后转首询其陪坐之前派往日本办理三国协约专使斯诺玛(Stahmer)意若何,答此诚非易,但看如何说法。介询贵部长将以今日所言同样告日使否,渠答余信彼方不致反对,故敢约请阁下晤谈,历一时许,词意婉和,最后又言公使可与介随时接洽。谨密报陈,敬乞核示!

〔军事委员会档案〕

四、战时中苏关系

1. 蒋介石关于派员同苏联洽商飞机事宜致蒋廷黻电（1937年11月20日）

蒋委员长来电　二十六年十一月二十一日到

蒋大使勋鉴：沈德燮处长想已到莫，请兄介绍其与俄政府洽商飞机交涉。现在最急需用者为驱逐机二百架与重轰炸双发动机一百架，先聘俄飞行员二三十人，即请其驾机来甘。如此不过十余次，即可运完也。其联络□决取道新疆，并请使署派干武官在新疆哈密购备多量汽油存储，以备飞行。盛世才已复电赞成此事。中○。号。亥。机。（二十日）

〔国民政府行政院档案〕

2. 杨杰关于与苏联商洽援华武器情形致蒋介石函电稿（1937年12月—1938年4月）

1）杨杰致蒋介石函稿（1937年12月21日）

委座钧鉴：兹将最近在苏工作情形摘要胪陈于下：

一、钧座○电嘱向苏方商洽二十个师兵器之供给事，职连日与伏罗希洛夫元帅面商，结果如下：

（一）二十个师之兵器，除步枪由我自备外，苏方供给每师十一公分五重炮四门，共计八十门，每门附炮弹一千发，共计八万发；每师七六公厘野炮八门，共计一百六十门，每门附炮弹一千发，共计十六万发，每师三七公厘防战车炮四门共计八十门，每门附炮弹一千五百发，共计十二万发，每师重机关枪十五挺，共计三可〔百〕挺；每师轻机关枪三十挺，共计六百挺，共附枪弹一千万发；双翼驱逐机六十二架，并附武器及弹药全副。飞机及轻武器弹药之一部，已下令即日开始陆运，余仍租轮由海道运华，但伏帅以在海防卸货较为安全,请饬向法方交涉准予通过安南。此项货品需载重十六吨货车约一千辆,请早为筹定,以便接运。

上项每师配备之兵器,与职提陈伏帅面商之原案,相差极大(尤以机关枪数相差为多),伏帅以现代师之编制,以富于灵动性及精于运用火力为主、不必过于扩大编制为词,职再四说明敌方装备之优良,请保留请示后再为决定。

(二)上项各武器代价,仍如上次所定。苏方本请我付予全部现金或一部分现金,职再三申述中国在激烈抗战期中,现金筹集既难,消耗复巨,苏联不惟为中国之诚挚友邦,且系我民族抗战之积极声援者,当能理解中国所处之困难环境而仗义相助也。苏方对此深为谅解,但请我尽量供给锡、铅、锑、镍、铜等金属原料,不足之数,以茶、生丝、棉花、羊毛、牛羊皮等补充之。请指定专员,负责办理。

愚见:如能经常供给苏联以上述各项原料,则此后向彼续商接济军火,当较易办到。盖苏联军需工业对上项金属原料甚感缺乏。若能补充其所缺,自可供我所需矣。

(三)双翼机六十二架,已到哈密装配,现又允让六十二架,可编为四大队,已派定人员组织(苏方已派定空军志愿参员一大队,约百五十人来华),惟到华技师仅三十人,当再增派。又:伏帅对新编二十师之专门人员甚关心,彼曾询问:此二十师是否需要专门人员(如炮兵教练等)。若然,则所需者为何种人员? 其数量若干? 请示知,以便转告。

(四)订购二百万加金〔仑〕汽油一节,苏方称:事属商业范围,与军部职掌有别,请与苏联驻华大使馆商务员直接商洽,等语。请饬主管机关向苏联商务机关商洽办理,但须提出汽油种类、详数。

二、前苏方因应我之需要,尽量供给军需各品,彼曾要求对于轻重机关枪一千架〔挺〕、弹一万发、载重汽车陆运费及防毒面具二十万个、通信材料等以现金购买,至今未闻我方之答复,殊以虑。究应如何答复,乞示,以便转商。

三、前次报告苏方代为设计在华创办一飞机制造厂,发动机由苏供给,月出飞机五十架至一二百架。刻苏方一面调查中国飞机制造厂之状况,是否能利用,一面设计,拟在长沙或衡阳设厂,据称半年后可以出品。

四、炮厂亦为苏方承许在中国旧兵工厂内添设机器,制造中、小口径之炮,直至能出十五升的重炮为止。如钧座认为可办,苏方当派专家到中国设计制造。

五、汽油为抗战中不可须臾缺之品,愚见:苏联在新疆已有调查,如钧座以为可以开采,由华自办,利用苏方专家及机器,在短期内亦可采出,以供军用。

六、由阿拉木图至凤翔间已有公路,如能撤去不用之铁道于凤翔公路向兰州铺设,似于军运有利,在长期抗战中,如欲另辟一欧亚间之直通交通线,则与苏方商洽合资铺设此段铁道,亦为要图,未悉当否。

七、总合与苏联当局讨论参战问题,目前苏联不能参战之理由:

(一)中日战争,世界皆认日为侵略者,同情于中国,若苏联加入,则变为日俄战争,英、美更为观望。

(二)苏联原欲造成一反法西斯之战线,奈英、美、法皆存观望。彼认为此战线不能造成以前,彼无保障,深恐应付东西两方之战事,危险殊大,尤以英国为可虑。

(三)英不愿华与日及俄胜利,尤其希望日俄战争,日胜或助俄,若俄胜,彼或助日,故苏对于英,颇深疑惧。

(四)职曾提出意见,苏联认为对日作战既有种种顾虑,可否另用一有效方法刺戟〔激〕日本或联合有利害相同之国家出面干涉,以利中国之抗战,伏帅称:于苏联国会开会时提出讨论(一个月后,苏联国会可以开会)。

总之,欲使苏联参战,职见:必须造成使苏联不能不参战之环境。其制造之法。第一,想法使英、美为其后援或使有西欧安全之保障。第二,中苏关系益密,日方感觉不利,对苏联挑衅,则苏联不能忍受,彼必起而与之周旋矣。谨呈。恭谨

崇绥

职杨杰　谨肃

中华民国二十六年十二月二十一日于莫斯科

2)杨杰致蒋介石密电稿(1938年4月6日)

委座钧鉴:○密。俄方提议合组对日情报机关一事,经奉锣座二月微电核准转知周明在案。月来,周与俄耿精中将已将组织及技术问题会商就绪,克日同俄员飞汉,一切均承钧座旨意办理。惟负此项机关之责任者,双方应遴选品术俱优、富于机密性者充之,俄方已派瓦西上校为彼方负责人,至我方负责人,拟请派周明,以资合作(周曾留学日、俄,任参部俄事处长有年,尚忠亮可托也)。另有要件交渠面呈。乞详询之。职杨○。鱼。

〔杨杰个人档案〕

3. 孙科关于与苏方商洽购机及聘请志愿军事致杨杰函(1938年4月16日)

耿光大使吾兄勋鉴:关于购机事项,经连日与兄商讨,佥觉有从速催交续购之必要,以应前方急需。兹请再向苏方商订驱逐机E-15式八十架,E-16式八十架,轻轰炸机R-10式八十架,同时对于去年经订待交之轻轰炸机SB式四十架,一并催请起运。所有新旧所订之机,均希从速分批起运,于本年七月前全数交竣。又:前方希望苏方志愿军参加作战至为急切,从前招待不周之种种错误,我方自应切实纠正,敬请吾兄即向苏方详为解释。至待遇条件,可据前年十一月周主任至柔兄马电所开各件酌商请派。其各地招待处之管理,如苏方同意。可由其派员负责办理。所有购机及聘请志愿军事项,敬请吾兄从速进行商洽,至纫公谊。专此。即颂

励祺

孙科(亲签)四月十六日

〔杨杰个人档案〕

4. 蒋介石请求苏联援购武器速运来华事致斯大林等密电(1938年5月5日)

莫斯科。极机密。杨次长转史太林〔斯大林〕先生并伏罗希洛夫元帅:中国对日抗战,迭承尽量援助接济,俾战局克以支持迄今,敌人消耗甚巨,不独

私衷感激靡量,即全体将士与民众,对贵国仗义相助、抑强扶弱之厚意,均表示无限之钦佩与感激。现在中国缺乏必需武器甚多,尤其需要飞机特别迫切。曾以此意面告贵国大使,并电令杨次长同时洽商,请贵国借给大批之武器与飞机,并准备订立正式贷借契约,想邀鉴察。中国此种希望与请求,实基于与贵国精神相契之道义关系,若以寻常商业手续及普通国际关系而言,直为不可能之举,既不能提供现款,何从取得物资?此在中国已明知之。其上次承借与之武器,款未清还,又承垫付多量之运输费用,亦尚未偿迄,无日不耿耿于心。但中国既深信贵国主持和平正谊〔义〕之苦心,又鉴于两国在东亚局势上有共同之利害,认为中苏两国关系,乃超过了通常友谊之上,实为共患难之友。余深知足下之卓虑远识,必与吾人同感,故不惮提出此项出于通常手续以外之请求也。

上次垫借之款,未能如期清还,实深歉愧,但请谅解。我国实无外汇现金可资拨付,苟稍有可能,不待贵方催询,早应全偿。贵国如此热肠相助,中国为良知与信义计,岂容有丝毫延迟之理?若在无战事之平时,尚不难于筹给,今则战争正在激烈进行,前线决胜之工具为武器与兵士,而后方所赖以支持抗战者,全在金融之安定。中国现金特别缺乏,如一时汇出如此巨款,则国际汇兑即难维持,整个经济即趋摇动,军队虽有牺牲决心,亦将无以克敌。故我方所希望于贵国者,固为接济武器,更望深谅中国目前之极端艰难而维持其经济力量。惭愧迫切之情,实非言语所能达其万一也。

关于前所借垫三千二百万之货价、运费,余于未接电之前,即面告贵国达武官,中国虽事实上不能立即清还,但必须揭算详细数额,准备可能时清偿。今欲为贵方明告者,中国已决定提出国币三千二百万元尽速购足同额之货物抵运。如此,庶不致影响外汇,而经济得玖〔久〕维持,战事亦可顺利进行:贵国当能谅解中国此种措置之苦衷而予以同意也。并恳将商请拨借之武器及飞机从速允诺,订成契约,分批起运,以发扬我战场之士气与军心。尤其飞机一项,实迫不及待,中国现只存轻轰炸机不足十架,需要之急,无可与比,请先将所商允之轰炸机与发动机尽先借给,速运来华。其他整批契约,亦请早日订立实行,使对日战事不致中途失败,使贵国援助我国之厚谊,不致因接济后而失其意义,全中国军民将永不忘贵国急难相扶之惠。掬诚奉达,深信本于道义立场,必能慨允我所请。并祈面告杨次长电复为幸。敬颂进步、康健。蒋中正。中华民国二十七年五月五日于武昌。

〔杨杰个人档案〕

5. 斯大林、伏罗希洛夫关于苏联援华事宜致蒋介石电（1938年5月10日）

杨杰上将请转中国陆海空军总司令蒋介石元帅勋鉴:吾人完全理解中国金融财政之困难情况,并亦已顾虑及之。因之,吾人对武器之偿价,并不要求中国付给现金及外币。然吾人愿得中国之商品,如茶、羊毛、生皮、锡、锑等等,吾人深知此类商品,中国能供给苏联,而对中国之国民经济与国防无若何妨害。因此,希望中国供给此类商品。

关于苏联方面援助一节,丝毫不必疑虑,苏联当尽其一切可能,援助在反抗侵略者的英勇解放斗争中之伟大的中国人民。

阁下所要求之飞机,当即运送。关于给予中国以新信用贷款问题,将付苏联最高机关讨论,吾人希望能底于成。

请接受吾人热烈敬礼,恭祝康健,并庆在中国解放斗争战线上之迭获胜利。

史太林〔斯大林〕　伏罗希洛夫

一九三八年五月十日

〔杨杰个人档案〕

6. 蒋介石为感谢苏联援华致斯大林等电（1938年5月31日）

莫斯科。杨大使转史太林〔斯大林〕先生、伏罗希洛夫元帅钧鉴:接诵尊电,承谅解中国实际困难,同情中国抗战,并允尽一切可能协助,实深感激。又接孙院长来电称;对于第二次接济一万万六千万元数额之贷款,承蒙慨允,并允以后继续接济,尤为感慰。贵国于中国抗战难苦之中,一再仗义相助,此种盛情厚意,中国人民将深铭不忘,两国民族深厚固结之感情,必永垂于中苏

屏藩之革命历史。最近,敌国内阁改组,其对华侵略必益趋急进。各种武器
——尤其飞机之补充,需要迫切,刻不容缓,务请将第二次接济之一万万六千
万元贷款契约先行订定,此间已令杨大使全权签订。至于应购飞机、军械之
种类、数目,当另开单详报。华货供给,前因所需交通种种关系,运输迟缓,甚
觉疚心。现在余决亲自严饬办理,兹后必源源输送,照余所允者办到,以副
〔符〕贵国之望。最后对于贵国屡次援助之稀有的高谊,愿代表中国军民重申
恳挚之谢意。敬祝康健。蒋中正。一九三八年五月三十一日于武昌。

〔杨杰个人档案〕

7. 杨杰关于苏联援华物资运输队在兰州附近遭袭击请加强保护密电稿(1938年7月15日)

委员长蒋:○密。元未、元酉电奉悉。苏方称:三日前我运军火之汽车二
部在兰州东方数十里之处突遭袭击,致伤苏联运输者数人,苏方频〔颇〕为震
惊,对于今后之运输深抱不安。窃查陕甘大道为我运输唯一之交通线,前请
驻兵保护,即备万一之意,现发生此事,必致影响将来中苏间之运输,恳请一
面查明真相,安恤伤者,以释苏方之警虑,一面加强保护,以明责任,并候电
复。职杨杰即。删。

〔杨杰个人档案〕

8. 蒋廷黻在中央大学作关于《日苏的关系》讲演(1938年8月11日)

日苏近几年的冲突很多,大致可分为两类,一类是枝节问题,一类是根
本问题。枝节问题有三个。第一是边境冲突问题。每年到了夏季,两国边境
的冲突总有几十次,有些比较严重,有些连报纸都不登了。其实苏联与我东
北的界线早有中俄条约的划定,大体上是无争执可能的。近年所以发生争
执,一则因为日本及伪满没有中俄条约的底本及界线地图,二则因为当初中
俄划界图有些地段不够详细,三则因为自中俄划界以后,河流或河中沙岛的
地位形势或有变更,使地图与现状不符。但是苏联与伪满的界线大部分是自

然的而又极显明的,绝无争执的可能。在有争执的地点,所争执者不过几方公里,所以这种边境的冲突只能说是枝节冲突。倘日苏之间无更大的,比较基本的冲突,这些边境的冲突不能引起正式的战争。

第二个枝节问题是日本人到苏联远东领海去捕鱼的问题。照国际公法,日本当然不应该到苏联领海去捕鱼,但根据日俄一九○五年的条约,帝俄政府给与日人这种特权。苏联政府至今承认 一九○五年的条约有效。所以两国近年关于渔权的争执并不是日本人有无这种权利,而是这种权利实际如何执行。日苏之间曾有渔约,详细规定日少,捕鱼的各种条件,惟该约已满期,日本要求另订一个长期的新约,而苏联则每到年底只允延续旧约一年。日本虽失望,不过事实上每年日本人仍可到北海去捕鱼,也可以勉强将就。倘日苏之间无其他根本冲突,日苏也不会因渔约而正式开战。

第三个枝节问题是北库页岛开采石油的问题。日俄战争以后,库页岛分为两部,南部归日本,北部归俄国。日本缺乏石油,而库页岛的油矿正在北部,不在南部。日人对北库页岛的油矿贪得已久。苏联革命以后,苏联政府为解决日苏间的某种问题,允许日本公司在北库页岛指定地点开采石油,日本已正式得着这种权利,苏联政府至今并不图取消这种权利。争执的发生又是在权利执行的细则上。日方常说苏联地方官吏故意给日本公司种种的阻碍和限制。这些争执虽时常发生,但双方至今能在当地谋得双方的相安。倘若日苏之间无其他更大的冲突,这个油权问题也不至引起日苏间的正式战争。

这些枝节问题的本身并不严重而且有妥协的办法,但是全世界都密切注意日苏间的一切冲突,好象〔像〕一点小事就能立刻变为大事。这就是因为除了这些枝节问题以外,日苏之间还有更严重、更基本的冲突。要了解这一层,我们必须略为回溯历史。

十九世纪太平洋最大变迁莫过一千八百六十年的中俄的北京条约。帝俄根据该约占领了现今的滨海省及其海口海参崴。在此以前,帝俄在亚洲的领土过于偏北,且无良善的海口,不足以危害任何其他国家。占领了滨海省以后,帝俄成了太平洋强权之一,从军事上观察,海参崴在俄国手里,日本的国防就多添了一方面。所以从明治维新到现在,日本的政治家军事家没有一日能忘海参崴的。近年因空军威力的加增，海参崴在军事上的地位更加重要，日本国防上的困难也大大的加添了。

欧战以后，日本原想趁苏联革命内战的时际在西比〔伯〕利亚的东部树立白俄政权，组织傀儡国家。以后一则因白俄的无能力，二则因美国的反对，日本的计划完全失败了，确是日本那一次的冒险暴露了他的野心，苏联政府及人民至今不能忘记。在日本方面，不但计划失败，国防困难未能解除，而且白费了两亿的军费。日本出兵西比〔伯〕利亚的事件，是日本军人初次的冒险。那次的失败〔不〕但是军人对外的失败，而且是他们在国内争权的一个大失败。

九一八事变后，日本占领我东北，组织伪满政府，且与伪满订军事同盟条约，我们所受的损失之大固不待言，苏联间接所受的损失也很大的。因为东北在日本人手里，苏联的国防又发生极大困难了。日本近年在东北所修的铁路，均是对苏作战的铁路。日本侵略内蒙，也偏重以后对苏作战的军事便宜〔利〕。日本可以从满洲里直攻赤塔，或经库伦直攻叶尔库斯克，以图断绝苏联远东红军的后援。苏联也知道日本的阴谋，所以近年竭力发展远东的资源，以求战时的经济自给。

九一八事变以后，苏联深知事变之严重。那时苏联第一个五年计划尚只推行三年，不但人民生计困苦，国防力量亦十分薄弱，所以一九三一、三二、三三、三四诸年，苏联对日本小心谨慎，简直可说是抱不抵抗主义。苏联自己提议出卖中东铁路。以后经过长期的交涉，苏联可说是把这条铁路送给日本，因为苏俄所得的代价不过原价五分之一。同时苏联又向日本提议互不侵犯条约。倘使日本不拒绝，该约早可成立了，因为苏联的提议是出于至诚的。那么远东今日的局势将全不同了。该约倘成立，苏联远东可无后顾之忧，对中日的冲突必须抱中立态度。在日本方面，倘若日苏互不侵犯条约成立，他就不能与德国订反共协定。其实苏联当初提议与日本订互不侵犯条约的用意之一，就是想预防日德的合作。

日德反共协定的重要，在近年的外交史上可与九一八事变比。这个协定使日苏关系完全无好转之可能。苏联痛恨日德协定的程度远在苏联反对日本侵略中国之上。究竟日德反共协定的意义何在？那个协定是反对共产党主义的。但日德久已反对共产党主义,两国国内查禁之严,并无共党之公开活动,就是秘密活动亦数有限,何必签订条约来防止共产主义呢? 莫司哥〔莫斯科〕曾根据这个理由向柏林及东京抗议,日德的回答是他们所防备的是第三国际的活动,苏联既屡次声明第三国际与他无关,这个反共协定也与他无关了。此中的是非如何,我们姑置不论。我们应该注意的有两点:第一,日德的用意不外以反对共产主义来博国际舆论的同情。日本自九一八事变以来即常言他侵华的目的在安定东亚,灭绝共党。日本以反共为名而以侵略为实。他是以反对共产主义的旗帜,来掩饰他的侵略。德国同意大利在西班牙的行动也是如此的。这种事实是很显明的。然而日德的宣传在欧美颇收效力。欧美人士仇视共产主义之深,有非我们所想象的。日德两国的国际宣传战所采的战略是很巧妙的。在这种宣传策略之下,日本的暴行竟得了欧美几分的同情。我不是说日本德国意大利的反对共产主义是假的,我只说除反对共产主义之外,它们假借名义另有阴谋。

第二,日德反共协定成立以后,苏联的国防又加增困难了。因为苏联从此东西皆有敌人。万一战争发生,苏联势须兼顾东西两个战区。这不是容易的事,苏联的东境与西境相隔有十天火车的路程,其中主要交通工具就是西比〔伯〕利亚铁路。苏联的两个战区势必各自单独作战。上次作战,德国也是东西两境同时受攻,但德国的面积不过苏联的四十分之一,从德国的东境到西境不过十二小时的火车路程。并且德国境内交通方便。所以德国的军事当局能斟酌的东西两战区的军事缓急调动军队。在一个星期之内,德国能东西互调五十万人之多。苏联为地形所阻,绝不能互调军队。苏联早已看清了这一点,所以近年力求充实远东军区的军力和经济力量。虽然,日德协定所发生的军事影响是不利于我们的。苏联立国的本部是欧洲的俄罗斯,人口、经济、政治、文化的中心都在欧洲。从苏联本身的立场来看,欧洲的俄罗斯之重要远在亚洲的俄罗斯之上。所以苏联的常备军四分之三常驻欧洲,只四分之一,约三十万人,驻防远东。除非苏联西境的问题得着解决,苏联不便在远东有所大举。这是我们研究日苏关系所最应注意的一点。

究竟苏联西境的问题能得解决吗? 德国如要进攻苏联,有三条路可走。

第一,由海军保护运兵至波罗的海,或直攻列宁格勒,或假道波罗的海某小国。此路不便,不能作为主要路线,充其量不过作为附攻之路。第二路是由波兰。百年以前,拿破仑进攻帝俄就是由这条路。倘使波兰愿与德国合作,这一路是德攻苏的正路。第三,经捷克、罗马尼亚两国,进攻苏联的乌克兰。据军事家的观察,此路行军极不方便。不但交通不便,地形亦不便,并且捷克及罗马尼亚未见愿假道。实际德国是否能攻苏联,主要关键在波兰。波兰如与德国合作,则德国能进攻;波兰如不与德合作,德国无进攻苏联的可能。那么波兰的政策究竟怎样呢?

波兰是世界大势中的一个大谜。它处于两个头等大国之中,为波兰计,似乎中立是上策。倘使德国战胜了苏联,波兰的前途是很危险的。而且波兰与法国是同盟国,波兰扩充军备的经费是,法国借给他的,法苏之间又有互助条约。那么,波兰还能与德国合作进攻苏联吗? 据个人的观察,波兰根本还是与法国合作的,不至与德国合作以攻苏联。但是德国政府颇着急,欧西各国对于波兰的政策也不很放心。此中有几层理由。第一,欧战以后,欧洲大陆均设法解决农村土地问题,大致实行耕者有其地,惟波兰少有改革,至今保存大地主制度,农村经济极不健全,农民亦多不安,地主阶级恐惧共产主义之心,远在任何他国人士之上,因恐惧共产主义,遂仇视苏联。欧美各国所行外交政策多少均受主义影响,波兰的外交政策所受反共影响似乎不在日德义〔意〕诸国之下。第二,十五年以前苏联红军曾进攻波兰,直至瓦尔萨,后赖法国援助,始得收复领土,波兰人至今不忘其仇耻。第三,波兰虽为欧战后新起诸国中之大者,然对世界领土分配甚为不满意。波兰人颇想兼并波罗的海沿岸区域,以便得较好的海口。此外,波兰对白俄罗斯亦似有相当野心。白俄罗斯近年受苏联清党运动的影响颇大,波兰人以为有机可乘。第四,波兰近年外交在反对苏联方面,显有与日本及德国合作趋势。日德两国在波兰的外交活动亦不遗余力。因以上各种理由,世人遂多信波兰必与日德合作以攻苏联。波兰希望远东有与苏联对敌之日本在苏联后方牵制,这是极自然的,但波兰是否已与日德有军事密约,个人以为尚待证实。

我们若再就日苏关系的立场来研究西欧各国的态度,我们亦能发现许多可忧之处。法国与苏联之间订有互助条约,但该约价值如何,不无疑问。法国现今以联英为第一、联苏次之。并且法国希望苏联集中力量于欧洲,以便对德。这是法国订互助条约的用意所在。法国始终不愿苏联对日本采取何积极政策。即使苏联对日不须法国的援助,法国亦不愿意。何况日苏之战有牵动全欧洲之可能呢? 倘日德进攻苏联,而法国出兵援助苏联,意大利必出兵援助德国。柏林、罗马轴心在对英方面已减少力量,但对苏联方面反日趋坚固。日本与意大利的关系并不因英意的妥协而减少。英国的态度也有可虑之点。英国现已放弃集体安全。他的外交政策方案,是分区求和平,妥协求和平。对于日苏的争执,英国始终采超然中立态度,对于德苏的争执,准是如此。英国现在所努力的是欧西的安定,换句话说,就是英法德意四国的妥协。英国,与法国事实上已是同盟国,不过我们要注意,英国不但努力求与意德两国妥协,且想居中调停,使法德法意均妥协。所以英法之交观意大利反对,日本及德国反而有成人之美之表示。可见得在日德义〔意〕三国的眼光里,英国安定西欧的计划,不是与他们反共的工作违背的,不利的。所以英国不是鼓励法国援助苏联,是劝法国避免转入欧东的漩涡。欧西四周的妥协如果实现,等于苏联的孤立。所以苏联始终是反对的。不过英国的计划是否能成功,尚在不知之数,吾人只能说颇有成功的希望罢了。

总之,吾人研究日苏的关系,就在研究世界反苏与反法西斯两种势力的关系,法西斯主义的国家,那就是说反对共产主义的国家,已成立一个集团。反对法西斯主义的势力,确不成为一个集团。主要原〔缘〕故在英国。反共与反法西斯之间,英国不愿选择,英国人觉得无从选择,因为共产主义与法西斯主义均是英国人所反对的。这是从主义上着想。若从英国的利益来观察,英国觉得,倘世界的国家分成两个集团,不战则已,战则必成为世界大战。英国外交当局应该竭力避免的。英国如自己不参加,那么,战争就不能成为世界大战了。

美国对日苏的冲突比较同情于苏联。但美国舆论尚不容许政府积极参加远东或欧洲的任何冲突。(完)

〔蒋廷黻个人档案〕

9. 杨杰关于与苏联商洽设飞机厂事电稿（1938年8月22日）

委员长蒋：○密。与苏商洽之飞机厂，年出四百至千架之数。厂址以暂设迪化为有利：（一）材料供给，旬日内确实可到。（二）开办迅速，短期内可出品。（三）由出品地运至供给地较近。（四）苏境内有华工数千，刻正移新疆及中亚一带，可利用。若在昆明：（一）距材料供给地过远，开办较慢，即以后之补给，亦不可靠。（二）海运有危险性，每次之供给，非有两月以上之准备不可，且不经济。在抗战中，自以出品迅速而经济、运输确实安全为主。谨申管见，伏乞钧裁。职杨杰叩。二十二日。

〔杨杰个人档案〕

10. 行政院贸易委员会为运苏茶叶交货事致苏联协助会函（1938年10月）

1）函之一（10月4日）

译贸易委员会本年十月四日致重庆苏联协助会函

迳复者：接准本年十月一日

大函，备悉一切。关于绿茶交货一事，兹将经过情形缕陈如左〔下〕，即希察鉴为盼。

平求茶：业已运港交付贵会检验者，计有二万四千箱，其中一万四千箱并已由贵会驻港代表接受作为正式交货。此外存沪茶叶，尚有一万六千箱，送请贵处封悌可夫先生验看，另有一万六千箱，正由温州运赴香港，所有存沪绿茶均经设法陆续运港，庶封悌可夫先生毋须久留上海。前嘱本会驻沪代表勿将宁茶样品五百八十八箱送验者，即以该项宁茶样品所代表之三万箱行将运港送验也。祁眉茶：存于温州者，计有三万箱，其样品业已送沪，正由封悌可夫先生验看。本季此种茶产收获据可靠消息约有八万，现有一万七千四百箱正运往温州途中，目下内地运输十分困难，温州至香港亦多阻滞，谅为执事所洞悉。惟本会并不见难退缩，仍作最大努力，以期迅速交货。

至英商在湾收湾茶叶十五万箱一节或属事实，其数量之大如用以履行尊处合同亦可敷用。惟有须请贵会详察者，英商所购之茶，系于本会施行统销办法以前业已运至上海之存货也。

2)函之二(10月5日)

译本年十月五日贸易委员会致重庆苏联协助会函

迳启者:关于贵会封悌可夫先生在沪接受〔收〕之绿茶三千三百吨一事,本会现据驻港办事处来电,业已决定俯徇茶商请求,改在宁波、温州款货两交,因此须有贵会代表在场监视秤量包装,拟请由贵会驻港办事处即派全权代表一人,前来宁波、温州接收该项茶叶,所有因派遣代表而增溢之费用,本会亟愿担任,并希贵会洽订轮船前往温甬装货,直运海参威〔崴〕。凡此请求皆系出于本会尽力履行绿茶合同之诚意,深信得邀谅察,并能迅予照办,再此事迫于时机,务请急电港处进行为荷。

〔国民政府经济部档案〕

11. 杨杰报告苏联援华武器装运情况电稿(1938年10月24日)

委员长蒋:号电奉悉。○密。(一)所订各种武器,除飞机及其附件由陆运外,悉数约五千吨,已雇定英船于蒸日到敖港装运,因船在北非被英海军封扣,故误期,现虽称释放,迄未到达,俟到,即装运。(二)驱逐机现在哈密装竣者四十架,待飞,余装配中。轻轰炸机六十架分三批飞华:第一批二十架,昨离英,十月廿日可抵兰,余每间隔六星期飞兰。(三)欧局紧张,苏对波有严重之声明,如波对捷有军事行动,则苏波间之互不侵犯条约作为无效,等语。职杨杰叩。二十四日。

〔杨杰个人档案〕

12. 杨杰报告武汉会战后中苏关系电稿 (1938年10月31日)

重庆。委员长蒋。艳电奉悉。△密。(一)职访李外长,告以武汉撤退,不过战略上之运用,我抗战国策,毫无改变,外间谣传,幸勿置信。彼不独备致坦怀,并云深信中国只有一致在蒋元帅领导之下方能抗战建国,在集体制裁未能实现前,对物质〔资〕亟愿继续援助。(二)戌船原遵令开新,但宋部长艳电已改驰仰光并派员驰往照料。(三)俄货应陆运者,正继运中。航校飞机厂现伏帅送呈苏政府审定,由黄光锐负责商办。(四)孔院长有电促即赴法并指示军火偿款可匀拨原料一部抵换并望打通越南路线之军运,又汇英金二千镑作为订定军火之办事费。刻李石曾复来电催促,职遵于本日携 Vigor,Rapio 两密本,以备报告之用。再:职到法后,拟以代表钧座资格与法商洽,以期有相当收获,是否有当,乞示遵。职杨。叩。

〔杨杰个人档案〕

13. 蒋介石为催询履行中苏借款条约事与行政院往来电函 (1939年1月)

1)蒋介石电(1月20日)

行政院孔院长勋鉴:查中苏所订借款条约,我国本年底抵偿应运之农矿产品苏方已有表示,亟应妥定适当办法施行,请兄即召翁部长咏霓详询实情,指示办理为荷。中正。咢。侍秘。渝。

中华民国二十八年一月二十日

2)翁文灏(1月21日)

院长钧鉴:顷准军政部何部长抄示:中苏借款条约其要点为:(一)第一次借款美金五千万元,年利三厘,自一九三八年十月三十一日起五年内偿还,每年偿付一千万元,并付清已挪用借款之利息。(二)上项借款由我国购运茶丝羊毛等农产品,钨锑锡等矿产品抵付,其运费亦由借款偿还额内拨付之。(三)所运物品种类数量,于每年初按照苏联相当机关之指示,在每年偿还额内规定之等语。查依照中苏借款条约,我国应于上年十月底起开始偿还借款及利息,计第一年即自上年十月底至本年十月底止,我国应运价值美金一千万元之农矿品以为偿还借款之用,同时并须另运相当数量作为偿还已挪用之借款利息。假定第一年应付利息为美金一百五十万元,则第一年应偿还之借款及利息共为美金一千一百五十万元。

3)翁文灏函(1月21日)

最近苏联出口协会经理格鲁申科来函声称：一九三九年苏方需要钨锑各五千吨、锡四千吨、锌二千吨，盼我方尽量供给，并将实际可以供给数量确数函告等语。窃按借款关系国际信用者綦巨，抗战期间尤为重要，自应遵照条约规定，妥为供给，切实履行。关于矿产部分，向由资源委员会经办，以后按月应供给若干，如何供给允宜预先筹划，谨就计虑所及条陈如左〔下〕，伏祈垂察。

一、应供数量及价值

（一）依照上述估计，我方第一年应偿还美金一千一百五十万元。如以农产品与矿产品各半交付，则应运矿产品价值为美金五百七十五万元，除上年十一月十二月已运及本年一月将运矿产连同运费约值美金二百万元外，尚须续运矿产价值美金三百七十五万元，即自二月至十月每月约需购运钨砂二百吨、纯锑二百吨、锡二百吨，按照目前国际市价，香港交货约值美金四十二万余元。

（二）如我方还款三分之一以农产品交付，三分之二以矿产品交付，则第一年运苏矿产总值应为美金七百六十六万余元，除去上年十一月十二月及本年一月所运矿产外，尚须续运矿产价值美金五百六十六万余元，即自二月至十月每月约需购运钨砂三百吨、纯锑三百吨、生锑一百吨、锡二百五十吨，按照目前国际市场价，香港交货约值美金六十二万余元。

（三）按照格鲁申科来函所示需要数量约值美金一千万元。

查苏方所开需要数目超过我方应供数量甚多，自不宜以此为准。至矿产品应占偿还借款半数或三分之二，敬乞裁示。

二、供应方法

粤南事变发生以后，各项矿产均须绕道经由广州湾或海防出口，途远费增，且以往用火车运输者，现则改用卡车或帆船装运，运输能力相去倍蓰，故事变迄今，已经运抵出口地点矿产数量为数寥寥，此实当前大问题。如运输不能畅通，生产势将停滞，供给亦难继续，钨锑两项已由资源委员会自购卡车尽速赶运，尽先供给，每月二百吨至三百吨之数，如能由西南运输处拨车协运,当可如数供给。

　　锡系滇桂二省所产,桂锡已确定由资源委员会收购,惟亦因改道关系,运输十分困难,且每月产量有限,即充分供给,亦不敷用。查滇省产锡较桂省为多,且原系海防出口,粤南事变所加诸其他各项矿产运输上之困难并无影响,如能大量供给,自较便利,且目前钨砂内地运输日加困难,故购锡关系亦日益加重,而滇省出锡最多,尤为重要,惟滇锡现由该省统制,政府无法收购,虽叠经磋商,卒无效果,借款还债,信用攸关,且苏方履次声言,需锡最亟,如何再与滇省洽办之处,并乞核示,以便遵办,拼转达苏方。再以上所开矿产美金价值均系约数,将来结帐〔账〕时自须另行核计,并此陈明。肃此。敬请钧安。

职　翁文灏谨上

一月二十一日

〔国民政府经济部档案〕

14. 邵力子等关于商讨征集艺术品运苏展览事宜函电(1939年5月)

1)邵力子致政治部函(5月20日)

　　迳启者:苏联政府艺术部,定于本年九月在莫斯科举行中国艺术品展览会,借事宣传我国文化。兹为商讨征集各种运苏展览艺术作品起见,谨定于五月二十三日(星期二)下午八时,在通远门领事巷十号,略备茶点,敬请贵部推派代表,莅临赐教,共商进行;倘因特殊事故不能出席时,即请示复,并恳将所有作品,于六月十五日以前,送交观音岩义林医院中苏文化协会收,以便先行在渝举行预展,再行汇转莫斯科为荷! 此上

政治部

附孙院长来电一件

中国艺术品运苏主任委员　邵力子

展览征集委员会

委员　叶楚伧

陈立夫　张道藩　郭沫若

曾虚白　黄仁霖　王昆仑

张西曼　张　冲　沈逸千

五月二十日

2)孙科致邵力子电

孙院长来电

重庆立法院转邵力子兄:苏联政府艺术部为宣扬中国文化,定本年九月在莫斯科开中国艺术展览会,已搜集我国艺术品千五百余件。另请我方搜集我国近代及古代艺术品若干。关于古代作品已电请孔院长办理。关于近代作品:(一)写生画;(二)抗战宣传标语画及各种艺术品;(三)近代雕刻;(四)版画、插画,附漫插画之著作及报纸;(五)民间通俗画;(六)刺绣、纺织品、磁〔瓷〕器、雕刻、景泰蓝等,均请兄负责,商请政治部、中宣部、教育部、重庆市党部、新生活运动促进会及关系艺术团体或个人,会同筹备搜集。至迟于本年七月间航运来莫。其可赠与及必须归还者,均须分别标明。运费由苏联负担。并希电复。拜。

〔国民政府军事委员会政治部档案〕

15. 杨杰关于孙科与斯大林等会谈中苏间合作等问题电稿 (1939年6月26日)

委员长蒋:梗电奉悉。○密。(一)漾午偕哲公与斯大林先生、伏帅、莫洛托夫院〔外〕长晤谈,卡加那维契、米科扬、布尔加宁、沃兹聂先司基等要员在座,斯氏阐明中苏间密切合作之重要及一贯到底帮助抗战之宗旨,并有专函致钧座(交职回国面呈),详情已由哲公电陈,祈免赘报。(二)本午谒伏帅,哲公在座,据称:在第二次借款项下拨付之陆、空军武器,日前已详告孙院长转报钧座矣。现决定:1.飞机两百架由陆运外,余均由海道运仰光。2.航机到兰州后,须有驱逐机保护,故令其先飞到哈密待命。3.至我希望补充之武器到达后,再定拨付。4.本日蒙边日军以飞机六十架来袭,交战结果,击落敌机二十架,苏方损失四架,以此观测,苏联不能不积极备战。(三)职俟此间各货起运手续完妥,即回国聆训,当否,祈示遵。职杨杰叩。宥。

〔杨杰个人档案〕

16. 蒋介石催询所购苏联武器起运事致杨杰密电稿(1939年7月)

1)电之一(7月14日)

真电悉。所言极是,准照办。前托增购步枪、轻重机枪与迫炮之数,望能首批增运,以目前应用以此为最急也。哲兄处已电其回英矣。中正。侍参。印。寒。

2)电之二(7月17日)

购货有否起运,何日可到,请速详报,如未起运,应即催促详报。中正。机。印。手启。篠申。

〔杨杰个人档案〕

17. 杨杰关于与苏方会商借款易货及运输等情况密电稿(1939年7—8月)

1)电稿之一(7月11日)

重庆。委员长蒋:鱼、阳两电奉悉。△密。(一)谨当遵照克日乘机回国,除赶将孔院长交下驻华苏代办备忘录与我财政部所拟关于第一、第二两次借款还本起息暨抵付货物种类、成数以及去年十月三十一日以前我方所交农矿产〔品〕计抵争执各点,连日继续与苏国防、贸易两部交涉外,昨复晋谒伏帅,催询军械并望在奉命回国前得一确切起运数量。比〔彼〕答:苏联助华,始终一贯,过去如此,将来亦如此,所有第一、二、三等次借款,不必严予划分界限,目前决定运华武器已超过第二次借款数额。以后,能力所及,随时均可办理。不过,苏联敌人过多,东西两方皆须兼顾,尤以伪蒙边境,日在不宣而战之状态中,扩大可虑,苏联不能不积极备战,故助华程度只能以无伤国防为限。嗣后,殷殷咨询奉召原因及其他数事。职以二年来深承助我抗战,公私两面,俱应竭诚。除直告外,谨将伏帅意见胪陈于下:1.中法协定,依兵力比较,虽有不平等之感,然中国在艰苦奋斗中能得一强国为与国,功用亟大,且英、法有共同利害,此约成立,英自随之。2.阿鲁福为一冒险企业家,余所深知。为求最后胜利,总以多得外援、准备反攻为得计,目前欧洲各国重兵器固难让售,但轻兵器尽可尽量搜罗,现既无需担保,正可利用,多积军火,以备反攻之用。3.第一、第二两次借款抵付问题(即孔院长交办者)总以减轻中国负担、便利偿还为原则,余所拟契约四份,已与贵大使会商多次,内列订货金额及起息,均以最后到华日期行市及动用部分计算,即本此意,务望在返国前再行会商二三次,俾克全盘解决,以昨日后办事之准则,免致再有龃龉。等语。(二)阿氏提供各货,职奉六月梗电核准,始敢积极进行,刻已准备完竣,并派现在法陆大毕业学员张少杰前往检验,预计包装尚需三四星期,一俟职到法签给收据后,即可起运,除卸货地点请先指示外,并拟请就便派其押运。似此,职返国行程因与苏尚有二三次之商讨及到法与阿氏签给信据之必要,不能不略有推移,务恳稍予宽限,俾得完成任务,绝不敢故事迟滞,致增罪戾。至归程航线,拟即由法起飞,借免往返,可否,统乞示遵。(三)苏联国势日强,观英、法一再就商,实有举足轻重欧局之势,依现状观测,若英、法、苏防守同盟成功,则我正可利用此机,促进中、苏、英、法之共同行动,或苏伪、蒙伪间军事冲突扩大时,我可仿照中法军协办法商讨一共同协定,似应随时有大员留苏待机进商之必要。职遵命即返国,拟恳电哲公返英主持,当否,乞鉴核。职杨○叩。真。

2)电稿之二(8月10日)

重庆。委员长蒋、院长孔:△密。前奉交第一、第二两次借款还本起息暨抵付货物种类、成数意见一案,经与苏国防、贸易两部会商多次,谨将结果陈报于次并乞核示:(一)1.借款起息;已同意仍按动用部分计算。2.在一九三八年十月以前我方交付货物,约共美金六百三十万元左右,请移作一九四〇至一九四一年应偿付之货物,以免打破苏方之运输计划,并允照年息三厘算还应得之利息。3.偿付货物:可按照条约附单开列各货,以农、矿产各半支付,惟希望矿产部分不比去年减少,并不专要钨、锡。万一矿产缺乏时,亦可多交农产品如茶叶、羊毛、羊皮等,皆所欢迎,并已令驻渝商务代表知照。4. 茶叶在兰州交货,亦表赞同,并可按伦敦市价计算,但由香港至伦敦转列宁格勒之运费,较由兰州至霍尔果斯相差太大,仍有异议,刻正由苏方计算、比较(由兰至霍),四五日内即可答复。5. 前四次交我之货,每次应补签一契约以为利息计算之准则,数日内与职正式签订。(二)苏方建议:1. 甘肃兰州、西安区域内每年有羊、驼毛一千二百万公斤,一九三七至一九三八年积货尚多,目下流为走私,甚为可惜,若中政府组织机关统一收集、完全运苏,则于中苏有利甚大。2. 由兰至霍之运输路线,望中政府责令甘、新两省负责组织完善运输机关与苏合作,则一切困难不难解决,刻已令熟悉路情者草拟运输组织计划(即何处地带需用何项工具? 如:用马车与驼驮地带、汽车地带、木材汽车地带等)备我参考。职杨○叩。灰。

3)电稿之三(8月11日)

重庆。委员长蒋:佳电奉悉。△密。谨当即日遵令起程。(一)惟贸易部米部长以运船到达在即,且系初次办理,情形不熟,关于装载、运输以及途次各种技术事项,坚请十一、十五两日再行会商,俾期稳妥周密。又:孔院长交办之第一、第二两次借款还本起息暨抵付货物种类、成数与改变兰州交货等事,为一年来悬案,幸已次第解决(已于灰详陈),所订动用款额算息之契约四份,苏方亦预约于廿日与职正式签字,以昨日后办理准则,免致再有龃龉,职以事关重大,不能不经手完成,谨于二十一日由莫转阿经新、甘飞渝候训。(二)运船廿日到达后,据米部长称,雇主系中国,须职或派代表与船签字,船既奉命返国,应如何办理之处,乞示遵。(三)武官王丕承电称阿氏提供各货除飞机二十六架、预备器材五组,已于昨在荷验毕、开始包装,文日赴比点验飞机、枪炮,删日转波验收机关枪、步枪,等语。谨呈。职杨○叩。真。

〔杨杰个人档案〕

18. 杨杰关于与苏方洽商援华武器运输经过密电稿（1939年8月9日）

重庆。委员长电宥、卅两电奉悉。〇密。（一）惟致伏帅卅电及斯、伏两公江电四日始奉到，除与伏帅定期面转外，昨贸易部长米科杨约商，据告运械迟滞原因：1.前拟雇熟悉商轮以便保持机密，嗣因吨量过小不敷装载，现改雇英船，本月廿日可抵阿德萨埠，已准备密商运输方法。2.运华货品向由阁下与国防部会办，故顺利迅速，此次因孙科博士坚请代办，不便拒绝，但本人系生手，诸加审慎，故迟延至今，嗣后请照旧案办理为宜。3.雇船虽为本人代办，但雇主究系中国，所有运费、奖金之规定、支付，应如何办理？4.装载以及途次各种技术事项，应与阁下商定。（二）职比答称：此批武器，伏帅两日前即已拨定，送奉蒋委座催询，万难再延，总以愈快起运为要。至运费及奖金，据孙科院长回告，已请贵部代垫，如须更改，反又迟滞，仍请照办。俟起运后，垫付若干，即当负责依据电请政府拨还。又：装载暨运输途中技术各项事务，请随时约商。（三）米部长随答称：甚善。如无孙博士之新请求，一切由阁下经办，想早已将起运手续办竣矣。兹请求三点：1.代垫各费，须由阁下负责在最短期内由中国政府汇还。2.装载、运输等项，明日即开始会商。3.雇船契约，请阁下或派代表签字。（四）职为迅速起运计，自不便稍涉诿卸，除已完全接受外，谨将商洽经过情形详陈，伏乞准一一予照办，并候示遵。职杨〇叩。青。

〔杨杰个人档案〕

19. 蒋介石关于苏联顾问班果夫对前方作战意见致何应钦等电（1939年8月13日）

何总长、徐部长勋鉴：据报：俄顾问班果夫目前方归来后，对于一前方作战意见如下：（一）战地情报截至现在止仍是毫无组织，影响抗战前途非浅，今后急应慎择干练军官，编练战地情报搜索队若干队，出发最前线，担任判断敌情责任。同时，并须携带通信用具（如无线电台及军用鸽等），俾能随时报告司令部作为决战之最好资料。（二）下级军官如营连排长等军事学识根底太差，应由高级军官随时随地监督指导，尤其对于空袭时，应令特别沉着处置防卫及隐蔽等勤务。(三)前方甚缺乏防空武器,如高射炮及高射机枪等,前方敌机飞行高度仅三四百公尺,可用普通机枪仰射之即有效力,因机枪过少致敌机能低飞肆虐。反之后方如长沙等市空袭时,各处用机枪乱射,因敌机飞行太高,致毫不发生效力,应将后方机枪多移至前方应用,使敌机不敢低飞,减少威胁,至为重要。(四)炮兵指挥官应特别机警,如敌机在炮兵阵地上空盘旋,即系侦查〔察〕,应速将阵地移动,再在原地设置伪装,以欺瞒敌人,否则必遭敌机轰炸,此种情形在前方各地曾屡见不鲜,应特别注意改正等语等情。希即参考改进可也。中正。元七。侍参。鄂。

〔国民政府军令部战史会档案〕

20. 杨杰报告与伏罗希洛夫商谈苏联对华军援情形密电稿(1939年8月16日)

重庆。委员长蒋:本午伏帅约谈,据告如次。(一)钧座卅、江两电敬悉。关于武器一节,于六月内即已拨定,迄今尚未起运者,其责任在华方,现雇船已到否,到即可装载,当告以据米科杨部长称[船]二十日可到阿埠。(二)关于今后接济中国之武器,正斟酌中,约十日后可以具体奉告,请阁下返国面报。(三)英、法、苏军事谈判,自十二日来仅讨论各国自身如何保护其国家,至谈判进展之程序,数日后再与阁下晤谈,届时当奉告,亦请返国面报,无〔毋〕庸电陈,以便保密。(四)本年秋操系新装特别演习,各国请求参观均已拒绝,贵国之请求自当勉办,惟恐中国代表团到英引起各国之责难,改于明年新操时再为邀请,祈婉陈钧座,等语。谨呈。职杨杰叩。铣。

〔杨杰个人档案〕

21. 中苏关于组设哈密阿拉木图间定期飞行合约(1939年9月9日)

中华民国国民政府交通部与苏维埃社会主义联邦共和国中央民用航空总管理局为组设哈密阿拉木图间定期飞航订立合约。

中华民国国民政府交通部与苏维埃社会主义联邦共和国中央民用航空

总管理局鉴于中苏两国间开航定期航空,于双方均有利益,因此签立飞航合约,订明条款于左〔下〕。

第一条　合约双方应设立哈密与阿拉木图间往来定期飞航(以下简称航线),作旅客、行李、货物及邮件之运输。

上述航线经由伊黎〔犁〕及迪化。

上述航线非经双方同意不得变更。

第二条　交通部及中央民用航空总管理局为组设第一条所指定之航线,应合组一航空公司,名为中苏航空公司(以下简称公司)。该公司仅限合约双方参加。公司简称俄文应为"HAMI-ATd",中文应为"哈阿"。

第三条　公司之法定股本应为美金一百万元,由双方平均认购,即每方认购上述法定股本百分之五十。

双方对于上述法定股本全部或分期缴付之方式及时期,均应由按照本合约第四条所组织之公司董事会决定之。

第四条　公司由董事会监督管理,董事会设董事六人,由交通部指派三人,中央民用航空总管理局指派三人。

董事会应设董事长、副董事长各一人,由董事中互选之。董事会并应由董事中互选一人为公司总经理,一人为公司协理。

在本合约签订日起,二年以内之组织开始期间,董事长及协理应由交通部提任之,副董事长及总经理应由中央民用航空总管理局提任之。关于前述组织开始期间终了以后,本合约其余有效时期内,公司事务经理部之组织方式,合约双方同意于前述组织开始期间决定之。

为监督及管理公司业务起见,董事会应设在阿拉木图,公司办事处应设在迪化。

公司之组织暨董事会与办事处之权限职责,均应解订于公司组织章程中。公司组织章程应先经双方核准。

董事会会议应在阿拉木图举行,但如经与会董事同意,亦得在其他地点举行之。

自本合约签订之日起一个月内,双方应即召开第一次董事会会议,并按照上述规定选举职员,订立公司组织章程及其他一切营业上必需之办事细则及规章。

第五条　公司应按双方国内关于注册之法律,分别在中华民国及苏维埃社会主义联邦共和国内注册登记。为注册起见,公司之股本可以平均分作二部分,一部分占股本百分之五十,在中华民国国内注册;其他一部分占股本百分之五十,在苏维埃社会主义联邦共和国内注册。公司所有之产业,应用"HAMI-ATd"及"哈阿"字样显明标志之。

第六条　双方谅解公司经营本合约第一条所述之航线,系依专利之基础办理之。

第七条　公司所运之旅客、行李、货物及邮件,其往来于哈密及重庆间者,由交通部负责担任航空运输。

公司所运之旅客、行李、货物、邮件,其往来阿拉木图及莫斯科间者,由中央民用航空总管理局负责担任航空运输。

第八条　航线全程之技术设备,应由公司遵照交通部及中央民用航空总管理局之条件及规范,妥为设置,以保证航务之安全与正常。

第九条　凡备航线使用之一切设备器材,由公司经双方任何一方之国境运入另一方之国境内者,得自输入之日起,一年期内暂时免纳进口税。

上述进口器材应由各该方海关当局监管,并应依照各该政府关税规章,由公司缴纳进口税,并办理正常手续后,方得自栈房中予以提取。

在上述一年期限满期之后,此项进口材料未经公司使用者,则除非复运出口外,必须按照关税规章即行纳税。

第十条　双方应按互惠原则,准许公司之飞机免费使用各该国境内沿航线现有之飞机场及降落场。

双方同意按互惠原则,准许公司为经营航线上之需要,在双方国境内使用现有之无线电台、电报及电话设备、机场勤务、无线电定向器及气象设备。

沿航线必须设置之机场、降落场,及经营航运所必需之修理厂、无线电台、无线电定向设备,以及其他设备,公司均应于取得双方核准后,按照双方政府法规,妥为设置。

公司按上述规定所设置之无线电台,对于一切商用之电信及其他与航运业务无直接关系之电信,概不得收发。

第十一条　公司之职员,应以中华民国及苏维埃社会主义联邦共和国之国民为限。

公司应以尽量实地训练及任用中国驾驶员、机械师、无线电员及其他职员,为其固定政策。凡旧俄帝国臣民,现时并非苏维埃社会主义联邦共和国国民者,其人及其眷属即已取得中华民国之国籍,亦不得引进公司任职。

第十二条　公司之飞机及机上服务人员与乘客,在双方之国境内时,应各守所在国之一切法令规章。

双方应将各该国境内现行有关航空交通之一切法令规章,通知公司。

关于邮件运输事项,应由双方政府之邮政管理机关另订合约规定之。

第十三条　双方于必要时,对于按本合约规定在飞行中之公司飞机及机上服务人员与其乘客,应给予一切便利与襄助。此项便利与襄助,其于双方在同样情形下给予本国之飞机上服务人员与其乘客者相同。

第十四条　本合约一经签字,即发生效力。

第十五条　本合约自签订日起,以十年为期,在期满前一年,若双方任何一方未以书面通知对方,表示解约之意,则本合约于十年期满之后,再继续有效五年。

本合约缮备一式五份,各由双方签署,合约双方各存两份,公司存执一份。

中华民国国民政府交通部

苏维埃社会主义联邦共和国中央民用航空管理局

中华民国二十八年

公历一九三九年九月九日

在中华民国重庆签订

（密件不得发表）

关于设立哈密阿拉木图间定期飞航合约

附件一：关于搭客行李、货物、邮件运输及中苏航空公司盈亏分配之规定。

双方同意在中华民国国境内目前之战事未结束以前，凡本航线乘客非经公司个别允许者，得不予载搭。

双方并同意对于公司因经营航线所得之盈余，应由双方平均分享之。如公司经营航线而蒙任何亏损，亦应由双方平均负担之。

（密件不得发表）

关于设立哈密阿拉木图间定期飞航合约

附件二：关于公司股本缴付方式以及公司预算暨开支之管制。

按照交通部与中央民用航空总管理局所订合约第三条之规定，双方同意将公司之法定股本为一千股，每股计为美金一千元，双方各认五百股，计占法定股本百分之五十。

自合约签订日起两个月之内，双方应各缴付现款美金六万二千五百元，作为认付股本之一部分。上述所缴之现款共美金一十二万五千元，应专作公司流动资金之用。

交通部得以供给本地或其他材料及支付公司为建筑机场房屋所雇劳工之薪给等方式，抵充其应缴法定之股本余额，惟交通部以本地货币支付之费用，应依法定汇率折成美金。

中央民用航空总管理局得以供给飞机零件、修理用机件工具、无线电机、无线电定向设备及其他飞航应用材料，暨自苏联输入而于本航线为必要之任何材料，抵充其应缴之法定股本余额。

上述各项器材及设备之价格，连同运入中华民国境内之费用在内，应以世界平均价格为计算标准，并不得超过世界市场上同质地、同种类出品之价格。

由合约双方供给公司之一切飞机、航行设备、材料、机场、房屋建筑暨其他项目，均须为最新式最新制，并合于航运有效经营之用者，但应即作为公司之财产,亦即为双方认付股本之一部分。

依上述方法缴付股款以后,尚有未付之法定股款,应由交通部与中央民用航空总管理局于本合约签订以后二年期内支付之。

合约双方之一方所供器材值,如有超过该方应缴法定股额时,则其差额应由一方在其应缴股款范围以内,于本合约签订二年期内,以现款补偿之。

公司开办费及常年暨其他经费,必须编造预算,呈由交通部及中央民用航空总管理局核准之。公司之董事会、总经理及协理,应按照核准之预算,监管及经理公司之财务。公司每一购置或开支费用在美金一万元以内,并与已奉核准之预算相合者,董事会得自行决定,无须先行请示。但如此项购置或开支费用在美金一万元或超过一万元以上者,即以编入核准之预算内,亦必须先行呈请交通部及中央民用航空总管理局,经双方批准方得开支。

成立哈密阿拉木图航空线合约

附件三:关于特定期间特种输入免除入口税之规定。

合约双方兹互相同意,在公司成立初期,为公司应用而输入双方国境之设备或材料,应予一律免除入口税。惟所谓成立初期,系自合约签日起二年期间为度。所称免税入口物品,必须合约第一条所开航空线建筑及设备上绝对需要者。各该物品自合约双方之一方国境输入另一方之国境,其所取路线必须与规定航空线相接近。各该输入物品未经公司于前述成立初期终了以前予以使用或装置,则当视为公司输入之寻常材料,须按合约第九条之规定,课以关税。

合约双方复相同意,凡下开十一项中所述设备材料为公司应用而输入任一方之国境时,应各免除进口税。惟此项输入品之数量或价值,应以附开数量、价值为限。各该输入品应照规定时限,并经上述路线输入。又如各该输入品未经公司于下开时限终了以前用于航线时,应视为公司输入之寻常器材,须照合约第九条之规定,课以关税。

(一)与道格拉斯DC3型式相同,以每架约值美金十二万元之飞机,以总数八架为度,得依照下列时间输入之。

年份	数量(单位:架)
1939—1940	2
1941—1942	2
1943—1944	2
1945	2
合　计	8

（二）上述飞机应用之备份发动机，不得超过廿一具，每具价约美金一万五千元，得依下列时间表输入之。

年份	数量(单位:具)	年份	数量(单位:具)
1939	3	1943	3
1940	3	1944	3
1941	3	1945	3
1942	3	合计	21

（三）为上述飞机与发动机上应用之备份零件，以价值不超过美金十一万元为限，得依下列时间输入之。

年份	价值(单位:万美元)
1939	1.2
1940	1.2
1941	1.7
1942	1.7
1943	1.7
1944	1.7
1945	1.8
合计	11

（四）飞机及地面无线电台所用之无线电机及其零件，暨各种机场设备，以总值不超过十一万美元为度，得按下列时间输入之。

年份	价值(单位:万美元)
1939	2.5
1940	2.5
1941	2
1942	1
1943	1
1944	1
1945	1
合计	11

（五）为前述飞机所用之航空汽油，以不超过四千五百吨为度，得依照下述时间输入之。

年份	数量(单位:吨)
1939	300
1940	300
1941	500
1942	800
1943	800
1944	800
1945	1000
合计	4500

（六）为前述飞机及公司车辆所用之滑油，以不超过四百零一吨为度，得依照下列时间输入之。

年份	数量(单位:吨)
1939	50
1940	58
1941	38
1942	60
1943	60
1944	60

续表

年份	数量（单位：吨）
1945	75
合计	401

（七）为公司车辆所用之汽车汽油，以不超过三千三百五十吨为度，得按照下表输入之。

年份	数量（单位：吨）
1939	700
1940	700
1941	250
1942	400
1943	400
1944	400
1945	500
合计	3350

（八）一九三九与一九四〇年间得输入每具价约美金二万五千元之定向电台，其数额不得超过六具。

（九）一九三九至一九四〇年间得输入发电机，其数额不得超过四座，每座价约美金二万元。

（十）价值不超过美金十二万元之自动运输车及建筑机器，得照下表输入之。

年份	价值（单位：万美元）
1939—1940	8.0
1941	1.0
1942	1.0
1943	1.0
1944	0.5
1945	0.5
合计	12

（十一）一九三九与一九四〇年间得输入价值不超过一万美元之气象设备材料。

一九四六、一九四七、一九四八各年及一九四九至合约期满时之期内，关于前述一、二、三、四、五、六、七、十等项每年免税进口之数量或价值，应与前述一九四五年内相当各项列举者同。

前开一、二、三、五、六、七各项器材之数量或价值，系根据下列飞机次数表所估计。

年份	哈密至阿拉木图
1939	每周来回各一次
1940	同上
1941	每周来回各三次
1942	每周来回各四次
1943	每日来回各一次
1944	同上
1945—1949	同上

如合约双方同意对于上列飞行次数予以增减，则上列一、二、三、五、六、七各项免税器材之数量或价值，应比例予以增减。

中华民国政府得指派税务代表常驻公司，对于按照本附约规定输入之器材负责检查登记，并对按照本合约第九条规定暂时免税物品所储栈房负责管理。

关于设立哈密阿拉木图航空线合约

附约四：关于以合格工程技术飞行人员供给航线事。

（一）为保证合约第八条关于航线技术设备之规定得以达成起见，苏维埃社会主义联邦共和国中央民用航空总管理局担任以必要之合格工程及技术人员，供公司办事处指挥，从事哈阿航空线各项调查设计及建设工作。此项人员之酬金，由公司董事会斟酌两国现行制度决定之。

（二）为保证合约第一条关于开发哈阿航空线之规定得以达成起见，苏维埃社会主义联邦共和国中央民用航空总管理局担任以必要之飞行人员供公司办事处之用。此项人员之酬金,应由公司董事会斟酌两国现行制度决定之。

〔国民政府交通部档案〕

22. 国民政府公布中苏通商条约(1939年9月16日)

中苏通商条约

中华民国、苏维埃社会主义共和国联邦为巩固并发展两国睦谊及彼此商务关系,决定依平等相互暨互尊主权之原则,订立通商条约。为此简派全权代表如左〔下〕:

中华民国国民政府主席特派全权特使孙科

苏维埃社会主义共和国联邦最高会议主席团特派人民对外贸易部部长米科扬

两全权代表将所奉全权证书,互相校阅,均属妥善,议定各条如左〔下〕:

第一条 此缔约国所出之天产及制造之货物,输入彼缔约国国境时,关于一切关税及一切通过海关之手续,彼缔约国不得令其享受异于或较劣于来自及运入自任何第三国同样之货物现在或将来所享受之待遇。

同样,此缔约国出产并输出之天产及制造之货物,其目的地为彼缔约国国境,关于一切关税及一切通过海关之手续,此缔约国不得令其享受异于或较劣于输出于任何第三国同样之货物现在或将来所享受之待遇。

因此,本来所规定之现在或将来任何第三国所享受之最惠待遇,得特别适用于下列各项:

(一)关于关税或附加关税及其他任何入口及出口之税捐;

(二)关于征收上列关税、附加关税及其他税捐之方式;

(三)关于通关手续;

(四)关于使用海关货仓以存放货物,及关于货物到达存积或运出于海关货仓及其他公用货仓之章程;

(五)关于检验及分析货物之方法,关于准许货物之输入,或关于实施依货物之成分清洁及卫生品质等而完纳关税之便利；

（六）关于关税之分类及现行税率之解释。

第二条　此缔约国对于彼缔约国天产或制造之货物输入于其国境时，不得设立不适用于来自任何第三国同样货物之任何禁令或限制。

此缔约国对于其天产或制造之货物，向彼缔约国国境输出时亦不得设立不适用于向任何第三国输出之同样货物之任何禁令或限制。

但凡关系国家安全、社会安宁，维持公共卫生，保护动植物，保存美术上，古物学上及历史上有价值之物品，保护国家专利，或在国家监督下专利之实业，及统制关于白金黄金白银及由该金属作成之货币，及其他物品之贸易，两缔约国各保留随时设立关于输出及输入之禁令或[限]制之权。惟此种禁令或限制，以对于在同样情形下之任何第三国，一律适用者为限。

同样，此缔约国对于彼缔约国之天产及制造之货物，输入予其国境，或其天产及制造之货物输出于彼缔约国境，得设立关于两国现在或将来因共同履行国际义务必要之禁令或限制。

第三条　彼缔约国货物输入于此缔约国国境，或此缔约国之货物，其输出之目的地，为彼缔约国国境，均应经过该国设有关卡之商埠或地方。倘有违反此项规定者，应认为私运，并应照该国之法律及规章处理之。

第四条　彼缔约国输入此缔约国之货物所缴纳之关于某种货物之出产、制造、出卖、使用之一切地方税捐，此项税捐之征收，无论用何名义，此缔约国应给予适用于其本国同样货物现在或将来所享受之待遇，或现在或将来所给予任何第三国同样货物之最惠待遇，若此种最惠待遇对于彼缔约国较为有利。

第五条　凡依照中国法律及规章认为中国之船舶，同样，凡依照苏维埃社会主义共和国联邦法律及规章认为苏维埃社会主义共和国联邦之船舶，则依照本条约之实施，应分别认为中华民国或苏维埃社会主义共和国联邦之船舶。

第六条　此缔约国船舶进入彼缔约国领水时，应严禁其悬挂本国以外之任何国国旗，以顶冒国籍。违反此项规定者，彼缔约国政府得将该船及其所载之货物没收之。

第七条　此缔约国应给予在其商港及其领水之彼缔约国船舶现在或将来给予任何第三国船舶之待遇。

此种待遇应特别实施于关于在其商港或领水内驶入、停泊、驶出，充分利用各种航行之设备及便利之条件，关于船舶、货物、旅客及旅客行李之贸易行为；关于指定在码头装卸货物之地位及各种便利，关于缴纳各种以政府名义，或以其他团体名义所征收之一切费用及税捐。

第八条　凡悬有此缔约国国旗之船舶，进入彼缔约国商港，其目的为装载货物，或卸下原载货物之一部分者，如该船运载货物，再往该国他埠或他国时，则其原装未卸部分之货物，得按照所在国法律规章，除缴纳检验费外，不得令〔另〕付任何税捐或费用，且此项检验费，不得高于任何第三国船舶在同样情形之下所缴纳者。

第九条　此缔约国船舶，在彼缔约国沿海地方，遇有触礁、遭风、搁浅，或其他类似之紧急情事，得自由暂时驶入彼缔约国最近之碇〔停〕泊所、港口或海湾，以便避护修理，当地官厅应即通知该遇难船舶所属国之附近领事馆，并依照国际惯例，予以必须〔需〕之助力。此项船舶，应准修理损坏，并购备必需粮食，其后应即时继续航程，得免纳入口税或港口捐。至关于救济费用，则照执行救济事务国之法律办理之。

倘此项船舶，不得已必须卸售所载货物时，则应依照所在国法律规章完纳入口税及一切捐税。

第十条　此缔约国之人民，经济机关及船舶，不得经营彼缔约国之内河及沿海航行。

两缔约国人民及经济机关，得照两国政府所同意制定之规章，在两国共有之河流、湖泊暨公水内，有行船及捕鱼之权。

第十一条　依照苏维埃社会主义共和国联邦之法律，对外贸易，为政府专营之事业；此系苏联宪法所规定社会主义制度之根本原则之一。苏维埃社会主义共和国联邦政府得在中华民国设立商务代表处，为苏联大使馆之一部分，其法律地位，在本条约附件内另定之。该附件视为本条约之一部分。

第十二条　中华民国商人、企业家、人民或中华民国法律所承认之法人，在苏维埃社会主义共和国联邦国境内，依照苏联国政府之法律，经营经济事业，关于其身体财产，得享受不得异于任何第三国人民或法人分别所享受之待遇。

凡享受法人权利之苏维埃社会主义共和国联邦之经济机关及其他依照苏维埃社会主义共和国联邦法律享受公权之法人，并苏维埃社会主义共和国联邦之公民，在中华民国国境内，按照中华民国法律，经营经济事业，关于其身体财产，得享受不异于任何第三国人民或法人分别所享受之待遇。

凡依照此缔约国法律，规章所组织之商业公司、合作社及享受法人权利之政府经济机关，得依照彼缔约国法律规章，在彼〔缔〕约国国境内设立分处，并经营经济事业。

此缔约国之人民或法人，有在彼缔约国法院内，由其本人或其代表，行使或防卫其权利之权，并得向所在国法院自由声〔申〕诉。

关于此项事件，此缔约国之人民或法人，除彼缔约国之现行或将来实行之法律规章外，不受其他任何限制，并无论如何，得享受适用于任何第三国人民或法人分别所享受之待遇。

第十三条　本约以中、俄、英三国文字合缮两份，如遇解释本约发生意见互异时，以英文文字为有效。

关于本约之解释，或实行发生意见互异时，两缔约国同意将该问题提交调解委员会。该调解委员会应在相当时期内，将其建议陈送于两缔约国。该调解委员会以委员六人组成之，两缔约国政府各派三人。

第十四条　本约应由两缔约国按照各本国法律之规定，在最短期间内批准。批准文件，应在重庆互换。

第十五条　本约应于互换批准书之日，即时生效。本约有效期间为三年。在该三年期限届满三个月之前，缔约国任何一方，得通知对方国不愿将本约展限之意。倘缔约国任何一方，未曾按时通知对方国，则此约认为自限期届满后，自动展限一年。再该一年限期届满三个月之前，缔约国任何一方，未曾通知对方国不愿将本约再行展限之意，则此约仍继续有效一年。此后依此类推。

　　为此,两国全权代表,将本约署名盖章,以昭信守。

中华民国二十年六月十六日

订于莫斯科

西历一九三九年六月十六日

孙科(印)

米科扬(印)

中苏两国一九三九年六月十六日所签订通商条约之附件

关于苏维埃社会主义共和国联邦驻中华民国商务代表处之法律地位。

第一节

苏联国驻中国之商务代表处,应执行下列职〔任〕务。

　　一、便利中苏两国经济关系之发展;

　　二、代表苏联国对外贸易之一切利益;

　　三、代表苏联国调整中苏两国间之贸易;

　　四、办理中苏两国间之贸易。

　　苏联国驻中国之商务代表处系执行苏联国专营对外贸易之机关,为苏联国驻中国大使馆之一部分。该商务代表处,设立在中国政府所在地。

　　苏联国商务代表及其副代表二人,应认为苏联国大使馆职员之一部分,并得享受外交人员所享受一切权利与优遇。苏联国驻中国之商务代表处,在天津、上海、汉口、广州、兰州设立分处。

　　关于商务代表处新分处之设立,应由该商务代表处,与中国主管机关商议决定之。

　　苏联国商务代表处及其分处之办事处,均享受外交上之豁免。

　　苏联国商务代表处及其分处,有用密电码之权。

　　商务代表处及其分处之职员凡属苏维埃社会主义共和国联邦之公民。得免纳中央及地方之一切税捐,并免除一切个人服役及捐款。

　　苏联国驻中国商务代表处及其分处之全部职员,与商务代表处因职务关系而发生之问题,不受中国法院之法律裁判。苏联国驻中国商务代表处,得免守商业登记规划;其有代表该商务代表处之全权人员之姓名及其职权,应在中国政府公报上公布之。

第二节

苏联国驻中国商务代表处代表苏联国政府执行对外贸易之事务。苏联国政府对于商务代表处全权代表将来所签订或保证之一切商业契约,负完全责任。

商务代表处所订定或保证之商业契约,必须有其职员之合法签字,始能有效。该项职员必须为苏联政府或其人民对外贸易部为该项事件而委定之全权代表,且其姓名与职权,均须依照本附件第一节之规定公布之。

凡由苏联国驻中国商务代表处在中国领土内所签订或保证之一切商业契约,均受中国法律及中国法院之管辖。但若中国法律或各别契约有特别规定者,当作别论。

因本节第一段内规定苏联国政府对苏联国驻中国商务代表处在中国境内所签订或保证之契约,负有责任,如该商务代表处被控,所有关于保证行动及保证费用之预备处置之规则,不得适用,并在法院及行政官厅之最后判决之先,不得为预先之执行。

凡依照本节第二段之规定,由商务代表处所签订或保证之商业契约发生诉讼时,须俟法院最后判决生效时,方可对苏联国驻中国商务代表处实施强制执行。

上称之最后判决执行时,仅限于商务代表处之财产及权益。

惟上段所规定之法院判决之强制执行,不能实施于国际法公认为治外法权之物品,以及苏联国驻中国商务代表处因执行职〔任〕务所必须〔需〕之物品。

第三节

凡依苏联国法律有独立法人权利之任何国营经济机关所签订之商业契约,未经苏联国商务代表处保证者,仅由该机关负责执行判决时,亦仅限于该机关之财产。苏联国政府及其驻中国之商务代表处与其他经济机关,对于此项契约,均不负责任。此项经济机关在中国所签订之商业契约,均须服从中国法律及中国法院之裁判。但若中国法律或各别契约有特别规定者,当作别论。

孙科
米科扬

换文甲

中国全权代表照会

迳启者:本代表兹特声明本日所签订之中华民国与苏维埃社会主义共和国联邦通商条约第一条第二条第四条第七条第八条第十二条中所用之"任何第三国"字样,其关于中华民国方面,应了解为指自一九二八年以来,曾与中国以平等为原则,缔结条约之国家。本代表应请贵代表证实上项了解为荷。

本代表顺向贵代表表示敬意。

一九三九年六月十六日
孙科

换文乙

苏联全权代表复照

迳启者:接准贵代表本日照会内开本代表兹特声明,本日所签订之中华民国与苏维埃社会主义共和国联邦通商条约第一条第二条第四条第七条第八条第十二条中所用之"任何第三国"字样,其关于中华民国方面,应了解为自一九二八年以来,曾与中国以平等为原则,缔结条约之国家等由。本代表兹特声明,上项了解正确无误。

本代表顺向贵代表表示敬意。

一九三九年六月十六日
米科扬
〔国民政府外交部档案〕

23. 蒋介石要求继续向苏联交涉购买飞机致杨杰密电(1939年11月22日)

我国陆军已开胜利之基,我军亦已略有表显〔现〕,惟力量尚感不足,尤虑难以为继。兹为配合陆军之攻势起见,请向苏购买下列之飞机,计:DB二十四架,CB三十九架,最新驱逐机53及ZKB-9四十架,E-5十二架,E-6七架,远距侦察机十二架,零件照百分之十五计算,除另函伏罗希洛夫将军外,请先提出交涉为要。中正。侍参。印。养。川。

关于本年冬季向[苏]购置飞机案,尚须增购乌特四式(YT-4)驱逐练习机十架,CB双驾驶练习机十架,希一并提出为要,中正。侍参。印。祃。

〔杨杰个人档案〕

24. 黄理双等关于办理中苏邮件交换与恢复吉木乃局呈电 (1940年2月—1945年6月)

1)黄理双呈(1940年2月16日)

案准督署办公厅暨省府秘书处二十八年十二月二十九日会衔公函内开:"顷奉督办、主席谕:查阿山与苏联往返邮递信件,以前均由巴克图卡通达,往返需时,因之消息迟滞。兹为便利邮寄信件起见,即自一九四〇年一月一日开始,所有由苏方寄阿之邮件,均经由苏方买阔布尺诺卡(译音),至由我方寄往苏联之邮件,则一律经由吉木乃通过。除电阿山行政长转知阿山邮局照办外,应由该厅等函达查照办理,等因。奉此。相应函达贵局查照办理,并希见复为荷。"等因。准此。查吉木乃地方原设中苏邮件交换局一所,嗣因交换邮件稀少,当时无设局之必要,故于二十六年一月十五日起改为代办。现在各交换局邮件激增,友方寄阿山区(承化、布尔津等处)邮件,既以取直巴克图塔城转递为迟滞,自应恢复吉木乃邮局。当于去年十二月三十一日世电饬知承化局与阿山行政长及友方接洽,并经令知筹备恢复交换局去后,本年二月三日据承化等邮局第一一三号呈略称,"遵于一月十二日会同阿山刘代行政长前往苏联驻阿山领馆商讨一切,据领事面云,中苏在吉木乃交换邮件,本人极表赞同,但现时未奉到莫斯科之电令以前,一切进行交换日期及手续,未便办理等语。再此案阿山行政公署,亦奉到省府督署电令,职局已请行政长正式函请苏领办理"等情。据此。除俟接洽情形如何,再行续报外,理合将吉木乃交换局筹备恢复情形备文呈报钧局鉴核。谨呈邮政总局局长

署新疆邮政管理局局长　黄理双

中华民国二十九年二月十六日

2)曾养甫电(1944年5月31日)

交通部代电发文字第九六八〇号

邮政总局览准外交部三十三年五月二十七日西(33)字第三七〇九号代电开:据驻苏联大使馆本年五月二十三日电称。"昨据苏外部称:'苏联寄新疆北部邮件运送甚慢,苏联驻承化领事馆邮件亦延搁甚久,其原因之一系因该处并无交换邮件地点,需绕道运送所致。苏联邮电部曾于本年三月电中国邮政总局提议,在吉木乃开办双方邮件交换。嗣据答称:吉木乃邮局业于一九三七年停办,无法在该处交换邮件等语。但苏外部仍甚盼上述提议实现,请中国大使馆早日促成。'云云。应如何答复,请电示。"等情。相应电达贵部,即请查明核办见复,以凭转饬知照等由。合行电仰,迅即查明具报为要。部长曾养甫。世。邮。甲。

3)邮政总局电(1944年6月3日)

邮政总局密代电:

交通部钧鉴:三十三年五月三十一日第九六八〇号代电奉悉。关于苏联与新疆北部各地来往之邮件拟在新疆吉木乃地方互换一案,本局前准苏联邮政本年三月四日来电,当经电据新疆邮政管理局局长沈养义本年三月二十四日第元号密函报称:"职以此案关系国防外交,曾与当地政府有关主管面洽,承告以从缓办理为妥"等情。本局以本案既经新省有关主管表示以从缓办理为妥,爰以吉木乃邮局已于一九三七年间停办在吉互换邮件歉难照办等语,婉复苏联邮政。兹奉钧电,除再电饬新疆管理局迅即审慎研究具报外,谨先复请鉴核,邮政总局叩。江。联。渝。

4)邮政总局电(1944年9月6日)

邮政总局代电

交通部钧鉴:本年九月二日第一五一二九号代电谨悉,关于苏联要求在吉木乃互换邮件一案,前经本局饬据新疆邮政管理局呈复,略以该省承化及布尔津两局近数年来并未接收发寄苏联任何邮件,进口邮件仅系莫斯科出版之报章,数量亦不甚多,纯就邮政业务而论,吉木乃似无开办互换局之必要。等语。按该两地邮件数量实属不多,本案既送经苏联一再请求,为表示中苏合作起见,似可勉予照办。惟查新疆管理局局长沈养义本年三月二十四日第元号密函内曾有"职以此案关于国防外交,曾与当地政府有关主管面洽,承告以从缓办理为妥"一语。此次该局呈内对予此点并未提及,而事关重要,实有彻底明了必要。爰由本局密饬该局,向主管当局探明具报。嗣以未据答复,复经一再电催,旋据来电,仍无确切答复。又由本局电饬该局迅即查明切实电复各在卷。查新疆局迭次来电对于本局所询国防外交有无影响一节答非所问,或因该省情形特殊不便直陈;惟此点颇关重要,似非彻底查明,未便遂予办理。兹奉钧电,除已于本月四日电催该局迅速查报,并由本局继续密切注意外,为期迅赴事机起见,拟请钧部迳电新疆省政府,对于本案内国防外交关系一节表示意见,是否有当,理合复请鉴核训示祗遵。邮政总局叩。鱼。联。渝。

5)邮政总局致新疆邮资局电(1945年6月2日)

邮政总局代电。

迪化新疆邮政管理局览:关于苏联要求在吉木乃互换邮件案,应由该局随时与新疆省政府接洽,一俟地方情形许可,即予实行,并将吉木乃设局日期电呈,以便转知苏联邮政。业经本局三十三年九月三十日联渝字第五八八/二七六五三号代电饬知在案。现时阿山区邮运情形较前有无改善,可否即在吉木乃设互换局,仰即详加研究,注意办理,并仰于设局之前电呈本局,以便向苏联邮政接洽为要。邮政总局。冬。联。渝。印。

〔国民政府邮政总局档案〕

25. 苏联空军援华志愿队轰炸虞乡日寇车站战斗要报(1940年5月2日)

极机密　第4号 空军第三路司令官田曦(官章)

一、我志愿大队SB八架于四月二十八日上午九时二十分由温江机场出发，其携带炸弹量：50kg三十枚、10kg一〇八枚，预定轰炸目标为运城敌机场。

二、当天十时四十分降落南郑加油，于十一时二十分由南郑起飞，高度为七千公尺，过西安后，因云降低至三千五百公尺，至潼关附近，盘旋升高至五千公尺，终因天气关系不能飞往运城，遂于十二时五十分在虞乡车站附近（此地有敌仓库）投弹，均命中起火。当时有敌驱逐机三架，因不及攻击，尾追至渭南，始逸去。

三、十四时五十分降落天水加油，旋即飞降兰州，于三十日十二时二十五分由兰起飞，十五时安返基地。

四、参加作战人员姓名如附表

右〔下〕报告

军政部长何

我空军作战人员表　二十九年四月二十八日

隶属	职级	姓名	飞机种类及号码	备考	隶属	职级	姓名	飞机种类及号码	备考
志愿队	总领队	吴瓦洛夫	SB 1 号		志愿队	飞行员	阿布拉司金	SB 8 号	共24员
	领航员	波他念阔				领航员	扎多罗内衣		
	射击士	卢金				射击员	苦得俩错夫		
	代理队长	史才尼阔夫	SB 4 号			飞行员	葛雷楚诺夫	SB 6 号	
	领航员	基勒司基				领航员	普拉索洛夫		
	射击士	莫扎也夫				射击员	特洛非诺夫		
	副大队长	特鲁深	SB 9 号			飞行员	普罗特尼诺夫	SB 7 号	
	领航员	别特里参阔				领航员	顾斯岑		
	射击长	克里棉阔				射击长	咯史岑		
	分队长	马克西棉阔	SB 5 号			飞行员	别特罗先	SB 8 号	
	参谋长	喀切林楚克				领航员	李西岑		
	射击员	列别了夫				射击长	皮聂诺夫		

〔国民政府战史编纂委员会档案〕

26. 蒋介石责成各部会专人办理对苏贸易与交涉手令（1940年 8月23日）

对俄货贸易与交涉应专责成一个机关及一个人负责办理，其余机关与人员非经本委员长指定不得任意擅自交涉，此事准由何总长负责主持办理，其他财政、经济、交通、航空等各部会指定一人，日常受何总长指挥，办理对俄贸易事宜可也。

魏秘书长转各部会长

中正

八月二十三日

〔国民政府行政院档案〕

27. 吴文华关于修建加固沿线坡度桥梁以利苏联援华重炮车辆通过电（1941年4月）

1）吴文华电（4月14日）

绵阳。交通部川陕公路改善工程处吕总工程司季方兄勋鉴：兹准四川公路局工字第802号代电内开：顷奉四川省政府建秘字第三九五八号灰代电内开：准防空学校黄教育长镇球兰州卯支电开：密。球昨抵兰，据查此次所来之大高射炮，行驶公路须曲半径十九公尺，坡度三十度，上空障碍高三公尺五，桥梁渡船须载重十六吨始能通行，敬恳转知公路局从速修建，以便早日到蓉。现将各处急待修建者呈明。（一）过绵阳之涪江木板桥。（二）剑门关下之路，窄湾多且坡动曲半径小。三将到广元之郭家渡及，"元渡船之载重均不够，四广正北行傍江靠山之险峻路面窄且不够高办五，其他各处之桥梁均须检查也等由。查本案前准黄教育长寅齐密电。业经本府转饬遵照理在案。兹准前由除再电交通部川陕路川段改善工程处查照办理并电复外，合及电仰遵照，就该局主管范围切实迅办具报等因。正核办间，复奉防空司令部防一字第六四九号密灰代电。电同前因。查川陕路改善及养路工程，均系大部。陕路川段改善工程处主办，除分别电复暨电请改善工程处查照办理外，相应电达，即祈转电改善工程处迅予办理，以策安全为荷"等由。准此。相应电请查照,并希将办理情形见复为荷。

弟　吴文华

叩。卯寒。蓉。

2)吴文华电(4月26日)

绵阳。交通部川陕公路川段改善工程处吕总工程司季兄勋鉴,兹奉总处四月十七日19961号代电开:朱工程司文秀本月灰真两日由兰电报十轮俄车已抵兰,共七吨长5.95米,前轴距后前轴3.35米,后前轴距后后轴1.10米,所拖炮车重约四吨长5.55米,前轴距4.05米,两轴间前后轴距1.25米。炮高23米又牵引车共重12.5吨,宽约1.8米,高约3米,排轮承重连带着地长约5.4米,除牵引车在肃州候油行期尚未决定外,该项炮车由十轮俄车牵引入川约于寒日东下等情。除分电川陕公路川段改善工程处、西北公路管理处、成渝公路改善工程处,分别各将所辖路段桥梁弯口设法加强,务使该项重车顺利通过外,合行转饬知照等因。奉此。查本区卯〔9922〕蓉〔1122〕代电略有出入之处,特此电达,敬希查照办理见复为荷。

吴文华叩。寝。蓉。

3)川陕公路川段改善工程处电(4月30日)

四川省政府,四川公路局、成都督察区公鉴:

四总段谌密译转川陕线区司令部

前奉钧府卯佳省建准工字803等文工程代电贵局○○○捷密　代电嘱加固本路桥渡,以便通过重炮车等由。奉此。准此。查本路桥渡加固工程已告竣,十轮俄车及所拖重炮车六辆,业于本月三十日顺利通过本路,驶抵蓉垣,途中未发生任何障碍。谨此电达。

交通部川陕公路改善工程处叩。工。三十。

〔国民政府公路总局档案〕

28. 邵力子为中苏关系等事致蒋介石密电抄底节选(1941年7月5日—1942年4月9日)

1)邵力子歌电(1941年7月5日)

支电敬悉,谨当遵办。昨英克使见告,中英美苏在远东合作可渐具体化,莫洛托夫曾一度与克使谈及此项问题,克盼我顾使不时与英政府接洽。

谨按:支电为此后具体商讨,拟在渝与彼方人员迳洽。

2)邵力子养电(1941年7月22日)

马电敬悉。遵即译就,并缮附原文,于本日上午三时半到苏外部,面交拉次长,请其代达。拉允立即转呈史公。

附:七月二十一日马电稿

译呈苏联人民委员会史大林〔斯大林〕先生勋鉴:欣闻阁下亲任贵国国防人民委员长,以举国共戴之领袖膺统率全军之重任,威名所被,足使侵略主义者之纳粹闻而丧胆。闻听之余,无任欣贺。我中苏两国友义〔谊〕深厚、唇齿相依,在今日更立在反抗侵略之同一线上,中国抗战军民誓必竭其全力、共同奋斗,今有之责任以达我两国同舟共济之使命。深信东西侵略国家任何野心与暴力在我两民族反侵略之伟大力量前,必完全粉碎。谨代表中国军民诚恳致贺,并祝贵国胜利。蒋○○。马。

3)邵力子马电(1941年8月21日)

(一)中英美苏合作,为我国夙所期望,亦今后必然趋势,惟目前英美皆积极援苏,我不于此努力仍有落后之嫌。例如罗总统等发起之莫斯科会议,我即难于参加。此时倘稍落后,战后似多可虑。

我国抗战四年,固已对反侵略尽最大责任,同时自身亦多困难,但英国在苦战中首起援苏,我国得天独厚,亦宜当仁不让。伏乞钧断,筹划实施。再,职思及一事。我国对美贷款所允分年交付之锡钨等品,似可向美洽商延长期限,先以移济苏联急需,照目前情势,美当不致拒绝,此可增我与美、苏间之联系,非单纯援苏而已,钧座不以为谬,敬恳电令子文、适之向美国政府婉商。

子文如能偕美代表一同来莫一行,当更有益。并乞钧察。

(二)马电计达。职近与苏方无所商谈,苏方并未表示需要我国锡、钨,唯本平日所知,谨陈愚见。再职以为我国此时倘已能对倭积极反攻,则援苏表示自可从缓,倘尚须若干准备时间,则必表示援苏,方足与英、美、苏真正合作。此时英、美、苏相互关系既甚密切,我参加援苏,不虞助长苏政府势力,反可促进共党等之服从政府。英克使谈英国情形,即系如此。敬乞钧察。

4)邵力子佳电(1941年10月9日)

庚电悉。前电系使团传说,谓三国同盟非仅对美,实亦对苏俄,德陆军未能攻入英国,有分向北欧及巴尔干半岛活动之趋势,皆足影响苏联。并谓过去数月间苏德贸易亦未满德愿望,所传运用压力非专指迫苏与倭妥协。关于德外长,则传其将于希墨会议后密来苏,迄今并无续讯。然察苏联态度镇静沉默,目前非德有甚不利于苏之举动,必仍愿保持关系,但倘英美愿与接近,则确有可能。对日关系遵当注意察询。

5)邵力子文电(1941年10月12日)

昨晤美大使,彼认苏日不侵犯条约已为时间问题,因日极力迁就德,从中敦促,苏亦愿日专意南进,且认现已不必再对俄说话,不如听其自然。预料该约在实际上不能有何力量,今晤英大使,只认该约有可能性,以为仍须尽力,即该约竟成事实,亦须注意,勿使其真正趋向轴心国家,而不赞美使态度。且为美使在三国协定发表后,并未见过莫洛托夫,而彼报告美外部与莫洛托夫谈合作援华,莫洛托夫不赞成,至为可异。美最近将有大批机器运苏,正宜乘机运用,嘱为转陈注意。职甚以克爵士之意见为然。谨乞训示。

6)邵力子江电(1941年12月3日)

德国此时承认汪伪,必非片面卖好日本。无论日本暂时取何态度,终必与德共同行动。英美一向对德积极、对日拖延,或有其理由,今后实大危险,我国本只要美国援助武器,今情势变更,必须敦促其以武力制日。英美对苏德战事,虑苏联受挫后向德言和,故积极表示援助,冀苏联抗战到底。据职观察,苏联决不半途求降,但英美实际上甚难援苏,倘苏联竟败,德日打通,我国甚危,英美亦将不了。现英国难于攻德,而美国不难攻日,此不仅解我之危,亦无异如百万大军、无数武器援助苏联。苏联虽与日订中立条约,未敢稍弛戒备,其在远东之大军不能转以战德也。美国先发制倭,与苏共同行动,职信亦有可能。日本击溃后,中英美苏共同打一希特勒,必不难摧毁之。伏乞钧座切告罗总统等急起实施,勿失先机。

7)邵力子齐电(1941年12月8日)

日寇已对英美进攻,我应与苏联如何洽商,候示祗遵。钧座如对潘大使、总顾问有所表示,亦乞谕知。近日苏报记载美日谈判等消息甚详,其同情显在英美方面。

8)邵力子真电(1941年12月11日)

米高扬本日约谈。据告,辛劳汽车,已核定三百辆,连同汽油、配件,即日出发。并告知所供给之飞机、军械等数目,因称已报告钧座,不备陈述。其希望两点:(一)请我将应交之锡、钨、羊毛、山羊皮等货物,请速装运,运至哈密,俾可交其去车运回。(二)希望对彼此次货款拨付现美金,因中国向美贷得巨款,与去年有别,且中国曾询及可否以美款向其购械。职答以均当报请政府核示,据个人意见,第一项政府必即行饬办,但事实上如有困难,亦请原谅,第二项中国此时需要经济与武器之援助,多多益善,美款有若干可自由支用,亦所未知。当约定接奉训示,即行通知。拟请钧座将第一项转饬迅即尽力办理,第二项应如何答复,乞即示遵。

9)邵力子铣电(1941年12月16日)

元两电敬悉。今见米高扬,遵照钧旨详达,请其谅解。米谓:美现时不能多供给中国物品,以美款购俄械,确于中国有益。此次俄供给中国各物,亦有须用外国原料之处,而充实国防,需要更多,仍望中国尽力设法。经职反复恳商,米允报告其政府,仍谓据彼个人看法,至多可就贷款项下结算三分之一货价。揣其神色,似甚坚持。又屡谓如此方法实有利于俄国,似有促成我再向美贷款之意。谨先电呈鉴核。再,俄新武官楚衣可夫中将本日来晤,对钧座及我国文化表示钦慕,谈话活泼而谦和,曾参加芬兰战争,定皓日起程来华。

10)邵力子铣电(1941年12月16日)

昨晚接外部十二日电,以据传苏联对倭仍守中立协定,对德亦将停止反攻,命即注意探询。查职连日迭以与拉次长谈话、真理报社论、各报态度、艾登将来苏会晤史太林〔斯大林〕及波兰苏联军事合作洽商圆满,等情电部,计均转呈,可释钧虑。苏联对德必抗战到底,对倭已明白指斥其侵略,对英美仍密切合作,对我亦继续其友好之表示,毫无可以怀疑之处。外部所得情报,虽在数日以前,而与事实相反过甚,除已电复请注意德倭散布之谣言外,敬乞钧座特赐垂察。再艾登来苏,其性质甚重要,李维洛夫在美亦甚被重视,两人皆对我有好感,我欲促进苏联即时对倭宣战及中英美苏军事同盟,似须在伦敦、华盛顿处所商洽,并乞钧察。

11)邵力子筱电(1941年12月17日)

铣电计呈察核。苏方此次表示,似有深意。职曾询米高扬中国可否以苏联希望用美款购俄械告知美国,彼称此为中国自己可决定之事,苏方并不反对。倘我国能利用此问题促成苏美对我援助之合作,加强苏美在远东之相互关系,似于大局不无裨益,而我亦可源源获得所需之武器。否试向美方密探意见,敬乞钧裁。

12)邵力子巧电(1941年12月18日)

米高扬顷约谈,称彼报告史公决定如钧座之意,将此次供给物品均在上年贷款内拨付,又称连日正尽力赶运,嘱为转陈。惟希望我政府速即与巴固林代表商定双方运输连结办法,甚盼中国能将明年度应交货品在上半年内赶交,愈多愈好。职请其先代为致谢,并允立即转呈。

13)邵力子皓电(1941年12月19日)

手谕、巧电奉悉。巧亥电计呈阅。苏既同意就贷款内拨付此次货价,职筱电所陈自属错误,唯职深知美苏双方均有意接近,又均有事实上之困难,以为或可借援助我国问题促进其相互之关系耳。关于此次货价总数,曾询米高扬,据答,倘售给他方,可得高价,兹为援助中国,必特别从廉,约一星期可折算清楚,即邀职办理签约手续。唯究未知其货价以何为标准,倘依现时国际市价,必较去年过昂,职是否可照其开列货价承认签约,抑先请示祗遵,敬乞电示。

14)邵力子哿电(1941年12月20日)

铣电奉悉。苏联迄无何种表示,当即遵谕向其探询。但拉次长未必能作肯定之答复,美国政府此项提议与钧座致史太林〔斯大林〕电所提议者有关,史〔斯〕公倘对钧座电尚在考虑,则对美国提议必采同样步骤。苏倭关系现极微妙,苏既公开斥倭侵略,显示其对中英美共同作战,则迄无表示。观其屡次称目前主要敌人仍为希特勒,击溃德国则义〔意〕、倭皆易解决,似为不愿对倭作战之地步。惟实际如何,必仍视环境、战略与各方面之谈判。艾登到莫斯科已数日,且展期回伦敦,美代办且亦由此赴莫,类有极重要之商议,而对倭亦必为主题之一,惟双方严守秘密,在此不便探询,俟会议结束当可明了一切。

15)邵力子养电(1941年12月22日)

法驻苏大使拉朋纳Lafonne与英克使同时来苏。因其曾任北非总督,在法国各属地当有潜势力,维希政府仍重视之。昨与谈越南问题,渠称,法国仍决心保持越南,勿使落于倭手,但越南现需要武器。当告以果对倭作战,自不难得械,中国即系如此。渠仍称越南兵将足用,惟需武器,我是否可与越南政府秘密联络,及密商英美在某精神情况下,接济以武器,俾坚其对倭之意志。谨乞钧察。

16)邵力子鱼电(1942年1月6日)

重庆军委会侍从室陈主任布雷兄:Style。江电敬悉。弟与克劳多询问中英美对倭及英苏与其他同盟国间关系各问题,外人观察我国,难免有隔膜处,惟克尚不失为爱我国者,对我领袖与夫人常表敬佩,对复初兄亦颇关切。渠今日已离此返国,昨晚话别,谓到伦敦后当与我顾使时相往还。新之、月笙、沧波、伯诚等均抵渝否? 沪上情形如何? 传颜骏人受倭诱胁,确否,乞示。弟力子。鱼。

17)邵力子删电(1942年1月15日)

米高扬今约谈:关于所述运输情形,另电呈报,余分三点:(一)此次货款一星期内可算清,即拟成合同交职审阅后再行签字,届时当遵铣电请示。惟前次合同规定我方由孙院长哲生签字,此次交职办理,在手续上应另有训令。为省时起见,拟请由中央通知潘友新大使,请其转电苏联政府。(二)苏联希望我代其在南洋购橡胶 Caoutchouc,去年约用二万五千吨,即以此数为最高额,交货方法,希望租用外轮直运海参崴,在事实不能秘密时,亦可说明代苏购运,俟我原则同意后,再商具体办法,职允报告政府核示答复。(三)对我方前允其将本年应交各货尽速赶运哈密,俾得由其去车运回表示感谢,现请我将日前已办之种类、数量告知。上述三项,谨乞训示。

18)邵力子铣电(1942年1月16日)

米高扬谈物品运输情形:(一)枪炮皆已起运,只剩重机枪三百、高射炮三十,本月内完全起运。(二)枪弹、炮弹已全数起运。(三)汽车用油已拨数量,足敷此次汽车需用,其余在二月间起运。(四)飞机汽油十二月已运一百二十吨。(五)飞机当剩数十架在阿拉木图,余皆已飞出。(六)载重汽[车]三百辆全数载货出发。钧座有无指示须商谈之点,乞电示。

19)邵力子皓电(1942年1月19日)

筱电敬悉。苏方避免干涉我内政,从未与弟谈及有关中共及其军队之事件,此次似仍不宜询问,弟应否自动向其谈及实情,盼复。至其舆论方面,确甚关心我之统一、团结,甚冀中央处置此事,确实不牵涉其他政治与党派问题。此间报纸今日尚无刊载有关此事之消息。又弟原定十七日晚宴请外交、贸易两部长及高级人员,莫外长允亲到,外交部交际司长午刻尚来询问座位情形,至四时忽电话通知,莫外长等因临时有重要公务,请将宴会改期。当时推测因罗马尼亚是日发布定二十日召开多瑙河会议,苏方须开会讨论一切。由今思之,或接到前项电讯而未悉其真相,亦未可知。在渝苏顾问曾使其明了否? 外交部电已到。中共态度如何及最近情形仍乞电示。

20)邵力子马电(1942 年 1 月 21 日)

皓电计达。此间报纸昨今仍无刊载,无线电广播亦未提及,最为注意于二十日广播亦置不谈,此可见友邦之态度,苏中关系至切,其十分重视此事,实无疑义。经多方探察,知其认为不干预事件,而希望不扩大与妥[善]处理,俾不影响抗战。此时正作密切之注视,故彼决 Tie 式询问,而我能有友谊之通知实为有益。至由弟向苏外部面谈,抑在渝托潘友新大使代达,则无甚差别。弟所虑者,中央虽决定不牵涉其他党派与政治关系,但或因中共反响过恶,或因各方步骤不一,更相激荡,终致破裂,此则全赖我委座大仁大勇贯彻国策、各同志一德一心遵从命令,极为必要。条件正切[?],祈祷弥毁[?]。敬乞代陈,并候电示。

21)邵力子世电(1942 年 1 月 31 日)

艳电敬悉。感日真理报载有日塔斯社电稿,当日即照原文全译电达外部,并请转陈乞即复。按可知与所传不尽相符,此外迄今别无记载,亦无评论,嗣后倘有,自当立即电告。又,各报对我抗战消息之记载,均仍照旧,未改态度。

22)邵力子歌电(1942 年 2 月 5 日)

美驻苏大使斯坦因特氏密告拟回华盛顿向罗总统报告一切,仍即来苏,欲知苏联援助我国情形及物品之种类、数量，以备密陈罗总统参考，尤注意最近有无变更或停顿。职以关系重大，而中美友谊密切，又未便深闭固拒，除简略答复最近数月甚为积极，现时想亦不致变更外，告以一时不能详忆，改日再谈。究应如何答复之处，敬乞电示祇遵。

23）邵力子筱电（1942年2月17日）

删电悉。近日联共所开会议有一定议题，较代表大会权限稍小，似可译成工作讨论会议。本届专议党在工业及运输部门加强组织等案，不致有涉及中日问题之决议。二十五日将开苏维埃最高会议，莫洛托夫倘作外交报告，或将提及对日关系，故近一星期最可注意。苏联报章杂志对新四军事未续记载，中央特取宽大态度，至佩，所冀各方同志，俱能了解。第三战区如在最近期内有积极打击敌伪之表现，尤足以餍群望也。

24）邵大使佳电（1942年3月9日）

松冈洋佑将经苏赴德，已无可疑。德日两方面近日盛作宣传，谓我中央军与新四军残部在苏北激战，致日军获得意外之成功等等，似含有破坏苏联继续助我之作用。苏报未载此种传说，但其关心我国是否可不发生内战，确甚殷切，对于我国交货过少，亦有未满。日苏谈判迄今确尚未有进展，但松冈抵莫，闻将作甚大之让步，德国亦必尽力斡旋。此时为我国对苏外交重要关头，职才力短浅，敬恳钧座多方运用，或选派特使前来，对职亦随时详赐训示，不胜屏营待命之至。

25）邵力子电（1942年3月14日）

福尔根君昨日下午来馆谈一小时余，其主要为希望我全国一致专心抗战，勿使敌在占领地区稍得安稳，榨取我之资源以巩固敌之地位，对钧座表示衷心之敬佩，郑重嘱职代叩健康。按职前月阳日接奉电谕后，即向苏国防部探询，据答，未接来电，不能确知何时抵莫。嗣谓其到后患恙，须稍休养，昨始偕国防部外事处长同来，其今后工作尚未派定，倘在莫斯科附近，可望继续晤谈。

26)邵力子筱电(1942年3月17日)

文电敬悉,至深感慰。松冈二十三日可抵此,将访莫洛托夫。近日倭德两方协同散布我国内战决无可免及已决定变更国策,联合英美肃清苏联在华势力等谣言,以肆离间。苏联态度,尚无变更,惟贸易部对我所商各事似多延宕。弟请派特使来苏系因大使职位限于一般外外〔交〕事务,在苏尤有此感,近来国际间恒有元首或政府之特使往还以补不足,倘有适当人选,必有裨益。敬乞代为陈明。

27)邵力子有电(1942年3月25日)

莫洛托夫接见松冈时,史丹林〔斯大林〕亦在座,颇出预料。有谓苏土声明足使德国不满,特以此缓和德之反感者,但我不能不注意其重要性。职定明午赴苏外部表示我国之关心,并询问其内容,当再呈报。是否可向潘友新大使同时表示,乞钧裁。

28)邵力子宥电(1942年3月26日)

今午晤拉次长。据答,史〔斯〕、莫接见松冈,纯为礼貌问题,因松冈为日本外交部长,道经苏联,欲求谒见,至难谢拒。职告最近日本《国民新闻》所载日本应向苏联建议在中国建立一独立之苏维埃国,以免中国再发生内战等消息,谓日本现尽力造谣离间中苏,应请注意。拉答:中国亦应有坚强之头脑,勿因谣言而眩痛。职为本人有一信念,苏联不仅不能与日本商谈任何不利于中国之事,且并未与日本谈及中国问题,此在中苏友谊与苏联独立自由之外交政策均应如此看法。拉答:贵大使此种信念系以事实为根据,当然正确。拉态诚挚,似无隐瞒。职意我国此时对苏日关系,一方应表示深切之关怀,一方应认苏之信任。是否有当,敬乞钧察。

29）邵力子艳电（1942年3月29日）

感、俭两电敬悉。关于日苏商约，日前接准部电，即向苏贸、外两部探询，均否认，业已商定经于感日电部报告。关于不侵犯条约，日方往复磋商，积极企求，苏方如何应付，甚难探明。职每次询及，所得答复，必为苏方对于他国要求友好，自难拒绝，其表示亦无法防止其宣传，唯实际见解则须双方同意，非单方面之事。等语。究竟如何，从不明言。职推测，松冈应已提议，但既归程决定，莫氏必不先作肯定之表示，苏联外交极端秘密机警，处此国际情势瞬息万变，松冈能否获得不侵犯条约，必俟归程方可揭晓。职仍当遵谕转询外部，谨先电呈。

30）邵力子江电（1942年4月5日）

本日晤拉次长称：松冈过莫，会见莫、史〔斯〕，前已谈过，纯为礼貌问题，至其回程将有何提议，现时无从预测，松冈此行任务为赴德义，莫斯科仅为必经路程，苏联亦无预作推测之必要云。对松冈倘果提议不侵犯条约，苏方作何应付，拉避免答复。职亦未便坚询。又商约事，据拉谈，苏日间谈判正将一年，现仍未完成云。据此间使团消息，德以增进贸易便利运输等为词，仍在努力促进苏日关系。

31）邵力子微电（1942年4月5日）

英克使顷来访称：闻郭调长外部，甚庆得人，尤盼其回国时道经苏联，对中苏、英苏有种种利益，英可备机专送瑞士，由瑞京至莫斯科有定期航机，计算行程亦为最速，已电郭大使，建议并向其政府陈述此意，询职可否电请钧座裁决。按职前曾请选专使来苏，以期增进中苏关系，倘郭于就任前特经此邦，向其最高当局表示敬意，并资联欢，既甚便利，尤有裨益。对于克使意见充分赞同，敬请钧察。可否训令郭部长遵行并密示以种种机宜，即乞电示。松冈七日将重到此，职已电部陈报。

32）邵力子庚电（1942 年 4 月 8 日）

一、庚电奉悉。对苏似须先行密告，请其协助并表示我重视之意，应于何时通知，希转呈示遵。苏舆情同情南希，报纸揭载电讯亦与从前必置德方情报于前列者不同，但尚无论评。松冈到后，已有电报部，并请抄送尊处。据弟测，史丹林〔斯大林〕不再接见，实质上松冈亦难有所获，惟苏外交太机秘，未敢过事乐观。

二、顷晤英克使，渠对苏日关系看法，属弟致外部电所陈第二类，且谓苏对德整个方针确已开始转变，惟为争取时间，暂时必仍有所迁就，与日缔结不侵犯条约，亦足缓和德对苏南互不侵犯条约之反感。故倘有此种条约成立，渠个人亦不惊异，对华必无实际影响，希望我能认清，无论如何，中英皆当加强对苏工作云。

33）邵力子佳电（1942 年 4 月 9 日）

苏、南不侵犯条约第二条最可注意。据密讯，该条原有中立字样，南使力争请求删去，颇难定议，最后经史丹林〔斯大林〕裁决，所谓友好关系，可作种种解释，苏似将于南以某种援助，惟必严守秘密。

一般舆论认南为卫国而战，不指为帝国主义战争，对希腊亦渐改变看法，近两日苏报连载各国对苏、南不侵犯条约之论评与记载情形，大公报社论亦略提及。

〔国民政府外交部档案〕

29. 财政部报告新疆中运会组织及办理苏联援华物资内运情形电（1941 年 9 月 4 日）

行政院秘书处蒋秘书长勋鉴：勇肆字第 11719 号感代电奉悉。查关于新疆中央运输委员会组织详细情形，据前甘肃建设厅厅长陈体诚二十八年二月调查报告称：中运会系由新疆盛督办世才于廿六年呈奉委座核准设立，办理运输向苏订购之各项军用物资等事宜。该会成立于廿六年十月间，除由新疆边防督办公署选派委员数人外，并由中央政府派员参加组织，会务由盛督办指派常务委员一人主持。另设总务、会计、视察、油料四组,分掌所司各事务。至新省各县中运事宜,则视各航空站及汽车站设立地点,分别在各县设立。中途分会,由新疆边防督办公署指派驻在各区县之地方文武官吏组织之。航空站已设有伊犁、乌苏、迪化、奇台、哈密等五处,汽车宿站共有新二台、精河、乌苏、绥来、迪化、鲁番、鄯善、七角井、哈密、星星峡等十处,汽车间站则有五台、达板〔坂〕城、孚远、木垒土河、三堡等五处。惟近来各中运航空站之管理权,实凡揽诸苏联站长之手,省方所派管理员或翻译员,只能办理驾驭本国工友及转译等事。即在迪化中运会,苏联顾问之意旨或态度,凡为决定处理事务方针之根据。其大权业已逐渐旁落,中运会代中央各机关承运各项物资所需运输费,系由新省以新币垫付,报请本部拨还归垫。自二十六年十月份起,截至现在止,准盛督办先后电请本部拨还垫付之款约合美金3220000元国币9277228.25元。其中美金部分,经由本部先后于俄借款项下划拨。该省运省美金壹百陆拾万元(据该省电称:此款苏方尚未照付,业经本部迭电邵大使从速洽催办理在案。)反拨购该省载重汽车价款美金二十二万元,并另由国库代付。该省献机款美金四十二万元,汽车汽油价款美金十八万元,又由国库拨汇。该省运费美金八十万元,至国币部分,经由本部代缴寒衣捐款国币四十五万元,代付该省在港渝购物价款国币二十一万二千元,拨汇该省运费8615228.25元,各在案。特复查照,转陈为荷。财政部。41570904渝。国。印。

〔国民政府行政院档案〕

30. 张嘉璈关于调查新疆中运会成立经过及办理苏联援助军用物资运输情形电(1941年10月9日)

行政院副院长孔钧鉴:案奉勇肆字第15404号江代电略开:关于新疆中运会成立以后,中央系派何人参加,又该会承运物资名称及数量,均希迅行查复等因。计抄发财政部代电一件,奉此。查此案发动于二十六年俞前部长任内,当时为接收苏联东运物资,由中央派陈体诚(代表全国经济委员会)、欧阳章(代表航空委员会)及谭伯英、顾耕野等四人前往新疆。顷据顾耕野面陈:

当时参加其事之实际情形,略以奉派赴新时,仅知为苏联物资,并不知有中运会之名称组织,一行四人,于二十六年十月二十日到达迪化。次日由盛督办召集开会,出席人员并有苏联总顾问及督办公署办公厅主任、运输处处长、交通处处长、边务处处长、航空学校校长等八九人,另有秘书一人,担任纪〔记〕录,由盛督办亲任主席,商讨如何接收物资之步骤,并对沿途食宿招待及加油设备等详加筹划。事后,始如盛督办即将此次会议结果定为中央运输委员会。在新勾留一月,每日开会。经盛督办指定陈体诚为该会主席,苏联总顾问每次均出席,耕野担任接洽运输,谭伯英担任接收汽车。欧阳章担任接收飞机。经过一个月后,接收工作告一段落,亦即离新。二十七年二月,陈体诚与耕野又曾赴新开会二十余日,以苏联到达物资无多,会议时大部分工作为审核收入账目。至物资方面,第一批接收汽车五百辆,飞机一百七十余架(内有四发动机飞机七架)及汽油等,详细数目已难追忆等语。

查该会系新疆督办公署主持组织,其承运物资数量并未呈报封部,无法稽考。惟该会主要目的在代中央承运各项物资,所垫运费随时与财政部核算归垫,所有物资名称数量,未知财政部在运费账单方面有无足资查考之资料。奉电前因。理合将当时实际参与中运会议之顾耕野面陈情形,肃电陈报,敬祈鉴察。交通部部长张嘉璈叩。佳。秘。印。

中华民国三十年十月九日时发

〔国民政府行政院档案〕

31. 航空委员会报告新疆省航空站情形电(1941年11月14日)

重庆行政院钧鉴。本年十月江勇肆字一五四〇号代电暨附件奉悉。遵经转电本会空军总指挥部查照办理去后。兹据该部十一月鱼指站辛字第二四三一号代电称:十月删代电奉悉。遵经询据伊宁教导队前队长杨鹤霄及该队前科长沈延世,报告关于新疆省航空站各种情形前来。谨分陈于下:(一)中运会之组织分航空线及公路线。航空线,系由伊宁〔犁〕至哈密,为伊宁〔犁〕、乌苏、迪化、奇台、哈密等五站。(二)各站之组织有苏联站长一、医官一、无线电员一及测候员一、新疆省仅设事务员(称副官主任)及译员各一员,招待事项。但对中央人员常诡称站长外员则称副站长,实则站中一切权衡悉操诸苏联站长职员之手。(三)有飞机二架常往来各站运送物件,PC3机五架则专载人员,不定期飞行各站。(四)往来该线之苏联飞机离站、留站、铺设信号加油击留等项,皆由俄站长亲自指挥之。(五)各站之本国人员事务员工友等,皆受俄员之指挥,形同附庸。(六)该线之天气情形,皆俄测候员担任,每一小时测报一次。(七)各站均附有特种车辆,(如始动车、温滑油车、汽油车、医务车、座车、卡车、牵引车等)皆苏籍人员驾驶。(八)各站皆有无线电台,与公路线各站有电话联络,每周常有45式(系旧侦察机)2架往来各站及阿拉木图间,连〔联〕络及传递信讯。(九)哈密常驻有苏联空军队之SB机六架及E15E16机共十架。(十)往来苏籍人员。诸凡招待食宿皆由俄方站长指挥。(十一)各站苏籍工作人员之卫生,皆有医官指导。(可称卫生指导员)每日之菜单,由医官开单,交招待所承办,并于每餐之前,由医官先行尝试。(十二)中运会经费,当地高级长官知为中央支付,但低级人员则认为新省所办,往来俄人亦只知为新省所办也。综合上情已确知中运航空站之管理权,操诸苏联站长之手。至调整办法,因新省情形特殊,事关内政,并牵连外交,本部实难策划。除迳报军委会外谨复等语。理合据情电复鉴察。航空委员会。寒。参。辛。渝。

中华民国三十年十一月十四日

〔国民政府行政院档案〕

32. 邵力子报告向苏方探询对中美所提军事合作方案意见致蒋介石电(1942年1月3日)

拉次长因公赴莫斯科,今始得以晤询,以对美国电请召集军事代表会议及我国所提军事代表会议大纲之苏方意见。据答:钧座来电,史丹林〔斯大林〕即已答复,关于此等提案请暂等候时机。拉又称:最近各岛局势之发展,均有和于共同行动。一岛一地之占领,并无决定意义,中国过去对日本单独作战历时数年,虽有战绩,即在目前情势之下,日军临时胜利不必重视,苏联正继续予德军以重大打击,亦即打击各轴心国。按苏联行动向极神秘,在其实行之前一日,犹未必预先通知。对倭准备先已开始,又已有华府宣言,我对前项提案似不必再催答复。惟对重要情报随时通告,以资密切连〔联〕络,而视同盟作战,则为必要,当否乞钧察。

〔军事委员会委员长侍从室档案〕

33. 中苏关于易货问题谈话记录(1942年5月22日)

总长与苏联代表巴古林商谈易货在兰交接问题

时间:五月二十二日下午三时

地点:军委会总长会客室

在座:苏联代表之随员(通华语)一人

翻译:卜道明　记录:龚学遂

巴古林:今日来见总长,拟商谈中苏易货在兰交接事。

西北现有物资需运往苏联,而苏联亦有汽油千余吨需运至兰州,交与资委会。计运苏生丝及矿产品共二千余吨,需要运输卡车数十辆,此事已向关系方面初步接洽,惟苏联卡车经新疆至兰州,须请中央及甘肃省政府许可,拟请总长核定。

总长:苏联卡车拟自何处并至何处。

巴古林:过去易货系以星星峡为交接地点,嗣因贵方运输困难,拟改往兰州交接,可否命令运输机关及地方当局,给以沿途重要车站卸存油料及司机等食宿之便。

总长:此事以前不知,昨闻贵代表来谈运输问题,乃查得地方当局鉴于过去苏方运输人员在兰州等地因些小事情引起误会,致伤友谊。经电询地方当局,过去曾发现何种麻烦,据复:苏联卡车不受我方检查,而我国公商卡车早有检查制度,倘特别放行苏联卡车,自易引起误会,且我方检查不过查明车上带有何人乘坐,行装物资究为何物,但苏方常以保持行车安全及保守秘密两理由拒绝我方检查人员接近,此外常有随意设立无线电台之举。查在我境设立无线电台,须经中央政府许可,对于波长亦应规定,俾免扰乱其他无线电台之通讯。此即地方当局所顾虑者。就个人意见(尚未曾向政府商谈)此事关系中苏双方利益,最好在和谐中商定。我想办法不外两种:其一,系在星星峡交货手续甚为简单。〔其二,〕如果顾虑双方便利,改在兰州交货,我们应该详细商定办法,以免地方政府感觉麻烦,兹就在兰州交货临时想起贵我两方应办事项摘述如次:

一、我方应办事项

(一)我方在兰州、肃州、凉州、甘州及安西等五站,代苏方准备存放汽油地点及司机等人员食宿处所,全由我方管理。因该五站早由我国设有站场及招待所,毋〔无〕须苏方派人筹设,所需食宿费用由苏方照付。

(二)苏方车辆由星驶兰时各站由西北公路运输局派员照料及协助。

二、苏方应办事项即中国希望事项;

(一)苏方来程车辆(约三千吨运力)在甘州、肃州、凉州等地卸去自用油料后,若有空余吨位,应代运我方物资至兰州。

(二)苏方来程车辆除装运自用油料(约一千吨)外,其余二千吨拟分别装运资委会汽油一千二百吨、滑油一百吨及本局前购苏联卡车所需配件、五金材料及汽油等项约七百吨,务使勿开空车至兰。

(三)苏方先将带入我国之汽油空桶售给我方。

(四)苏方车辆行驶兰星线,应受我方检查所站照一般公商汽车检查办法检查之,并照向例缴纳养路费。

(五)苏方车辆行驶兰星线不准搭带旅客,并不得设立无线电台。

(六)本办法自三十一年六月起至同年十月十一日止为有效期间。

上述办法如果苏方同意,拟再电地方当局洽商,总之地方当局对于苏车应与我国公商车辆同受检查,及司机食宿不得由苏方派人筹办,应由路局代办两点特别注意。倘能与地方政府洽妥,亦仅限于此批三千吨货物之交换而已,嗣后如有继续易货必要时,另行商洽。

巴古林:关于检查问题,过去因是运输中国政府军品曾奉苏联中央政府命令,非运至终点不许开箱,故未受检查,但此次所运入者为汽油及其他材料,而运出者为农矿产品,自可照例检查。

苏联卡车当然不得带客,但经中国政府许可者例外,养路费增加货价,拟请免收,司机食宿等费自应照付,开始运输日期由贵方核定,苏方于下月初即可开始。

附注:本件共油印十二份编为一至十二号

第一号送对外贸易委员会

第二号送行政院秘书处

第三号送经济部

第四号送资源委员会

第五号送军委会办公厅

第六号送军政部

第七号送军令部

第八号送本局监察处

第九号送西北公路局局长何竞武

第十、十一、十二号存卷

〔国民政府行政院档案〕

34. 邵力子报告与苏方商洽援华物资假道苏联运输事宜致蒋介石电(1942年5月28日)

漾侍秘电奉悉。谨查经由波斯湾苏联军济我国军械。三月二十二日接奉外交部电示,军事委员会所拟计划,二十四日即向苏联外交部提出,三十一日复遵部令补提,每月暂限四千吨之数。嗣又于四月十一日访洛外次催询,二十八日再访洛外次,遵照部电示钧座意旨洽商该路接运及供苏锡品问题,本月五日、二十二日又两次催询,所得答复均同情我国之需要,而技术上须待研究,方能决定。英美两大使协催,结果大致相同,以上各情,均经电部呈报,此事提出迄今已两月,尚无成议,实深焦急。惟苏方并未谢绝,自应赓续进行,谨当再行催促。但罗总统倘肯迳向史达林〔斯大林〕提及,必有大效,谨乞鉴核。

(按:漾侍秘电,系转去宋部长之电,嘱其向苏联提出,并联络英美驻苏使节协助促成。)

〔军事委员会委员长侍从室档案〕

35. 蒋介石为新疆对苏外交及移民诸问题致孔祥熙代电（1942 年8月29日）

代电侍秘安第13668号

　　孔副院长庸兄勋鉴：兹据盛督办世才、朱司令长官绍良函呈，关于新疆问题，各项意见前来。查所陈（一）外交意见第一、二、三各项可予照办，并先设立外交特派员，使苏联在新外交入于正规，至第四项收回飞机制造厂事，亦可准备提出交涉；（二）政治方面，关于设立监察使意见，可予照办；（三）关于移民问题，所陈输送难民五千名一节，可予照办，其余亦可即着手筹备，先设移民局核定经费，预定十年内移足百万人口；（四）关于新币与内地汇款，暂时准以美金折合，并与法币亦规定比率。以上各项，除关于输送壮丁五千名及收回飞机制造厂暨其他有关军事事项，已并分电本会何总长知照外，兹将原函呈随文抄转，即希召集有关各部会协商，决定分别负责办理，并具复为要。中正。未。艳。侍秘。附抄件一份。

中华民国三十一年八月二十九日

抄盛督办世才朱长官绍良八月十七日函呈

　　委员长钧鉴：敬禀者：窃查新疆幅员辽阔，物产丰富，为我国西北边疆最重要之区域；如果能利用其优良的自然条件，从事开发，不仅新疆一省前途有无限之发展，并且对于强大之国防亦具有重要之意义。兹谨按照各方面关系，参照新疆实际情形，拟具充实国防后方新疆如下：

　　一、外交方面

　　（一）新疆在外交方面，最主要对象厥惟苏联，应保持现存关系，遇事使之过得去，一面积极作充实边防工作。

　　（二）苏联现正需要英美援助，我们应欢迎英美人士时常来新疆，更希望英国在迪化设立领事，必要时亦可聘请英美技术人才和顾问，借助英美人力财力开发新疆资源。

　　（三）现值新印航线开办之际，应尽可能使英国人往新疆来。

　　（四）中苏两国前在迪化附近设立之农具制造厂（即中苏合办之飞机制造

厂),规模相当宏大,装配各种飞机零件,于训练空军关系甚大,拟请中央设法交涉,及早予以解决,以利空军发展。

二、政治方面

除前已由职绍良面请派省政府秘书长、教育厅长、外交办事处长和办党务人员而外,在政治机构方面,还请作如次之措施:

(一)拟请在迪化设立监察使公署,其监察使人选拟请中央派素著声望而资深之党员充任之。同时在喀什设立监察副使管理喀什、莎车、阿克苏、和阗四区,其人选亦请中央派资深之党员充任之。

(二)喀什、莎车、阿克苏、和阗四区在南区,地处重要,所有各该区行政长(即行政督察专员),拟请中央派员分别接充之。

(三)新疆文化落后,大中学校教员极感缺乏,拟请中央遴派能教数理化及国文之男女教员来新以利教育。

三、移民问题

新疆民族,汉人最少,虽号称五十万,实际不满二十万,其他各民族,信仰各异,言语隔阂,易受挑拨,亟应实行移民,以增加汉人成分,移民虽费巨款,但如欲保障新疆永久为中国领土,则所得利益,宁可以数计。且新疆矿藏丰富,如能设法开采,则是大利可获,区区移民之资,不患无所取偿也。现值移民良机,希望中央专设机关,大量移民。

(一)请即以输送难民名义输送壮丁五千人来新参加本省维族国民兵队,以增强新省力量。

(二)在今年落雪前,最好能移民三五万人,以后再陆续来新,至少须达百万人以上,方能有济。

(三)此项移民可利用来新运输军需品汽车装载。

四、经济方面

为防止新疆物价高涨,民生困苦之现象发生起见,谨拟具意见如下:

(一)美金每元折合新币三元三角,但法币须二十余元购美金壹元,是新币与法币差价甚远,应请中央以适当办法解决,以免民生痛苦。

(二)新疆矿产,如石油矿、五金矿及有关军需工业之稀金属,如钨、锑、镍、白金、水银等矿,无不应有尽有,应请中央设法开采。

〔国民政府行政院档案〕

36. 邵力子要求速将假道苏联运输具体方案电示致蒋介石电 (1942年10月15日)

文机电敬悉。职专候行政院之运输具体方案前往莫斯科,迄今未奉电示,想有郑重商讨之点。唯我利在立即开始运输,协商交涉愈早愈好,职未赴莫斯科前,甚难向苏方启齿,呈饬将此方案即日电示,俾可即赴莫斯科。再阿哈下月四日班机飞行,乞饬张部长派机衔接哈渝,否则全会前职难到渝。

附蒋介石致邵力子电

按文电:兄须全会前回国报告,并以此意通知苏联政府,预定机位,请其早协商运输交涉。如届时不能结束,则兄亦可先行画国〔图〕再商。中〇文。

〔军事委员会委员长侍从室档案〕

37. 军事委员会侍从室为转发外交部等拟定关于假道苏联运输 方案致邵力子电(1942年10月16日)

一、初期运输数量每月定为二千吨,以后国内运输能力增加时,再向苏联政府交涉增加运量。

二、路线以印度之喀拉嗤为起点,阿拉木图为终点,中经印伊铁路终点之都士大布及与苏联铁路交接之马什德。

三、我国接运地点以阿拉木图为起点。但现在以运输工具缺乏,可否暂请苏联由阿拉木图转运哈密,自哈密由中国运输机关接运。

四、各重要起卸站,如喀拉嗤、都士大布、马什德及阿拉木图等地,我方拟派员照验物资及签署交接文件。

五、假道运输物资种类,暂照军事委员会运输统制局原列之物资总类表提出洽商。惟汽车及另〔零〕件项下应加列润滑油。

六、自阿拉木图或哈密内运物资及自兰州外运农矿产品,每月约需汽油一千二百吨,拟请由苏方供给,此项汽油运量不包括在二千吨物资运量之内。

以上所议各点，如属可行，拟即饬由外交部电令邵大使速向阿苏商洽。并上列办法，系与何总长共同商定。

奉批：可照此意先由侍从室直电邵大使交涉，一面抄交外交部存案。

按上节已由第二组分别办发。

〔军事委员会委员长侍从室档案〕

38. 蒋廷黻关于苏联帮助中国运输抗战物资与张嘉璈往来函（1942年11—12月）

1）蒋廷黻致交通部函（11月14日）

关于假道苏联运输问题一案，前经邀集商讨议定办法五项，里奉委座核定，并电邵大使按照此项办法提出交涉，同时并由外交部提交潘友新大使在案。兹据驻苏联大使馆将初步交涉结果电呈到院。奉谕："分交有关机关详加研究具复"等因。相应检同原议定办法五项及苏联大使馆来电一件，随函录达，敬希查核见复，以便转陈为荷。此致

交通部

附二件

行政院政务处长　蒋廷黻

中华民国三十一年十一月十四日

抄驻苏大使馆来电

（衔略）本日应苏方贸易部商约司长米楚金约，对假道运输问题作第一次正式会商，根据钧部十月十七日四九八号电训示，各项逐条讨论。苏方对各项意见如下：（一）关于第一项1.声明苏方接受邵大使九月十日所提方案第一项，谨按诸方案，系遵照钧部九月七日四五八号电提出，其第一项与此次方案第一项之区别为前案，曾说明中国每年应交苏方货物约二万四千吨，我国经苏输入物资拟就此相等数量先行办理，而次方案未曾提及。2.苏方声明开办日期在乎英方，惟最要者英方应将印伊间铁路修复方能开办。（二）关于第二项1.大意愿将货物迳运星星峡，因该处为历来双方交货地点。2.必要条件须

由英方供给车辆,英方业已允诺。其数目于明、后日即可通知英方。3.为避免空军回返程起见,务请华方早日准备货物以便在星星峡装运,苏方对此极其重视云。(三)彼云:关于三、四两项,因未奉训令,暂不讨论。关于第五项1.华方所提每月供给汽油一千二百吨困难太大,允最初三月每月供给三百吨,余再行讨论。当询此项汽油是否代运至星星峡,据答云,苏方既完全担任,至星星峡之运输所允三百吨,想足够用,当经力争,允报告政府。2.所云三百吨汽油应包括二千吨总运量内,主要理由为中亚西亚军运过忙,对华只能担任二千吨,经力争后,允报告政府。此外米司长提出:(一)苏方运输请从货物抵偿或缴付新疆宣币。(二)新疆境内发现有运输人员伙食供给组织,应请华方扩大至每月运输二千吨之规模,其条件照现行办法办理。最后告以报告政府,俟得复后再行商洽。谨请鉴核示遵,因该案重要,调陆秘书丰出席参加担任记录,一并谨陈。

抄原议定办法

一、初期运量每月定为二千吨,以后国内运输能力增加时,再交涉增加运量。

二、路线以印度喀拉嗤为起点,阿拉木图为终点,中经都士大布及马什德,但现因我国运输工具缺乏,可否暂请苏联由阿拉木图代运至哈密,以后中国运输能力增加时,再由中国自运,或由中苏组织联运机关,协同运输。其组织与办法另定之。

三、各重要起卸站,如喀拉嗤、都士大布、马什德及阿拉木图等地,我方拟派员点验物资及签署交接文件。

四、假道运输物资种类,暂照军委会运输统制局原列物资种类表提出洽商。惟汽车及零件项,不应加列润滑油。

2)张嘉璈复行政院政务处函(12月12日)

笺函

案准贵处本年十一月十四日机字第1671号函,略以关于假道苏联运输

问题,抄同原议定办法五项及驻苏大使馆来电各一件,嘱查核见复,以便转陈等由。当经详加研究,谨将本案意见分述于下:

一、我方原请苏联由阿拉木图代运至哈密,而苏方反愿照惯例代运至星星峡,根据以交通政策促进对新省政治关系,及不必过分假手外人致便深入内地两原则,目前似可仍请代运至哈密,即由我方接运。

二、每月二千吨之运量,拟分配如下:(一)迪化哈密间,我有驿力可用,至可能承运数量,正在派员调查中,至祈先向俄方说明。(二)哈密酒泉间水草艰难,每月二千吨,全由我汽车担任。(三)酒泉兰州间,汽车担任一千二百吨,驿运担任八百吨。(四)兰州广元间,汽车担任一千四百吨,驿运担任六百吨。(五)目前出口物资仅约一千吨,势必有一部分工具回空,汽车驿运均照比例分配。

三、于进口物资开运以前,即应将出口物资陆续起运,以免双方工具脱节,贻人口实,再请运输统制局主持调度,随时向各方密取联系。

四、此项输入系英美供应物品,至输出物品是否专对苏联。抑兼对英美,以及每月输出两千吨中,是否包括新疆省出口物资在内,拟请贸易委员会酌定。"苏联允月供三百吨汽油,是否敷用,以及是否包括在内运两千吨之内,拟请运输统制局酌定。并通知本部,以便调配工具。"

五、苏方代运之运费,究应以货物抵偿或缴付新币,以请由财政部核定。

查此案原系何参谋总长主持办理,所有一切详细计划拟仍统由何总长洽办,以免纷〔分〕歧。除分函何参谋总长外,相应函复,敬希查照为荷。此致
　行政院政务处

交通部部长　张〇〇
〔国民政府公路总局档案〕

39. 军委会参事室关于研究援华物资假道苏联运输意见致蒋介石呈(1942年11月26日)

谨签呈者。关于假道苏联境内输入军需用品事件,奉发下抄电一件(侍从室第一处抄送刘泽荣十一月四日第二六〇〇号电),饬研究等因。兹谨将

本室参事研究意见,缮呈察览。可否发交经办此事人员或机关注意,敬祈核夺。尤有进者,本案磋商已久,值兹物资需要正切,英苏态度好转之时,似宜及早与苏成立协定,以期早日付诸实施,纵若干具体事项不能尽如我方所期望,此时似亦不必坚持,可留待将来,利用时机,谋进一步之解决。否则往返磋商,多耗时日,于我方较为不利。以上意见,是否有当,并乞察核。

附呈"关于假道运输问题研究意见"一件

一、关于第一项之(一),苏方声明接受九月十日之方案,即我输入英美物资年二万四千吨,并输出同量运苏物资。此层只要我方在西北把握有足量之运苏物资,应无不利。本室虽不知我十月十七日方案未曾提及此点之原因究意何在,然从前述原则上说,此层似无坚持之理由。万一我方运苏物资将来感觉不能足量,亦似可在将来再议补救方法,此时不必注重。

关于第一项之(二),应无问题,因据外交部情报,印伊铁路之被洪水冲断部分,准可于本年十二月底修复。

二、关于第二项之(一),货物以运交哈密最好,如对方坚持运至星星峡,在我方密切监视之下,亦未为不可,但于必要耐〔时〕,得随时停止。

关于第二项之(二),闻英方已允拨交汽车一千一百十二辆,应无问题。

关于第二项之(三),苏方之重视,在彼方立场上自属当然,应可允诺。

三、关于第三项,苏方虽因未奉训令暂不讨论,然从我方立场说,将来亦须坚持,因为第三项为派员点收物资之规定,此层如办不到,恐蹈过去一部分物资遗失无者〔着〕或长滞中途之弊也。

四、关于第四项,应无问题,因苏方根本不应过问英美输入物资之种类。

五、关于第五项之(一),苏方所允最初三月每月供给三百吨之数,似嫌过少,宜力争至少月供四百吨,庶能供我由哈密运共〔供〕及由兰州运哈密之用,至每月汽油一千二百吨之数,似无须在本案坚持,因本案所重者在英美物资之输入,此时不必因附带条项而危及本案之主要目标。

关于第五项之(二),我方似可据理作再度之要求,使苏方所供之月三百吨(我希望四百吨)汽油不包含于二千吨之内,因我九月十日所提请苏方供给汽油五千吨之数,察原意显系供英美输华资在苏方代运路段上之用,不可与我十月十七日提案第五项所指中国自运路段上所需汽油混而为一也。

六、关于米司长所提出之第一点"苏方运输费请以货物抵偿或缴付新疆省币"一层,似不妨酌予让步。

七、关于米司长所提出之第二点"新疆境内现有运输人员伙食供给组织应请华方扩大至每月运输二千吨之规模,其条件照现行办法办理"一层,我方似可就事实需要,扩大规模,但现行的"由中国出钱,由苏联人包办"办法,自宜酌加改变,因苏人来新境者愈多,则新省政治或不免增加困难。

〔军事委员会委员长侍从室档案〕

40. 外交部与交通部邮政总局关于中苏联邮的来往函电(1943年4月—1944年11月)

1)外交部致交通部代电(1943年4月28日)

交通部公鉴:本年四月文字第一〇三六五号代电祇悉。经电据驻苏联大使馆复称,关于苏联寄华邮件延误事已遵复苏方,据答对于运输困难情形甚了解,但仍请对印刷品增量一事特予协助,每日暂增至八十公斤亦可,并请有决定时速复等语。事关国际邮运数量,相应电达即希查照见复为荷。外交部。检。

2)邮电司第一科致邮政总局代电(1943年5月5日)

邮政总局览:惟外交部本年四月二十九日西32第二三二三号代电开,本年四月文字第一〇三六五号代电祇悉,经电据驻苏联大使馆复称关于苏联寄华邮件延误事已遵复苏方,据答对于运输困难情形甚了解,但仍请对印刷品增量一事,特予协助,每日暂增至八十公斤亦可,并请有决定时速复等语。事关国际邮运数量,相应电达,即希查照见复等由,合行电仰查照办理,具报交通部。邮。甲。微。印。

3)邮政总局致交通部代电(1943年5月18日)

为关于苏联寄华印刷品数暂增至每日八十公斤复祈鉴核由。

交通部公鉴:本年五月第一二二三九号邮甲微代电,关于苏联请将寄华印刷品增重一事,前奉钧部发下外交部本年三月十六日代电,经已饬据陕西、甘肃两管理局报告,在各该区内目前运输尚无困难,惟尚未据新疆管理局呈报,兹奉钧电,除电饬新疆管理局遵照,即将苏联进口印刷物暂增至每日八十公斤,先行试办,并积极加强运输以免积压外,理合肃电呈复敬祈鉴核。邮政总局仰。筱。汇。渝。

4)邮电司第一科致外交部代电(1943年5月25日)

外交部公鉴:本年四月廿八日西32字第二三二三号代电祇悉,经饬据邮政总局报称,关于苏联请将寄华印刷品增重一事,前奉钧部发下外交部,本年三月十六日代电经已饬据陕西、甘肃两管理局报告,在各该区范围内目前运输尚无困难,惟尚未据新疆管理局呈报,兹奉钧电,除电饬新疆管理局遵照,即将苏联进口印刷物暂增至每日八十公斤,先行试办,并积极加强运输以免积压外,理合电呈鉴核等情,相应电复查照为荷。交通部。有。邮。甲。

5)外交部致交通部代电(1944年5月27日)

交通部公鉴:据驻苏联大使馆本年五月二十三日电称:"昨据苏外部称,苏联寄新疆北部邮件运送甚慢,苏联驻承化领事馆邮件亦延搁甚久,其原因之一系因该处并无交换邮件地点,需绕道运送所致。苏联邮电部曾于本年三月电中国邮政总局,提议在吉木乃开办双方邮件交换。嗣据答称:吉木乃邮局业于一九三七年停办,无法在该处交换邮件等语,但苏外部仍审盼上述提议实现,请中国大使馆早日促成云云;应如何答复? 请电示"等情,相应电达贵部,即请查明核办见复以凭转饬知照为荷。外交部感[原缺]。

6)邮电司第一科致邮政总局代电(1944年5月31日)

邮政总局览:准外交部三十三年五月二十七日西(33)字第三七〇九号代

电,开据驻苏联大使馆本年五月二十三日电称云云,叙至即请查明核办见复,以凭转饬知照等由合行,电仰迅即查明具报为要。部长曾○○。世。邮。甲。

7)邮政总局致交通部代电(1944年6月3日)

交通部钧鉴:三十三年五月三十一日第九六八○号代电,奉悉关于苏联与新疆北部各地往来之邮件拟在新疆吉木乃地方互换一案,本局前准苏联邮政本年三月四日来电,当经电据新疆邮政管理局局长沈养义,本年三月二十四日第元号密函报称:"职以此案关系国防外交,曾与当地政府有关主管面洽,承告以从缓办理为妥"等情,本局以本案既经新省有关主管表示从妥办理为安,爰以吉木乃邮局已于一九三七年间停办,在吉互换邮件歉难照办等语婉复苏联邮政,兹奉钧电,除再电饬新疆管理局迅即审慎研究具报外,谨先复请鉴核邮政总局叩江联渝。

8)邮电司第一科致外交部代电 (1944年6月7日)

外交部公鉴:经本年五月二十七日西(33)字第三七○九号代电祇悉经饬,据邮政总局密电称,关于苏联与新疆北部各地往来之邮件拟在新疆吉木乃地方互换一案,本局前准苏联邮政本年三月四日来电,业经电据新疆邮政管理局局长本年三月二十九日密报,称"职以此案关系国防外交,曾与当地政府有关主管面洽,函告以从缓办理为妥"等情。本局以本案既经新省各机关主管表示以从缓办理为妥,以吉木乃邮局已于一九三七年间停办,在吉互换邮件,致难照办等语婉复。苏联邮政兹奉钧电转再电饬新疆管理局迅即审慎研究具报外,经先后请鉴核等情,据此相应先行密达即请查照交通部虞。邮。甲。

9)外交部致交通部代电(1944年8月26日)

交通部公鉴:查苏联要求在吉木乃互换邮件一案,前准本年六月七日邮第四五九号代电,当即电知傅大使。兹迭据该大使来电,以苏外部屡来催询可否转商，早日开办，请电示等语。相应电达，即希核办见复为荷。外交部。寝。

10) 邮电司第一科致邮政总局代电（1944年9月2日）

邮政总局览：查苏联要求在新疆吉木乃互换邮件一案，前据该局本年六月三日渝联字第四六一五二五号密代电先行呈后，当经据情密达外交部去复。兹复准八月二十六日西(33)字第六〇一五号代电开，"查苏联要求在吉木乃互换邮件一案，前准本年六月七日邮第四五九号代电，当即电知傅大使，兹迭据该大使来电以苏外部屡来催询可否转商，早日开办请电示等语相应电达，即希核办见复"等由，准此合行电仰查明，迅即具报为要。电催复具。部长曾〇〇。冬。印。甲。

11) 邮政总局致交通部代电（1944年9月6日）

关于苏联要求在吉木乃互换邮件一案，谨将本局办理情形电呈鉴核由。

交通部钧鉴：本年九月二日第一五一二九号代电谨悉关于苏联要求在吉木乃互换邮件一案。前经本局饬据新疆邮政管理局呈复，略以该省承化及布尔津两局近数年来并未接收发寄苏联任何邮件，进口邮件仅系莫斯科出版之报章，数量亦不甚多，纯就邮政业务而论，吉木乃似无开办互换局之必要等语。按该两地邮件数量固属不多，本案既达经苏联一再请求，为表示中苏合作起见，似可勉予照办。惟查新疆管理局局长沈养义本年三月二十四日第元号密函内曾有"职以此案关系国防外交，曾与当地政府有关主管面洽，承告以从缓办理为妥"一语，此次该局呈内对于此点并未提及，而事关重要，实有彻底明瞭〔了〕必要，爰由本局密饬该局向主管当局探明其报，嗣以未据答复，复经一再电催，旋据来电仍无确切答复，又由本局电饬该局迅即查明切实。电复各在卷查新疆局迭次来电对于本局所询国防外交有无影响一节，答非所问或因该省情形特殊，不便直陈。惟此点颇关重要，似非彻底查明未便遽予办理。兹奉钧电除已于本月四日电催该局迅速查报并由本局继续密切注意外，为期迅赴事机起见，拟请钧部迳电新疆省政府，对于本案内国防外交关系一节表示意见,是否有当? 理合复请鉴核训示祗遵。邮政总局叩。鱼。联。渝。

12)邮电司第一科致新疆省政府电(1944年9月11日)

新疆省政府公鉴:苏联近迭请在吉木乃交换邮件,请电示卓见为荷。

交通部。申。真。

13)朱绍良致交通部电(1944年9月16日)

交通部公鉴:申真电,敬悉苏方请在吉木乃交换邮件一案,本府原则同意,惟现在阿山匪患未靖,应候肃清后再为实行以期无虞,特复。

兼代新疆省政府主席朱绍良。申寒。毂。外特〈1〉。印。

14)邮政总局致交通部代电(1944年9月19日)

为关于苏联要求在吉木乃互换邮件一案,谨录同新疆管理局来电,呈请鉴核由。

交通部钧鉴:关于苏联要求在吉木乃互换邮件案,对于我国国防外交究竟有无影响? 前经本局电饬新疆管理局迅向主管当局探明电呈,并由本月六日渝联字第五五〇二七二三三号代电先行呈报在卷,兹据该管理局本月十二日电称"准外交署转准督者函称,阿山区匪患未平,邮件运递不便,俟匪患平静再行核议等由,谨电鉴核"等情,据此查新疆管理局此次对于以前所述国防外交关系仍未说明,而电内所称之匪患,如作为吉木乃互换事物暂缓开办之理由,对外似有未便。究竟是项匪患实际情形如何涉地方治安,如由本局电饬新疆局查询转报,证以本局办理本案经验,似难于短期内获得具体答复。为期迅捷起见,可否由钧部迳电新疆省政府对于匪患一点表示意见,以便本案可以早日妥为办理之处,理合报请鉴核训示祗遵。邮政总局叩。巧。联。渝。

15)邮电司第一科致外交部代电(1944年9月25日)

外交部公鉴:本年八月廿六日西字第六〇一五号代电祗悉,经电询新疆省政府去后,兹准朱代主席申寒毂外特〈1〉电开"苏方请在吉木乃交换邮件一案,本府原则同意,惟现在阿山匪患未靖,应候肃清后再为实行,以期无虞"等由,准此,除令邮政总局转饬新疆邮政管理对于本案应与新疆省政府随时接洽,一俟地方情形许可即予实行外,特电复希查照转复为荷。交通部。有。印。甲。

16)邮电司第一科致邮政总局代电(1944年9月25日)

邮政总局览:本年九月六日渝联字第五五○二七二三三号代电悉。兹电准新疆省政府朱代主席申寒穀外特〈1〉电开"苏方请在吉木乃交换邮件一案,本府原则同意,惟现在阿山匪患未靖,应候肃清后再为实行,以期无虞"等由,除转交外交部外,仰转饬新疆邮政管理局,随时与新疆省政府接洽,俟地方情形许可,即予实行,并具报留查。部长曾○○。有。印。甲。

17)邮政总局致交通部代电(1944年11月25日)

关于苏联要求在吉木乃互换邮件一案,因匪乱暂难办理,复请鉴核由。

交通部钧鉴:关于苏联要求在吉木乃互换邮件一案,则奉钧部三十三年九月二十五日第一六六五八号代电遵经转饬新疆邮政管理局随时与新疆省政府接洽,具报在卷。兹据新疆管理局本年十月三十日函略,以目下阿山匪乱迄未敉平,所有额敏至承化及沙湾至霍布兄邮路自本年七月初起即已阻断,迄今未通(偶有车在〔载〕来业经托市邮件),在吉木乃设立互换局一节,目下向无法办理,谨复鉴察等情。据此除俟接到新疆管理局续报再行转呈外,理合报请鉴核。邮政总局叩。有。联。渝。

〔国民政府外交部档案〕

41. 军委会外事局抄送苏联援华抗日军事顾问及教官名册函(1943年5月24日)

笺函

接奉五月二十二日大函,嘱抄寄苏联军事顾问全体名衔,以供参考,自应照办。兹特抄附录名单一份,随函送请察收为荷。

此致

外交部交际科

附名单一份

军事委员会外事局秘书室启

五月二十四日

军事委员会外事局所属苏籍顾问及教官名册

姓名	职务	备考
古巴列维	赤军委会代总顾问	
骆道巴巴	通信兵监顾问	正签办
日列兹内	炮兵监顾问	
骆巴新	兵工署防毒处顾问	
司威威柯巴	军医署顾问	
密哈罗夫	第九战区长官部顾问	
司柯林柯	同上	
伊万诺夫	第二战区长官部顾问	
包格丹诺夫	第五战区长官部顾问	
克林秋克	第八战区长官部顾问	
得米特连柯	陕坝八战区副长官部顾问	
亚阔乌略夫	同上	
斯克雷巴	西安三十四集团军总司令部顾问	
搭拉先柯	同上	
斯米尔诺夫	陆军大学顾问	
皮罗高夫	航委会防空总监部顾问	
安得列也夫	第九战区顾问	
司克沃尔错夫	第一战区长官部顾问室技术员	
基和米罗夫	同上	
节林柯夫	第四战区长官部顾问室技术员	
贝赤柯夫	同上	
别洛夫	第三战区长官部顾问室技术员	
刘德金	同上	
奥维赤金	第九战区长官部顾问室技术员	

续表

姓名	职务	备考
郭瓦略夫	苏籍总顾问办公室技术员	
包博夫	第三十一集团军顾问	
波尔特诺夫	第七战区长官部顾问	
褚利罗夫	第一战区长官部顾问	
喀喀林	第六战区长官部顾问	
格利高里也夫	第四战区长官部顾问	
拔夫雷车夫	第三战区长官部顾问	
特拉夫尼柯夫	第九战区长官部顾问室技术员	
索罗金	苏籍总顾问办公室技术员	
司米尔诺夫	同上	
奥西波夫	同上	
益万诺夫	军训部顾问	来渝途中
费尔柯	同上	同上
马卡列维赤	正商定中	同上
蔡尔宁柯	同上	同上
别图霍夫	同上	同上
乌沙柯夫	苏籍总顾问办公室技术员	
柯里瓦哈	第六战区长官部顾问室技术员	
别敦	苏籍总顾问办公室技术员	
褚布略柯夫	第五战区长官部顾问室技术员	
考斯特略夫	同上	
长尔布兴	第八战区长官部顾问室技术员	
瓦良纽克	第一战区顾问	
瓦西里也夫	第三战区顾问	
茹拉乌略夫	第四战区顾问	
多布隆诺夫	第五战区顾问	
阔丽别尼阔夫	同上	
崔木柳阔夫	第六战区长官部顾问室技术员	
车尔诺怕托夫	第八战区副长官部顾问室技术员	
沃罗比也夫	第九战区顾问	
米利肯	后勤部顾问	

续表

姓名	职务	备考
卡别罗夫	第三十四集团军顾问室技术员	
叶林斯基	同上	
成都区		
帕尔霍棉科	上校代理空军首席顾问	
依万诺夫	中校轰炸顾问	
巴拉鲁也夫	少校驱逐顾问	来华途中
卡扎柯夫	中校机械顾问	
拉维叶子基	首席顾问秘书	
叶先柯夫	无线电员	
梅子林	同上	
伊宁	教导队	
喀热夫尼可夫	中校教导队副队长	
马克也夫	少校轰炸教官代理参谋长	
基谢略夫	上尉第一中队中队副	
格鲁季宁	上尉第二中队中队副	
马里亚年科	上尉第三中队中队副	
施克瓦尔金	医官	
卡拉别衣尼可夫	通信教官	
萨莫杜洛夫	仪表教官	
结连阔夫	战术教官	
怕夫连阔	第一中队教官	
魏列日颜阔	机械教官	
连仁	同上	
别俩也夫	同上	

〔国民政府军令部战史编纂委员会档案〕

42. 傅秉常关于苏方要求签订中苏贸易合同致蒋介石电（1944年1月14日）

今据苏对外贸易部Sladkovsky称：本年度中苏贸易合同迄未签订,援往年惯例,先由华方提出货物种类、数量,然后磋商价格。而本年度至今尚无所闻,殊属难解,希望能迅速签订。又谓上年所订二千四百多吨油料,苏方过去曾按期运华,此后亦当交付。伊宁教导队所需油料,据本年一月一日消息,该队尚存汽油精二吨、滑油二十四吨,足够现时之用。至飞机汽油当设法运交云。奉批"抄交何总长用主任研究"。原件送第二组办。

〔军事委员会委员长侍从室档案〕

43. 蒋介石为新苏商业情形事与王世杰往来文件(1944年12月18日—1945年1月13日)

1)蒋介石致王世杰快邮代电(1944年12月18日)

侍秘字第25526号

参事室王主任勋鉴:据卜司长道明亥元电报告,我方所拟新苏商业关系方案原则五项及苏领续提扩大经济合作范围两项请示前来。除分交外交部,就现时安定中苏关系之必要及实际利害上详加考量核议具复,并电卜司长,嘱其先向苏代总领事询明所称广泛的经济合作就苏方所见其中所包括之项目为荷,盼其详示电告外,兹将原电随文抄转,即希研究提供意见为要。附抄电一件。

中正。亥巧。侍秘。

中华民国三十三年十二月十八日发

附:

抄卜司长道明自迪化亥元电

重庆外交部部次长、并呈委座:齐电计呈钧察。苏领请我方提出新苏贸易具体方案一节,经职商承吴主席拟具原则意见五项:(一)彼此贸易关系,双方认为应依据平等互惠暨互尊主权之原则。(二)适合双方便利,苏方所需物资由改组中之新疆省中东公司直接供给,中方所需物资,由苏联对外贸易人民委员会派驻新省机关供给。(三)交易方式:双方以货易货或以美金买卖均可商酌办理。(四)中方希望苏方供给货物如布匹、棉毛制品、五金零件、油料、糖、西医品等,苏方所需中方供给土产请列举示知。(五)易货标准或美金价格及易货数量,双方认为应由新疆省贸易公司,迳与苏联对外贸易人民委员会派驻新省机关商量决定。并于十二日访晤苏代总领事正式交换意见,据该领表示过去新苏贸易,除新疆土产公司外,尚有私人商业资本,大半苏方分驻各地之商务代表办理交易。本人以为此项办法不仅助增新苏贸易发展,而且对于安定地方人民经济生活影响颇巨,似应加以考虑。至该项方案所包括双方合作范围似嫌过狭。吾人如欲真正增进中苏友谊合作,似应彼此开诚相见,由贵方提出具体新苏广泛经济合作意见,本人当报告政府请示。如仅提出局部贸易关系,似难得显著效果。本人相信新苏经济合作之成功,可使一般问题迎刃而解。其影响所及,固不仅限于新苏局部关系也。以上纯系个人见解,苏政府尚未授权本人谈判是项处置问题,至贵方是否将合作范围予以扩大,自应由贵方决定等语。关于所拟新苏商业关系方案五项是否有当,以及苏领续提扩大经济合作范围,一切应如何答复。谨并电请核示,职卜道明叩。亥元。印。

2)蒋介石致王世杰快邮代电(1944年12月18日)

侍秘字第25717号

参事室王主任勋鉴:亥巧侍秘代电计达。兹据卜司长亥敬电呈复与苏领洽询情形请示前来。除分交经济、财政两部与外交部会拟新苏经济合作方案呈核外,兹将卜司长亥敬电随文抄转,希即并案核议提供意见为盼。中正。亥卅。侍秘。

中华民国三十三年十二月十八日发

附:

抄卜道明三十三年自迪华亥敬电

重庆外交部部次长、并转呈委座钧鉴:亥巧侍秘电奉悉。遵于号日往访苏领,以私人资格就彼前所称新苏广泛经济合作包括项目,探询苏方意见。据该领表示,过去新苏经济合作事业之停顿,实出自新方之主张,现贵方重提新苏经济合作,其项目及条件应先由贵方拟定,然后正式交由本人,转告政府请示,本人未便提出任何含有要求性质之提议,过去新苏经济合作项目,阁下谅亦深悉。今后合作应否仍照过去成例办理或予增减,均由贵方拟定。至合作本身,以新疆与中国内地交通不便,似宜仍用苏方技术。而合作项目,则似以配合双方战时需要,并可能于短期内获得实效者为原则。但此系个人意见,并非政府指示等语。以上谈话情形,经转陈朱长官、吴主席,并承长官指示,认为苏领谈话对于新疆经济合作项目之表示颇为明显,似欲请求委座酌就过去新苏经济合作,包括各项拟成方案,由我方尽速提出等语。查新苏过去经济合作情形,经济部似均有案,可否即由该部拟具方案,呈请钧座核定后,交由新省府正式向苏方提出之处。谨电,请钧裁。职卜道明叩。亥敬。印。

3)参事室意见书(1944年12月)

本案日来经多方探询,迄未能窥得全貌,容当继续访听。谨先将探得大概及拟议意见。胪陈钧鉴:

关于过去新苏贸易方面者:

苏联在迪化设有商务委员办公处,于省境各地设分办事处,一方面接受新省土产公司之货物,一方面自行向民间采购,其与民间所订贸易合同,无虑百数,往往载有纠纷归苏联国外贸易委员会裁决之条款,凡此种种均非中苏商约所规定,显系约外违法行为。自三十一年十一月起,新省当局规定以土产公司为省营对外贸易公司,以后对苏贸易全由该公司一手办理。苏方以此事不独碍及其在新之商务发展,尤足阻遏其政治活动,故以停止贸易相抗,新省当局亦不示弱,僵持至今达两年之久。现新省对苏输出名义上并未中断,然苏则中止对新输入,以求达到经济封锁之目的。按过去新省所存自苏输入货物原足敷两年之用,现两年已满,外货不来,故物价奇涨,半年之内所涨之价已超过内地抗战八年之涨价,鸡卵卖至八十元,他可推想而知。

关于矿产者:

苏联对新省矿产可能企图不外四种,即钨、锡、金与石油是也。石油原已在乌苏独山子开采,自新省当局改变态度后,苏即撤退,除矿井内之设备及地上房屋作价卖与我政府外,其余机械均拆卸运回。其在伊宁附近所开之钨矿，亦将机器撤回，其余各物作价售予我国。我资源委员会去夏派员前往接收，未及到达。伊宁〔犁〕变作，然在法理及主权上此两矿今皆为我有，非复苏联所得过问。至于锡矿，闻盛前主席似与苏方有密约，内容不详。至于金矿，则以往全由我方独力开采，以一部售予苏方。

关于工业者：

新省无大规模工业，过去苏方与我合作设有一飞机装备厂，政变后亦由我方以羊四十万六千头收买，改为农具制造厂。此外并无苏联投资之工业。

苏联动向：

苏方两年以来，不惬于我，先以经济封锁相逼迫，近又武装土匪寻衅边□，窥其用意，不外欲恢复其过去在新所得之约外经济权益，更以经济活动为掩护，从事政治之阴谋。其一为鼓动新省回族之种族思想，以叛抗中央；其二为灌输赤化思想，使各族倾心苏联。

我方对策之拟议：

按我方代表此次去新，原只在解决新苏贸易问题。今苏方既提广泛的经济合作问题。我方似应考虑有无于此时提出解决中苏间全面问题（包括东北外蒙及全盘商约在内）以为对案之必要。盖苏方既一再以诚意相勉，则为求保全两国间百年和平，实应于此时诚意磋商，解决一切悬案，以成立如英苏、法苏之同盟条约。从一方面可加强两国战时之合作，另方面更可树立战后和平相处之基础。中国能先提出此全面解决方案，则勇气与诚意，实着苏方之先鞭，此其一。苏方如肯接受此更广泛之对案，我国似并无恐惧回避之必要。因此时不谈，将来终须谈。此时解决如稍觉吃亏，将来解决亦决无占便宜之理。苏方如不接受（苏方可能气绝，因留待将来或更可讨大便宜也。）则曲不在我，反足证明我自始有诚意。而苏方自始即无诚意，可留得未来说话余地。然后再依其提议，单谈新苏问题而以先谈贸易，次及其他为较妥，此其二。就新苏关系而论，我之政治利益重于经济，故新省之正常地位及其与中央之良好关系必须保持。因此新省对外关系应由中央办理，不应再由地方折衡，以矫过去之失，而防未来之渐，此其三。过去苏联商务委员及地方设办事处之办法不能再予恢复，新省对苏贸易应受中、苏间一般商约及税则之拘束。如嫌此不妥,尽可磋商修改。万不可在心理上养成暗认新省为特殊地区,一般商约不能适用之看法。此适中苏方计谋,与我至为不利。具体言之,新省之出产果有何物,并有多少为苏方所需者,均不妨从详商定,由我国以统一妥善之方式负责供给。新省及内地所需于苏方者,亦应同样办理。至于何者可以以货易货,何者宜用美金折价,亦当就地查明,明白规定。此既可免除流弊,又不失于偏枯,此其四。中苏合作开矿原无不可,但双方需要之缓急不尽相同。例如苏方最需钨砂,而我则急待石油。故苏方如提合作开钨,我亦应提合作开油。其他各矿如锡、金之类,则以自开为原则。至合作大纲,自应依据我国防最高委员会上年十二月二十八日通过之第一期经济建设原则第四、五、六三条之规定,而另将厂长、工程司、会计妥为分配,并将经费负担,及产品分配办法,事前规定,以免临时再起纠纷,此其五。新省工业素不发达,在前述三条原则下,苏方如乐于投资及供给技师,我自亦当表欢迎。但窥苏方用意,似重在钨矿。(所谓"配合战时需要,并可于短期内获得实效者"。)未必于战时向其他方面投资,且其技术人才,恐亦无此裕余。故此事苏方如不提,我亦不必提出,此其六。

总之,中苏关系既为比邻,则必须设法善为处理,以免涓涓不救演成江河日下之势。苏联今方以西线胜利之气焰威逼英美,保盈持泰,人情不易,且人强我弱,尤不宜以小利近功,以逆其鳞而当其锋。我今后似应虚心诚意与之解决全盘问题,以期两国不致兵戎相见。在此基本认识下,则凡物资上可吃之亏,均当忍心吃去,精神上能受之辱,亦当耐性受之,使误会稍稍解除,则苏联在心理上或不致对我设有如今日之严防也。

附第一期经建原则一份

附原案二件[缺]

附:

第一期经济建设原则

(国防最高委员会第一百四十八次会通过见三十三、十二、二十九各报)

我国经济建设事业之经营,必须遵照总理遗教,为有计划的实施,以有计划的自由经营,发展逐渐达到三民主义经济制度之完成。对于经营方式,应在不违背节制资本之原则下,尽量鼓励民营企业。对于外资利用,则依照平等互惠国际经济合作之精神,在不妨碍主权及计划实施之前提下,以各种方式加以吸收。总期以企业自由刺激经济事业之发展,完成达设计划之实施。兹拟具其重要原则如次:

一、中国实业之开发,应分两路进行:一民营企业,二国家经营。

二、在经济建设总计划下,为便利分工合作起见,对于经济事业应作下列规定:

(一)应由政府独营之经济事业,其种类不宜过多。此项事业包括1.邮政电讯;2.兵工厂;3.币厂;4.主要铁路;5.大规模水利发电厂等。

(二)未经指定政府独营之事业,均可由人民经营。

(三)凡民力有所不胜,或政府认为须特别重视之事业,如大规模石油矿、钢铁厂,及航运事业等,政府仍得单独经营,或与民资外资合办。

(四)政府与民资外资合办之事业,应采公司制度。政府除依法行使行政监督权外,对于公司业务及人事管理权,应以股东地位行使之。

(五)政府所经营之事业,除(一)项独营者外无论单独经营或与民资外资合办,其具有商业性质者,均与同类民营事业之权利义务同一待遇。

三、民营重要事业之创设,须依法经政府按照建设总计划予以审核注重设厂地点,生产能力数量、种类、股票债券发行等项民营工业合乎工业建设计划之规定者,政府应特别奖掖资助之,并予以技术上及运输上之便利,使之依照计划如期发展。

四、中外合资事业,其外人投资数额之比例,应不加固定拘束。公司组织除董事长外,其总经理人选,亦不限定为本国人。

五、经政府按照建设总计划审核后,国营事业得由主管机关洽商,呈请主管机关核准备案。

六、外人在中国直接投资单独经营之事业,应依照中国法令办理。其特种事业须特许方得经营者,应先和经我国政府审核后特许之。

七、政府人员不得参加经营其主管或监督范围以内之事业。我国现行有关法令,与上列原则互相抵触之处,事所难免,应交由立法院整理修订,以求适应。

4)王世杰致蒋介石签呈(1945年1月13日)

签复关于中苏在新省经济合作一案,经与各主管长官商洽,共定办法,另文呈报由。奉交研究我方所拟新苏商业关系方案原则五项及苏方所提经济合作范围,并提供意见等因。遵经办间,复奉交下卜司长与苏领洽询情形,饬并案研究提供意见等因。经与职室人员慎重研讨,日昨宋部长○○、王秘书长亮畴、翁部长文灏等详细商议之时,并已将酌定意见提出,业经共同商定办法,并商定由宋部长将商定办法另文呈明钧座核夺。奉电前因,谨此呈报。

谨呈

委员长

附研究意见一份:

一、我方所提五项原则,系就贸易方面着眼,均斟酌新省实况并顾及政治主权,大体尚无不合。查我目前急需,为恢复苏方输新货物,以纾民困。而苏方急需,似为作战物资,尤以钨砂为最,故提广泛经济合作,以为谈判地步。我方似不妨允其所请,但坚持此项经济合作,应以恢复贸易为谈判之第一项。并以此问题之尽早解决,为继续谈判其他项目之基础。

二、在谈判贸易问题时,我应坚守立场,即凡苏方所需而为我方所有之物资,当尽量设法满足苏方需要,但在政治及行政上切不宜有任何碍及新省为我国正常行省之条款与行为,换言之新疆对外事务,应由中央全权处理,而不容许地方上畸形制度之存在。故过去苏联在新所设之商务机关,不能再予恢复。

三、在谈判工矿问题时,我应按照国防最高委员会最近公布之第一期经济建设原则第四、五、六各条,在原则上允与苏联合资经营工矿业,并主张先开钨矿及石油,钨为苏联所渴求,石油为我之需要,关于厂长、工程司、会计、及资金负担、生产品分配等,事前定妥以免将来发生纠纷。其他矿产,应由我方自行开采,而可以一部出品售予苏方。

四、苏领所谓一般问题,迎刃而解,我方应予重视,并当询明其所谓一般问题究何所指,如指中苏间全盘问题(即包括东北、外蒙、商约及共党问题在内)则我方实愿立与苏方作全面谈判之准备,相信全盘之解决,定可有助于中苏整个关系之增进,而新省经济合作问题亦即可迎刃而解矣。

五、退一步言,全面问题如不能开谈,则专谈贸易,似决非苏方意愿,故广泛的经济合作问题,恐仍为未来谈判之中心。我如能坚守立场并对议定各项事业,能充分参加人力财力,则中苏在新之经济合作,亦未必完全利在苏方,而我无所获也。

〔军事委员会档案〕

44. 国民政府公布中苏友好同盟条约及换文照会[①](1945年8月14日)

中华民国、苏维埃社会主义共和国联邦友好同盟条约

中华民国国民政府主席、苏维埃社会主义共和国联邦最高苏维埃主席团愿以同盟及战后善邻合作加强苏联与中国素有之友好关系,又决于此次世界大战抵抗联合国敌人侵略之斗争中。彼此互助,及在共同对日作战中彼此合作,以迄日本无条件投降为止。又为两国及一切爱好和平国家人民之利益,对于维持和平与安全之目的,表示其坚定不移之合作志愿。并根据一九四二年一月一日联合国共同宣言、一九四三年十月三十日在莫斯科签字之四国宣言及联合国国际组织宪章所宣布之原则决定,签订本条约,各派全权代表如左〔下〕:

中华民国国民政府主席特派外交部部长王世杰

苏维埃社会主义共和国联邦最高苏维埃主席团特派苏维埃社会主义共和国联邦外交人民委员部部长莫洛托夫

两全权代表业经互相校阅全权证书,认为妥善,约定条款如左〔下〕:

第一条　缔约国担任协同其他联合国对日本作战直至获得最后胜利为

---

① 原文摘自国民政府外交部白皮书。

止,缔约国担任在此次战争中彼此互给一切必要之军事及其他援助与支持。

第二条 缔约国担任不与日本单独谈判,非经彼此同意不与现在日本政府或在日本成立而未明白放弃一切侵略企图之任何其他政府,或政权缔结停战协定或和约。

第三条 缔约国担任在对日本作战终止以后,共同采取其力所能及之一切措施,使日本无再事侵略及破坏和平之可能。

缔约国一方如被日本攻击不得已而与之发生战争时,缔约国他方应立即尽其能力给予该作战之缔约国一切军事及其他之援助与支持。本条约一直有效,以迄联合国组织经缔约国双方之请求,对日本之再事侵略担负防止责任时为止。

第四条 缔约国之一方担任不缔结反对对方之任何同盟,并不参加反对对方之任何集团。

第五条 缔约国顾及彼此之安全及经济发展之利益,同意在和平再建以后,依照彼此尊重主权及领土完整与不干涉对方内政之原则下,共同密切友好合作。

第六条 缔约国为便利及加速两国之复兴及对世界繁荣有所贡献起见,同意在战后彼此给予一切可能之经济援助。

第七条 缔约国为联合国组织会员之权利及义务,不得因本条约内所有各事项之解释而受影响。

第八条 本条约应于最短可能时间批准批准书,应尽速在重庆互换。

本条约于批准后立即生效,有效期间为三十年,倘缔约国任何一方不于期满前一年通知,愿予废止。则本条约无限期继续生效,缔约国任何一方得于一年前通知对方,终止本条约之效力。

为此两国全权代表将本条约署名盖章,以昭信守。

中华民国三十四年八月十四日即一九四五年八月十四日订于莫斯科,中文、俄文各缮两份,中文、俄文有同等效力。

中华民国国民政府主席全权代表

王世杰(签名)

苏维埃社会主义共和国联邦最高苏维埃主席团全权代表

莫洛托夫(签名)

换文一

一、苏联外交人民委员部莫洛托夫部长致中华民国国民政府外交部王部长照会

部长阁下：

查中苏友好同盟条约业于本日签订,本部长兹特申明两缔约国间之谅解如左〔下〕：

(一)依据上述条约之精神,并为实现其宗旨与目的起见,苏联政府同意予中国以道义上与军需品及其他物资之援助,此项援助当完全供给中国中央政府即国民政府。

(二)关于大连与旅顺口海港及共同经营中国长春铁路,在会商过程中,苏联政府以东三省为中国一部分,对中国在东三省之充分主权重申尊重,并对其领土与行政之完整重申承认。

(三)关于新疆最近事变,苏联政府重申,如同盟友好条约第五条所云,无干涉中国内政之意。

关于上列各项所述之谅解,倘荷贵部长函复证实本照会与贵部长复照,即成为上述友好同盟条约之一部分。本部长顺向贵部长表示崇高之敬意。

此照

中华民国国民政府外交部王部长世杰

中华民国三十四年八月十四日

西历一九四五年八月十四日

莫洛托夫(签名)

二、中华民国国民政府外交部王部长复苏联外交人民委员部莫洛托夫部长照会

部长阁下：

接准贵部长本日照会内开:查中苏友好同盟条约业于本日签订,本部长兹特申明两缔约国间之谅解如左〔下〕:

(一)依据上述条约之精神,并为实现其宗旨与目的起见,苏联政府同意予中国以道义上与军需品及其他物资之援助,此项援助当完全供给中国中央政府即国民政府。

(二)关于大连与旅顺口海港及共同经营中国长春铁路,在会商过程中,苏联政府以东三省为中国之一部分,对中国在东三省之充分主权重申尊重,并对其领土与行政之完整重申承认。

(三)关于新疆最近事变,苏联政府重申,如同盟友好条约第五条所云,无干涉中国内政之意。

关于上列各项所述之谅解,倘荷贵部长函复,证实本照会与贵部长复照即成为上述友好条约之一部分等由。本部长兹特声明,上项谅解正确无误。本部长顺向贵部长表示崇高之敬意,此照
苏联外交人民委员部莫洛托夫部长

中华民国三十四年八月十四日

西历一九四五年八月十四日

王世杰(签名)

换文二

一、中华民国国民政府外交部王部长致苏联外交人民委员部莫洛托夫部长照会

部长阁下:

兹因外蒙古人民一再表示其独立之愿望,中国政府声明于日本战败后,如外蒙古之公民投票证实此项愿望,中国政府当承认外蒙古之独立,立即以其现在之边界为边界。

上开之声明于民国三十四年八月十四日签订之中苏友好同盟条约批准后,发生拘束力。本部长顺向贵部长表示崇高之敬意。

此照

苏联外交人民委员部莫洛托夫部长

中华民国三十四年八月十四日

西历一九四五年八月十四日

王世杰(签名)

　　二、苏联外交人民委员部莫洛托夫部长复中华民国国民政府外交部王部长照会

部长阁下:

　　接准阁下照会内开:兹因外蒙古人民一再表示其独立之愿望,中国政府声明于日本战败后,如外蒙古之公民投票证实此项愿望,中国政府当承认外蒙古之独立,即以其现在之边界为边界。

　　上开之声明于民国三十四年八月十四日签订之中苏友好同盟条约批准后发生拘束力。

　　苏联政府对中华民国政府上项照会业经奉悉,表示满意。兹并声明苏联政府将尊重蒙古人民共和国(外蒙)之政治独立与领土完整。本部长顺向贵部长表示崇高之敬意。此照

中华民国国民政府外交部王部长世杰

中华民国三十四年八月十四日

西历一九四五年八月十四日

莫洛托夫(签名)

〔国民政府交通部档案〕

45. 国民政府公布关于中苏此次共同对日作战苏联军队进入中国东三省后苏军总司令与中国行政当局关系之协定(1945年8月)

中华民国国民政府与苏维埃社会主义共和国联邦最高苏维埃主席团,为愿使中苏此次共同对日作战,苏联军队进入中国东三省后,苏联军总司令与中国行政当局之关系符合两国间现存之友谊精神与同盟关系起见,议定各条

如左〔下〕：

一、苏联军队因军事行动之结果，进入中国东三省后，有关作战一切事务之最高权力与责任，在作战地带于作战所需要之时内，属于苏联军总司令。

二、中华民国国民政府派代表一人及助理人员若干人，在业已收复之领土执行左〔下〕列任务：

（一）在敌人业已肃清之区域，依照中国法律设立行政机构，并指挥之。

（二）协助在已收复领土内，树立中国军队包括正规军及非正规军，与苏联军队之合作。

（三）保证中国行政机构与苏联军总司令之积极合作，并依据苏联军总司令之需要及愿望，特予地方当局指示，俾得有此效果。

三、为保证苏联军总司令与中华民国国民政府代表间之联系，中华民国国民政府派中国军事代表团驻于苏联军总司令部。

四、在苏联军总司令最高权力下之地带内，中华民国国民政府在收复区域之行政机构，应经由中华民国国民政府代表与苏联军总司令保持联系。

五、一俟收复区域任何地方停止为直接军事行动之地带时，中华民国国民政府即担负管理公务之全权，并经由其军事及民政机关，给予苏联军总司令一切协助及支持。

六、所有在中国领土内属于苏联军队之人员，均归苏联军总司令管辖。所有中国籍人民，不论军民，均归中国管辖。此项管辖权，并包括在中国领土内之人民对苏联军队犯罪过之案件，此项案件如发生军事行动地带内时，则属例外，应归苏联军总司令管辖。遇有争执之案件，由苏联军总司令与中华民国国民政府代表协议解决之。

七、关于苏联军队进入中国东三省后之财政事项，应另定协定。

八、本协定于本日所签订之中苏友好同盟条约批准时，立即发生效力。

本协定用中俄文各缮成二份，中俄文有同等效力。

中华民国三十四年八月十四日即一九四五年八月十四日订于莫斯科。

中华民国国民政府主席全权代表（签字）

苏维埃社会主义共和国联邦最高苏维埃主席团

全权代表（签名）

〔国民政府内政部档案〕

46. 外交部关于斯大林与宋子文会谈苏军由中国领土撤退时间协议记录（1945年8月）

记录：

斯大林统帅与宋院长子文在一九四五年七月十一日第五次会谈时，曾讨论苏联参加对日本作战后，其军队由中国领土撤退之问题。

斯大林统帅不愿在苏联军队进入东三省之协定内，加入在日本战败后三个月内将苏联军队撤退一节，但斯大林统帅声明在日本投降以后，苏联军队当于三星期内开始撤退。

宋院长询及撤退完毕需要若干时间，斯大林统帅谓彼意撤军可于不超过两个月之期间内完竣。

宋院长继询是否确在三个月以内撤完，斯大林统帅谓最多三个月足为完成撤退之期。

中华民国三十四年八月十四日

西历一九四五年

〔国民政府内政部档案〕

五、战时中美关系

1. 周鲠生、钱端升等为美国外交政策及国际关系问题事致王世杰信函(1939年4月22日—1944年5月12日)

1)刘驭万致王世杰信(1939年4月22日)

雪艇乡长赐鉴:日前叨教,甚感。兹呈上节略一纸,即祈查照。太平洋国际学会本年大会事已如命面陈孔院长矣。谨闻。顺颂勋祺。

愚晚　刘驭万谨叩

一九三九年四月二十二日

附节略一纸[略]

2)刘驭万致王世杰信(1939年7月14日)

雪艇先生:手示敬悉。颜先生出国事,当如命与之接洽。总以稳妥为前提,如颜先生能提前乘英法船绕欧赴美则更佳矣。与颜先生决定后,当再电知。请释念。

学会当年费用承代向杭立武君商洽,甚感。已如命请适之致函朱、杭二公矣。一俟函到,当连同学会正式申请书一并请先生专投。借收旁催之效。事如有成,先生之赐也。附呈本日新闻一则,请便中一阅。孔夫人在此常有同样谈话。谨闻。即颂大安。

下届参议会何时举行,请便中示知。

乡愚晚　驭万上

一九三九年七月十四日

3)钱端升致王世杰信(1939年11月5日)

雪艇兄:鲠生兄与弟于十月三十日飞抵纽约,与颜先生及适之见面。颜、胡次晚即来美京,弟等则于昨日(四日)来美京。未来半月当在此间,本月二十一日拟去 Virginia 开会。下月二日会毕后,返此间,或去纽约。

美国舆论当然望英法胜德,望中国能支持。但美国愿守中立,同时更注意内政。弟意明年既为大选之年,今后仍将以选举问题为主要问题,大选以前,如无突特变故,美国外交政策当不致发生大变。所谓突特之变故,弟今时之所能猜得者不外有二:一为德国敌视美国之行为;二为苏联一面与德同盟,一面刺激美国之行为。弟以为德国敌视美国之行为很不 Likely,因德无此力。二较可能,因美人憎苏,倍甚于昔。弟意如万一德苏日大联合,我国须准备作十二分的苦撑,因最后之胜利必系于美英法,我国万不可对日苏稍作妥协,以自丧地位也。

亮畴及孔之 Peace talk 害人不浅,问者疑者俱不少。日前见 Buell,彼问如贵国不求和,何来外长之求和谈话。虽告以大权在元帅手中,亦不甚能自圆其说。我辈且受窘,正式代表更可知矣。

我国求美之事甚多。就各种可能之援助而论,弟意美今后必可以压力加诸英法,使勿与日作妥协。美如不取消军火之禁运,美或不能劝告英法。但今新中立法已通过,英法需要助孔殷,则英法不能不尊重美国关于远东问题之意旨。至于 Credic 及 Embargo 二者,则弟以为前者可能较大而亦较重要。我本十分需要 Credic,而日则绝非半年一年可以饿死者。此为 Credic 比 Embargo 为重要之理。美方取消对欧之 Embargo,又国会通过对日之 Embargo,亦不尽情理,孤立派亦大可反对。此为 Embargo 不易成功之理。惟适之对 Embargo 似较弟为乐观。

胡、颜前日见罗,大前日见赫,均无重要性质。颜已电告,谅已见电文,不赘。罗嘱行前再见颜,但能否有所商讨,亦是问题。适之成见颇深,对人对事均然。适之对大局看法甚是,做法亦不恶,彼之反对各方活动亦有道理。以弟意观之,即颜久留亦不能多所赞助,况适之并不 feel at ease。适之缺点在未能分配工作,使大小之事均有人担任奔求。但此极难补救。在一切 given condition 之下,似乎全权信托适之,让适之 do things in his own way 似较为得计也。鲠生兄拟于一月底返国,弟则拟二月中以前返滇上课。未离美前,当设法与各方面多接触，以冀见闻较翔实，但亦无把握也。草此，敬请台安。

弟　钱端升

十一月五日　美京

4) 周鲠生致王世杰函（1939年11月9日）

雪艇兄：由纽约发函计已收到。到纽约之次日，即同端升、适之与颜骏人先生会谈，当时将介公意思向颜转述，颜似对中央趋向平和之印象较深，而对弟所述中央不在谋平和而在求美国援助之说稍惊诧，其与致卢函之意思有出入。弟同端升当时即为解释，原函系七月中所发，而现时之情势已有变动，着重之点容或有不同，而精神则一也。当日，弟并将自己在重庆各方所得到抗战坚定之印象及介公历次所发表之主张向胡、颜叙述，渠等亦甚欲知道国内近情，端升及弟所言自可供渠等参考。颜预定本月二十日晋见卢，故三十一日胡、颜均返华盛顿。弟同端升在纽约住至四日亦乘车赴华盛顿，承适之大使派人接待，即在大使馆内暂住，一切安适□□□□。颜同适之已于三日见到总统，会谈情形闻已电告，据言当日接谈时间颇短，未能充分提出我方意见，而卢亦未对原函作具体的答复，或者尚将作再一次之会谈也。适之身体已复原，精神与兴趣均甚佳，工作亦积极，在美国社会信望均好，此时实为适人适所，不但不宜轻于更动，且宜设法消弭一切更动云云之风谈，以安其心，外交活动应当集中使馆，自宜吸收有为之人才，以求充实，但额外人员之派遣，以后务求其少，此不但多耗外汇可惜，而且来人愈多，则大使之地位愈感觉不安或困难也。人事上之问题很复杂，弟出国以前已想到，但尚未想到如此之甚，为求事之有济，自亦不可不顾及也。颜为人老成持重，在外人社会自可得到相当的敬重，惟对国内情形似不大接头，能稍在重庆住住最好。弟等已劝其于下届参政会出席，借以实地观察国内情形。渠不能坐飞机，尚不知其能到会否，闻渠已决定于太平洋学会开会后（十二月二日完毕）即返国，已去订船位矣。弟同端升于会毕后当在华盛顿小住，并去波斯顿、芝加哥各地一游，预定一月底返国。一则端升及弟顷赶第二学期校课，一则过细考虑实在在华盛顿多住亦无用处也。

关于对美外交应当注重四点:(一)能及早得到美国负责行动,促成一个正义而荣誉的平和,自属我方所愿,但此在现时实现之可能极少,我们可不作大希望,因之下之三点,目前最定注重;(二)防止日美新订商约,并促成美国对日禁货;(三)取得新借款;(四)依美国之力量,防止英法对日妥协。此四点已为胡、颜力述,大家自能同意,照此进行。此外尚有一点,即如何防止汪政权出现,亦可借用美国对日本之外交压力,此亦我们的外交应当注意者。据胡云新借款已有把握,现正在继续进行,禁货之暗示已见美使克鲁之谈话及毕德门之发表谈话,据闻国务院亦有准备中,能否见诸中,实则要等到明年一月国会开时情形如何方能定也。现时最宜注意者即中俄关系与对美外交之影响,美国全国上下反俄之空气近极浓厚,我们一方不妨继续取得俄方之军火援助,同时则亦要避免中俄军事同盟或中俄新关系一类之接洽或宣传,以免引起美人之疑虑而失其对华之同情。

此次湘北之战胜大可转移外人观感,可惜那时候正在欧洲问题吃紧之时,美国全般注意在欧事,因之大新闻均不将湘北战事放在第一张而排在甚不会令人注意地位,现在国会闭会,而欧事似已成僵局,新闻重要地位较定,如在此期间再有像湘北胜利一类之惊人消息传到美国,当能引起人注意而发生有利于我之反响,此则不少人作此观察书之以备考虑,介公及布雷先生处未分函,请斟酌择要转达为荷。即颂遵祺。

弟　览
十一月九日

5)钱端升致王世杰信(1939 年 11 月 20 日)

雪艇兄:本拟今晚草一长信,适今日客多,时晚汸又特自加拿大来,谈至夜晚二时,明日又须早付邮,恐又不能详矣。兹将现谈者分述如左〔下〕:

适之在美,能得美方好感,绝无问题。其对抗战前途,看法亦甚是。但适之云不肯多方接洽,及馆员不够才能及分担也是事实。而且改善也不易。大概说起来,适之不甚能分权于人,所以他的僚属不易得大有为之人,大有为之人也不易与他合作。但此时换人,最不相宜。所换之人更不易如适之之称职。颜骏人为人态度佳,且亦规矩,惟他对中国事不接触,对外国事也不接触。他缺乏keenus of mind,适之颇 sensitive,对颜在此不甚高兴。如颜长住,恐不合式〔适〕。且大使如甚欢迎另一客人留此,此客人也不易作若何接洽。

我等在此更无大接洽。弟前一星期忙于赶太平洋学会论文,仅本星期稍出看人。国会议员已大多返回,也不易遇见。弟意拟十二月二日会毕,即去哈佛一行,然后至纽约住至耶苏〔稣〕圣诞。□□时返美京,住至一月二十左右即返国。鲩生尚未十分大定。弟所以想早回,因如此间无甚事可做,而上课则比较重要也。

美国借款暂又停顿。Embargo 要看明年正二月情形如何变化,如孤立派不反对,提案尚可进行。只怕孤立派一反对,提案无从进行。明年一月与议员一洽。

太平洋学会十一月廿二日起开会,我们后日赴会。通信仍由使馆转。我方出席为颜、陈光甫、李国钦、周鲩生、张彭春、钱端升、温源宁、陈炳章、冀朝鼎、戴儒鎏十人。日本不出席,苏联无船来,荷兰不出席,美、加代表尚重要。此次会议实无重要可言。

国内军事及上次英大使来渝之事,特请酌告。敬请兄□安。

弟 端升

十一月二十日

6)周鲩生致王世杰信(1939年11月24日)

雪艇兄:在华盛顿发函计已达左右。中央改组未知实状如何? 北海登岸以后日军进展情形如何? 极以为念。弟等已于二十一日来此,开会地在海边名 Virginia Beach,到会者中外共百余人。二十二日起开会三天,会场空气对华大致尚好,美国人一般对中国尤为同情可感。不过此亦一般交换意见之机会,不能希望有何重要结果乎。德苏日三国之行动引起美国社会之恶感甚大,此大有助于总统之对外积极政策的推行,而减少孤立派在舆论上之力量。自新中立法通过,军火禁运条款废止以后,美国已公开偏在英法方面,现虽仍以避免卷入战争为目的,然一班〔般〕人已感觉战争空气的压迫,识者已开始推测,如果欧战扩大,苏俄加入德方作战,或英法因被德国打败而地位危险,美国势必放弃中立加入战团。就对日而言,政府方面无妥协意思,新商约不会成立,旧约期满后对日施行经济压迫,政府亦有此意思,但实行与否,尚要看明年国会开会后之空气如何,明年有大选,总统及民主党于断行大政策对于选举前途或尚有所考虑。惟近来国务省方面有对于日本加警告或批评之谈话发表,尤以最近副国务卿威士之谈话为最可注意。此似乎都是一种向国内舆论之探示或反日空气之制造,故在此方面外交大有可为。日昨闻陈光甫君言,借款形势近又转佳,可作乐观云。来美已一月,从各方面所闻所见觉得,美国人对中国有真实的同情与友谊,中国应当多连〔联〕络美国并信任美国,凡一切有损美国人感情之事务宜避免也。英法天津撤兵事在国内印象如何,在美国方面观感不一致,报上亦很重视,认为英国对日妥协或退让之初步,而国务省中人如 Hornbeck 者则以为不关重要,而认为重视此事者直神经过敏而已。我意则以为英国撤兵确系对日示弱,所关匪小,尚宜设法有进一步的妥协,此意已为适之言之矣。宣传部事就职否,参政会房子已否成功,府上已撤到化龙桥否,内人未来信,不知现住原处,抑已撤住〔往〕化龙桥新居,如松已否回国,均以为念。余容后续,即颂遵祺,并候潭福。

弟　览

十一月二十四日

7)周鲠生致王世杰信(1939 年 12 月 13 日)

雪艇兄:见报知兄被任为宣传部长,不知就任否,政府内部尚有何变更,国内消息此间异常隔阂,太平洋学会于二日闭会,弟同端升兄经由华盛顿、波士顿、纽海芬来、纽约、右波斯顿住四日,晤 Lowell,Pound 及 Holemebe 诸人,并参观哈佛大学各部,印象甚佳,耶鲁大学只在外部略看,亦未去看人,哈佛空气对华甚同情,而耶鲁则似乎孤立派有力也。太平洋学会讨论中日问题甚详,一般对中国表赞助,但无具体之决议,英国代表略言中日事惟美国之马首是瞻,而美国则极端同情中国,但不愿卷入战争旋涡,因之对 Embargo 案亦踌躇,则以对日采行 Embargo 之结果将引起战争云。从各方面观察,美国现在对于中日问题之主张可分为下之数派：（一）白宫国务院及一派国际主义者，或特别对华同情者，倾向于商约失效后，由国会实行通过 Embrogo 案；（二）折衷〔中〕派要避免引起美日战争，主张不由国会通过 Embargo，而另用法律以外之办法实行对日排货或禁运，如所谓"Moral Embargo"或保护"National Resauces"之名义；（三）孤立派，主张美国从远东政治上退出，专顾经济商业利益，速与日本订立无条件最惠国待遇之商约，而不管中日之争执。耶鲁大学教授 Griswold 即代表此派，其倾向已见于所著 Far Eastern Policy Of The United States，而在十一月出版之 ASIA 杂志上更著文发表其主张，在哈佛晤 Holemebe 教授时谈及此文，渠云不久将与 Griswold 为公开之辩论，盖 Holemebe 为哈佛大学对中国事之最出力者也。如 Griswold 之说虽属极端，不见得为多数人所赞同，但（二）派意见则似很有势力，因为美国人一般惧战心理甚强，总怕因采行经济制裁，而引起对日战祸。太平洋学会开会时会中美国代表改变表现此心理，而主席之哥伦比亚大学国际法教授 Jessup 氏有该大学校长候补人之呼声者，尤为此派之代表。上星期六在"外交政策协会"演说席上（适之为演说之主客），Jessup 即公然断言，美国不能接受使美国卷入战争之义务，故不能对日 Embrogo 案，其实 Jessup 亦对中国表同情，而于我们表示友谊之人，当时在座之中国人及对中国事热心之美国人士均闻其说而大失望，然亦无可如何，美国怕战心理使事实实不可否认也。根据现在表现的言论或事实，关于美国对日政策之未来行动可提出左〔下〕之推断。

明年一月二十六日日美商约失效后，美国不会与日本订新约（至少在卢〔罗〕斯福任内或民主党再当权如此，如果共和党当政，则情形又不同，不过美国远东政策大致或不会因党派变动而有根本变动）。

美国政府及国会一部分倾向于采行对日 Embargo，以压迫日本。

Embrogo 案能否提出国会通过，则现在不能作乐观（谈者谓如总统无通过此案之把握，大约即不会提出国会）。

适之及端升对于 Embrogo 案均以为无甚希望，但天下事常有出意料者。明年一月以后或者美国国内外情势有变动，舆论一转，不见得卢〔罗〕斯福不能推行其对日压迫之政策，故我总促适之在此点努力，因 Embargo 案通过，不但有物质的压迫加于日本，且于中国为莫大的精神的鼓励也。此外，在美国尚有主张，一方面由国会通过 Embargo 案，调停不成功则执行 Embargo；一方则授权总统调停中日战事者，此在私人谈话中表示过，如前"外交政策协会"会长 Buell 氏即如此谈，将来国会通过 Embargo 案或者亦采此类方式。

弟等在纽约住数日后，仍返华盛顿居住，以便与胡、颜常晤谈。弟日内或赴坎〔加〕拿大一行，亦未定。余容后续，即颂遵祺。

弟　览

一九三九年十二月十三日

8）周鲠生致王世杰信（1939年12月18日）

雪艇兄：到美以后未接到过兄函，亦未接过家书，未知重庆情形如何？弟以为会前函所言之反禁运 Embargo 案一派议论近日在报上常见，盖去国会开会期近，此问题将公开争论也。前剪寄 Griswold 教授之文并新闻记载数则，Griswold 文甚重要，因颇代表一派意见也。一般人虽不如 G 氏之极端妥协主张，但亦不赞成禁运 Embrogo。理由不外下之诸端（一）对日禁运 Embargo 将使美国卷入战争；（二）日美商业较中美商务重要；（三）对日禁运 Embargo 并无阻止日本对华侵略战之效用，日本可利用他处之军用原料；（四）对日禁运 Embargo 将使日本投入苏俄怀抱，于世界政治更不利，于英法在欧对德战事更危险。此等议论自大有驳辩之余地，不过对美国社会亦很动□，所以要转移美国舆论，使政府能推行其禁运 Embargo 政策，尚不能作乐观也。余密后续。即颂遵祺，并盼便中函示一切为要。

弟　览

十二月十八日

9）周鲠生致王世杰信（1940年1月13日）

雪艇吾兄：迄今奉书，未知近况，何以美国国会开会政府集中注意于国防及互惠贸易协定法案两问题，芬兰援助之事，在对外事情中最关重要关于中日问题，除消极的不与日本商订新约或临时协定外，尚无何表示，似乎一切等待国会及舆论的推动。一星期以来,一方面日本内阁变动之消息在报上很注意,他方面关于援华制日之运动顿形紧张,尤以十一〔日〕晨在纽约太〔泰〕晤士报发表之斯蒂姆苏公开函为最引人注意,此函力主国会通过对日禁货,议得透彻而有力,远非我们自己之宣传所能及其万一,此为禁货问题之再开始在舆论上已有大反响。今日有太〔泰〕晤士报投书者已多,除极少数外皆赞成斯氏之主张,并且哈佛前校长 Lowell 今日亦有谈话发表,主张对日禁货,斯氏函及罗氏谈话剪上一阅,〔略〕但太〔泰〕晤士报于十一日及今日著论批评斯氏之函均在实行上表示怀疑。此可以觇美国舆论界尚有一部分极有力者对于禁货反对之事实,我们怕因禁货而引起对日战事,或驱使日本走入俄方而影响欧洲战局,我们只有不断告诉美国人,中国人并不愿使美国卷入战争,而深信对日禁货不会引起战事,而反而缩短远东战局之效果,现在问题总算已发动在两三星期内,也许多少有点结果。关于借款今日亦有极有力之消息登出,一并剪陈。〔略〕

端升日前已往见 Pittman,据云禁货案仍将提出,且在外交委员会中已有多数赞成,不过政府方面尚无表示,似乎无论如何政府可用行政办法实现禁货之一部分目的。适之云曾晤国务院次长,渠对于立法的禁货颇踌躇,正在研究如何推进 Moral Embargo 或行政手段达目的。弟已告适之,无论如何在最近一两个月内至少禁货与借款两事必成功其一,以提高抗战之精神。光甫已来华盛顿,即为接洽借款事,此行或许有点结果,因 Maffet 今日太〔泰〕晤士报上发表之一段或系政府授意而为之也。现已请使馆绍介往见 Vandewbu,俟得其同信。弟当与端升去一拜访,看其意见如何。

端升定下月一号从金山乘船往檀香山,搭飞机返国,本月十八日即离华盛顿,因渠觉得在此无事可做,且不便自由活动,校事又着急,故急于返国。弟拟在此住到月底,看商约失效后之国会行动如何。如最近不接到兄之函电,表示有久留之必要,则亦当定飞机赶于下月初或中旬由金山乘机返国,也许可以与端升在檀香山会齐同回也。因知在此久留无大益处,且多不便,亦如端升所感觉,如果端升肯多留,弟尚可勉强在此,渠既急归,弟意兴亦消沉矣。颜骏人先生自去年十二月赴纽约后,现在尚未来华盛顿(闻十七日来此),大约亦因在此无事可做也。弟很希望颜能到国内,一看乘参政会开会之便,一出席对于国内情形可多接触亦一好处,不知兄意如何。容后续,即颂遵祺

弟　览

一九四〇一月十三日

另:如松已回国,不知中央有无工作之机会,能便中向志希一提否,她研究工作尚好,且于动手之事已有训练与兴趣,如果去一无设备之地方,徒然教书,殊可惜矣。

寄上西书数册,不知已收到否?

10)钱端升致王世杰函(1940年1月14日)

雪艇兄:到美后,鲠生兄与弟均有多信,迄未奉复,不识均收到否?

世界大势,以弟观之,大有化零为整之趋势。换言之,先则苏芬之战与英法德之战,相并为欧洲大战,继则亚战与欧战合为世界大战。前者或当于1940年中实现,后者或当于1941年实现。至于美国,则以"能不加入则不加入"为原则。最近罗总统之派使教廷,与教皇作共鸣,质真意何在,言人人殊,但大多均认为一种对内之政治作用,不过为一种爱好和平之表示,而并非真类调和。据弟所知,英法定〔订〕购之军火数量正在增加,而美之飞机对法助力亦大。就现势言,此种以物质助英法之政策,在本年度决不会变,一因在大选之年朝野二党均不能更趋积极,二因现行政策或足使英法致胜。据闻英法对美之政策亦甚满意,在现阶段之下,亦并无要求美国作进一步援助之意云。

一旦东欧苏芬之战与西欧英法德之战合而为一,则我国之处境自更困难。但苏如仍助我,我当可继续与苏委婉。此种委婉政策,美必能十分谅解。弟意即英法亦可谅解。但将来苏我间运货交货之手续必见困难。此则不可不先有准备及接洽。又苏联向我反目,则如何可以劝诱英法认我为Alley,而多予我助,亦应预先筹划。

弟等离国,中央希美方予我三种助力,兹分别言之:

望美劝英法不与日妥协。就弟观察所及,英不致与日有大规模之妥协。

英如妥协,必使美政府胆寒,必失美人同情,且英人方面亦必有相当强度之反对。弟前日接 Archibald Sindain 来函(十二月中发),略谓据彼观察所及,及彼日常与政府接洽所得,即现政府亦决不致牺牲原则与日妥协,而陷中国于苦境。故英日妥协之危险似暂可不以为念。

借款事在进行中。光甫有十一月可以成功。最近又有延缓一月半月之模样。究如何,须听陈胡报告。弟不闻则不问,然弟意兹事应全权责成陈胡办理。前此介公数电颜先生,嘱敦促进行。颜现无法相助,徒使陈胡为难,结果大家都 feel embrassed,不可重演也。

禁运。禁运之效果如何,弟见解与国内大多数人不相同。现美飞机及零件已无运日本者。禁运之对象以日云丝及美之油铁为三大宗。现美之 Dupont 各厂正试选假丝。如成功,则日丝不禁自禁;如不成功,恐美之丝袜商必反对禁丝进口。禁油最难,一则游〔油〕商反对,二则美恐日攫荷印,因而引起美之干涉,更因而引起美日之战。禁铁亦不易,因美人深知如日不得之于美,则可得之于澳等,且即一旦禁止,日所存废铁已足敷二三年之用。弟意我方禁运成功,其作用在壮我之胆,而不在真正致日本之死命。但借款成功亦可壮我之胆,何以不先求容易者,而暂不进行难者?弟意我方应极力促成现在进行中之借款。美对币制借款有难色,我方暂不应提此事。待二、三月中现在磋商中之借款成功后,再依次提币制借款,或较为得计也。

禁运法案上年度提出者有若干起,弟意不特通过无望,即两院外委会之讨论亦不易得到。彭春如有报告必偏向乐观,一因美国舆论确多数主张禁运一类之办法,二因彼颇信 Dr.Eichelberge(who was an important lobbist working for the repeal of arms embargo)所言,但此人之乐观与事实并不相符。

宣传事诚重要,但宣传须 Subtle,在美之各种宣传,无论属于 Ease Leaf 者,或属于 Trans-Pacific 者,或其他个人者,大都均不得要领,而徒然引起各方面之嫉妒及不快。

适之有其长处与短处。馆中工作人员不充实,看不起中国来人,因之相处不欢,且不肯探听奔走,是其短处;主张抗战,熟悉美情,与美人相处甚佳,且为朝野所信,是其长处。适之与光甫亦相处甚佳。我人为国家计,如无比适之更相宜之人可以来美,则惟有忘其短取其长,而以全力支持之。儒堂走后,滥厕甚多,胡陈均受其累,至今仍在做清扫工作。在清扫时本易得罪人。此则外部更应秉公与以同情,而不应乱放冷箭者也。

适之与颜不甚相得,颜初到时适之颇出力,显颜能为政府所重,但总统根本不与颜谈正经事,颜之事事不接洽与用人不当颇为适之所轻。适之喜作高论,但颜则饭后喜消遣,因之即相见,亦不相投。即是非可不问,但我人仍应知二人之不能合作。

太平洋会除刘驭万外,旁人不甚接头,但刘亦乱极。此次大会如负Publicity当利于众。但刘则一切听命于Carter。大会主席Jessup最后综述中确有合众社所传之语,但非诸中国代表之口。Jessup之综述,会散后始寄到,今已请于印本中删正矣。

学校二月十五日即上课,弟拟于本月二十〔日〕左右即西行,二月一日自旧金山坐船至檀香山,二月八日起飞,二月十三日到港,即返滇。如有必要,当俟返滇后再飞渝一行。鲠生兄尚不确定。现国会已开会,凡弟所能遇见之议员,二十〔日〕前必均与之谈也。即请台安。

弟　端升

一九四〇年一月十四日自美京

11)钱端升致王世杰函(1940年1月14日)

雪艇兄:上周函计达。本周见人较多,较重要者为Pittman及Lipumann。毕德门君谓禁运案去夏提出时,外委会全体均无异言。惟近波拉等既发表谈话,主张订新约,则他们或会反对禁运,亦未可知。彼谓,彼尚未与会中人讨论,亦未与国务院讨论。国务卿正忙互惠商约,拟了后,再与之谈。惟去夏政府方面曾示意,禁运案定国会进行,政府不拟参加云云。彼因谓拟俟一月二十六日后再提。惟信外委会多数仍赞成禁运案,我问彼如政治形势不容许禁运案通过,有无其他局部办法可资补救。彼答会中曾讨论License之办法,如成立,则运日之物应令经过特许。此事未有正式提案,但也是办法之一。彼又谓钢业中人主禁废铁出运,故禁铁亦是方法之一。彼尚有体态谈话,或不甚重要,或涉Confidential,已面告光甫,函中不便道及也。

　　Lipumann之意见,见面数日后,见于其所著文中,今不赘。彼告弟,政府正筹禁钢出口事,故禁钢或可继禁运飞机及禁运炼精汽油机器二事而成立。

　　今附上时报社论二则,来函数则及Lipumann文。从此数文件可知禁运法案之大势。简言之,美人大都主禁运,但国会以欧战方殷,世事瞬变,故不愿成立禁运法,以引起可能之纠纷。Villard向主禁运,且亦向主美对远东应有明显之行动,但彼告弟,以彼观察,国会碍难通过禁运法。

　　总之,美国形势不算坏,但我方须忍耐而谅解,操之过急实无用也。

　　日人在此活动颇多,山本直彦等等也。日大使盛宴,但政客中只Fish一人应邀,日人活动要点有二:(一)劝诱美劝和;(二)订立新商约。此二者均不成功。

　　适之看不起颜,颜不失为忠厚长者,但无所能为,事恐极有限,请兄善加考虑。弟十三日可到港,拟先返滇一行。即请公安。

　　　　　　　　　　　　　　　　　　　　弟　端升　于美京
　　　　　　　　　　　　　　　　　　　民国二十九年一月十四日

12)周鲠生致王世杰信(1940年1月21日)

　　雪艇兄:上星期寄上一函计已收到,端升兄已于上星期四离华府向西方去,预定二月一日由金山乘船出发,八日由檀香山搭飞机飞港。弟已定二月十三日由金山出发之飞机,届时如无故障,月底当可抵重庆也。借款事近因总统向国会借款援芬案受国会反对而受影响,暂时又告停顿,想适之、光甫已有电详报政府。此次波折颇令人沮丧,然在美国政情之下,亦无可为何之事,好在美政府尤其财政当局援华之意颇诚,自对芬问题局势好转之后当有办法。日本内阁更迭当系受美国对日商约谈判冷视之影响,新内阁仍图与美妥协,美仍无于订约之意。日来报上且暗示反对汪政权之成立,而Pittman又仍要求通过Embargo案为言,可知对日经济压迫,美国不会放松(虽则形式如何难确定),对日妥协尤其续订商约,更不能成问题。不过关于此点,我方宣传应稍慎重,如其对于美国过于露骨的要求,尤其出自政府负责人之公开表示,恐反引起反感,授孤立派以阻挠之口实,似不如出自美国人之口(如近日 Strasin 之公开信)为妥当而有力也。现看孤立派之势力仍不小,总统及政府都在慎重将事,尤其在今年大选之前,内政党略上之二考虑,不免影响两党之对外政策,问题不如我们在国内所想象之简单也。近日报载广东战事消息甚好,至为欣慰。今天华盛顿邮报登诸第一面,亦不容易得到之地位。颜先生已于本月十八日来华盛顿,拟再见总统,现适之已为接洽,日期闻已定二月十七日,由金山出发之邮船返国,并拟绕道安南来重庆,此亦甚好。因渠或可赶到参政会出席,且多看看国内政治实情。此间宣传之事,近闻亦渐整理有头绪,不过与使馆方面似尚缺乏联系,适之并非反对宣传,特对于以前宣传之人多而杂,及宣传之方法不以为然乎。弟意在美国做宣传的人应充分与大使取得连〔联〕络,表面上尽管与使馆不发生关系,而实际则应合作,以免方针及言论且有出入也。余容后续,即颂遵祺。

弟　览

一月二十一日

13)周鲠生致王世杰信(1940年3月21日)

雪艇吾:上星期寄上一函计已收到,中国对日抗战仍须作长期计划,为推行此计划所需要于美国之援助,最重要者仍在积极的对我为财政经济的助力及消极对日经济的压迫,现在二千万借款成立,第一项援助已做到一部分,但究竟尚不足为支持长期战事之用,今后尚须继续借款。美国社会对中国之同情及美国政府当局帮助中国之热心似无问题,所可虑者:一方面美国政府(除非参战以后)现时决不肯对中国给予政治的借款(即纯然以政府出名而不要担保品),而他方面则中国可用的担保品现已几乎为前几次借款抵近〔尽〕,像此次二千万借款之出以商事形式者,将来亦因缺乏担保品而很不容易进行。况且美国进出口银行,此次增资一万万业已分配殆尽,即要增资,尚须等待明年新国会开会以后。故至少明年正月以前,此类借款已不可能。据光甫言,此外尚有门路,例如上次借款已还付之部分,尚可由美方拨回,以为购料周转之用,而棉麦借款之类,亦〔抑〕或可考虑。不过弟以为前项可以周转之款其数有限,而后项棉麦借款之预想,恐亦非有抵押品即无实现之可能。中国长期抗战今后最关重要者在于经济支持力,而今后借款问题之困难如此,是诚大可虑也。

弟近为此事甚焦虑,亦与适之常谈及,此时在外交上自然要继续努力,求美政府之援助,但仅此恐不济事,今后是否由政府提出西南经济建设计划,吸引美国实业家直接对华投资,实亦值得过细考虑之问题。弟意在西南尤其四川方面急需而有大利可图之工业,如纺织、化学工业小工厂用机器制造等业及若干开矿事业,如果能得到美国实业家认识与信任,或不乏人投资,其形式或由美人自办或由中美合办均可,如此则多种吸收外资,喝〔合〕之亦等于大借款,而西南经济之发展,亦即增加对外贸易,增加外汇之道,但其进行办法不能徒凭口舌文字宣传,而应当一方面我方有具体计划,而他方面美国实业家有机会实地考察与研究。

弟前有招请美国有力人士到国内观察之议,此事亦可适用。此议假定政府有上项具体计划,即可由中国方面之实业家而得美人信任者(如纽月之李国钦君甚适当),约同美方对话事业有兴趣之实业家或经济专家,亲赴中国西南作短期之视察,与中国政府及国内实业家及经济专家交换意见,适之对此办法亦赞同,是否可行,请细细考虑后向当局言之,究竟美国实业家此时肯不肯到中国来看,自然亦无把握,不过亦不妨一试乎。

其次关于消极的依"禁货"案压迫日本一层,在借款告成之今后,仍须设法促进,最初元老院外委长毕德门氏对"禁货"案很起劲,但上月因为国务省方面之不热心,亦遂搁置,美国舆论大部分赞成"禁货",但反对之声不但在国际内尚有力,即在社会亦时有所闻。关于美国方面对于"禁货"手段之顾虑或反对理由,综合起来有下面多种:(一)恐怕日本投入苏联怀抱,促成日苏结合,不但于世界不利,且于中国不利;(二)美国因要顾到欧洲局势,不利于在远东生事;(三)恐怕因禁货过伤日本体面,致日方温和分子无法转移局势;(四)恐怕因"禁货"惹起日方报复,致启战祸;(五)"禁货"并不足以强迫日本停止对华侵略;(六)恐怕逼得日本占取荷属东印度等南洋地方;(七)恐怕日本对华宣战,实行交战国关于搜捕禁制品及海上封锁之交战权利,致中国外来接济愈加断绝。凡此诸种顾虑或反对之理由,在美国社会及政府方面讨论及研究很多,在采取行动以前,他们必然先将切身之利害审度清楚。但是对于我国之利害关系如何,尤其关于(一)、(七)两层顾虑在国内作何看法似亦不妨过细研究一番,如有充分切实之反驳意见,最好交由负国际宣传责任之人员,以私人讨论之形式表示出来,或增加"禁货"运动势力,减少反对理由之一法,未知尊意以为然否。

弟定月底赴纽约及芝加哥小住,至下月十二日到费那迭尔维亚城出席"政治社会学会"大会(今年一体为"永久平和"之条件,亦有涉及远东之部分),返华府当在月半矣。适之定于二十五日飞[旧]金山在西方各地讲演约一星期,下月五、六日返华府云。端升想已抵重庆参政会开会想正忙也。余容后续,即颂遵祺。

弟　览

一九四〇年三月二十一日

枚荪、金甫、孟和、奚若、子缨诸兄请代道候

14)周鲠生致王世杰信(1940年3月31日)

雪艇兄:汪政权昨在南京成立,此间各报均大载特载,但无好感,今日各报均将汪之宣言、日本之声明以及重庆外部发出之宣言,美国国务卿赫尔之声明同时登载,并多少加有批评,大致总是一方指斥南京政府仍是日方傀儡,不能取得国民多数的赞助,而一方则亦承认此傀儡政权出现之新形势仍属严重。今日纽约时报之社论可以代表此一般看法,特剪上一阅。

最近有两件事请兄注意,一件是二千万借款抵押条件,重庆方面发生波折,闻孔来数电,要光甫与美方重商取消锡之抵押,作为无担保条件借款。光甫以抵押条件原系依照孔之训令与美方商妥,不能事后反复,致失信用。适之亦同此见,曾详电孔说明。但孔云中美友人均以为不必有抵押,大致系有人从中献议,弟以为献议变更者根本的原则,诚未见得不对,不过究不能适用于此次已成之借款乎。(孔)复电仍指原议,因此光甫灰心,现赴南方休息,致成僵局。此事关系借款交涉信用关系,光甫地位不知中央方面何以如此固

执。关于借款问题，弟前已有函论及，□已达，览理想之借款原以为政治借款，如是抵押己家，更非向此路进行不可，虽则困难甚多，不过此为今后借款方针，至于此次之二千万借款，则如上次之二千五百万一样，原系商业形式（虽则事实为政治目的）之借款，对方由出入口银行出面（该银行对外借款之作用原亦为发展出入口贸易），既然抵押条件一切议定，似不应有变更原议，以重信用。因为此次借款成功已不知经过多少困难，无论如何条件只可忍受，以后借款再作别图可也。孔陈交涉，中央方面有所闻否？第二件事也昨日有使馆中人在一元老院议员处无意中遇见一美人，告以中国大使将换人，原因系中央研究院院长继任人选有三而卒推重适之，因此重庆方面曾托詹森大使打电话给美政府，探询美方是否允放适之调回国改任中研院长。此消息如出此中国人传说，本不必注意，但出自美人口而该美人称已从海军无线电得到詹森电，则似乎事出有因，而中研院长继任问题本已很重要，中央亦〔抑〕或出此举。故弟昨日电尊处询问有无此事。适之近赴西方讲演，明后日回来。弟意此时更易驻美大使调渠回国关系颇大，应特别慎重，其理由已详十二月之一函。适之在美不能谓非适人，如觉其活动不毅，中央尚不妨随时训令督促也。关于今后借款或吸收外资事，弟正在与此间友人详细研究，有无良法，余容后续。即颂敬祺。

弟　览

三月三十一日

15)周鲠生致王世杰信（1940年4月20日）

雪艇吾兄：由华盛顿转来尊函接悉。适之事已照尊意拍电，同时并有一长电致兄，想均收到，不知此时如何决定，适之自己并不知。此中曲折亦未便告他，最好趁彼不知之中，得一圆满解决，免得彼心中多一阻碍也。欧局恶化，此邦对日行动更加慎重，而大选竞争甚烈，政府亦不肯使外交举动为敌党利用攻击之具很为显然，据说禁货案毕得门有意提出，想有把握可通过云者，既但Hull不热心，故未提出，大约系事实。看目前美国孤立派仍有相当势力，对外政策的推行在议会中之障碍，仍大观于上次"互惠贸易条约"案通过之困难(在元老院最后得到数票之多数通过),可以想见即令"禁货案"得政府之赞助,提出元老院亦将有一场苦战也。此次来纽约与数位专家谈话,据各方观察大都认为在目前情状之下,本届国会无提出通过禁货案之希望。不过有两层可注意者,(一)如果日本有重大挑衅之行为刺激美国舆论,或日本对荷属东印度采取占略举动,则美国仍将断然采行禁货以及其他经济压迫;(二)现在政府虽不准备在国会通过出口禁货案,但据说正在考虑对日进口货加重税,如此可以减削日本依出口货取得外汇,以购战争原料之能力,美人以为如此或较禁货出口为有效,因日本对于战争原料如煤油之类,除开美国,尚可在荷属东印度、墨西哥取得也。总之,纵观各方局势,战争无早日依美国行动以结束之望,最好是继续准备作长久支持抗战之计划,今后的成败恐怕取决于军事者少,取决于经济支持者多,取决于中日两方之决斗者少,取决于整个世界之决定者多,如Peffer的主张,只求美国(一)防止日本于欧战结束前享有中国军事之收获;(二)防止英国对日出卖中国,中日问题将来当有一好的解决,我们今后所要注意的仍不外此两点,实事求是、坚忍苦撑恐怕是抗战之要诀矣。外交上不可希望有意外之惊奇的收获,不能求急效,虽则必要的注意及不断的活动仍不可少。Castle之演说曾登在报上,剪上一阅。嘱购画片回华盛顿后当为一搜购,在纽约拟再住三数天,看看几个人后,即返华府,以后有信仍寄大使馆转。适之现在华府,光甫闻不日回国,借款事闻孔已有电来,仍照原议签约云。容后续。即颂遵祺。

弟 览

一九四〇年四月二十日

16)周鲠生致王世杰信(1940年4月24日)

雪艇兄:到纽约后曾寄一函,计已收到。连日与美国学术界、著作界熟人谈话,印象似对于美国对欧局及远东之政策均抱悲观,盖以今年适当大选之年,孤立派之势力似很盛,反对党正以不卷入战争之口号投合人心,政府方面更不得不在外交上采慎重态度也。而以弟在数处参加辩论会所得之印象,亦觉孤立派仍得势,除非日本挑衅或国际局势有大变动,美国对日禁货案无提出通过之希望矣。最可注意者,美国一般青年尤其大学生"反战"之气势甚盛,怕服兵役是自然的心理,理想谈不到。弟现在最忧者是共和党当权,因现在出面候补之人几乎都是孤立派,人谓共和民主两党外交政策,尤其远东政策终归一样,此说现不适用,不可作妄想疑矣。前日纽约太〔泰〕晤士报登有俄文中国地图大引起世人注意。昨日 IPR 之 Field 投有一长函辩正,剪上一阅,此地图登出时,弟疑其为日方一种伪造宣传,因太不伦也。纽约博物馆藏中国古书亦多,昨以为选购照片一二十种,俟将来在华府美术界购到后,一并寄上,刘驭万尚居香港原处否,别后迄未得其消息也。明日当返华府,余寄后续。即颂著祺。

弟 览

四月二十四日

17)周鲠生致王世杰信(1940年5月5日)

雪艇兄:日来欧局恶化,意大利态度不稳,战事大有扩大到地中海及近东之势,如此远东局势或将牵动。一方面我们感觉在此种新局势下,美国视线注在欧战,更不能希望为中国战事对日采取有效之手段。他方面,则我们又感觉欧局如此剧变,使美人渐觉悟侵略势力胜利之危险,明显对于美国舆论可大起反动,而使现任当局获得国民之赞助,以推行其积极的对外政策,卢〔罗〕斯福三任总统运动或因以促成,当选后即可决然站在英法方面,共同对待侵略势力,中国但能撑持抗战局面,将来亦可于一般解决中求出路。不过,本年十一月大选结果以前,美政府恐尚难取决然的行动,而因为顾及美国十一月以后可能的干涉行动,亚洲及欧洲的侵略国或将趁本年内极力发挥其外交上军事上敲诈及攻击的能力,不但英法及美国要设法度〔渡〕过此难关,中国亦须临机应付,以策安全。英法因海上吃紧,怕日本夹攻或趁火打劫,致不得不与日本妥协而牺牲我国利益。既属可虑英法受日本攻击或捣乱而其远东属地动摇,以致我们的"后门"吃紧,亦属莫大之危险。关于后层,弟去年早已虑及现在危险的可能性更大,在外交军事上似宜早为布置,否则险时来不及矣。前项危险仍要靠美国防止,但是在英法地位更加困难之今后,美国如何能不依实力援助英法,而达到阻止英法对日妥协之目的,亦是大问题。总之,今后远东局势已不能与欧洲战局分开,美国原来政策亦要兼顾欧洲及远东两面。今后欧战扩大,更难望其单独对远东问题采取决然的行动,我们亦只有希望依美国积极加在英法方面打倒侵略势力,于世界总解决中争取和平与自由,至于为支持抗战,仍可希望美方采取借款,扩大道义的禁货或加重入口税等措置,所为我援助自不待说。近日出有一书名*American White Book*者,颇能揭破美国现政府之全部对外政策之真相,极有一读之必要。今日与适之兄商定,由使馆购买数部,寄香港刘驭万君处,迅速设法转送重庆,不久兄处当可收到一本,读之则知美国过去外交上之阻力及今后政策之趋势矣。今年总统选举竞争甚烈,各方对外说话均持慎重主义,共和党尤以攻击卢〔罗〕斯福积极政策,而以对外孤立或无主张为策略。今日始见有一平日在政治上不出名而临时由实业界推出为候选人之共和党人Willkie,公然认为现政府内政政策虽全错,而其对外政策尚是应予赞助者,从知人心渐转,即共和党中亦有领袖人物肯负责说赞成积极对外政策援助民主国之话矣,此亦近来之一好现象。共和党如果像Willkie一类人当选,对世界政治或尚有办法,其余诸子不足与有为矣。同时亦有一长函寄布雷先生,除言适之中研院院长问题外,并论及国际局势,大致如此,想到了并告知此。即颂遵祺。

弟　览

五月五日

刘锴参事已由英国来美到任,此君能干而努力,可谓外交界后起之秀,可为适之臂助矣。

18)周鲠生致王世杰信(1940年8月31日)

雪艇兄:日前在适之之处读尊函,借悉国内近况为慰。国际大势近无根本变动,前函之观测仍适用。惟近以法国政府答应日本假道,我抗战局势不免受影响,国内希望以美国之力转移法政府政策,殊可不作此想,盖法国精神已堕落至不可救药,本国既可投降,殖民地更无所顾惜,恐美国亦爱莫能助矣。弟意对法国方面不必再作多大希望,惟有一方派人向安南政府局部交涉并监视,一方准备重兵入越境迎敌,攻门之危险一年前已经注意,想在军事上中央应早有相当布置了,以阻敌深入摇动我西南根据也。

此外希望美国一方继续对日加压力,一方拉英讲合作。就对日言,美国现时可继续(一)警告日方,阻其对安南实行进兵,万一日本在安南发动,美国(二)第一步可对日扩大经济制裁。就对英言,美国可协助中国要求(一)英国开放滇缅路,至少于三个月期满后实行开放,再进一步美国(二)可向英国商借新加坡海军根据地,分一部分舰队移住〔驻〕新加坡。如果英国度过此数月之欧战危机,而海军维持优势,再由(三)英国分派少数战斗舰,增强新加坡防务,形成英美合作之长距离封锁。同时美国自易于滇缅路打通后,能买〔卖〕给或送给我们三四可驾新式战斗机及轰炸机,助我抗战,则不难使我们能应付安南方面之危险而度〔渡〕过此难关,以待局势之好转矣。

现时为应付新生的危机,在外交上应当进行之计划似不外如此。据适之探得外部要人口气,滇缅路开放决可做到,其他诸步骤之可能亦可从美国近日之□机关上表现出来,剪上报片数则,以供参考,余容后续。即颂遵祺。

弟览

八月三十一日

19)周鲠生致王世杰信(1944 年 5 月 12 日)

雪艇兄:前接手书,征求关于下次太平洋学会开会我方应提之意见。兹草英文意见书一份,请另行打缮,寄上以供采择。其中所提之基本论文或说帖三种,似可由参事室方面负责找人作成,交由中国分会提出。经济建设一种,不知找何淬廉如何(何原担任写此题之专著一种)。政治一种,最好促端升作之。关于平和条件及太平洋地域安全组织一种,可促子缨或斌佳,或两人合作。弟上届已对大会提过此题之论文,下届自宜由国内人提出,表示较能代表中国方面现实之意见。弟下届或可提出另一题(关于中国与世界政局)之论文,即计划中之较大的书之一部分也。

此间舆论界对平汉路战事很关心。对兄同张治中将军赴西安谈判国共问题,亦有记载而表示好希望。美国人之了解国际大局者,亦深切感觉到中苏关系之可虑。今天报上居然转载重庆电,有从柏林广播出中国政界要人到莫斯科开谈判之消息。美国政界现正忙于竞选演说。卢〔罗〕总统自南方长时休养转来健康大恢复,四任竞选势在必行。如果到七月提名大会时,政治形势无有使卢〔罗〕公感觉胜选无把握之象,则卢〔罗〕必接受提名候补,如到十一月投票前国际关系及战事没有大不利于美国政府之事,则卢〔罗〕当可当选,虽则共和党杜威之竞争亦必相当的利〔厉〕害。现在似乎一切系于"第二战场"之揭晓。如果第二战场开后进行顺利,则一切皆顺利,如果第二战场受挫或死伤太多,则舆论恐将逆转,不但于卢〔罗〕之政治生命不利,而且战事或有延长下去之虞。英美方面攻欧登陆之迟迟其行,多办〔半〕亦从政治及军事上考虑,十分慎重,以期策出万全,且减少死伤乎。余容后续,即颂勋祺。

弟　览

五月十二日

〔军事委员会档案〕

2. 郭子勋为代购运美滇锡五百吨运美事致资源委员会呈（1939年12月15日）

接准云南出口矿产品运销处十二月九日函开:财政部委托本处运美之滇锡伍百吨,兹据个旧报告,业已陆续启运,其中有云南炼锡公司所产本牌锡叁百拾吨,其成份〔分〕为99%,其余一百九十吨中,有98%者二十九吨、94%者四十四吨、91%者廿六吨、85%者六十六吨、82%者六吨、75%者十九吨,亦均曾精炼,并有Y.T.C.91%牌号,可以径销。兹据云南炼锡公司函称。查敝公司所产九九力锡,实际成色平均为99.3;Y.T.C.三字在国外市场,信用早著,所以敝公司在过去抛售此项锡条,均凭招牌出活,并不经过化验手续,办理至今,已五六年矣,买方并无丝毫异议。此后贵处出售敝公司九九力锡,应请注意此层,借维原状,而免周折等由。又据该公司负责人面称,美国对锡无进口税,锡铅合金或铅之进口税则颇重,故报运上项百分之七五至九八滇锡时,只可报为Low Grabe metal,切勿以合金报运等语,相应函请查照等由。查此项滇锡五百吨,系代财部收购转运往美,交世界公司接收。将来或即由该公司

在美洽售。现云南出口运销处函告各节,应否于滇锡外运时由所详函告知该世界公司,俾有接洽。理合具文报请鉴核令示祗遵。谨呈

资源委员会主任、副主任、委员翁、钱

资源委员会国外贸易事务所所长　郭子勋

中华民国二十八年十二月十五日

〔国民政府资源委员会档案〕

3. 贝志翔报告钨锑装轮运美情形致资源委员会电(1940年8月)

电之一(8月3日)

快邮代电越字第二一七八号

　　资源委员会翁主任委员、钱副主任委员钧鉴:存防钨砂外运及派员前往西贡办理矿品外运情形,前经于本年七月梗日代电陈报在案。美轮第一艘Birmingham City于七月十八日离防,同月二十二日到贡,经将南定运往之钨砂赶先装船,于七月二十六日装竣,共装三〇三八三包,计一五一九吨〇七〇公斤。(详附说明)包装均经重行整理完整。惟查前由越港务局搬运出仓之钨砂,除未离防仍行搬回者外,其运往南定者为三〇四〇〇包,此次运抵西贡短少十六包。又在贡装轮时轮上堕水遗失两包,业已分别设法追究。现该轮业于七月三十日离贡驶美,至于前装苏轮存贡之钨锑包装,亦均已重行整理整妥须俟交涉妥就方可装运。现在Mr.Petro及事务员潘立成雇员钟松州暂仍留贡,会计员麦发英于七月二十八日先行离贡返防报告。兹谨将该员报告连同说明一份,一并缮具附呈,敬请鉴核。国外贸易事务所海防分所长贝志翔叩。冬。印。

　　附说明及报告各一份〔略〕

电之二(8月9日)

快邮代电　越字第二二〇七号　民国二十九年八月九日

　　资源委员会翁主任委员钱副主任委员钧鉴:冬代电计已呈达。美轮第二艘Puerto Ricant已于鱼日离防,经马尼拉赴美。该轮共装纯锑三万三千八百

九十二箱,应为净重三千三百八十九公吨二百公斤,又生锑四千二百四十一箱,应为净重四百二十四公吨一百公斤。当因该轮吃水太深而防海港口砂积水浅,该轮已不能再装,不得已余剩生锑五千八百六十箱,应为净重五百八十六公吨,暂时退关。经即报告美总领事电美另轮装示,据轮船公司声称:在十七日前有美轮一艘可到防,此项余剩生锑当可全数装该轮运美。除已电港所及纽约华昌公司知照外,敬电呈报。再各货运出提单副本,均由福公司具总经理转呈,谅蒙钧洽。被运南定滇桂锡,共计三百十八公吨,据美领称不久可以放行,正向港务局交涉,将该项锡块全数运回海防待装,并以报闻。国外贸易事务所海防分所所长贝志翔叩。佳。

〔国民政府资源委员会档案〕

4. 唐毅关于中国桐油船与美舰相撞及美兵行凶呈(1940年8月1日)

案据本局侦缉队队长蒲岗本月一日报告称。据侦缉队员宗冰报称:查财政部贸易委员会于七月三十一日午后四时许雇两木船各载桐油两百桶,由五桂石地方运海棠溪。讵行经龙门浩水码头时,因水流甚急,不能上驶,其中一只即被水冲退,而与停泊该处江边之美国兵舰《拉挪威》号相撞,但无损坏,乃该兵舰舰长詹姆列竟饬水兵用斧将该木船上所运桐油两百桶及船板等完全劈坏,抛于水中,并将船夫扣留,交由该处警察第十一分局严究。该

舰长且称必向我外交部提出交涉。理合据情转报钧部鉴核令遵。

谨呈

重庆卫戍总司令部

重庆市警察局局长　唐毅

〔国民政府重庆卫戍总司令部档案〕

5. 翁文灏请奖励洽办中国存越物资售美有功人员致行政院呈(1940年9月14日)

经济部　呈　秘字第68452号　中华民国二十九年九月十四日

案据资源委员会呈称:查本会经管钨锑锡等矿产品,其外运路线自粤汉

铁路断绝后,即改由越南海防转运香港出口。乃本年一月间海防当局忽奉令禁止我国钨锑出口,广州湾方面亦有同样禁令。又同月装由苏轮薛伦加号运往海参威〔崴〕之易货钨锑锡矿产品一千七百吨,亦经法方扣留卸存西贡,综计前后在越湾为法方阻运出口之矿产品,计钨锑各达六千余吨,锡品亦有数百吨。经数月交涉,法方迄未准放行。惟关于存越钨砂部分,法方曾派代表来华与孔副院长订约收购。嗣因法德停战,局势已非,法国对该项钨矿已无需要,遂延不付款。是时越局日趋紧张,该项矿品久留越境损失堪虞,乃急商美国驻华大使,并托纽约华昌公司李国钦转向美政府洽售存越全部矿产品。经李君努力接洽,当与美政府洽定由美方收购存越全部钨锑,并即派船到越装运。现该项已售钨锑及其他未经售定之矿产品,除薛伦加轮卸下矿产,苏方对运美尚有异议,正在洽商仍运苏联外,均已大部装运美方所派之两专轮运美,尚有少数未经装竣之矿产品最近亦可装出。此事前后办理经过,业经另缮节略呈报委座鉴核。并奉八月九日侍秘渝字第三。七九号未佳代电令,对各出力人员代致嘉慰等因。查此次售美矿产总值达美金八百余万元,其他附装美轮运美之我方自有矿产尚不在内,以如此巨大价值之矿产品,得能迅速脱离险境,深赖在事人员上下努力,而李国钦君之在美接洽得力,尤关重要。查钧部对于实业方面著有功绩人员原定有奖励实业规程,规定颁发奖章办法。李国钦此次接洽大批矿产售美事宜,保全国家重要资源,厥功甚伟,拟恳准照该规程第二条之规定给予金色民生奖章,以资激励。是否可行,理合检同本案办理经过节略,呈请鉴核示遵。等情。据此。查该会此次售美之矿产品,总值达美金八百余万元,其他附装运美之我方自有矿产尚不在内,能于局势紧张之时顺利运出越境,深赖各在事人员办理得宜,尤以李国钦在美接洽成功最关重要,原请给予金色民生奖章,核与奖励实业规程规定尚属相符,仍应予以照准。据呈前情,理合缮同原附节略备文呈报,仰鉴赐核准指令祗遵。谨呈

行政院

　　附缮呈原节略一件

　　　　　　　　　　　　　　　　经济部部长　翁文灏

　　　　　　　　　　　　　　中华民国二十九年九月十四日

存越钨锑售美办理经过节略

一、薛伦加轮事件，资源委员会为经办对苏易货，于本年一月初在马尼拉交由苏轮薛伦加（Selenga）号钨砂一千二百吨，纯锑四百吨及锡一百吨，运往海参威〔崴〕。该轮一月八日由菲启行，于驶抵台湾附近时突为英舰所截留，于十三日晨押往香港，受战时禁制品之检查。我方当即经由外交当局向英方提出交涉，说明该项矿产品原属按照中苏易货协定运往苏联之货，但在该货未到达苏联边境前，仍为中国政府所有，务请即日释放，但英方迄未正式答复。至三月下旬，英方宣称将该轮移转法方继续检查，并即由法舰将该轮由港押往越南西贡。我方随即向法国政府提出交涉，并同时商请英方从旁协助，仍将船货早日释放。几经交涉，法方于六月初开始正式表示该轮所装矿产可由彼出价商购，俾我不受损失，至该轮既属苏联，当可释放云云。复经继续交涉，仍请将该项矿产释放运苏，并说明苏方对我所供易货矿产已正式书面保证。绝不转运德国。惟法方仍坚持释放薛伦加轮，上载矿产仍须卸留西贡，由法代表欧德南（Audient）在渝与孔副院长洽商处置办法。旋经孔副院长与法代表商定，将薛伦加轮卸下钨砂，全部暂行售法，但由法代表致函孔副院长声明，如法政府允该项钨砂仍行运苏，则仍当运苏云云。此事嗣因法方未能依约付款，已洽准法代表同意。将该项合同取消，由我将薛伦加轮全部钨锑连同原存海防钨锑一并售美政府，但嗣后装船时，越南当局忽奉法政府令，拒绝释放薛伦加轮矿产品。苏联驻华商务代表亦奉政府训令，向我要请仍将该项矿产运苏。现正由我方向美政府商洽取消购买该部分矿产，俟得美方同意，即将该货运苏。

二、存越钨锑被扣事件资委会经管之钨锑锡等矿产外运路线，自粤汉铁路断绝后，均改由越南海防转运香港出口。乃二十九年一月初，海防海关忽奉令禁运钨锑出口，又奉命禁运锑品出口。同时广州湾亦禁我钨锑等矿产出口。一月十日，海防市长并亲临勘查本会到越钨锑。十一日晨，正式签递征收令及收条，将到防报关进仓之钨砂均行封存，并指定本会驻防代表为负责保管人。查当时我国存防及即可到防矿产计有锡锑各三千余吨，若全任法方征购，则对外易货及外销均将无法交付，影响国际信谊，当即转请外交部并急电顾大使向法国政府提出严重交涉,取消征购办法,仍允钨锑照常经防出口。同时本会亦在渝与法大使及法商务参赞往返洽商迅速解决途径。法当时表示愿知我国存越钨砂之分配办法,我方乃答以该地钨砂计共三千余吨,拟以六百吨售法五百吨,供对英易货四百吨,供对苏易货一千五百吨,运美销售(其中事实上拟提出一千吨转运苏联,但此节不向法方说明。)一月下旬,法国军备部Braye及Deeaquaise二人来渝商洽此事,彼等对于上述办法表示异议,要求以一千七百余吨售法只以五百吨运美,且要求每年须售法钨砂八千吨,定价应特从廉。双方意见相去甚远,因之洽谈未获结果。该二代表随即离渝赴越,由法大使在渝继续交涉。我方为谋该项钨锑得以迅速出口起见,对钨砂分配办法乃略为变更,允以一千吨售法,一千吨运英,一千二百余吨运美,四百吨运苏,并请法方即行同意出口。至锑品部分法方即〔既〕无需要,亦请早日放行。关于价款方面,亦经同时与法方商洽,以纽约国际市价为计价标准。法方对我所定运苏四百吨。一节坚不同意,对于早日放行事亦迄无具体答复,惟表示我方所提价格标准太高,难以同意。法方为谋此事最终解决起见,乃派欧德南于三月中旬由法飞渝,襄助法大使继续接洽。法代表欧德南抵渝后,即与孔副院长进行磋商,旋经洽定,以存越钨砂五千九百四十吨(内有薛加伦卸下之一千二百吨及续到之货)全部售予法国,价格照各单位八十四先令计算,海防及西贡交货由孔副院长与欧德南于六月十日正式签约,按照该约之规定,法方应于签约时先付价款百分之九十。故欧德南于该约签字后,即行飞往越南,原定到越后即可付款。乃是时适值欧战形势突变,法方对德屈服,法方遂延不付款。

三、在越钨锑售美事件自欧局剧变后,越南形势亦日趋紧张,我国存越矿产计有钨砂五千九百四十吨,锑品五千六百七十吨,锡品一百五十吨,此外存广州湾者尚有锑品约千吨,其总值不下美金八百余万元。法既屈服,越南局势岌岌可危,强邻窥视,随时有损失之虞。为急图挽救起见,乃一面与英商福公司总经理贝安澜接洽,请其即日飞越以福公司名义设法雇船将存越及广州湾各矿产品运往马尼拉或新加坡,一面并于六月二十一日致电纽约华昌公司李国钦君,请其即商美政府,承认我存越湾两处矿产已由美方收购,并即电驻越美领事,通知越督放货,以免运出时或受敌干扰。同时又致函驻华美大使,告以我方存越矿产拟即设法运到马尼拉或新加坡,并已托由华昌公司在美接洽,美政府且有收购之意,请其转请美政府协助向越方交涉放行。此时福公司贝安澜君已应我方之请,于二十二日飞越办理出口交涉。华昌李国钦君于接获本会去电后,即于二十四日由纽约飞往华盛顿,与美政府有关各部门洽售存越矿产钨砂五千九百四十吨及锑品五千六百七十吨。是时美政府已接美大使电,说明我方洽请协助各情形,复赖李君与美国各方人员多有熟稔,故接洽异常顺利。经分别与美国防委员会(National Defense Council)、陆海军军备部(The Army and Navy Munition Board)、财政部(The Treasury);及建设银公司(Reconstruction Finance Corporation)磋商后,于二十五日即得获各机关同意,收购我存越钨锑之全部,并议定钨砂纽约交货价为每短吨单位美金十五元八角二分,纯锑每磅一角四分,此项价格超出美国现下市价。此固由于美国政府之特予协助,亦李君折冲之力。此事洽定后,李君乃立即商请美国务部(The Department of State)于二十五日晚致电驻越美领事,即与法越当局交涉放货,同时并商准美船务局(The Maritime Commission)于七月内先后派专轮两艘驶越装运该项矿产品。资委会于接获李国钦君及美大使此项报告后,一面电知驻防代表及驻河内许总领事迅与美领取得联络,向越方洽领全部钨锑出口证,俾美轮到后即可装船。一面并电复李君,请续与美政府接洽,将广州湾存锑千余吨亦一并洽售美方。惟查存越钨砂原已与法方订有售货合约。但法方延不付款,我方自难无限期等待,因即由我驻越总领事馆致函法代表欧德南,商请取消合同。越督此时并已奉法政府电令,对于钨砂暂禁出口,锑品则可运至新加坡。惟我方以时局紧急不可久待,乃数电李国钦君请转商美政府,即向法方说明该项存越钨锑均已售美,为美国货物,应即放行运美。同时美方所派两船已在西贡海防间候命,俟货放行后,即可召往装货。我政府驻越代表宋主任子良,于六月二十五日接法代表欧德南函,声明放弃购钨合约。于是乃由河内许总领事及资委会驻越代表与贝安澜,会同美领事积极向越方交涉放货。至七月一日晨,越督始正式签准放行存防贡全部钨锑运美。美领当即电召船舶来防装运,至存广州湾锑品约千吨,经我驻美人员与美政府洽商后,美政府亦已同意全部收购。此外,我国存越及存湾尚有续到少量钨锑锡矿产品,并经洽准美政府允予附装美轮运美,由我自行销售。七月十日,第一艘美轮Birmingham City驰抵海防,装载钨砂三千一百十二吨及纯锑九百吨。十八日离防驶贡,在贡续装新自海防移往之钨砂一千五百二十吨,装毕于七月三十一日离贡径驶纽约。第二艘美轮Puerto Ricant,十九日到达广州湾,当即开始装货,计装锑一千七百六十六吨、钨二百四十吨、锡一百七十七吨,装毕即驶防,续装存防之纯锑三千三百三十吨及生锑四百二十二吨,于八月六日离防驶美。此外未能装运之矿产品尚有少数锡锑及薛伦加轮卸下之钨锑一千七百吨,前者后因舱位无余当俟下次美轮来越时续装。关于薛伦加轮货,法方因苏联政府要求,该项矿产仍须运苏,故不允放行运美。我方以目前越南局势日趋紧张,该货既不能运美,若能及早运苏,亦可免于损失,现正由我方向美政府商请取消该货售约,一俟美方同意,该货即可运苏。如此全部在越值美金八百万元以上之矿产,在各方协力进行之下,得于最紧张之时运出越南。此固办理人员努力之结果,亦国家之幸也。

〔国民政府行政院档案〕

6. 蒋介石关于兴筑滇缅铁路可先请宋子文在美接洽协助代电 (1940年11月30日)

国民政府军事委员会代电侍秘渝字第4955号

孔副院长庸兄勋鉴:据曾养甫同志函呈略称:近闻滇缅铁路工程又告停顿,窃意滇缅交通为今日唯一国际路线,现在公路每月运输不能达五千吨,殊觉缓不济急。近自三国成立同盟,英美双方之利害已与我国完全一致。职意此路仍应赶紧筑通,友邦对我之援助,亦以借款促成滇缅铁路最为重要。职对此路研究有年,如能假以事权,发挥革命精神,最迟至三十一年春间,必可通车。闻英方对此路亦认为重要,有借款四百万镑促其完成之议,已由英国驻美大使征求美国意见。拟请向英方表示借款须增为五百万镑,料款现金各半。并即电美国政府,表示滇缅铁路关系中国抗战之重要,请其居间促英国借款之成功。等语。查该路前以越缅情势影响,恐材料输入困难,以致工程滞缓。现该路为国际唯一交通要道,如能取得英方资助,自宜赶速期成,以利军运,兼策久远。据呈前情,即请注意核办,或由兄电请子文兄在美接洽进行为盼。中正。戊陷。侍秘渝。

印。

中华民国二十九年十一月三十日

〔国民政府行政院档案〕

7. 国民党中宣部国际宣传处关于协助解决从沦陷区撤至西南后方之美国传教士事致蒋介石呈稿(1940年11月—1941年3月)

1)中宣部国际宣传处致蒋介石呈(1940年11月7日)

中央宣传部国际宣传处呈　国渝字第3106号

事由:中华全国基督教协进会在沪开会,决定一部分美国教会侨民撤至我后方,希望政府予以协助,呈请鉴核由。

谨呈者:顷据中华全国基督教协进会总干事陈文渊来渝报告称:该协进会于十月十一日在沪召集各美国教会干事、大学校长、医务人员以及其他工作者,讨论在美国政府下令撤侨之后,适应现局之全体行止问题,当经议决如下:

一、各家庭妇女孩童、体康不健全者,所任非必要工作者,适在休假期者,应即撤返美国。

二、壮年男子与妇女,自问无居留沦陷区域之可能者,应即撤至自由中国。

三、极少数会员三十余人,有居留沦陷区必要,并抱在任何困苦环境中奋斗之决心者,应即积极作居留之准备。

经统计,第二项所规定自愿撤至我抗战后方者,约有四五百人,准备分赴我后方各处参加教会各项工作,其分配定有下列三系。

一、贵阳、桂林、梧州、韶关、衡阳、长沙一系;

二、赣南及闽省为一系;

三、从昆明北上赴滇、川、陕各重要都市为一系。

窃念抗战开始以来，国内美国基督徒予我物质上与精神上之援助甚多，而该会此次决议，有工作能力者四五百人撤来抗战后方，参加各部分有利我抗战之教会工作，不独厚我实力，壮我声威，且其见义勇为之牺牲精神，足以感动美邦朝野，益增其援我之热忱，倭奴睹此，将颓丧不知所矣。以国际宣传之立场言，此种良机，应力予促成，不容错失。经向陈总干事征询该会所希望我政府予以协助者有下列三端：

一、予以交通上之便利，或准其免费旅行。其入境路线有三：（一）由滇缅路至昆明，再西〔东〕赴黔、桂、湘、赣各省；北赴川、陕、甘、宁各省。（二）由香港至韶关，再赴桂、湘、赣、闽各省。（三）由宁波赴浙赣、湘闽各省。

二、通令沿途军警照料保护。

三、彼等到达目的地时，先由当地教会妥为照料，惟遇有困难时，希望地方当局协助其妥筹居住及办公房屋。

兹事体大，如蒙鉴其诚挚，允予所请。似宜责成行政首长指导方针，复派专员负责办理，是否有当，敬祈鉴核。又据陈总干事报告：在沪教会学校就学之学生约有四五千人，皆愿由宁波来后方学，拟报告教育部陈部长洽办，理合一并呈明。谨呈

总裁蒋

中华民国二十九年十一月七日

2)董显光致俞飞鹏函（1941年3月27日）

中央宣传部国际宣传处公函　国渝字第3589号

樵峰吾兄部长勋鉴：敬函者：查协助居留沦陷区美侨撤出，转赴后方工作，借以增强抗战实力一案，前奉委座谕：准由地方长官及交通机关予以保护及协助在卷。兹据办理美侨撤来后方事宜之咨询委员会负责人陈明新来函，为有中国内地会员F.E.Keebles牧师及其夫人由沪经仰光来渝，现已抵达云南大理府，携有行李一吨半，缺乏车辆，无法运带，嘱代设法等语。敬特来函，拟恳吾兄鼎助，转饬西南运输处或其他部分供给该外人等以交通上之便利，俾

获于最短期内,携带其行滞于滇缅路之全部行李,乘车来渝。兹将陈明新君原书抄奉,务祈惠察俯允,不胜公感。专颂

勋安

弟　董〇〇谨启

三十年三月二十七日

8. 何应钦、俞飞鹏等关于聘请美国顾问及滇缅公路事交涉与蒋介石等往来文件(1941年4月3日—1942年1月22日)

1)何应钦致蒋介石签呈(1941年4月3日)

查滇缅公路运输工程监理委员会组织案已奉批可,亟宜筹备组织,其专门督察中掌管运务及管训之二人,原拟商由美政府推荐。兹拟请钧座电宋子文先生在美洽商遴聘,俟遴妥来华后,先请聘为行政院顾问,派会办事。兹拟具电稿一件,是否可行,敬乞鉴核判发。谨呈委员长蒋

运输统治局兼主任　何〇〇

2)何应钦致外交部代电(1941年4月4日)

代电

外交部王部长勋鉴:滇缅国际运输路线,关系抗战至为重要,本局为加强该路运输工程,奉命组织滇缅公路运输工程监理委员会,并奉指定俞部长飞鹏兼主任委员,张部长嘉璈、宋主任子良、贝克顾问及请缅政府推荐一人委员,预定于五月一日在昆明组织成立。相应检同该会组织大纲、系统表、编制表及主要人事表等件,电请查照。其缅方委员一人,请贵部转发曾次长,就近与缅政府洽商推荐,俟人选决定后,拟先呈请行政院聘顾问派会办事,并请将洽商情形见复为荷。

运输统制局卯支秘印。

附组织大纲一份、表三份[略]。

3)何应钦致外交部代电(1941年4月9日)

代电

外交部五部长勋鉴:关于滇缅公路运输工程监理委员会应聘缅方委员一案,前经电达查照,并请转知曾次长洽商缅政府推派来华在案。兹距该会成立之顿日见迫促,用特再电查照,务希转知曾次长,迅予洽商缅府,早日遴妥,俾便筹商进行工作为荷。运输统制局。卯青。统秘。印。

4)俞飞鹏致曾镕甫笺函(1941年4月10日)

笺函:

镕甫次长吾兄勋鉴:滇缅运输关系抗战至关重要,居里先生及缅代表来特均呈有改进致议,兹奉委座饬令筹设滇缅公路运输工程监理委员会,所有组织大纲、系统表、编制表及主要人事预定表,业经呈奉委座核定。刻正筹备组织,兹将以上各件寄请察阅。查委员中应由缅方推荐一人,因滇缅路线两国关系密切,商主任、林次长过缅时缅督曾有合作表示,故拟邀请参加,共策进行。除已请外交部转达我兄处请查照,即与缅政府协商人选,选定之后,拟先聘为行政院顾问,派会办事。该会预定本年五月一日在昆明成立,缅方委员最好能在期前派定,俾派该会成立时,即可参加。专此奉达,即请查照办理见复为荷。敬颂

勋绥

附组织大纲一份、办事细则一份、表三份[略]

弟　俞○○敬启

四月十日

5)军委会侍从室致宋子文电稿(1941年4月11日)

华盛顿中国驻美大使馆转宋子文先生:密。滇缅运输,中外属望。居里及缅代表来时均有改进之议。兹拟设滇缅公路运输工程监理委员会于昆明,隶于运输统制局,以俞樵峰为主委,张公权、宋子良、美人贝克及缅政府推荐一人为委员,其下设督察长一人及专门督察五人,督察长由贝克兼,专门督察

中拟请兄商美政府物色专家二人,一人任运输业务指导,一〔人〕任司机管理与训练,须确有经验者,令妥来华后拟聘在监理会办事,其待遇请酌商。该会组织案另寄奉。中○。真。

6)外交部致运输统制局快邮代电(1941年4月28日)

快邮代电欧30第2610号

　　运输统制局公鉴:关于组织滇缅公路运输工程监理委员会,拟聘缅方委员一人事,本月四日渝统秘字第四一四三二号代电及附件暨九日渝统秘字第四一五一八号代电均敬悉。当经电知本部曾次长洽商去后。兹据二十四日电复称:前以缅甸总督府考罗参议因事离仰,无从接洽,该参议昨始回仰,当即往晤,据云对滇缅路监理会原则同意,惟问题全在华境,请尽先成立,俟实行有成效,缅方再考虑派人参加等语,并称正式书面答复,容请示缅督后于星期六前送达。除届时另文详报航寄外,谨先电闻等情。除俟得详报再达外,相应复请查照为荷。外交部俭。

7)运输统制局致西南运输处代电(1941年4月28日)

代电

　　昆明西南运输处公鉴:案准外交部电转曾次长报告,(中略)缅方对滇缅公路路面不整,中国司机之粗暴及沿路线序之不能维持(如随意扣车及兵士强迫乘座〔坐〕等)深致不满等由。于应转电查照,希即转饬该路负责部分竭力尽速改善具报。

　　运输统制局。辰麻。秘。渝印。

8)运输统制局致运输工程监理委员会代电(1941年4月28日)

代电

　　昆明滇缅公路运输工程监理委员会鉴:查该会预定应由缅政府推派一人为委员,经电达外交部请转知曾次长向缅府洽商在案。兹准该部本月冬电,略以据曾次长上月二十七日报告称,经与缅甸府考罗参议面谈,对于改良滇缅公路运输一节,曾致函与西南运输公司贡献缅方意见,该函已由西南仰光分处转呈总处,综合该参议谈话要点,须俟监理委员会组织成立实行工作,而有成效时,缅方始能考虑派人参加问题。该参议员对滇缅公路路面不整,中国司机之粗暴及沿路线序之不能维持(如随意扣车及兵士强迫乘座〔坐〕等)深致不满云云。特电知照,除缅方对公路提供各点已另电西南运输处改善外,并仰切实注意督促改进具报为妥。

运输统制局。辰麻。秘。渝印。

9)运输统制局致监察处代电(1941年4月28日)

代电

本局监察处鉴:滇缅公路为我国际重要路线,缅方对该路之路面不整、中国司机之粗暴及沿路线序之不能维持(如随意扣车及兵士强迫乘座〔坐〕等)深致不满。除分电该路负责机关极力改善外,关于沿线秩序应由该处切实取缔,以保安全,仰即饬属遵照办理具报为要。运输统制局。辰麻。秘。渝印。

10)外交部致运输统制局快邮代电(1941年5月2日)

运输统制局公鉴:关于组织滇缅公路运输工程监理委员会拟聘缅方委员一人事,上月二十八日欧30字第二六一〇号俭代电计达。兹续据本部曾次长上月二十七日报告称:兹接缅甸总督府考罗参议正式书面答复,谨将原件附呈,祈誊核转知。又据该参议面谈,对于改良滇缅公路运输一节,曾致长函与西南运输处。综合该参议谈话要点,须俟监理委员会组织成立实行工作而有成效时,缅方始能考虑派人参加问题。该参议及对滇缅公路路面不整、中国司机之粗暴及沿路秩序之不能维持(如随意扣车及兵士强迫乘坐等),深致不满,探询其将来派选缅方委员人选时,据告依其个人意见,以北掸人地工务局总工程师(Chief Engineer, Public Works Department, Northern Shan States)最为适当云云。相应抄同原附英文复文一件,电请查照为荷。外交部。冬。

附件〔略〕

11）军委会运统局监察处致何应钦呈（1941年5月13日）

军事委员会运输统制局监察处呈：监稽一字第七三四一号。案奉钧局长麻秘渝代电开：滇缅公路为我国际重要路线，缅方对该路之路面不整、中国司机之粗暴及沿路秩序之不能维持（如随意扣车及兵士强迫乘坐等）深致不满，除分电该路负责机关极力改善外，关于沿线秩序应由该处切实取缔，以保安全，仰即饬属遵照办理，具报为要等因。除电饬滇缅路沿线各检查所站对于粗暴司机及行车秩序切实取缔改善，并迳函路政当局整理路面外，理合将遵办情形具文呈请鉴核。谨呈主任何。

12）蒋介石催请俞飞鹏电文（1941年6月17日）

速转俞部长樵峰兄：关于滇缅路交通运输与修路工程，务望全力以赴之，此后抗战工作应视此为第一急务，不仅为抗战成败所关系，乃吾人能力优势之试金石也。中正手启。删机。渝印。昆铣转腊，铣转。

13）俞飞鹏致运统局等电（1941年6月24日）

运输统制局：267密。分送委员长蒋、副院长孔、主任何、交通部张部长。删机渝手启电祇悉。滇缅路固为我国抗战脉所关，亦为国际视线所集。钧座手谕谆谆，职宁不知奋，凡为精神能力所能用到之处，决不敢放松一步，请释厪念，并乞随时指示。职晤缅督，彼表示滇缅公路中英利害相关，极愿帮忙，今日偕曾次长与克罗泰参议谈话颇久（两小时廿分），职对克罗君向商主任所谈滇缅路问题十一项，已逐一答复，次则告以统制局监委会致力于该路之改善情形，次则由职提出要求数项，彼表示友好，并云昆明监委会缅方委员一人，彼将报告总督由彼参加，本月二十日前后拟带一秘书循滇缅路赴昆一行，希望与监委会各委员见面。惟彼职务甚至不能常川驻昆，必要时可派一名秘书代表等语。谨此电呈。职俞飞鹏。条仰皓。腊发。印。

14) 宋子文致蒋介石呈（1941年6月17日）

宋子文呈文译文

三十年六月十七日华盛顿

关于安司丹君履历事

委座钧鉴:敬启者:谨按司丹君系由霍卜金君所推荐,而霍卜金君则为租借法案之执行人,曾任商务部部长,与罗斯福总统极为接近,其地位远在居里君之上,因尝闻滇缅公路运输之种种困难,故特介绍安司丹君於吾人。文当时即向美国各银行调查其能力及信用地位,谨将各银行复函录,伏乞鉴核。据各银行自称:均认为安君系一富有能力之卡车运输专家,上次世界大战中安君由一兵士而递升至大尉之职,在运输业中则由一专业汽车公司之司机而享有今日之地位及资产,安君之为一大组织家及其为人之真诚可靠,实不容发生疑问,而其生意经之彻底,则尤为众所佩服,顾"生意经"三字并不足以短安君,诚以在运输业中对付一般粗人如司机之类,如非彻底,生意经必难获得成功也。安君谈话有时不免铺张,然此乃多数美国白手成家之商人之通病。关于安君来华之报酬,殊无如何肯定之默契,文确信其来华之动机实为好名心所驱使,盖欲成为能使滇缅公路每月运量由数千吨增而为三四十万吨之成功者而已,换言之,即彼欲将其侠义冒险之成功显露于我国之抗战中,因而获享盛名,故文意金钱报酬对彼之引诱,不如上述原因之巨也。随彼来华者,计有二人一,为台维司君,一为赫而门君,赫君系出旧金山富室赫而门家庭,文观查安君,则以为彼乃一极富卡车运输经验、不畏艰苦之人,如能妥予协助,彼当可使滇缅公路有伟大之成就。惟所虑者,诚恐彼与我国人未能相处得宜,缘彼乃一勇径直不拘小节之人,难免不招致各方嫉妒,倘若能由我国派一超越人材与之合作,忠诚相处,并为其据〔摒〕除一切障碍,则文深信安君当能有满意之贡献。至贝克君与安君,诚难相提并论,盖贝君终非卡车运输专家也,至前岁美国财政部由吉星公司选择派来华之三人,亦非安君之伦,因彼等不过吉星公司会计处之职员而已,谨按滇缅公路之进行,既不在文职责之内,故不愿对其管理方面表示越权干涉,而文之职司则将各种器材运达仰光,即为竣事。至于请安君及其参与来华之动机,则纯出于对改善滇缅公路之一般信〔兴〕趣,并认为已经所以不能获得美国支〔资〕助之故,实缘美国当局深知该路每月运量仅及数千吨,以致积存仰光、腊戍两地之货物无法输通,目下若非将滇缅公路运输便利迅予改善,则所有器材只得听其积存新加坡及缅甸各区,前方部队既无法得用,而且常须担心日寇有进攻仰光之一日,致此项珍贵之器材,有如昔日海防存货,不免被日寇抢掠而去之虞。此则文所以不胜其隐忧者也。故文深望吾人应以不屈不挠毅力,对于安司丹君及其参赞人员应予以不倦之期待,俟美国卡车及专门人员到齐后,则此项最重要运输问题之解决,当有显著之贡献,谨肃,敬颂钧安。

安司丹君略历

安司丹君英文全名为 Daniel G.Arnstein

年岁 五十岁

住址:纽约城白克路四八〇号

办事处:纽约市百老汇路一七七五号

经历:一九〇七年开始服务于汽车运输事业,初充驾驶员,继充送货员,司任经理三年;

一九一四年代芝加哥大屠兽场设计,将原有全班送货马拉车辆,悉数变为摩托化。

一九一七年至一九一九年,被征入伍充兵士,一九一七年擢升曹长。

(军队簿籍中名:G.D.Arnstien)

一九二〇年于支〔芝〕加哥倡立赫而士司机自动制度,设立汽车站,雇人员推行于全美二百余城中。

一九三五年代表银行界将各汽车营业公司或收买或继合,组成一由支〔芝〕加哥至纽约市卡车运输线。

一九三七年迄今,独资经营纽约市终点营业汽车公司。

附:

中国银行纽约经理处夏屏芳经理上宋子文先生函

董事长钧鉴:敬启者:关于安司丹君一切,兹获得下列报告,用特录呈,即希鉴核为荷。

一、据纽约市大通银行报告,安君虽非该行存户,惟经代为查询后,深知安君从事汽车运输业应有年所,彼系由闻名全美之黄色营业汽车制度创始人赫尔士君所识拔,安君因前服务美国陆军,大战时曾由兵士升至大尉,故富有军事经验,现则独资经营由纽约州至彭雪佛尼区州之营业汽车,业务甚佳。此外对于卡车运输汽油及保险等事业均极感兴趣,人咸认其为一富有运输经验,且为一有实际材〔才〕干之人,最近并闻中国政府有延致其整理滇缅公路运输之说。

二、据纽约市中央汉乐埠银行信托公司报告,安君在营业汽车界极有地位,对于该业知识极丰,并为终点营业汽车公司之首脑人物,安君并非该公司之职员,乃系该公司重要投资人,过去十个月中,安君对于该公司营业加以改组整顿,其改组及整顿最大汽车巨头,该公司实为美国大营业汽车公司之一,彼系由一司机员而选升至目下经理地位,因系司机出身,故在汽车运输业中实为极有地位之人。

三、据欧文信托公司报告,据报安君在卡车运货及营业汽车界中为一材〔才〕能最大之组织家,极负时誉,现正主持终点营业汽车公司,该公司为纽约最重要之营业汽车公司之一,彼曾于当权之年中,将该公司置于营业获利之基础上,实则安君不仅在汽车运输界之材〔才〕力过人,而为人真诚尤为难得,据闻安君颇为富有至其所营事业则尚有其财源。

欧文信托公司,尚拟于明日再将详细报告送来,同时方并向邓及薄芮得司特里特等公司采访关于安君经历,大约二三日后当可函陈专肃,并公布钧绥。

职夏屏芳谨启,三十年六月五日纽约中国银行。

奉钧座元戌川侍参第七九五号代电,为宋子文先生青电建议加强滇缅公路运输暨美政府推举专家安君来华协助各节饬核议报等因。经饬据俞参谋长飞鹏签称:

一、美政府保为公路运输界领袖安司丹君来华服务,足见其关心我国运输之切,俾援助之物资,克以早日输入,盛意可感至表欢迎。

二、拟在滇缅公路运输监理委员会之下,添设执行部一层,拟即于原有组织内加设业务长一员,综管运务工务厂务材料及司机管训等事宜,即以安君充任,飞鹏以主任委员地位,指挥其服务,与设总事经理之意仍属相合,安君来华拟聘为行政院顾问,派充该会委员兼业务长。

三、该会秘书长一席拟请改派宋委员子良兼任,以陈体诚副之,俾可对于西南运输业务,克以密切联系。

四、贝克委员原兼督察长,职权范围较广,兹拟将执行业务部分,划归安君担任贝克则专任滇缅公路运输工程及会计业务督察之责。

五、根据上述二、三、四各项,将原有编制表,修正附呈如蒙裁可,拟请先行寄交子文先生一阅,倘无意见,俟电复再行发表,以昭郑重。

六、至于各物资机关派遣代表驻会审议及运输调度机厂修理司机管训等项,即应训练两项,自当照办。

七、我国公路专家甚为缺乏,以后对于运输调度机厂修理司机管训等项,即须借材〔才〕异地,拟请子文先生转商安君酌带数员来华协助。

八、飞鹏因本职关系,不能常驻仰光,自当委托本会员委员代办。

等情。据此。核尚可行,理合签请,鉴核示遵。谨呈

委员长蒋

附呈现行及修正编制表各一件,既抄宋子支〔文〕先生原电一件,并附后电称一件。

孔祥熙　何应钦

15)蒋介石关于宋子文聘请美国顾问安司丹事批示(1941年7月12日)

抄批

该局组织初改不久,若再改组徒费手续,摇动观听。不如待安司丹君到后,再与面商办法为宜,现可电子文欢迎安司丹君,问其安司丹君与贝克二人能力资格如何,应以何人为首席,详询美政府意见,可作改组时之参考。滇缅路运重要,以后不宜设委员制,应交樵峰全权办理。

中正

16)侍从室拟蒋介石关于宋子文聘请美国顾问安司丹事电稿(1941年7月12日)

拟致宋子文先生电稿

华盛顿中国大使馆转宋子文先生:密青电悉。安司丹来华服务,至为欢迎,请即催首途,其所担任工作,拟俟到后再与面商,再安司丹与贝克二人能力资格,应以何人为首席,请详询美政府意见,以作参考。中〇。

17)俞飞鹏致运统局电(1942年1月22日)

运统局钱秘书长:详密。(一)威尔逊顾问本日先向自昆飞抵腊戍;(二)美技术员本日自加尔各答飞机到腊。七位据云感日以前,可完全到齐。已饬腊局招待,请慕尹兄转告麦将军,并转呈总长及商主任为荷。俞飞鹏。腊。哿。酉印。

〔军事委员会档案〕

9. 翁文灏为采购国营工矿电建设事业器材所需款项列入美国军火租借法案与蒋介石往来电(1941年7月)

1)资源委员会致蒋介石电(7月1日)

委员长蒋钧鉴:查资源委员会经办国营工矿电建设事业,日益扩展,所需国外器材,虽历经奉准在国外借款内酌为列购,但以限于借款支配数额,离开实际需要甚远,因之一部分生产能力较大之厂矿,为器材之缺乏,未能充分出货。若不及早补充,更将影响工作。资委会主办各事业,直接间接均与国防有关,在此抗建期间,自应加紧生产,而各项必需器材之购置,实属刻不容缓。兹经拟定待购器材清单一份,计共需美金一千七百万元,所列各项均与偿付外债或军用品之供给有关。最近美国方面通过对我军火租借法案,该项器材依照租借法案规定,可以包括在内,再我国于租借法案内可以得到之物资为数必大,本会此项所拟购置之器材为数有限,决不致影响其他军用品之订购。理合检同拟购器材清单一份,电呈钧座,务恳赐准列入此项美国军火租借法案内,训示知照,以便电美洽订,是否有当,敬祈鉴核示遵。单内所列各项,一部分为前呈国防工业三年计划所列入,而为目前所特为急需者。又一部分则为各厂矿所必需之器材,均已在单内分别注明,并以□□。职翁○○叩。(东)资。

2)蒋介石复翁文灏电(7月12日)

国民政府军事委员会代电 侍秘川字第8184号

经济部翁部长勋鉴:密渝字第(0142)号东资代电及附件均悉。所拟急须补充之器材共计美金一千七百万元,应准列入此次美国军火租借法案内。除电知孔副院长外,即希商承洽订可也。

中正。午。文。侍秘。川。

中华民国三十年七月十二日发

〔国民政府资源委员会档案〕

10. 蒋介石对美国封存日本在美资金表示感谢致罗斯福总统电 (1941年7月31日)

承阁下应鄙人之请实行封存日本在美资金,此举表示贵国在各种方面援助中国,实深铭感。贵国对日本封存其资产之举实予侵略者以重大之打击。余深信关于鄙人向阁下所提其他各项之建议必蒙迅速实施,以增强我国抗战力量而适应远东紧急之局势。特电表达谢忱。

〔国民政府军事委员会档案〕

11. 美国空军援华志愿大队战史纪要(1941年12月—1942年4月)

第一节 组织概况

中国空军美志愿大队系于中华民国三十年八月一日奉委员长蒋命令正式成立,派美顾问陈纳德上校为指挥官兼大队长,下辖三个驱逐中队,共有P-40B机一百架、P-40E二十五架,空、地勤人员最多时曾〔增〕至二百七十余名。其人员系志愿来华参战之美员及航空委员会派赴该队之华员共同组成,并由第五路司令部设管理主任以管理中国人员,该队初用缅甸东瓜英空军机场开始训练,继移仰光明格拉顿机场,是年十二月中旬,因据情报敌空军将袭滇境,十七日陈纳德令第一、二中队迁驻昆明,保卫滇省;第三中队仍留仰光,协助英空军作战,一、二中队迁驻昆明,至十九日晨全部迁竣,其后第一、二、三中队于昆、仰两地轮流换防。并随战局之发展,在缅境作战部队逐次转移腊戍、雷允、保山等地,积极保卫领空,并协助我军及盟军作战。迄三十一年六月初,滇境雨季来临,且缅战告一段落,该大队及〔即〕全部内迁,驻防湘、桂各地,继以自珍珠港事变以来,美、日已正式交战国家,此项志愿性质之部队,已无继续存在必要,遂于同年(三十一年)七月四日将大队撤销,并入美国陆军第十航空队第二十三战斗大队,至此志愿大队遂告结束。关于该大队之组织概况参照表(一)〔略〕、〔二〕、(三)〔略〕。

表(二)中国空军美志愿大队人事统计表[①]

表(二)　中国空军美志愿大队人事统计表

民国三十一年十二月开始在华服务		飞行人员	地勤人员	辞职者及其他	战死者	受伤者	失踪者	总计
在役	三十年十二月	79	196				2	277
	三十一年一月	53	129					182
	三十一年二月	50	140					190
	三十一年三月	48	129					177
	三十一年四月	19	117					136
出差	三十年十二月							
	三十一年一月	18	59					77
	三十一年二月	19	42					61
	三十一年三月	18	39					57
	三十一年四月	46	45					91
其他	三十年十二月							
	三十一年一月			9	7		2	18
	三十一年二月			7	1	1	2	11
	三十一年三月			14	3	2	3	22
	三十一年四月			7		1	3	11
合计		350	896	37	11	4	12	1310

[①] 该表由选编者根据原件中分月表综合而成,其中三十一年四月之各项数字原件上注明"迄二十四日止"。

第二节   战斗经过

中国空军美籍志愿队于三十年八月间因器材补充及训练之一便,乃在缅甸成立。更因编组训练需时,迄十二月开〔间〕始克作战,是时敌空军进驻安南,有袭滇企图。志愿队乃调两中队至昆明,担任防空,其第三中队,仍驻仰光,协同英空军作战。十二月二十日,敌机十架自越南侵袭昆明,被我机击落四架,是为志愿队作战之始,二十三日敌机五十四架初袭仰光,驻仰光第三中队协同英空军迎战,共击落敌机六架。尔后各中队于昆明、仰光轮流调防任战,或向安南、泰国出击,或在滇、缅地区协助我陆军作战。继随战况之发展,驻缅部队逐次移至滇境雷允、保山等地。迄五月二十一日大小作战约百余次,击落或击毁敌机二百六十余架,击伤敌机可能坠毁者犹未计入。我机仅损毁及受伤六十九架耳。兹将该大队作战统计列表于后:

附录一:中国空军美志愿大队作战统计简表

任务	次数
战斗	26
攻击	23
侦察	27
掩护	4
拦截	10
巡逻	9
合计	109

敌军损失		飞机	其他
证实	击落	193	
	击毁	75	卡车112 仓库15
	击伤	40	
可能	击落	56	
	击毁	8	
	击伤		
总计		372	127

时间	出动次数	机数	附记
三十年十二月	33	53	
三十一年一月	20	117	机数未注明有三次
三十一年二月	88	50	机数未注明有六次
三十一年三月	12	48	机数未注明有一次
三十一年四月	32	138	机数未注明有三次
三十一年五月	22	131	
三十一年六月	5	20	
合计	212	557	

空间	出动架数
国内	34
安南	9
泰国	7
缅甸	52
合计	102

美志愿大队之损失	人员飞机	失踪	4
		殉职	9
		受伤	6
		阵亡	11
		损失	68

美志愿队飞行员击毁敌机最高纪录表

（包括空战击落及地面炸毁者）

队别	职别	姓名	籍贯	击落架数	备注
第一驱逐中队	中队长	尼尔	美国爱荷华州	16架	
第三驱逐中队	分队长	李得	同上	11架	
第二驱逐中队	分队长	希尔	美国德〔得〕克萨〔斯〕州	11架	
	分队长	麦克格里	美国加利福尼亚州	11架	执行任务时失踪
	分队长	尼特尔	美国华盛顿州	10架	阵亡
	分队长	白楷得	美国宾西尔凡尼亚州	10架	
	分队长	夫斯特得	美国奥勒岗州	10架	
	中队长	牛科克	美国密歇根州	9架	
第三驱逐中队	分队长	欧尔得	美国加尼福尼亚州	9架	
	分队长	邦得	美国德〔得〕克萨斯州	9架	

附录二:通信组织［略］

〔国民政府军令部战史会档案〕

12. 美国陆军部长史汀生为证实美方派遣中国战区美国陆军司令官事与宋子文往来函电(1942年1月)

1)史汀生致宋子文函(1月29日)

宋先生:

关于推进〔荐〕派遣一高级美国陆军军官充任蒋委员长的参谋长及中国战区美国陆军司令官的计划,有若干点必须明确了解,俾得与英国参谋长完成各种重要的磋商。根据我们过去关于本问题的谈话及通信,我对于美国陆军代表的职权的了解大致如下:

监督并管制一切美国对华有关国防的援助事宜。

在蒋委员长节制下统辖一切在华的美国部队以及经指定的中国部队。

在任何在中国召开的国际军事会议中,代表美国政府并充任蒋委员长的参谋长。

改进、维持并管制中国境内的滇缅公路。

倘若上述各节可以代表蒋委员长对于美国陆军代表的职权之了解与同意,英国愿同意在缅甸及印度合作,俾能增进美国陆军代表的努力之效果。

关于人事问题,下面一点前荷询及,兹奉答如次:

蒋委员长1月21日来信,主张美国代表应随带高级空军军官一员。我们本想照这意思派遣,但从非正式方面听说蒋委员长或愿挽留陈纳德上校为美国在华最高空军军官。倘若果然有这情形,陆军部方面很愿意照办,在相当时期内陈纳德可以提升为准将阶级。

我们正尽一切努力,以便总计划得以迅速实施,因此希望您早日见复。

此请

大安

亨利·L.史汀生

1942年1月29日于华盛顿

〔军事委员会委员长侍从室档案〕

2)宋子文复史汀生函(1月30日)

史汀生先生:

接到1月29日大函,甚为感谢。兹愿证实我们关于美国陆军代表的职权之了解大致如下:

监督并管制一切美国对华有关国防的援助事宜。

在蒋委员长节制下统辖一切在华的美国部队以及经指定的中国部队。

在任何中国召开的国际军事会议中,代表美国政府并充任蒋委员长的参谋长。

改进、维持并管制中国境内的滇缅公路。

关于任命高级空军军官事,蒋委员长确愿尽可能挽留陈纳德上校为美国在华最高空军军官,因为他对贵我两国都有卓越的功勋,至于您在这事件上考虑周详,亦至深感荷。

您打算于相当时期升任陈纳德上校为准将,闻之甚为欣慰。

此请

大安

宋子文

1942年1月30日于华盛顿

〔国民政府外交部档案〕

13. 军委会运输统制局关于聘用美军麦慕仑上校为中国交通区总顾问电(1942年4月)

外事局公鉴:奉交下美国驻中缅印派遣军总司令部本年四月十六日备忘录,略以关于美国供应部及美国航运路线之组织与运用,应成立指挥机构一事。有关中国交通区者。拟定任命美籍军官一人为总顾问,以协调在中国交通区内所有协助运输养路修筑及电讯等事项各美国顾问之工作,并代表中国政府与英国方面联络,以谋解决共同用印缅交通路线而发生之各种共同问题。现已指定麦慕仑上校担任是项职务,立即进行组织中国交通区总顾问办事处。该员并同时兼任中缅运输总局及中国运输公司之总顾问等语。奉委

座批照办等因。到局。除分行外,相应随电抄附原备忘录译文一份,即希查照,并照会英大使馆为荷。运输统制局外

感。秘人。印。

附抄美国驻中缅印派遣军总司令部备忘录一份

中华民国三十一年四月□日

最机密最速件美总字第二十五号

美国驻中缅印派遣军总司令部一九四二年四月十六日备忘录

主题:关于指派麦慕仓上校为中国交通区之总顾问事

送致:商局长

一、关于美国供应部及美国航运路线之组织与运用,应成立指挥机构一事,已获史迪威将军之赞同。因此种机构之设立必须将中国交通区与印度缅甸两地英国当局之关系,加以说明,故于四月十四日举行之军事联席会议中,对于各项适当规定,曾予以审慎之考虑。此种规定经略加修改后,已获得何总长及卜鲁斯将军之同意。

二、业已同意之项目,有关中国交通区者,其中一条为任命美籍军官一人,并辅以美籍军事及非军事人员若干人,以协助中国交通区内之技术工作。该军官之名义,拟定为中国交通区总顾问,其重要职责为协调在中国交通区内所有协助运输、养路、修筑及电讯等事项,各美籍顾问之工作。此外,则代表中国政府与英国方面联络,以谋解决因共用印缅交通路线而发生之各种共同问题,亦为其责任之一。

三、史迪威将军希望立即进行组织总顾问办事处,并已授命本人指定麦慕仓上校担任是项职务。吾人深信指派总顾问一人,以协调现服务于中缅运输总局与中国运输公司之美籍技术人员之工作,诚属必要。因职责关系,该顾问对于共同事务,势必将与俞飞鹏将军及陈延炯君时有商洽之处。至于彼与英方联络之工作,将有待于中印路线之完成。

四、指派麦慕仓上校为中国交通区总顾问一事,拟请转征蒋委员长之同意,并训令俞飞鹏将军及陈君,告以麦慕仓上校同时兼任中缅运输总局及中

国运输公司之总顾问。此外，并请将该员负责代表中国政府与英国联络一事，转知英国大使为荷。

马格德（陆军少将）
〔国民政府军委会外事局档案〕

14. 云南省政府关于保护美国军事代表团人员训令（1942年4月7日）

云南省政府训令秘外字第22号

令外交办事处

案奉军事委员会委员长昆明行营三十一年三月五日代电开："奉国民政府军事委员会灰支外办代电开：密查现时来华之美国军事代表团，因任务上之必要时，须分遣团员往来各地视察，对其途行自应予以周密之维护。嗣后各地检查及护路之军宪警并交通机关部队，对持有本会来宾证或军用证明书之美代表团团员，于其沿途及到达站点，均应随时注意，切实妥为维护，并予以一切便利，不必施行检查。除分电外，随电抄发美代表团团员中西文名单一份，希即转饬各军宪警机关部队所属一体切实遵照为要。附抄美军事代表团中西文名单一份，等因。奉此。自应遵办，除分别电令外，合抄同名单特电查照，希即转饬各军宪警机关部队遵照，并饬所属一体遵照，妥为维护为要。附抄美军事代表团团员，名单一份"等因。奉此。除分令外，合行抄同名单，令仰遵照，并转饬所属一体遵照，妥为维护，切切。此令。

计抄发美军事代表团团员中西文名单一份。

主席　龙云
中华民国三十一年四月七日

美国驻华军事代表团团员名单

（一）阿德支（二）阿诺德（三）阿斯托（四）欧士伦（五）巴德根（六）柏廉礼（七）吉索礼（八）克纳胜（九）顾德瑞（十）费澜溪（十一）迦纳（十二）佐治（十三）葛禄敏（十四）义师宓（十五）葛朗莱（十六）韩勃登（十七）赫

伍（十八）韩瑞克（十九）贺懿德（二十）赖贲（二一）李德（二二）麦慕仑
[参谋长]（二三）马格德[团长]（二四）梅瑞克（二五）孟德纯（二六）慕励
尔（二七）茅尔（二八）诺伦（二九）纽津（三○）欧格登（三一）罗梭（三
二）司赖里（三三）沙特和（三四）沈约翰（三五）萨德伦（三六）丁格尔（三
七）特维悌（三八）范思（三九）文司基（四○）汰南（四一）魏直尔（四二）
怀德（四三）威尔逊

〔国民政府外交部档案〕

15. 马格德等关于聘用美国顾问教官函件（1942年5月—1945年8月）

1）马格德备忘录（1942年5月2日）

最机密美总字第四十三号

美国驻中缅印派遣军总司令部备忘录（一九四二年五月二日）

主题:关于请派中缅印公路顾问事

送致:商局长

接五月一日第二十四号台函,关于阿萨缅甸公路之建筑派遣顾问事,查
刻有美国工兵军官欧士纶少校、魏直尔上尉二员,系以全部时间在曾督办养
甫处服务,彼等作事勤奋,在工作联系方面对于曾督办堪资臂助。

本部对于有关增进阿萨与中国交通事项,屡经促请本国政府提前予以实
施,今后在军事情况许可之下,我方将继续催促,并将尽我方之能力,促使此
重要交通线早日完成。

总务主任　马格德(陆军少将)

2）俞飞鹏函（1942年8月4日）

启予吾兄勋鉴:查美国陆军部前派来我国之公路运输技术人员四十四
员,除自愿回美及各方调用暨行止不明外,所余路来治等六员拟改调本局及
所属运输局厂服务。兹拟就分配服务名单一份,函请察照,转商美国军事代
表团

勋安

附名单一份

弟　俞飞鹏敬启

八月四日

Chinese Names	English Names	Experience in the States	Prop.Assignments of Service
路来治	J.Rufledge	Foreman	派本局汽车司机技工管训委员会 Motormen Trainingand Discipline Commission Transport Control Bureau
伍德	R.E Wood	Mechanics	派本局汽车配件管理委员会 Motor Parts Control Commission. Transport Control Bureau
鲍猛	C.V.Bowmaw	Superintendent	派滇缅公路运输局 The China Burma Transport Ganeral Administration. Transport Control Bureau
罗斯	H.Ross	Mechanics	派滇缅公路运输局 The China Burma Transport General Administration. Transport Control Bureau
巴特莱	P.S.Bartley	Mechanics	派本局易隆整车厂 Yi-lung Auto-Repair Shop. Transport Control Bureau
梁格	R.I.Lang	Mechanics	派本局易隆整车厂 Yi-lung Auto-repair Shop. Transport Control Bureau

YC/Gen.T.

3)美国驻中缅印派遣军总司令史迪威备忘录(1943年3月11日)

美总第三六九号

主题:关于聘用美国教官事

送致:商局长

关于聘用美国教官事,贵局一九四三年三月九日第三五三号大函奉悉。

敝人现已根据由宋部长转来蒋委员长对于此事指示之方针,与陈诚司令长官面洽。此计划乃系在昆明区域设立训练班,以训练现在云南之部队,并在各单配置连〔联〕络军官,以和工作进行。

史迪威启

4)史迪威备忘录(1943年6月18日)

美总字第五七二号

主题:承嘱派美籍炮兵教官赴炮校服务一节,歉难照办。

送致:商局长

接奉本年六月六日第五〇七号大函,承(嘱)调派美籍炮兵一军官一位赴炮校服务一节。敝部已详察本战区所有炮兵官员,目下实无军官可调上项服务。事实上兰加与昆明之炮兵训练中心区尚急需增派炮兵军官,故在最近之将来,恐不能调派。

敝部因人手缺乏,歉难遵命。尚祈鉴谅为荷。

史迪威
贺安代启

5)史迪威备忘录(1944年3月8日)

美军字第484号

主题:函送巡回教官名单

送致:何总长

关于核派"巡回教官"至中国远征军各师及昆明战地司令部一事,曾于本年二月二十八日以第451号函达左右,旋奉本年二月十九日复函各在案。兹将派至五十二军第一百九十五师、七十一军第八十八师及五十四军第五十师之教官姓名随函附上。派至第八军第八十二师之教官姓名,俟得悉后再行奉达。

即请命令中国远征军及昆明战地司令部转饬所属知照,以便此批教官早日前往工作为荷。

史迪威
贺安代启

附名单一份

巡回教官名单

派往第一百九十五师者：

步兵上尉瓦德 Captain Ben H.Ward，Infantry

派往第八十八师者：

机械化兵上尉白金竿 Captain Rlptley Buckingham，MC

步兵中尉阿步罗佐 1st Lt. Frank S.Abruzzo，Infantry

兽医中尉边德 1st Lt. Henry A.Bender，VC

步兵少尉白特莱 2nd Lt. Rolert P.Butterly，Infantry

步兵少尉莱德 2nd Lt. William R.Ladd，Infantry

派往第五十师者：

步兵上尉斯梯仲斯基 Captaill Victor L.Stedronsky，Infantry

机械化兵上尉特克尔 Captain francis C. Tucker，MC

兽医中尉汉福累斯 1st LT. Virgil J. Humphreyes，VC

6）史迪威备忘录（1944年6月22日）

美军字第六六四号

主题：关于美炮兵教练组赴六战区之手续问题。

送致：何总长

关于本月十八日本部第六五七号函所述，美军炮兵教训组两组，派起三十军及七十五军所属炮兵营工作一案。该批人员已于本月十九日抵渝。

查该批美员及译员等之护照，已着手向外事局请领，尚祈阁下赐助，俾该项护照迅速发下为感。

前函曾请示知该三十军及七十五军司令部之所在地，可能时并盼将该两军所属炮兵营见示。

该批一行共十八人，内有军官六员，士兵六员，译员六员，即请查照并预为准备由渝至巴东之交通事项。本月二十日本部柯文少校已与黄上校在电话中商妥，由贵方转饬第六战区派代表赴巴东迎候该批人员，该两组组长将前往恩施与当局接洽，其余各员则仍留巴东。

敬请为该两组组长各备一函，介绍见该两军军长，并授权彼等执行职务，以协助训练该项美方装备之七五山炮营。

因彼等未有通讯设备，拟请准许其使用一切军用及民用之通讯工具，此项通讯将限于公务上之用，且极少使用。

史迪威

弗利斯代启

附件

第三十军：

范尔伯上尉　李浦里上尉　贝尔少尉　萧亚上士　琼斯上等〔兵〕

兵赖都克上等兵

第七十五军：

威尔逊上尉　布朗地中尉　艾丹士少尉　许斯上士　伯兰特上等兵

丕烈脱上等兵

7）国民政府军委会外事局函（1945年4月8日）

贵所本年三月十五日征办籍字第一七一七号公函，嘱将现任职全国各军事机关学校部队之高级外员姓名、年龄、出身、经历等项逐一查填赐告等由。准此。查各军事机关部队学校聘用外员多系自行呈准后，签订合约办理，本局无法登记。准函前由，相应检附本局任用外员调查表一份，函请查照为荷。此致

本会铨叙所

附调查表乙〔一〕份

全国军事机关部队学校任用外员调查表

服务单位	现职阶	原官阶	译名	外文原名	国籍	学略	经历	备考
外事局	顾问		毕范宇	Frank W.Price	美	大卫逊学院文科学士 耶鲁神学院神学学士 哥伦比亚大学教育学院硕士、耶鲁大学博士	传教牧师，一九二三年历任金陵大学之江大学金陵神学院西华大学教授	
外事局	联络专员		丁克生	Frank Dickinson	美	雅利生大学文科学士 康奈尔大学农科硕士 松山学院神学博士	传教牧师，华西大学教授	
外事局	联络专员		倪必礼	Buford L. Nichols	美	德沙士大学文科学士 加利福尼亚中国学院硕士 西南浸信神学院神学硕、博士	传教牧师，一九三七年后任开封神学院教授多年	
外事局	联络专员		那约翰	John A. Abrualthy	美	北加路林那大学文科学士 西南神学院神学博士 浸信圣经学院神学硕士支〔芝〕加高〔哥〕大学研究院	传教牧师，一九二〇年后在山东济南传教二十余年	
外事局	联络专员		乐连森	Max A. Lorensen	美	威海卫中学 英国剑桥大学	商人，一九〇五初至一九四一年任职美亚保险商业公司	
外事局	联络专员		魏蕴和	Edgar B.Sovik	美	圣粤利夫大学院文科学士 路得学院神学学士	传教牧师，一九三五年来华传教多年	
外事局	联络专员		戴锐	Reuben A.Torrey, Jr.	美	拉菲烈学院文科学士 普林斯敦〔顿〕大学硕士 普林斯敦〔顿〕神学院读神学	传教牧师，一九一三年以来在山东传教三十余年	

续表

服务单位	现职阶	原官阶	译名	外文原名	国籍	学略	经历	备考
外事局	联络专员		秦模	Geraid R.Jimmed	美	亚士必理学院文科学士 福音神学院神学学士 肯尼迪神学院神学硕士	传教牧师,一九三六年来华传教多年	
外事局	联络专员		安督思	Egbert W. Andrews	美	宾省大学文科学士 威斯敏斯特神学院学士硕士	传教牧师,一九三五年起在山东省传教宾省大学任中文讲师一年	
外事局	联络专员		讳卫亭	Perry O.Warison,Jr.	美	明尼苏他大学文科学士 联合神学院神学学士	社会服务者、牧师,自一九三八年起任纽约万国教会中文部主任	
外事局	联络专员		贾锡真	E.A. Crapuchettes	美	西亚图太平洋学院文科学士	传教牧师,自一九二九年起在中国传教	

8)国民政府军委会外事局函(1945年5月12日)

　　案查前据美顾问毕范宇博士报告,以联络工作繁剧,所有联络专员不敷分配,请增十员一案。经签奉钧座本年二月八日第五二八号丑庚侍参代电,准援例由局聘任在电。兹查业已到渝,并经分配工作者,计有魏好仁、令阜顺、高德士、卫格尔、丁克生、涂凡克等六员,除丁克生一员系华西大学教授,由毕顾问范宇介绍聘任,其合约在渝签订外,魏好仁等五员合约系在美与商团长签订。理合将各该员中英文姓名及到差日期分配工作,列表签请钧座鉴核备查。谨呈

　　代总长程转呈

　　委员长蒋

　　附呈一览表一份

外事局局长　何〇〇

军事委员会外事局增聘美籍联络专员一览表

姓　名	到差日期	分配工作	备考
魏好仁 Horace Swillams	三月一日	留局办理联络工作	
令阜顾 Sten F.Lindberg	三月一日	派译员训练班工作	
高德士 Stephen E Goddard	三月一日	同上	
卫格尔 Wieeiam N.Wager	三月一日	派战地服务团工作	
丁克生 Dr.Frank Dickinson	三月一日	同上	
涂凡克 Frank E Too	四月一日	同上	

本表中文缮就后英文请□□用打字机打

9)国民政府军委会外事局函(1945年8月17日)

案准贵团本年八月八日务渝(三十四年)字第七一九七号公函。以美籍联络专员仍属需要,嘱于任用期届满后继续聘任,并将各员任期列表见示,以资参考。至各员薪旅费如需本团负担,则该人员似可径用本团名义聘用。其续聘期限,亦可由本团决定。请查照见复等由。准此。查战事行将结束,复员在即,各该员任期尚有相当时日,其薪旅费仍可由本局支给,不必再请贵团负担,以免多费手续。准函前由。相应将派驻贵团服务之联络专员任期列表,送请查照为荷。此致

本会战地服务团

附联络专员任期表一份

局长　何○○

美籍联络专员任期一览表

姓名		任期	约满日期	备考
中文	英文			
戴锐	Reuben A.Torrey , Jr.	一年	三十四年十二月十六日	
贾锡真	Eugen A.Grapuehettes	一年	同上	
魏蕴和	Edgar B.Sovik	一年	三十四年十二月十八日	
乐连森	Max A.Lorensen	一年	同上	
涂凡克	Frank E. Toothe	一年	三十五年四月二十五日	
高德士	Stepheng Goddard	一年	同上	
丁克生	Frand Dickinson	六个月	三十四年八月三十一日	

10)国民政府军委会外事局函(1945年8月30日)

查本局奉准增聘美籍联络专员十员,前经商团长在美聘任魏好仁等六员先行来渝服务。且于本年五月十二日以局人(三十四)字第15565号签请核备在卷。嗣商团长续聘钟士礼等四员,亦已于前月到渝,并经分配工作。理合将各该员中英文姓名及到差日期,分配工作情形列表,签请钧座鉴核备查。谨呈

代总长程转呈

委员长蒋

附呈一览表一份

外事局局长　何○○

军事委员会外事局续聘美籍联络专员一览表

姓名		到差日期	分配工作	备考
中文	英文			
钟士礼	Tracey K.Gones	七月二十九日	派译员训练班服务	
柯理培	B.L Buepper	同上	同上	
许及之	D.L Sherertg	同上	同上	
舒邦铎	William E Shubert	同上	派战地服务团工作	

本表中文缮就后英文请秘二科用打字机打

〔国民政府军事委员会外事局档案〕

16. 蒋介石为美军在华指定驻地以外之不法行为应采取必要措施电(1942年8月)

1)齐电(8月8日)

军令部:密。案据美国驻中缅印派遣军总司令史迪威将军函称:为美国驻华共同作战之该国军队官兵,嗣后如中国各地方当局认为有犯罪嫌疑时,拟请通知驻在地之美国宪兵或美军兵局予以逮捕,按照美国军法裁判。等情。查核所请在两国共同作战期间,依据已往国际贯〔惯〕例,尚属可行,应准

照办。惟美国陆海空军官兵,在我指定驻地以外之不法行为有危及治安秩序者,当地负治安责任之机关部队得采取必要措施,随时予以先行保护、看管或扣留,一面即迅速通知美方移交办理,以免其犯罪之继续或扩大。除函复史迪威将军查照,请转饬美国驻华官兵应尊重我国法律习俗,与我军民保持永恒融洽与友善之关系,并通令外,特电

仰饬属一体切实遵照为要。中正。未。齐。外。渝。

2)寒电(8月14日)

军事委员会快邮代电 局办(三十一字第0657号)

重庆卫戍总司令部:密。查关于美国军队官兵遇有不法行为之处置办法,业经本会以齐外渝第六一五号代电饬遵在案。兹复据史迪威将军呈函:对于本案办法,业经令饬所属切遵。事件发生时,如各地情形许可,美方得于当地警察局内临时派一宪兵驻守,以便协商办理等情。前来。万一遇有此类事件发生,希即斟酌情形,予以商办。再各地如遇有不法行为之美官兵,必须采取看管或扣留时,应以和平及优待之方式达成任务,不得有粗野举动,并仰饬属一体遵照为要。中正。未。寒。外。渝。

〔国民政府军令部战史会档案〕

17. 王世杰为魏道明与罗斯福代表磋商事致何应钦等签呈稿 (1942年9月6日)

1)王世杰致何应钦签呈稿(9月6日)

敬之总长先生、天翼吾兄勋鉴:敬启者。奉委电发交吾兄先生及弟代电一件,关于利用美国租借法,以应我抗战及战后建设需要问题,想尊处已在研究中,弟处顷已拟具研究意见呈复委座。兹特抄送一份,以供参考。耑此,即颂勋祺。

弟　王〇〇敬启

九月六日

附：

关于与罗斯福代表纳尔逊等磋商，利用美国租借法以应我国抗战及战后建设需要一案，奉交魏大使感电一件，遵经将该电与原案合并详加研究结果，及我方应如何对美代表纳尔逊提出交涉之处，分条陈述如左〔下〕：

一、规定今后每年租借法总额中对我援助之百分比

过去三年中，美国以大量物资援助英苏，而对我援助为数特微，其原因虽有种种，要以战略侧重欧陆，与对华运输困难为主因。现在战事即将完全移到远东而我国对外又不久可望海陆通运，故只应对美严重交涉订立协定，规定今后每年租借法总额中对我援助之百分比，并宜提议订立一个新租借协定，其期间可提议定为三年。第一年度（一九四四年七月至一九四五年六月）应请美方规定对我之援助为租借法总额百分之二十五，美国本年度预算中所定租借总额识定虽尚无确定数字，但约略估计，如定为总额百分之二十五，其数目当为三十七万万美元左右。第二年度（一九四五至一九四六）及第三年度（一九四六至一九四七）至少应各占各该年度美国租借总额百分之三十五。

二、预留战后继续利用租借法之地步

上述之新租借协定，应明白规定倘远东战事在协定满期前即告结束，则依协定业经租借与中国之物资，如有已交货而尚未使用，或已定〔订〕货而尚未交货者，应许中国继续使用，以供战后善后复兴之需。又如美国政府于新协定满期以前废止现行租借办法，美方应当与中国另订适当贷款办法，俾在该办法废止以后，协定满期以前，中国每年能获得与协定第一年所得租借额相当数量之物资，以应中国继续作战或复兴事业之需。

三、酌量提高租借额中非军事部分之比率

我方对美交涉之一部分目的既在利用美租借法案以应我国战事初了时复兴之需要，则美方对我租借额中之非军事部分，以应向美方交涉，酌予提高。魏大使感电报告自去年五月至今年六月，军事部分与非军事部分之比率约为六与　　之比。今后各地逐渐收复，其善后复兴工作，自需要较多非供纯粹军用之物资。因之军事部分物资与非军事部分物资，应使提高至三与一之比。

四、确定物资大量运入之办法

过去美方对我援助特别细微之一个主因,在对运输问题彼此从未切实规划,以求得充分的解决。此次商谈似应对(一)现时空运吨位问题;(二)将来海陆通运后车运船运问题;(三)中国地运输能力扩充问题;(四)成立切实之协议。

五、赶速制造对美定〔订〕货清单

魏大使所陈我方应迅即选择与战事有关之建设需要,早日向美定〔订〕货,以便在战争结束前于后方及各收复地区开始建设。此议最中核要,例如交通器材及恢复地区之公用事业,均可列入此项要求。按向美定〔订〕货,动辄须一年半或二年方能提货。故我方应责成各主管方面赶速拟制切合实际之定〔订〕货单,俾乘纳尔逊留华期间,由彼提出,至少亦应于纳氏留华期间,由彼提出至少亦应于纳氏留华期间求得若干初步的决定。

以上意见,除随时与何总长、熊秘书长、宋部长、翁部长洽商外,敬乞钧长鉴核。谨呈

委员长

军事委员会参事室主任　王世杰谨呈

九月六日

2) 王世杰致宋子文签呈稿(9月6日)

子文吾兄勋鉴:

敬启者:关于利用美国租借法,以应我抗战及战后建设需要问题,奉委座交下魏大使代电签呈一件,弟处顷已拟具简单意见签呈委座,兹将原代电暨签呈各一件抄附,以备参考为荷。耑此。即颂勋祺。

弟　王○○敬启

九月六日

3) 王世杰致翁文灏签呈稿(9月6日)

泳霓吾兄勋鉴:昨日函奉利用美国租借法,以应中国抗战及战后建设需要案一件,想荷誉文。兹奉委座文下魏大使代电一件,弟处业已呈复,特缮同

原代电暨敝弟签呈委座稿各一件,备兄参考。尚此,即颂勋祺。

弟 王〇〇敬启

九月六日

〔军事委员会档案〕

18. 外交部为美方要求在桂林、兰州、西安、成都设立领事馆致蒋介石签呈(1942年10月1日)

据美大使高思面称:接美政府训令,美侨因战事关系移向中国内地日多,为管理照料利便,拟在桂林兰州西安成都四处辟设领馆,固知四处均非通商口岸,惟以战事关系,希望暂予通融等语。查桂林方面本非有两广交涉员,彼处美侨较多,前次英方要求将驻广州总领事馆暂迁桂林,已予通融,时美似亦可通融办理,作为美国驻广州总领馆暂迁桂林。至于兰州,将来由美物资经苏来华路通之后,在兰州或亦有此需要,唯查民国二十七年苏联曾要求在兰设领,经我方拒绝,仅允由苏驻华大使馆派人驻兰州办事,似可允美方照苏联办法办理。在西安方面,美侨无多,若派人驻兰,西安方面似可兼顾,无须另行设领。又成都设领问题,最近英方曾提出此项要求,奉批婉拒,对美似可一并婉谢。是否可行,敬祈核示。(批)可如拟。

〔国民政府军事委员会委员长侍从室档案〕

19. 魏道明关于罗斯福总统欲与蒋介石商讨西南太平洋问题电(1942年10月9日)

今日访美总统,除接谈情形已摘要电部外,尚有表示性质较为机密,谨另陈如下:总统谓:建议甚欣慰,彼对大局与钧座意见完全一致,甚望战后与钧座面谈西南太平洋问题,如越南迟早均应独立,然越人不知自行治理,恐须经过一训练时期,暹罗情形稍好,战后或可即行自治,爪哇可于范围内任其自治,婆罗州则迥然不同,马来情形亦困难,吾人决无统治他地之心,如菲列〔律〕宾前曾要求独立,奎松先生来对当时其原则予以承认,但须有相当时期,俾具自立能力,此事关系太平洋前途甚大,故希望能与钧座商决之。

〔军事委员会委员长侍从室档案〕

20. 外交部拟中美友好通商航海设领条约稿（1943年）

中华民国美利坚合众国为加强两国间永久和平并促进友好关系起见，根据一九四三年一月十一日中美条约第七条上规定决定议订一友好通商航海设领条约。为此，各派全权代有如左〔下〕：

中华民国国民政府主席特派；

美利坚合众国大总统特派；

两全权代表，各将所奉全权证书，互相校阅，均属妥善，议定条款如次：

第一条　缔约此方人民，应准予进入、旅行及居住于彼方领土内，享有信仰及礼拜自由；从事不为当地法律所禁止之一切科学、宗教慈善及商务工作，从事未经完全保留于所在国人民之各种贸易、行业、制造业及职业；主有建造或租赁及占有适当之房屋；及为居住、宗教、慈善、制造、商务及丧葬之目的而租赁土地；设立学校，以教育其子女；选雇代理人，依法谋生；以及从事因享有上述权利而附带或必须〔需〕之任何事项，一如此后最惠国人民之待遇，唯须遵守所在国依法成立之一切当地法令规章。

缔约此方人民，在彼方领土内，其身体与财产，应享受经常不断之保护与安全。关于此点，彼等应享有现在或将来给予所在国人民之同样权利与优惠，但须依照加于所在国人民之同样条件。并应享有国际法所要求之保护与安全之程度。其财产非经合法程序或公平补偿，不得剥夺。

关于确立伤害或死亡之民事责任，与给予受害人之亲属、继承人或被扶养人以控诉权或金钱利益，法律上所规定之保护方法，如受害人系在缔约方领土内之此方人民，其亲属、继承人或被扶养人，不论是否外国人，或其居所系在损害发生领土以外，应在同样情形下，享有现在或将来给予所在国人民之同样权利与优惠。

第二条　缔约此方人民，在彼方领土内，依照当地法律，不论为行使或防卫，其权利应享有向彼方依法设立之各级法院陈诉之自由。

第三条　缔约此方人民，在彼方领土内，应依照所在国法令规章，缴纳税捐费用。但彼此了解，此项税捐费用，不应异于或高于所在国人民所应缴纳者。

第四条　缔约此方人民,在彼方领土内,应免服陆海空强迫兵役,不论系在正规军,国民兵或民团。又应免除代替个人兵役之一切金钱或实物捐输。无论平时或战时,除加于所在国人民者外,不得负担其他军事征发。

第五条　缔约此方人民,在彼方领土内之住宅、货栈、工厂、商店、其他业务场所及一切其他财产以及为第一条所列举任何目的之用之一切房产,应予尊重。除依照所在国法令规章为其本国人民所规定条件与方式外,不得进行依据清查,或搜查前列任何建筑物及房产或查阅书册文件或账簿。

第六条　缔约此方人民,在彼方领土内依照当地法律之限制,一如所在国人民,享有取得与持有任何动产之权利。

缔约此方人民,在彼方领土内,得有以遗嘱、捐赠或其他方法处分其一切动产之全权。其继承人受遗赠人,不论是否彼方居民,应承受此项动产,并得由其本人或代理人予以占有,并任其保留或处分之。只须缴纳财产所在国人民在同样情况下,应行缴纳之税费。

第七条　关于不动产之取得占有与处分,除本约第一条所规定为特定目的而租赁土地一项外,缔约此方人民,在彼方领土内,应在相互条件之下,并依照当地法令规章之规定,享有财产所在地法律给予之最惠国待遇。

遇有在缔约彼方领土内,保有地产或其他不动产或其利益之缔约此方人民死亡,而此项产业或其利益,依照所在国法律或遗嘱处分应传给缔约此方另一人民时,此另一人民无论是否彼方居民,无须取得归化证件,应获得此项产业或其利益,并自由处分之。

上列各款,不得妨害缔约双方法律各为国家安全利益起见,对外国人购买、占有及使用不动产现在或将来所规定之例外或限制。缔约此方人民,在彼方领土内所保有之不动产,非经财产所在地政府之明白同意,不得转让与任何第三国政府或人民。

第八条　在缔约双方领土间,应有通商航海之自由。缔约此方人民连同其船舶、货物,有前往他方领土内业已或将来开放之一切沿海口岸之自由。缔约此方领土内之货物,包括天产、农作物或制造品,在此接输入彼方领土时,不应缴纳异于或高于任何其他国家同样天产、农作物或制造品所应缴纳之一切税费；亦不应遵守苛于任何其他国家同样天产、农作物或制造品所应遵守之规则与手续。

缔约此方往彼方领土输出之货物，不应缴纳异于或高于往任何其他国家输出之同样货物所应缴纳之一切税费；亦不应遵守苛于往任何其他国家输出之同样货物所应遵守之规则与手续。

关于任何进出口货物税费之数量与其征收，缔约此方同意给予彼方现在或将来给予任何第三国之一切优惠与豁免。

本条不得妨碍任一缔约国政府，采取适当步骤，以限制下列货物之进口：

一、外汇倾销或受有出口奖励或补助之货物；

二、缔约此方任何货物，包括天产、农作物或制造品，其输入彼方领土，并在彼方领土内以低于在本国领土内之相当价格出售，唯应顾及运输费及转移货物之其他连带费用；

三、任何货物之大量进口及在其他情形下进口，以致引起或可能引起对同样或相似货物之国内生产者以严重危害者。

第九条　缔约此方对自缔约彼方领土输入，并于本约规定下享有最惠国税费优待之货物，有权令其具备输入国法令规章所规定之产地证明文件。惟关于此项产地证件之发给，不得使贸易受不必要手续或过大费用之阻碍。

关于发给此项产地证件之手续，双方同意：

一、出口商检出产国所具之申请书，经由驻在该国之货物最终目的地国领事官签证者，应认为该项货物产地之满意证明。此等领事官为签证此项申请书，有权审核一切文件或其他有关证件。

二、关于间接货运，除得依一款所规定由出产国出具之产地证明书外，可由最终输往最终目的地国之中间国出具证书，作为产地之证明，此项证明应由在该中间国之寄货人，向驻在该国之出产国领事官提出申请书，经该领事官证明，并经驻在该国之最终目的地国领事官认可。但彼此了解出产国之领事官，除非于审核一切文件或其他证件，认为所述各项均属确实以后，不得证明出口商之申请书。

第十条　缔约此方之货物，包括天产、农作物或制造品，在输入彼方领土以后关于内地税通过税及有关堆栈与其他便利之收费与退税数量,应享有彼方货物包括天产、农作物或制造品之同样待遇。

第十一条　缔约此方,对自彼方输入之进口货或往彼方输出之出口货,不得设立或继续维持不适用于自任何第三国输入或往任何第三国输出之任何同样货物之禁令或限制。缔约此方对来自或输往一第三国任何货物进口或出口禁令或限制之撤销,应即适用于来自或输往彼方领土之同样货物。

本约之一切规定,不得解释为限制缔约任何一方在歧视原则下,采取左〔下〕列为适当措施之权利:

一、因国防与公安所设立之禁令或限制;

二、为首先人道或教育立场所设立之禁令或限制;

三、关于军火、兵器及在特殊情况下一切军需品贸易所设立之禁令或限制;

四、为公共卫生及保护动植物,以抵御疾病、昆虫及有害寄生虫设立之禁令或限制;

五、为欲使外国货物适用在本国以内同类之本国货物,关于产、购、运销及消费之同一制度而设立之禁令或限制;

六、关于金、银、硬币、纸币或证券进出口之禁令或限制;

七、关于某种货物之生产或贸易,现在或将来系由国家专利或由国家统制专利而设立之禁令或限制;

八、为维持外汇稳定之禁令或限制;

九、为保护本国美术、历史或考古之实物而设立之出口禁令或限制;

十、因国民经济对于一切奢侈品之进口禁令或限制。

第十二条　缔约此方,如对禁止或限制输入输出之货物,发给准予输入或输出本国领土之许可证时,则取得此项许可证之条件,应予公开宣布,并明白规定,俾使有关之商人,得以知悉。此项许可证之办法,应尽量使其简单确定。许可证之申请,应尽速办理。又缔约此方,对自缔约彼方输入或往缔约彼方输出之货物发给此项许可证之条件,应与为其他任一外国发给此项许可证之条件,同样优厚。

缔约双方同意,凡对被禁止或限制之货物之输入输出设立定量与限额时,应在分配被限制货物准予输入输出之数量上,给予自缔约彼方输入或往缔约彼方输出之货物以公平之部分。

第十三条　股份有限公司与其他公司及社团,凡系依照缔约一方之法律,及在其法律下,现已或将来成立,并在其领土内设有主事务所者,不论为营利与否,缔约彼方,应承认其法律地位。但不得在缔约彼方领土内从事于违反法律之目的。此等公司与社团应不论为行政或防卫其权利应依照一有关法律,享有向依法设立之各级法院中陈诉之自由。

此等为缔约彼方所承认之缔约此方之公司与社团,其在缔约彼方领土内设立分事务所及执行业务之权利,应依照缔约彼方法令规章之规定,并完全受其管辖。

在缔约彼方领土内之缔约此方人民,凡为当地现行法令规章所许可,并在与任何第三国人民同样条件下,应享有组织与参加营利或非营利之股份有限公司与其他公司及社团之权利与优待,此项权利与优待包括发起、组织、股票之购买,主有与出售,及在此等公司社团内担任业务执行人或职员之权利,在行使上述权利时,以及关于此等公司或社团之组织,或业务之管理或程序,此等人民所受之条件,不得次于现已或将来加于任何第三国人民之条件。此等在缔约彼方领土内,由缔约此方人民所组织,管理或参加之公司或社团,其行使任何业务之权利,应完全由其所拟从事营业之缔约彼方领土内一切现有或将来之法令规章管辖之。

第十四条

一、缔约此方之制造商,贸易商及其他商人得由本人或以代理人,雇佣人之方法在缔约彼方领土内从事旅行商[务]之活动。惟须自缔约彼方,取得一按照一彼方现行法令规章所发给之执照。

在特殊情况下,缔约一方如认任何外国人其逗留足以危及公共秩序与本国安全时,得保留在其领土内禁止其从事本条所规定之一切活动之权利。

二、为取得上述之执照,申请人必须向其本国取得一证明其旅行商身份之证书。此项证书,应由申请人欲往经营之国家领事签证,上述国家之官厅,一经申请人呈验此项证书,应给予第一款所规定之执照。

三、缔约此方之旅行商,在其进入与停留及离开缔约彼方领土时,应受彼方法令规章之管辖。关于关税与其他优待,及施于彼等或彼等样品之任何捐税,应享有任何第三国之待遇。

四、本条内所指旅行商应了解为包括为推销或购买目的而旅行之商业组织代表。

第十五条　商船及其他私有船舶,凡系悬挂缔约此方之旗帜,并携有依此方法律之规定而证明其国籍之文件者,无论在缔约彼方领海内或在公海上,均应认为旗帜所代表国家之船舶。

第十六条　在缔约此方口岸内,凡以政府官员、私人、公司或任何组织之名义或为其利益而征收之吨税、港税、引水费、灯塔费、检疫费及其他任何名目之类似税费,除非向在同样情形下之本国船舶征收者,概不得向缔约方之船舶征收。

第十七条　在两国口岸,船坞码头停泊所港湾内一切关于船舶之进出停在两国口岸,船坞码头停泊所港湾内一切关于船舶之进出停泊装卸货物等事项,缔约此方之船舶应于缔约彼方领土内,享有不低于给与其本国船舶之待遇,并应与任何第三国船舶之待遇同样优厚。

第十八条　缔约此方之船舶,由于气候恶劣,或因其他危难而避入缔约彼方口岸者,应许其在该口岸装修购置一切必需之供应品,再驶往海洋,无须缴纳异于本国船舶在同样情形下应缴之捐税。惟船主因开支而必须处分其一部分舱货时,应遵守所在地之规章与税则。

第十九条　缔约此方之船舶,如在海上遇难触礁、毁损或由于气候恶劣或偶发事变被迫驶入缔约彼方海岸之港口,时此等船舶与其舱货,应享有本国船舶在同样情形下法律上所予之同样利益与豁免,船长与水手关于其身体船舶与舱货,应受一切必需之协助与救济、救助工作,应依照该国法令规章办理。由此等船舶与舱货救出之物品,或出售是项物品所得之款项应交还原主或其代表救助之费用,不得超过本国人民在同样情形下所缴纳之数。双方又同意、救出之物品,除准备在所在国销售者外,应免缴任何关税。

第二十条　船舶之国民待遇,不包括下列各项:

一、彼此领水内之渔业权;

二、缔约双方于各该口岸内关于分派特殊泊处所,添装燃料、储存及处理舱货等特殊便利事项,由国家对公营或半公营税关经营之本国船舶所给予之特权。惟此等船舶应以为公务上之用者为限。

三、为促进造船业与航业,在特殊法律下以奖励金或其他特殊便利之方式给予本国船舶之利益。

第二十一条　缔约此方对来自或取道缔约彼方领土之人民与货物,除法律禁止入境之人民或禁止输入之货物而外,应予以通过国际交通上最便捷道路所经之本国领土(包括领水)之完全自由,但为国家安全现在或将来封锁之道路,不在此限。过境之人民与货物,不得对之征收过境税或有任何不必要之留难与限制。并关于费用、便利或任何其他事项,不应受任何歧视。过境之货物必须在适当之关卡登记。但应豁免一切关税或其他类似之捐税。

对过境运输所取之一切费用,应依照运输之情形,务使合理。

第二十二条　本约中关于最惠国待遇或任何第三国待遇之规定,于下列情形不适用之:

一、缔约此方现在或将来有条件给予第三国之优惠,而缔约彼方并未完成同样或相当之条件者;

二、现在或将来给予毗邻国家专为便利边境贸易之优惠;

三、因关税同盟现在或将来给予第三国之优惠;

四、为避免复税起见,现在或将来与第三国约定给予之优惠;

五、中华民国以建设及工业化为理由,现在或将来给予第三国之优惠;

六、缔约此方依照缔约彼方得参加而并未参加之多边公约,现在或将来给予之优惠。

第二十三条　缔约此方,有在缔约彼方领土内双方同意之地点,派驻总领事、领事、副领事及其他领事官之权。

缔约此方之领事官于开始执行职务后,在缔约彼方领土内,相互享受最惠国同级官员所享受之一切权利、优待及豁免。上项领事官以其官员资格,应受与其有公务来往之驻在国所有中央地方官员之尊重。

缔约此方政府对于缔约彼方领事官之呈验,其本国行政首长签字,并钤盖国玺之正式任命状者,应免费发给必要之执行职务证书。缔约此方对其所接受之彼方上级领事官,将彼方政府允准而合法派任,或彼方政府之任何其他有权官员合法派任之隶属或代替之领事官,应依其法律,发给该受任人行使领事职权所需之证书。此项领事官、经出示其执行职务证书或隶属人员、经出示其他代用证书后,即应准予开始执行职务,并享受本约所给予之权利,优待及豁免。

缔约双方政府,不得任命从事工商业之人为领事官。但名誉领事不在此限。

第二十四条 领事官为派遣国人民者,除被控犯有当地认为非轻微罪而应受处罚者外,不得逮捕。上项领事官,应免除军事供应并应免除任何陆海空军行政或警察性质之服役。

关于刑事案件,原告或被告,均得要求领事官到庭作证,此项要求,应尽量尊重领事官之尊严暨其职务。而领事官方面亦应允从其要求。

关于民事案件、领事官应受驻在国法庭之管辖。但如该领事官系派遣国人民,且不从事营利之私人业务,其供词应在其住宅或办公处所以口头或文字为之。并应顾及其方便。倘出庭陈述不至严重妨碍其公务,该领事官应自动出庭。

第二十五条 领事官包括领事馆雇员,其为派遣国人民者,除在行使职权之国内从事营利之私人业务者外,应免除所有中央、州、省及市加诸人或财产之捐税。惟在执行职务之国家领土内,因不动产之占有或所有权,或因自该领土内或属于该领土之财产取得收入而征收之捐税不在此限。所有领事官暨领事馆雇员,凡系派遣国人民,皆应免除为酬报其领馆工作所得之薪金、收费或工资之捐税。

缔约此方领土内,依法律或法理属于缔约彼方之土地及房屋,如专供后者政府之用,应免除一切中央、州、省及市之捐税。但因公共服务或地方公共改良所征收之费用,而该项房地因以获益者,不在此限。

第二十六条　领事官得于其办公处所门外、安置国徽,并得以适当表记标明其正式办公处所。上项领事官,亦得在其办公处所、包括位于两国首都者,悬挂本国国旗。在用以执行领事职务之船只上亦同。

领事办公处所及档卷,无论何时,不得侵犯。无论在任何情况之下,驻在国任何官厅,均不得侵入。上项官厅,无论以任何借口,皆不得检查或携去存于领馆中之文件或其他财产。领事馆不得用作庇护之所。领事官不得被要求在法院提示其档卷或证实其内容。遇有领事官死亡、失能或离职而无隶属之领事官在馆时,馆中秘书或主事,其职位业经驻在国政府所知悉者,得暂摄该死亡、失能或离职领事官之职权,于其代理期间,应享受原任所有之权利、优待及豁免。

第二十七条　领事官为派遣国人民者,为保护其本国人民依条约或其他根据享有之权利起见,得在该馆领事区内向中央、州、省或市官厅洽商。对于上项权利之侵犯,领事官得提抗议。倘主管官厅不予补救或保护,得由外交途径予以过问。若无外交代表时,总领事或驻扎系首都之领事官,得直接向该国政府,提起交涉。

第二十八条　领事官得依其本国法律,于其领事区内适当地点记录本国船上人员或本国人民或在本国领土内有永久居所者之证辞。上项领事官,得作诚确认、证明及鉴定其本国人民之单独行为契据及遗嘱处分以及其本国人民为当事人之契约。该领事官得作成确认证明及鉴定用以表明或具体表现派遣国领土内任何财产之交付或其所负担之义务之文件,以及关于在派遣国领土内之财产或业务之单独行为、契据、遗嘱处分及契约;包括单由驻在国人民所为之单独行为,契据、遗嘱处分或合同在内。

依此完成手续之文件及其副本与译本,经领事官钤盖官章正式鉴定后,应在缔约双方领土内,分别认为原件或经鉴定之副本之凭证。且应与公证人或经领事官派遣国合法授权之其他官吏所作成及完成者,具有同样之效力。但无论如何,此项文件之作成与完成,应依照该项文件生效地国家法令规章之规定。

第二十九条　领事官对于本国私有船舶上因内部秩序所发生之纠纷有

绝对之管辖权。凡船上官员水手间关于船上执行纪律之案件,无论于何地发生,倘该船及被控者进入其领事区内之港口,应由该领事官单独行使管辖权。如当地法律许可,关于工资之调整及有关工资契约之执行等案件,领事官亦有管辖权。悬挂领事官派遣国国旗,而在其驻在国领水内之私有船舶上之行为,依驻在国法律,构成犯罪,而须受刑事处罚时,除非当地法律许可,领事官不得行使管辖权。

关于在驻在国领水内悬挂本国国旗之船舶上发生属于维持内政部秩序之事件,领事官得自由请求当地警察官厅之协助。一经请求,该警察官厅应予以所要求之协助。

领事官得偕同悬挂本国国旗船舶之官员及水手,前往驻在国之司法官厅,以翻译人或代理人之资格,予以协助。

第三十条　遇有缔约此方人民,在缔约彼方领土内死亡,而在当地无已知之继承人或经其指定之遗嘱执行人时,当地主管官厅应将死亡事实,立即通知最近之死者本国领事官,以便将必需之消息转知关系人。

遇有缔约此方人民,在缔约彼方领土内死亡,而未留遗嘱时,如驻在国法律许可,并在遗产管理人尚未派定及遗产管理证书尚未颁发以前,死者身故时所住地方之本国领事官,应认为有权接管死者所遗之产业,以资保存与保护。此项领事官应有权接受当地法院或其他管理财产官厅之指定为遗产管理人。但以所管理之产业所在地法律许可者为限。

遇有缔约此方人民死亡时,既无遗嘱,又无已知继承人居住于死者驻在国之领土内,则死者之本国领事官,应被指定为其遗产管理人。但以此项任命为其本国政府规章所准许,并与当地法律不相冲突,及主管法院亦无特殊理由以指定他人者为限。

凡领事官担任已故本国人民之遗产管理人职务时,应受法院或其他任命其为遗产管理人之机关为一切必要目的的管辖。其程度一如其驻在国人民。

第三十一条　缔约此方领事官,得代非居住于驻在国之本国人民收领应得之分〔份〕额,并出具收据。此项分〔份〕额或为得自遗产而其遗嘱尚在检认中者,或为根据所谓劳工赔偿法或其他类似法律规定之所得,但该领事官应将所领之款额,汇寄本国政府之适当税关,转给此项分〔份〕额之应得人。并应向发给分〔份〕额之机关,提交其汇款之适当凭证。

第三十二条　缔约此方领事官在其领事区内之缔约被方各口岸,有权检查驶往或将确定前往其派遣国口岸任何国籍之私有船舶,借可察看此等船舶上之卫生、状况及其设拖,签署该领事本国法律所规定之健康证明书及其他文件,并将此项拟驶往其派遣国之船舶在驶离之港口遵守卫生规章之程度,报告本国政府,以便利此等船舶之入口。

第三十三条　缔约此方,同意准许彼方领事馆为公务上使用之一切家具、器物及供应品,免税进口,并免去任何查验。此等领事官与其家属及随从,凡为派遣国人民,其行李与一切动产不论其系该领事官赴任时随同进口者,或系在其任内任何时期输入者,均得享受免税进口之优待。但缔约任何一方法律禁止入口之物品,均不准带入。双方了解,领事官在其驻在国从事于营利之私人业务者,除政府供应品外不得享受此项特权。

第三十四条　缔约此方之船舶,在缔约被方沿海地方遇难时,关于救助事宜之一切措施,应由遇难地点之船舶所属国领事官指挥之。当地政府应将遇难之情事,立即通知该领事官,在该领事官未到以前,当地政府并应采取一切必要措置,以保护遇难人等及保存该船舶之留存财产。除维持秩序,保护救助人员之利益(如彼等非属遇难船舶上之水手),以及实行关于救出之货物进出口办法外,当地政府不应加以干涉。

第三十五条　缔约双方了解本约各条款不得影响、替代或变更彼此之现行或日后制定关于归化、移民、警察及保安之法令规章。但此项法令规章,不得构成专对彼方人民之差别待遇。

第三十六条　本约应予批准。批准书应于……迅速互换。本约自互换批准书之日起,发生效力,并在三年之内,继有续效。

在上述三年届满前六个月内,倘缔约任何一方未将变更本约内任何条款中任何规定,或满期终止本约之意旨通知他方,则本约于上述期限届满之后,将无限期继续有效。但随时得以六个月前之通知,予以废止。

为此两全权代表将本约签字盖章印,以昭信守。本约用中英文各缮两份,中英文本,同属有效。

21. 中美商约草案各部会之修改意见(1943年)

1)财政部意见

查此项中美商约草案,依据平等互惠原则,适合国家建设需要,且与本部前次所提修正商约原则亦大致相侔,大体上已甚妥善,兹再详加研究,略提补充意见,以供参考:

一、对于原草案之一般意见。

(一)原草案中之[领土]二字(Territories)其含义如何,似应以换文方式详加解释,因美国领土尚包有Alaska、Hawaii、Panama Canal Zone、Philippine Islands、Virgins Islands、Puerto Rico等地,其政治地位各别,关税系统亦异,订约时如不明白解释,应用时恐发生异议。

(二)原草约中[人民]二字(Nationals)通常系指自然人而言,惟上年所订中美取消特权条约每栏[人民]二字之下注明[包括公司及社团]等字样,此次中美商约各条款中[人民]二字,凡应包括公司及社团等字样,此次中美商约各条款中[人民]二字,凡应包括公司及社团者,似亦应照例注明。

(三)战后航空事业关系极为重要,分配航空路线必为国际间重大问题,中美间将来如不拟另订专约,似宜于本约中专条规定。

二、对于原草案之分条意见

(一)第一条第一节[从事未经完全保留于所在国人民之各种贸易行业、制造业及职业]句中所谓[人民]经营各项企业当不能包括公营事业,似宜于[人民]二字之前加[政府及]三字,以为公营事业预作保留。

(二)第三条本条规定外侨于所在国缴纳捐税应受国民待遇所指捐税费用(Taxes Impost and Changes)等字之前似宜加内地(Internal)二字,以表明国民待遇只限于内地税,而不包括关税。

(三)第七条第三节规定,购买占用及使用不动产不得妨害所在国家安全利益而设定之法律限制有两点似宜酌予补充:1.本节仅提购买占有及使用,而未提[处分],惟外侨不动产之处分,亦可能妨害国家安全或公众利益;2.原文所称有利于国家安全(in the interest of national security)等字样,其意义似只能适用于国防设施及军事区域,范围甚狭,外侨设使利用其不动产以妨害公众利益,势将无法取缔,故宜于国家安全字样后再加公众利益(Public Interests)等字,俾主权国家多一限制外人不动产之权利,于国于民必更有利。

(四)1.第八条第五节第一项所谓外汇倾销(Exchange Dumping)一词,似应另附换文详加解释,以免争执。

2.第一节第二项所谓货物倾销,原草案含义尚不十分赅备。设使缔约国此方运销第三国货物其比价较之运销彼方者为高,则彼方仍受倾销影响,故本项[以低于在本国领土内]等字下,似宜加[或在第三国领土内]等字样,以资周密。

(五)第九条本条似宜一并规定货物标记法之应用,以领事签证相辅而行。凡双方互相输入货品,均须明白标记某国制造,如made in U.S.A及made in China之类,俾易查明货物来源便利关税征收。

(六)1.第十一条第二节第六项原规定缔约国禁限证券进出口不受本条前文之拘束,此类规定似嫌硬性,例如太平洋战事发生,南洋华侨多前往美国,因所携证券不许入口致华侨产业大受损失,限制证券进出口一事,应否明列条文,仍请细酌。

2.本节第八项专提维持外汇稳定,而未提及稳定国内物价及维持建设程序等事,似宜作补充规定。

3.本节第十项之后拟请加列数项,以资周密。

(1)第十一项 因特殊事变而施行关于粮食或其他生活必需品出口之禁令或限制。

(2)第十二项 因战争或国际中立而施行之进出品禁令或限制。

(3)第十三项 因推行警察法或租税法而实施之禁令或限制。

(七)第十二条第二节系关于进出货物采用限额制之规定,惟限额制设依国别分配,极易引起纠纷,故现代各国多采商业输出国以货物本身之需要供给及品值价格自行决定,中美两国间如采定量与限额制时,似应以商业条件较为妥当。

（八）第十三条本条主要精神在于依当地法令，允许侨民组织文化宗教及经济等类社团，并能享受与第三国侨民平等之最惠待遇，而非国民待遇。惟查本条对于侨民组织政治团体并无明文限制，只有［但不得于缔约彼方领土内从事于违反法律目的］之规定，此项条文将来设为他国援用在我国境内成立侨民政治组织，则顾虑滋多，拟请依各国惯例于本条之末加（政治组织除外之但书，以杜流弊）。

（九）和［第］二十二条关于最惠国待遇所列六项除外之规定颇合中国需要，惟第二项所指毗邻国家专为使得边境贸易之优惠，如所指系为使得两国边境人民之生活需要起见，应似仿他国先例，注明距离上之限制。

（十）第三十三条规定缔约国准许彼此领事馆为公务上使用之一切家具器物及供应品免税进口一节，与国际惯例及中美两方原订办法尚属相符，惟原条文内所称［并免除任何查验］数字恐生流弊，拟请删除，以增弹性。

（十一）第三十五条系采列举方式，将归化移民警察及保安四种法令指明，不受本约拘束。惟查本约牵涉法令多种，其效力均应超越条约之上，方足保障主权完整。设于此处列举四项反有挂漏之嫌，关于法律效力一点，似以改用概括规定为妥。

2)资源委员会意见

一、关于工矿业　约稿第一条规定缔约此方人民应准予于彼方领土内……从事未经完全保留于所在国人民之各种贸易行业制造业及职业……以及从事因享有上述权利而附带或必须之任何事项，一如此后最惠国人民之待遇，唯须遵守依法成立之一切当地法令规章。

（一）约稿准予从事者只及工业（即所称制造业，Manufacturing Industry）而不及矿，本会至为赞同，本会对于外人经营矿业之意见（1）关于国防资源，外人绝对不能经营；（2）其余矿业外人可于取得特许案后经营，将采修改矿业时当将上项意见列入。

（二）约稿保留若干种工业对方人民不得经营，本会极为赞同。惟此种保留工业应能解释为随时可以法律增减，而不以签约时现行法律为限，查约稿对于法律有标明现在或将来等字样者例如第十三条(The rights of...corporation should be the exclusively governed by other laws and regulations which are in force as may hereafter be established...)是否各条约应标明现在与将来拟请考虑。

（三）对方能经营之工业（制造业）予以最惠国待遇，本会甚所赞同，但外人所能经营之工业似宜分为两类（1）依法注册类；（2）特许案类，至何种工业，外人须取得特许案方可经营，拟于将来工业法中规定，约稿行文拟请将此点补充。

（四）外人工业之财产（约稿第一条第二项）其保护为国民待遇而其工业之本身为最惠国待遇，将来所有施于外人工业之法令，恐有时兴施于国民工业者不同，但施于工业本身之法令势将影响及工业之财产，而财产为国民待遇，其间出入，是否可能发生纠纷，拟请斟酌。

二、关于公司企业组织及动产者　对方公司（尤其以企业目的或财务目的而组织之公司）在约稿第十三条第三项规定依法受第三国待遇，而对方人民动产（包括其取得）照约稿第六条规定则为国民待遇；如公司股票或其他取得产权因而取得随同发生之管理企业权者为动产之一种，其结果外人之财务公司或可依约稿第六条受国民待遇而活动，将使此方依约稿第十三条而限制外人财务兼并之法律失其作用，强大之财务公司或有可能操纵工矿事业，此中关系，亦请惠予注意。如使此项活动完全归入有条件的最惠国之待遇下，似较妥当。

3) 侨务委员会意见

查此项中美商约初稿关于通商航海设领所应考虑各点均经分别提及，甚为周密。惟第一条及第十四条，似尚有考虑之余地。

一、第一条"缔约此方人民应准予进入旅行及居住于彼方领土内享有信仰及礼拜自由从事不为当地法律所禁止之一切科学宗教慈善及商务工作……惟须遵守依法成立之一切当地法令规章"，此"从事不为当地法律所禁止"及"唯须遵守依法成立之一切当地法令规章"字句，骤视之似甚公允，然他日如依照美国情形解释,恐华侨仍须受亏。盖一九二四年美国新移民律曾规定,商人资格以从事中美贸易者为限,于是一九二四年七月一日以前合法入境之商人,有因环境关系改营他业出口时,即不能领取回美准照,而从事制造业确等制造商及印刷金银首饰等商人,无论资本多至百数十万,均不得视为商人,无权自由往来及迎接妻子到美。一九三二年更颁布"第八七六号法例"规定外国商人须系经营该商所属国家与美国之出入口贸易,其所购之货物最少须有百分之五十一来自该商之本国,因此一九二四年七月一日以后合法入境之华商子一届二十一岁,本人亦须从事中美贸易,否则出口时亦不得领取回美准照。现华侨受此限制,至不敢出口,失去往来自由者数达一二千人,此为侨民所最感苦痛之一事。此一九二四年新移民律及一九三二年第八七六号法例,尽可解释为当地法律及依法成立之一切法令规章,如果依此解释,既不违背本约稿第一条之规定,而华侨商人资格仍受严格限制,虽本条有"一如最惠国人民之待遇"一语,然是否可以抵消此项解释,似尚有疑问;再进一步言,美国从前对华移民条例现已撤销或毋〔无〕须顾虑一九二四年新移民律作梗,然第八七六号法例仍在,似不无问题,况实施新移民法案人数系限定一百零五人,其免再持有识别证者,系目前永久居住美国之华侨,其离开美国时免再领返美证书者,系得有美国公民资格之华侨,是事实上仍有限制,究竟商人资格是否从此放宽,未见明文,则症结仍难解除。返视我国从前对美人来华经商既无特定法令限制,故在美方可以毋虑,而所当顾虑者厥为我方不能以平等互惠自解,故此条规定似须针对上述各节使之不能再作曲解,以限制华侨商人入资格而为旅美侨民解除痛苦,拟请将"从事不为当法律所禁止"及"唯须遵守依法成立之一切当地法令规章"字句,易以其他比较活动词语(如不碍公安等宽泛词语)或迳将此两句删除较为彻底,或在换文中附带声明。

二、第十四条"缔约此方之制造商贸易商及其他商人在缔约彼方领土内……"等语,依美国现行法令既不认制造商为商人,又限定贸易商应购本国货之比较数量,一如上节所述,拟请于"领土内"之下加入相当于"均认为商人并不限定贸易种类数量及购买地点"等字句,以解除各种限制,而为华侨谋得便利。上述两条为针对华侨今后在美经商最有关系事项,乘此订约机会,似当予以注意。

4)地政署意见

查阅于外人地权问题,除现行土地法之限制外,本署前经拟定外人土地权利管理办法,呈请行政院核定中,是项办法内容之要点:(一)关于居住用地,除面积应加以限制外,准许自由购买或租赁;(二)关于生产事业用地,须视其事业性质,依有关法令经国民政府特许,方得购买或租赁。所称有关法令当另由主管机关拟订,如工商矿业等为利用外资起见,得斟酌情形,予以特许;而农林渔牧等事业,因有关国民生计,似应不予特许。兹查中美商约初稿第一条关于外人主有及租赁房屋与土地未订有"须依照当地法令规章之规定"等字样,为使本国法令不受条约拘束起见,似应加订上项条件。

5)教育部意见

一、初稿大体尚可。关于教育之规定(见第一条仅准各国侨民在居留国设立学校,教育本国之儿童)亦属可行。

二、其中应行斟酌者似有左〔下〕列十二点:

(一)第一条内"to engage in every trade vocation manufacturing industry and profession , not reserved exclusively to nationals of the country"一语,似不能包括违法及违背公共秩序或善良风俗之职业,第十一条虽设有限制及禁止之规定,但该条以进出口事项为主要对象,该项限制或禁止规定,是否适用于一般事项解释上,恐易滋纠纷,为预防争执起见,似可于第一条为更明确之规定。

(二)第十二条第二项第七款"State or state controlled monopoly"一语内之"monopoly"专指专卖事业,而不能包括其他公营事业(government-owned or government operated enterprises),或公用事业(public utility enterprises)未免过狭似可改为"enterprise"。

(三)第十一条第二项各款规定似应适用于一般事项,不妨另列为一条置于条约之首或末。

（四）第十七条关于内河航行权之有无未予明白规定，似应补入，以杜疑义。

（五）第二十四条第一项将犯罪行为分为 Crimes 与 Misdemeanors 二等，并规定领事官仅得因前者而受逮捕，此种犯罪行为之分等方法仅见于意大利、荷兰、西班牙等国之刑法（但名称性质均有出入），为法德等国法典所不采，即其英美法系国家亦不习见。盖英美法系国家亦大都采用三分制，即将犯罪行为分为叛逆罪（Treason）、重罪（Felony）及轻罪（Misdemeanor）三等。且何谓 Crimes 与 Misdemeanor 定义颇不一致，解释易滋分歧，我国刑法对于犯罪之处罚虽有重轻，短短几天对于犯罪行为之分等并无规定，其情形与英美大陆各国根本不同。第二十四条第一项规定，与实际情形不免出入，似有修改之必要。

（六）第三十五条规定之本条约无超越或变更，有关归化移民入境（Immigration）等法律条例规章之效力。易言之，本条约生效后，美国限制华人入境之移民律并不当然失效，且以后仍可对于华人入境不断加以限制。此不仅违背美国法院多年来所采之解释（按美国联邦律法及最高法院判例均承认条约为美国最高法"Supreme law of the land"之一种，凡国会所订法律与之抵触者无效）。抑且有损国际间友爱平等之原则，于我国侨民赴美殊多不便。其末段但书虽称"provided they do not constitute measures of discrimination particularly directed against the national of the other party"云云，以资限制，但制定或运用移民律之国家，得利用限制二国以上侨民入境之方法，以逃避该项规定。（如专限制黄种人或中国与日本人或安南人入境），实际上不足以保障我国侨民之利益。故对于移民入境一点似应规定，原则如下："本条约生效后，双方对于限制或禁止彼此侨民入境之法律条例规章，除为自卫或维持公共秩序所必要，并适用于各国侨民者外，应即废止"。

（七）第二十二条第三款关于关税同盟（Customs Union）之规定，反予对方以利用关税同盟以对抗我国之机会。以美国与南美各国关系之密切，此实甚为可能。我国处境与美不同，将来与他国缔结关税同盟之可能甚少，此点似无规定之必要。该项规定是否得计，似须考虑。

（八）条约中有时称"laws, ordinances and regulations"有时称"laws and regulations"（如第一条第九条第十四条）似欠一致，易滋疑义，似宜予以划一规定。

（九）余文中误写或费解之处似尚不免，如第六条"may taken possession"之"taken"，第八条第五项第一款之"exchange dupinning"第十四条之"operate"及"Samples"第二十条第二款之"provided always that"（似系 when 或 in case that 之误），第二十八条第二项"under his official seal"之 his。

（十）关于条约之解释并无规定，似应补入。

（十一）条约编制似尚可酌，予改变，使较为简明而具有系统其法为：1.将适用于一般事项之共通原则归为一类；2.将关于各事之特别原则分别归类；3.条文中避免重复之文字。

（十二）关于领事官之职权地位规定其详，并涉及琐细，可谓考虑周密。惟领事官参加驻在国行政及司法事项之机会过多，易启进一步牵制之端，似宜慎重出之，重以今后数十年之情形而论，美人在华之利益或事业当较华人在美者为多，美国现有领事机关设备既优，人才亦当，将来易于把握机会，运用职权，发挥使命。该项规定有利于美者必较大，表面虽属互惠，实际不必机会均等，条约中应否将领事官职权酌予缩小，似不无考虑之余地。

6）内政部意见

查所拟内容本部甚表赞同，惟感一九三〇年四月十二日订于海牙之国籍法公约，对于二重国籍问题未获适当解决，则将来该商约订立后，虽免不因权利义务问题发生纠葛，似有事先解决二重国籍问题之很必要。

7）经济部修正意见书

一、对于原草案之一般建议：

（一）大西洋宪章及中美抵抗侵略互助协定（其中第七条涉及国际间之经济关系）虽宣布于战争期内，然支配之力及于战后其中关于贸易自由郑重提及。惟我国经济未臻发达，产业情形特殊，为达成国家经济建设，不能不于相当期内采取保护政策,而在我国主权范围内,于不歧视原则下为适当统制性之措施,未可谓为与自由贸易政策相背驰,此于进行谈判本约之时,必须折冲运用,预邀谅解,借谋国际经济之合作。

(二)平等条约宜就缔约双方之政治经济环境,并筹兼顾我国深受不平等条约之害,亟当惩前毖后,杜渐防微,而在美华侨从前不无与可在地人民或第三国人民待遇歧异之事实,且非尽由条约所致者。美为联邦制,各州立法每有不同,在属地主义之法权下,自不免受各州不同法律待遇之痛苦,故于谈判订约之前,不能不详细研究美国各州法律之区别所在,我国侨民所受不平等待遇之实况,商谈商约时如能酌量提及,似不失为商及此事之机会。

(三)商约中最惠国待遇及任何第三国待遇条款之规定,其目的在对抗第三国,用以防止缔约对方之歧视待遇。此种条款表面上虽属互惠,然对产业不甚发达之国家则获利往往归于单方,殊属害多利少。就我国目前暨战后初期情势论,总以能避免不用为宜。本约稿用"最惠国待遇"字样者为第一节、第七节、第九节二十三诸条,用"任何其他国家"或"任何第三国"字样者为第八节、十一节、十二节、十三节、第十四十七诸条,按"最惠国"与"任何第三国"意义相似,范围略殊,前者为特指的,后者为一般的,用语分歧,解释时易生龃龉。惟摒弃不用,或难得对方同意,与中美新礼换文已用有"任何第三国"字样,对方自必据为要求之张本,又我与苏联所订中苏通商条约亦有"任何第三国待遇"条款之规定,更足为援例之依据,故权衡轻重,如未能完全避免,则宁可一律改用"任何第三国"字样,庶归一致。

二、对于原草案之分条意见:

(一)第一条第一段末句"一如此后最惠国人民之待遇"似可删去,倘谈判时对方坚持最惠国待遇,则宁可改用"任何第三国"字样。

(二)第三条规定缔约双方人民在彼此领土内缴纳税捐关税适用"国民待遇"一节,似可删去。惟对方恐难同意。查美国与各国签订商约,关于缴纳税捐除少数外,殆均采用国民待遇。又我国与苏联所订中苏通商条约第四条,关于纳税已予苏联以国民待遇或任何第三国待遇,恐对方必借由援例。兹姑予提出,请谈判时注意,倘对方坚持,则亦以仅予任何第三国待遇为宜,此可就美芬商约第七条、美奥商约第七条暨美挪商约第七条均各规定纳税享受任何第三国待遇而未及国民待遇,可为交涉时之引证。

(三)第六条规定缔纳双方人民关于取得与持有任何动产享受"国民待遇"一节,不无研究之余地。盖所"动产"包括范围至广,举凡公司股票产业、证券均属之,政府对今后利用外资实施方案,有视产业性质分类,厘订许可外资比例参加之拟议,倘照原条文草享有国民待遇,则与国策相抵触,故对此必须坚持不予以国民待遇。原条文拟请将第一段末句中"一如所在国人民"等字删除。

(四)第七条规定缔约国双方人民互彼此领土内享有取得及继承不动产之权利,而为有条件的最惠国待遇。本条规定尚称安适,惟为慎重计,拟请注意对方各州对于外人取得不动产之规定其差别之处,对我方影响如何,俾可权衡应付,故本条第一段末句"最惠国"拟请改为"任何第三国"。又第三段"购买占有"拟请删改为"主有"。

(五)第八条中各项规定筹虑周详,较中苏通商条约为进步,而其精神尚符合近代条约中所表现之国际公法原则与国际惯例。惟为树建我国检政信誉,防阻对方将来借口禁止国产输入计,似可于本条第二段移增列一段文曰"关于任何进出口货物经缔约国一方政府检验合格给有证书者,缔约双方应相互尊重,不得借词禁止输入"。

(六)第九条规定,缔约双方关于发给领事签证货单之一般手续,确认领事签证货单为货物产地之满意证件,自无不可。惟我国情形特殊,今后既将奖励外资开发实业,则准许外人在华设厂制造似在意料之中,故将来输出之工业制造品中,必尽为纯粹国产,为保护纯粹国产计,对于我国输出货物产地证明,应以我政府规定之产地证书为输入国驻缔约彼方之领事官签证之必要审核证件,似宜另附换文,详加声明。

(七)第十条之规定对我方所受之影响与第三条相同似宜避免国民待遇。

(八)第十一条原列第三项拟请增改为"关于军需兵器及在特殊情况下其他物品之贸易设立之禁令或限制",如此则较富有弹性,将来可以优为运用;又另增一项列为第十一项,文曰"关于现在或将来因共同履行国际义务所设立之禁令或限制"。

（九）第十三条第一、二两段关于组织公司部分与我国公司法之规定完全符合,准第三段于今后我国利用外资之实施关系至巨。兹分析如次:

查今后外人在华经营实业,就政府现已考虑可能采取之重要应对原则如后:

1.凡外国人在中国经营实业,应依中国法律按其营业组织呈请登记,其属于须经许可之营业,并应先行呈请许可。

2.外国人在中国投资关系较重要之实业,以与中国政府或人民合资为原则,经规定得由外人独资经营者,应经政府特许专案核定之。

3.合资事业之外资部分,除经营规模较大而中国尚缺少经验之事业,其所占之比率经专案呈准后,得不受限制外,其余一般具有控制操纵力量或盈利较易之轻工业,仍将酌定准许外资之比率,以为保护本国产业之开展。

4.合资事业除董事长应为中国人外,其总经理可就事业性质酌许由外人担任。

依照上列四原则,检讨本条草案第三段所称"在缔约彼方领土内之缔约此方人民,凡为当地现行法令规章所许可,并在与任何第三国人民同样条件下应享有组织与参加营利或非营利之股份有限公司与其他公司及社团之权利与优待",尚符合上列一、二两原则之规定。惟应否规定予以"任何第三国待遇",则尚待考虑。揆诸将来我国经济建设之有赖外国协助者,其合作程度之深浅必不相同,不得不预为筹谋。虽要约稿第二十二条对于最惠国待遇或任何第三国待遇有保留不适用之规定,但为免日后争执计,原文"并在与任何第三国人民同样条件下"句似仍以删除为宜,至本条第三段原文称:"此项权利与优待包括发起组织及股票之购买主有与出售及在此等公司社团内担任业务执行人'按即公司法所称之董事(包括董事长)或经理'或职员之权利,在行使上述权利时,以及关于此等公司或社团之组织或业务之管理或程序此等人民所受之条件,不得次于现在或将来加于任何第三国人民之条件与上列原则四,似有抵触,提请删除"。

（十）第十四条关于缔约双方人民从事于旅行商活动之规定,尚属周详。

惟旅行商为各国对外贸拓开市场之先锋,恒借其旅行商身份深入一方领土,作商业目的外之活动,故本条第一项所谓代理人、雇佣人,似可另以换文说明为:缔约双方之人民或为与欲往经商之一方缔有条约而在条约上许可其人民得在缔约一方领土内经商之第三国人民。

(十一)第二十二条为约中不适用最惠国待遇或任何第三国待遇之列举规定,实裨益于经济落后之缔约一方者为多,故原草案之精神实有助于我国今后经济建设,将来与对方谈判时必须力争。惟原第三项关于关税同盟一项,似宜特别慎重研究。查美国为达成其国防计划之成功及美洲全部经济团结之充实,年来已力图加强对南美各国之经济联系,将来与南美各国贸易势必有互惠或特惠商约之订定,关税同盟可能为此种趋势开展之一种,反观我国将来能否运用关税同盟,殊难预卜,权衡得失,似以不列为宜,故第三项提请删除。

(十二)第三十五条规定,缔约双方本国现行及日后制定关于归化移民警察及保安四种法令规章,不受本约各条款之拘束,系采列举方式似有挂漏之点,且本约稿数见有须依照所在国法令规章之规定,是本约牵涉法令决不止上列四种,似以改用概括规定或改以换文说明之。

8)司法行政部对于中美商约约稿之意见

一、查中美友好通商航海设领条约其中各项规定大体上与美国对其他各国所已订之条约多所类似,惟按美国与各国所订各商约之最近本,均系随国家之经济状况及世界情势经多次修正而成者,并非一次即作此规定。我国现时经济能力薄弱,航行工具缺乏,订约时有无保留一部分权益之必要,似应与主管之经济部及交通部切实商拟。

二、第七条规定关于不动产之取得占有与处分……缔约此方人民在彼方领土内应在相互条件之下,并依照当地法令规章之限制享有财产所在地法律给予之最惠国之待遇。查世界各国对于外国人在本国领土内取得占有或处分不动产权者约有四大类别

(一)内外人平等开放者——有英本国、意、西班牙、葡、瑞士、丹麦、加拿

大、巴西等国

（二）采取相互主义者

1.以国内法规定者——有奥、匈、哥伦比亚

2.以条约规定者——有法、比

（三）采取条件主义者

1.以股从法律为条件者——有罗马

2.以经政府之许可为条件者——有瑞典

3.以都市区域外为条件者——有罗马尼亚

4.以有住所为条件者——有墨西哥、荷兰、智利、阿根廷

（四）不由中央政府规定，而由各联邦政府规定者有美国；中央政府只规定原则，许可权归联邦政府者有德国，但事实上现在未实行。

采取完全开放主义之国家，大都其国内经济状况已发达至最高峰，政治情形亦已稳定，且又多人口过剩之国家，其国内已无开发之余地，外人即在此等国家内购置不动产，独利甚少，故购置数量亦必不多，我国则不然，领域辽阔，土地多未开发，苟完全开放，虽免不招致大资本之独占与压迫。故此点似不可完全照办。本约采了相互主义在原则上虽系开放互惠，而执行时实多困难，盖美国采联邦立法主义，其各州之规定各不相同，今吾人与美采相互主义，则对待美国人似必须按其州籍，并依其本州之立法而分别给予各种不同之待遇。但此种办法事实上将不胜其烦。

按美国各州对外人购买土地有面积、每年收入额享有年限、赠与继承购买住宅、营业等特别限制，各州多不相同。（一）如尹利诺伊州规定外人购地只以享有六年为限，届期必转售与善意之买主或取得美籍后方继承享有。（二）如威斯康星州规定，无居所之外国人购置量不能超过三百二十英亩。（三）有数州准许外国人购置土地，但以居民或宣告其有取得美籍之意念者为限，如印第安那州、密苏里州等。（四）限制继承不动产者，如亚利桑那州规定，外国人如欲继承不动产，须于五年内取得美籍。（五）如肯塔基州规定，外国人如系居民或曾宣告入籍之人，可以继承不动产，如非居民，只能享有八年。

我国经济落后，益以七年抗战元气大伤。人民生活困难必无余力赴美国

购置不动产,而美国人民则可用购买赠与及继承之方式,在中国取得不动产所有权。照此情形,虽条约上订明互惠,而实际上则利在一方,此恐非维护国家主权之道。再此次中美商约将来或为他国条约之蓝本,以现时中美邦交之良好或不至有何问题,倘其他国家日后仿效,则我国难免不受损害。故关于不动产之条款,订约时似不可不特加慎重。

三、本约稿第二十四条规定"领事官为派遣国人民者,除被控犯有当地认为非轻微罪而应受处罚者外,不得逮捕"等语。查美国法律"Misdemeanor"(轻微罪)一字,系指数种罪名而言与通常所称之"轻微"用意不同。换言之即美国法之"misdemeanor"未必尽如我国刑法第六十一条所指之,可以减轻或免刑之罪名(此乃因中美法系不同)。果在原则上对领事官必欲有例外之规定则为免日后纠纷起见,似应以列举罪名较为相宜。

四、本约稿内有数处用"Law and Regulations"有数处用"Laws ordinances and regulations"不知原起草人初意是否有所区别,似应规定一律,以免日后应用时发生问题。

五、第二十八条之"Agreement"与第二十九条之"Contracts"原意是否指同一之物似欠明显。

六、约稿中文本与英文本有意不相符者、有字句可酌改者,似有修正之必要,兹略举数例如次;

(一)第一条第二段"Their Property"中文作"其产权",如照原文例应译为"财产"。

(二)第一条之"Taken"似无剥夺之意,按原译稿"非经合法程序不得剥夺",实际上即经合法程序亦仍不得"剥夺"。

(三)"赔偿"二字有处罚之意。第一条之"Compensations"一字与中国法律上所称之"补偿"意义相合,似可照改(参照土地法)。

(四)第二条"For the Prosecution as for the offense of their rights"原意者重权利与"原告反被告"似同,而实不同中国法之"原告"及"被告"二词,皆用在民事关系,原稿兼指刑事关系,似以酌改为宜。

(五)第七条"政府之明白同意"(Consent)一字,如不译为同意而改为"许可"是否较佳？ 请酌夺。

（六）第十三条 Control office 依中国法应为［主事务所］原意为总事务所拟改。

（七）第二十六条"Authorities"如不译为"官厅"而改为"官署"或较佳。第二十九条之"Police authorities，Judicial authorities"均宜改为警察官署、司法官署。

（八）第二十六条第二段"领事官不得被要求在法院提示其档卷或证实其内容"，如改为任何人（或改无论何人）不得要求"领事官在法院内提示其公务上之档卷或证实其内容"，似与英文原意较近。

（九）第二十七条"Complaint"一字（原稿误作 Compliant）中文稿译为"抗议"，按抗议为 Protest 不如用声明"异议"一词代替。

（十）第三十条中国法律关于遗产管理人用"指定"（Appoint）二字较原译之"任命"似觉较佳。

9）外交部审查报告

中美商约草案各部分意见

外交部审查报告

一、对于原草案之逐条意见

第一条第一节（人民之权利）

财政部主张于"从事未经完全保留于所在国人民之各种贸易行业制造业及职业"句中"人民"二字之前加"政府或"三字以为公营事业预作保留。拟照加资源委员会提及外人所能经营之工业可分（一）依法注册类；（二）特许案类拟于将来工业法中规定，并建议约稿行文将此点补充。

按此点事属国内法范围，无须于条约中明白规定，且约文中已有"遵守所在国依法成定之一切当地法令规章"字样。

侨务委员会主张将"后事不为当地法律所禁止"及"唯须遵守依法成立之一切当地法令规章"字句，易以其他比较活动词语（如不碍公安等宽泛词语），或迳将此两句删去。

关于对外商约之缔结不仅须增进在外华侨之地位,抑且须顾及在华外侨之可能活动,如删去"遵守当地法令规章"字样,今后我国对在华外侨之活动必将无法限制。又约稿中已规定彼此人民享受最惠国待遇,对方国不利于外侨之法令(例如,美国之第八七六号法例)如适用于一般外侨,我国亦无可如何,如其实施之结果尤不利于我国侨民,亦仅能据理交涉,商约中无法作详尽之规定。

地政署意见,关于外人主有或租赁房屋与土地应订有"须依照当地法令规章之规定"等字样。本节已[有]"唯须遵守依法成立之一切当地法令规章"字句,且适用于全条文,无须另作规定。

教育部意见本节内"To engage in every trade, vocation, manufacturing industry and profession, not reserved exclusively to nationals of the country "一语,不能包括违法及违背公共秩序或善良风俗之职业,主张于本节内为更明确之规定。

查本节已规定"须遵守依法成立之一切当地法令规章",外人自不能从事违法或违背公序良俗之职业,似无须另作规定。

经济部意见本节内末句"一如此后最惠国人民之待遇"似可删去。查本节中最惠国待遇以不删去为宜,否则仅规定受当地国法令之限制,不特侨民失其保护,随时有被歧视之点,且亦与一般商约之原则相背。

第一条第二节(身体与财产之保护)

资源委员会提出外人工业之财产,依照本节其保护为国民待遇而其工业之本身,依照前节为最惠国待遇,其间出入是否可能发生纠纷。外人经营工业系一件事,外人财产之保护又系一件事,禁止或限制外人经营某项事业,并非对该事业之外人财产不予保护,例如英美人民现不能在华从事内河航行及沿海贸易,但用于该项事业之财产,仍受中国官厅对中国人民财产之同样保护。

第三条(捐税之国民待遇)

财政部主张于"捐税费用"(Taxes imposts and changes)等字之前加列"内地"(internal)二字,以表明国民待遇只限于内地税,而不包括国税在内。

约稿内所称"Taxes, imposts and changes"本不包括关税在内,似不必加

"internal"字样。

经济部主张删本条中关于缴纳捐税之"国民待遇"。

关于两国人民缴纳捐税一节,中美中英等新约均已有国民待遇之规定,且关于缴纳捐税之国民待遇,系近代一般国际惯例。

第六条(动产之国民待遇)

经济部与资源委员会意见均主删去关于动产之国民待遇,俾待遇对外人购置公司股票、产业证券所加之限制不受合约拘束。

按动产之国民待遇为近代一般国家所采用,如改为最惠国待遇,更恐有碍奖励外资政策之推行。兹拟将本条第一节条文酌加修正如下:

Article 1 Subject to local laws and regulations and on the same term as the nationals of the state of residence, the nationals of each of the High contracting parties shall have the night to acquire and possess in the territories of the other movable property of every kind except those which are reserved particularly for the nationals of the state of residence.

俾在适用时富有弹性,即仍可以法律限制外人动产权利(如公司股票权),而不予以国民待遇。

第七条第一节(关于购置不动产之最惠国待遇)

司法行政部意见关于不动产条款应特别慎重,经济部提请注意美国各州对于外人取得不动产之规定及其对于我国人民之歧视如何。

关于购置不动产权利,细查美国各州法律准许与否,虽各不同,但如经条约规定即以条约为准。

查中美商约草案第一条内既有"to own, erect or lease and occupy appropriate buildings and to lease lands for residential, scientific, religions, philanthropic, manufacturing, commercial and mortuary purposes"之规定,实际上已可满足在美华侨需要,若将第七条第一项删去,亦无不可(第七条第一项原文如下:)

As regards the acquisition, possession and disposition of immovable property, except as regards the leasing of lands for specified purposes. provided for in Article 1 of the present treaty " the nationals of each of the High contracting par-

ties shall enjoy in the territories of the other subject to reciprocity and upon com-
pliance with the provisions of local laws and regulations, the treatment of the most
favored nation accorded by the laws of the place where the property is situated."

如不删去文字,应加以修正,以不受各州分歧法律之拘束为原则。兹拟依照中美新约换文附件三之规定,并于其后加最惠国待遇字样,以免美国各州法律对于华侨购置不动产之手续及程序等等有歧视之限制,其全文如下:

The nationals of each high contracting party shall enjoy the night to acquire
and hold real property throughout the territories of the other High Contracting Par-
ty in accordance with the conditions and requirement prescribed in the laws and
regulations of that High contracting party and upon the same terms as national of
any third country.

第七条第二节(关于不动产之安全条款safety clause)财政部主张(一)于"购买占有及使用"以后加"处分"两字;(二)于"国家安全"字样后加"公众利益"(Public interests)等字,俾对外人不动产权多加一层限制,经济部主张将"购买占有"删改为"主人"。

拟将第三节全删,其理由如次(一)本条第一节已规定须当地法令规章之限制,且仅给予最惠国待遇,似无须另加限制;(二)重重限制,恐引起外人疑虑。

第八条第二节(彼此货物之进口)

经济部主张于本节后增列一节:"关于任何进出口货物,经缔约国一方政府检验合格给有证书者,缔约双方应互相尊重不得借词禁止输入"关于此点在现代各国商约中均无规定,似可不加。

第八条第五节(进出口货物最惠国待遇之限制)

财政部主张本节第一项所谓外汇倾销(Exchange Dumping)一词,应另附换文详加解释,以免争执。

关于外汇倾销如何解释,请财部提出具体方案。财政部在主张本节第二项关于货物倾销应于"以低于在本国领土内"等字下加"或在第三国领土内"

等字样,以资周密。不加有无流弊,请财部解释。

第九条(货物产地证)

财政部主张一并规定货物标记法,凡双方互相输入货品均须明白标记某国制造字样。

领事签证货单办法如能严格实施,似无须同时采用货物标记法,且货物标记法对于某数种货物,例如关于米壳之进口在适用上甚感困难。

经济部建议为保护纯粹国产计,对于我国输出货物产地证明应以我政府规定之产地证书为输入国驻在我国之领事官签证之必要审核证件,并主张另附换文详加声明。此种规定似可不必如为保护纯粹国产事业,则尽可限制某种工业不准外人设厂。

第十条(货物进口后关于缴纳税捐等等之国民待遇)经济部主张避免国民待遇。

本条内容为现代商约中之一般规定,但为慎重起见,拟征询主管之财政部之意见再予决定。

第十一条第二节(禁止或限制之列举)

教育部认为本节各款规定似应适用于一般事项,不妨另行为一条置于条约之首或末。

查第十一条专论禁令或限制第二节各款规定,仍以进出口禁令或限制为主以无须另列一条。

经济部拟将本节第三项中“一切军需品贸易”改为“其他物品之贸易”。

“其他物品之贸易”范围太广,漫无标准,似非一般商约之通例,且亦无此必要,盖“军需品”包括本已相当广泛,且本节中列举事项如限禁奢侈品之进口等等已极慎重,拟维持原案。

财政部提及本节第六项内限制证券进出口一事,应否明列条文,尚须斟酌。

关于限禁金银硬币、纸币或证券进出口一事,各国商约中间亦有此规定,且商约中作此规定,仅系保留权利,非必实行。

教育部提及本节第七项“State or State controlled monopoly”一语内之

"monopoly"范围过狭似可改为"enterprise"以包括其他公营事业或公用事业。

查第七项系专就某种货物之生产或贸易,系由国家专利或由国家统制专利而言,至于其他公营事业或公用事业之不得由外公经营者,已于第一条内照财政部意见修正,即外人得"从事未经完全保留于所在国政府及人民之各种贸易行业制造业及职业",此处似无须修改。

财政部提及本节第八项专提维持外汇稳定,而未提及稳定国内物价及维持建设程序等事宜,主张予以补充规定。关于稳定国内物价一事,本部认为本节第一项有"Public Safety"第十项有"National Economy"之规定,其含义极广,稳定物价问题当可包括在内,且为避免予外人以中国物价波动甚烈之印象,似不宜于条约内明白规定关于维持建设程序一事,解释时无标准,亦不拟列入。

财政部主张于本节第十项之后加列数项,以资周密。

(一)第十一项因特殊事变而施行关于粮食或其他生活必需品进出口之禁令或限制。

拟照加"prohibitions or restrictions relating to the importation or exportation of food stuffs other daily necessities in case of emergency"。

(二)第十二项因战争或国际中立而施行之进出品禁令或限制。

按此点事涉国际公法之一般规定,无须列入本约。

(三)第十三项因推行警察法或租税法而实施之禁令或限制,查美国与外国所缔商约中均有此规定,此或系根据美国之特殊环境,我国如无此必要,似可留等待美方提出,再作讨论诸公决。

第十二条第二节(定量与限额之公平分配)

关于进出品货物限额制之规定,财政部主张采用商业条件制,即由输入国或输出国以货物本身之需要供给及品值价格,自行决定进出口货物之分配额。

本节中关于进出口货物定量或限额之分配,本系由输入国或输出国自行决定约稿中"公平之部分"(equitable share)一词,其决定之标准亦操之输入国或输出国,即输入国或输出国仍可根据需要供给品值价格等商业条件,予以决定,故与商业条件制,并不抵触。唯此种解释是否妥善,仍请财政部斟酌。

第十三条第三节(公司社团——一切法人)

经济部认为本节内"任何第三国待遇"应否规定,尚待考虑。因我国与外国经济合作程度之深度不尽相同,最惠国待遇与日后可能采取之特许制度及合资事业之董事长限定为中国人,恐有抵触。

特许制度与最惠国待遇并不冲突,合资事业董事长限定为中国人与本节内最惠国待遇亦无抵触,拟维持原案。

财政部主张依各国惯例于本条之末加一政治组织除外之但书,本党海外党务团体甚多,财部所提但书以不加为是。

第十四条(旅行商)

侨务委员会建议于"在缔约彼方领土内"之后加入相当于"均认为商人并不限定贸易种类数量及购货地点"等字句,以解除各种限制并扩大"商人"含义,查本条专论旅行商约稿中所称"manufactures merchants and traders"含义原甚广,不必再加解释。

经济部意见本条第一节所谓代理人、雇佣人似可另以换文说明,为缔约双方之人民或为与欲经经商之一方缔有条约而在条约上许可其人民,得在缔约一方领土内经商之第三国人民。

关于旅行商之限制原稿已规定甚详,如事前之取得执照事后之管制,而在特殊情况下且得禁止其一切活动。经济部所提一点似无必要。

第十七条(船坞等设备利用之国民待遇及最惠国待遇)教育部主张对内河航行予以明白规定,以杜疑义。

查内河航行沿海贸易权已于中美新约中予以废除,约稿中似无须再行列入。

第二十二条(最惠国待遇之限制)

关于第二项所指边境贸易财政部建议仿他国先例,注明距离上之限制。

查边境贸易距离上之限制,通常规定为彼此沿边境线上五公里以内之地带,我国边远地方因内地交通不便,其与毗邻国家之贸易关系至为密切,此等地方往往不在沿边境线十五公里之内,故以不加距离上之限制为宜,使边境贸易之范围富有弹性,以免美国均占十五公里以外地带边境贸易之优惠。

关于第三项所指关税同盟(Customs Union),教育部经济部均认为无规定之必要最惠国条款之不适用于关税同盟,原系国际惯例,即不规定似亦不能借最惠国条款均沾因关税同盟而给予之优惠,我国日后对毗邻国家缔结关税同盟非不可能。此点拟征询财政部意见,再作决定。

第二十四条第一节(领事官之逮捕)

关于领事犯罪之分等,教育部提出此与我国刑法之规定不符,须加修改,司法行政部主张列举罪名。

如何列举罪名,拟请司法行政部提出意见。

第二十八条(领事官之公证任务)

第二十九条(关于船舶内部秩序之管辖权)

司法行政部指出第二十八条之“Agreement”与第二十九条之“Contract”原意是否指同一之物,似欠明显。

第二十八条第二十九条均系美国对外商约领事条款中之一般规定第二十八条之“Agreement”系指有关财产或业务之契约,第二十九条之“Contract”系指工资合同。

第三十三条(领馆公物进口之查验)

关于领事馆为公务上使用之一切家具器物及供应品免除任何查验一节,财政部主张删去,“并免除任何查验”数字,以免流弊,拟照删。

第三十五条(归化移民警察保安四种法令之保留)

关于归化移民警察保安四种法令不受本约拘束一节,财政部经济部均主张改用概括规定使法令之效力超越条约之上,教育部主张代以下列原则,即“本约生效后,双方对于限制或禁止彼此侨民入境之法律条例规章除为自律或维持公共秩序所不要,并适用于各国侨民者外,应即废止”。

查本条系美国对外商约中之一般规定,借以保留美国国内法对归化移民警察保安四项自由决定之权。约稿中关于对方人民之一切活动均经规定须受所在地法令规章之限制,似可删去本条,留待美方提出再作决定。

二、对于原草案之一般意见

（一）财政部主张以换文方式解释双方"领土"之含义，以免应用时发生异议。

关于"领土"含义，不宜采用列举方式。拟仿美国与各国近来所订商约中一般所用领土定义列为第三十五条如下"The territories of the High Contracting Parties to Which the provision of their treaty extend shall be understood to Comprise all areas of land, Water and air over which the parties respectively claim and exercise dominion as sovereign thereof"。

（二）财政部主张各条款中"人民"二字凡应包括公司及社团者应加注明。

约稿中"nationals"一词仅指自然人，而言第三条对公司社团另有规定；再美国与其他各国所订商约，亦均对公司社团专条规定，其余仅用人民（nationals）二字。去年中美新约仅两处（第四条与第七条）于人民后加公司社团字样，故本约稿中"人民"一字如未明白规定包括公司及社团，自应以自然人为限。

（三）财政部建议于本约中列入航空条款。

关于航空一项似可另订专约其理由可如下述：1.一般商约中对航空多无规定各国间往往缔结航空专约。2.战后国际航空事业一有变更美方对此已有若干新主张，目前商约内难以规定。3.商约内不加规定可免日后受限制且不规定对我并无损失拟请交通部斟酌决定。

（四）内政部主张于本约中解决双重国籍问题。

关于国籍冲突之解决不外二途：第一本国子女出生外国因两国关于国籍所采主义不同而具有双层国籍者，得于其成年时自由选定一国籍，第二本国子女出生于外国而其父亦在该外国出生，因而关于国籍所采主义不同而具有双层国籍者，得于其成年时自由选定一国籍，以上两种方法若适用于华侨，均属欠妥，因彼等在外国出生，一切事业均有赖当地政府之维持，若必须选择国籍，则大多数华侨为自身生活计，势非选择当地国籍不可，此与我国国策不符，总之，国籍问题各国均视为国内法问题。一九三〇年国籍公约，亦曾作此规定，故关于国籍之冲突，非但国际法无从解决，即国际条约亦无法作妥善之规定,似可任其暂行搁置不必解决。

(五)教育部与司法行政部主张关于"法令规章"之英文用语应予划一规定。

拟一列采用"Laws and regulations"字样而将"Laws, ordains and regulations"字句中删去"ordains"一字

(六)教育部主张关于条约之解释一项应予规定。

查中美两国已于一九三〇年缔结公断条约,以解决两国间由条约内或条约外所发生之一切争执。新商约缔结后,遇有在解释上或适用上发生争执时,可经公断程序解决,似无须另作规定。

(七)教育部建议条约编制可酌予改变,使较为简明而具有系统。

本约稿系按"友好"、"通商"、"航海"、"设领"及"综结条款"之次序先后列入。

(八)教育部建议将领事官职权酌予缩小

关于领事官职权之条款,虽觉繁杂,但均系一般国际惯例,似无从缩减。

(九)教育部指出约文中误写或费解之处多种

除"Takens"二字系"Take"一字之误外,其他并无错误或费解之处。

(十)资源委员会提出约稿各条对于"法律"一词,是否均应标明现在与将来字样,以示不以签约时现行法律为限。

约稿中所称法律或法令规章当然包括现在或将来而言,无须特别标明,拟将现在或将来字样一律删去,以资划一而杜疑义。

(十一)司法行政部提出关于约稿之内容应与主管之经济部及交通部切实商拟。

关于约稿之内容本部已征询经济交通及其他各部会意见。

(十二)司法行政部指出约稿中文本与英文本意义不尽相符,须加修正。

约稿中文系暂定稿自可随时修正。

(十三)经济部意见,我国经济建设不能不于相当期内采取保护政策,谈判本约之时必须折冲运用,预邀对方谅解。

本部对经济部意见已予以注意。

（十四）经济部建议，谈判商约之前，应详细研究美国各州法律之差别及我国侨民所受之不平等待遇，以便酌量提出发送侨民待遇。

依照美国宪法条约之效力高于各州之法律，凡条约有规定者则从条约约稿中重要各点或采取国民待遇，或任何第三国待遇或最惠国待遇，故对于保侨一点已甚周密。

（十五）经济部主张约稿内"任何第三国待遇"、"任何其他国家待遇"及"最惠国待遇"应予划一规定。

约稿内所以并用系参照美国与其他国家所订商约之一般惯例意义并无差别，若必须划一，则文字上有时不甚顺适。

〔国民政府资源委员会档案〕

22. 蒋介石为美国军官聘用办法致外事局电（1943年1月6日）

外事局商局长勋鉴：兹抄附美国军官聘用办法一件，希即与史迪威将军洽商，于三日内具报为要。中正。子。鱼。令。一亭。整附件如文。

美国教官聘用办法

一、凡美国政府派遣来华协助我军训练与作战之陆军军官，一律由军训部呈奉军事委员会委派为部属教官，先以一年为期，期满如有必要，再行续聘。

二、聘用之美国教官，以分派至中国驻滇各部队，协助我军训练与作战为主。如有多余人员，得分配军训部、军政部所属军事学校，协助教育训练。

三、第一次聘用之美国教官一百五十员之分配办法，如附表。至细部事项，应由军训部会同外事局商局长与史迪威将军洽办。

四、美国教官分配各部队后，应受各该部队主官之指挥及参谋长之指导，就各部队组设之干部训练班，担任各兵种（尤其迫击炮）战斗技术及战术之训练，与军需兵站、军医兽医、兵工业务之改进，其训练计划由美国教官拟定，呈准后实施之。

五、作战开始后，美国教官仍应随军行动，服行左〔下〕列任务，协助我军之作战。

（一）对于各部队战斗技术及战术提供改进之意见。

(二)对于各级司令部参谋业务提供改进之意见。

(三)对于交通通信补给卫生等后方勤务,提供改进之意见。

六、关于美国教官分派及驻在各部队协助训练事宜,由军训部负责指导之。关于美国教官随军行动协助作战事宜,由军令部负责指导之。

附记

(一)关于译员准备及招待事务,由外事局办理并与各部队洽办。

(二)关于各部所需训练用之器材及经费,由军训部会商军政部办理之。

(三)关于美迫击炮之编配办法,由军政部会商军令、军训两部办理之。

〔国民政府军令部战史会档案〕

23. 行政院为美国邀请参加世界经济会议事与外交部等往来文件(1943年3月)

1)行政院训令(1943年3月19日)

令外交部　经济部　粮食部　农林部　财政部　卫生署

外交部电呈,美国政府拟邀请各联合国暨已与德日及其他轴心国家绝交之美洲各国政府派遣专家代表团,于四月二十七日在美开会,讨论联合国战后各项经济问题一案。经提出本院第六〇五次会议决议:"除人选另定外,先通知外交部我国接受参加本会议,并密达各有关机关准备一切"。除分令部,合行抄发原件,令而遵照。此令。

附抄发代电及备忘录、请柬译文〔略〕

附:

外交部报告备忘录抄电(1943年3月16日)

顷准美国暂行代办使事范宣德来部面递备忘录略称:美国政府认为讨论战事胜利后联合国各项经济基本问题之时期已至,故拟即发请柬邀请各联合国,暨已与英德日及其他轴心国家绝交之美洲各国政府,派遣少数专家代表团,于四月二十七日,在美开会,讨论下列事项:(一)从逐渐提到各国消费水准之观点,研究各国之战后经济计划及展望,(各国粮食及必需农产品之生产能力进口需要及有否余额可以输出)此问题与其前提出之善后救济办法无关;(二)研究是否可以成立国际谅解并订之办法,俾各项粮食及必需农产品之生产率得到增加,而全世界对此类物品可获有充分供给,其价格亦应予以公平规定;(三)研究财政贸易及其他必需方法,以使世界各国得其所需食物及农产品,并使剩余产品得有充分市场;(四)研究是否可借国际合作及推动各国国策,普遍增加消费并改善营养。

范代办并申述在美国未邀请各国之前,美国政府甚愿获悉中苏英三国政府之意见及建议,美国政府确信上项提议中国政府当能接纳,并予以合作。惟在未正式邀请以前,望严守秘密等语。

正拟办间,复奉宋部长电嘱向钧座代陈二点:(一)渠顷晤国务副卿威尔斯,据称:罗总统意欲在战事结束前召开若干国家会议,先经济后政治,俾和平莅临时各种国际问题均已获得解决途径。其先从粮食问题入手者,以各国对此问题均有关系,且较易解决也等语。宋部长意本届会议为其他国际会议之先声,我国同意参加应为必然之举,我方对其请柬要旨此时似可不必提出任何修正意见,至我国对本问题各部分之建议自可在会议席上逐项提出。(二)现会期已迫,关于人选问题宋部长特向钧座推荐经济部现派驻美商务参事李干充任首席代表;现在美之刘瑞恒,对人民营养问题深有研究;现任甘肃建设厅长张心一为农业经济专家,均拟请派充代表。此外,似可另由粮食部、农林部、卫生署各派代表一人。与本问题有关之计划及材料,请由国内各主管机关准备,交由专程来美出席代表带美。如钧座认为可行,即请发交行政院遵照办理,一面先由本部通知美方同意召集上项会议,并于代表团人选决定后,将代表姓名转知,一面由院召集经济部、粮食部、农林部、卫生署及本部,会商应搜集之材料应准备之计划及应建议之意见,以便于该会议席上提出。是否有当,敬请钧裁。

附美方所送备忘录与其请柬要旨及译文各一份。

奉批"先通知外交部我国接受参加本会议并密达各有关机关筹备一切人选俟请示后再核派"。

"此项应用之材料须简要,实在不可徒尚空谈,一切须就自己之能力及需要,要据美方来照实事求是,方可博得友邦重视;(三)项所列既关财政贸易应令财政部参加以资周妥,并将以上意见先报告委座。"

陈延祺

三月十六日

美国代办面递备忘录译文

美国政府拟向各联合国政府暨已与英德日及其他轴心国家绝交之各美洲共和国政府致送请柬,兹将该请柬之要旨随同附上,在致送请柬之前,美国政府甚愿获悉中国苏联及英国政府之意见及建议。

美国政府确信此项提议当可为中国政府所接纳,并信中国政府可予以合作,使达到其所期望之目标。中国政府对此有何意见及建议。倘承迅予见示,当为美国政府所感荷。

在请柬送交全体联合国之前,请对此事严守秘密。

附请柬要旨译文

军事胜利后,全世界将遭逢之经济上各基本问题,美国政府深信由各联合国及在此次世界战事中与联合国协作之各国共同从事研讨之时期已至,是以美国政府邀请____国政府派遣少数专家之代表团,参加美国政府拟于四月二十七日在美国适合地点召集之会议,以为解决此类问题之初步,此会举行之目的在关于后述事项得有交换意见及情报之机会,并对于解决此类问题之适宜及实际步骤在原则上得有谅解。

一、从逐渐提高各国消费水准观点,研究战后各国之计划及展望(各国粮食或其他必需农产品之生产能力进口需要或其可输出之余额)及在增强一国一般经济活动范围内所应采行之措施,此问题之研讨不涉及救济问题。

二、研究是否可成立国际谅解,并订定办法,俾提高粮食及其他必需农产品之生产率,并确保全世界对此类物品获有充分数量之供给;在生产者及消费者两立场中,如何求得一公平之价格,亦当加以研讨。

三、研究必要之财政贸易及其他办法,借使全世界各国可获有其所需之食品及其他必需农产品,并使其剩余产品得有充分之市场。

四、研究是否可借国际合作及推动各国国策普遍增加消费,改善营养。

三月十一日

2)卫生署致行政院签呈(1943年3月24日)

案奉钧院三十二年三月二十日机字第一七七五号密令。以我国接受参加美国政府邀请四月二十七日在美讨论联合国战后各项经济问题会议,抄发原代电及备忘录请柬译文等饬遵照准备一切。等因。奉此。自当遵办。兹拟派中央卫生实验院院长朱章庚为本署代表前往参加,除准备一切外,理合缮具该员简历一份,备文呈请鉴核示遵。谨呈

行政院

附呈简历一份

卫生署署长　金实善

附:

朱章庚年四十一岁,浙江义乌人,北平协和医学院毕业,美国耶鲁大学毕业,中央训练团第十五期党政人员训练班毕业,曾任全国经济委员会卫生实验处卫生教育系主任,中央大学卫生教育科主任,卫生实验处简任技正,贵州卫生委员会常务委员,公共卫生人员训练所所长,中央卫生实验院副院长,现任中央卫生实验院院长。

〔国民政府行政院档案〕

24. 交通部抄送美军部包租中航飞机合约签订经过及合约公函 (1943年3月10日)

交通部公函　航空渝字第7226号
中华民国三十二年三月十日

案查前准贵会议本年二月二十五日统机字第一九七号大函,嘱抄送美军部包用中航机合约签办经过案卷等由。正拟办间,复准贵会议本月三日统机字第二三八号大函,对于美军部包用中航机合约一案提出两点,嘱为注意等由。查此项合约之议订,系于卅一年八月间由美方发动,以八月六日史迪

威将军向委座提出运输机运行之备忘录及其所拟同意各款十一条为准据,开始与我正式洽商。我方在洽商期中之主要观点,偏重下列两点,即:(一)载运量应由我国支配;(二)运输次序应由我国统筹决定。此两点经何总长派员往返磋商,美方旋亦表示同意。去年十月间,何总长以酉铣参代电将本案移请本部及外交部会同办理,并抄发委座三十一年十月十三日机秘(乙)字第五三五九四号,核定我方可以同意各条款。本部即本此原则,会同外交部继续与美军部洽商,将美方原拟之合约及中国航空公司副董事长班德与美陆军后方勤务部司令所草订之合约详为审查,重拟合约稿。经送请何总长核阅后,即由外交部宋部长指定中国国防物资供应公司派员转向美方洽商,略加修改,已于本年二月十七日由美军部签署,送回本部。至贵会议所提示之两点,除第二点已订入合约外,其第一点将航线增扩至宜宾或重庆一点,现正在积极洽商中,容有结果,当再奉告。准函前由,相应抄附包机运输合约中英文本各一份,送请察收,并请转抄一份交与贵会议周代表贤颂参考为荷。此致

军事委员会运输会议

附抄合约中英文本各一份(英文缺)

部长　曾养甫

中国航空公司与美国驻中缅印陆军后方勤务部所订空运合约

合约序言

本约系由美国驻中缅印陆军后方勤务部(以下简称军部),与依照中华民国法律组织而总公司设在重庆之中国航空公司(以下简称公司),于西历一九四三年二月十七日所商订者。

盖军部欲于进行战争中实行空运若干物资与人员,复以中国政府由美国政府租借法案项下所得之运输机,曾以正当手续交与公司使用。

同时,军部又欲为在现时后方供应上,有将此项运输机之"酬重"加以规定及利用之必要。

美国政府业已核准军部此项拟议,并以正式公文通知中国政府。中国政府为顾全双方意见及利益起见,表示同意。遵照委员长一九四二年十月十三

日以令文颁发之核定同意各条款,授权公司与军部订立本约。惟特别声明,
在本约施行后,如运输机遇有损失,中国政府愿将要求补偿权自动放弃。

兹经双方同意,订立下列各条款:

第一条　概述

(一)公司须担任印度亚森省丁江地方与中国昆明间之空中运输事宜,航
程约为五百英里。

(二)本约内所用之运输机,均为美国租借法案项下分拨与中国政府转交
公司使用者,现共十二架,将来可能续有分拨,亦得同样租用。惟须特别声明
者,即公司自行购置之三架运输机,仍照旧营运,不受此约限制。

第二条　优先权之管制

(一)载运量之使用,应由中国政府支配。为保证美国在华空军能继续有
效作战起见,如现时由军部经营之美国运输机全部运量遇紧急需要不敷应用
时,中国政府对此项不敷之部分,可视同自身之紧急需要办理,统筹核定其运
输之优先次序及运量。

(二)中国政府之租借法案物资及中国政府所有之其他物资,其由印度运
入中国之先后次序,应完全由中国政府决定之。

(三)中国政府所有之其他物资,凡经委员长随时批准认为作战必需者,
公司须载运之。

(四)公司所使用之一切租借法案运输机,东飞时应载送中国租借法案物
资、或中国政府所有之其他物品、美国陆军配备及其他经委员长核准认为作
战必需之货物。其西飞之空机,应载运军事人员、战略军用物品、中国政府之
出口物资或经中国政府核准可以航空运输之其他物资。

第三条　运输之性质及范围

(一)公司应于最短期间内在丁江及昆明设立办事处,派定负责人员主
管之。

(二)公司须用合格而有经验之飞机师、无线电报务员及地上勤务人员,
其工作使军部满意。任何职员如其任用抵触美国利益者,军部得要求公司将
其撤换。

（三）公司除遇紧急得临时变更航线外，务须遵从军部之指示，飞行于前述两航站之间，如委员长有特殊用处，则不受此限制。

（四）每一飞机每次由丁江飞昆明时，至少须载"酬重"四千二百磅；由昆明飞丁江时，至少须载"酬重"五千六百磅（本款所称"酬重"系指货物或人员而言）。

（五）公司须利用丁江、昆明两站及加尔各答棚厂之一切设备，军部及公司须彼此尽量利用一切现有及在计划中之设备。

（六）由军部所规定格式之全份舱单，必须随货运到，妥交到达站负责军官。

（七）公司所有在加尔各答之修理厂，须供本约中租借法案运输机使用。

（八）所有本约中租借法案项下所拨飞机，均不得载运购票客货。

第四条　燃料及配件之征购办法

公司须将目前所有之配件、燃料，以及在本约有效期间内为使用租借法案飞机所可能获得之配件及燃料，开列清单，交与军部，军部有权照公司所付原价再加运费征购之。军部并得自行选择，命将所有配件集中于双方同意之指定地点。

第五条　最后决定权

凡军事行动或其他情形足以影响其余飞机人员或计划之安全时，美陆军空军司令对于此项案件有最后决定权，公司仍保留对于本约中运输机之全部飞行管理权。

第六条　军部应供给之器材及其应尽之义务

所有本约中运输机所需之汽油、滑油、配件材料等，均须由军部无偿供给，如系掉〔调〕换物品，则公司须将已用过之物品还诸军部，以便作适当处置。货物运抵到达站时，军部须尽速装卸，不得迟延。

第七条　费用

军部基于敌方之可能行动或其他原因，得随时改定航线。如因改变航线致使本约所订运价有增减时，得作适当调整，同时亦得修改本约条文。如因改变航线致到达站距本约指定之两站或任何一站在半径七十五英里以内时，不得要求调整运价。如因敌方之可能行动临时改变航线，以期避免飞机损失时,不论航行距离之远近,运价不予调整。但如变更航线为时在一个月以上,则公司与军部间应另行商订新约。

第八条　免费运输

运输机如系奉令飞加尔各答修理厂受检查或修理于其往返时,军部得令公司免费载运享有优先运输之人员或物资,往来于昆明与加尔各答间,依本约第二条第四款中国政府对优先权管制之各项规定办理之。

第九条　纠纷之解决办法

凡由本约所引起之一切事实上之纠纷,双方应设法善意解决之,但得向委员长或其所授权之代表提出书面上诉。委员长或其所授权代表之最后判决,双方必须接受。在纠纷待决间,双方均须继续执行任务。

第十条　合约之有效期间

本约所规定之空运工作,应照下述第十六条之规定,自本约批准之三日后开始生效,直至中缅印方面战事终了为止。

第十一条　运费付给办法

(一)为顾及公司履行本约所负之任务起见,不论起飞站为丁江,抑为昆明,公司每飞丁江、昆明来回一次,军部共付公司运费美金六百元,此项运费应视作报酬公司之全数。

(二)如公司因受军部之指示,飞机装运比第三条第四款所规定之最低"酬重"为少时,其每次空运应得之运费,不予减少。

(三)如公司自愿装运比第三条第四款所规定之最低运量为少时,其运费应与实际所运"酬重"作比例上之减少。

(四)如公司自愿装运比第三条第四款所规定之运量为多时,运费不得照加。

第十二条　付款

(一)公司应依照标准运价核算,空运次数减去应扣之数,按月缴送正式发票或证件于军部,军部即凭此付款。

(二)军部于收到前项发票或证件后,二十日内,由驻印度喀拉窟美国陆军后方勤务部财务官付款。

(三)付款方式可由公司选择,或照官汇价格,以卢比付款,或以美国政府财政部支票付款。

第十三条　合约之取消

缔约者之任何一方,如欲取消本约,应于三十天以前以书面通知对方。

第十四条　合约定价之重新商订及调整

空运开始三个月后,公司对于空运运价得提请重行商订,公司应缮具书面请求书,连同双方同意应行呈报之事项,依式填列,送呈于司令官。公司须接受司令官之要求,准许派员核查及稽核有关之帐〔账〕簿及记录。如因受战事影响,致使运输机在一个月之内停飞五天,结果无法补飞;或因零件缺乏,致使修理工作延搁至三星期以上,并能相当证明实际上之开销确比预期者为大,则本约可酌予修改,将实际运价增加之。如现有运输机十二架之数目,将来或增或减至超过四架时,则本约所订定之运价,自应重作公平之调整。调整之根据,系以十二架机数为准则。

第十五条　不正当付款之禁止

公司保证并未委聘任何人员谋订此项合同,付给佣金、回扣、经手费或其他额外款项之情事。如公司破坏此种诺言,则军部有权取消本约,或从合约规定之运费内,将该项佣金、回扣、经手费或其他额外款项,照数扣除之。

第十六条　合约之批准

本约须在合约序言上经中美两国政府代表同意批准后,方始发生效力。

第十七条　各种名称之定义

上用"司令官",系指美国驻中缅印陆军后方勤务部之司令官,或其正式接任人,或其所授权之代表而言。上用"美陆军空军司令",系指在各站主持空军勤务之司令而言。

遇紧急时,本约第二条第一款所用之"核定运输之优先次序及运量",系指对各作战单位供应上之真正优先次序而言。

本约在页首所填之年月日,由双方订定之。

美国驻中缅印陆军后方勤务部

中国航空公司

见证人两名

〔国民政府交通部公路总局等公路机构档案〕

25. 艾其森关于处理在华美军人员刑事案件与吴国桢往来照会
（1943年5月21日）

1）美国驻华代办艾其森致外交部政务次长暂代部务吴国桢照会

迳启者：本代办为证实贵我两国政府代表在渝由商谈而得之了解各节，兹奉达贵次长代理部务如下：查美国政府之意愿系于此次对共同敌人作战存续期内，凡美国海陆军人员，如或在中国触犯刑事罪款，应由该军军事法庭及军事当局单独裁判。

如间有以特别原因，美国政府军事当局或认为此项裁判以不受理为宜，则建议每次均应以书面，经由外交途径通知中国政府，俾可由中国当局从事裁判。

兹保证在华美军军事法庭及军事当局，对于该军人员被控于中国犯刑事罪而有充分证据者，愿加审理，且有审理之能力，并于宣判后，按所犯刑事罪予以惩处。美国当局对于美国军队被控在中国犯刑事罪者，无论系准中国该管机关通知，或系美国当局自行发觉，原则上均愿调查并予适当处理。

美国军队之任何人员，如对平民有犯罪行为，美国军事当局于不妨害军事安全范围内，当于离被控犯罪地点相当距离之中国地方，迅速公开审理，庶案内人证毋须跋涉长途，即可到案受审。

美国主管当局并准备与中国当局合作，对于美国军事人员被控罪之侦查案情及搜集证据，妥定互助办法。按通常规例，如拟向其取供之案内人证等，并非美军人员，则应由中国当局代美国当局向证人等办理初步取供手续。至于中国法院办理之案件被控者，非美军人员，而彼等与案情有关时，美国军事当局于可能内，亦乐于协助，向其取供或予案情作适当之侦查。

上述办法如能根据互惠原则施行，则为共同目标计更觉有益，故美国政府准备，如中国在美国辖境内驻军，亦以同样办法担保该中国军队有与在华美军相同之地位。

兹建议上开办法，于此战争期间及战后六个月内有效。

如中国政府接受此项办法，则本照会及接受此项办法之复文，当视为两国政府间之了解文件而存案。相应照请贵次长代理部务查照为荷。

本代办顺向贵次长代理部务表示敬意。此致

中华民国外交部次长代理部务吴

西历一九四三年(中华民国三十二年)五月二十一日于重庆

2)吴国桢复艾其森先生照会

贵代办本日照会内开:本代办为证实贵我两国政府代表在渝由商谈而得之了解各节。兹奉达贵次长代理部务如下。查美国政府之意愿系于此次对共同敌人作战存续期内,凡美国海陆军人员,如或在中国触犯刑事罪款,应由该军军事法庭及军事当局单独裁判。

如问有以特别原因,美国政府军事当局或认为此项裁判以不受理为宜,则建议每次均应以书面,经由外交途径通知中国政府,俾可由中国当局从事裁判。

兹保证在华美军军事法庭及军事当局,对于该军人员被控于中国犯刑事罪而有充分证据者,愿加审理,且有审理之能力,并于宣判后,按所犯刑事罪予以惩处。美国当局对于美国军队被控在中国犯刑事罪者,无论系准中国该管机关通知,或系美国当局自行发觉,原则上均愿调查并予适当处理。

美国军队之任何人员,如对平民有犯罪行为,美国军事当局于不妨害军事安全范围内,当于离被控犯罪地点相当距离之中国地方,迅速公开审理,庶案内人证毋须跋涉长途,即可到案受审。

美国主管当局并准备与中国当局合作,对于美国军事人员被控犯罪之侦查案情及搜集证据,妥定互助办法。按通常规例,如拟向其取供之案内人证等并非美军人员,则应由中国当局代美国当局向证人等办理初步取供手续。至于中国法院办理之案件被控者非美军人员,而彼等与案情有关时,美国军事当局于可能内,亦乐于协助向其取供或于案情作适当之侦查。

上述办法如能根据互惠原则施行,则为共同目标计,更觉有益。故美国政府准备,如中国在美国辖境内驻军,亦以同样办法担保该中国军队有与在华美军相同之地位。

兹建议上开办法于此次战争期间及战后六个月内有效。

如中国政府接受此项办法,则本照会及接受此项办法之复文,当视为两国政府间之了解文件而存案。相应照请贵次长代理部务查照为荷。等由。本次长代理部务业经阅悉,对于贵代办来照所称:两国政府关于管辖在华美军人员触犯刑事罪款一事,所成立之了解暨规定该项了解应依互惠原则办理,以担保中国军队如驻在美国辖区境内,亦有与在华美军相同之地位各节。本次长代理部务兹奉命代表中华民国国民政府,予以证实。

本照会及贵代办前项来照,自应视为已将该项了解纪〔记〕录在卷。相应复请查照为荷。

本次长代理部务顺向贵代办重表敬意。此致

美利坚合众国驻中华民国暂行代办使事艾其森先生

　　　　　　　　　　　　　　　　　吴国桢

　　　　　　　　　　中华民国三十二年五月二十一日于重庆

　　　　　　　　　　　　　　　　〔国民政府外交部档案〕

26. 军事委员会转饬知照《处理在华美军人员刑事案件条例》令（1943年10月13日）

国民政府军事委员会训令　办四二外字第43488号

奉国民政府三十二年十月一日渝字第六二一号训令开:查处理在华美军人员刑事案件条例,现经制定,明令公布,应即通饬。等因。附抄发处理在华美军人员刑事案件条例一份。奉此。除分令外,合行抄附原条例,令仰知照,并转饬所属一体知照。

此令。

附抄发原附处理在华美军人员刑事案条例一份

　　　　　　　　　　　　　　　委员长　蒋中正

处理在华美军人员刑事案件条例　三十二年十月一日公布

第一条　中华民国政府,为便利共同作战,并依互惠精神,对于美军人员在中国境内所犯之刑事案件,归美军军事法庭及军事当局裁判,其处理依本条例之规定。

第二条　美军人员在中国所犯之刑事案件,经美国政府军事当局声明,愿归中国政府办理者,由中国法院裁判之。

第三条　本条例所称美军人员,谓依美国法律,现受美国陆海军法律管辖之人,但服务于美军之中国人民及美军在中国境内雇用之第三国人民或无国籍之人,不在此限。

美军人员应提出现受美国陆海军法律管辖之证明文件,以证明其身份。

第四条　第一条关于裁判之规定,并不影响于依中国法律对于美军人员犯罪,或有犯罪嫌疑时,行使之讯问、拘提、逮捕、羁押、搜索、扣押、勘验之权。

前项美军人员,经查明确有犯罪行为,或嫌疑时,应即将其犯罪事实或嫌疑,通知有关之美国军事当局,并将该人员交该当局办理。

第五条　美国在华军事法庭及军事当局,对于在华美军人员所为之裁判,中国法院或有关机关,得请抄录其原文,在裁判前,得向其询问进行之程度。

第六条　不问何人对于美军人员之行为,如系出于善意,且不识其为美军人员时,不得因其本条例之规定,而使其负任何民事或刑事责任。

第七条　本条例自公布日施行,其有效期间至共同作战结束后满六个月为止。

〔国民政府军令部战史会档案〕

27. 何应钦等为大量供给美军肉类与龙云往来电(1944年1—9月)
1)何应钦致龙云电(1月21日)

龙主席志舟兄。顷据美国驻中缅印总部史迪威将军一九四四年一月十三日备忘录内开:据驻昆明美军供应处另电称:拟请军政部所辖战时粮食管制委员会,准其将云南省所产之新鲜牛肉,输往印度,以供军事人员食用。查该处之有此请求,系悉云南省内特别昆明附近所有鲜牛肉。除经由战地服务团采办,以供驻昆美军食用外,尚有多余可输往印度。查牛肉之采办贮藏及输送等问题之准备,均已布置就绪,此等布置包括建筑房屋、购备器材、任用人员等项,故函恳迅予核准所请将牛肉输往印度是祷,敬请早日赐办示复为感等由。查滇省驻军规定,每人每月给肉类一斤,是否确有多余,每月可给若干公斤,敬请饬与本部驻昆明办事处马处长洽办,迅予电复凭办为荷。何应钦。子。筱。需。盐。印。

2)龙云复电(1月22日)

重庆何总长敬之兄:子筱需盐电悉。奖密。美军驻昆明年余消费甚巨。自三十二年度人数日渐增加,入春以来,每日猪羊不算,菜牛每日须三十条,鸡千余只,鸡蛋数千枚。现在农村耕牛被其买净,延至盘县购买,此种庞大惊人之消费,不但不能供给印度方面,即在滇者,亦将成问题,谨复。弟龙。子。养。办。机。叩。

3)蒋介石致龙云电(9月11日)

昆明省政府主席。据美军总部九月一日备忘录,略以昆明呈贡区美军已增至一万零六百人,每日所需之肉类计牛35头,猪50头,鸡1000只,而滇省府仍照前每日限制数量供应,并不增加,请予协助,设法供应等语。查此肉类供应攸关盟军营养,同作战力量甚大。惟牛只可饬市府在产牛较多之地方代为购买运昆明,其余鸡猪等项在昆明附近似可采购,此项关系较巨,希由该省设法协助,勿使匮乏,以敦睦谊。除函复,径与该省府洽办外,仰即遵办具报。中正。申虞。侍。参。印。

4)龙云复电(9月18日)

重庆军事委员会委员长蒋。□密。前奉申虞侍参电,当饬主管遵办去后,兹据呈称,滇省向非产牛地区,年来供应盟方,概由黔省贩运而来,前恐影响农耕,妨及粮政,曾经略加限制。嗣准盟方请求,即已取消。惟据商人沥陈,近因盟方人士日见增多,办理愈感困难,实缘产源枯竭,以致供不逮求。查核所称,确系实情。至于猪鸡两项,仅有农户零饲养,素无专业,频岁消耗之巨,亦远过于生产等语。复查所呈,均属事实。除仍遵电饬令务尽可能力予协助外,谨以肃闻。敬祈鉴核。职龙○。叩。酉。巧。省秘。印。

〔国民政府云南省政府档案〕

28. 重庆卫戍总司令部关于禁止及规定美国宪兵维持治安职务权限训令(1945年3月10日)

重庆卫戍总司令部训令坤三甫字第0330号

令本部办公室

案奉军事委员会三月二日办四二外字第五六五七一号代电开:据昆明行营龙主任二月七日呈称:案据昆明警备司令禄国藩呈称:为呈鉴核事:案奉滇黔绥靖公署云南省政府秘一四字第三八一三号训令:略以美国宪兵外勤职务,其行为有时已超越其应有之职权,对于地方治安妨害甚巨,饬即函知该主管立予纠正。若仍意肆行无忌,即不能再如已往之缄默不言等因一案。遵经函请该美空军司令部,立于纠正,以后不得再有此类事件发生去后。兹准美国空军第十四航空队总司令部三十三年十二月十八日公函开:迳覆者:案准贵部三十三年十一月二十四日大函:据警务处第五九○号呈报:关于十一月十三日美国宪兵由贵贡机场尾追第三二一三六号中国军用灰色小汽车至昆明市区,并擅入龙旅长公馆施行检查。嘱即查明禁止等由到部。当经彻查属实,除通令禁止,并制定美国宪兵检查小车及中国人民财产办法,饬属遵照外,相应检同此项办法两份,函请贵部查照,并向贵司令官证明,嗣后不致再有此类意外事件发生等由。附抄件两份。准此。除分别呈报令行外,理合检同附件,具文呈请钧营核备。附呈抄附件二份。等情。据此。除分令驻滇各集团军总司令部知照外,理合抄同附件,具文呈请钧会查核备案等情。附美国第十四航空队通令译文两份,据此。除电复外,特抄同原附译文电,希知照为要。等因。附抄原译文两份。奉此。除呈复,并分令外,合行令仰知照为要。此令。

总司令　王缵绪

中华民国三十四年三月十日

抄原译文第十四航空队通令第四六号

美国陆空军宪兵维持治安职务规定如下:

一、查美国陆空军宪兵及守卫宪兵之基本职务,为保护美国陆空军财产,维持美国陆空军军纪风纪,及执行一切军法规章,凡非美国陆空管理区域美国陆空军,无干涉中国人民之权。

二、美宪兵或其他人员之奉派守卫巡逻及维持交通秩序者,仅对美国车辆有干涉之权。所有中国人民车辆,除在美国政府管理区域内,美国宪兵得干涉外,其余一概不得加以干涉。凡非美国政府管理之区域,所有中国人民之车辆,美国宪兵及维持交通之巡逻,人民不得加以干涉或追逐。凡中国车辆之在美国管理区域内达犯交通规则者,美军只能在该区域内加以扣留,然后连同其违犯章则之全部报告,移转中国军事或行政机关处理。凡属中国人民无论任何情形,不能在美国武装部队所属之卫兵室或其他处所加以拘禁。

上述办法:通令所属一体遵照。

参谋长　何华德

副官长　莫理士

一九四四年十二月十七日

〔国民政府军令部战史会档案〕

六、战时中英关系

1. 外交部办理英国皇家航空有限公司飞机经过我国领空情形致行政院呈(1937年12月22日)

案查英国皇家航空有限公司,予上年三月间开办槟榔屿香港间航空邮运,经航空委员会参谋本部会商,认为该航空路线势须经过我国领空,函邮本部向英大使馆提出交涉。惟迭准英大使馆函送航空线路图,坚谓该线系属绕道飞行,并不跨越中国领土,案悬未决。

本年三月间,英大使晋谒蒋委员长时,曾提出希望两点:(一)准许槟榔屿与香港间飞行之皇家航空线飞机得经过中国领空;(二)准许开办港沪航空,将现在槟榔屿香港间航空线由香港展至上海。蒋委员长是时曾表示第一点可以考虑,第二点因某种关系应予缓议。该大使一面并以书面向本部提出,经本部函由航空委员会呈奉军事委员会批:英国开办槟榔屿至香港航空线路原则上同意,但须英方以书面将航线经过地点通知我国核定后再议等因。转复到部。当经派员与英国大使馆接洽,请其照办。

嗣准英代办来函,谓英外部拟定航线二线:(一)槟榔屿西贡土倪广州湾飞越海南岛及雷州半岛,直达香港,中间经过中国领空;(二)槟榔屿西贡土倪香港间直接飞行,必要时经过中国领海及香港之南暨西南各岛屿,惟如与暹罗谈判成功,拟采用曼谷、乌杜拉、义安、广州湾线,飞经雷州半岛而达香港等语,经函由军事委员会发交航空委员会邀同参谋本部及交通部会商,决定对于第一线未便同意,第二线可予同意,呈奉蒋委员长批准,转函到部。复经与英大使馆接洽,请其备具正式公文送部,以便正式答复。

本年十月间,准英代办照称:"奉本国政府训令,并于暹罗政府准予英国皇家航空有限公司飞机在曼谷降落,及飞往暹罗领土之协商,将告完成,因该公司联接欧洲香港之最短航线为经由曼谷义安或河内及广州湾,本国政府拟恳中国政府准许该公司飞机在义安或河内至广州湾及广州湾至香港间作一直线，飞越雷州半岛而并不降落。请转行核办"等由。经分函军事委员会总办公厅及航空委员会核办去后，旋准航空委员会代电，以关于英国开办槟榔屿至香港航线，请改道经我领空一案，经签奉委座手批照办，复请查照等由，准此。

正核办间，又准英代办照称："前次照会内，有拟恳准许该公司飞机在义安或河内至广州湾间及广州湾至香港间作一直线等语，此项语句颇易引起误会，兹特声明本国政府之所向中国政府请求准许者实系包括两线在内，即由义安至广州湾一线，及由河内至广州湾一线，照请查照"。等由；当以"英方所请准许英国皇家航空有限公司在由义安至广州湾间，及由河内至广州湾间，并由广州湾至香港间作一直线，飞越雷州半岛而并不降落一节，中国政府愿予允准，惟此项允准之有效期间，须明定为五年"，等语，照复查照去后，本年十二月十八日经英代办将上项决定各点与本部正式换文讫，此案遂告一段落。除函请军事委员会总办公厅查照转陈，并函航空委员会查照外，理合将本案办理经过情形，并抄录该项换文全份，计英代办致本部部长照会原译文各一件，又本部部长复英代办照会原译文各一件，共四件，具文呈请钧院鉴核备案。谨呈

行政院

附四件

外交部部长　王宠惠

中华民国二十六年十二月二十二日

英代办致外交部部长照会译文(一九三七年十二月)

照会

迳启者：本代办兹奉本国外部训令，特向贵部长提供英吉利国政府与中华民国国民政府订立协定如下。

一、皇家航空有限公司有权开辟定期航空事业，依下列各直接路线，来回经过中国若干部分领土之上空：

（一）义安至广州湾

（二）河内至广州湾

（三）广州湾至香港

二、皇家航空有限公司除遇有意外事变时，无论如何，无权在上述中国领土内降陆。

此项提议倘为中国政府所接受，本代办谨再提议本照会及贵部长对于此事之覆〔复〕照即认为构成关于本事件之协定。该协定立即施行，并自本日起继续有效五年。

本代办顺向贵部长重表敬意。此致中华民国外交部部长王宠惠博士阁下

照录外交部部长复英代办照会原文（一九三七年十二月十八日）

照会

迳复者：本部长准贵代办本日来照内称：迳启者：本代办兹奉本国外部训令，特向贵部长提议英吉利国政府与中华民国国民政府订立协定如下：

一、皇家航空有限公司有权开辟定期航空事业，依下列各直接路线来回经过中国若干部分领土之上空

（一）义安至广州湾

（二）河内至广州湾

（三）广州湾至香港

二、皇家航空有限公司除遇有意外事变时，无论如何，无权在上述中国领土内降陆。

"此项提议倘为中国政府所接受，本代办谨再提议本照会及贵部长对于此事之覆〔复〕照即认为构成关于本事件之协定。该协定立即施行，并自本日起继续有效五年"。

上项提议之协定，中国政府允予接受。所有本照会及来照即认为构成关于本事件之协定。该协定立即施行，并自本日起继续有效五年。

本部长顺向贵代办表敬意。此致

英吉利国驻中华民国代办使事贺武先生

附译文一件

〔国民政府行政院档案〕

2. 杨杰为苏联援华武器运经缅、新、越请饬与英法交涉事密电稿（1938年10月21日）

武昌。委员长蒋：皓日两电奉悉。密。(一)仰光、新加坡均英属地,此间无法接洽,预计戍船将过哥伦坡,抵新在即,如俟与英洽妥再转知船主,必须中途停候、悬挂红旗,似此则易泄机,致生危险,恳即饬与英商洽。又：西贡卸货,似亦妥善,于转运内地亦便,如属可行,即恳电饬顾[维钧]大使力向法交涉,时间迫促,伫候电示转遵。(二)与法商订货事,据孔院长称：现金、原料,均属困难,则职前往交涉自难生效。职是否须即去,并恳电示。职杨○叩。印。

〔杨杰个人档案〕

3. 缅甸抹谷华侨九一八社为请代购四川柏油等以便采办推销致侨务委员会呈（1938年12月12日）

呈为呈请事：案据属社社员尹士廉函称：查桕油、木油、树蜡、漆实油等油类,为制肥皂及化学工业之原料,且系产于四川省,为我国素有名之特产。如能认真推销欧美,发展国际贸易,实为我国莫大之利源。社员早经蓄志拟向祖国采办上述之植物油类运往印度推销,以图发展对外贸易。兹当滇缅公路业已完成之时,四川省之出口货物,由川而滇,而直运至缅甸仰光,比前尤为迅速而便利。社员认为适合环境之机会已至,故决心筹备图谋此种营业,得以实现。拟先行购买上述之油类各少许,用以试验其质地如何,倘若该油类等之质地经试验之后,认为确实优良,足以取信外商,社员当竭力进行开办此种营业,于社员个人固有发展经济之希望,而对祖国发展对外贸易,增强战时经济力量,亦不无少补也。惟社员留居缅甸,对四川情况,素不明瞭〔了〕,既不知何地及何商店有上述之油类发售,而又向无亲友居在四川,虽欲直接询问情况及托友代购少许,均无法实现。故社员不得已恳请钧社赐予助力,代为解决此种困难。兹奉上缅币壹拾盾,请转呈中央侨务委员会核收,请其在四川就近代设法购买下列各种油类少许寄下,俾资试验,并请侨务委员会代询查发售下列之油类之地方及店号之名称,详细指示,借利进行等情到社,理合据情备文,连同缅币壹拾盾寄呈钧会核收,敬祈予以助力代为办理,请将该款在四川省就近代设法购买下列各种油类,装妥交由邮局寄到属社转致该社员。关于在四川省何地及何商店发售下列之油类,务请钧会代调查,予以明白指示,俾该社员此后能直接办理,以竟其志,而利侨民感甚。该款除用去购费及邮费外,如或尚有余存款多少,请将该款捐助与筹赈会,作清手续是荷。谨呈

侨务委员会委员长陈

附呈缅币壹拾盾,乞代购槛油贰磅、木油贰磅、树蜡贰磅、漆实油贰磅。

缅甸抹谷华侨九一八社常务委员　张培道谨呈

中华民国二十七年十二月十二日

〔国民政府侨务委员会档案〕

4. 行政院关于中英美法拟在新加坡合组运输委员会事宜文电(1939年6月)

1)蒋介石致孔祥熙代电(6月5日)

行政院孔院长勋鉴:据宋子文兄冬电称,据美政府人员称,滇越及滇缅各路存货山积,运输工具亦颇紊乱,前经拉西门在英伦提议中英美滇越及新加坡合组运输委员会,协助一切,美国方面,早有赞助之意,惟须由我方推动,等语,此事似可予以赞同,即请核办并希见复为荷。中正。微。侍秘。渝。

2)孔祥熙致郭泰祺电稿(6月8日)

伦敦郭大使、华盛顿胡大使、巴黎顾大使:密。据宋子文兄电称,美政府人员以滇越及滇缅各路存货山积,运输不畅,前经拉西门在英伦提议中英美法在新加坡合组运输委员会,协助一切,美方早有赞助之意,惟须由我方推动,等语,希即向英美法政府查询电复。孔○○。齐。院四。印。

3)孔祥熙致蒋介石电稿(6月8日)

蒋委员长赐鉴:微侍秘渝代电奉悉,已电郭胡顾三大使向英美法政府查询,俟复到再行核办。谨复。祥○。齐。院四。印。

4)孔祥熙致宋子文电稿(6月15日)

香港宋子文先生:涉密。拉西门提议中英美法在新加坡合组运输委员会事,经胡大使查复后,美财政部未有表示,但闲谈中曾言此系中英法三方之事,其意似谓美方不能参加,等语,特达。孔○○。删。院四。印。

5)孔祥熙致蒋介石电稿(6月15日)

蒋委员长赐鉴:拉西门提议中英美法在新加坡合组运输委员会事,顷经胡大使查复后,美方似不能参加。除电知子文兄外,谨抄同原件,电请察照。祥○。筱。院四。印。计抄附胡大使原电一件。

附:胡适致孔祥熙电

1939年6月11日

孔院长:密。齐电敬悉。已与陈光甫兄谈过,据云Rajchman提议运输合作之事,美财政部方面未有表示,但闲谈中曾言此系中英法三方之事,其意拟谓美不能参加此项国际组织云,此与陈光甫屡电所述美方交通顾问事不同,前者系国际组织,后者只系我政府雇用专家不涉国际也。又据报载,张公权部长视察滇越滇缅交通毕所发表谈话,似目下越缅两方交通业已改善,不少运货渐可通畅,陈光甫与适均以为Rajchman原议此时似暂无重提之必要,乞公与公权兄酌夺。适。十一日。

6)蒋介石致孔祥熙代电(6月20日)

行政院孔院长勋鉴:据吕字第六七一六号筱院四代电既附件均悉,中正。号。侍秘。渝。

7)顾维钧致孔祥熙电(6月23日)

孔院长:齐电敬悉。据拉西曼言,此事宜由我先自成立委员会,并派资望兼隆之大员为会长,驻扎新加坡主持一切运输,然后再密商英美法三国,各指定人员由我加聘为会员协助一切,仍为我国机关,若先向三国政府商派代表合组运输委员会,以彼等向不赞成共同行动,必遭反对云,是此时向法政府查询不无窒碍,现拉拟开送说帖,俟收到即寄奉候核示遵。钧。二十二日。

〔行政院档案〕

5. 杭立武关于与英国驻渝代表裨德本商谈英日谈判及外汇等 事情形报告稿(1939年7月24日)

报告

日来因英日谈判及外汇高涨两事,曾与英使馆驻渝代表裨德本接谈多次,并由使馆代发致卡尔大使及贾德干外务次官两电。兹谨简呈,以备参考。十八日与裨德本晤面,渠谓卡尔大使欲武将重庆方面对于英日谈判意见告彼。武当谓我国当局对英根本政策虽仍不致变更,但亦不能谓如何放心。因所谓地方性事件,亦可引申至甚关重要。如天津之存银问题。又英国官方态度之不显明,甚足影响我国之外交。例如法国对我借款,因观望英国而功亏一篑。现在外汇如此高涨,我国急待继续借款,倘英国因顾虑英日谈判而不及时有所决定,将使我人失望。并告以据武所知,委座对此两事均极关怀云云。渠口就上述意见发两电,一致卡尔大使,一致贾德干外务次官。二十二日晨,裨德本代表电话相告,谓卡尔大使有电致钧座,(实即系据裨德本去电,又外交部王部长亦于同日奉钧座面谕去电,说明关怀英日谈判之意。)谓财政上援助我国,实渠主要目的与任务之一,当随时留意等语。随即由使馆办事处将该电径呈钧座。今日下午,裨德本代表来谈,谓曾奉召简单谈话,关于英日谈判钧座甚为关切。惟本人并不知悉谈判内容,但信除地方事件外,英国政府不致对大问题有所让步,惟如何可使我国当局不致过虑。武当答以第一当视明日英日公布结果,事实为凭。倘所公布仍属含糊,则应由英国政府向我国作具体之表示,以坚我国对英之信赖。渠已允明日俟英日公布发表后,再行商酌电请卡尔大使向政府请示。至于继续借款事,武切实告以此事之急迫,并云希望卡尔大使作最大之努力。渠谓此事已数电英大使,惟信渠尚未接政府任何训令,并云在英日谈判期间,恐不易有所决定。裨德本代表在数次谈话时曾屡言英大使因使馆财政顾问已返国,对于财政方面虽知继续借款为必需,但因己身非经济学家,对于此次外汇高涨严重到何程度,恐不甚明悉,盼约略告之,以便转达。武当向财政部徐次长请教如何答复,渠谓可告以如法币继续跌,则物价必涨,物价涨将使法币价益跌,如此循环,马克之覆微然若。维持法币价格,实与英美友邦商业有关,故继续借款,实有切急之必要。当即照此电告英大使。又在历次谈话,渠尝以外传财部将有更动为问,武当告以绝不足信。渠再追问,宋子文先生为何不加入政府,并谓英方颇有多人怀此疑问。武当谓现在问题并非宋先生加入政府便一切有办法,亦非宋先生不加入政府,便一切无办法。且事实上宋先生工作亦系受政府之委托云云。

〔管理中英庚款委员会档案〕

6. 杭立武为转达卡尔大使函附麦克尔关于中国西部运输节略致蒋介石呈稿并复电(1939年9月1—3日)

1)杭立武呈稿(9月1日)

二十八年九月一日中午

八月二十六日奉英大使卡尔函附英人麦克尔先生关于我国西部运输节略一份,嘱为密呈。兹连同译文奉请核阅。(谨按:麦克尔氏在汉口旅居甚久,曾任汉口市英国商会会长,人甚精敏强干,其所拟节略颇有参考之价值。)闻行政院对于公路运输现正力谋改进,可否即由钧座核转密交审议。至英大使处,拟即函复,代为致谢,并请其转达麦氏。以上所呈是否可行,敬乞核示。

专上

委员长蒋

杭〇〇谨呈

二十八年九月一日

中国西部运输问题

目前战事已度过时常有显著战绩的时期,而变为持久斗争。在此种斗争中,中国应占优势。惟其先决条件为能否将内部经济组织妥善,俾能应付因海口沦陷而发生之困难。此事关系全局,各方均所公认,然是否已采取充分之步骤以赴之,似是问题。

倘用较远之目光观察,凡极易被袭而随时有放弃可能之交通线,似可不必注意。由湖南湘水东达浙省海岸之铁道公路尤然。湘水应当作西南诸省之东界,在此西南境内之交通,须加以组织与发展。因此力量应集中于自越境北上之各线及西达仰光之新开公路。虽在目前以经过或终止邕宁诸路为最宝贵,惟因地处要害,恐遭损失,故在滇缅公路未能充分利用之前,当以滇越铁路最为重要。

据本人目睹之现状,大致如下:

一、滇越铁路闻能每日运货车二十七辆,即每月可运货九千吨,其中三分之二可供中国之需。据报现正接洽将中国可运进部分增加至每月八千吨。

二、各公路上约计有卡车三千辆,另有六千辆已经订购,几全部系政府各机关所有。惜各政府运输机关相互间极少联络,而运输机关与运输商人之间之联络更几无有。

三、现各入口航运之支配,未经科学设计,致海防方面货物之堆积盛传一时。而直至最近始有限制进口货数量之举。此外,对于各种货物进口之前后,似缺乏妥善之统制,往往奢侈品及笨重货物如铁路材料捷足先登,而急需材料反遭落后。

四、关于沿途汽车修理设备及适当数量之燃料与配件之存储,似毫无准备。结果每辆卡车须自备燃料,计占其运输容量三分之一,且跋涉长途时需修理及配换零件。如无是种设备,车辆损坏无从修理,惟有任其在路旁腐烂而已。修理卡车之机匠中闻多数缺乏知识与能力。

五、卡车在回程中,装载多未达最大限度之容量,因出口货物不易觅揽,其故有二。(一)根据法定汇价,因运输代价之高及危险性之大,出口贸易难以获利。(二)军人对于因装卸回程货物而发生之耽误,不能通融。(按粤汉铁路常因此发生争执)中日战事已大部变为经济战,而中国经济生存之能力将为主要关键。倘此言不虚,则下列显属必要之点。

一、必须查明现有各路确能运到货物之数量。

二、各路之最大运输量,于进出口双方必须尽量利用。

三、严格统制进口货,以必需品为限,俾减轻运输问题,并减少外汇之需要。

四、凡有销路之出口货应尽量运出。

隶属财政部各贸易公司似未充分认识中国财政之责任,固不仅为依照各种信用借款及货物交换合同,履行运出货物等义务,而几于忘却出口贸易对于全国经济及外汇需要实有其重要性。本人以为运输为整个问题之关键。公路及公路运输因时势之压迫,已取铁路而代之,故于技术及行政双方,应由专家管理,如铁路然。因缺乏背景与经验,一有效之公路系统,其组织与管理均比平时例行管理、或即战时之铁路管理更为复杂困难。人选应以最干练而富经验者充之,并一经任命,应畀以最充分之执行权。

有上述之集中组织及合适之管理人选,无欲有圆满之结果,仍须政府一切机关统力合作,扫除历来各自为政,甚而互相冲突之倾向。

此项组织之应给予极广权限,殊为明显。各公路之管理均应由其直辖之局担任,各路线行驶车辆之数量、车辆之用途、各种货物交货时间及地点均应受其统制指挥。修车站之设立与维持,自亦由其负责。并应与各部会,尤与财政、军政两部密切合作,俾对于各种货物之数量、装运之先后、外汇之供给等等有适当之规定。至第□页所提出之四项经济要点,亦必有此项组织之合作,方期贯彻。为避免误会起见,兹尚应行说明者,即滇越铁路及西南境内所有其他铁路与向各公路输送之河流,在本文内均视作应属整个运输系统之各部分,欲令运输计划发生效率,在管理上必须将整个系统包括在内。

2)蒋介石复电(9月3日)

国民政府军事委员会代电　侍秘渝字第7615号

杭参政员立武兄台鉴:据呈送麦克尔所拟关于我国西部运输节略悉。已转送行政院审议,即希函复英大使酌致谢忱,并请其转达麦氏可也。中正。江。侍秘。渝。

中华民国二十八年九月三日
〔军事委员会委员长侍从室档案〕

7. 暹罗华侨抗敌救国后援会为建筑佛昌公路以利侨胞投资等致侨委会呈批(1939年12月—1940年2月)

1)暹罗华侨抗敌救国后援会致侨委会呈(12月27日)

呈为呈请建筑佛昌公路,以利侨胞而培国本事:窃查滇省西南之佛海、南峤等县,土旷人稀,宝藏丰富,亟应开发,以裕抗建之资源。虽政府已划为移垦区,然因交通欠便,致欲投资者有所踌躇,按该地与泰国北部最繁盛之青〔清〕迈遥相接衔,不过中间距离缅甸之角尖地带而已,向来此间同侨往其地必由青〔清〕迈经缅甸之昌敦始可达到,现悉由青〔清〕迈至昌敦之路交通已颇利便。惟由昌敦至佛海一段有狭小之路可以通行,然须骡马输送,行人视为畏途。因此,滇泰之货物不能懋迁,有无商务,无由发展,投资乃存观望,但泰国排华日甚,此地已非乐土,欲移资经营者大有其人,更逢世界战云弥漫,恐泰国亦滚入战争漩涡,一旦有事,则此二百万同侨逃生无路矣。使不早日建筑此路,则滇泰之贸易永无进步之日,而同侨之投资和逃难岂有利便之坦途乎?且佛海至昌敦路线不长,依照原路修建工程自易,而英国系我友邦,自乐联接,因交通利便,地方获得繁荣。如此路完成后,该地四方辐凑,不惟同侨之投资和逃难,交通称便,就川康滇黔等省之货物亦可借此路而输出缅泰,增辟一海外市场,其军事利便之价值更为巨大。近来电讯频传,倭奴又在滇缅边境活动,而我国防之设施尤深利赖焉。是以属会以建筑佛昌公路,实有利便侨胞培养国本之利益,用敢冒昧渎陈,冀得有所采择也。为此备文呈请鉴核,恳准行函交通部会同滇省府酌议办理,则国家幸甚,侨胞幸甚。谨呈

侨务委员会委员长陈

暹罗华侨抗敌救国后援会理事　韩心传

姚玉辉

蔡文彬

罗寿汕

中华民国二十八年十二月二十七日

2）侨务委员会致交通部和云南省政府公函（2月15日）

公函侨29卯字第七六一号

案据暹罗华侨抗敌救国后援会呈请建筑佛昌公路，以利侨胞等情到会。查该会所呈各节，尚属切合实际需要。相应抄同原呈函达查照，即请贵部、省政府商同云南省政府、交通部酌予办理，同时转商缅甸当局筑路接驳，以利交通，并希见复为荷！此致

交通部

云南省政府

计附抄原呈乙〔一〕件

委员长　陈〇〇

中华民国二十九年二月

3）侨务委员会致暹罗华侨抗敌救国后援会批（2月15日）

批侨29卯字七六二号

具呈人暹罗华侨抗敌救国后援会二十八年十二月二十七日呈乙〔一〕件，为呈请建筑佛昌公路，以利侨胞而增国本由呈悉。查所呈各节颇有见地，经函转交通部及云南省政府核办，仰即知照。此批。

中华民国二十九年二月

4）交通部致侨务委员会公函（2月29日）

交通部公函公字第四五九号

中华民国二十九年二月二十九日

案准贵会本年二月十五日侨29卯字第七六一号公函，以据暹罗华侨抗敌救国后援会呈请建筑佛昌公路，以利侨胞等情，抄同原呈嘱商云南省政府

酌予办理,同时转商缅甸当局筑路接运,以利交通,并见复等由,附抄原呈一件,准此。查该后援会所请兴修佛海至昌敦公路,即系云南省兴修自普洱经思茅、车里,佛海至滇缅边界打洛公路之一段。曾据该省公路局报告,此线系应华侨发展该区域垦殖请求而议修,其思茅、车里一段已在测量中。金〔全〕线修成约需一年时间等语。复查此路前准中社会部来函,以据该部滇边考察团调查报告,亦希望提早兴修。惟本部为集中全力赶速完成后方主要干线以应急需起见,对于此路尚无具体计划。现在滇省既已着手兴修,闻缅方亦极注意,本部自当尽量协助,以资策进。准函前由,除先行函询云南省政府该路工展情形外,相应函复查照。此致

侨务委员会

部长　张嘉璈

〔国民政府侨务委员会档案〕

8. 国民政府对英国封锁滇缅路声明(1940年7月16日)

蒋委员长对中央社记者询问关于英国政府允日本封锁滇缅路,并以此为中日媾和时期意见,答复如下:"余深信守法重信之英国决不至有此违背公法条约,丧失国家信誉之举。如果以滇缅路运输问题与中日和平并为一谈,即无异英国协助日本迫我中国对日屈服,其结果必牺牲中国之友谊,且必牺牲英国在远东之地位。须知中国抗战三年屹立不动,决非任何第三国胁迫所能摇撼,如英国果有此种行动,余可断言,英国必获极端相反之结果,其本身必遭无穷不测之祸害。如英国认为停止滇缅路运输可以缩短远东战争者,余复断言,其结果必更助长远东之战祸,扩大远东之战局。至我中国抗战之目的在求领土行政主权之完整。此目的一日不能达到,抗战一日不停止。中华民族今日之抗战,决非任何压力所能阻止,此不惟英国及各友邦政府所深知,即全世界人士亦莫不公认我中华民族精神与革命力量之深厚,为不可欺也。"

同日外交部发言人发表谈话,略称:英国政府对日本压力表示屈服,中国政府对于英国决定,不得不表示严重关切,并认此种举动,既不友谊,且属违法。英国接受日本之无理要求,已给予侵略者以巨大便利。故英国之举动,

无异帮助中国之敌人。英国政府接受日方要求停止滇缅路运输之决定,违反国际公法之原则,中英各项条约,及国联之历届议决案。如有人以为中国通海贸易路线受有梗阻后中国即将被迫求和,或竟接受日本所提出之任何条件,实为最大错误之判断。

〔国民政府外交部档案〕

9. 杭立武关于香港辅政司斯密士欲来渝观光及建议蒋介石电催丘吉尔重开滇缅路等事呈稿(1940年9月29日)

谨呈者:

(一)香港前任代理总督、辅政司斯密士来函谓,曾以武劝其来渝观光之意与现任港督及卡尔大使谈,均不反对。惟因事务繁忙,须至十月始能考虑日期云云。兹十月将届,如钧座认为可请其来,当再去函。如渠决来,当与外交部及国际宣传处接洽办理。(按斯密士任辅政司十余年,港中事务均由渠经办。现新任港督为军人,政务方面渠负责尤多。)

(二)滇缅路禁运三月,即将届满。除已与宣传部王部长商洽,致电英国各方面呼吁外,愚见钧座如能致电丘吉尔首相,则尤为有力。曾以此意与卡尔大使谈,渠谓在滇缅路未禁运前,钧座曾电丘吉尔首相,此次如于届满前数日再去一电,亦甚妥适。

谨此呈备参考。肃上

委员长蒋

杭〇〇谨呈

二十九年九月二十九日发

〔国民政府军事委员会政治部档案〕

10. 中华海员工会致英国各援华团体敦促政府开放滇缅公路代电(1940年10月1日)

国际反侵略总会薛西尔先生,国际运输总工会斐门先生,英国援华委员会佛莱女士惠鉴:日本之不顾国际信义,悍然以武力侵犯中国,其目的不仅企图灭亡我中华民族,同时抑谋摧毁英美在远东权益,而偿其独占亚洲之奢欲。日本所怀此种野心与诡谋,固早为世界有识人士所明察,然英政府当局未能早见及此,而于三月前徇受日本之不合理要求,封闭滇缅公路,此举不仅我人引为憾事,凡全世界主张正义之人士,莫不深为惋惜也。今日本之狰狞面目,已因公然宣布与德意订盟而暴露无遗,吾人为保持同一之反侵略战线,特电请即予敦促贵国政府,立即实行开放滇缅公路,恢复运输交通,中英邦交现人类幸福俱利赖焉。中华海员工会特派员杨虎率全国海员同叩。东。印。

〔国民政府社会部档案〕

11. 蒋介石为英国重开滇缅路感谢丘吉尔电(1940年10月9日)

兹将致英首相一电请译成英文,连同汉文,即为转达。文曰:丘吉尔首相阁下:近两月来,贵国人士在阁下领导之下,英勇作战,使欧战局势转入新阶段,敝国政府与人民咸深钦佩。顷读阁下在国会演词,指(新政)三个月来,日本对华暴行有增无减,及中国民族痛苦日深,因而决定恢复滇缅路之一切运输。中正闻之欣慰无量,尤其阁下演词提及日本对华公正和平之机会已失,尤佩卓见。日本军阀政府好言武力,亦唯畏惧武力。和平正义之言决不能入一切妥协之策,徒长其氛,此中正十数年之苦痛经验,固亦阁下所洞察无遗,夙特布感佩之忱,敬祈鉴察。蒋中正。佳等语。中正。佳。侍秘印。酉佳。渝。

〔驻英国大使馆档案〕

12. 王芃生关于中国军队在缅油料供应及宣传等事宜致蒋介石电存(1942年4月21日)

一、英油统局长戴思德停止供油一事,俞兄已有详呈。职思史亚在彪白函电迟缓,定明晨赴苗湄诘问缅督,以迅获大量汽油及继续供应为主。曾涤生败困祁门流水,沈幼丹忽停协饷,曾迄未动奏,但书函婉商,卒使感服得饷,盖操切反多波折,今英在缅号令不行,而戴久任油经理,多其爪牙,如求严究或激变,少实益曾公处世之慎可师也。

二、奉支电,遵分途取得连〔联〕络,择组分会;因缅民杂而道组,须分区举办。期普遍(一)腊戌办掸报,叙浦办缅报,密支那办印报,均小型,以宣传援缅意义、军民合作持久制胜为主,各需开办费九千盾左右。(二)现仅腊戌一华报眉一缅报未停,拟酌津贴,加登稿件。(三)酌津眉台译播重庆广播,并聘高僧及缅掸人演播专稿。(四)择要区分缅甸缅掸人抗战歌咏队,巡演乡镇。彼议陋而好望,易奏效。(五)另印中日团体传单,交空军及前线散布,以上均待款举办,恳将前饬迅汇腊戌中行贱名户头,当与林俞曾兄商同支配,如外汇需时,祈腊军需为先拨两万盾济急。

〔军事委员会委员长侍从室档案〕

13. 重庆市轮船商业同业公会请制止英商太古公司长江内河航行权致行政院呈(1942年11月7日)

窃据重庆市各华商轮船公司报告:英商太古公司业经作开航重庆三斗坪间之准备,最近即将派轮前往揽货载客等语。经属会调查属实。复查本年十月十日英美两国同齐声明,将放弃在华特权,国人莫不期待其即早实现,而内河航行权,要系不平等条约中之所订定是在应行收回之列。该太古公司即为英国之有名公司,对在该国政府既有上项声明后,更不应企图开航于未有条约规定之三斗坪地方。此应恳钧院予以制止者一也。查太古公司轮船因籍隶英国,对于我国政府向未承担若何义务,如许多捐税及供应兵差外,商轮船皆不与及,尤以民国二十六年以后华商轮船担任抗战运输,莫不遭受巨大损失及亏折,而太古轮船自武汉及宜昌军事转进时,则尽量揽装商货,当时公物运川每吨不过收费三四十元,但商货收费则达三四百元。衡情度理,该公司既于抗战发生后曾有最好之收获,此刻华商轮船服役政府之时,尚未终止三斗坪,仅留之一线航业泉源,自不能分润予对抗战毫无功绩之太古公司。此应请予以制止者二也。查三斗坪地方为距宜昌上游五浬半之一僻静江村,向无贸易可言。自二十七年宜昌军事转进时,民生公司为抢运政府物资,乃派人驻扎该地办理转运事宜。此年以来,复锐意经营,致上下客商贸迁该地,遂使争取于前方之物资,如棉纱、棉花、纸张等类,及由后方输出之物资,如盐、糖、药材等类,皆得赖该地为转枢场所。不过当开辟期间,民生公司实付有巨大之损失与牺牲。如二十九及三十两年,敌机将该公司之民元、民裕、民权、民众等轮先后炸沉炸毁,及三十一年民熙轮之因应差沉没。苟未先将三斗坪开辟,则上述各轮乌能行驶下游,致确危险,故为追溯原委,太古公司在三斗坪既非参与开辟,当无坐享其成之理。况三斗坪并非条约规定之商埠,外轮更无在其地揽货装客之自由。此应请予以制止者三也。抑有进者,英国既系我之盟邦,太古公司轮船似亦可帮助我国军运,以加强抗战后方水上运输力量。今则大量之差运,悉由华商轮船分担,而三斗坪有限之客货,该公司则欲前往染指。将来演变结果,必成为华轮仅有差运,该公司轮船独享商运。盖该公司既无差运夹杂其间,一般客商自系乐于搭载外轮。还论该公司资本雄厚,竞争结果华轮势必失败,此为保护本国航商,使后方航运免至紊乱不可收拾之境,此应请予以制止者四也。以上四端,皆系属会据报英商太古公司准备派船开航三斗坪后,加以郑重考虑,与集商认为,不特有失保护本国航业之旨,且值此英美声明放弃在华特权之时,若一旦该公司开航实现,不免有损国威,有伤国权。因敢不避咎戾,冒昧渎恳钧院查明该公司将派轮航行三斗坪始末,即予有效制止,则航业幸甚,国家幸基。所有呈请各缘由,是否有当,理合具文,呈请钧院俯赐察核,批令祗遵。谨呈

行政院院长蒋、副院长孔

重庆市轮船商业同业公会常务委员　邓华益

姚一鸣

欧阳百达代

中华民国三十一年十一月□日

〔国民政府行政院档案〕

14. 交通部为办理英商太古公司长江内河航行权经过致行政院秘书处函(1942年11月28日)

准贵处本年十一月十八日孝四字第六一三六二号通知:关于重庆市轮船商业同业公会呈请制止英商太古公司派轮航行三斗坪,以维本国航业一案。

奉谕"交通部核办具报"等由。准此。查英商太古公司前请恢复川江上游航运，因在约章上未便予以拒绝，经本部会同外交部，呈准钧院准予通航。嗣据该公司函请发给万流、康定两轮往返行驶于古林沱云阳夔府万县间之通行证书，经以古林沱等处原不准外轮上下客货，为顾全中英邦交，特予通融，准许该公司于两轮之中自行选定一轮，往返上述各埠之间，但以自领得通行证书之日起三个月为限。嗣后期满，选准换发通行证书，继续航行。同时长江区航政局依照核发外国轮船通行证书办法第二条之规定，调验万流轮各项有关证书，查得该轮检查证书系由康定轮船轮机长所签发，但该轮机长并未领有验船师执照，尤非英国政府委任人员，该局对于该证书未曾认为有效，并经于丈量万流轮客位时派员一并施行检查，以其尚堪航行，权准先行发给万流轮重庆至宜宾、重庆至巴东通行证书各一纸，船舶检查证书、乘客定额证书正副各一张，仍以航行三个月为限。但该公司对于检查证书一项，拒不接受。复请将万流轮航线展延至三斗坪，并以庙河为停泊地点，均经该局转请核示到部。当以庙河三斗坪各埠客货稀少，本国轮船装载已感不足，若再准外轮行驶，势必影响国轮业务，所请展延一节，未予照准，仍饬以巴东为航行终点。最近迭准外交部代电，以准英国大使馆来文催请发给该公司三斗坪至庙河之内河航行执照，请查照核办见复等由到部。经以英美两国于双十节同时宣布放弃治外法权及一切权益。航行权为外人既得权益之一种，现正亟谋收回。于此收回航权之际，若准许扩展外轮内河航行权，似非所宜，但约章在未经废止之前，又未便迳予拒绝。两者之间，何去何从。经派员与外交部商洽，谓宜作有条件之准许。乃以三斗坪接近前线军事运输以轮船为唯一之工具，故航行该线之华轮以军差为主要任务，军事征用给费既少，因其接近前方航行，又多危险，一遭损失，政府赔偿有限或竟不予赔偿。为维持华轮之生存，惟有将三斗坪仅有之少许货运留给华轮，此种措施，当为同盟友邦所共谅。今英方既一再商请，本部自亦未便过于拒绝。惟既同为盟友，则应苦乐与共，权义均等。太古公司轮船既欲航行该处，以分货运之利，则对于我国之军事征用，亦应与华轮同负其义务，始昭公允。再则航行以安全为第一，检丈为保证安全之必要措施，太古公司轮船既无合法之证明，以保证其船只之是否可以航行，则我国航政局殊有实施检丈之必要,以后太古公司各轮并应绝对接受我航政局之检丈,遵守一切适用章则,上列两点如能同意,本部可以发给万流轮航行三斗坪之通行证书等语。复请外交部转询英方意见,以凭办理在案。现在外交部尚未答复,拟俟答复后再行核办。接准前由,相应先行复请查照转陈为荷。此致

行政院秘书处

部长　张嘉璈

〔国民政府行政院档案〕

15. 财政部关于与福公司签订中国购英货物在印度接运合同 (1942年12月18日)

公历一九四二年十二月十八日立合同人:中国国民政府财政部、重庆英商福公司(以下简称财政部、福公司),为办理中国政府英购货物在印度接运事宜,兹经双方同意签订本合同。

第一条　财政部兹同意委托福公司在印代办由英国第一次信贷借款英金三百万镑及第二次信贷借款英金五百万镑项下所购一部分货物之接运及储存事宜。

中国政府机关以现款在国外所购物料如须适用本办法,得由财政部与福公司另以换文规定之。

第二条　福公司负责接收凡由英国本部或其他英属各地运抵印度口岸货物,并在印境指定地点接收在印所购之货物。

第三条　福公司对于上项货物应负责在印度境内办理保管储存转运等事项,并在空运吨位许可范围□□内,将上项货物陆续运入中国境内,在财政部指定地点交由指定机关代表接收。

将来运输路线如有变更时,另以换文规定。

第四条　福公司对于受托办理之货物应代保一切普通险,遇必要时并投保兵险。除不可抗力外,并应负货物安全及完好之责任。

第五条　财政部应于第二次英信贷款内拨周转金十万镑,作为该项货物

运储保险等费用之开支。

此项周转金之划拨及支付手续另以换文规定。

第六条　财政部按月付给福公司劳务费用英金一千二百五十镑,以充邮电旅费及办理受托劳务上必要之开支,于停止委托时即予停支。此外,每年并另致酬金英金五千镑,如委托时间不满半年时,以半年计算。如在半年以上,不满一年时,以一年计算。

第七条　关于货物之保险储存搬运起卸等项费用,应由财政部负担,即在本合同第五条所规定之周转金十万镑项下开支。

第八条　福公司对于运往中国之货物,应随时依照中国政府优先管制办法之规定办理。

第九条　本委托合同得随时终止之,惟应于三个月前以书面通知。

第十条　福公司于每次在周转金内开支运储保险等费时,应随时检同表单送财政部备查,该项表单应包括下列各项。

(一)费用种类吨额及单价。

(二)货物种类及数量。

(三)购货机关名称。

第十一条　福公司于每批货物在中国境内航空终点交接后,应将中国政府代表接收签证之单据送财政部备查,作为已交货物部分任务终了之证明。

兹为证明双方同意起见,经授权代表于前载年月日分别签字盖章如次。

中国国民政府财政部代表

重庆英商福公司代表

〔国民政府行政院档案〕

16. 外交部关于劝阻英国大使勿再提干涉中国西藏内政事务呈及蒋介石批(1943年5月)

1)外交部呈(5月8日)

本月七日下午四时准英大使薛穆来部面称:"据西藏当局告知英国驻藏代表,四月三日有中国骑兵七百名抵达青海结古以南之某地,又步兵二百名到达离昌都约三日行程之某处。中国军队现在结古集中已有三千步队,由西宁开至青海南边。西藏当局深感不安,英国政府以为中国政府在中亚细亚有所举动不甚相宜,希望中国政府能表示无此事实,以便转告西藏当局,使其安心"。我当答称:"余为英国之诚挚友人,余认为中英各自利益均需要两国之关系日益增强,故从此立场希望阁下能谅解余之言论,余希望阁下能撤回此项询问,余对于我国军队之调遣不甚明了,就余所知,阁下所述或竟毫无根据。然如果余将阁下提出之问题转达我政府及军事当局,余不知究将引起何种反响。一国之内部队之调遣,实与另一国无关,至于一国之中央与地方接洽事件,无论其友国如何友好,亦无友国代为转达之必要,因余个人志愿使中英关系日益增强,故希望阁下不提此事。"

薛穆答称:余亦知此事甚微妙,但西藏与中国其他部分不同,似系自主。

职谓此最多亦不过英之印度类似,最后两人相约三四日后再谈,讨论是否提出此项问题,附此究应如何应付,请指示。

2)蒋介石批(5月10日)

批:西藏为中国领土,我国内政,决不受任何国家预问。我西藏之事,如其不再提时,则我方亦可不提。如其再提此事,应请其勿遭干预我国内政之嫌,以保全中英友谊,并此事决不能向政府报告之意,拒之可也。中〇

〔军事委员会委员长侍从室档案〕

17. 军事委员会参事室为对印度问题应付方案事致蒋介石签呈(1943年7月)

谨签呈者:日昨奉谕对于印度问题拟具意见呈校。等因。遵已与本室参事及其他关心印度问题者数人细加研论。窃意目前钧座对于本问题所可采取之态度,殆不外次列三项方式之一:

一、缄默

此本为钧座四月末所取这态度。惟甘地既有专函致钧座,英使亦已奉令向钧座谒谈,则绝对的缄默,似无必要。盖此时如依适当方式作某种限度之

表示,显然非出钧座自动之干预也。

二、谋问题之解决

所谓印度问题,确实含有两方面:一为英印冲突,一为印回冲突。印回冲突因英政府过去分化政策而加剧,自属事实。时至今日,即令英政府改弦易辙,亦不能立使印回合作。金纳诸人诚属傀儡,但回教协会所标榜之政策,为现时多数回教徒所主张,殊无疑义。故印度问题如欲获得解决,在英印关系上,英国势须作进一步之让步;在印回关系上,印度国民党亦须作某程度之让步。但在此时,此种让步均难实现。半年后如战局好转,英国在战事方面获得若干胜利,则在面子上英国或较便于转圜。尔时印人亦〔抑〕或较受商量,目前则无法解决。职是之故,窃以为钧座此时似亦不宜出而积极负责,谋问题之解决。

三、谋事态之缓和

印度国民党即将开会,开会后难免无进一步之反英或妨碍战事之举动发生,英国政府亦难免因是而采某种高压手段。

钧座此时似可复甘地一电,告以目前为同盟国全部军事最严重关头,盼其尽力防止局势之恶化,并声明此系以私人资格通讯,故不愿对外公表。一面似不妨以此电示英使。此种方法,似属有利无害。既不请甘地变更其根本立场或主张,自不致引起印人之误会。倘使钧座之电不能发生充分效果,我对联盟巩固已尽力。倘使局势因是而暂趋缓和,将来钧座对英发言,当更有力。

奉谕前因,谨将以上研讨结果,缕陈鉴核。至于宣传方针,在英政府与甘地、尼赫鲁诸人未完全决裂前,拟随时对印度领袖作同情之表示;如事态恶化,则拟避免评论,谨陈明。谨呈

委员长

〔军事委员会档案〕

18. 新疆印度间建筑公路及筹辟驿运办理概略(1943年10月1日)①

新疆印度间建筑公路及筹辟驿运办理概略

三十一年四月间缅甸吃紧,西南边防顿受威胁,滇缅国际通路势将遭受

---

① 系发文时间,并沿用原标题。

阻碍。其时抢运物资至为繁忙,乃组织中印驿运分处,筹办中印驿运,以谋补助,未几战局益紧,进行计划遂遭顿挫。时滇缅通路既断,中印驿运路线拟改道西藏入印,亦无把握。为妥慎起见,乃一面进行经藏通印路线,一面筹划由新疆通印旧道,并拟建筑公路,以期兼筹并顾,万一经藏入印路线不能打通,亦可借此线以为补助。同年七月间,本部以秘字第七八三号艳代电,请外交部转商印政府之意见,并询及新印间路线情形。嗣准外交部转据驻印专员沈士华关于本案经与印度政府商洽情形略称:(一)印度与新疆间交通路线确有两线,其一由拉瓦尔品第(Rawalpindi)经列(Lah)至叶城(Yarkand);其一系经吉尔吉脱(Gilgit)至疏附(Karhgar)。(二)第一线所经加尔高伦山隘(Kasacorcin Pass)高度为一万九千英尺;第二线所经吉尔吉脱山峡(Gilgit Pass)高度为一万五千尺。(三)每年自六月一日至十二月一日可以通行,其余时间为冰雪所封,虽驮马亦不能通行。(四)印方对于开辟此线驿运甚表赞同,并愿全力促成其事。(五)印方究能供给驮马若干头已电饬地方政府调查。(六)经此线由印运出,物资数量以一九二〇年为最大计二千吨。(七)叶城经列至拉瓦尔品第公路,印方认为所经之山岭过高,技术上恐有困难,不易成为事实,并希望我方派员与印方专家商讨进行。嗣又准外交部代电,以据驻新疆外交特派员电,转准新疆省府送来英国驻喀什噶尔(即疏附)总领事节略,请恢复自叶城经加尔高伦山隘至列城之新印驿运路线。新省以该省物资因战事关系,已感缺乏,若能开辟该路,使外货得以输入,则于抗战前途,不无裨益,且可增进新省丝类外销机会云云。关于英领请求办理叶列一线,经电饬新疆线分处处长顾耕野洽询吴特派员泽湘及盛督办之意见。旋据吴特派员、顾处长联衔电复称,盛督办颇表赞同,并希望早日进行等语。时本部因对于新疆印度间之通路详确情形,不尽明了,正研讨如何办理间。复先后准外交部转据沈士华专员与印度政府洽谈,关于办理叶列线有无实施问题过部,具体之计有七项:(一)英方主张以列城为交换点。(二)自印存货地点至列城之运输,英方建议委托福公司代办。(三)运至列城之运费,印府拟建议英府由英借款支付,列城至叶城之运费,如须用印币,亦可考虑由英借款拨付。(四)内运物资先后顺序完全由我方决定。(五)我方为办理接运派员来列城,印政府当予以各种便利。(六)由印入新路线为自由贸易线,无须报关手续(系指由列城至中国边境)。(七)我方如接受列城为交换地点,接运手续及组织机构,印府亟盼早日得复。时本部已决定组织中印交通查勘团前往疏坩,经蒲犁至吉尔吉脱(Gilgit)一线查勘,以公路为主,驿运为辅;至叶城至列城线,以暂缓进行,俾资力量集中。当经分别电复外交部及沈士华专员,略谓该项路线正邀集有关机关会商,拟先进行查勘,究应采取何线,目前似可不必坚持,借避外交上之困难。至印方所提各点,似无预定必要,统俟路线查勘后决定。现中印交通查勘团已到达印度边境密士加(Misgas),即越明塔盖山入国境踏勘。复为兼筹并顾,早日沟通国际路线起见,叶城列城线亦已由本处新疆线驿运分处与新疆省政府,合组调查队准备就绪,现已出发赴南疆查勘。

〔国民政府交通部公路总局等公路机构档案〕

19. 军事委员会委员长侍从室为抄送英国停止我外交特权事致参事室函(1944年5月28日)

迳启者:关于英国停止我外交特权一案有关文件,前经抄送计已达悉。兹续奉交下外交部宋部长五月廿三日代电一件,为抄呈丘吉尔首相复电译文。等由。相应将原代电随函抄奉,即请查照并案参考为荷。此致

本会参事室

军事委员会委员长侍从室第二处　启

三十三年五月二十八日

抄件一:

委员长蒋:关于英国政府限制外交人员用密码通电及出入英境事,本年四月十八日代电计邀鉴察。顷准英国大使馆转来我驻英顾大使英文电一通报告与英外部交涉情形。理合抄同原电及其译文各乙〔一〕件,电请鉴察。外交部长宋子文叩头。

英国大使馆转来顾大使原电译文(兼代电附件)

关于英政府限制驻英外交人员通讯事,前于本月十七日将内容电呈已收

到否。英外交部本月十七日关于此事之，系由贾德干次长代表丘吉尔首相签署，故职特于本月十九日往访贾氏，并于本日致一备忘录将职对于此时之意见累述如左〔下〕：

本月十七日下午三时，中国驻英大使接准丘吉尔首相同日公函内称：英国政府拟采取步骤以停止外交团收发秘密电及未经检查之外交邮袋，并禁止外交信差使领人员及其公私随从出境等语。中国大使当即将此函内容报告本国政府，因此项禁令在十七日子夜即付实施。中国大使未能与其本国政府自由磋商，然在未奉到重庆方面训令以前，中国大使拟就英国政府此项措施对于其任务上所产生之影响及其在中国所可能发生之印象，将其意见略为申明。

中国大使对于英国政府采取非常措施，停止久经确立之外交特权所持之理由固深表同情。惟英政府是否必须采取如此普遍而严厉性之步骤，则不无疑问，彼现无意对此时作法律上之探讨，但必须声明保留本国政府依照国际公法所应享之权利。

兹须指明者，此项措施对于与英同盟共为自由而战之联合国家及尚未参加此次战争之国家在待遇上并无区别，后一类国家中固不免有供给重要物资，以协助联合国家之敌人者，此次世界大战中首先奋起抵抗侵略之中国，竟与此等国家受同等之待遇，殊足痛心。于中国大使馆适用此项新措施，无异中断中国大使馆与重庆中国政府之联络，而事实上停止中国大使馆之主要职务，英国政府虽可由英国驻华大使馆与中国政府取得联系。惟目前中国及欧洲紧张情势之下，此种办法并不能适应一切需要。

中国大使为此拟请英国政府重新考虑对于中国使用此项禁令之问题，彼确信实〔使〕用此项措施于中国之目的仍可完成，而勿〔毋〕庸使中国政府及其在英外交代表感受此项禁令所发生之阻碍与困难，致中英共同利益及中国作战努力遭受损害。兹建议两项如下：在未奉到本国政府训令之前准备付诸实施。

一、凡中国大使馆发往本国政府之密电，均先由水线拍发至加班加尔各答，不译出即由航空邮差转送重庆。

二、中国大使馆拍发之密电。英外务部已建议中国大使馆将明码电报交付英外务部,再加英方密码转送重庆。查英外务部改以英方密码代为转送,中国大使对于此项建议固表感纫,但恐此项办法将使本大使不能与本国政府有机要之通信,且将使英外务部增加繁重之工作,盖此种传讯大部分必要用中国文也。

抄件二:

宋部长五月一日呈

本日下午三时,准英大使薛穆面递丘吉尔首相关于停止我外交特权一案致钧座之电文,谨译成中文如下:

此次敝国不得已采取限制外交人员通讯及行动之措施,致阁下及贵国政府感受不便,殊深遗憾。惟此项措施为艾森豪将军所请求,余当时殊觉未便拒绝,盖目下欧洲军事行动即将发动,万一重要军事消息经由外交途径传至敌方,则其成功将受重大影响至为明显。

至苏美两国外交代表之免受限制,并非含有吾人不信任中国政府或其他参战盟邦之意,该二国之免受限制,纯系因对欧之军事行动,实即为此项限制措施之所由来,此次军事行动成功可使吾人移转兵力打击日本。

吾人不能对于阁下之代表予以免除限制,而同时对于其他参加此次军事行动之各同盟国政府及其代表不予以同样之待遇,余确信阁下对于此项限制办法必能惠予接受,诚以余深知此项办法之目的无非尽力设法无微不至以保证我盟邦共同奋斗胜利之能提早莅临也。

余已告顾大使吾人准备尽力所能及为其协助顾大使之函件,经检查后,可由敝国密码代为拍发,同时已令薛穆大使对于阁下政府与顾大使之通讯予以同样便利。余深信此项临时办法虽不能完全满足贵国政府之需要,至少亦可将其所遭受之困难减轻至最低限度。

又此项限制办法一旦无其必要,当立即取消。谨呈

委员长　蒋

宋部长五月五日呈

顷奉钧谕,对于丘吉尔首相为停止我外交特权致钧座之电,拟具复电。兹谨拟具如下:

关于限制外交文电及外交人员行动一事,阁下来电已由薛穆大使转到。阁下所称关于欧洲即将发动之军事行动之一切消息不可令其泄露一节,余具有同感。惟余深觉如无人保证中国政府与伦敦大使馆间之文电绝不涉及任何军事消息,则此种令吾人极感不便之限制即无存在之必要,余兹予阁下以此种保证,盖贵我两政府间之军事情报,专由魏亚特将军司沟通之责,必能胜任愉快也。

职是之故,余深信阁下必胜顾及吾人之立场,而对此事重加考虑,中国人民雅不欲贵我两国间重要外交及经济关系因此种限制而阻其发展也。

如蒙核准,即将请发下转交薛穆大使照转。谨呈

委员长　蒋

抄件三:

外交部宋部长五月五日签呈所拟为英国停止我外交特权一案复丘吉尔电稿,可准如拟照发布,即交薛穆大使转致为要。中正。辰鱼。侍秘。

抄件四:

军事委员会员长蒋钧鉴:关于英国政府限制我国驻英外交代表通讯权一案,前奉侍秘字第二二零六号辰鱼侍秘代电,经即遵用钧座名义电复丘吉尔首相去后。兹准英国大使馆转来丘吉尔首相复钧座电一通。译称:顷经薛穆大使转来尊电,保证如通讯办法恢复常态,中国政府与伦敦大使馆间之文电决不涉及任何军事消息。余兹愿申明,倘吾人仍不能同意,即行恢复顾大使与贵国政府间之正常通讯办法,此并非对于阁下之将复行此项保证有任何怀疑,吾人之困难在于接受阁下之建议后,则其他政府必致获悉援例要求,势难拒绝。其中若干政府之口头保证,吾人又难同样任信,此种困难情形,余深信阁下必能谅解,且对于吾人未能赞同阁下之建议,不致有所误会。惟余深信不久军事情势将容许吾人取消现行之限制办法,而阁下来电所提及之贵我两

国间政治与经济关系极密切,当不致因短时间之阻隔而遭受实质上之损失也等由。理合抄同原件,呈请鉴核。职宋子文叩。

〔军事委员会档案〕

20. 龙云关于英国战时生产部在昆明设立办事处并与我合作收买树胶电(1945年1月18日)

国民政府军事委员会委员长昆明行营代电行秘一字第九四八号

民国三十四年一月　日发

云南省政府:案查前据外交部驻云南特派员公署呈称:本年九月二十五日,案奉外交部代电密开:关于英国战时部在昆明组设办事处,与我合作收买越南树胶一案。准英大使函,以卡雷氏Y、G、P、Career为主任等由。经呈奉委员长核准在案。现准昆明英代总领事毕维思函开:该国大使馆已得我国政府之允许,准由该国战时生产部派甘言仁少校赴蒙自成立分处等语。函复。在未奉外交部及钧营训令以前,请其暂缓启行有案。除函令外,呈请鉴核,转令有关军政机关知照,并祈示遵等情。据此。当经指令去后,兹据该特派员呈复称:案查关于英国战时生产部,与我合作收买越南树胶,拟在云南蒙自设立一办事处一案,职署奉到外交部训令后,曾经分呈钧行营及省政府鉴核,旋奉指令昆行秘一第八六五号,以"滇越边界早经中央通令封锁,来往商人均在禁止之列,交通既断,树胶无从收买,仰即遵照"等因。正办理间,复奉省政府指令开:"呈悉。正核办间,并准外交部电同前由,除分令各有关机关知照外,仰即知照"等因。下署当经并同呈复外交部后,兹奉欧(33)八一五九号佳代电开:[略]关于英国战时生产部与我合作收买越南树胶,据在云南蒙自县设一办事处,本年十月三十一日滇字第二二零号世代电悉。查关于此事,前准英大使薛穆爵士来函建议,经即呈奉委员长本年九月二日申冬侍秘第二三九四五号代电开:"欧(33)字第五九七四号回代电悉。英方所请在蒙自设立办事处一节,可准照办"等因。经即函复英大使表示同意,事关盟国合作,未便变更。原议若滇越交通发生困难,无法进行收买,英方自负其责,无须我方代为顾虑。据电前情:仰遵照,向委员长昆明行营说明洽办具报为要等因。

奉此。理合具文,呈请钧营俯赐鉴核施行,仍祈指令祗遵等情。据此。除分令第一、第九两集团军知照,并指复外,特电知照。龙云。昆。行秘一子。(巧)叩。

〔国民政府云南省政府档案〕

七、战时中法、中越关系

1. 龙云等关于向法越当局妥商借用滇越铁路公司沿途各站电话密令函（1937年10月13日—11月5日）

1）龙云致王占祺密令（10月13日）

滇黔剿匪总司令部密令

令外交部驻云南特派员王占祺

本省积极推进防空业务，对于情报网配备，业经统筹办理。兹查滇越铁路为重要交通路线，沿线均多法越侨民住在，附近各市县又系本省重要地区，自应妥为防护，以策安全。除令由路警总局训练组织防空监视队哨，切实监视外，关于应需通信线路，为迅速完成计，并饬商借滇越铁路公司沿途各站电话，以供应用。合行令仰该员迅向法越当局妥为商洽，传知沿途各站予以便利，在发现敌机时，得尽先用以传达情报，俾期完密。仰即遵办具覆勿延，切切！此令。

主任　龙云

中华民国二十六年十月十三日

2）王占祺致法国驻滇领事葛礼邦函（10月23日）

致法领函

敬启者：顷奉滇黔绥靖公署密令：以本省积极推进防空业务，对于情报网配备，业经统筹办理。兹查滇越铁路为重要交通路线，且沿线复多法越侨民住在，自应妥为防护，以策安全。除令由路警总局组织防空监视队哨，切实监视外，仰即迅向驻滇法、领商洽借用滇越铁路公司沿途各站电话，以供应用。如发现敌机时，并请尽先供传情报，俾期完密等因。奉此。相应函请贵领事官查照，烦即转达铁路公司饬沿途各站予以便利，在必要时并请尽先供用。

仍希见复为荷。此致

　　大法驻滇领事官葛

　　　　　　　　　　　　　　　　　王○○

　　　　　　　　　　　　　民国二十六年十月二十三日

3)驻滇领事葛礼邦致王占祺复函(11月5日)

　　译法领公函

　　敬复者:案准贵处一九三七年十月二十三日大函,请转知滇越铁路公司对于路警予以便利,俾于发现敌机时,得应用沿途各站电话,迅速传达情报等由。本领事业已阅悉,当即函达该公司总办去后。顷据该公司驻滇专员本月三日函称,已令饬沿途各站遵照办理等情前来。相应函复贵处,请烦查照为荷。此致

外交部驻云南特派员王

　　　　　　　　　　　　　　　　一九三七年十一月五日

　　　　　　　　　　　　　　　　　　葛礼邦拜

　　　　　　　　　　　　　　〔外交部驻滇特派员公署档案〕

2. 王宠惠关于开辟昆明河内航线与法使交涉呈(1937年12月4日)

　　关于开辟昆明河内间联络航空,拟由本部与驻华法国大使正式换文,以便即日实施一事。前经会同交通部呈奉钧院二十六年十一月十八日京临字第三号指令内开:"会呈已悉。准予照办。已报请最高国防会议追认矣。此令。"等因。奉此。兹经于本年十二月三日与驻华法国大使正式换文讫,并准法大使来照声明,中国政府将来如允准外国航空公司在中国着陆之便利时,法国政府保留请求享受最惠国待遇之权利等由。核与原议相符。除咨行交通部并分令驻法大使馆及驻河内总领馆外,理合抄录该项换文全份,计本部部长致法大使照会原译文各一件,法大使复本部部长照会原译文各一件,又法大使致本部部长照会原译文各一件,共六件〔缺〕,呈请钧院鉴核备

案。谨呈

行政院

外交部部长　王宠惠

中华民国二十六年十二月四日

〔国民政府行政院档案〕

3. 蒋介石关于中法共同经营自河内至昆明等航空线致孔祥熙快邮代电(1938年1月28日)

国民政府军事委员会快邮代电字第0419

汉口行政院办事处孔院长庸之兄勋鉴:据子文有电节称:法国航空公司已同意创设自河内至香港及自河内至昆明之航空线。此二线之创设,自合同签字后八星期至十星期内即可实行通航。至由昆明延长至长沙一线,亦允立即设立,但因察勘路线欲作深切研究,故不能确定通航日期。等语。请速转外交、交通两部及云南龙主席征询意见,见复为盼。中正。俭未。一侍参鄂。

中华民国二十七年一月二十八日

〔国民政府行政院档案〕

4. 何墨林与法国航空公司代表穆岱关于中法合作经营河内昆明及昆明长沙航线往来函(1938年3月)

1)何墨林致穆岱函(3月25日)

交通部航政司长何墨林致法国航空公司代表穆岱函　第一号信

迳启者:关于一九三七年十一月二十三日,李煜瀛先生与法国航空公司代表阿来格先生在巴黎所签订,并呈候中国政府及法国政府暨法国航空公司董事会核准之合同一案,兹代表交通部声明,交通部对于经营河内昆明及昆明长沙两航空线一节,拟同意下列各点办法,以代前述合同:

一、中国政府交通部与法国航空公司,应遵照中华民国法律,合组一中法航空公司,准许该公司经营自河内至昆明及昆明至长沙之往返航空运输。此后经双方同意之后,并得许其经营其他航空线。

上述中法航空公司,应由上述双方出资经营,交通部投资额至少应占该公司资本总额之百分之五十五。

二、在前条所述中法航空公司进行组织尚未成立之时,应委托法国航空公司暂时经营河内昆明航线,其期间以航运开始之日起六个月为限。而开始航运日期,不得迟过上述中法航空公司组织合同签订后之十个星期,如有迟过十星期者,其迟过之日,应于暂营期间六个月内扣除。

三、如中法航空公司未能于六个月内组织完成,则六个月终了之日,所予法国航空公司暂营河内昆明航线之准许,当然撤销。

四、此项暂营航线之运价、时间表及所用航空器之型式,应呈经中国政府核定之。

上开各点,如荷法国航空公司接纳,本人建议此信及阁下表示法国航空公司可予接纳之复信,应予备案,即认为本事件业经正式同意。此致
法国航空公司代表穆岱先生

交通部航政司长　何墨林

一九三八年三月二十五日于汉口

2)穆岱复何墨林函(3月25日)

法国航空公司代表穆岱复交通部航政司司长何墨林函　第一号信

迳启者:接准阁下本日第一号函开:……[1]等由。准此。兹谨向阁下声明,上述来信,当即呈请法国航空公司及法国政府核定,一俟法国航空公司及法国政府之决定复到后,容当立即奉达。此致
交通部航政司长何墨林先生

法国航空公司代表　穆岱

一九三八年三月二十五日于汉口

---

[1] 内容见上,兹略。

3）何墨林致穆岱函（3月25日）

交通部航政司司长何墨林致法国航空公司代表穆岱函　第二号［信］

迳启者：关于一九三七年十一月二十三日李煜瀛先生与法国航空公司总经理阿立格君在巴黎所签订，须经中法两政府暨该公司董事会核准之草合同，兹经详细考虑，其中关于开办河内香港航线一节，兹代表交通部声明同意下列各点：

一、准许法国航空公司在河内香港间按照该公司远东航线每周班次来往飞航数次，因此法国航空公司得在下列航线所经地带，经营航空业务。

（一）河内至广州湾；

（二）广州湾至香港。

法国航空公司飞机遇有危急时，始得在上列航线间之中国土地上降落。

二、法国航空公司经营前条所列之航线，其班次时间表，须呈经中国政府核准，所用之飞机须为多发动机式，并经注册，专供公共运输之用者。

三、本合约即日发生效力，其有效期与一九三五年九月三十日在南京签订之中法航空合约，或将来缔结替代之其他合约之有效期间相同。

经上各点，如经法国航空公司表示接受，兹建议本函及台端表示接受之复函，应予备案，即认为本事件已经双方同意。用特函达，尚希惠复为荷。此致

法国航空公司代表穆岱先生

交通部航政司司长　何墨林谨启

一九三八年三月二十五日于汉口

4）穆岱复何墨林函（3月25日）

法国航空公司代表穆岱复交通部航政司司长何墨林函　第二号［信］

迳启者，接准大函内开：……①等由，准此。兹谨代表法国航空公司复函声明，该公司对于上开各点已完全同意。此致

交通部航政司司长何墨林先生

法国航空公司代表　穆岱谨启

一九三八年三月二十五日于汉口

---

　①内容见上，兹略。

5）何墨林致穆岱函（3月25日）

交通部航政司司长何墨林致法国航空公司代表穆岱函　第三号信

迳启者：关于一九三七年十一月二十三日李煜瀛先生与法国航空公司代表阿来格先生在巴黎所签订，并呈候中国政府及法国政府暨法国航空公司董事会核准之合同，及此后本部与阁下所作谈话，对于经营河内昆明及昆明长沙两航空线一节，拟合组一中法航空公司办理，以代前述合同一案，兹谨向阁下声明，本人对于合组中法航空公司一事，在原则上予以接受。关于合组公司之合同草案，当即呈送中国政府核定。敬希阁下亦将该项合同草案，呈送法国航空公司及法国政府，请其最后决定。此致

法国航空公司代表穆岱先生

交通部航政司长　何墨林

一九三八年三月二十五日于汉口

6）穆岱复何墨林函（3月25日）

法国航空公司代表穆岱复交通部航政司司长何墨林函　第三号信

迳启者：接准阁下本日第三号信内开：……①等由，准此。兹谨向阁下声明，鄙人对于由交通部及法国航空公司共同组织一合资公司一节，在原则上予以接受，惟保留法国航空公司董事会及法国政府之批准。来函所附合同草案，并当呈送法国航空公司及法国政府核定。此致

交通部航政司长何墨林先生

法国航空公司代表　穆岱

一九三八年三月二十五日于汉口

〔国民政府行政院档案〕

---

① 内容见上，兹略。

5. 行政院抄送议决中法合作经营自河内经香港至广州等航线案公函稿（1938年3月24日）

公函汉一三六一号

查本院第三五五次会议,交通部提关于李石曾先生与法国航空公司总经理所订经营自河内经香港至广州,及河内经昆明至长沙两航线合同草案,附具审议意见,请公决案。经决议:(一)法国航空公司经营河内香港线,其在我国领土上空飞行,及危急时在我国领土降落,一切均照英帝国航空公司河港线办法办理。(二)与法合资设立中法航空公司,按照中国、欧亚两公司成例,遵照中国法律办理,经营昆明长沙等地航空线。在此项合资公司筹备期间,由交通部委托法国航空公司先行举办河昆线,与欧亚公司对飞,以六个月为限。六个月后,如中法航空公司尚未成立,须另定办法。(三)法国航空公司经办上列两项航线,由航空委员会于每次飞航,购包客票及负担保险费各若干成,河港线以一年为限,河昆线以六个月为限,另用密件换文办理。相应抄检原件,函请查照转陈核定。此致

国防最高会议秘书处

计抄送原提案一件,检送原附英文草约1681、1682、1683及英文函各一份〔略〕

中华民国二十七年三月二十四日

〔国民政府行政院档案〕

6. 外交部等关于与法国驻华大使换文设立河内香港航空线致行政院呈（1938年5月19日）

查关于法国航空公司请求设立自河内至香港航空线一案,前经本交通部于二十七年四月四日,以航政密字第八五五号呈,将遵令办理经过,暨本交通部航政司司长何墨林与该公司远东代表穆岱换文情形,连同关系文件抄本,呈奉钧院第三五八次会议决议:换文准予备案。并奉钧院二十七年四月十四日汉字第一六一二号密指令,录案令知在案。嗣本外交部准法大使馆派员来部面称:查一九三八年三月二十五日,法国航空公司穆岱与交通部航政司司

长何墨林所订关于开辟河内香港线之约定,业经法国政府予以核准。中国政府如无异议,即可由贵部与本大使馆正式换文证实,俾该约定得以早日成立实行。等语。当经本外交部与本交通部会商,以此案业经钧院核准备案,正式换文证实一节,自可照办。爰经于二十七年五月六日,由本外交部与法大使馆正式互换讫。理合抄同该项换文法方来文及我方复文中法文各两件,具文呈报,伏恳鉴核备案。

再:该项换文中文本所引本交通部航政司司长何墨林与法国航空公司代表穆岱所签订之约定原文,核与本交通部二十七年四月四日航政密字节第八五五号附呈钧院之第二号换函,文字上略有出入,惟意义并无变更。至该项换文法文本所引同项约定原文,与上述往复函第二号法文本所声明同意各点原文,文字上并无差异,合并呈明。谨呈

行政院

附呈关于法国航空公司请求设立自河内至香港航空线一案换文法方来文及我方复文中法文抄本各两件[法文本略]

外交部部长　王宠惠[印]

交通部部长　张嘉璈[印]

中华民国二十七年五月十九日

照录法方来文

查一九三八年三月二十五日,中国政府交通部航政司司长与法国航空公司代表穆岱所签订之约定,本国政府业经予以核准。该约定关系开办河内香港直接航线问题。其文如下:

一、准许法国航空公司每周在河内香港间往返飞航。其飞航班次与该公司法国越南间航线班次相等,并与该航线相衔接。因此法国航空公司得飞经下列直接航线所经中国领土之两部分,往返经营航空业务。

(一)河内至广州湾;

(二)广州湾至香港。

法国航空公司飞机,非遇意外及紧急情事,不得在上述中国领土降落。

二、依照第一条规定衔接办法,所订班次时间表须呈经中国政府核准。所用飞机须为供公共运输之多发动机式。

三、本约定即日发生效力,其有效期间与一九三五年九月三十日在南京签订之中法航空合约,或将来缔结替代该合约之其他合约之有效期间相同。

中国政府对于此事是否同意,相应照请贵部长查照,予以证实为荷。

本大使顺向贵部长重表敬意。此致

中华民国外交部部长王宠惠博士阁下

法国驻华大使代表

办理汉口法国大使馆事务　高兰

一九三八年五月六日

照录我方复文

迳启者:案准贵大使本日来照内开:……①等由。查中国政府对于该约定所载各项规定,完全赞同。相应照复贵大使查照为荷。本部长顺向贵大使重表敬意。此致

法兰西国驻中华民国特命全权大使那齐雅先生阁下

王宠惠

中华民国二十七年五月六日

〔国民政府行政院档案〕

7. 云南全省防空司令部等为向法领交涉要求法越电台停播滇省气象以免日机空袭往来函(1939年1—2月)

1)云南全省防空司令部致外交部驻滇特派员公署公函(1月5日)

云南全省防空司令部公函　防情字第584号

案据本部情报处称:"签为签请核办事,据确实调查,法属越南有一广播电台(此电台似在河内),呼号F_nk_3,波长39米,每日于七时四十分至九时零五分,又十时十分至十二时十五分及十六时二十分至十八时三十分(均系海滨

---

① 内容见上,兹略。

时,即上海时)之间,用国际通用气象电码广播越南全境之气象,内中有云南府之气象在内。查此项气象电报之广播纯为航空参考之用,滇省系抗战后方重镇,敌机时谋空袭轰炸,该广播台逐日广播昆明气象,实有诱致敌机来袭之虞,应请钧部函请外交办事处与法领交涉,停止该F_nk_3广播台之云南府气象广播。若越境内其他电台有同样之广播,亦请将云南部分停止,以策安全。云南府气象报告来源,亦请查示。理合签请钧部鉴核施行"等情,据此。查所称各节关系重要,相据应请函贵处婉商法领署查照办理,并冀见覆〔复〕为荷! 此致

外交部特派云南驻滇办事处

中华民国二十八年一月五日

2)外交部驻滇特派员王占祺致法国驻滇领事葛礼邦函(1月7日)

敬启者:案准云南全省防空司令部公函开:据确实调查,法一属越南有一广播电台(此电台似在河内),呼号F_nk_3,波长39米,每日于七时四十分至九时零五分,又十时十分至十二时十五分及十六时二十分至十八时三十分(均系海滨时,即上海时)之间,用国际通用气象电码广播越南全境之气象,并有云南府之气象在内。查此项气象电报之广播纯为航空参考之用,滇省系抗战后方重镇,敌机时谋空袭轰炸,该广播台逐日广播昆明气象,实有妨碍,应请转商停止该F_nk_3广播台之云南府气象广播。若越境内其他电台有同样之广播,亦请将云南府部分停止,以策安全等由,准此。查本国现值抗战紧张之际,昆明为后方重镇,日机难免不有时加空袭之企图,该越南广播电台逐日广播昆明气象消息,日机借以参考,对于本省空防关系甚大。用特函达贵领事官查照,希即转达越南政府协助饬各广播电台,对于本省气象消息即日停止广播,以防不虞,实为睦谊。并希见复为荷。此致

大法驻滇领事官葛

王〇〇

民国二十八年一月七日

3)葛礼邦致王占祺复函(2月17日)

译法领公函第78号

敬覆〔复〕者:案准贵处一月七日大函,以滇省防空司令部据报越南有一广播无线电台逐日广播昆明一带之气象消息,请转达越南政府,祈对于播送该种消息,在现时环境下所可能引起之危险予以注意,并希采取适当办法,以防不虞等由,本领事业已阅悉。当即呈请越南布总督鉴核施行去后。顷奉复文略开:越南气象台早在六个月以前,于接到中国气象台台长招金桂(译音)之请求后,即已加以注意,故越南各电台至今迄未播发有关滇省之任何气象消息等因。准函前由。相应函复,即希查照为荷。此致

外交部驻云南特派员王

葛礼邦　拜

一九三九年二月十七日

〔外交部驻滇特派员公署档案〕

8. 军事委员会参事室呈报关于中法军事合作问题意见(1939 年4—5月)

1)王世杰致蒋介石签呈稿(4月4日)

谨签呈者:关于中法间军事合作问题,世杰日前已面呈钧座。兹谨将本室参事周鲠生、张忠绂等所拟节略一件,附呈钧长察阅。倘蒙核定,可否酌交外交当局妥密进行,并乞裁夺。谨呈

委员长

附呈关于中法军事合作问题节略一件。

参事室主任　王○○　呈

关于中法军事合作问题节略

迩者欧洲局势变化甚速,英法等国之立场已较前明显坚定。欧洲和平之前途,一时固尚难预断,但如德国继续猛进,欧洲大战之爆发将为期不远。

日本之政策,向为乘欧洲多事之秋,在远东方面谋渔人之利。日人前曾

强占海南岛,今又攫取距安南不过三百英里之斯巴特莱群岛。欧战一旦爆发,日本或将乘机进攻安南,甚或诱胁暹罗,夹攻安南。(暹罗外相虽于四月一日发表声明谓:"一旦欧洲发生战争时,暹罗对邻境决不采取侵略行动。"但此语究不过一种普通辞令而已。)届时法国在欧洲已自顾不暇,必无充分力量顾及远东之领土。法人素以生殖力薄弱见称,法国本土之人民仅四千万强,较之吞并奥捷二国及德国之人口,相差为一与二之比。安南本土之人民,原非良好战士,法政府对于殖民地军队,恐亦不敢十分信任,故欧战爆发后,法国对于安南保卫之最大困难,厥为人力之问题。

安南虽为法国领土,但自广州沦陷,港粤交通隔绝以及安南在中国对外运输路线上实居重要地位。日本倘乘欧洲有事之秋,进占安南,非仅中国西南通海之门户将被关闭,即云南广西两省亦必将受敌军极大之威胁,是安南安全问题对于中法两国均有莫大关系。

中法两国既属立场相同,利害相同,我国似可酌照次列条件,向法方协商合作办法。

一、我国应允准备以精兵十师或十五师,于欧战爆发安南受外来威胁时,开往安南,助法国防守其属地。

二、关于此种军队之指挥可由双方另订办法。

三、必要时,此种军队尚可依两国政府之同意,酌予增加。

四、此种军队之重军器,由法方供给,其细目另定。

五、战争结束后,中国兵士立即撤回中国。

六、法方应允此后经由安南输入中国之一切物品(包括军需品在内),不论在何种情形下,法国或安南政府不加以阻碍。

七、法方应尽欧战未爆发前,将大量武器及军需品输入安南存储,并在安南境内迅即筹设规模较大之兵工厂及飞机工厂,俾欧战爆发,海上交通发生阻碍时,即可作为保卫安南并备中国订购之用。

八、法国应允,除现拟借与中国之小借款外,另以较巨款项贷与中国。(法方如指定以此款自法方购买货品,我方亦可接受)

上述合作办法,倘获成功,则我国经由安南通海之道路可以保全。纵欧战一旦爆发,海上交通发生阻碍,我国武器及军需品之来源亦不至完全枯竭。且消极的尚可避免日军占领安南而滇桂两省感受威胁。此种办法既于中法两国均属有利,虽法方能否摒除现时一切顾忌,毅然接受,尚不敢必。但我方不妨立即进行,密探法方意旨,成则无论欧战是否爆发,均于我有极大利益;不成,固亦不失为我国对法好感之一种表示。目前时机颇利于此种试探,因谨拟具节略如右〔上〕。

2)王世杰致蒋介石签呈稿(5月25日)

谨签呈者:关于中法军事合作问题,本室前向钧座陈述,主由中国供给数量颇巨之军队,惟以(一)此项军队之重兵器由法方供给;(二)安南方面自签订协定进起予中国以军火运输之便利;(三)法方于事前在安南境内储存大量武器及(四)对华贷款为交换条件。杨大使来电所述中法军事协定草约,缺乏上述各条件。兹谨将本室对于此事再度研究之结果,续陈意见三项如左〔下〕:

一、此种协定之订立,在大体上对于中国仍属有利。缘日本若果进攻安南,则我方在中越边境一带(如该协定所指之龙州、蒙自等处),无论已否与法方订有协定,均须派驻重兵,以维护我西南后方之安全。且在抗战期中,此类军事协定之存在,或可增进中国与友邦间之情感与关系,并作异日进一步合作之张本。

二、协定第一条原文为:"本协定在远东他一列强进攻安南首度侵略行为表现时生效;自本协定生效之时起,法国承认开放安南边境,准予通运到中国之军用品,不加任何限制。"我方对于此点似应继续交涉,以期将上述"自本协定生效之时起"一语,修改为"自本协定签字之时起"。万一此项修改不能做到,则军用品运输问题,只好弃置不谈,完全自原文内删除,另依外交途径磋商办法。盖依照原文之规定,其言外之意,反似给予法方在日本进攻安南前,以限制军用品输入中国之权利。

三、但次列两项条件,我方于继续交涉时,似宜坚持:

(一)协定中所规定中国应出之兵力,其武器与其他军需品,凡中国所能制造供给者(如步枪子弹及给养等),均由中国供给;其他武器(如各种炮及飞机等），由法方供给。其详另以附件规定，照此原则，则协定原文第四类第3项关于飞机供给之规定，自应修正。惟对于法方所供给之武器，我方似可应允仍于战后偿还其代价，以作交涉时最后让步之条件。

（二）法方应予协定签字后若干期间内（假定为四个月）将前条所指法方应行供给之武器，运入安南存储，其数量应足敷中国应出兵士一年之用。此项武器储足逾三个月后，如安南尚无对外战事，而中日战事仍未终结，我方得给价购买此项武器之全部或一部，一面由法方斟酌当时情形，另订此项武器续储办法。

复查杨大使此次拍来之协定，词句不尽明确，似仍应请杨大使将法文原文设法拍回。再此项交涉自应绝对慎密，惟驻法顾大使似不能不令其详悉内容，俾于交涉之进行，条文之斟酌，从旁力助。至于签字之全权代表，似可依照杨大使来电所云，责成杨大使代表我方军事机关负责办理。是否有当，并祈钧裁。谨呈

委员长

附缴呈杨大使原电一件

杨杰来电　莫斯科　二八、五、十七

重庆蒋委员长：密。甲、中法军事协定全文如次：规定中法军事合作目的及条件，协定（一）本协定在远东他一列强进攻安南首度侵略行为表现时生效，自本协定生效之时起，法国承认开放安南边境，准予通运到中国之军用品，不加任何限制。（二）拟定行动之目的，为在极短时间解决华南敌军，重行占领海南岛，并建立香港广州间之交通自由，同时为建立黄河广州间铁路线之自由起见，中国主力军应与上述行动相策应。（三）华南作战最高指挥，由安南驻军最高司令官担任，并由中国参谋及中国最高统帅指派之中国联络军官数人协助之。前方作战由法国中将指挥，由中法合组之参谋处协助。后方勤务亦由法国军官一人指挥，中法军官数人协助之。中法联军每一中国师，可用法军官三人为幕僚，其中一人为将官。中法联军中每法国单位均有中国之联络军官数人，其在华南华中与上述行动相策应作战之中国军队，法国均派

高级军官及专门技术人才作中国最高统帅及安南驻军司令间之联络。(四)中国最高统帅担任供给在华南指挥作战之法国司令官以左〔下〕列之部队:1.陆军八师(详细组织见附件二)集中下列各地:劳开二师,龙州四师,蒙自二师。2.足供两师用之运输汽车,集中龙州。3.空军驱逐机两队,轰炸机一队。法国司令官担任(1)加强师一师。(2)空军驱逐机一队,轰炸机两队,侦察机一队,中国空军可用法国之根据地,法国亦可用中国境内之空军根据地。(五)作战详细计划,根据本协定附件二大纲,由法国驻安南最高司令官与中国最高统帅协议商定之,关于实施作战计划之准备,(指挥单位组织运输军需等),应从详考查,以便一旦令下,作战计划即可在极短期内实施。(六)中国政府担任准备作战计划,以牵制敌人在其他地域内之自由活动,此项行动与华南方面并行,集中潼关郑州长沙铁路线,保持黄河西江间之交通自由。上述作战完全由中国军队担任,法国可供给高级军官及专门技术人才协助。(注)(一)附件一为假想之日本进攻计划。附件二为应付日本进攻之作战计划。(二)附件文甚长,拟交回国之马武官赍呈,乞免电呈。(三)协定说明:1.据法方称,英法间在远东有谅解,中法间之协定亦必赞成将来中英、英法间亦有军事合作之时机,此时联合军指挥官亦属法方。2.请中国遴选装备与素质优良之师。3.请预定将来联合作战之指挥官一人,届时即与驻安南之法军司令官面商作战计划之实施。4.广州湾海南岛之交通由海军担任。(四)签订协定代表,法注明主张中国方面最好请指派职担任,又恐办理全权证书经过多重手续,不易保密,请钧座准照下拟密令核示,(特派杨杰全权代表中国军事委员会与法国军部签订中法军事协定)俟令电到时即可与法全权交换证书,签订协定。(五)法注明称,英法间之军事协定,由双方最高军事机关办理,不经外交途径,中法间亦准此办理,议会方面俟时机成熟,以军事紧急案通过请追认。并请勿使驻华法使武官顾问等知悉,因德意日之同盟尚未成功,若消息泄露,及促彼等之结合。以上为磋商结果,祈钧裁示遵。附陈意见,本协定似觉于法方有利,实际上我方有利亦多。(六)抗战中得到列强之法国与我联合作战,增加敌之困难。(七)中法间有一协定,可以促进中英法之合作及协定。乙、风声所播,可以促进中苏间之合作,及美国之实际帮助,愚见请钧座睿断放行。职杨杰叩。铣。巴黎。

9. 财政部关于经越运华货物已商准免税通过致贸易委员会代电（1939年5月10日）

抄发顾大使原电：我经越运华货物已商准法外部免税通过仰知照

财政部代电渝资字第一〇二七〇号

贸易委员会览：密。案奉行政院吕字第四五九三号训令开，案据驻法大使顾维钧二十八年四月二十九日电称，我经越运华货物已商准法外部答复，免税通过，由殖民部电饬越督照办，等情。据此，合行抄发原电，令仰知照，等因。合亟抄发原电，仰即知照，财政部。灰。渝资印。附件。

抄电

重庆外交部一〇五五号二十九日并转呈孔院长一〇四八号电计达，法外部正式答复，已商准殖民部对我经越运华之货免征通过税。顷晤殖民部长致谢，并询详情，据答，不论国有或民有之货一律免税，为维持越南扩充军备计划，拟另征米税弥补此项收入云。钧。

附注：一〇四八号二十七日来电，法外部对我在美定〔订〕货免税通过越境，已由殖民部电饬越督照办由。

10. 外交部为增加运量事宜要求驻河内总领事馆同越方磋商电（1939年5月29日）

国民政府外交部快邮代电欧28第17271号

驻河内总领事馆：准财政部渝资字第10471号代电，以行政院水陆运输委员会，前以海防积货已约有十五万吨，再加自美购料由海防入口约十五万吨，若单恃滇越铁路每日三百吨之运量，则须三年以上方能运完。拟具报告，建议增加运量，添设堆栈，分段运输，由相关机关分负责任各节。经本部参酌实际情形,分别签具意见,呈奉院座批可。关于增加运量办法,拟请贵部与越方交涉,准我方车辆照纳短期过境牌照税,并酬给养路费,一体通行,其他捐税免予缴纳。一面商请越方征租红河船舶,利用水道疏运,以便利物资运输。抄同水陆运输联合委员会原送报告及本部签奉院座核准意见书各一份,请查照洽办等由。特抄同财政部意见书,仰即以免税行使卡车问题及红河征租船舶问题转商越督办理,并将办理情形具报为要。外交部。艳。

附件

签呈

查关于向外购料交货地点及内运办法,本部前于本月十二日邀集相关机关代表会商,所有商决各项,业经签报鉴核在案。兹准水陆运输联合委员会拟送关于向外购料入口运输之报告一件,请予查照采纳。前来。大意以海防积货现已约有十五万吨,再加自美购料由海防入口约十五万吨,若单恃滇越铁路每日三百吨之运量,则须三年以上方能运完。即能增加车辆,尽量利用水道、汽车及其他分线运输,亦当需时一年零数个月,故预计进口各货须由仰光分运一部分,而仰光亦需增加车辆,利用水道,并促成八莫至边境公路,方足以分负疏导之责等语。查原报告中建议增加运量,添设堆栈,由相关机关分负责任,并由政府从外交、财政、交通各方面予以协助各节,确属当前切要问题。兹谨参酌实际情形,分别签具意见如次:

一、关于增加运量办法

(一)洽增滇越路车辆及改装汽车暂代机车。原报告请与越方交涉,由路局增购车辆及机车,以增加路运吨位。在未实行增车以前,暂以卡车三百辆改装铁轮拖带平车六百辆,约计每日可运二百吨等语。查路局增车问题,以往交通部曾商请自行拨车借路使用,已获越方允准。此次若请越方增车,困难较多,不如一面仍由交通部添拨机车及车辆,以每日增加二百吨为度,商借越路行使。如实无车可拨,无妨将叙昆、滇缅铁路预定〔订〕应购车辆,提前购进一部分应急。在购车未到以前,可商越方用卡车改装铁轮,作为过渡办法。以上关于拨车及交涉借路等项,均应由交通部迅速洽办。

（二）利用水道　原报告请利用富良江由海防通航至滇境之蛮耗，再由蛮耗添筑公路四十五英里以达蒙自，或即于此距离中利用人力或兽力转运等语。查此点关于添筑公路或组线驮运，均非难办，似可饬由交通部与滇省府切商办理。惟由海防达蛮耗河道是否待疏濬，船舶是否足用，及上项办法与越政府目前交通行政有无扞格之处，一切均待详密调查磋商，似亦应饬由交通部积极进行。

（三）分线疏运　原报告拟将内运货物一部分，先由宜良直运贵阳，次要者可分运镇南关，再分转内地。惟南镇铁路自同登至镇南关迤北一段，应由交通部转饬尽先钉道等语。查货物由宜良及镇南关分运，原为减轻滇越路负担及免使滞积昆明起见，自可照办。南镇铁路尽先钉道一节，似亦应饬交通部克期办理。

（四）利用新车进口　原报告以预定〔订〕由海防进口汽车约三千辆，装配完毕后，应饬每年于海防、镇南关间来回装货驶行三次，再交回原购机关。如是，约可疏运滞防货物一万七八千吨。除设专员管理此段疏运外，并应由外交方面商请越方准我方车辆照纳短期过境牌照税，并酌给养路费，一体通行，其他捐税免缴等语。查此点主旨在利用外购车辆，自运滞防货物，其法确属经济而有效。惟利用疏运期间，不必以三次为限，应视各机关车辆所需缓急情形，酌为增减，即由行政院水陆运输委员会派员主管调配疏运事宜，并饬外交部迅向越政府磋商车辆运货过境领照纳税及免税办法。

（五）运量之调节　原报告请于海防设堆栈四所，每所至少须容一万吨，那岑方面设堆栈一所，准备可容二千吨，至国内堆栈容量之分配则：1.昆明四万吨；2.宜良四万吨；3.蛮耗二万吨；4.凭祥二千吨等语。查堆栈之设立与运量之多寡有密切关系，应由水陆运输委员会估计切实需要，统筹办理。

二、堆栈之设计管理及费用

原报告请于国内中转地点各设一万吨之堆栈，在海防建立一大规模之堆栈，均由水陆联运会负责建筑管理，其建筑及管理费用，先由财政部垫拨事，后由各机关按吨位分摊归垫等语。查国内外起卸及中转地点堆栈设备虽尚不充，惟〔唯〕一部分仍可租用当地商栈民房，设非确实需要，勿〔毋〕庸大量建筑。此节似应由水陆联运会与相关机关详切商讨,就货物之流通及停贮状况,估计一最低限度之容量,并根据此项最低需要,编制关于建筑及管理等费用之概算,送请财政部酌核办理。

三、关于各机关应负责任问题

(一)原报告称"水陆运联会负统筹支配之责"等语。查该会职权兼括军运、商运,自可任统筹支配之责。惟除水陆运输工具之调度而外,尚应兼任堆栈设计建筑及管理等项事务。

(二)原报告称"复兴公司负责支付过境税、关税、运费之责"等语。查四月十二日财政部邀集各机关会议,商定越南过境税,因求报关便利,由复兴公司暂行垫付,由各购料机关向财政部照数申请外汇归还。惟国境关税应由各机关自行负责,业经记录在卷,似应仍照前议办理。至货物所需运费,系复兴公司交货以后之事,原属各机关本身应负责任。如在外国境内,自可照实需数目申请外汇。如在国境内,则更不需复兴代为垫拨。

(三)原报告称"西南运输处负运输之责"等语。查该处运输储藏设备较为充实,各方联络亦颇周到,以负运输全责,尚能胜任,似可准予如拟办理。

(四)原报告称"各机关负验收之责"等语,查各机关购料多属专门用途,当复兴公司对外负责收货时,应由购料机关自派专门人员,前经会同验收,查验无讹时,即由所派人员自行加条封周,点数入栈,同时复兴向该机关交货之手续亦于此完竣。如是即可免点验货品之讹误,复可省辗转交收之周折,似应通知相关机关各派专员或托人办理。

四、分段运输

此点系运输上之技术问题,似可饬主办运输机关与购料机关商洽办理。

五、关于协助问题

(一)原报告请由行政院令饬外交部,与越方交涉免税行驶卡车问题及红河征租船舶问题等语,此点似可照办。

(二)原报告请由行政院令饬交通部,与滇越铁路交涉,增加机车车辆及改良站场设备,增加装卸效率,及交涉滇南路凭祥、同登提前钉道事宜等语。此点似亦可照办。

综括上述关于水陆运联会所拟报告之意见:1.关于增加运量者,应商越方增加越路车辆,准许借路驶车或由我方卡车载货通过。2.关于调节运量者,应于国内外添设堆栈,以资储藏。惟须估计切实需要,编制费用概算,送由本部酌核办理。3.关于各机关责任分配者,运输储藏之设备调度,应由水陆运联会负责统筹货物之运输,由西南运输处单独办理货物之验收,由相关机关派员会同办理。向外接收货物,由复兴负责,并垫付越南过税〔境〕税。至国境关税及内外运费则仍由各购料机关自行筹付。4.关于政府协助者,由行政院分饬外交、交通两部向越方交涉增车借路免税等事,衡以目前需要,似均应迅予分行,各机关分别积极办理。所拟是否有当之处,理合签请鉴核示遵。

本件呈奉院座批:"可"。

五月二十九日

〔中国驻河内总领事馆档案〕

11. 驻西贡领事馆为办理提倡侨民家属移居川滇黔内地致侨委会呈及令(1939年7—11月)

1)驻西贡领事馆致侨委会呈(7月17日)

驻西贡领事馆呈　领字第二六四七号

民国二十八年七月十七日

案奉钧会二十八年六月十三日荒渝甲字第一五四六号训令,以政府对以滇、黔各省正极力从事建设,仰对当地侨民提倡将眷属移居内地,并投资生产事业,以增加抗战之实力,等因。奉此。当经遵令通告侨胞周知在案。兹据西贡侨商蔡陈石呈称:为呈请事,日前披读报章,得阅钧馆转奉侨委会通令华侨应迁移眷属入居祖国云、贵安全地区,以振兴公私,以筹谋家族安宁,我政府均当分别保护,予以种种便利各等情。足见我贤明当局高瞻远瞩,语重心长,诚一举而两利,相信海外同侨,当能闻风景从,相率迁眷回国,石亦具有此志,但因云贵情形隔阂,未念何地较为适合侨眷居住?石意尤以邻近交通线之小村镇较为适合,至我政府如何采取切实适当护侨办法?均希钧馆代为咨

请上峰详为赐示,俾好挈眷入滇,以资生息。据此,理合具文检同本馆通告剪报一份,呈乞鉴核,指令祗遵,实为公便。谨呈

　　侨务委员会

　　附呈剪报一份

驻西贡副领事暂代馆务　卓还来

我驻贡领事馆通告

——华侨家族应移居川滇黔各省同时应积极投资国内生产事业;国家财政将因外汇而益趋安全

　　我国驻贡领事馆,昨发出第一九号通告,请海外华侨积极投资国内生产事业,或移家族入居西南各省,则不特国家财政将因外汇而趋安定,抑且可谋家族之安宁云。兹探录该通告原文如下:驻贡领事馆通告(第一九号),案奉侨务委员会二十八年六月十三日荒渝甲字第一五四六号训令内开:查此次对日抗战,为国家民族生死存亡所关,必坚定信念,忍受痛苦,军事建设,双方并进,而后前途胜利,乃可预期。自战事延及华南以后,侨民家属恒相率从〔徙〕居海外,以暂求一时之安,不知此种行为在个人仅为消极之办法,在国家实失外汇之来源。现战局渐趋有利,政府对川、滇、黔各省正极力从事建设,以奠定复兴基础,而地方广阔,实业繁多,滇缅公路、滇越铁路又复联络贯通。我华侨处此或投资生产事业,以振兴公私之利益,或移家人居各省,以筹谋家族之安宁,我政府均当分别保护,予以种种便利。除分行外,合行令仰遵照,对当地之侨团侨民积极提倡,以增加抗建之实力,是为至要。此令。查抗战形势日益好转,国内各项经济建设,亦在积极进行中,而西南交通网之完成,意义尤为深长,凡我侨胞,此时诚应积极投资国内生产事业,或移家入居西南各省,不特国家财政将因外汇而益趋安定,抑且可谋家族之安宁,望我侨胞其急起力行,奉令前因,合行通告周知此布(逸)。

2)侨务委员会致昆明侨务局训令(11月20日)

训令荒渝甲字第三四九九号

令昆明侨务局局长张客公

案据驻西哥〔贡〕领事馆本年领字第二六四七号呈,为奉令办理提倡侨民家属移居川滇黔内地一案,现据西贡侨商蔡陈石来呈,请示何地较为适合等语,呈乞鉴核,指令祗遵。等情。查鼓励海外侨民家属向川滇黔内地迁移,以增加侨汇一事,系国民参政会第三次大会建议安辑侨汇区域并调整侨汇机构之国外方面第二项,奉行政院训令到会,并由本会通令各在案。兹据该领馆转呈前来。合行抄发原呈,令仰该专员先在滇省寻觅地点,拟具计划,具报核办,是为至要。此令。

中华民国二十八年十一月

3)侨务委员会致驻西贡领事馆指令(11月20日)

指令荒渝甲字第三五〇〇号

令驻西贡领事馆

二十八年领字第二六四七号呈一件,为奉令办理提倡侨民家属移居川滇黔内地,兹据侨商蔡陈石呈请转呈鉴核示遵由,呈悉。此案现令行昆明侨务局寻觅地点,拟具计划之中,俟核定以后,当再令知,仰即转饬知照。此令。

中华民国二十八年十一月

〔国民政府侨务委员会档案〕

12. 蒋介石为法国巴黎广播电台灌音讲演中国抗战情形词 (1939年8月23日)

灌音讲演　巴黎广播电台特派德夏墨Decharme来华收音

二十八年八月二十三日下午五时

今天得到这个机会和法国的朋友讲话,我觉得十分愉快。中国为抵抗日本侵略而作战,已经两年多了。在这两年余抗战之中,法国政府和人民所给予我们的援助和同情,是我们永远不能忘记的!

日本这一次狂暴的侵略,不仅想征服中国,实在要压倒世界,尤其是要驱逐英法在东方的权益。日本宣布的国策是要"建立东亚新秩序"。所谓东亚新秩序,老实说,就是只许日本用暴力独霸亚洲。日本人自己说,他是亚洲的主人翁,欧美人的地位和利益必须由他承认,必须由他维护,国际的任何条约,凡是和他的企图冲突的,通通必须消灭。在日本人心目中,什么国际信义、世界和平、人类福祉,一切都不值一顾。日本象〔像〕一只狂犬,他的行动不仅危害中国,同时必危害世界。日本实在是中国和英美法苏列强共同的敌人。中国的抗战,固然是为了保障自己的独立与生存,同时也就是决心为世界除掉这一个共同的祸害。

在抗战开始的时候,日本还假惺惺的说什么尊重列强的合法权益一套话。现在呢,假面具早已揭开了。日本压迫列强的步调一天天的加紧,独霸东亚的野心一天天的更显露。和远东有关系的列强,尽管被压迫的程度有轻有重,被驱逐的时间有先有后,但是受压迫受驱逐却是完全一样的,现在各友邦已经觉悟到退让的无益,而且深感团结的必要了。本来侵略者的敢于横行,就是看定了爱好和平的国家不能团结。只要各友邦能够积极团结,表示主持正义、制裁暴力的决心,侵略者就不敢不中止他狂妄的行动。

我可以告慰法国友人的:中国经过两年多的苦战,抵抗侵略的力量比战前已经增加了。中国全国的将士和人民,感觉自身对于世界所负责任的重大,不论战事如何艰苦,而奋斗到底的意志只有日趋坚强。因为我们深信,我们的奋斗,有全世界正义公道的力量作后盾,我们的牺牲,必能驱除暴敌,实现全世界共同崇高的理想。

法国民族是现代文化的先驱。西欧的种种理想与制度,都是脱胎于法国大革命而产生的。法国人民意志的勇毅,气概的豪迈,最足令人敬慕。法国革命经过了八十年的惨淡经营,奋斗牺牲,最后卒底于成。我们今天的抗战,也正为禀承孙中山先生的遗教,发扬自由平等的真谛,完成国民革命,以建立三民主义的新中国。我相信法国人士必能格外了解中国目前的痛苦与艰难,必能格外同情我们争取自由保障正义的奋斗。必须中国的抗战建国成功,东亚才有真正的安宁与繁荣。正如必须法国大革命成功了,西欧才有真正的光明与进步。法国已经完成他的历史使命,中国也一定能完成他的历史的使命。

唯有崇高的理想能引导人类奋斗和进步。我相信中法两国必能在共同理想之下,彼此信赖,一致奋斗,使弥漫远东的黑暗逐渐消除,侵略狂焰终于消灭,世界人类永享和平。

〔国民党中央宣传部档案〕

13. 外交部等关于交涉我国物资假道越南运输与经济部往来电（1939年9—10月）

1）外交部致经济部代电（9月27日）

抄外交部二十八年九月二十七日欧28字第二〇〇〇三号代电（密字230号）

经济部勋鉴:据驻河内总领事馆本月二十三日电称:越督告以接巴黎训令:不准军火汽车汽油经过,嘱在途之货,从速阻止,在越之货、限日出清等情。查自欧战爆发后,本部为防患未然计,深恐法方应日方要求禁止我方物资假道越南,经预电驻法大使馆暨驻河内总领事馆分向法政府及越南政府交涉,切勿牺牲中国,以求与日妥协。嗣据驻河内总领事馆九月八日电称:越政府今日对我国有民有物资予一概括的例外,照常通过。惟德货仍须证明国有,始可放行等语。各在案。兹忽接上项消息,是法政府态度显又变更,除再电驻法顾大使暨驻河内许总领事,分向法政府及越南政府力争。一面另电驻英美大使馆,请英美两国政府转劝法方仍予我假道越南之便利外,特电查照。外交部。感。

中华民国二十八年九月二十七日

〔注:此件奉批"存"。〕

2）外交部致经济部代电（9月29日）

抄外交部九月二十九日欧28二〇〇六四号代电（密字233号）

经济部勋鉴:关于越督转知巴黎禁止军火汽车汽油过境事:欧28字第二〇〇〇三号感代电计达。兹续据驻河内总领事馆本月二十五日电称:越督告以军火绝对禁运,已令海关开箱检查,至汽车汽油仍暂可通过,即使嗣后禁运,当另筹过渡办法。越督此次所谈,显与前次不同,测其用意不外(一)警告我方速运,(二)汽车汽油因美货关系特予便利,(三)或为将来禁运先声。复据顾大使电复:越督面告许总领事各节,与殖民部面告钧[署]者相符,法动员期间一切取缔限制办法,均由军事当局规定,全属普通性质。除分电顾大使及许总领事继续交涉注意因应外,相应电请查照为荷。外交部。艳。

[注:此件因前电批存亦存备查考。]

3)外交部致经济部代电(10月2日)

抄外交部二十八年十月二日欧28字第二〇一〇号代电(第39685号)

经济部勋鉴:关于物资假道越南事:欧28号第二〇〇〇三号暨二〇〇六四号计达。顷据驻法顾大使电称:法殖民部长表示,法方对华协助政策并无变更,本月二十六日尚电令越督将河内至滇省公路继续积极建筑,以便中国之运输。惟据报滇省时疫流行,工人染病,而海防昆明堆积中国材料甚多,不免引起日方注意,而派飞机轰炸。最近日机赴云南轰炸,波及越境,死伤七十人。现欲向日方抗议,须先将海防所积中国材料搬清,免为口实,即为便利运输,亦须常川搬运,不可屯在一处。法方尽力协助,务望我方亦尽力设法。至于禁运某种材料出口一节,系一般战时处置,并非专对越南,更非独对中国,现对中国已予特别便利,如实际发生困难,愿我见告,允为设法。乞鉴核等语。特电查照。外交部。宋。

[注:已转电海防贝所长知照。]

4)外交部致经济部代电(10月9日)

抄外交部十月九日欧28字第二〇二七三号代电(第40141号)

经济部勋鉴:关于法方新颁限制我物资运输办法事:本月七日欧28第二〇二二三号代电计达。顷据驻法顾大使电复:遵当向法政府切实交涉,窃以越南新颁限制办法不无隐示对我转变政策与企图与日作进一步之谅解。上周法殖民部长催我清运海防积货甚切,或亦为此。该部长对我主管机关已否拟定办法,于若干时期内清运海防昆明积货一节,甚为重视。缘我欲交涉取消限令,彼或以此责难,请速电示等语。除将我方目前存积越南货物总额数量一时无法如限运清情形电告顾使,令其仍向法政府力争外,特电请查照,转行迅予设法疏运,以免法方有所借口。再此后物资应否暂改道缅甸,勿再假道越南,以策安全之处,并请查核办理为荷。外交部。佳。

[注:已分行各有关机关知照。]

5) 外交部致经济部代电(10月12日)

抄外交部二十八年十月十二日欧28字第二○三一○号代电(第40285号)

经济部勋鉴:顷据驻河内总领事本月十日电称:今日政治部长面告:日来越方对我要求皆通融办理,希望我对越要求亦予以便利。现法国需要我国出产之钨、锑、锡、猪鬃,盼我供给以往之数量,乞转行核示等语。查自抗战军兴,我方物资假道越南,法越政府尚能应我方要求,予我便利。欧战发生后,法国颁布战时法令,对我物资假道亦能于法外设法通融。查核上述要求既非苛刻,其最近对我态度又极关重要,似宜允其所请,以示互助之意。特电请查核,迅予办理见复,以便转复为荷。外交部。文。

[注:已电复外交部说明钨、锑、锡、猪鬃向系公开定价出售,对法并不歧视,法如需要按价收购,中国自当充分供给。请查照转知,一面并令函资委会贸委会查照。]

6) 外交部致经济部代电(10月12日)

抄外交部十月十二日第二○三二○号代电

经济部勋鉴:关于物资假道越南事。欧28字第二○二二三号代电计达。顷续据驻河内总领事馆电称:越总税务司奉命面告,对我官运德货之限期取消。惟九月三日前付讫物价证件一项,仍坚持不让。我有无证件可供提出,乞示知,以利交涉。兹拟办法三项(一)有证件之货应将证件从速寄越提运。(二)无证件之货而其数量较小性质紧要者,可采担保方式先行提运。(三)所余无证件者,如能补即补办,否则统作一次总交涉。恳商各主管机关核办示复。商运德货又展五天至十月三十日截止等情。除电饬继续注意洽办外,特此电请转饬所属各机关知照,并见复为荷。

外交部。锡。

[注:已分行各有关机关知照。]

7)外交部致经济部代电(10月14日)

抄外交部二十八年十月十四自欧28字第二〇三六六号代电(第40538号)

经济部勋鉴:关于法国要求我方供给钨、锑、锡、猪鬃一事,欧28字第二〇三一〇号文代电计达。兹据驻法顾大使电称:法殖民部长称,据越督电告:英政府续准英商福公司代运资源委员会之钨砂出越境至香港,并根据东方汇理银行密报:中国正与英商密订借款,以云南所产钨锡为担保,并称钨为法急需,应请注意等语。查法对我钨产素极注意,现值战时,需要尤切,当此交涉取消越南对我物资假道限制办法之际,我如乘机表示好意,提议商订供给办法,借示互助之意,必为法所感荷。若供英以外,所余不多,似可提议中英法三方面会商分配办法,较谱由越坚持禁令,截留我所运者为得策,此事真相如何,请迅予商讯电示等情。查英商福公司代理赣粤湘三省钨砂出口贸易一事,前准贵部咨行本部有案。兹东方汇理银行所报以云南所产钨锡为担保与英商进行借款之说,是否属实,真相如何,顾大使所称法方需要钨砂甚切,建议供给方法,以期法方继续予我假道便利,不为无见。特电请查照,本部文代电并案核办,迅予见复为荷。外交部。寒。

[注:已查案电复外交部,并述明所谓以云南所产钨锡为担保与英商进行借款之说与事业[实]不符,请转电顾大使向法切实说明。]

8)行政院致经济部代电(10月15日)

抄行政院十月十五日机字七五〇号代电第40551号

经济部:密。据外交部本年十月十二日欧28字第二〇三二〇号代电称:关于物资假道越南事,欧28字第二〇二二三号代电计邀钧察。顷续据驻河内总领事馆电称:越总税务司奉命面告对我官运德货之限期取消,惟九月三日前付讫物价证件一项仍坚持不让,我有无证件可供提出,乞示知,以利交

涉。兹拟办法三项(一)有证件之货应将证件从速寄越提运。(二)无证件之货
而其数量较小性质紧要者,可采担保方式先行提运。(三)所余无证件者如能
补即补办,否则统作一次总交涉。恳商各主管机关核办示复。商运德货又展
五天至十月三十日截止等情。除电饬继续注意洽办外,特电请鉴核示遵等
情。除分电外,合行抄发外交部欧28字第二〇二二三号代电,电仰迅予核
办。行政院。删。四。计抄发外交部代电一件。

抄代电

行政院钧鉴:关于物资假道越南事,欧28字第二〇一〇九号代电计邀钧
察。顷据驻河内许总领事电称:越方新定我官商所运物资办法(一)政府德货
须出示在九月三日前付讫物价证据,而在十月二十五日前运清,为通融起见,
不能出示证据,可向官产处请求担保,在此期内提运。逾期未曾证明付款提
运均封存,封后如何办理,官产处称未奉通知。总税务司禁封后,即不能提
运。(二)商运德货,须出示九月三日前付讫物价证明,在十月六日前运清,逾
期扣留。在途之货,已于九月三日前付款者,准予退回。未付款者,即行扣
留,总税务司封扣后,即暂时征用。官产处禁止限期似可通融,已请律师协助
进行。(三)越南禁止出口之货,我政府所运者,目下尚可通行,但越督令总税
务司定一限期,期满后概须封存。仅美货物纳税后可通过。由中国假道越南
出口之货,如在禁止之列,同样办理。现越督正要求美货货种类数量。(四)商
运禁止出货须在十月三十日前运清,逾期未运及继来者均封存。(五)上项日
期定后,普通货物不在禁止之列,亦须纳税始可通过。至关于德货官运,定二
十五日截止。现正与宋主任谒总督谅亦难有结果,商运限期尤促。以上两项
所需付款证明系指法领签证付款证明,限期坚争展缓未允,如此规定,直欲挟
为己有。关于禁止出口物品商运定三十日截止,惟商人运输能力有限,官运
虽未定限期,但一经规定,除美货外,无异停运,而入口亦无形取消。盖我官
运各货如卡车、汽油、五金,均在禁止出口之列。所谓除禁货外之普通货物纳
税通过,实仅空言。嗣续据该总领事电称:商运德货经指示方针,并经本馆协
助官产处允展缓十九天,故可延至十月二十五日截止。现商家选派代表二人
分赴沪港,请求法领签发九月三日前付讫物价证件各等语。除电顾大使,并

向法大使交涉取消上次限制办法，一面仍请法大使馆转行沪港法领事，遇有我商请求签发此项证明时，特予便利。一俟得复，再行奉陈外，特电请鉴核。外交部部长王宠惠叩。曷。

[注：已分行各有关机关知照。]

9）外交部致经济部代电（10月16日）

抄外交部二十八年十月十六日欧28字第二〇三八八号代电（第40659号）

经济部勋鉴：关于物资假道越南事，欧28字第二〇三二〇号代电计达。兹续据驻法顾大使电称：法殖民部长函知，关于我方所举下列三点，彼已电饬越督遵照。（一）凡我政府所运各种物资，均仍免税。（二）凡官运所订一切清运期限均取消。（三）凡商有物资之清运期限均斟酌当地情形，再为延长。至在途官有德货，由我政府或由领事馆发给付款证据，以代法领证据及取消保证金各点。彼正与法外部商议，俾得再酌定办法等语，乞鉴核等情。查值此国际形势变化不定，法方政策常有变更之时，越方对我物资运输之限制办法，虽经交涉大部取消，然为防患未然计，我方自应于短时期内，迅速出清积货，特电查照，转饬所属各机关知照为荷。外交部。谏。

[注：此件在商业司拟办中　十八日]

10）外交部致经济部代电（10月17日）

抄外交部二十八年十月十七日欧28字第二〇四三四号代电（第40729号）

经济部勋鉴：关于物资假道越南事，欧28字第二〇三八八号代电计达。兹续继驻河内总领事馆电称。越督函复，官运德货证件可由我财政部部长签具已付物价证明，连同货物清单，循外交途径送由法大使馆转交越方。又德货过境已通过者不计外，继来者不能免税等语。查越方此次态度虽一再变更，最后尚属迁就，除已与此间西南运输处接洽外，证件手续恳请迅办等情。除呈报行政院并分行外，特电请查照为荷。外交部。筱。

[注：此件本日到部，现在商业司拟稿中　十八日]

[国民政府资源委员会档案]

14. 经济部为继续供售法国钨锑锡矿产品与资源委员会往来文件(1939年10月)

1)经济部令(10月13日)

经济部训令商字第36227号　中华民国二十八年十月十三日

令资源委员会

案准外交部欧28字第二○三一○号文密代电开:"顷据驻河内总领事本月十日电称:今日政治部长面告,日来越方对我要求,皆通融办理,希望我对越要求亦予以便利,现法国需要我国出产之钨、锑、锡、猪鬃,盼我供给已往之数量,乞转行核示等语:查自抗战军兴,我方物资假道越南,法越政府尚能应我方要求,予我便利,欧战发生后,法国颁布战时法令,对我物资假道亦能于法外设法通融,查核上述要求,既非苛刻,其最近对我态度,又极关重要,似宜允其所请,以示互助之意,特电请查核迅予办理见复,以便转复为荷。"等由。查继续供给法方物资事关促进邦交,自可允其所请。中国钨、锑、锡、猪鬃等出产,向系公开定价出售,对法国并不歧视,法国如有需要按价收购,中国自当充分供给。除电复外,合行令仰遵照办理为要。此令。

部长　翁文灏

2)资源委员会呈(10月16日)

呈

案奉钧部本年十月十三日商字第三六二二七号训令:以准外交部代电,法国需要我国出产之钨、锑、锡、猪鬃等物,盼我供给已往之数量等由。令即遵照办理等因。奉此。查法国所需之各项物品,除猪鬃一项,不属本会范围外,其他钨、锑、锡三项,自应依照通常贸易办法,充分供给。除另令国外贸易事务所遵办外,理会呈复鉴核。谨呈

经济部部长

金衔　翁○○

钱○○

3)资源委员会令(10月16日)

训令

令国外贸易事务所

案奉经济部本年十月十三日商字第三六二二七号训令内开。"案准外交部照抄之,合行令仰遵照办理为要。"等因。奉此。查法国所需各项物品,除猪鬃一项不属本会范围外,其他钨、锑、锡三项自应依照通常贸易方法充分供给。除呈复外,合行令仰遵照办理,具报为要。此令。

4)国外贸易事务所呈(10月24日)

案奉钧会十月十六日密渝秘字第八九三号训令饬知,转准外交部代电:据河内总领事电称:今日政治部长面告,日来越方对我要求皆通融办理,希望我对越要求亦予以便利,现法国需要我国出产之钨、锑、锡、猪鬃,除猪鬃不属本会范围外,其他钨、锑、锡三项,自应依照通常贸易办法,充分供给,合行令仰遵办具报。此令。等因。除原贸易常例,照公开行市定价,妥与接洽办理,理合具文复请鉴核。谨呈

资源委员会主任委员翁

副主任委员钱

资源委员会国外贸易事务所所长　郭子勋

〔国民政府资源委员会档案〕

15. 外交部关于物资假道越南内运案致贸易委员会代电(1939年10月)

1)外交部致财政部贸易委员会代电(10月2日)

欧28字第二〇一〇九号

财政部贸易委员勋鉴:关于物资假道越南事,欧28字第二〇〇〇三号暨第二〇〇六四号计达。顷据驻法顾大使电称,法殖民部长表示,法方对华协助政策并无变更,本月二十六日尚电令越督将河内至滇省公路继续积极建筑,以便中国之运输。惟据报滇省时疫流行,工人染病,而海防、昆明堆积中

国材料甚多,不免引起日方注意而派飞机轰炸。最近日机赴云南轰炸,波及越境,死伤七十人,现欲向日方抗议,须先将海防所积中国材料搬清,免为口实。又为便利运输,亦须常川搬运,不可屯在一处,法方尽力协助,务望我方亦尽力设法。至于禁运某种材料出口一节,系一般战时处置,并非专对越南,更非独对中国,现对中国已予特别便利,如实际发生困难,愿我见告,允为设法,乞鉴核。等语。特电查照。外交部。宋。中华民国二十八年十月二日。

2)外交部致财政部贸易委员会代电(10月7日)

欧28字第二○二二三号

财政部贸易委员会勋鉴:关于物资假道越南事,欧28字第二○一○九号代电计达。顷据驻河内许总领事电称,越方新定我官商所运物资办法:(一)政府德货须出示在九月三日前付讫物价证据,而在十月廿五日前运清。为通融起见,不能出示证据,可向官产处请求担保,在此期内提运,逾期未曾证明付款提运均封存,封后如何办理,官产处称未奉通知,总税务司禁封后,即不能提运。(二)商运德货须出示九月三日前付讫物价证明,在十月六日前运清,逾期扣留。在途之货物,已于九月三日前付款者,准予退回,未付者即行扣留。总税务司封扣后,即暂时征用。官产处禁止限期,似可通融,已请律师协助进行。(三)越南禁止出口之货,我政府所运者,目下尚可通行,但越督令总税务司定一期限,满后概须封存,仅美货物纳税后可通过。由中国假道越南出口之货,如在禁止之列,同样办理。现越督正要求美货货种数量。(四)商运禁止出口货,须在十月三十日前运清,逾期未运及继来者,均封存。(五)上项日期定后,普通货物不在禁止之列,亦须纳税始可通过。至关于德货官运定二十五日截止,现正与宋主任谒总督,谅亦难有结果。商运限期尤促,以上两项所须付款证明系指法领签证,付款证明限期坚争展缓,未允。如此规定,直欲挟为己有。关于禁止出口物品,商运定三十日截止,惟商人运输能力有限,官运虽未定限期,但一经规定,除美货外,无异停运,而入口亦无形取消。盖我官运各货如卡车、汽油、五金,均在禁止出口之列,所谓除禁运货外之普通货物纳税通过,实仅空言。嗣续据该总领事电称,商运德货经指示方针,并经本馆协助官产处允展缓十九天,故可延至十月二十五日截止,现商家选派代表两人分赴沪港,请求法领签发九月三日前付讫物价证件,各等语。除电顾大使并向法大使交涉取消上项限制办法,一面仍请法大使馆转行沪港法领事,遇有我商请求签发此项证明时,特予便利,一俟得复,再行电达外,特此电达。外交部。曷。中华民国二十八年十月七日。

〔复兴商业公司档案〕

16. 经济部等会商我国订购德货假道越南交涉情形令文(1939年10月—1940年1月)

1)经济部训令(1939年10月20日)

经济部训令商字第36676号 令资源委员会

案奉行政院本年十月十五日机字第七五〇号删密电开:据外交部本年十月十二日欧28字第二〇三二〇号代电称。关于物资假道越南事,欧28字第二〇二二三号代电计邀钧察。顷续据驻河内总领事馆电称:越总税务司奉命面告对我官运德货之限期取消,惟九月三日前付讫物价证件一项仍坚持不让,我有无证件可供提出,乞示知以利交涉。兹拟办法三项(一)有证件之货应将证件从速寄越提运。(二)无证件之货而其数量较小性质紧要者可采担保方式先行提运。(三)所余无证件者如能补即补办,否则统作一次总交涉,恳商各主管机关核办示复。商运德货又展五天,至十月卅日截止等情。除电饬继续注意洽办外,特电请鉴核示遵等情。除分电外,合行抄发外交部欧28字第二〇二二三号代电,电仰迅予核办等因。附抄发外交部代电一件,奉此。查本案前准外交部本月七,九两日代电,业经电部于本月十四日以工字第三六二九二号训令分饬遵办,并代电国外贸易事务所海防分所知照在卷。奉令前因。除分行外,合再令仰遵照。此令。

部长 翁文灏

中华民国二十八年十月二十日

2)贝志翔致翁文灏呈(11月7日)

准西南运输处海防分处二十八年十月三十日海秘字第0595号函略：以接许总领事函照译No.1211ca

迳启者：本月二十三日本司曾奉寄第1202号函，谅达查照。兹为便利贵国进出口物资运输起见，遵奉越南督令关于贵国政府现存海防或在途中之德货进出口运输照常免税。惟该货价应于一九三九年九月三日前清缴一项。应请备且清缴货货价之证件，且该货应于该日期前运出德境，方为有效。至于贵国政府存防或在途中之军用品或非军用品之运输，亦一律免税。并即将十一月一日以后官运物资纳税之规定令行取销〔消〕，以副尊意。岂此布达，即颂勋绥。

总税务司署

3)经济部训令(11月11日)

经济部训令商字第38145号

令资源委员会

案准中央信托局本年十月二十七日港购发字第二八三一号函开：关于我政府德货通过越境及越当局对我政府货物收取之过境税等事宜，兹据本局驻防沈专员祖同报称：本月十四日各机关驻防代表在西南运输处开联席会议，许总领事念曾出席报告。兹特电陈，敬祈鉴核。(一)我政府所有之德国货，越督限本年十一月二十五日以前运出越境，运出时1.须提示正发票上经上海或香港法国总领事签证，该项货款确于本年九月三日以前付清。2.如无正发票足资证明者，可由中国财政部长证明货款确于九月三日以前付清，交由中国外交部送达驻华法国大使，转请越南总督准予放行。查德货如本年十一月廿五日以后，未能按照以上1.或2.之手续办理，以致不能运出者则由越督府官产局予以接收。在官产局接收以后，我国政府如仍能提出以上1.、2.之证明文件，可由官产局发还内运。至于德货过境税，截至现在止，已准免税者照免，未能免税者一律照纳过境税。(二)中美借款之美国货内有属于越南海关所公布禁运品者，仍准予无限期内运，以运完为止。惟须将美货总清单送达越南总督查核,至于以上美货在本年十一月一日以前到达者,准予免纳过境税。在本年十一月一日以后到达者,仍须缴纳过境税。(三)非中美借款之货物内有属于越南海关所公布禁运品,确为中国政府所有者,准予无限期内运。惟须预请越南总督许可。至于该项过境税本年十一月一日以前到达者免纳,本年十一月一日以后到达者照缴。(四)非禁运货品,准予随时内运。惟过境税在本年十一月一日以后到达者,仍须缴纳等语,相应转达查照为荷。正核办间,并准外交部十月卅日欧28字第二〇八一八号代电开:关于物资假道越南事欧28字第二〇四三四号代电计达。经电饬赓续力争去后。兹据驻河内总领事馆复称。准越南总税务司函称:(一)官运商运德货,除九月三日前已付物价证件办法仍然维持外,清运限期一律取消。(二)官运商运禁止出口物品,无论已在越南及继来者,均得无限期通过。(三)官运货物均仍免税等语,请鉴察等情,除陈报行政院,并分行外,特电请查照为荷各等由。到部。查此案前准外交部及中央信托局先后函电,节经转令知照在卷。兹准前由,除分行外,合行令仰知照。此令。

部长　翁文灏
中华民国二十八年十一月十一日

4)经济部训令(11月20日)

经济部训令(密)　商字第38752号

令资源委员会

案准外交部十月欧28字第二一二九一号筱代电开:关于物资假道越南事,本部曾将越南政府取消清运限期及恢复官运货物免征通过税情形,于十月三十日电请查照在案。嗣据顾大使电称:准法外部答复,殖民部长已训令越督(一)恢复官运免税办法,不加限制。(二)取消官运清运限期。(三)对清运商品期限酌量当地需要,妥为设法。至在途德货,则谓依照战时法令,凡请求例外办法须将战前付价证明各件,送请法外部附设之例外委员会审核办理。至德货以外货物假道,须由购买国驻巴黎代表出具声明书,保证专为本国使用,并不直接或间接以原货或改造后运往德国等语。请将关于在途德货清单及付款证据示知,以凭交涉。至法方所需声明书,应否俟奉到前项单据,即由本馆拟具办理,并请电示等情。节经以法外部所云在途德货,须将已付物价证明送例外委员会审核。手续虽称简易,然政府购货机关向不统一,承运人员亦各有统率,故就收集单据而言,内部接洽已颇费周章,加之目前海运困难,海防积货充塞,各货起运孰先孰后,若非由办理运输人员与地方当局就近洽办,难免先后倒置,空耗时间。来电所述办法,系指明在途德货。兹据许总领事查复。指一切已到及在途官商德货目下均不能启运,不啻将已允便利复行取消。至德货以外货物须备具单据,送由该馆声明不转运德国一节,自系形式问题,但手续上亦感同样困难。中德既不接壤,海运亦在英法控制之中,我方需要物资又如此迫切,断无转供德国之理,法方不必多所顾虑。总之,我方并不反对在巴黎办理,然法方既有履行诺言,予我援助之意愿,对我实际困难及迫切需要,自应加以善意考虑,仍希婉商通融,不妨在巴黎作原则上之决定概括之声明。至查核单据等细节,仍授权越南当局办理,庶我可得法方所允便利之实惠等语。电令该使剀切转商,务期通融去后。兹据复称:本馆前以在途德货尚多注重,要求越方仍准入口,故所致法外部之说帖内另列一款,而法对德货则注重付款证据,虽其复文承我要求而言,然所云提交证件一层,系包括一切德货,不分存越与在途者。顷复用个人名义向法方述明我方各种困难,仍望其设法允准越当局就地办理。据亚洲司长答称:此事碍难交越南政府全权审定,付款证件是否有效,一因中央与地方职权关系。二为避免地方当局不顾大体办理不妥,引起华方误会。如上次地方擅自取消过境免税办法,惟为解除华方困难,彼极愿协助尽力疏通,俾能办理,或在巴黎只决定原则,以何种为有效证据,其每批货物之证据查验,交由地方办理。一面由我将存越及在途德货数量种类清单及所能交验之付款证据性质示知,俾德凭以竭力从旁设法。复经告所云,此项证件如指德方收条或银行付款单据,则无从提交,因历来德华交易多系以货易货,约期抵消,现帐〔账〕未清结。据闻我所运往德国货物,其价值已超过运华德货。该司长谓。中国政府虽无收据,但必有交换货物之帐〔账〕目清单,此即付款证据之一种。彼意我财政部草出证明书,邀驻渝法使馆人员过目一次后,即予证明,亦是一种办法。但此全属个人意见,例外委员会能否赞同,容代为接洽,设法疏通云云。又禁止出口货品弛禁,不再转运德国一节,其系运华者,如由本馆作一总声明,谓现在及将来所有经越运华货物,中国不再转运德国,当足应付,似可不必每次按批声明。至运赴外国者,如系运至与德毗连之邻国,碍难允准出口云。现正拟具详细说帖,以备例外委员会讨论。我主管各机关对上述各节意见如何,请速电示等情。查目前所有存越及在途德货,据越南政府通知。因奉巴黎训令,在研究未有决定以前,暂行停运,现正由顾使在巴黎切商通融,及待电训。兹定于本月二十一日下午三时在本部召集有关各机关会商决定,以便克日转电顾使进行。除分电外,特电请查照,指派负责人员,带同贵部所购存越及在途德货数量种类清单暨所能交验之付款证据性质,届时茌部参加会议等由。查德货假道越南一案,迭准外交部示电,节经分令在案。准由。前由。除分令工矿,调整处外,合行令仰该会,指派负责人员一人,携带所购存越及在途德货数量种类清单,暨所能交验之付款证据及有关证件,于本月廿一日下午二时来部,会同本部余科长茂功前往与会,为要。此令。

部长　翁文灏

中华民国二十八年十一月二十日

5)外交部电(1940年1月19日)

外交部快邮代电渝29字第十七号

经济部资源委员会勋鉴:关于物资假道越南事,一月十三日密渝秘字第一二〇〇号代电诵悉。查此事兹准法国大使馆正式答复:(一)廿八年十二月一日以前到越之官有德货:1.备有财政部孔部长付款证明之七批德货内包括贵会拣钨机件一批,一经外交部证实其易货或付款手续,均在二十八年九月三日以前履行完毕,即可放行。2.现款购买之德货,须将九月三日以前付款证件送交法国大使馆审查,以便通过。3.曾以货物相易之德货,一经外交部检同清单,向法国大使馆声明,曾登入中德易货帐〔账〕内,并已于廿八年九月三日以前完全结帐〔账〕,即可放行。4.尚未以货相易之德货,可由中国政府检同清单,向法国大使馆声明,系归中德易货帐〔账〕内结算,并保证决不将制造军火之原料运德作抵,以便通过。(二)十二月一日以后到越之官有德货,须将付款证件,由外交部交法国大使馆送往巴黎审查。贵会如尚有其他现款购买或以货易货之德货,如属于前者,应请将付款证件及清单,如属于后者应请将货物清单,迅行查照。附列清单格式填写六份,检送本部,以便办理。除关于甲项七批德货,业由本部备文证实其易货及付款手续业在九月三日以前履行完毕,送请法国大使馆查照,转电越南政府迅予放行外,特电请查照办理为荷。外交部欧美司。皓。

附清单格式表二件〔略〕

中华民国二十九年一月十九日

〔国民政府资源委员会档案〕

17. 行政院会商购存德货假道越南内运交涉案来往文电及会议记录(1939年11月—1940年2月)

1)宋子良致孔祥熙电(1939年11月28日)

渝院长孔钧鉴:据防处转接巴黎大使馆电告,以德货交涉全赖法大使在渝会商解决方法,等语。除电王部长外,恳饬全力交涉,以利事功为祷。职宋子良叩。俭。滇。秘机。

2)外交部致行政院秘书处代电(1939年11月30日)

行政院秘书处勋鉴:关于物资假道越南事,前由本部召集有关各机关于十一月廿一日会商办法,当经决议办法三项,纪录在卷。现驻河内许总领事业经遵令来渝,兹订于十二月二日下午三时在本部召集会议,赓续会商,并由许总领事出席,报告越南货运情形。除分电外,特检同会议纪录一份,电请查照,派员届时莅部与议为荷。外交部。陷。

附件:

会商德货假道越南交涉案纪录

日期:二十八年十一月二十一日下午三时

　　地点：外交部会议室

　　出席者：

李法端(张鸿图代)	交通部
余茂功	经济部
汪泰经	同右〔上〕
蒋易均	同右〔上〕
曹理卿	财政部
吴宝云	军事委员会办公厅
陈裕生	同右〔上〕
马德建	军政部
华寿嵩	同右〔上〕
丁　炎	航空委员会
汪英宝	西南运输处
倪遂吾	中央信托局
刘师舜	外交部
万　昭	同右〔上〕

　　主席：刘师舜

　　纪录：汪锡麃

　　开会如仪后,由主席报告法越政府自欧战发生后对我经越物资所加各种过境限制及我方迭次交涉情形,后请各机关代表提出关于德货假道越南之意见,以便商决作为向法越政府交涉之参考。商讨结果决定如次：

　　一、请各购货机关将所购存越及在途德货之种类暨数量清单尽十一月二十五日前送外交部,以备交涉之参考。

　　二、由外交部与法大使交涉,予我德货假道之便利,如能办到在越南设立德货审查委员会,就近审查德货付款之证件,最为妥便。

　　三、由外交部电召驻河内许总领事克日飞渝,以备德货假道交涉之咨询。

　　散会　下午六时

3）外交部致行政院秘书处代电（1939年12月1日）

行政院秘书处勋鉴：查英法最近采取报复德国水雷政策之办法，凡公海上之德国来源货物均须扣留。此事对于我国由德购运物资关系切要，经分电驻英法大使馆向各该政府切商，对我务予除外。顷据驻英大使馆电复称，经与英战时经济部长李滋罗斯商洽，据复称：彼深知此事关系我国之重要，请我方事先将每次所运货物品名、数量及开驶日期、船名与口岸通知英方，当尽速交由审查委员会审查办理云云，并面告此仅系手续问题，当无何困难。又谓希望我方与德易货能早日结束，如能与英成立易货协定更好，等语。已电谭伯羽专员洽照，等情。据此，除俟英法正式通告送到再行转达，并分行各有关机关外，特此电请查核办理并见复为荷。外交部。先。中华民国二十八年十二月一日。

4）外交部致行政院代电（1939年12月2日）

行政院秘书处勋鉴：关于英法政府对德国水雷政策采取报复办法一事先代电计达，兹据驻法大使馆电称，此事经向法外部例外委员会接洽，该会允研究后答复。至十一月廿八日法政府所颁布之取缔德国出口货禁令，业准法外部通知到馆，其要点有三：（一）凡在德境所装之货，其装运船舶于本年十二月四日后离开国口岸者，及在他国口岸所装之德产或德国制或德有之货，其装运船舶于同日后开出者，均可扣留至法国或同盟国口岸卸货。（二）所有捕获货物由检查私运委员会决定征用或出卖，所得货价另帐〔账〕保存。（三）封锁部得随时斟酌情形特准放行或交换物价，如所扣留之货能证明于十一月二十八日前已属中立国所有者，尤可适用此种例外办法。请转行主管机关注意，尤以第三点为要，等情。本部现正设法要求英法政府对我国所购德货特予通融办理，特先电请查照为荷。外交部。萧。一九三九年十二月二日。

5）会商德货假道越南交涉案第二次会议纪录（1939年12月2日）

日期：二十八年十二月二日下午三时

地点：外交部会议室

出席者:

章　祜	行政院
何霜梅	同右〔上〕
李法端(张鸿图代)	交通部
王世圻	同右〔上〕
华寿嵩	军政部
马德建	同右〔上〕
陈修和	同右〔上〕
徐长春	军事委员会办公厅
汪英宝	西南运输处
丁　炎	航空委员会
宠松舟(曹理卿代)	财政部
刘师舜	外交部
万　昭	同右〔上〕
许念曾	同右〔上〕

主　席:刘师舜

纪　录:汪锡麃

开会如仪后,由主席报告:(一)外交部所接到之各购货机关德货清单(其时西南运输处代表面交兵工署等机关清单共六十二纸又一本)。(二)外交部与法大使交涉情形。法使表示存越一万五千吨德货内大概一万二千吨即可放行,其余须经过审查。至审查委员会,已电巴黎恳请设在河内,至现在存桂物资退回越境问题,法使并已发电主张准予运回。(三)驻河内许总领事业已来渝,旋由许总领事报告越南货运交涉情形,继由各机关代表发表意见,经商讨结果决定:

(一)由外交部赓续向法使交涉,以期达到存越及在途德货假道便利之目的。(二)由外交部赓续向法使交涉,准许存桂物资退回越境,改途转运内地,至由桂往越运输车辆由主管机关统筹办理。(三)越境存积物资已有十数万吨,约计一年方可运完。此后各机关所购物资在越境积货未出清前,暂以改道滇缅公路为原则。(四)关于英法政府对德国水雷政策采取报复办法,扣留海上德货一事,请各机关将在途德货种类、数量、载运船名、开船日期、行经路程以及卸货地点尽速通知外交部,以便转商通融。

下午六时散会

6)何霜梅签呈(1939年12月4日)

本月二日下午三时,奉派前往外交部出席越南运输问题讨论会,到各机关代表二十余人。三时半开会,首由外交部欧美司长刘师舜报告最近交涉情形:

一、法政府对德货过境,须经审查委员会审定核准。现法大使已电政府请准该项审委会在越南行驶职权,俾我所购德货得随到随审。

二、九月三日以前付清价款之德货,已请法大使转请法政府,准由我驻河内总领事签字证明,借图简捷。

三、英国施行公海检查,捕挪德货,经与交涉,已允我国所购德货视为例外,惟须将所购货品种类、装运船名、所经航线、卸货地点等项,事先通知。法国方面亦已请法大使电向巴黎请示。

四、韶州货物退越转昆事,法大使亦经去电请示。

五、现在海防德货,计公物一万二千吨,商货三千吨。

继由驻河内总领事许念增报告与越方交涉经过情形,大要均与外交部及西南运输处历次电陈本院者相同。末谈现存海防公物,尚有十二万吨,其中兵工器材十万余吨,其他一万余吨,又新卡车一千八百辆。韶州一带,积滞出口货约五千吨,现仍陆续运出,又进口货堆存者约七千吨,何时方能退越转昆,须视交涉情形而定。越境高平至桂省岳墟公路,现仅能通小汽车,岳墟至田东公路,须俟明年一月底或可铺成路面。越段现已开始改善。

嗣由各机关代表发言,最后决定四点:(一)存越德货,均在欧战前运抵海防,由外交部交涉,请勿适用战时法令,提前起运。(二)龙州一带进口物资,由外交部交涉运回越境。(三)各机关以后输入物资,以由仰光进口为原则。(四)各机关应将所购即须起运之德货数量、种类、船名、开船日期、经过路线、卸货地点预先通知外交部,以便转请英法两方放行。旋即散会。会议纪录即由外交部印送。谨将大概情形报请鉴核。

霜梅签呈

十二月四日

7）外交部致行政院秘书处代电（1939 年 12 月 16 日）

行政院秘书处勋鉴：关于英法政府对德国水雷政策采取报复办法影响我所购德货通过公海一事，本月二日欧28字第二一六一〇号代电计已奉达，兹续据驻法大使馆电称：准法外部复称，运华德货中国尽可要求通过，法政府将本最大善意加以研究，但该项货物（一）应为十一月二十八日前所订购者；（二）应在起运前已将货款交割两清；（三）应于明年一月一日前自欧洲中立国各口岸起运，等情。特电请查照为荷。外交部。铣。

8）外交部致行政院秘书处代电（1939 年 12 月 20 日）

行政院秘书处勋鉴：关于物资假道越南事，前由本部召集有关机关于十二月二日第二次会商办法，当经决议办法四项，纪录在卷。现此事已由本部与法方接洽至相当阶段。兹订于本月二十九日下午三时在本部召集会议，赓续会商，特电请查照派员届时莅部与议为荷。外交部。勘。一九三九年十二月二十日。

9）外交部致行政院秘书处代电（1939 年 12 月 23 日）

行政院秘书处勋鉴：关于会商德货假道越南事，查十二月二日第二次会议讨论结果第三项，越境存积物资已有十数万吨，约计一年方可运完，此后各机关所购物资在越境积货未出清前，暂以改道滇缅公路为原则，纪录在卷。兹准西南运输处电称，德货会议讨论结果四项，本处经呈奉委座电示：在途德货准运仰光。合电奉闻，并请转知各有关机关，等语。特电请查照为荷。外交部。梗。一九三九年十二月二十三日。

10）何霜梅签呈（1939年12月30日）

昨日下午三时，奉派与章参议前往出席德货假道越南问题讨论会，由外交部刘司长师舜主席，报告最近与法方交涉情形：（一）关于堆存海防之德货一万二千吨，原可由我财政部长签字证明货款已付，即可起运，但现在法方犹认为未足，对于十二月一日以前到防者，仍须提出付款单据，送经法大使查明，始准放行；其属于易货者，并须将我国抵消货物之名称、种类、数量及运往德国之船名及起运与到达日期，开单通知法大使审查。至十二月一日以后到防者，须送经巴黎法外交部例外委员会审查。（二）在途行经公海德货，法方将予检扣，此事前由顾大使与法交涉，经法外部照复，允予便利，凡战前即已定〔订〕购，并已付清价款，并于明年一月一日以前由中立国口岸起运者，可予例外，但此次与法大使交涉，彼语不知此情，并谓此系国防上之需要，不能例外，且恐各国援例，影响封锁政策，等语。现各机关对于到防德货，能否提出付款证件，定〔订〕购德货未运者尚有多少，请报告后予以讨论。嗣由交通部、军医署、军需署、交通司、工矿调整处、资委会、航委会各代表报告，大都均可提出证件，惟兵工署以易货为大宗，须另行查造清单。又在途德货，为数无几，将来可由仰光进口，万一被英舰扣留，较易交涉。旋由西南运输处宋主任提请外交部，对于存防德制药品，务向法方特别交涉，先行放行，以应国内需要。最后决定五项：（一）在十二月一日以前到防德货，请各机关将付款单据送外交部转送法大使审查后，由外交部通知西南运输处起运。（二）易货物资，请财政部会同有关机关查明对销货品，开具清单，送外交部转送审查。（三）政府所购德药，不论已到未到，均由外交部特别交涉放行。（四）十二月一日以后到防德货，由各机关将单据送外交部转送巴黎审查。（五）德货运经公海免予扣留一节，由外交部继续交涉。遂即散会。谨将各情报请鉴核。

霜梅　签呈
十二月三十日

11）外交部致行政院秘书处代电（1939年12月30日）

行政院秘书处勋鉴：关于物资假道越南事，本月二十九日由本部召集有关各机关举行第三次会议,当经决议办法三项,纪录在卷。兹抄同会议纪录一份,电请查照为荷。外交部。陷(二)。附件。

会商德货假道越南交涉纪录

日期:二十八年十二月二十九日下午三时

地点:外交部会议室

出席者:

李法端(张鸿图代)	交通部
潘　经	军医署
熊祖同	工矿调整处
吴宝云	军事委员会办公厅
陈裕生	同右〔上〕
马德建	兵工署
陈修和	同右〔上〕
江光瀛	航空委员会
曹希正	军需署
王继盛	经济部
章　祜	行政院
何霜梅	同右〔上〕
吴兆洪	资源委员会
庞松舟(曹理师代)	财政部
华寿嵩	军政部交通司
宋子良	西南运输处
汪英宝	同右〔上〕
刘师舜	外交部
万　昭	外交部

主席:刘师舜

纪录:汪锡麐

开会如仪后,由主席报告十二月二日会议以后,外交部对于德货假道越南及公海上德货两问题向法越政府交涉经过情形。最近法大使表示:(一)属于中国政府而在十二月一日以前运抵越南之德货,法国大使馆收到中国政府方面足以证明而毫无疑义的,九月三日以前付款,证件或足以推定此项付款确曾履行之文件,或获悉中德易货协定下每批德货之交换品及日期,当即予以通过。(二)十二月一日以后抵越之政府所购德货,须向巴黎例外委员会请求通过,然法国大使馆对于此类请求,必以适合中国政府愿望之意见转陈其政府。至关于公海上德货问题,法国大使馆似不甚接洽,而按照法外部致驻法使馆照会规定,凡1.在十一月廿八日以前订购;2.起运前已将货款交割两清;3.在二十九年一月一日以前由中立国口岸起运之德货中国政府可以要求通过(对于此点,当由主席声明现仍由外交部向法方交涉,取消或展延起运限期,故未提付讨论)。继由各机关代表发表意见,经商讨结果决定:

(一)有九月三日前付款单据之物资,无论其为十二月一日以前或以后运抵越南,应由购货机关迅将单据(订单暨付款收据)送由外交部转送法国大使馆审核。外交部一经接到法方答复,即通知西南运输处及购货机关(经声明有付款单据之机关为交通部、工矿调整处、军医署、交通司、军需署、资源委员会航空委员会)。(二)关于以货易货物资,无论其为十二月一日以前或以后运抵越南,其证明文件由财政部会同有关机关查明中德各批货物对销之帐〔账〕目,送外交部转法使馆审核。外交部一经接到法方答复,即通知西南运输处及有关机关。(三)经越德国药品由外交部向法方特别提出交涉,此后凭西南运输处及驻河内总领事馆之证明,即予放行。关于存越暨续到药品之种类数量,应由军医署迅行开列清单送外交部,以便办理。

下午六时散会。

12)外交部致行政院秘书处代电(1940年1月19日)

行政院秘书处勋鉴:关于物资假道越南事,上年十二月三十日欧28字第二二一九五号代电计达。查此事兹准法国大使馆正式答复:(一)二十八年十二月一日以前到越之官有德货1.在二十八年十一月二十日以前由外交部将财政部孔部长付款证明及清单送交法国大使馆之七批德货,一经外交部证实其易货或付款手续均在二十八年九月三日以前履行完毕,即可放行;2.现款购货之德货,须将九月三日以前付款证件送交法国大使馆审查,以便通过;3.曾以货物相易之德货,须经外交部检同清单,向法国大使馆声明曾登入中德易货帐〔账〕内,并已于二十八年九月三日以前完全结帐〔账〕,即可放行;4.尚未以货相易之德货,可由中国政府检同清单向法国大使馆声明系归中德易货帐〔账〕内结算,并保证决不将制造军火之原料运德作抵,以便通过。(二)十二月一日以后到越之官有德货,须将付款证件由外交部交法国大使馆送往巴黎审查。除关于甲项七批德货业由本部备文证实其易货及付款手续已在九月三日以前履行完毕,送请法国大使馆查照转电越南政府迅予放行外,特电请查照为荷。外交部。效。中华民国廿九年一月十九日。

13)外交部致行政院秘书处代电(1940年1月20日)

行政院秘书处勋鉴:英国封锁公海上德货予我除外手续事,曾于上年十二月一日欧28字第二一五七五号代电分请查核办理在案。本月八日准英国大使函告,英国政府无意干涉运往仰光及其他口岸转运中国之德货,但上年十二月四日以后启运者或有例外云云,此项期限现尚在商请通融中。顷据驻英郭大使本月十六日电称准李滋罗斯爵士面告,英政府原不欲禁阻德货运华,但为符合法令,免他方借口起见,须由我方将每批品名、数量、价值、船名、口岸及起运日期通知英政府,并须证明合同及货款系于十一月廿七日以前订付,以免英方放行为难,等语,暗示通融之意,请鉴核转知各有关机关查照办理,等情,除分行军事委员会办公厅、财政部、军政部、交通部、经济部、航空委员会外,相应电请查照转知购料机关,对于所运每批货物,务照上开各点查明详示,以便办理为荷。外交部。啸。中华民国二十九年一月二十日。

14)行政院秘书笺函稿(1940年1月27日)

准外交部本年一月啸代电,为英国封锁公海上德货予我除外一案,关于我方应办手续,请查照转知,等由。相应抄同原件,函达查照。此致卫生署。

附抄送外交部原代电一件。

行政院秘书长　魏○○

15)外交部致行政院秘书处代电（1940年2月12日）

行政院秘书处勋鉴：关于公海上及存港德货事,顷准英国大使面交节略,内称:英国政府对于中国政府前请关于公海上及存港德货予以概括除外一节,歉难照办,订购各批货物请求免扣,应依照英国主管机关所定格式分批请求,每批请求必须提供关于该批货物之合同、订期及付款日期与条件等证明文件。英国政府当依据每案情形,分别处理之,等由。准此,查请求免扣之公海上德货,英方所需必备条件除此次来略所指出者外,尚有(一)品名,(二)数量,(三)价值,(四)船名,(五)驶出及到达口岸,(六)起运日期,等项,业经先后电达在案,仍请查照办理。每批请求免扣德货详情并请以英文开送,以便转行核办,除分达军事委员会办公厅、财政部、军政部、交通部、经济部、航空委员会、西南运输处外,特此电请查照为荷。外交部。侵。中华民国二十九年二月十二日。

〔行政院档案〕

18. 许念曾关于法越当局强征我国存越钨砂事致外交部等电呈 （1939年12月—1940年1月）

1)致顾维钧电稿(1939年12月15日)

Sino-embassy Paris

经济部长称:奉殖民部令:照市价征用我存越钨砂,事属强制性质云云。现所有入仓钨砂已封存,未入仓者定期过磅,移存越方官仓征用,命令越方立迫资源委员会驻海防代表签字,该代表以时间短促,尚未奉政府核准,仅在令尾签注,保留政府决定权。Sino consul。

2）致外交部呈（1939年12月29日）

关于越督奉令征用我存越钨砂事，经以五九七号电报告在案。查我抗战以还已两载有半，在此长时期中，越方对我协助之处甚多，其中虽有若干次不能尽如人意，然终以环境关系，我方不能不予容忍。盖我出海口岸尽被敌人封锁，仅缅越二处又资假道，而缅境路线既长且仍征十分之一过境税，两地相较，实唯越南最为相宜。在欧战未发生前，越政府以运费收入，已满足其希望，同时求我之事亦较少，现则有求于我者较前增多，且常借口免税，以期我方予以便利况，前宋部长及宋主任往晤越督，亦曾向其表示苟越方有所需要，我当尽量援助。故华越运输关系始终须在双方互勘原则上始能维持。但战事愈延，我求人之处愈多，而双方之小摩擦亦所不免。我方虽明知法方乘危相逼，但越南扼我咽喉出入必经，自应由大处着想，屈予逆来顺受，而决不能意气用事，以逞一时之愤。此次钨砂被扣，亦即摩擦之一端。按此事发生于本月十日，时适念。在渝，闻及法方所派之龙东与我当局接洽购买矿产事，未有具体结果。念。曾面向钧部报告，对于此事应予考虑。盖我物产积存彼境，苟不遂其意，恐不免意外。迨发生意外再设法挽救自不若允准在先之为愈（因允准在先即可卖一情面）。当时钧部以政府立场认为，书面保证未便开此先例。此固因各该矿产物为我换取外汇之唯一货物，早为俄美英诸国定〔订〕购，自不能独厚于法国，而予书面保证，亦有不得已之苦衷在然。事实上物在其境通过，使我无法挣脱，且法人性格与英人不同，量之大小亦悬殊。当时令。言虽未详而意已尽露，念。向钧部报告之时即此间执行征用之时不幸一言而竟中，此事念。在渝时以及返越迄今，始终未与龙东晤面，然以意推测，不能不谓与龙东此行之结果有关（此次扣留原因不外龙东之行未有结果，对我实施一种压迫。及侦悉该物系运往俄国两点原因盖全世界钨砂我国产量占半数，造炮非用此物不可，故运俄间接即助其制造武器以供给德国）。目下此事重心已移巴黎大使馆，本馆当不能遇事力争，故返越后虽曾往政治部谈及此事，并经告以我方之苦衷，再劝以勿因小事摩擦，损及双方以往之好感，该部长亦以为然，当因静候巴黎定夺，未有具体结果。现我存越矿产均暂时截留，仅锡可照常出口。又经济部驻防代表贝一系此次因征用令签名一事,受部方申斥,亦觉不无受冤之处。缘此种征用令系军事期间强制措置,当时不能不签,且签与不签与实行征用令无关。因签名仅属保管性质,且见于签名时曾加注"保留政府决定权"字样,故于大事上并无丝毫关系。此层似可请钧部代向解释,以免误会。总之,此事之发生决非偶然,现既循外交途径交涉,极愿早得圆满解决,免致摩擦愈深,而影响其他。最近越督又派Ck'adourne氏赴华,此行任务极关重要,应请钧部另眼看待,以期此事可得转圜之余地。是否有当,理合具文呈请鉴核。谨呈

外交部

3)致外交部呈(1940年1月23日)

拟稿

查我经越运出之矿产计有钨、锑、锡等数种物资,现所发生问题者除钨已被扣,正待解决外,锑亦不能出口,实际上仅锡一项尚能照常运出。关于上项诸事,法方曾派Rondon赴渝接洽,旋以未有具体结果而回。现对钨砂问题,法方又专派Brage及Delaguaize等二氏于本月二十一日飞渝协同法大使馆与矿部继续商洽,前经以第六二七号电报告在案。按我国所产钨砂之数量占全世界之半,自欧战发生,各国竞造武器,供不应求,我国之售价超出市价二十余先令,德俄诸国交通封锁,愿出高价收买,但此种原料为制造大炮之必需品,以此供给无异助增武器,且在战前,英属各地所产钨砂可供法国部分之需要。今以英国自身需用已无余量,故法政府欲照市价而购得此物且免资敌用起见,不得不将我存越钨砂实行扣留。现Brage氏等到渝闻并不拟作久留,深愿此事能有顺利解决。又闻锑之问题不久亦将效钨砂办法,由政府收买,将来将由Tachoire氏主办此事。至于锡之一物,法政府当不甚重视,因产量较多,且质地不佳。惟价格较廉。Rondon前次赴渝,要求我每年供给法国三千吨(每月二百五十吨),我方未书面保证。顷据Rondon面告,谓渠接法大使电称:锡与猪鬃二事已渐接近将照一九三八年供给之数量而供给云云,Rondon之意一九三八年实行统制曾有两个月未有该两项物资运出,故照一九三八年之数量,实仅十个月数量等语。总之,此事之解决钧部自有主张,本馆仅将见

闻所及随时陈报以备参考。但以上诸问题与在越运输较及德货通过均不无关系，最好能有圆满:结果，俾诸事随之迎刃而解。至论越方对我态度在途经此间之人仅见皮毛，自属难得真相，本馆以驻在地关系平日素加注意，知之最为深切。就许多事实越方对我不可谓不诚，而协助之处亦不可谓不力，此实唇亡齿寒之环境使然，故上项诸事，似以在华越亲善互惠立场上，早得具体决定最为适当。是否有当，理合具文呈请鉴核。谨呈

〔中国驻河内总领事馆档案〕

19. 经济部关于与法国银行团签订叙昆铁路合作合同训令（1939年12月13日）

经济部训令　矿字第40305号

令资源委员会

查叙昆铁路矿业合作合同，业于二十八年十二月十一日与交通部所商定之叙昆铁路合同，同时与法国银行团及中国，建设银公司代表在重庆签订。除交换函件，除检同该项合同函件中文法文正本，呈请行政院鉴核外，合行检发上项合同函件中文及法文抄本各全份，并抄附关于探矿顾问事交换函件法文抄本二份，令饬该会知照，俟奉正式核准时，当再另知照。此令。

附发叙昆铁路矿业合作合同中文及法文抄本各一份（法文抄本略）。

经济部关于合同效力事致法国银行团中国建设银公司中文及法文抄函各一份（法文抄函略）。

法国银行团中国建设银公司关于合同效力事复经济部中文及法文抄函各一份（法文抄函略）。

法国银行团关于探矿顾问事致经济部法文抄函一份〔略〕

经济部关于探矿顾问事复法国银行团法文抄函一份〔略〕

部长　翁文灏

中华民国二十八年十二月十三日

叙昆铁路矿业合作合同

立合同人：

一、为中华民国国民政府(以下简称政府)以财政部长经济部长及交通部长为代表。

二、为法国银行团(以下简称银行团)，在巴黎荷兰银行雷搓兄弟公司、东方汇理银行及中法工商银行组织之，皆为依照法国法律所组织之公司，其总店皆设在巴黎，其对于本合同之参加，彼此间无连带责任。

三、为中国建设银公司(以下简称银公司)为依中国法律所组织之公司，其总公司设在上海。

兹经共同议定条款如下：

第一条　本合同之目的为协助政府开发叙昆铁路经行地带之矿业，以发展此区域之经济。

第二条　(一)本合同所称之矿权，不论属何种类，均应给予中国公司，亦只能为中国公司所得。此项公司中国中央政府省政府及中国私人均可投资，对于中国各种法规(尤其矿业法、公司法及其他各种有关矿业现行及将来增订之法律规章)均应遵守。

(二)本合同第三条所规定地带内之各矿，其探矿权应给予该条所规定之探矿工程处。

第三条　(一)银行团及银公司与资源委员会合作，并与相关之省政府协商，在经济部长指导之下，依照下列之规定，参加叙昆铁路地带内之矿业。

1.探矿范围：沿叙昆铁路干线一百公里范围之内(即每边五十公里)，除已由私人或公司获得探矿权或采矿权者外，对于所有应行试采之矿产，应由资源委员会与银行团、银公司及相关之省政府，商订探矿计划，其已给矿权之各矿，如政府认为适当，并获得原矿权者之同意时，亦可商定依照本合同合作探矿及经营。

2.探矿组织本合同生效后，由合作各方设立探矿工程处，设总工程师一人，由资源委员会委派主持处务。又设副总工程师一人(中国籍)，由银公司委派，法国工程顾问一人，由银行团委派。又相关之省政府各派副总工程一人,参加关系省份内之探矿工程。该工处成立时,由经济部依照本合同发给叙昆铁路沿线探矿特许状。

3.探矿经费探矿计划所需开支之经费,由下列款项支付之:

(1)先由交通部在建筑叙昆铁路国币款内提拨,最多至二百万元。

(2)如为完成探矿计划,上款尚有不足,由经济部拨款补充,亦以最多至二百万元为限。

(3)探矿所需之设备及材料,视作铁路材料之一部分,并用同样方法供给之,其价值即包含于铁路合同第一条第五项规定之总数,但最多至八百六十四万佛朗〔法郎〕。

上项探矿经费交通部所付者(连设备及材料之价值在内),作为川滇铁路公司投入采矿公司之资本,依照以上规定所分摊之资金比额,由合作各方面订之。

4.探矿时期本合同所规定探矿之时期与叙昆铁路干线之建筑时期相等,铁路干线建筑完成,探矿亦即终止,但如果铁路干线完成,而合作各方认为探矿尚有继续之必要时,经互相同意亦得展延。

第四条　(一)如果所探之矿中,有经合作各方认为有开采之价值者,由资源委员会、相关之省政府及银公司商同银行团,发起组织采矿公司,请由政府核给矿权。

(二)政府允许此项公司招收法国资本最多至百分之四十九,并允许银行团贷款资助材料及设备,银行团得在公司成立时,决定投资或贷款或投资并贷款。

(三)如果探矿最后报告完成,并送交合作各方后逾时一年,本条第一项所言之公司未能决定或成就时。所有矿权即由中国政府收回,并得由任何私人或公司依照中国法律请领。

第五条　(一)如果依照本合同所成立之采矿公司,有矿产品销售国外时,除政府有权指定特殊用途外,银行团及银公司有商任经理人之权,其经理条款应与该公司商订,并经政府核准,其年限不得过十年,并得洽定佣金,以资酬劳。

(二)政府有绝对权力决定销售条款及时期,并规定向何人或何公司销售。

第六条　(一)在依照本合同规定采矿所得之纯益内,政府及省政府应在其应得纯益中,提出百分之五十,每年存入保证基金,以符政府与银行团及银公司同日所订铁路合同第六条第八项之意。

(二)依照本合同所成立之各采矿公司所纳之矿税及所得税,亦应缴入此保证基金。

(三)如果依照铁路合同第六条第八项所定保证基金,能保持足额时,政府及省政府仍自行使用全部纯益,矿税及所得税亦无须拨交:

第七条　(一)交通部因矿公司或本合同第三条所规定之探矿工程处之请求,应建筑必要铁路支线。

(二)银行团得依照将来共同协定之办法,供给此项支线之材料,一如其供给采矿必需材料。

(三)以上二项所订建筑及设备之费用,由交通部与采矿公司依事实情形商定办法,共同负担之。

第八条　(一)银行团有权将其在本合同所得权益之全部或一部分,让渡或过户与任何团体公司或银行,并可再将上述之权利权益之一部分或全部转让与他人。遇有此项情事发生时,应先报告经济部,如果承受之人并非法国籍、英国籍或中国籍时,须预先取得政府之书面允准,方为有效。

(二)各方之继承人或享受人,均受本合同之约束,本合同对之均有实行效力。

第九条　(一)本合同须经政府银行团及银公司核准后始发生效力。该项核准手续,应于签字后六星期内行之。除非由合作各方同意另定期限外,逾期本合同作为无效。

(二)本合同自生效之日起满十五年,即为无效。

第十条　凡因本合同所发生之争执,均应按国际商会和解或仲裁章程,交由照章指定之仲裁员一人或数人作最后之解决。

第十一条　(一)本合同缮具一式四份,每份均以中文及法文缮具一份,送呈中华民国国民政府行政院,一份存经济部,一份存银公司,一份存银行团。

（二）本合同经呈奉政府批准后，由国民政府外交部长将证明与批准原本相符之抄本一份，送交法国驻华大使。

（三）如遇附本合同之解释有疑义时，以法文为解释之参考。

本合同经各方签字盖印，以资信守。

中华民国二十八年□月□日即西历一九三九年□月□日签

财政部部长

经济部部长

交通部部长

法国银行团

中国建设银公司

经济部长翁文灏致法国银行团代表傅朗朔函（十二月）

迳启者：兹以下列二节函达贵代表请予证实。

一、如在十五年规定期限未届满以前，叙昆铁路借款合同停止生效时，矿业合作合同应即同时失效。

二、如中国政府根据本合同第十四条第五节之规定，停止购料时，矿业合作合同内银行团所享受之权益之区域，应以法国材料所筑成之路线有关部分为限。此致

法国银行团代表傅朗朔先生

中国建设银行公司协理刘景山先生

经济部部长　翁文灏

十二月□日

法国银行团代表傅朗朔复翁文灏函（十二月）

迳启者：接奉贵部长二十八年十二月□日函开：迳启者。兹以下列二节函达贵代表，请予证实。

一、如在十五年规定期限未届满以前，叙昆铁路借款合同停止生效时，矿业合作合同应即同时失效。

二、如中国政府根据本合同第十四条第五节之规定,停止购料时,矿业合作合同内银行团所享受之权益之区域,应以法国材料所筑成之路线有关部分为限。等由。尊函内所列三节,敝代表等均予证实完全同意。相应函复,即希查照为荷。谨上经济部部长翁

中国建设银公司协理　刘景山

法国银行团代表　傅朗朔谨启

二十八年十二月□日

〔国民政府资源委员会档案〕

20. 经济部为转报法国关于我国订购德货通过公海问题态度致资源委员会训令(1939年12月20日)

经济部训令商字第四○七三四号

　令资源委员会

　案准外交部十二月十六日欧28字第二一九二○号先代电开:"关于英法政府对德国水雷政策采取报复办法,影响我所购德货通过公海一事,本月二日欧28字第二一六一○号代电计已奉达。兹续据驻法大使馆电称:准法外部复称:运华德货,中国尽可要求通过,法政府将本最大善意加以研究,但该项货物(一)应为十一月二十八日前所订购者。(二)应在起运前已将货款交割两清。(三)应于明年一月一日前自欧洲中立国各口岸起运等情。特电请查照为荷。"等由。除分行工矿调整处外,合行令仰知照。

　此令

中华民国二十八年十二月二十日

部长　翁文灏

〔国民政府资源委员会档案〕

21. 许念曾为加强滇越铁路空防及高平公路修筑情形函稿(1940年1月26日)

第三参事赐鉴:一月十六日芜函计蒙垂察。宋主任会晤越督谈话记录一

份,内对滇越路增强空防一节颇堪注意,尤以宋主任提及向法购买一语,对越督答称:曾电巴黎政府,请将高射炮等运来,但迄未获复云云。未知钧馆方面有无接洽,现该路被炸之处正在修理,一二月后当可修复,但修复后仍不能不防炸被再毁,以我幅员之广,防御器械不敷分配,最好能顺水推舟,向法方进行购买,或由法自动运来,以期充实防御力量。总之,越督态度对我极为诚恳,遇事接洽协助殊多。值此紧张之际,得一友邦主管官员同情,实堪引为欣慰。如高平公路现已正式开放,其间越境一段仅边境重庆府至岳圩段内一小部分工程未完,现已向我征工两千名协同赶筑,广西境内田东河池一段工程已竣,可与越境之路接通,目下小车已可通行,至于大车当须十余日,此路成后,运输上固有多少便利,但终不若老街公路之重要安全。前函已详论之矣。又问于钨锑问题,本馆最近曾将见闻所及详呈外交部,兹将该文抄上,以资接洽。南宁战事双方调动甚多,充分准备,近来并无特殊变化。匆肃敬请勋安。

许〇〇谨上

□月□日

附件[缺]

〔中国驻河内总领事馆档案〕

22. 翁文灏关于替越南总督代购鸦片五十吨函(1940年6月6日)

委员长蒋钧鉴:顷接安南卡脱鲁来函。因安南鸦片缺乏,(按该处鸦片公卖,并不禁止。)请中国允许速行让售五十吨,于十月间再加五十吨,极盼协助,以巩固双方友谊等语。查该总督就任以来,对于中国颇表好意,日本曾派员向彼要求,不许中国将兵工器材及汽油通过安南内运,彼毅然拒绝,并不同意。前次文灏赴越会见,彼招待甚殷,并力言在此暴力横行之时代,民治国家极宜更加提携互助。目前运输紧急,我国似宜趁此示以好意,所请让售鸦片一节,钧座能否令行主管机关设法办理,抑应如何答复之处,敬候训示施行。职翁文灏。叩。鱼。印。附安南总督来函译文一件。

安南总督致翁部长函（译文）

各种情形不幸，使安南鸦片管理处对公众需要不能供给，因意外之困难，使已向土耳其、波斯及英属印度所订定之数量不易运到，而本年安南气候不佳，又使鸦片出产大受不良影响。余所属人员曾向河内中国总领事及吴上校商洽，皆毫无结果。如此情形，此项材料长此缺乏，则财政收入必大为减少。为避免此项困难起见，余个人特向阁下请求，向中国政府商请速即转让于安南鸦片五十吨，并于十月中转让同样数量，余深信中国政府以往屡有友谊之表示，对于此事定当协助，以实行双方之互助。余对于中国亦向具合作之诚意也。敬颂勋安。

卡脱鲁

六月六日

〔国民政府行政院档案〕

23. 张嘉璈抄送中法航空合作事宜提案致魏道明函（1940年3月4日）

伯聪吾兄秘书长勋鉴：关于中法航空合作事宜，兹由本部拟备提案一件，另有追加滇越公路及河田路经费一件，一并送上，拟提出于本月五日院会。敬祈惠察，转饬列入该日院会议事日程，俾得早日决定，无任公感。专此，敬颂

勋绥

弟　张嘉璈启〔印〕

三月四日

附送关于中法航空合作事宜提案一件

提案

拟请准许法国航空公司将其河内香港间航空线自河内展设至昆明，并由国库给与津贴，暂以一年为限，以促进中法邦交，利便国际交通案。

说明：查关于中法航空合作事宜，前奉核准，由航空委员会出名，于二十七年间，与法国航空公司换文，对于该公司河内香港间航线，给予津贴，以一

年为限。同时声明,双方合组中法航空公司,经营昆河间航线。津贴一节,我方业已按照规定办理,按月由国库支拨,至二十八年八月十日津贴期满。至合组公司经营昆河等航线一节,团法方以值此抗战时期,合组公司,未合时宜。提议原有河港线航班,照旧维持飞行,无须再由本部津贴,惟另由该线加开第二航班。此项加开航班,一切营运费用,统由该公司单独负担,但要求我方按其飞行公里数,每一公里津贴二十八法郎。该线营业收入,除扣去百分之十五作为该项加开航班所需之机场起落等费外,余由该公司与我各分其半。当时本部详经研究,认为所拟该项增班办法,与我不无裨益。良以渝港之间,现虽可以经常维持空中交通,但虑时有被迫停航之虞,届时即可利用该河港线与我已有之重庆昆明间及昆明河内间衔接,对外交通,仍可畅通。如该河港线能自河内展至昆明,则其与我国内各航线联络更为密切,并可增加中法之联系,自益便利。爰向法航公司提出对案,主张将该河港线展设至昆明,并按一般航空营运成本,对其所拟增开之第二航班,表示可按其飞行公里数,每公里给予津贴十四法郎,计全年共需津贴二百二十四万二千二百四十法郎。倘因故多飞或少飞,则以每公里以十四或二十法郎增减计算,均无不可。现接该公司函复,对于将该线展至昆明,表示赞同,津贴一项,则改为请求我方全年津贴三百万法郎。倘因多飞或少飞,则以每公里以二十法郎增减计算。按该线航程及所拟增开之第二航班飞行班数计算,三百万法郎之数,等于每飞行一公里,我方津贴十八法郎又百分之七三,是与本部原议津贴之数,比较接近。复以该线营业收入估计,我方全年所得,约为一百五十三万零三十法郎,与津贴相抵,我方全年实需津贴约共一百四十六万九千七百六十七法郎,倘与法方续加磋商,或尚可望再为酌减。此事现在法方急求解决,为促进中法邦交,便利国际交通起见,似应续与法方商办。所拟准许该线展至昆明及给与津贴各节,因事涉外机经常飞行国境,及需要外汇支出,应否继续进行,应请先行核示。倘应继续进行,一俟商议妥定,自应再将商妥办法,详细呈请核定。至将来所需津贴之款,拟请仍由国库支拨。是否有当,敬候公决。

提案人:交通部长　张嘉璈[印]

〔国民政府行政院档案〕

24. 张嘉璈报告与法方磋商中法航空合作及拟订合同情形致行政院呈（1940年4月15日）

谨将遵令与法方磋商中法航空合作拟订合同情形,报告如左〔下〕：

本案奉钧院二十九年四月十一日阳字第七二四一号训令,以本部提请准许法国航空公司将其河内香港间航空线自河内展设至昆明,并由国库给与津贴一案,业经国防最高委员会第二十九次常务会议决议,准予备案,各等因。奉此。当即遵照钧院抄发审查纪录,与法方叠次磋商。关于津贴款项,合同内称为保证金,遵照院意,与法方一再磋议减低,法方允减少五十万法郎,改为全年津贴该公司二百五十万法郎。惟法方因津贴减少,对于合同有效期间希望三年或五年。复经往返商洽,最后商定合同有效期间仍为一年,但在条款内载明期满前三个月如经双方同意,得再延长一年,以示伸缩。其他条件亦均妥为商定。法方对于我方意见极为尊重,磋商时均能尽量容纳,得以圆满解决。除指派本部航政司司长何墨林与法国航空公司代表正式签订外,谨将磋商情形检同合同副本,报请鉴察。

附合同副本一份

交通部部长　张嘉璈〔印〕

四月十五日

开辟昆明河内香港航空线合同

立合同人：

一、中华民国国民政府交通部,由交通部航政司司长何墨林代表之。

二、法国航空公司由总经理沙尔维代表之。

双方均保留下列之批准条件：

一、中国交通部应得中国政府之批准。

二、法国航空公司应得法国航空部及法国航空公司董事会之批准。

兹经议定条款如左〔下〕：

第一条　法国航空公司担任按照法国航空公司并经交通部同意之规章及时间表,用最良之经营方法,每星期在昆明、河内、香港间开行往返航班一次。

凡作为一切计算根据之航程公里数,规定如下：

河内昆明间：五六○公里

河内香港间：九八○公里

即以往返总程计为：三○八○公里。

第二条　中国交通部允参加该航线之开辟、维持及营业，并给予法国航空公司每年营业款二百五十万法郎之保证金。此项保证金按最高数二百五十万法郎，分十二期付给，最后一次在每营业年度底结清。

第三条　法国航空公司允每年开行往返航班五十二次。

如因任何原因，法国航空公司不能实行规定之五十二次往返航班，或因徇交通部书面声〔申〕请增加航班时，所有此项少开或增开之航班，得按照每公里二十佛〔法〕郎计算，由中国交通部向法国航空公司扣付或补给之。

第四条　该航线之营业总收入经扣除15%后，由中国政府及法国航空公司各分其半。至扣留15%全额，应照下列分摊：

7.5%付与中国交通部，以为各项开支费用；

7.5%付与法国航空公司，以为一切总务费用。

第五条　（一）法国航空公司担任供给至少可容载客座十二位及载货一百五十公斤之多数发动机之飞机在该线航行。

（二）关于一切客运票价及货运价格，应在实行以前，先得中国交通部同意。

（三）每次开行航班时，应保留客座四分之一以供给中国政府人员乘坐之用。

（四）法国航空公司对于在越南境外乘客之运输，不负任何因战事而发生之责任。

第六条　在中国领空上飞航时，法国航空公司应遵守中国国民政府现行一切关于航空法令规章之规定。

法国航空公司保证该航线航班按照规定如期开行，惟遇人力不可抵抗事件及法国参加远东战争时，不在此例。

第七条　于一切乘客及飞行员工之保险费、器材之维持及保险费，均应由法国航空公司单独担负之。

第八条　本合同缮具一式四份,每份均以中文及法文缮就,一份送呈中华民国国民政府行政院,一份存交通部,一份存法国航空部,一份存法国航空公司。

本合同经呈奉中华民国国民政府批准后,由国民政府外交部长将证明与批准原本相符之抄本一份,送交法国驻华大使。如遇对于本合同解释疑义时,以法文为解释之参考。

第九条　本合同有效期限为一年,但于期满前三个月,经双方同意,得再延期一年。

本合同自航线开航日起发生效力。

交通部航政司司长

法国航空公司总经理

〔国民政府行政院档案〕

25. 张嘉璈关于开辟昆明河内香港航空线合同已签订呈(1940年7月21日)

查关于中法航空合作事宜,遵令与法方磋商及拟订开辟昆明河内香港航空线合同情形,前经本部报奉钧院二十九年四月十八日阳字第七九〇五号指令,准予备案在案。该项合同一式四份,法方系由法国航空公司总经理代表签订,故前于我方签署,后由法方将合同寄往巴黎签署。兹准送回我方执存之二份,按照该项合同第八条之订定条件,除将合同抄请外交部送交法国驻华大使外,理合检同该项合同(中法文合订)正本一份,呈请鉴核存查。谨呈

行政院

附呈开辟昆明河内香港航空线合同(中法文合订)正本一份〔缺〕

交通部部长　张嘉璈〔印〕

中华民国二十九年七月二十一日

〔国民政府行政院档案〕

26.俞飞鹏、孔祥熙、宋子文、何应钦等关于滇缅公路运输雇用外国专家往来文件（1941年5月16日—1942年1月19日）

1）俞飞鹏签呈（1941年5月16日）

签呈　五月十六日于运输统制局

事由核议宋子文先生电关于滇缅公路运输议案，奉交下委员长元成川侍参代电，为据宋子文先生来电建议各节，饬令核议具报等因。兹就管见所及缕陈于后：

一、宋子文先生建议，于滇缅公路运输工程监理委员会下添设执行部一节。查目前后方运输情形已甚复杂，将来巨量新车陆续进口，事务益为繁重，所有各线路之机构设备必须整个调整，即本局组织职权亦有增进之必要。职等现在预为筹议。惟为集思周详起见，拟待安司丹君来华研讨后，再将具体方案呈核。

二、安君为美国公路运输界领袖，来华协助收效必宏，拟请其在本局担任名家，俾能统筹全盘，展其宏图。至滇缅公路运输工程监理委员会系属局部工作，且贝克正在进行，拟暂不更张。

三、仰光进口运输关系，正重拟请宋子良先生迅即回国主持其事，并请安司丹君随时协助，俾与美方军械贷借委员会等密切联络，职亦可随时前往协助。

四、各物资机关派遣代表一节，现在仰光、腊戌各机关均已派有代表，在西运处联合办公，以相联络。

五、训练司机一节，职等正在为准备新车所需议具训练方案，分行各现有训练机关照办，并拟特设训练总所，以统一之将来安君来华后，当请其参加主持。

六、本国公路运输机务技术人才极形缺乏监工尤甚，拟电促安君多带富有汽车经验之工程司及监工早日来华，共策进行。

以上各点是否有当，敬祈钧核。谨呈

总长何

职俞飞○　谨呈

2)孔祥熙致何应钦电（1941年5月17日）

行政院代电机字一二○○号 三十年五月十七日

军事委员会何总长敬之兄勋鉴：子文兄电请加强滇缅运量以便接运美方军械贷借物资一案，委座元成川侍参代电分转计达。查该各项办法尚属允宜，吾兄意见如何，即盼惠告。孔祥熙。筱。院。机。

抄件

华盛顿中国大使馆转宋子文先生密：（一）本委座抄发美驻华武官麦克猷少校备忘录抄示。渠与居里先生最近往来电文内，居里五月七日致麦电，以已物色运输专家安司丹君及若干青年助理员，可否将安聘为贝克之副负责人，并将助理员用于各部门。经麦转电贝克，得复彼欣然接受安君为其助理，任渠以机械部督察，并将另派助理员六名云云。按此事委座曾电台端洽办，未审美方意见如何？（二）鹏辰世办电请延聘此间需要之技师机匠及交通管理运输专门人才，现惠贝克已与居里有所接洽，拟恳并案提出，商请居里研讨决定，以免重复。（三）美方现积极以物资援华，深以滇缅运输能力太差为憾，委座对此极为关怀，为统一运输计，已决定交通部所属公路运输工程管理各机关，限七月一日全部移交运输统制局接管，以后当集中全力统筹调度，运量完可增加。（四）此后关于滇缅公路运输工程管理改进情形，鹏当以确实充分之材料寄呈察阅，俾美方洽询时，可据以转达。至美方对一切运输问题有所指示，亦请随时赐知，以便参照办理为祷。俞○○。己冬。子办。印。

3)蒋介石致宋子文电稿（1941年5月22日）

华盛顿中国大使馆转宋子文先生：密。青电悉。甚善。经交庸之敬之两兄核议，均表同意。惟滇缅公路运输工程监理委员会组成不久，似未便另设执行机关。顷已参照兄意，在会内予以改组原案，已飞寄兄处，即请复核寄回，以便饬办为盼。中○。

中华民国三十年五月二十二日拟稿

抄宋子文先生青电：

向美请求军械贷借物资总计百万吨,照目前滇缅运量不知需若干年始能运完,影响抗战中外系念。最近设立之滇缅运输工程委员会,极仰尽筹。惟非委派中央大员,佐以干练专家,授予全权,切实整顿,难收速效。鄙见(一)在该会之下添设执行部,由俞樵峰兄兼总经理,常川驻仰光,另选富有经验之美籍专家副之。顷由军械贷借委员长霍金保荐公路运输界领袖安司丹君,经详加考核,确为不可多得之人才,该君愿尽义务,且能号召大批专家来华协助,彼等薪给只须美国陆军待遇即可。至于贝克系铁路会计专家,对公路经验有限,可改任理事兼总稽察之职,俾不得罪保荐各人。(二)似可由兵工署、军需署、交通部等代表在部经理之下组一委员会,严格审定各项需要之缓急,分配运输次序之先后。(三)我方提请各种卡车总计达三万五千吨辆,所需司机及修理工人不下数万人,内中一部分系军士,其招募训练及管理等事宜,尤关重要,须由俞樵峰兄及安司丹负责办理。(四)司机多半无责任心,无纪律,若能一面提高其待遇,一面参酌军法管治之,则工作效能必可激增。管见所及电陈钧核。

4)俞飞鹏核议宋子文先生电关于滇缅公路运输议案复电稿(1941年5月31日)

华盛顿中国大使馆转宋子文先生:密。鹏定六月三日赴昆明主持会务,稍俟部署,当赴腊戌、仰光一行。安司丹君来华,委座已电台端转致欢迎,请催早日命驾。此间需要专门人才:(一)修理工厂技师二人、机匠五六人,最好请GME及道奇公司推荐,因现有车辆以此种牌号为多;(二)交通管理一人,就现在公路局或公共汽车公司服务经验丰富,并长于司管训者遴选为宜;(三)运输调度一人;(四)公路工程一人以上。人员均属急需,乞裁夺转商安君代为物色,随同来华襄助,俾利整理。以后如有指示赐电,由西南运输处转交为祷。俞○○。辰。世办。印。

5）蒋介石致宋子文电（1941年7月12日）

电　　　　　局415号

华盛顿中国大使馆转宋子文先生：密。青电悉。甚善。经交庸之、敬之两兄核议，均表同意。滇缅公路运输工程监理委员会组成不久，似未便另设执行机关。顷已参照兄意在会内予以改组，原案已飞寄兄处，即请复核寄回，以便饬办为盼。中○。

6）何应钦致蒋介石签呈（1941年7月12日）

签呈　统指车第　　号　　局415号

案奉钧座元成川侍参第七九五号代电，为关于宋子文先生青电对滇缅公路运输建议各节，饬即核议具报等因。遵即饬据俞参谋长飞鹏签称：

一、宋子文先生建议于滇缅公路运输工程监理委员会下添设执行部一节，查目前后方运输情形已甚复杂，将来巨量新车陆续进口，事务益将繁重，所有各线区之机构设备必须整调改进，即本局组织职权亦有调整之必要，拟待安司丹君来华研讨后，再拟具体方案呈核。

二、安君既为美国公路运输界领袖，拟请其在本局担任名义，俾能统筹至滇缅公路运输工程监理委员会系属局部工作，且贝克先生正在进行，拟暂不更张。

三、仰光进口运输关系至重，拟请宋子良先生迅即回国主持，并请安司丹君随时协助，俾与美方军械贷借委员会等取得密切联络，职亦可随时前往协助。

四、各物资机关派遣代表一节，查现在仰光、腊戍等处各机关，均已派有代表在西南运输处联合办公，负联系之责。

五、训练司机一节，正会商拟具训练方案，并拟特设训练管理总机构，以资统一。将来安君来华后，当请其参加主持。

六、我国公路运输机务技术人才极形缺乏，监工尤甚，拟请电促安君多带富有汽车经验之工程司及监工人才，早日来华，共策进行。等情。经核所签各节，似均尚可行，拟予照办。是否有当，理会备文呈复。伏乞鉴核。谨呈

委员长蒋

职　何应○

7)何应钦致孔祥熙代电(1941年7月12日)

代电

行政院副院长孔钧鉴:机字第一二〇〇号条院机极密代电奉悉。关于宋子文先生青电对于滇缅公路加强运输建议各节,奉委座饬令核议一案。兹经俞参谋长飞鹏兄签拟(照呈复委座内六项叙入)等情。经核似尚可行,拟予照办。除呈复委座外,理合肃复察核。职何应○。叩。辰　统指车(一)印

8)蒋介石致何应钦孔祥熙电(1941年7月13日)

本会何总长、行政院孔副院长钧鉴:据宋子文先生来电称:向美请求军械贷借物资总计百万吨,照目前滇缅运量,不知需若干年始能运完,影响抗战中外系念。最近设立之滇缅运输工程委员会,极仰尽筹。惟非委派中央大员,佐以干练专家,授予全权,切实整顿,难收速效。鄙见:(一)在该会之下添设执行部,由俞樵峰兄兼总经理,常川驻仰光。另选富有经验之美籍专家副之。顷由军械贷借委员长霍金保荐公路运输界领袖安司丹君,经详加考核,确为不可多得之人才,该君愿尽义务,且能号召大批专家来华协助,彼等薪给只须美国陆军待遇即可。至于贝克系铁路会计专家,对公路经验有限,可改任理事兼总稽察之职,俾不得罪保荐各人。(二)似可由兵工署、军需署、交通部等代表在部经理之下组一委员会,严格审定各项需要之缓急分配、运输次序之先后。(三)我方提请各种卡车总计达三万五千吨辆,所需司机及修理工人不下数万人,内中一部分系军士,其招募训练及管理等事宜,尤关重要,须由俞樵峰兄及安司丹负责办理。(四)司机多半无责任心、无纪律,若能一面提高其待遇,一面参酌军法管治之,则工作效能必可激增。管见所及电陈钧核等语。希即核议具复。中正。元成。川侍参。

9)何应钦致孔祥熙笺函(1941年7月15日)

笺函　孔院长

庸公院长钧鉴:安司丹等三人也已到渝,表示协助之意甚殷,原拟聘由钧座顾问,派在滇缅路监委会服务,并经函陈鉴核在条。兹据贝克委员表示,安等此来先视察调查,然后代为设计改善计划,九月间仍须返美,不欲接受名义,并云美使馆方面亦未奉本国训会,派安在华服务等语。与宋先生迭次来电所云不符,除已电询子文先生外,前请敦聘安等为顾问一节,拟之暂缓发表,容俟子文先生复到商妥,再当奉陈。专此,肃颂崇绥。

何应○　肃上七、十五

中华民国三十年七月十五日

10)俞飞鹏致宋子文电(1941年7月15日)

宋子文先生:安司丹等三人业已到渝,表示协助之意甚殷,原拟聘由钧座顾问。惟据贝克委员表示,安等此来先视察调查,然后代为设计改善计划,九月间仍须返美,不欲接受名义,并云美使馆方面亦未奉本国训会,派安在华服务等语。未悉与美政府原商,如何应否发表名义,乞再洽复。俞○○。统。寒。

11)俞飞鹏报告滇缅公路运输顾问与贝克所言不符电稿(1941年7月19日)

渝统秘01678号

报告　三十年七月十八日于运输统制局

此次所聘安司丹等原与宋子文先生商定拟聘为行政院顾问,派滇缅路监理会充任副督察官。前日据贝克言:安司丹等此来任务系视察,考查研究改进方案,向我提出报告后,九月间尚须回美,故不欲接受任何名义。鹏以上所云与宋子文先生原电不符,遂去电询问宋先生,兹得复电,录呈为左〔下〕。

密转(十四日)

俞部长樵峰兄勋鉴:寒电敬悉。(一)安司丹非美方官吏,故无训令,原商并无一定之处置;(二)贝克与安既有嫌忌,所言似不可信,请直接询安愿否接受名义长期服务;(三)兄可量才器使,充分利用,或先留其一或两人兼留,悉请裁夺为荷。弟文。咸(十五日)。

12)俞飞鹏报告滇缅公路运输顾问与贝克所言不符复电稿(1941年7月21日)

发稿后退运输统制局

华盛顿中国大使馆请转宋子文先生:密。霍宝树兄转来咸电及侍从室抄示台端六月筱日上委座报告及附件等先后奉悉。安司丹君一行在华,自当推诚相与共策进行,以期无负台端垂嘱。现安君已抵昆明,于二十日首途视察滇缅路,由陈子博、谭伯英二兄随行,经嘱妥多招待。弟并定养日赴昆督促该路运输工程事宜。敬电奉闻。余容续陈。弟俞〇〇。午马。统秘。印。

慕尹吾兄勋鉴:顷准委员长侍从室抄示宋子文先生六月十七日呈委座报告及安司丹君并中国银行纽约经理处夏屏芳经理上宋子文先生函各一件,除原件已带昆备查外,特一并抄奉,即请誊阅存案为荷。专此,并颂勋安

附抄件一份

弟　俞飞鹏拜启七月二十一日

宋子文呈文　三十年六月十七日华盛顿

关于安司丹君履历事

委座钧鉴:敬启者:谨按安司丹君,系由霍卜金君所推荐,而霍卜金君则为租借法案之执行人,曾任商务部部长,与罗斯福总统极为接近,其地位远出居里君之上。因尝闻滇缅公路运输之种种困难,故特介绍安司丹君于吾人。当时即向美国各银行调查其能力及信用地位,谨将各银行复函录呈,伏乞鉴核。据各银行函称:均认为安君系一富有能力之卡车专家,上次世界大战中,

安君由一士兵而递升至大尉之职,在运输业中,则由一营业汽车公司之司机而享有今日之地位及资产,安君之为一大组织家及其为人之真诚可靠,实不容发生疑问,而其"生意经"之彻底,则尤为从所佩服,顾"生意经"三字并不足以短,安君诚以在运输业中对付一般粗人如司机之类,如非彻底"生意经",必难获得成功也。安君谈话有时不免铺张,然此乃多数美国白手成家之商人之通病,关于安君来华之报酬,殊无如何肯定之默契。文确信其来华之动机,实为好名心所驱使,盖欲成为能使滇缅公路每月运量由数千吨增而为三四十万吨之成功者而已。换言之,即彼欲将其侠义冒险之成功,显露于我国之抗战中,因而获享盛名。故文意金钱酬报对彼之引诱,不如上述原因之巨也。随彼来华者计有一人,一为台维司君,一为赫尔门君,赫君系出旧金山富室赫尔门家庭。文观查安君则以为,彼乃一极富卡车运输经验不畏艰苦之人,如能妥予协助,彼当可使滇缅公路有伟大之成就。惟所虑者诚恐彼与我国人未能相处得宜,缘彼乃一勇往直前不拘小节之人,难免不招致各方嫉妒,倘若能由我国派一超越人材与之合作忠诚相处,并为其摒除一切障碍,则文深信安君当能有满意之贡献。至贝克君与安君诚难相提并论,盖贝克君终非卡车运输专家也。至前岁美国财政部由吉星公司选择派遣来华之三人,亦非安君之伦,因彼等不过吉星公司会计处之职员而已。谨按滇缅公路之进行,既不在文职责之内,故不愿对其管理方面表示越权干涉,而文之职司则系将各种器材运达仰光即为竣事。至于请安君及其参赞来华之动机则纯出于对改善滇缅公路之一般信〔兴〕趣,并认为已往所以不能获得美国支〔资〕助之故,实缘美国当局深知该路每月运量仅及数千吨,以致积存仰光、腊戌两地之货物无法疏通。目下若非将滇缅公路运输便利迅予改善,则所有器材只得听其积存星〔新〕加坡及缅甸各处,前方部队既无从得用,而且常须担心日寇有进攻仰光之一日,致此项珍贵之器材有如昔日海防存货,不免被日寇抢掠而去之虞,此则文所以不胜其隐忧者也。故文深望吾人应以不屈不挠之毅力,对于安司丹君及其参赞人员应予以不倦之期待,一俟美国卡车及专门人员到齐后,则此项最重要问题之解决,当有显著之贡献。谨肃,敬颂钧安

安司丹君履历

安司丹君,英文名为 Daniel G.Amstein

年岁五十岁

住址纽约白克路四八〇号

办事处:纽约市百老汇路一七七五号

经历一九〇七年开始服务于汽车运输事业,初充驾驶员,继充送货员,嗣任经理三年。

一九一四年代芝加哥某大屠兽场设计,将原有全班送货马拉车辆悉数变为摩托化。

一九一七年至一九一九年被征入伍充兵士,一九一七年擢升曹长(军队簿籍中名G.D.Amstein)。

一九二〇年于芝加哥倡立赫尔士司机自动制度,设立汽车站,雇人员推行于全美二百余城中。

一九三五年代表银行界将各汽车营业公司或收买或纵合,组成一由芝加哥至纽约市卡车运输线。

一九三七年迄今独资经营纽约市终点营业汽车公司。

中国银行纽约经理处夏屏芳经理上宋子文先生函

董事长钧鉴:敬启者:关于安司丹君一切,兹获得下列报告用特录呈,即希鉴核为荷。

一、据纽约市大通银行报告,安君虽非该行存户,惟经代为查询后,深知安君从事汽车运输业历有年所,彼系由闻名全美之黄色营业汽车制度创始人赫尔士君所识拔,安君因前服务美国陆军大战时曾由兵士升至大尉故,富有军事经验,现则独资经营由纽约州至彭雪佛尼亚州之营业汽车业务甚佳,此外对于卡车运输汽车、汽油及保险等事业均极感兴趣,人咸认其为一富有运输经验且为一有实际才干之人,最近并闻中国政府有延致其整理滇缅公路运输之说。

二、据纽约市中央乐埠银行信托公司报告,安君在营业汽车界中极有地位,对于该业知识极丰,并为终点营业汽车公司之首脑人物,安君并非该公司之职员,乃系该公司之重要投资人,过去十个月中,安君对于该公司营业加以改组整顿,其改组整顿之范围甚广,实为骑墙所不及,安君能力极富,并与美国某最大汽车制造公司有密切关系,并据报称:彼乃终点营业汽车公司之巨头,该公司实为美国大营业汽车公司之一,系彼由一司机员而递升至目下经理地位,因系司机出身,故在汽车运输业中实为极有地位之人。

三、据欧文信托公司报告,据报:安君在卡车运货及营业汽车界中为一才能最大之组织家,极负时誉。现正组〔主〕持终点营业汽车公司,该汽车公司为纽约最重要之营业汽车公司之一,彼曾于当权之年中将该公司置于营业获利之基础上,实则安君不仅在汽车运输界之材〔才〕力过人,而为人真诚,尤为难得。据闻安君颇为富有,至其所营业事业,则尚有其财源。

欧文信托公司尚拟于明日再将详细报告送来,同时芳并向"邓及薄芮得司特里特"等公司采访关于安君经历,大约二三日后当可函呈,专肃,并颂钧绥。

职　夏屏芳　谨启

三十年六月五日　纽约中国银行

13)运输统制局奉派美国军事代表团泰勒为中国运输公司顾问电稿 (1942年1月19日)

军事委员会运输统制局稿

代电中国运输公司西南公路运输局俞副主任

代电(一)

中国运输公司陈总经理鉴:案奉委员长蒋皓侍参代电,关兹派美国军事代表团团员泰勒为中国运输公司顾问,负责促进昆明以东公路运输量之任务,希遵办等因。特电遵照。运输编制局。秘人。印。

代电(二)

贵阳西南公路运输局陈局长鉴:案奉委座皓侍代电关兹派美国军事代表

团团员泰勒为中国运输公司顾问,负责促进昆明以东公路运输之任务等因。除分行遵照外,合行电仰光照运输统制局。秘人。印。

代电(三)

昆明大欢村俞部长勋鉴:案奉委座皓侍代电,关兹派美国军事代表团团员泰勒为中国运输公司顾问,负责促进昆明以东公路运输量之任务,希遵办等因。除分电外,谨闻钱大○。子。秘人。印。

国民政府军事委员会快邮代电

运输统制局何兼主任勋鉴:兹派美国军事代表团团员泰勒为中国运输公司顾问,负促进昆明以东公路运输量之任务,除电商主任转知马格德将军外,希遵办。中正。皓。侍。

中华民国三十一年元月十九日发

美国驻华军事代表团
备忘录(三十一年一月十四日)
秘字第二十五号
译文
主题:派泰勒任中国运输公司顾问
送致:商兼局长

(一)现聘前重庆卫利韩公司 William Hunt and Company 经理泰勒 Mr.L. Kennedy Taylor 先生加入军事代表团服务。

(二)过去致力于运输之改进,多集中于滇缅路方面,在俞飞鹏局长主持之下,该路之运输现已有极大之进步。惟昆明以东之公路,(该路上常运输重要器材至兵工厂及其他重要机厂)亟待改进,以使物资由中缅运输公司运至交接站曲靖后,继续前运无阻,据我方所得确实消息,有若干兵工厂用之器材,在俞局长指挥之下,运抵曲靖,殊为迅捷,但至该处后即行堆积,故欲解决运输困难,改善昆明以东之运输机构,实为必要,我方拟派泰勒先生为处理该项问题之顾问,深信彼对此任务必能胜任愉快。

（三）转呈　委员长：

1.准任命泰勒为中国运输公司顾问,其任务与威尔逊少校之在中缅运输公司中所负责相同。

2.令知中国运输公司任命泰勒为该公司顾问,负责尽力增进昆明以东公路上之运输量。

美国驻华军事代表团团长　马格德（陆军少将）

批示:原则可行,报告委座后,交运输统制局照办。

〔军事委员会档案〕

27. 李济深等报告法军枪杀我国误入越境士兵交涉情形电 （1941年6—7月）

1）致蒋介石电（6月26日）

重庆委员长蒋钧鉴:查我第三十一军一八八师驻防油隘附近部队士兵,误入越境之板朔村采办给养,被越方枪杀一案,经于删午军二电呈报在案。兹复据广西全边对讯督办王逊志寒外一代电称:关于我驻防油隘附近士兵过界,被越方枪杀事件,本署当日即提向驻龙法领事抗议。兹谨将抗议照会原文抄请察核。至本案法领既称由其大使向我国政府抗议,应如何办理,候示祗遵等由。并附呈抗议原文一件,据此。理合将该抗议原文抄录一份,随电呈核,敬乞示遵。桂办职李济深。宥。禾。军二印。附抄呈抗议原文一件。

抄向法领事抗议照会原文

为照会事:案据南关对泛分署本年六月五日呈报:以我边驻军于六月三日有徒手兵七名,进至越境之板朔村购买粮食,突被那郎法军官率兵开枪扫射,当场击毙我方士兵四名,击伤三名等情。正核办间,又接驻龙州军事当局函开:我驻油隘附近部队,于本月三日,有给养军士朱明甫率领给养兵蓝延有、莫尚初、姜老大、温东辉、韦诒圭、莫润六等七名,在油隘附近与越地毗连之各村采办给养,乃该兵等因不明桂越疆界,致误入越境之板朔村从事购办。不料适时有法方武装兵十余突至,不问情由,即行开枪扫射,朱明甫、姜老大、蓝延有、莫尚初四名遂被惨杀,其余莫润六、温东辉、韦诒圭三名亦均受伤。事后始得越方通知,交尸首至边界。查此次该给养兵等既非武装过界,况复情属不知误入越境,自非故意。法方自应按照国际公法和平处理,何竟不顾公法友谊与人道,妄行屠杀,且年来徒手越兵擅行过我国境者不知凡几,尤以爱店方面为多,而我国素以宽大为怀,不加深究。盖鉴于中越同为日本所寇,彼此既有共同之敌,自应互相谅解,共同奋斗。乃法方执迷不悟,在边境酿此重大事端,应请提出严重抗议,务要惩办擅行开枪之官兵及抚恤已死士兵家属为荷等由。查桂越毗连,村庄交错,并无显著之界线。我国驻边士兵来自远方,自难辨别,其误入越境界,亦属情理之常,并无恶意行动,且彼等徒手外出购办粮食,亦无抗拒能力。设有不合,尽可拿解究办。乃贵方官兵竟未加盘诘,遂即开枪射杀,本督办深觉遗憾。兹特提出严重抗议,请贵领事转达谅山当局,务将本案擅行开枪之官兵从重惩办,已抚恤已死士兵家属,并保证以后无类此事件发生。无任感荷。倘此最低限度之要求,竟不获贵方满意之答复,则两方军民感情必趋恶化,将来或因此而激起不幸事件,其责任当由贵方负之。为此照会,顺颂勋祺。须至照会者。右照会

法国派驻邕龙领事甘懋履

广西全边对泛督办　王逊志

中华民国三十年六月□日

2)致蒋介石电(7月8日)

重庆委员长蒋钧鉴:查我驻防油隘附近士兵误入越境,被法方枪杀四名一案。经六月删午军二电及宥未军二电先后呈报在案。嗣奉钧座七月铣辰令一元四电令,遵已转饬遵照各在案。顷据广西全边对泛督办王逊志筱外一代电节称:兹准驻龙法领事本年七月八日第80 / 60照会,以谅山当局对此事件不负责咎等由。除驳复外,合将该照会译文及驳复原文抄请察核等由。谨抄同该照会译文及我驳复原文,电呈鉴核。桂办。职李济深。俭。

己。军二印。

　　附抄呈法领事照会译文及我驳复原文各一件。

中华民国三十年七月□日

抄件

邕龙法领事馆照会第80／66号

　　为照会事：接准贵督办六月十一日第四七四号照会。关于南关委员对板乐（译音）事件，中国士兵四名被杀一案之报告，系属谬误。顷准谅山法国留守使对照会提出意见之公函内开：（一）板乐村系在边界五公里以内，在加里爱尼山路（Piste Gyaltieni）以南，即使无知如中国士兵，但在地形上既然有加里爱尼山路区别，同时板乐村又为土人村庄，所以彼等不能不知其身处于东京地方，兼之我方边界民团哨所喝令彼等退回中国地方，乃该七名中国士兵不服命令，该民团即往邻哨报警。中国士兵完全明白民团之所为，且彼辈曾向该村恐吓，倘不给予所要求之粮食，即施行报复。（二）我方哨所报警所集之民团小队，并未首先开枪，仅用中国话喝令该批士兵退回中国，并保证对彼等不加任何恶意。不料反向小队长开枪两发相报，中其附近，并向民团投掷手榴弹三颗，其中一颗未发。答复此种侵略行动之机枪突发，将中国士兵四名射倒于地，其中一名佩有左轮。兹将手榴弹破片分包附寄，（我方用周密方法使其爆发者）其中有五包，乃当时完整挂于被击毙士兵之腰带者，其余三包则为投掷我民团者，负伤逃脱之士兵一名亦佩有毛瑟手枪。（三）倘该事件不能友谊的解决，此非越南当局之咎。因既已呼喝口令，而中国方面反开火相报，彼等既恐吓我方居民，且配有武器，则该士兵等并非因误会越界可知。我方尤其同登方面因许多事件，均能友谊解决，常默许中国士兵过界给养，且本留守已准许驻十六号界碑之中国军队到弄槐（Lung-rai）（距同登一公里）挑水，在爱店方面亦给予同样之默许，只须对我方士兵能遵守同一态度。本留守使且准备在相互条件之下，再行将其承认，更准备承诺前项默许给予中国全边界。倘我方能获同样保证，及在我领土上之侵扰停息，即可矣。（四）反之，本留守使不能容许借口不知过界为辞，因宽阔明晰划分绵延于全边界上之加里爱尼山道,乃显然之分界线,不留任何疑惑之处也。(五)虽然该中国士兵等如此有意强行侵入东京地方,但法军喝令其就范,以便将其交回中国当局,无如中国士兵开枪相报,纵然此种侵犯,且不知其为真士兵,抑为土匪乔装者,法哨长当即通知其对方中国当局。适间有穿正规军服装四人被击毙之事件发生,并已着人弄至边界。倘其为正规军时,以便中国当局领回。法哨长对此非其所应负责之事件深为惋惜。法方哨长虽刚受侵犯,但此种友谊态度已充分表现,其对中国士兵毫无仇恨之意。(六)其次四零年五月十五日第一零五四SPF号所转述各件,(见本留守使四一年五月十四日第一零三零S Cab号公函附件)及四一年六月十一日致贵领事第一二八一S.P.F公函(末段),已照知中国当局,因屡次发生劫案而采取预防严厉之手段,对中国士兵之过界已属冒险,所下喝令后,准开枪之。哨令经已通知双方委员,南关委员对此项通院知并答复同登委员,称此乃防匪之唯一有效办法之最,后平而关委员于一九四一年五月九日塘湾(那岭)事件,当场捕获着正规军服装匪徒一名之后,曾通知我方,平而委员谓此非士兵,乃土匪冒穿军服者,继该照会之后,上述哨令即已实施,且此必需之通告亦知照中国各部队,俾其明了越界为冒险之举矣。督办本人在六月十六日第四八五号照会中已证实其平而关委员此项通知,法方民团,对于乔装正规军配备武器出现于东京地方之中国人,实无法鉴别其为匪徒,抑为正式士兵。若此项中国人——士兵或土匪——向其开枪,彼等最适宜之处置,唯有向其还击。因此,本留守使不能归丝毫责任于板乐事件之法方哨长。1.彼在我方领土五公里以内,被明知此事之中国士兵挑衅。2.彼已先行正式喝口令。3.彼被彼等开枪以答复该项口令。4.彼已先行奉谅山当局对于中国士兵越界有危险之命令,兼且当被喝口令之中国士兵以开枪为报时,法哨长不能知其为真正士兵,抑为如在那岭塘湾乔装士兵之土匪也。本留守使对此事件唯有深致惋惜,及对轻忽之被害者向中国当局致其慰唁之意而已,等由。准此。相应照会贵督办查照,顺颂勋祺。

右照会

龙州广西全边对泛督办

法国领事　甘懋履签字

一九四一年七月八日

抄件

广西全边对泛督办公署照会外字第五九六号

为照复事。接准贵领事本年七月八日第80／66号照会,关于板乐事件本国士兵四名被杀一案,业经阅悉。查谅山留守使对于本案所陈之理由数点,本督办认为与事实不尽相符。兹特申明如下,(一)在边境上之中越村庄,其居民之服装与言语并无多大差异。远方初到之士兵自难辨别,或且不懂土语,故越团丁纵有喝令亦不听悉。其越过境界自属误会,而非有意行为。(二)该士兵外出原因纯为寻购粮食,并未携带枪械,亦无恶意动作,或因言语不通,而板乐村民误为恐吓,其实以徒手七人之力量,何能威吓一村之人,其捏报事实至为明显。(三)当时我徒手兵仅得七人,而法军官及武装越兵共达十余人之多,且携有机关枪,则我方士兵断无先向法军官开衅之理。谅山留守使谓为我兵首先开枪,殊非事实。本督办曾据确报,当我给养兵前到板乐村时,即有土人走报驻守那郎之法军官,及该军官率队赶到,一见各该给养兵,并不问话,即以机关枪扫击射杀。事后乃颠倒是非,危词耸听,以蒙蔽其长官,冀邀功赏。查该那郎法军官事前已明知系我给养士兵,乃竟不顾公法与人道,妄行残杀,而贵方谅山当局对本督办自六月十一日外字第四七四号照会内所提之最低限度要求来予以满意之答复,反从而袒护其凶狠无道之属员,深觉遗憾。除已将本案报由本省当局转报外交部外,相应照复贵领事转达谅山当局查照为荷。为此照复,顺颂勋祺。须至照复者。右照会

法国派驻邕龙领事甘懋履

广西全边对泛督办　王逊志

中华民国三十年七月□日

3)王逊志与苏威会谈纪要(7月23日)

民国三十年七月二十三日与越谅山督办苏威在平而关约会商谈之事件纪要

逊志提议

一、现中法双方均在国难当中，共同敌人同是日本。如苏威督办以本督办之言为然，则今后对于边界纠纷，彼此应以善意处理，以期大事化小事，小事化为无事，减少双方政府多一层之顾虑。

苏威答复

二、诚如贵督办所言，中法两国均逢国难，但法国对中国之友谊，仍本过去精神，决无改变。惟最近越边之限制物资入华，系受日人要挟，为势所迫，不得不然。此点说来很抱惭愧，应请贵督办原谅，并了解法方今日处境之困难。

逊志提议

三、边界情势随时局演变，日有不同，在华方为防日军乘虚再进犯，计不得不于边地要隘分驻防军。然所需给养，为求便利起见，不得不于边境之附近乡村分途采购，但为语言不通、习惯不同、境界不熟，种种情况之下，小事发生自属难免，应请贵督办明了华军目的之所在，及体念华军采购粮食之出于不得已，非对越有何企图及故意挑衅也。

苏威答复

四、今天得贵督办解释，完全了解。今后如华军再须入越境村落采买粮食，在谅山省范围内者，可予通融。请将所派徒手兵人数、所需粮食数量、何日至何村购买，先报知华方对泛委员，转知越方对泛委员，预日传知该地驻军及该村民，免其畏惧，同时注意村民心理，公道交易，免起反感。

逊志提议

五、双方部属间不仰体双方政府及长官之意旨，遇事发生，明明可以在下了结，而不了结，往往任意生风，打许多无谓的笔墨官司，不但事不能了，反常因此而把双方感情隔阂，甚至恶化，此层应请贵督办注意。

苏威答复

六、甚愿双方常时调整对泛人员，并饬以后双方对泛人员常常往来，常常见面，情感自易融洽。照外交通例，外交人员往返经过途中，应不受任何留难和检查，以尊重其人格，请贵督办通知贵方机关及驻军留意。又双方驻军官兵有好事之风者，亦请双方随时予以调整。

逊志提议

七、烟赌场所最易窝藏奸匪,越边各地烟赌林立,越当局应早取缔,则边界匪案可以减少。

苏威答复

八、烟赌招匪之害,本人极为明白。但此系越南总督收入预算之事,本人无权过问,得便亦可转请越督斟酌。

苏威提议

九、越政治犯为中国所收容者,引渡既不可能,请将该辈速送离边境,免使越边常受其派人鼓动生事影响。

逊志答复

十、此事情形如何,本人不甚明了,当代请我军事当局核夺。

苏威提议

十一、除政治犯外之逃匪逃犯,藏匿边界,或华境者,可不可会剿协缉。

逊志答复

十二、边界治安,双方均负有维持责任,越力逃匪逃犯,只要调查确凿,预先通知,当依照约法派队会剿及协缉也。

苏威提议

十三、越地板乐村杀华兵四名案,实因越边各起劫案中匪徒多有冒穿华方军服,现仍捕获一名在押,可以为证。该村村民当时亦报匪抢,故有此不幸之事发生,实系出于误会,本人对贵督办之抗议,极感不安,愿意道歉,保证并酌给死者家属抚恤费,了结此案。表示今后双方诚意合作。

逊志答复

十四、本督办之抗议,是为双方息事宁人起见,请贵督办原谅。

〔国民政府军令部战史编纂委员会档案〕

28. 俞飞鹏对于商震与缅甸首席参议员克罗讨论滇缅公路问题分项叙述意见(1941年7月3日)

对于商主任震五月三十一日与缅甸首席参议克罗氏讨论缅甸公路问题,

克罗氏所述意见各点分项,将办理经过情形叙述如次:

一、原第一次所述,滇境路面太坏,致汽车被损坏者增多一节,确系实在。现正洽商滇缅公路局督促赶修,路面浇铺柏油。一面陈请行政院迅予拨款,以便赶办。在路面未完全改善以前,须请缅车开保山,俾运量增加。

二、原第三项所述,仰光港口内堆存中国货物一节。查此事鹏前次赴仰视察,与各机关代表会商时,对于交通部存仰铁路钢轨,主张让售缅方。兵工署及其他机关存仰笨重机器等,公路既不能运,徒耗仓租,亦主张售与缅方。各机关迄未照办。现在滇缅铁路虽议续修,但缅境需时二年,滇境者更不知若干年月,该项钢轨等似仍以让售缅方为宜,拟请运输统制局,责成各物资机关照办,并应从速。

三、原第四项所述,西南运输公司与缅甸港务局、海关、铁路、公路方面有相当误会一节,此事或由西南运输公司与各方面联络不善所致。鹏此次赴仰当饬仰光西南运输公司经理陈质平,迅加改善。

四、原第六项所述,仰腊与仰八两线运量,缅甸当尽全力维持至满意程度,问题仍在中国境内之运输能力一节,顾虑甚是。

五、原第九项缅方希望保山有相当设备,供缅印司机适当之膳宿一节,此为我方极应协助办到之事。鹏前次视察滇缅沿线,于整理滇缅公路及整理西南运输处建议案内,均经详细叙及。复与西南运输处及滇缅公路主管人员一再商榷进行,尚未照办。缅车驶入我国境内,我竟不能协助,使司机等食宿得到便利,邦交与人情均有欠缺。此事应由西南运输处与缅方接洽,赶速进行,在我方只须设法觅得房屋,租与缅方,彼即可以自行办理。又沿途停车场关系亦至重要。鹏前次整理建议案内主张,从速办理。西南运输处方面曾嘱吴副主任计划赶办此事。滇缅公路局及西南运输处均应上紧进行。

六、原第十项缅车开至保山之后皆空车而返,希望西南方面能分一部物资与缅方车辆一节,此事原可照办。惟我国出口物资:根本不多,华车尚往往无货可装,放空西驶。事实上如有货可装,断无不分之理。

七、原第十一项,美国将有大批物资运华。克罗氏希望中国对于此事予以注意一节,友邦人士对我诚意至可感纫。关于滇缅公路工程管理各事,希望各主管方面积极进行,勿可再事蹉跎,致使友邦失望。

〔国民政府行政院档案〕

29. 何应钦等为滇缅公路外国专家贝克调运输统制局服务及离任事与各方往来文件(1941年9月2日—1942年3月4日)

1)何应钦致蒋介石签呈(1941年9月2日)

签呈

　　案据本局副主任俞飞鹏本年未州秘电称:安司丹等对贝克感相不佳,认贝系外行,并表示勿令管理车辆运输。职当电宋子文先生,拟调贝克至本局服务,办事地点虽易,任务性质则一请婉商美方,希望谅解。顷接有电称,贝克调动居里等无异议,但望仍给原薪,彼等意见威尔逊可由大使馆调充顾问,助兄办事,权限听兄支配。弟揣言外之意,威之能力或有不足,将来觅得较威优越之人才,当另行介绍等由。本局自接管公路机关以后,局务增繁,确甚需要,且公路会计科目尚未编订。如准调贝克担任,极为适当,拟请下令调用,准此人仍支原薪,可否乞示遵等情。核属需要,拟请准予照办,是否有当,理合约文呈,敬乞鉴核示遵。谨呈

　　委员长蒋

职　何○○
三十年九月于运输统制局

2)俞飞鹏致钱大钧电(1941年9月5日)

　　统制局主任何:0767密。并请转呈委员长蒋、副院长孔:安司丹等对贝克感想不佳,认贝系外行,并表示勿令管理车辆运输。职当电宋子文先生,拟调贝克至本局服务,办事地点虽易,任务性质则一,请婉商美方,希望谅解。顷接有电称,贝克调动居里等无异议,但望仍给原薪,彼等意见威尔逊可由大使馆调充顾问,助兄办事,权限听兄支配。弟揣言外之意,威之能力或有不足,将来觅得较威优越之人才当另行介绍等由。贝克可否调局服务,请钧座核夺,如准调动,则本局自接管公路机关以后,局务增繁,确甚需要,且公路会计科目尚未编订,请贝克担任极为适当,并乞钧座下令调用,准其仍支原薪,可否请电示只遵。职俞飞鹏。未删。秘印。

3)俞飞鹏致钱大钧电（1941年9月5日）

抄俞副主任未州秘电

统制局主任何：0767密。并请转呈委员长蒋副院长孔：安司丹等对贝克感想不佳，认贝系外行，并表示勿令管理车辆运输。职当电宋子文先生拟调贝克至本局服务，办事地点虽易，任务性质则一，请婉商美方，希望谅解。顷接有电称，贝克调动居里等无异议，但望仍给原薪，彼等意见威尔逊可由大使馆调充顾问，助兄办事，权限听兄支配。弟揣言外之意。威之能力或有不足，将来觅得较威优越之人才当另行介绍等由。贝克可否调局服务，请钧座核夺，如准调动，则本局自接管公路机关以后，局务增繁，确甚需要，且公路会计科目尚未编订，请贝克担任极为适当，并乞钧座下令调用，准其仍支原薪，可否请电示只遵。职俞飞鹏。未删。秘印。

钱大钧批：电俞副主任

　　　　　　　　　　　　　　　　　　　　九月五日

4)俞飞鹏致钱大钧电（1941年9月23日）

呈参谋长

钱大钧批：呈请总长核定。

统制局钱参谋长：0267密。申真已秘人电敬悉。贝君事已奉委座批定，原即可以发表。惟有两种办法（1）即由局用委座名义电调至局服务；（2）或请主任电招贝君至渝，告以委座调其至局之意后，再行发表。二此以何为宜，请陈乞主任核定，即由局发表为祷。弟俞飞鹏。漾电。印。

何应钦批：照第一项办

5)滇缅公路运输工程监理委员会委员贝克致何应钦电（1941年10月8日）

贝克电

何主任钧鉴：来电敬悉。调至运输统制局服务，遵于十月十五日乘机来渝。请转呈委座，为监理委员会委员贝克调来局，即在贵局为办公地点，呈请查照布置由。

　　查滇缅公路地运输工程监理委员会委员贝克前委座电调至本局服务。兹据贝克电复,以十月十五日乘机飞后等语。批办公地点在运务总处,暂时在运输总局等因。自应遵办,除派员届时往接外,于应函达查照布置为荷。此致

　　公路运输总局

6)运输统制局人秘科致事务科笺函等(1941年10月11日)

科笺函:第□号

　　查滇缅公路地运输工程监理委员会委员贝克,前奉委座电调至本局服务。兹据贝克电复,以十月十五日乘机飞后等语。奉批(一)派员届时往接;(二)其办公地点在运务总处,暂时在运输总局等因。除通知运输总局外,相应函请查照,派员往接为荷。此致

　　事务科

　　　　　　　　　　　　　　　　　　　　　　启　十月十一日

电昆明监委会

为调贝克委员在运输局服务由电

　　昆明大绿水河监理委员会:密兹调该会委员贝克派在本会运输统制局服务,仍由该会支薪,希即通知克日来渝供职为要。中○。酉冬。秘人。印。

　　昆明大绿水河监量委员会贝克委员:密。滇缅运输赖兄致力,已为改进。现本局待商之事甚多,亟须借助长才,已由委座电调台端来局服务,即请早日驾临,共策进行。无任企盼。何○○。秘人。

　　电俞副主任,为调贝克来局服务案已奉委座批准照办,何时发表乞示遵由电急。昆明大观村俞部长:密。来川秘电。调贝克至局服务案,经呈奉委座批照办等因。何时可以发表,敬乞示遵。钱○○。申真。已秘。人印。

7)运输统制局致何应钦报告(1941年10月15日)

报告

　　查监理委员会贝克委员前经遵用委座名义电调来局服务去后。兹据来电遵于十月十五日乘机来渝等情。除派员届时往接外,理合报请鉴核。谨呈

　　总长何

职　钱大钧

三十年十月十五日于运输统制局

8)滇缅公路运输工程监理委员会委员贝克致何应钦呈(1942年1月18日)

　　统制局主任何:职因飞机无位,当待条日乘中航机飞渝。谨闻。贝克叩。删。即

　　速达事务科一阅　十月十八日上午七时正

9)贝克因致何应钦呈(1942年1月31日)

　　敬呈者:克因离华返美,拟辞去滇缅公路运输工程监理委员会委员之职,克服务项目

　　贵局辱蒙垂青,深为感谢。谨呈

　　主任何

职贝克呈　一月三十一日

10)陈仪致运输统制局笺函(1942年3月5日)

　　查本院前为改进公路运输事宜,经聘用美国人贝克(G.E.Baker)为本院公路顾问,聘期至本年三月十五日届满。兹本院决定,期满不予续聘。除分函外,相应函达查照。此致

　　运输统制局

行政院秘书长　陈仪

运输统制局秘书处批:奉处长谕,贝克已返。存查,办也。

三十一年三月五日

〔军事委员会档案〕

30. 龙云关于苏联援华军火在海防受阻事致卢汉电(1942年2月25日)

孝感第六十军卢军长勋鉴:密。此次向俄购得之军火有由迪化至兰州者,有由海道至香港者,有由西贡至海防者,又有由海防入桂转而取道滇省者,凌乱已极。其重量至九吨之坦克车、五百公斤之炸弹则无法输运。……目前未入滇之一部尚在海防,法政府已禁止通过。其理由一则以毫无装置困难应付日方,一则以办理迟缓时间已过为借口。以此推测运输上之困难,即在港起运者当亦不在例外。目前有少数轻重机关枪及五十门平射炮,于一二月后可望运到前方……至其余全部须待全数到齐武汉,待俄国各种人才前来,始能装配。最速亦须本年秋季以后或年底,欲待目前使用,决无希望。委座心中以为不久可得大批武器补充,而不知事实上办理等于儿戏。兄瞻望前途,深受刺激,良心感动,为国家民族忧,为委座责任忧,唯有浩叹而已。特驰电告,对外勿宣。云。有。

秘密。印。

二月二十五日

〔国民政府行政院档案〕

31. 王芃生关于中国军队在缅油料供应及宣传等事宜致蒋介石电存(1942年4月21日)

一、英油统局长戴思德停止供油一事,俞兄已有详呈。职思史亚在彪白函电迟缓,定明晨赴苗湄诘问缅督,以迅获大量汽油及继续供应为主。曾涤生败困祁门流水,沈纫丹忽停协饷,曾迄未动奏,但书函婉商,卒使感服得饷,盖操切反多波折,今英在缅号令不行,而戴久任油经理,多其爪牙,如求严究或激变,少实益曾公处世之慎可师也。

二、奉支电,遵分途取得连[联]络,择组分会;因缅民杂而道组,须分区举办。期普遍(一)腊戍办掸报,叙浦办缅报,密支那办印报,均小型,以宣传援缅意义、军民合作持久制胜为主,各需开办费九千盾左右。(二)现仅腊戍一华报眉缅报未停,拟酌津贴,加登稿件。(三)酌津眉台译播重庆广播,并聘高僧及缅掸人演播专稿。(四)择要区分缅简单缅掸人抗战歌咏队,巡演乡镇。彼议陋而好望,易奏效。(五)另印中日团体传单,交空军及前线散布,以上均待款举办,恳将前饬迅汇腊戍中行贱名户头,当与林俞曾兄商同支配,如外汇需时,祈腊军需为先拨两万盾济急。

〔军事委员会委员长侍从室档案〕

32. 越南海防华侨冯颂乾等为将资产机器运回本国设厂致侨委会呈批(1942年6—7月)

1)冯颂乾等致侨委会呈(6月4日)

敬呈者:窃侨等祖营于越南海防,历数十载,专工制造士敏土、水渠花□砖、建筑材料及机器□木等事业,创营以来,极获当地政府与各界人士颂赞与信仰,颇足自慰,然以目睹国难日深,更之南洋陷落后,侨胞受辱,苦楚万分,实非侨等所能安忍也。是以侨等为臻合抗战建国之旨,而不容资产、器材将沦为敌用起见,除一方进行设法尽量将留在海防之资金与机器输运出口,转移在广西省内设厂外;另一方则拟向我当局请求拨地以为厂基之用。现侨等已于五月廿九日先行脱身来湾,转赴贵县、柳州、桂林等地,查察以为选择厂址之参考,一俟抵达目的地后,再行向当局主管面陈计划书,然为欲求利于进行与早日实行计,理合奉呈恳请钧会鉴察电饬各该有关机关,多方予指导与便利。谨呈

中央侨务委员会

越南海防华侨　冯颂乾

陈一晖同呈

中华民国三十一年六月四日

2）冯颂乾等致侨委会呈（6月19日）

敬呈者：窃侨等拟将留越之资金与机器输返祖国,并拟请求当地政府拨地建厂,以为发展工业一议,乃亚于六月四日备文呈请鉴察在案。然以越南当局严禁五金及机器与金融离境,致未能顺利将全部器材运出。兹侨等为力求达到归国目的起见,乃于六月二十日遄返越南,以便设法将机件全数运出,惟于机件未运出之前,似宜将后列各问题呈请,予以事先解决者,即:（一）侨等拟将原有机件 1.刨木机壹架;2.圆形锯木机叁架;3.□木运锯机壹架;4.制英坭水渠机壹架;5.制英坭花□砖机壹架等（右〔上〕列各种机件合共全部总值约为国币二十万元）全数运返祖国发展,但届时若现金不敷开办时,祖国当局能否拨款贷予补助?（二）须占厂地最低限度为伍千平方公尺,并须电力可及,水陆交通便利,于运输为宜,如此所需之基地,祖国当局能否拨予应用?（三）该批机件若运到广州湾时,对于运返祖国至达目的地之沿途情形如何,及政府对于运送该批机件有何保障与便利及补助?

右〔上〕列各项问题请予明文指示一切,以便进行,为此理合备文

呈请鉴察。谨呈

中央侨务委员会

越南华侨　冯颂乾

陈一晖同呈

中华民国三十一年六月十九日

3）侨务委员会批（7月31日）

批管指字第三六三一号

具呈人冯颂乾、陈一晖三十一年六月四日呈一件:为拟将留在海防之资产机器运出,在广西省内设厂,先行归国选择厂址,请电饬指导与便利由呈悉。查该侨等不为敌用,将资产运回本国,兴办实业,爱国热诚,殊堪嘉许。仰将进行情形随时报告。此批。

〔国民政府侨务委员会档案〕

33. 杭立武为转告卡尔大使函称缅甸总督对滇缅铁路事愿意与中国合作致曾养甫函（1942年8月6日）

养甫先生勋鉴：顷接英大使函称：准七月十五日大札所附节略第二段关于滇缅铁路事项，兹得缅甸总督表示，罗兰先生极愿与中国政府合作，并一俟缅方工程组织就绪，即来重庆或昆明一行。相应抄同来函，迳请察照。祗颂

勋绥

附卡尔大使英文电〔略〕

三十二年八月六日

〔管理中英庚款委员会档案〕

34. 外交部为抗议法国承认汪伪政权取消法国在华特权致法国驻华代办彭固尔照会（1943年5月19日）

迳启者：据报贵国代表已与南京伪组织代表签订协定，归还北京使馆界、上海公共租界、厦门公共租界行政权及天津、汉口、广州等处法租界。查国民政府为中华民国唯一之政府，现在南京伪组织，乃日本军事占领区内之傀儡。迭经国民政府通告各国，并正式声明，该傀儡组织如与各国签订任何协定，均为无效。最近本部亦曾向贵大使馆一再申明，法政府不得将法租界交于南京傀儡组织。现查贵国代表，竟与伪组织签订关于归还北平使馆界、上海公共租界、厦门公共租界行政权及各处法租界等协定，显属违背国际公法之行为。兹特提出最严重之抗议。除保留一切权利外，并郑重申明，所有法国依照中法间不平等条约取得之租界、北平使馆界、上海公共租界、厦门公共租界行政权，领事裁判权及其他特权，已因法国政府之非法行为，归于消灭，中国政府不再受其拘束。相应照会，即希查照转达贵国政府为荷。

〔国民政府外交部档案〕

35. 外交次长吴国桢关于解释声明废除中法不平等条约之义与王占祺往来函(1943年6月)

1) 吴国桢致王占祺函(6月3日)

禹枚仁兄特派员勋鉴：此次中央因维希政府与宁伪组织签订关于归还北平使馆界、上海与厦门公共租界行政权及天津、汉口、广州等处法租界之协定，经向法大使馆提出抗议，并郑重声明"所有法国依照中法间不平等条约所取得之租界、北平使馆界，上海公共租界与厦门公共租界行政权领事裁判权及其他特权，已因法政府之非法行为归于消灭"等语。查是项声明废除之对象系以法国在华根据不平等条约所享各项特权为限，至两国间其他合乎平等互惠原则之现行条约各条款仍属有效。倘当地行政机关对于此点有所误会，希兄随时加以解释为荷。耑此，顺颂

勋祺

弟　吴国桢启

六月三日

2) 王占祺复吴国桢函稿(6月26日)

次座吴钧鉴：顷奉钧缄，关于钧部向法大使馆抗议维希与宁伪组织签订归还各地法租界之协定，并郑重声明废除法国在华根据不平等条约所享各项特权一事，饬向滇省行政机关随时解释是项声明之对象，俾知两国间其他合乎平等互惠原则之现行条约仍属有效，庶免误会等因。仰见钧座于援据公理改正约章之中仍寓维护邦交之至意。占祺奉悉之下，自当敬谨遵办。肃此奉复，恭请钧安。

职　王○○谨肃

〔国民政府外交部档案〕

36. 国民党中常会决议由国民政府宣布与法国维希政府断交案（1943年7月）

中法邦交向称友善。自1940年夏季法国战败屈服后,维希政府乃渐有不友谊之行动。在日寇侵犯我西南国境时,竟断绝滇越铁路运输。于日寇准备发动太平洋战事时,复与日寇订立日越军事联防协定及经济协定,使日寇可利用越南为侵略我国之根据地。我国对于上述种种虽深引为愤慨,但念维希政府在轴心国家胁迫之下,力难自主,每予宽容。乃今年二月,又将我国领土广州湾擅许日本暴力侵占,并与之签订协定。至关于取消在华治外法权及交还租界,复不依照合法手续与我国政府订立条约,反与南京傀儡组织一再签订协定,对我国关于此事之迭次声明均懵然,漠视我国至此,自难再予容忍。本年七月二十六日中央常务委员会第234次会议,根据外交部报告,决议与法国维希政府断绝外交关系,函由本会转函国民政府,于本年八月一日正式宣布对法国维希政府断绝邦交。

〔国民党中央执行委员会秘书处档案〕

37. 外交部驻滇特派员王占祺为奉令接收法属甘美医院致法国驻滇领事华业尔照会(1943年7月3日)

迳启者:顷奉云南省政府训令开:查中法两国现已断绝邦交,所有法人在滇取得之权利业已不复存在,以后凡在滇之法人,只能照国际公法通例予以保护。其甘美医院壹所,应即由本省政府予以接收。除饬民政厅转令卫生实验处迅即前往接收具报查核外,合行令仰该特派员即便通知法国驻滇领事查照,转饬该院知照等因,奉此。自应遵办。兹本省卫生实验处缪处长奉派定于八月四日午前前往接收甘美医院。相应照会贵领事官,请烦查照,希即转饬该院知照为荷。此致

大法驻滇领事官华

王占祺

大中华民国三十二年七月三日

〔国民政府外交部档案〕

38. 外交部关于与维希政府断交后对法国驻滇领事馆仍予维持致王占祺电（1943年7月29日）

国民政府外交部快邮代电第欧324239号

昆明驻云南王特派员览。极密。我政府现已决定与维希政府断绝邦交，不日即发表宣言，但对昆明领事馆则定仍予维持，宣言发表后，务希继续予以保护。但如有特殊事实必须封闭该馆时，仰先电部核办。再交通部杨司长赴滇负有特殊任务，应尽量予以协助，并将本电各情转告黄专员强为要。外交部。艳。

中华民国三十二年七月二十九日　发

［王占祺7月31日批：并闻省会遵照。照会法领接收滇越路情形仍呈报外部。］

［外交部驻滇特派员公署］

39. 外交次长吴国桢为承认法国民族解放委员会等事宜与驻英大使顾维钧往来电（1943年8—9月）

1）吴国桢致顾维钧电（8月24日）

951号电敬悉。（一）我与维希绝交，事先曾通知英美苏后于八月一日实行，由外部发表宣言，仿英美例，并已将宣言全文通知各友邦。（二）滇越铁路，我系根据中法滇越铁路章程第24条之规定接管。（三）二月二十三日敌占广州湾，我当抗议，声明一八九九年广州湾租借条约失其效力。五月十九日维希交还伪组织各租界，我又抗议，声明其依照中法间不平等条约取得之租界、北平使馆界行政权、领事裁判权及其他特权，已因法国政府之非法行为归于消灭。八月一日宣言中曾重提此点。（四）英美承认法国解放委员会是否仍照同前议，准备与我同时举行。（五）在此种情形下，我于承认该会时，是否应提出条件，其手续方式如何，请公多抒高见电复为荷。弟吴国桢（二十四日）

2）吴国桢致顾维钧电（9月2日）

181号电敬悉。我承认法解放委员会宣言想已送达该会驻伦敦代表，希即向该代表以口头表示,现我既已承认该会,深愿彼此关系日见亲密,希望彼方能早日派一明了中国现时情况之人员来渝,充任该会代表。吴国桢。

3)顾维钧致外交部电稿(9月11日)

顷英外部称:美政府现拟邀请法解放委员会参加去年元旦日联合国华府宣言,曾将邀请书措词分别征求中英苏三国意见。英政府以为参加方式有二:(一)去年一月四日声明书中所谓"Appropriate authorities which are not governments"资格参加,亦即美政府所拟邀请书采用方法。(二)以宣言末段所谓"Other nations sundering material assistance and contributions in the struggle for victory over Hitlerism"资格。英方意见法解放委员会对第一项恐未必认为适当,因去年英美商谈法人民委员会参加联合国宣言事,法方以其控制土地之广、人口之多以及其对抗战之贡献,对此手续即认为不当。现在解委会已得各方承认,对此势必更不认为适当,但如以第二种资格参加,恐亦将引起他方反对,因此英方建设将美邀请书措词略予修正。一方面不说明该委员会非系政府,一方面避免承认其为国家字样。据称:已航函英大使迳约大部接洽,我方如何决定,请届时电示,以资接洽。再顷据法委员会驻英代表处送来该会对我方承认该会答谢全文,并称:"已于八日由北非电彼驻重庆代表赍奉云。"又据该代表处秘书长私人面告,关于承认宣言,该委员会对苏最满意,英次之,对中美两方所声不承认为政府一点有微词,并谓中国含有美国意味云。并闻。顾维钧。

4)顾维钧致外交部电稿(9月14日)

884号电敬悉。业向法解放委员会驻英代表口头表示,该代表允即转达该委员会办理。伊又谓,各联合国承认委员会后或已派遣代表前往北非,或在物色人选中,希望中国政府早日派遣代表前往,增进双方关系。并称此系伊个人意见,但深知亦系该委员会所切望云。又891号电拟在Madagascar及Reunion派专员事,亦曾与该代表提及,伊允转委员会核办。顾维钧。

〔国民政府军委会委员长侍从室档案〕

40. 华业尔等关于法国民族解放委员会昆明分会改称法国临时政府驻昆副代表致外交部驻滇特派员函令（1944年6—7月）

1）华业尔致王占祺函（6月16日）

敬启者：顷奉敝国驻华大使衔代表贝志高将军令开："法国民族解放委员会改称法兰西共和国临时政府，已于六月十三日面达中华民国外交部宋部长查照在案。该昆明分会亦应遵照改称法兰西共和国临时政府驻昆副代表"等因，奉此。相应函达，即烦查照为盼。此致

特派员王

华业尔

大中华民国三十三年六月十六日

2）外交部指令（7月24日）

外交部指令礼33字第5233号 中华民国三十三年七月二十四日发令驻云南特派员王占祺 三十三年七月十五日滇字第一二八号呈为准华业尔函以法民族解放委员会更改名称祈鉴核示遵由。呈悉。查我国对法国民族解放委员会改称法兰西共和国临时政府一节，并未承认，但彼来文准用新名称，我方去文仍用法国民族解放委员会字样。仰知照。此令。

部长　宋子文

〔外交部驻滇特派员公署档案〕

41. 顾维钧报告法解放会外交当局对中法悬案交涉立场致外交部电稿（1944年8月24日）

据密报：法解放会外交当局颇思与我接近，为将来合作基础，并拟先从解决两国间悬案着手，其待解决之最大者，为越南问题及保护法人在华之合法经济利益问题。（一）关于越南以为我曾屡次宣言中国对越南并无领土欲望，法方至为感动，信我决不食言。惟戴高乐尚怀疑虑，倘能与中国成立协定，则此种疑虑自然消灭。法方深知越南在中国国防上经济上之重要，愿以至大善意交涉此案，使中国满意。现法已决定让步者有三：1.法方愿予中国在越南

特殊经济地位。(1)在北折中国来往货物旅客有自由假道权;(2)在海防或河内设立自由港,予中国各种特权;(3)承认中国在越南之经济特殊地位,予华侨各种便利。2.担保嗣后越南不再为任何国家或党派攻击中国之根据地。3.愿予越南广义之自治权,惟此点以涉及法方内政,难容他国干涉,故对中国政府不便用正式方式担保之。至法方希望我方者亦有三:1.对越南之收复,不阻止法方派海陆空军前往协助。倘英美亦不反对,其军事上合作方式可由中法两国军事当局决定之。2.对法在越南之统制权不予反对。3.取缔或最少不协助越南革命党,并不允许该党党员利用中国国境为破坏法在越南政权之根据地。(二)法侨在华权益,法方希望中国在法律范围内予以保护,已没收者允予发还原主,免受重大损失,影响将来合作。(三)至中法合作问题,亦有两点:1.为应付将来和会困难,先事商定某种原则下互相协助,互通消息,以防三强任意操纵。2.对中国战后各种事业愿予最大协助,如投资及借用技术人才等。以上消息来源尚可靠,足资参考。所云方法希望我方三点或为美国所注意,或与我国策不甚符合,似宜从长计议。惟法于战后国际地位相当重要,我在适当范围内似亦宜积极联络。应否电告钱使就近注意探询法方对我真确态度,俾定应付方策,统祈核夺。顾○○。二十四日。

〔国民政府军委会委员长侍从室档案〕

42. 华业尔等关于法国驻滇领事馆恢复原名并享受国际公法规定之权益致外交部驻滇特派员王占祺函电(1944年12月—1945年1月)

1)华业尔致王占祺函(1944年12月15日)

敬启者:顷据渝讯,重庆贵外交部与法国临时政府驻渝大使馆数度函商后,已决定昆明之法政府代表仍恢复其原有名称"法国领事馆",并得享受国际公法内所定之"领馆权益"。是则今后业尔与贵国当局所有一切来往函件将恢复其正式性质,并均由"驻昆法国领事馆"亲笔签印。用特函达,敬烦查照为荷。此致

外交部驻云南特派员王

华业尔[印]

大中华民国三十三年十二月十五日

2)外交部代电(1945年1月17日)

驻云南王特派员览:三十三年十二月二十七日呈悉。关于中法两国派驻领事机关恢复领馆名称一案,前准法国大使馆上年十一月廿日,以中国政府业经于三十三年十月二十四日承认法国临时政府,所有中国政府派驻法国本土及各属地暨保护国之领事机关,自是日起改称领馆,并本互惠之原则,得享有领馆之通常一切特权等由。业经本部予以同意,并声明法国驻华领馆亦可随时恢复名称,并享受通常国际公法所承认之特权。合行令仰知照。宋子文。筱。

中华民国三十四年一月十七日　午点分发

〔外交部驻滇特派员公署档案〕